# 枭雄录

## 古代世界十四位枭雄的成败启示录

指文烽火工作室　上帝之鹰　著

吉林文史出版社
JILINWENSHICHUBANSHE

## 图书在版编目（CIP）数据

枭雄录：古代世界十四位枭雄的成败启示录 / 指文烽火工作室，上帝之鹰著. -- 长春：吉林文史出版社，2019.1

ISBN 978-7-5472-5905-4

Ⅰ.①枭… Ⅱ.①指… ②上… Ⅲ.①军事人物－生平事迹－世界－古代 Ⅳ.①K815.2-49

中国版本图书馆CIP数据核字(2019)第025390号

XIAOXIONG LU: GUDAI SHIJIE SHISI WEI XIAOXIONG DE CHENGBAI QISHI LU

# 枭雄录：古代世界十四位枭雄的成败启示录

著 / 指文烽火工作室　上帝之鹰

责任编辑 / 吴枫　特约编辑 / 谭兵兵

装帧设计 / 王星

策划制作 / 指文图书　出版发行 / 吉林文史出版社

地址 / 长春市人民大街 4646 号　邮编 / 130021

电话 / 0431-86037503　传真 / 0431-86037589

印刷 / 重庆长虹印务有限公司

版次 / 2019 年 2 月第 1 版　2019 年 2 月第 1 次印刷

开本 / 787mm×1092mm　1/16

印张 / 28.5　字数 / 584 千

书号 / ISBN 978-7-5472-5905-4

定价 / 169.80 元

# 目录

### 皮洛士
身首异处的伊庇鲁斯国王 / 1

### 安条克三世
壮志未酬的塞琉西国王 / 39

### 米特拉达梯六世
众叛亲离的本都国王 / 87

### 格涅乌斯·庞培
功败垂成的罗马前巨头 / 127

### 马克·安东尼
沉迷女色的罗马后巨头 / 161

### 尼禄·克劳狄乌斯·恺撒
身负污名的罗马帝国皇帝 / 192

### 阿提拉
婚夜暴毙的游牧战神 / 217

# 目录

## 江东霸王孙策

有子如孙郎，死复何恨 / 247

## 辽东军阀公孙瓒

白马义从今安在 / 269

## 龙骧之帝苻坚

成也仁义，败也仁义 / 288

## 瓦岗寨主李密

牛角挂书空余音 / 316

## 五代煞星朱温

中原烽起逐唐鹿 / 344

## "大汉"天子陈友谅

鄱阳烟火葬龙梦 / 387

## 明末闯王李自成

破军下凡扫六合 /411

# 皮洛士——身首异处的伊庇鲁斯国王

## 枭雄录

作者 /杨英杰

我们留下多么美好的战场呀！我的朋友，就留给罗马人和迦太基人去玩吧！——皮洛士

公元前 272 年，在伯罗奔尼撒半岛东北部的城市阿尔戈斯外，一场葬礼正在进行。马其顿国王，安提柯王朝的二次中兴之主安提柯二世（Antigonus Ⅱ Gonatas）正在火化他的死敌——伊庇鲁斯国王皮洛士。就在不久之前，皮洛士摧毁了他的军队，将他的权力颠覆，使他在各个沿海城市之间狼狈地躲藏；而现在，皮洛士身首异处，只是由于敌人的仁慈才得以获得一个庄严的葬礼，无常的命运起伏给了皮洛士一个悲惨的结局。

皮洛士的生命持续了 46 年，这 46 年中他从故乡——伊庇鲁斯的莫洛索伊起步，脚步遍及了埃及、小亚细亚、马其顿、亚平宁半岛南部和西西里。皮洛士在这段时间中夺取了无数胜利的桂冠，先后为自己搏来数个王座。但当一切尘埃落定之时，他的王国依旧偏安希腊边陲一隅，他的功业也随着自己的死亡转瞬间倾颓。

有人把皮洛士看作是能力出众、野心勃勃的英主：安提柯一世认为他将是属于那个时代最杰出的将领；托勒密一世将女儿嫁给他作为政治投资；德米特里乌斯一世被这个后起之辈逼得流落海外。也有人对皮洛士不屑一顾："大希腊"的诸独立城邦，把他看成是呼之即来挥之即去的佣兵队长；马其顿人曾为他箪食壶浆，却不免以野蛮人视之；罗马人将他当作在亚历山大的声威下借机发难的小丑和奴仆。

所幸古典时代的历史学家足够勤劳，他们留下了足够多的史料记载，足以让我们从更为全面和严谨的角度来了解皮洛士的一生。这是一部起源于野心和梦想的冒险史，掺杂入现实的残酷和时运不济，最终成为一幕属于枭雄的悲剧，为皮洛士所属的时代——一个属于许多同样野心勃勃的失败者的时代——画上一个句号。

# 生于乱世的王子

作为一切的开始，我们首先要从伊庇鲁斯这片土地说起。按照古代地理学家斯塔拉波的记载，伊庇鲁斯的范围从塞罗尼安山脉（今南阿尔巴尼亚）延伸到希腊的安布拉基亚角（Ambracian Gulf）。这片崎岖不平的山地始终与希腊世界维持着若即若离的关系，东部边境与马其顿和色萨利相接，北邻好战而掠夺成性的伊利里亚诸部落。

在古风时期（公元前 8 世纪是希腊地区在荷马时代结束之后普遍出现城邦国家

◎ 皮洛士的胸像，那不勒斯的意大利国立考古博物馆藏品

的时期），伊庇鲁斯最为人所熟知的是其位于多多纳（Dodona）的神谕所，这也是古希腊最早、最著名的神谕所之一。与希腊人不同，伊庇鲁斯人并非居住在有城墙的城市中，这也使得围绕着城邦产生的政治制度对于他们而言相对陌生，但伊庇鲁斯诸部很可能同样以古希腊语为语言。伊庇鲁斯的 14 个部族中，以北方的凯奥尼亚人（Chaonian）、中部的莫洛索伊人（Molossian）和南部的德斯普罗托伊人（Thesprotian）最为强大，其中莫洛索伊人长久以来奉行君主制。根据传统说法，莫洛索伊人君主制的建立，是由特洛伊战争的参与者之一，涅俄普托勒穆斯完成的。而皮洛士的故事也要以他的经历作为起点。

　　作为色萨利的王，涅俄普托勒穆斯参加了特洛伊战争，战后他并未返回故土，而是远航来到了伊庇鲁斯安身，并成为历代伊庇鲁斯国王上溯的根源。此后的莫洛索伊王国和整个伊庇鲁斯，一度在历史进程中沉寂。直至公元前 430 年至公元前 390 年在位的塔洛帕斯（Tharrhypas）为伊庇鲁斯地区引了更多希腊世界的风俗、法律和文字，伊庇鲁斯才重新进入人们的视野中。

　　塔洛帕斯的王位诸代相传，然而，当他的孙子涅俄普托勒穆斯一世（Neoptolemus Ⅰ）于公元前 360 年去世时，莫洛索伊的王位更替出现了动荡。涅俄普托勒穆斯一世的儿子亚历山大，在父王去世时年仅 10 岁，于是他未能成功继位，他的叔叔阿莱拜斯（Arybbas）掌握了权力。

　　为了进一步巩固自己的王位，公元前

◎ 腓力二世铸币。腓力二世一手推动了马其顿军队的战术体系的建立和职业化进程，强化了王国的中央集权，大力繁荣了工商业，促进了城市化进程和人口增长。尽管马其顿的辉煌大多归于其子亚历山大大帝，但这一切的基石是由腓力二世以惊人的谋略和毅力打下的

357 年，阿莱拜斯将自己的侄女、亚历山大的姐姐——奥林匹亚丝（Olympias）嫁给了马其顿国王腓力二世，这场婚姻的结晶——亚历山大三世就是后来的亚历山大大帝。而对于伊庇鲁斯来说，联姻带来的变动近在眼前，与马其顿建立良好关系后，阿莱拜斯索性将亚历山大送至马其顿宫廷中做客。在他看来，这一举措赶走了他最大的权力威胁者，孰料未来的局势发展却应了"聪明反被聪明误"的老话。

　　对亚历山大的偏信，加上控制伊庇鲁斯的野心让腓力二世改变了政策。公元前 350 年左右，腓力二世协助亚历山大驱逐了阿莱拜斯，使亚历山大成为莫洛索伊国王亚历山大一世，阿莱拜斯遭到流放逃去了跟马其顿敌对的雅典。这一过程中，莫洛索伊事实上成为马其顿的附庸国，伊庇鲁斯东部的部分土地也被马其顿所控制。

亚历山大一世即位后，通过多年经营，设法将伊庇鲁斯的各部落以同盟形式统一，莫洛索伊王国无疑在联盟中占据领导地位，拥有同盟的军事指挥权。实力的增强，也逐步增强了亚历山大一世的独立欲望，恰好在公元前337年，马其顿自身的政治变动给了他一个机会。

公元前338年的喀罗尼亚会战后，大

胜归来的腓力二世在首都佩拉与将军阿塔卢斯（Attalus）之女——克利奥帕特拉·欧律狄刻（Cleopatra Eurydice）一见钟情，继而准备在次年娶她为妻。这样一个纯马其顿血统的女人，极有可能为腓力二世生下一个纯马其顿血统的子嗣。这对于来自伊庇鲁斯的王后奥林匹亚丝，以及混血王子亚历山大三世而言，都是不可接受的。

◎ 公元前3世纪的伊庇鲁斯处于希腊半岛的核心文化圈之外

于是在次年，腓力二世迎娶欧律狄刻的同时，奥林匹亚丝和亚历山大三世与腓力二世不欢而散，王后回到了伊庇鲁斯娘家，而王子则被流放去了伊利里亚。

亚历山大一世适时出手，他收留了自己姐姐的同时，在政治上站到了腓力二世的对立面，这也是他对自继位以来附庸地位的一个挑战。腓力二世此时正忙于准备发动对波斯的远征，这一"后院失火"显然让他猝不及防，他不希望家庭纠纷演变为政治上的动荡；另一方面，他对儿子亚历山大三世从感情上仍旧是接受的，也无意让局面演变到奥林匹亚丝裹挟王子站到伊庇鲁斯一方对抗自己的地步。于是，腓力二世开始设法重建和伊庇鲁斯的联盟。

最终，妥协又以联姻的方式达成，尽管奥林匹亚丝一度想要让弟弟对丈夫开战，但最后她还是只得贡献出她和腓力二世的一个女儿——克利奥帕特拉（Cleopatra）——嫁给亚历山大一世。但婚礼却转变为一场悲剧：公元前336年，腓力二世在婚礼上遭到刺杀。

在一连串政治博弈后，亚历山大三世得以继承王位，并迅速处决了多位潜在竞争对手。

而在伊庇鲁斯，腓力二世的死，以及奥林匹亚丝母子的掌权，无疑让伊庇鲁斯和马其顿的盟约更为稳固，也使得伊庇鲁斯在政治上获得了更大的自由。

至此，马其顿和伊庇鲁斯之间的一连串政治联系暂时稳定。现在这两个王国各有一位名叫亚历山大的英主，野心勃勃且都将目光投向海外。公元前334年，马其顿的亚历山大三世发动了准备许久的东征；而伊庇鲁斯的亚历山大一世则剑指西方。

亚平宁半岛南部的一系列希腊殖民城市被称为"大希腊"（Magna Graecia），由位于半岛"脚后跟"的城邦塔拉斯（Taras，或称塔兰托）领导。在亚平宁半岛中南部各民族不断的军事压力下，"大希腊"各城邦的扩张碰壁，继而连自保都难以胜任，在此情况下，他们试图寻求外来的军事援助。公元前342年，亚历山大一世成了一个"应征"而来的"佣兵队长"。亚历山大一世对这次远征有更大的野心，在帮助"大希腊"各城邦驱逐布鲁提伊人（Bruttian）和卢卡尼亚人（Lucanian）之余，他还想建立在南亚平宁半岛的统治。这一野心最终使他和"大希腊"各城邦分道扬镳，他的暴虐统治也使他兵败被杀。

亚历山大一世的横死，使得在公元前337年出生，当时仅有3岁的王子涅俄普托勒穆斯二世继位，而他的母亲克利奥帕特拉及祖母奥林匹亚丝则充当摄政。尽管王子年幼，但权力看上去仍将在莫洛索伊王国最正统的世系中稳固地继承下去。在这时，快要被遗忘的被流放者阿莱拜斯，仍在远离伊庇鲁斯的土地上游荡和伺机而动，但他成功的希望无比渺茫。没有人会想到，他的孙子，大名鼎鼎的皮洛士，将有机会在未来借势而起，建立属于自己的统治。

公元前323年6月10日，在新的帝国首都巴比伦尼亚，亚历山大大帝带着未竟的征服野心离开了人世。这一惊人的消息很快传到了帝国的各个角落，并立即造成

◎ 古科森提亚遗址，亚历山大一世可能的战死之处。亚历山大一世在亚平宁半岛的征战以众叛亲离告终，互相交战的奥斯堪人和他领导的希腊人最终联合起来攻击他。亚历山大一世的尸体被切成两段且遭受百般凌辱，可见其不得人心

了一次政治上的大爆炸。在亚历山大大帝的部将忙于争夺权力的同时，希腊本土的反马其顿势力开始蠢蠢欲动。雅典人、埃托利亚人、福基斯人、罗德岛人加入反马其顿同盟，马其顿控制下的色萨利表面上顺从马其顿摄政安提帕特，却在拉米亚会战中倒戈一击，使之被困于拉米亚城中，这场叛乱也被称为"拉米亚战争"。

但在安提帕特和其他亚历山大部将焦头烂额地处理拉米亚叛乱的同时，奥林匹亚丝却另有算盘。她与安提帕特势如水火，为了设法削弱后者的地位，她试图让伊庇鲁斯军队加入希腊人的行列。但国王涅俄普托勒穆斯二世仍然年幼，显然不具备领军作战的能力，为此奥林匹亚丝召来了流放在外的阿莱拜斯。在拉米亚战争中，阿莱拜斯与色萨利将军门农建立了友谊，他的儿子埃阿喀德斯（Aeacides）与门农之

女佛提雅（Phthia）成婚。

阿莱拜斯的海外征程没能持续多久，公元前 322 年的克拉农会战中（Battle of Crannon），安提帕特和克拉特鲁斯彻底击败了希腊联军。不过伊庇鲁斯并未在这次失败的投机中付出什么代价。阿莱拜斯在拉米亚战争结束的前后去世，而埃阿喀德斯成为伊庇鲁斯国王。他此前完成的婚姻也在公元前 319 年诞生结晶，本文的主角皮洛士就此出生。

贵为伊庇鲁斯王子和亚历山大大帝远房亲戚的他，无疑是含着金汤匙出生的天之骄子。然而，生于乱世的皮洛士注定无法在一个安稳的环境中成长。

拉米亚战争结束之后，继业者之间的政治斗争愈演愈烈，皮洛士出生的那年，安提帕特离世，他将权力交给另一位老将波利比孔，但后者却无力掌控局面，全面战争随之爆发。奥林匹亚丝和埃阿喀德斯与波利比孔结盟，安提帕特之子——野心勃勃的卡桑德联合安提柯等人与之敌对。亚历山大大帝死后，他的两位继承人——腓力三世和亚历山大四世都卷入了这一系列纷乱中，相继殒命。首先遭遇不幸的是亚历山大大帝同父异母的兄弟，有智力残疾的阿里戴乌斯（Arrhidaeus, 即腓力三世），他先后成为不同摄政者的木偶。最后一个试图借助他掌握权力的是他的妻子——腓力二世的孙女欧律狄刻二世。欧律狄刻二世和腓力三世的军队在战场上遭遇了奥林匹亚丝，马其顿士兵们毫不犹豫地临阵倒戈，投向了亚历山大大帝的生母，而腓力三世夫妇也被捕获并杀害。

获胜的奥林匹亚丝一度掌握了马其顿的权力，但她对反对派的迫害引起了马其顿人的不满。卡桑德借机起事，成功地将奥林匹亚丝以及她保护下的亚历山大四世困在了马其顿重要的港口城市彼得纳（Pydna）。试图解围的波利比孔和埃阿喀德斯分别在色萨利和马其顿西部遭遇挫折：前者的部队被卡桑德大批收买；而后者则在坚城下顿足不前，补给不足的士兵爆发兵变，使得军事行动被迫中止。结果，围城中无力坚持的奥林匹亚丝在公元前316春季决定投降。卡桑德答应保证她的个人安全，却在此后爽约杀害了她，而亚历山大四世则在公元前311年连同母亲罗克珊娜一起被卡桑德毒死。

与此同时，埃阿喀德斯遭遇的兵变演变为一场全伊庇鲁斯的叛乱，伊庇鲁斯国王被他的臣民推翻并流放。莫洛索伊王国的正统王族此时无人能够掌权：涅俄普托勒穆斯二世和埃阿喀德斯先后被流放；奥林匹亚丝被困于彼得纳；而克利奥帕特拉由于之前的一桩政治婚姻，身处小亚细亚，被"独眼龙"安提柯扣留。卡桑德借此夺取了伊庇鲁斯的控制权，而年仅3岁的小皮洛士被迫在一小群忠心耿耿的卫士的保护下，试图逃出政敌的虎口，他的流亡生涯自此开始。

卡桑德对马其顿的控制，使得皮洛士放弃在希腊半岛避难。他们的去处，是伊庇鲁斯北方的伊利里亚地区。根据某些记载，由于惧怕卡桑德的势力，伊利里亚国王格劳西亚斯在与皮洛士一行会面时表示并不愿意收留他，但这时小皮洛士却走上

前去，抱住了格劳西亚斯的腿，用力拉扯。这一孩童的无意之举，象征着寻求保护，格劳西亚斯顿生怜悯，视之为天意要他收留皮洛士，并因此扛住了卡桑德要他交出皮洛士的威逼利诱。

去除史料中的传说意味，格劳西亚斯的真实动机很容易从政治角度分析得到：作为马其顿的传统敌人，伊利里亚人当然无意配合卡桑德；而一个伊庇鲁斯王子，对格劳西亚斯而言奇货可居。皮洛士在这样的政治环境中，刚好能够获得一个容身之所，度过踏上政治舞台前的时光。

而在马其顿帝国的各个地区，战乱则在继续扩大，随着阿吉德王朝终结，继业者们更加肆无忌惮地追求自己的利益。被流放后避难于波利比孔麾下的埃阿喀德斯觅得机会，重新回到了伊庇鲁斯，或许是厌烦了受马其顿人统治，伊庇鲁斯人欢迎了他的回归，并组建了一大支军队。

卡桑德随即作出反应，他的兄弟腓力带领一支军队进入阿卡纳尼亚，从这里可以威胁到北面的伊庇鲁斯和南面的埃托利亚联盟。埃阿喀德斯试图与希腊人共同对付腓力，便率军南下阻截。占据内线位置的马其顿军队，在他们会合前抢先击败了埃阿喀德斯，受重创的埃阿喀德斯带领残部设法与埃托利亚人会合。这支混合军队在俄涅戴伊（Oeniadae）再度与腓力交战，结果再度惨败，埃阿喀德斯在战斗中身受重伤，不久后身亡。

随着国王的死亡，伊庇鲁斯人被迫在次年（公元前315年）推选埃阿喀德斯的兄弟阿尔塞塔（Alcetas）为王。但这个国

王性情暴烈乖戾，以至于一度被父亲阿莱拜斯流放。继位后的阿尔塞塔立即面临马其顿人的入侵威胁，此前由卡桑德任命的伊庇鲁斯总督利西斯库斯（Lyciscus）率领军队入侵伊庇鲁斯。阿尔塞塔最终战败投降，卡桑德与之订立了盟约，然而厌倦马其顿统治的伊庇鲁斯人再度发起暴动，在公元前 314 年前后杀死了阿尔塞塔和他的儿子们，再度独立。这一系列动荡削弱了卡桑德在希腊西部和伊庇鲁斯原本稳固的统治。

至公元前 311 年前后，各初代继业者们大多划分了自己的势力范围，此前在相对低烈度下进行的继业者战争，终于彻底转变为一场"世界大战"。安提柯的儿子德米特里乌斯，在公元前 311 年大举入侵希腊，迅速攻占了麦加拉和雅典，从而直接威胁到了卡桑德在希腊的统治根基。在这样的情况下，皮洛士的支持者们终于有希望帮助他重回伊庇鲁斯王位。

# 参与继业者战争

经历了 8 年在伊利里亚的流亡，11 岁的皮洛士终于在公元前 307 年返回伊庇鲁斯。格劳西亚斯无疑给予了他巨大的帮助。皮洛士返回时，伊庇鲁斯的实际掌权者是此前被流放、后来返回的涅俄普托勒穆斯二世。皮洛士返回后，他再度被流放出国。然而就如同腓力二世帮助亚历山大一世继位一样，皮洛士成为国王的同时，也使得伊庇鲁斯成了伊利里亚的附庸国。

此后的 5 年多，皮洛士的傲慢使他难

◎ "围城者"德米特里乌斯一世胸像。他以相貌英俊传世，看他的胸像多少能领略一二

受国民欢迎，另一方面他是伊利里亚人的傀儡这一事实也进一步触怒了伊庇鲁斯人。最终在公元前 302 年，刚刚 17 岁的皮洛士再度失去了王座：他出国参加格劳西亚斯的婚礼，莫洛索伊人和其他伊庇鲁斯部族趁机发动叛乱，重新立涅俄普托勒穆斯二世为王。皮洛士再一次陷入了流浪中。为了获取复国的政治资本，皮洛士前去投奔当时最强大的继业者——安提柯父子。就在一年前，德米特里乌斯娶了皮洛士的妹妹黛达米娅（Deidamaia）为妻。

安提柯和德米特里乌斯父子作为继业者时代最出色的军事指挥官之一，让年轻的皮洛士颇有大开眼界之感。安提柯在行伍的掌控和作战的指导方面十分出色，尤其是他的骑兵指挥艺术在继业者时期出类拔萃；而德米特里乌斯则擅长海战和围城战，他的工程设计天赋在围城战中显露无遗，因而获得"围城者"的称号。在他们的宫廷中，皮洛士成了最为勤奋和好学的学生，安提柯对他印象深刻，赞许他将成为同辈人中最优秀的将军。

此时的安提柯父子已经通过多年的征战建立了强大的势力。在公元前306年的塞浦路斯攻防战中，德米特里乌斯获得巨大的成功。安提柯父子借此大胜带来的声威，正式僭取了国王的称号，其余继业者也在此后纷纷称王。但安提柯家族过于强大的势力和野心终于招致惩罚，所有其他继业者联合起来与之敌对，随后的局势发展逐渐不利于他们。塞琉古一世设法统一了各东部省份，并成为安提柯最强大的敌人。当皮洛士在公元前302年投奔德米特里乌斯一世时，后者刚好要动身与父亲会合，准备在小亚细亚西南部的伊普苏斯（Ipsus）进行一次会战，一劳永逸地在战场上摧毁所有对手。一场各大继业者参与的最终决战即将开始，作为贵宾，年轻的皮洛士也有幸参加了人生中的第一次大会战。

作为继业者时代规模最大的一次会战，公元前301年发生的伊普苏斯会战有超过15万士兵直接参与。安提柯的军队拥有7万名步兵、1万名骑兵和75头战象，而联军则投入了6.4万名步兵和1.5万名骑兵，战象的数目则达到了惊人的400头之多（塞琉古一世不久前与印度的月护王签订了盟约，他将亚历山大大帝占领的印度领土送给月护王，换取了长久的盟约和大量战象

的军援）。

安提柯一世对于部队的部署，依旧选择了继业者军队中最典型的形式：以方阵为支柱组成了中央的步兵战线，而在两翼部署骑兵。安提柯的右翼由其子德米特里乌斯带领，他麾下集中了安提柯的绝大部分重骑兵，承担最主要的攻击任务；而安提柯的左翼则主要是轻骑兵，以进行防御性的阻滞和游击为主；安提柯本人则坐镇中央。安提柯父子的部署，和过去15年内他们在帕莱塔西奈、伽比埃奈、加沙等会战战场上的部署别无二致，遵循了马其顿军队典型的斜行序列战术，以重骑兵为核心的优势翼先行攻击，劣势翼则进行防御作战。

而指挥联军的塞琉古一世，则对部队进行了截然不同的安排。他数量占优但更不擅长近战的骑兵，被较平均地分散到两翼，左右翼分别由塞琉古之子安条克、色雷斯国王利西马库斯指挥。与安提柯数量相若的战象被部署到步兵战线前方，另有至少300头战象集中部署在主战线后，这部分战术预备队将作为决定性的力量使用。

随着战线排布停当，安提柯发出了进军的信号。德米特里乌斯一马当先，以右翼势如千钧的重骑兵发起冲击，拉开了整场大战的帷幕。右翼骑兵的队形中也包括了"初生牛犊"皮洛士，他和所有德米特里乌斯的部下一起，以全部的悍勇和热情猛击联军的左翼。在4000名重骑兵的冲击之下，联军左翼被击溃，德米特里乌斯欣喜地率部投入追击之中。跟着战败者的脚步，安提柯军的右翼一路追入哈曼·贾斯

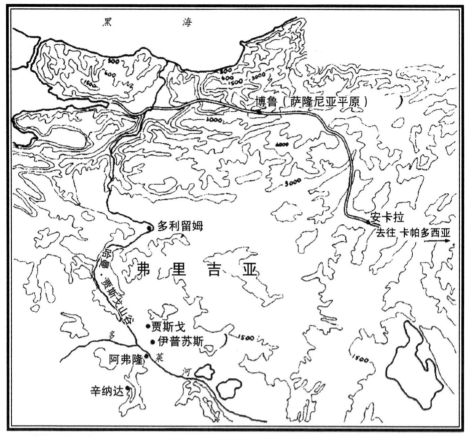

◎ 伊普苏斯战场示意图。伊普苏斯会战的战场位于安提柯的小亚细亚领土腹地，安提柯父子战败的同时，也再无战略空间用以扭转败局

戈山谷（Hammam Gazigol）之中，试图将前者赶尽杀绝，同时也使得自己远离了战场中心。

在得悉左翼的战况后，塞琉古迅速做出反应，将那支规模庞大的战象预备队调往自己的左翼填补缺口。这些战象来到哈曼·贾斯戈山谷的入口，封死了山谷的出口。此时，双方的中央战线各自缺少一边的侧翼掩护。塞琉古又通知右翼的利西马库斯，从麾下调拨大量轻装的投射部队，从本方

战线后部横贯战场，来到安提柯军空虚的右翼。

安提柯一世此时已经率领方阵主力投入了战斗，两翼交战情况的报告来到了他的面前，他的右翼势如破竹，而左翼则很好地拖延了敌军的进展。战况进行到如此，"独眼龙"满意地继续等待，只需等到德米特里乌斯的骑兵回转并再度冲击，对方的方阵主力就会土崩瓦解，这场会战的胜利和整个亚历山大帝国唾手可得。

但战局的发展却出乎他的意料,德米特里乌斯的骑兵迟迟没有重新出现,反倒是联军一方的骑射手出现在烟尘中。这些来自东部行省的轻骑兵迂回到安提柯方阵的后方,用如雨的箭矢射向安提柯的方阵。正忙于正面交战的方阵士兵,立即陷入了骚动和不安之中,此时的安提柯却没有预备队来驱逐那些骑射手,他的部队逐渐陷入瓦解。

此时的德米特里乌斯终于判断追击应当结束,于是掉头冲向主战场。然而他发现,数百头战象将山谷出口堵得严严实实,战象的气味甚至让战马都无法前进。皮洛士和其他骑兵的骁勇,在这种情况下起不到作用,骑手们被迫下马前进,和配属给他们的步兵一起,试图杀死和驱逐战象。

而主战场上的战局发展终于到了临界点,安提柯麾下的方阵开始投降或是逃跑,安提柯努力地稳定军心也无济于事。最终,在正面和背后的双重压力下,他的整条战线如同退潮一般,陷入了彻底崩溃。安提柯一世没有逃跑,而是继续待在指挥位置上重整部队,等待儿子出现直至最后一刻。最终,联军冲到了他的面前,在拒绝了幕僚让他撤离的请求后,未披铠甲的安提柯被一支标枪当场射杀,大军随之崩解。

直到尘埃落定之时,德米特里乌斯才突破了那道战象之墙,但已是于事无补。意识到失败之后,他匆匆收拾残军逃离了战场。幸运的是他的海军依旧强大,东地中海对他而言有如内湖,因此在失败后他也基本能够行动自由。到这时,安提柯投入战场的8万大军,只剩下德米特里乌斯身边的9000人。

犹如丧家之犬的德米特里乌斯,还来不及咀嚼失去了父亲和大半个王国带来的苦楚,就被迫启程匆匆前去确保尚能防守的领土。伊普苏斯的胜利者们纷纷开始吞并安提柯留下的疆域,德米特里乌斯集中手头有限的力量,起锚前往色雷斯的切索尼斯半岛(Chersonese)制止利西马库斯的进一步行动。而他先前在希腊仍旧掌握了不少城市,留下了数处重要的驻军,他将这部分力量交给了皮洛士掌管,给予他独当一面的地位。

伊普苏斯会战对于继业者战争的局势有着巨大的影响,而对于皮洛士个人来说,这也是极为重要的经历。德米特里乌斯追击过于深入的教训,以及塞琉古运用战象预备队的决定性一击,在皮洛士本人军事生涯的用兵风格中,打下了深深的烙印。而从军事以外的角度而言,伊普苏斯会战的结果促使了各继业者势力的重新洗牌,皮洛士将在未来从此乱局中获益匪浅。

公元前298年,从惨败中逐渐恢复的德米特里乌斯开始在希腊和马其顿打开局面,并重新与塞琉古和托勒密结盟,塞琉古还娶了他的女儿。作为盟约的一部分,他与黛达米娅所生的儿子亚历山大,将作为人质留在亚历山大里亚,皮洛士作为孩子的监护人和叔叔,也一并前往亚历山大里亚作人质。然而在2年之前,黛达米娅就已病逝,这使得皮洛士和德米特里乌斯之间的纽带就此断裂。从到达亚历山大里亚的第一天起,皮洛士就开始精心谋划重拾权力的计划。

在埃及，托勒密夫妇对他都留下了良好的印象。于是在公元前297年，托勒密一世将他与贝蕾尼基之女安提哥妮（Antigone）嫁给皮洛士，并开始支持他回到伊庇鲁斯的计划。

此时的伊庇鲁斯处在第三次上台的涅俄普托勒穆斯二世手中，托勒密一世的金钱和政治支持使皮洛士很容易地获得了权力，他和涅俄普托勒穆斯二世被立为共治国王。但这样的妥协并没有持续太久，两人很快就将敌意放到了台面上。在一次祭祀活动中，皮洛士的一名亲随米提鲁斯（Myrtilus）因故遭到了皮洛士的羞辱，涅俄普托勒穆斯二世看到了机会，指使手下收买米提鲁斯寻机毒杀皮洛士。但米提鲁斯表面上答应参与阴谋，却将事情向皮洛士全盘托出。皮洛士决定抢先下手，在一次宴会上设法谋杀了涅俄普托勒穆斯二世，由于他在伊庇鲁斯的统治过于严苛，皮洛士获得了更多拥戴。现在，皮洛士成了伊庇鲁斯的唯一统治者，他以整个伊庇鲁斯的人力和财力为基础，有足够的资源来实现野心。在他的努力下，一支全新的伊庇鲁斯军队被建立起来，马其顿式样的长枪方阵和枪骑兵成为这支军队的核心。在伊普苏斯战场上积累的宝贵经验，将使皮洛士成长为当时最优秀的战术家之一。

与此同时，德米特里乌斯也迎来了机运的再度上升。马其顿原有的统治者卡桑德在公元前305年病死后，留下了三个儿子继承王国。年长的腓力四世最先继位，但很快病死，随后掌权的次子安提帕特和三子亚历山大五世之间爆发了冲突，两人

将王国划分为东西两边，各自掌握一部分领土。很显然，在强敌环伺下，两人不可能长久地维持统治。

公元前295年，皮洛士抢先发难，威逼亚历山大五世与他结盟，并要求获得马其顿西部的泰菲亚（Tymphaea）和帕劳伊（Parauaea）两座城市，以及希腊的安菲洛基亚、安布拉西亚（Ambracia）和阿卡纳尼亚（Acarnania），亚历山大软弱地同意了这一要求。皮洛士随后击败了安提帕特，并将其领土交予亚历山大五世统治。接着他将安布拉西亚立为伊庇鲁斯的新首都，他希望通过这一举措，以及随后对安布拉西亚的建设，加快伊庇鲁斯王国希腊化的进程。在同一年内，他挚爱的妻子安提哥妮去世（极可能是死于难产），皮洛士给儿子取名为托勒密向岳父致敬。

失败的安提帕特逃往色雷斯，向岳父利西马库斯请求支持。后者有意于马其顿的领土，却忙于指挥小亚细亚的军事行动而难以抽身，便假托托勒密之名给皮洛士写了一封信，让他收取安提帕特的赎金，归还东马其顿的领土。但这一小花招被皮洛士看穿了。

这一小阴谋惹怒了皮洛士，但皮洛士无力正面对抗利西马库斯。最终在后者的撮合下，皮洛士和亚历山大五世、安提帕特签订了合约，三人成为名义上的马其顿共治国王，皮洛士随后返回伊庇鲁斯。但马其顿的局势却并未随之平静，同样活力充沛、野心勃勃的德米特里乌斯在此时介入了马其顿局势。

在此前的争斗中，亚历山大五世一度

试图与德米特里乌斯结盟对抗安提帕特，此时德米特里乌斯停止了在希腊的行动，腾出手来北上马其顿。抱有戒心的亚历山大五世试图在接风宴会上进行谋杀，但碍于卫队无法下手，事后自己反遭毒手。按照马其顿的传统，弑王者需要为自己申辩，德米特里乌斯辩称自己为自卫，并侃侃谈起自己登上王位的资格：其父安提柯在腓力二世和亚历山大大帝麾下效力，以及一度当选帝国摄政带来的正当性，显然胜过了曾谋杀亚历山大大帝家人的卡桑德及其子嗣。于是马其顿人推选德米特里乌斯为马其顿国王，安提帕特再度被逐出马其顿。

这样一来，德米特里乌斯的势力已经遍布了希腊半岛，仅有伊庇鲁斯、斯巴达和美塞尼亚不在他的统治之下。在德米特里乌斯和皮洛士边境相接的地区，局势尤为紧张。泰菲亚和帕劳伊的伊庇鲁斯驻军打起十二分精神，皮洛士忙于加固安布拉西亚的城防，同时虎视眈眈。这两位君主的好战天性，使得他们之间的和平毫无长久的可能。

# 雄鹰国王的崛起

终于，两人之间的平衡因希腊城市的行动被打破。在伊普苏斯会战的失败后，德米特里乌斯改变了此前对希腊各城邦的宽松政策。这在希腊各地区造成了不小的反弹，阿提卡、皮奥夏等地区先后叛乱。在公元前292年，德米特里乌斯对色雷斯进行了成功的远征，但前一年被镇压的皮奥夏人再度叛乱。德米特里乌斯被迫返回希腊，并对底比斯进行了围攻。

皮洛士决定抓住良机，趁德米特里乌斯忙于平叛，他带领伊庇鲁斯军队和盟友埃托利亚人，以大约3万人的军队东进色萨利。德米特里乌斯反应迅速，他将围城任务交由儿子、未来的安提柯二世戈纳塔斯（Gonatas）处理，而自己带领主力北上求战。皮洛士的实力不足以正面对抗德米特里乌斯，在一番劫掠之后他选择了西撤。德米特里乌斯在色萨利留下了大将潘陶克斯（Pantauchus）和1.1万人的守军，自己则返回南方继续围攻，并在第二年成功攻取了底比斯，两人间的全面战争也因此宣告开始。

在皮洛士被迫返回伊庇鲁斯的同时，他还遭受了另一打击：他的另一位妻子——拉娜萨（Lanassa）离他而去。拉娜萨自视甚高，不愿与皮洛士后宫中的其他蛮族妻子共处。结果她逃往了科基拉岛（这片领土是她结婚时带来的嫁妆），并放话要将自己献给德米特里乌斯。德米特里乌斯闻讯后发动了一次海上远征，轻松攻取了科基拉岛和莱夫卡斯岛（Leucas），并接回拉娜萨。没有海军力量的皮洛士，只得无奈地接受羞辱。

公元前289年，德米特里乌斯发动了旨在永久消灭西部威胁的军事行动，他的主力与潘陶克斯的驻军会合后，从色萨利出发，南侵埃托利亚同盟。无力正面对抗的埃托利亚山民们躲入山区，以持续的游击战骚扰入侵者，避免正面战斗。但德米特里乌斯有更大的野心，他在埃托利亚留下潘陶克斯，自己则带领部队迅速穿越埃托利亚的山隘,向西北的安布拉西亚挺进。

　　获悉埃托利亚人的危局,皮洛士迅速动员了大约2万人,以最快的速度进入埃托利亚。他刚好选择了另一条沿海的道路,这使得他与反向进军的德米特里乌斯擦肩而过,数量不足的伊庇鲁斯人也得以免于进行会战。德米特里乌斯从容蹂躏伊庇鲁斯乡间的同时,皮洛士的军队也进入了埃托利亚,留守的潘陶克斯不顾人数劣势,决定收拢驻军进行会战。

　　根据普鲁塔克的记载,素以勇猛著称的潘陶克斯,在战端初开之际就直冲皮洛士而来,要求进行单独决斗。皮洛士接受了这个挑战,两人在众目睽睽之下,先以骑枪互相冲刺,再拔剑贴身肉搏。皮洛士在搏斗中留下一处刀伤,但刺中了对手的大腿和头颈,重伤的潘陶克斯靠着侍卫拼死力救才捡回一条命。伊庇鲁斯军队同样也在全局战斗中赢得了大胜,至少5000名马其顿士兵被俘,战死者不计其数。皮洛士人生中第一次指挥的会战告捷,伊庇鲁斯人士气大振,称呼他们的国王为"雄鹰",这一外号也跟随了皮洛士的一生。

　　而皮洛士不仅让伊庇鲁斯人为之昂扬,甚至还赢得马其顿人的欣赏。尽管被皮洛士打得损失惨重,但马其顿人并未对皮洛士有所怨恨。相反地,马其顿人对这个阿喀琉斯的后裔和亚历山大大帝的远亲,充满了敬意。同时,因为这一年的交战,最终让德米特里乌斯打消了消灭皮洛士的想法。他膨胀的野心使他试图重建他父亲的版图,为此在希腊和马其顿全力扩军,据说他想要组建一支超过10万人的大军和500艘战

舰组成的舰队,毫无疑问,这对其他继业者再度构成了威胁。

　　又一次,还在世的继业者们出于恐惧结盟。托勒密、利西马库斯、皮洛士和德米特里乌斯的亲家塞琉古,从三条战线、三个方向逼向德米特里乌斯。公元前288年,托勒密的舰队在希腊各城市间挑动叛乱,同时利西马库斯领军南侵,德米特里乌斯匆忙北上。而此时的皮洛士,则安坐安布拉西亚,他等待着德米特里乌斯将注意力投向北方,然后从容出兵,夺取马其顿的王座。

　　联军的行动十分迅速,南下的利西马库斯和德米特里乌斯在马其顿北部展开了会战。德米特里乌斯在安菲波里斯(Amphipolis)赢得了一场正面胜利,但他的权力基础却在南方开始崩塌。皮洛士等到了他需要的机会,从南方和西方开始了火速进军。

　　传闻在进军过程中,皮洛士梦见了亚历山大大帝,病重的后者提出以荣誉和名望帮助皮洛士,随后便骑上来自尼萨的骏马,带领皮洛士慨然起行。或许是受到了梦境的激励,皮洛士在马其顿境内的行动大胆而迅猛,连续的败报在德米特里乌斯的军营中造成了极大的不安。终于,安提柯家族的故乡、重镇贝里亚(Beroea)的陷落,让马其顿军队士气大减。刻薄寡恩的德米特里乌斯并不是一个深受爱戴的指挥官,他效仿波斯式的帝王做派更是招致了马其顿士兵的不满。贝里亚的陷落,此时被当作一个恶兆,大大刺激了马其顿人的神经。

发现军营中酝酿着的反叛计划，德米特里乌斯将军队南移远离利西马库斯。在他看来，士兵更可能叛逃到利西马库斯帐中，而非伊庇鲁斯的"蛮族"旗下。然而这却大错特错，皮洛士释放了许多俘虏，消除了马其顿人的顾虑，士兵们随之彻底丧失了对德米特里乌斯的忠诚。最终在亲信的劝说下，德米特里乌斯被迫放弃这支处在叛乱边缘的大军，化装成平民逃出了营地，皮洛士无须战斗就吞并了整支军队和马其顿领土。

随后来到马其顿的是姗姗来迟的利西马库斯，他要求瓜分半个马其顿。皮洛士判断马其顿人的忠诚并不足信，自己没有足够的实力与利西马库斯公开敌对，便同意以奥克西乌河（Axius）为界，各自统治马其顿的一半领土。而德米特里乌斯则又如丧家之犬一般逃往希腊，这里有他的儿子戈纳塔斯和各希腊城市的驻军。利西马库斯和皮洛士忙于内斗和瓜分马其顿之时，德米特里乌斯回到希腊着力解决叛乱。

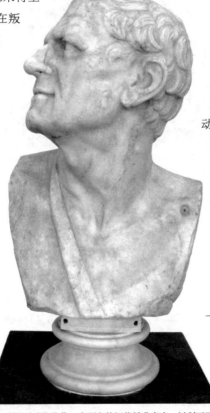

◎ 利西马库斯胸像。在所有的初代继业者中，以利西马库斯最为暴虐，德米特里乌斯和他之间存在私怨，这让两人的政治势力存在不可调和的矛盾

在降伏了底比斯人的又一次叛乱后，德米特里乌斯转而围攻雅典。围城之中的雅典人绝望地寻求外援，皮洛士成了他们理所当然的选择。皮洛士可能到来的消息使得兵力不足的德米特里乌斯放弃围攻，而这也成了德米特里乌斯在希腊统治崩溃的标志。

失去了整个马其顿和部分希腊城市的德米特里乌斯，已经陷入了更甚于伊普苏斯会战后的困境。在绝望之下，他开始了对亚洲的东征行动，将有限的希腊领土和驻军交给儿子安提柯·戈纳塔斯管理。如果说亚历山大大帝的东征是两代雄主筹划日久的水到渠成的话，那么德米特里乌斯的这次东征，则是一只流血不止的猛兽在做最后一次挣扎。

在远征开始之初，德米特里乌斯取得了一些胜利。但这支有如无源之水的远征军，很快失去了后劲。德米特里乌斯幻想深入塞琉西帝国的领土腹地，在亚美尼亚占据一席之地，并从那里东山再起，而他的部下们则对这样的异想天开并不买账。随着他的部队逐渐进入内

◎ 安条克一世和斯特拉通妮斯。斯特拉通妮斯以"马其顿第一美女"和德米特里乌斯一世女儿的身份，嫁给了辈分高她两代的塞琉古。塞琉古之子却暗恋自己的后母，深受相思之苦。得知此事的塞琉古大方地为爱子安排了婚礼，使得这桩政治婚姻最终成为为爱结婚

陆，之前他们依仗的海上补给变得艰难起来。而与此同时，利西马库斯和皮洛士也开始行动。皮洛士在公元前 286 年开始攻击安提柯·戈纳塔斯控制下的色萨利，并且获得了成功。

最终，德米特里乌斯的绝望东征止于叙利亚北部的奇里斯提卡。他只剩下饥肠辘辘的数千人之众，被迫向两次毁灭自己统治的死敌，也是他的前女婿（塞琉古将自己的续弦妻子，德米特里乌斯之女，改嫁给了为之魂牵梦绕的儿子，安条克一世）投降，他生命中的最后一次军事冒险，在公元前 284 年初的冬春之交画上句号。

在此，我们有必要先叙述他的结局。这位"围城者"在即将落入塞琉古之手时，

写信给远在希腊的儿子，让安提柯二世视自己如死人，将全部权力一并交给了他。被俘后的德米特里乌斯得到了优待，塞琉古性情宽厚，与这位亲家也素无个人恩怨，而且正统的马其顿国王是一个很有用的政治傀儡。而德米特里乌斯却觉得活着了无生趣，自 20 岁开始军旅生涯起，他的人生充满了军事冒险、对权力的追求，以及胜败间多变和无情的起落，至此，他已是心灰意冷。在塞琉古的软禁中，他纵情于声色犬马之娱，在不久后的公元前 283 年秋季，他即因病去世。

尽管安提柯二世数次恳求塞琉古释放他的父亲，甚至不惜以整个"王国"（此时仅剩几处孤零零的希腊城市）和自己为

条件，但塞琉古始终不愿行放虎归山之举。在德米特里乌斯离世后，安提柯二世以隆重的礼仪埋葬了父亲的骨灰。安提柯父子的势力实际上已经从政治舞台的正中央消失，而作为希腊半岛最有希望的统治者之一，皮洛士已经占据了整个伊庇鲁斯、色萨利、半个马其顿和希腊若干地区。

几乎是在德米特里乌斯被俘消息传来的同时，皮洛士和利西马库斯都意识到他们之间脆弱的同盟关系即将破裂。利西马库斯首先行动，恰逢埃及的托勒密一世去世，继承王位的托勒密二世成了他的外交目标，托勒密二世将妹妹嫁给了利西马库斯。这和其他一系列分化皮洛士旧盟友的动作，让意识到威胁的皮洛士与蜷缩在希腊的安提柯二世结盟，共同对抗利西马库斯。

终于在公元前284年，戒心转变为了军事冲突。利西马库斯此时的势力范围已经遍及色雷斯、马其顿和小亚细亚西部，这使得他能够动员的军队人数大增。于是他动员起一支可能多达7万人的军队入侵了马其顿西部，而皮洛士或许只能征召4万人左右的军队，即使加上安提柯的援助，他也无力正面迎战利西马库斯。力不能敌的皮洛士，被迫退到了马其顿旧都埃迦伊坚守。

但噩运随后而至，皮洛士几乎重蹈德米特里乌斯的覆辙。利西马库斯设法切断了皮洛士的补给线，皮洛士的军营中人心浮动。利西马库斯抓住机会，设法劝诱敌军的马其顿士兵投降。他提醒他们自己是马其顿宿将，而皮洛士则是一个伊庇鲁斯的"野蛮人"，在其麾下作战有违"光荣"

传统。这给了马其顿士兵充分的叛变借口，他们立即背叛了皮洛士。罗马帝国时代的希腊作家普鲁塔克曾对此有过一针见血的评述：

"归根结底，马其顿人在腓力父子的统治期间，连年征战；而接踵而至的继业者战争，更让元气大损的马其顿人，为一个又一个国王、总督抛洒鲜血。毫无意义的牺牲耗尽了马其顿人的耐心和胆气，尽管他们仍是东地中海最善战的士兵，但他们为了和平将会不惜损失名望在内的一切，任何一个试图驱使他们作战的人，都会被马其顿人为了生存而背叛。"

随着在马其顿的战败，皮洛士被迫带领残部逃往伊庇鲁斯，而利西马库斯在开战次年尾随而至。皮洛士在坚城中龟缩不战，于是利西马库斯在伊庇鲁斯境内大肆劫掠，甚至开掘了伊庇鲁斯的皇家陵墓。至此，皮洛士在马其顿的统治只持续了3年多就遭遇了无可辩驳的失败而彻底告终。

之后的2年内，皮洛士转而向北攻略伊利里亚，弥补马其顿的损失。这一过程中他收获颇丰，他曾经的保护者格劳西亚斯已经去世，继任者无力抵抗他的兵锋，不少伊利里亚领土，连同希腊城市科基拉、阿波罗尼亚都被纳入皮洛士的势力范围。至此，伊庇鲁斯王国的领土北至阿波罗尼亚，南至科基拉，使得皮洛士重新成为希腊西部一个强有力的君主。

而看似尘埃落定的马其顿则在悄悄变化，利西马库斯娶了托勒密一世之女阿尔西诺厄（Arsinoe），后者希望以自己和利西马库斯的儿女继承王位，于是枕边风劲吹。这使得利西马库斯的长子，由他的另一位妻子产下的阿加索克利斯（Agathocles）处于尴尬的境地中。这一计划中还涉及了另一位"托勒密"——托勒密一世的长子托勒密·克劳诺斯，后者的境地与阿加索克利斯极为相似，托勒密一世将王位传与幼子，而前妻所生的长子克劳诺斯只得流亡海外，投奔利西马库斯。

利西马库斯轻信了阿尔西诺厄，他认定阿加索克利斯有弑父夺位之心。此时的阿加索克利斯已在父命下管理王国的亚洲领土，他出色的能力和平易近人的性格，使他在小亚细亚极具声望人心，这却使他的境地更为危险。最终，利西马库斯处死了阿加索克利斯，并立即在整个色雷斯和小亚细亚引发了一场政治动荡。

阿加索克利斯的被害直接导致大量亚洲城市叛离利西马库斯，而阿加索克利斯的遗孀赖山德拉（Lysandra）和与阿尔西诺厄闹翻的克劳诺斯，匆匆逃往巴比伦尼亚，试图在塞琉古处寻得庇护。赖山德拉请求塞琉古，希望他出兵援助，让自己的儿子登上王位。这一建议立即让塞琉古视为天赐良机，他立即同意了请求，动员军队西进，旨在吞并整个小亚细亚，继而入侵欧洲。

公元前 282 年的冬季，塞琉古一世入侵亚洲西部，利西马库斯率军迎战。公元前 281 年 2 月，在小亚细亚西南的库鲁佩狄安（Corupedion），77 岁的塞琉古一世和 80 岁的利西马库斯刀兵相见，塞琉古获得一场大胜，而利西马库斯则曝尸荒野数日，期间只有爱犬相伴。利西马库斯的帝国随着他兵败身死而崩溃，方才安定数年的马其顿王位又成为无主之物，于是，皮洛士又获得了入主马其顿的机会。然而，就在此时，命运女神仿佛是要刻意捉弄他一般，给他送上了另一个机会。

# 鏖战罗马共和国

公元前 3 世纪初，塔兰托人的尚武精神式微，"大希腊"地区的希腊殖民者们逐渐无力对抗亚平宁半岛南部民族的入侵。公元前 283 年，亚平宁半岛南部的卢卡尼亚人再度南侵，首当其冲的希腊城市图莱（Thurii）对塔兰托倍感失望，便向更北方的新兴势力——罗马共和国求援。其他希腊城市纷纷效仿，顿时，塔兰托人发现他们的领导地位荡然无存。

而罗马人则为之欣喜若狂，他们希望能够将势力逐步渗透到南亚平宁半岛，此前他们的数个殖民城市已经逼近塔兰托人的势力范围，而希腊城市的同盟要求更成为天赐良机。这一年，一小支罗马舰队来到了亚平宁半岛南部，他们前来援助与之结盟的希腊城市，但根据公元前 302 年与希腊人签订的条约，他们被明确告知不得越过亚平宁半岛的最南端进入塔兰托湾。那里是塔兰托海军传统的势力范围。或许是天意，一场意料之外的暴风雨打破了紧张的政治平衡。在恶劣海况的驱使下，罗马舰队被迫东驶，进入塔兰托湾的平静海面避风。这一举动进一步激怒了塔兰托人，恰逢塔兰托人正在庆祝酒神节，市民们为狄奥尼索斯喝得烂醉如泥，罗马人违约的

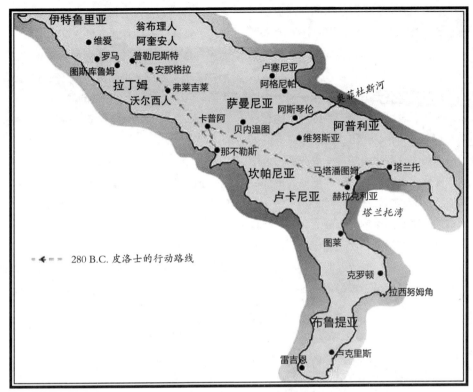

伊特鲁里亚

翁布理人
阿奎安人

维爱
罗马 普勒尼斯特
图斯库鲁姆 安那格拉
拉丁姆 弗莱吉莱
沃尔西人 卢塞尼亚
阿格尼帕
奥菲杜斯河
萨曼尼亚 阿斯琴伦
卡普阿 阿普利亚
贝内温图
维努斯亚
那不勒斯 塔兰托
坎帕尼亚 马塔潘图姆
卢卡尼亚 赫拉克利亚
塔兰托湾
图莱

- ◄ - - 280 B.C. 皮洛士的行动路线

克罗顿
拉西努姆角

布鲁提亚

雷吉恩 卢克里斯

◎ 公元前3世纪的南亚平宁半岛概况和皮洛士在公元前280年的行动路线示意图

消息让处于半癫狂状态的市民采取了过激的行为。塔兰托舰队立即倾巢而出，攻击了在海面上下锚停泊的罗马舰队，5艘罗马战舰被俘，罗马舰队的指挥官被杀，水手纷纷被囚禁。

海战的胜利促使塔兰托人采取进一步行动。罗马人在图莱城部署的驻军被塔兰托军队突袭并被击败，亲罗马的图莱市民纷纷被处决，这座城市也遭到前盟友的劫掠。冲突的爆发促使罗马派出了由前执政官普斯图米乌斯（Posthumius）领导的使团，带来了极为苛刻的条件：塔兰托人必须归还舰队，将图莱交由罗马人控制，偿

付赔款，并将带领军事行动的塔兰托指挥官交由罗马处置。这一最后通牒遭到了塔兰托人的断然拒绝，塔兰托市民被条款所激怒，有些围观者将粪便投掷到罗马使团成员的长袍上，这一举动引起了哄堂大笑，罗马人则愤怒地回击："你们随便笑吧！总有一天，你们要用血来洗净这些衣服。"全面战争已经在所难免。

然而，外交上的针锋相对，不可能弥补军力上实实在在的不足。在谈判破裂后，罗马人立即动员军队南下，而塔兰托人显然无力对抗，于是他们想到了寻找外援。作为这个殖民城市的母国，斯巴达此时自

顾不暇难以介入，塔兰托人转而向伊庇鲁斯求援。公元前 281 年，塔兰托人的求援信与马其顿人的邀请大致同期来到了皮洛士手中。

此时的皮洛士不急于回应任何一个请求，而是安居伊庇鲁斯，等待局势的进一步发展。公元前 281 年 9 月，另一个惊人的消息传来，看起来即将一统亚历山大帝国的塞琉古，就在踏上欧洲土地后不久被谋杀了，杀手正是此前投奔他的托勒密·克劳诺斯。群龙无首的大军随之失控，而毫无根基的克劳诺斯设法说服了他们，跟随自己入主马其顿！克劳诺斯进而迅速接管了整个利西马库斯帝国的欧洲部分。正是

◎ 塞琉古一世胸像。军政能力极强、性格宽容仁慈的塞琉古一世，是人格魅力最强的继业者之一。然而他却在统一帝国的前夜以匪夷所思的方式死于非命，不禁令人怀疑亚历山大大帝的亡灵是否真在默默诅咒着所有争夺他遗产的部将们

这一系列势如雷霆的行动，让克劳诺斯获得了"雷霆"的称号。希望落空的皮洛士而后与塞琉西帝国的正统继承人、塞琉古一世之子安条克一世结盟，共同进攻克劳诺斯。但没能取得什么像样的战果。

而与此同时，伊庇鲁斯王国位于多多纳和德尔斐的神谕所却对皮洛士出征亚平宁半岛给予了有利的预言。皮洛士采信了这一预言而决意西征，并在公元前 281 年年底派出一支 3000 人的先遣队登陆亚平宁半岛。忌惮于皮洛士存在的克劳诺斯，同样乐于看见皮洛士动身西去。为此，他同意以 2 年为期，借给皮洛士 5000 名精锐的马其顿步兵，以及相当数量的骑兵和战象，将这尊"瘟神"送去亚平宁半岛。完成了各项准备的皮洛士，即将开始他最知名的一段军事生涯。

公元前 280 年初，皮洛士从伊庇鲁斯出发。他军队的实力达到了 3000 名骑兵、30 头战象、2000 名弓箭手和 500 名投石手，以及 2 万名方阵为主的步兵。可出发后不久，皮洛士的舰队就被风暴打散，皮洛士本人一度陷入绝望，跳海自杀，所幸被侍从救起。最终跟随皮洛士一同登陆的只剩不到 2000 名步兵和 2 头战象，而大部分舰队则散落各处，后来才陆续上岸。

皮洛士在登陆后稍稍收拢了部队，立即前往塔兰托接管城市。入城后，皮洛士将塔兰托变成了一座大军营，逼迫市民进行军事训练，让塔兰托履行对他的允诺——一支人数众多的公民兵。塔兰托人为此苦不堪言。在得知皮洛士到达后，罗马共和国立即开始准备即将到来的战争。马其顿

◎ 赫拉克利亚会战发生地今貌。皮洛士很可能就是从照片背景的山脉上，观察罗马人的进攻

式样的军队将第一次与罗马军团正面交锋。

同年，完成编组的 4 个罗马军团和配属的同盟军，进入了塔兰托的领土，在塔兰托殖民地赫拉克利亚（Heraclea）附近烧杀抢掠。皮洛士原想拖延时间，等待更多的亚平宁半岛援军加入，罗马人的行动使他被迫提前迎战。与罗马人追求会战的意图不同，皮洛士更希望以游击战和骚扰逼迫罗马人主动撤退。

公元前 280 年 6 月，两支军队终于在赫拉克利亚以西的平原附近遭遇。皮洛士和罗马人各自在一条河流的两岸扎营，皮洛士在亲自侦察罗马营地时，第一次见识了罗马人的赫赫军容。他由衷感到这将是一个极为难缠的对手。他将一些轻步兵分散部署在河岸上，这些散兵将构成整支军队的侦查幕，为即将到来的会战提供足够的信息。

罗马指挥官、执政官莱韦纽斯（Laevinus）最终主动开启了战端。罗马人开始在锡里斯河（Siris）的各处实施强渡，皮洛士部署的轻步兵很快被驱逐出阵地。皮洛士闻讯赶来，为了给步兵的部署争取时间，他先率领 3000 名骑兵发动了冲击，但此时的罗马前锋部队已经完成渡河并结成阵形，一场激战就在眼前。值得注意的是，皮洛士一直小心地避免他个人陷入战斗，以维持对战场上各单位的战术指挥。对他而言，这是伊普苏斯会战的经历带给他的宝贵经验，该战中德米特乌斯失败的原因就在于领导骑兵进攻时失去了对其余各部的控制。

在与亚平宁半岛骑兵交战的过程中，一个亚平宁半岛骑兵指挥官始终对皮洛士虎视眈眈，最终他一骑突向皮洛士。不过这名勇士与成功刺杀失之交臂，皮洛士身边的伙伴骑兵（Hetairoi）抢先一步将他杀死。由于这次遇险，皮洛士将自己的全套衣甲与自己的部下交换，麦加克利（Megacles）成为他的替身，奔驰于阵前。

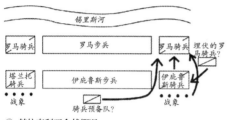

**赫拉克利亚会战：前锋的接触**

罗马骑兵　　罗马步兵　　罗马骑兵

锡里斯河

皮洛士的散兵

皮洛士的骑兵

**赫拉克利亚会战：会战的决定性时刻**

锡里斯河

罗马骑兵　　罗马步兵　　罗马骑兵　埋伏的罗马骑兵？

塔兰托骑兵　　伊庇鲁斯步兵　　伊庇鲁斯骑兵

战象　　骑兵预备队？　　战象

◎ **赫拉克利亚会战概况**

双方骑兵的初接触，为双方步兵的编组争取了足够的时间，现在双方骑兵重新回到两翼，准备开始正式交战。轻步兵互相投射标枪、石块和箭矢的流程结束后，两军的步兵战线开始撞击。以一阵如雨的重投枪齐射为前奏，罗马人挥舞短剑和短矛冲向了方阵。激烈的步兵战斗此后难分胜负，据普鲁塔克描述，战况反复、优势易手达到了七次之多。而在侧翼，骑兵战继续进行，又一个意外几乎造成了伊庇鲁斯军队的溃散。

替身麦克利斯在混战中不幸战死，不明就里的伊庇鲁斯军队误以为死者是皮洛士本人，这立即引起了整条战线上的不安。皮洛士被迫冲到战场中心，沿着整条战线来回奔驰，稳定局势。恰逢此时，莱韦纽斯放出了他的胜负手：他的一支骑兵设法隐藏到了战场一角，此时向皮洛士的右翼

发动了猛攻。而皮洛士则早有准备，效仿塞琉古在伊普苏斯一役中的做法，他的 20 头印度战象，始终被作为独立的战役预备队。现在他适时地投入了它们。亚平宁人还从未见识过印度战象，庞大的身躯和马匹无法忍受的气味立即使莱韦纽斯的侧翼摇摇欲坠。预备队中的色萨利骑兵精锐们随之发动了猛烈的冲锋，彻底将罗马人的左翼击败。

随着罗马人的左翼溃散，罗马步兵的侧翼也随之暴露，皮洛士右翼乘胜进攻，和正面的方阵一起夹攻罗马军中央，腹背受敌的罗马人于是溃散。在追击过程中，一只战象因罗马人的攻击而受伤，失控的战象暂时扰乱了追击，皮洛士随即停止了

◎ **罗马青年军（hastati）攻击皮洛士的战象。罗马人直到布匿战争时期，才真正熟练地掌握了反击战象的战术，在此之前无论是北非象还是印度象，都给予了罗马军团沉重的打击**

追击，罗马人这才得以逃过锡里斯河。当晚，战败的罗马军团向北撤退，而皮洛士占据了罗马人的营地，确定了这场会战的胜利。赫拉克利亚会战的结果颇有争议，普鲁塔克认为皮洛士损失了 4000 人，狄奥多鲁斯则记载这个数字是 1.3 万人，罗马人的损失数字也从 7000 人至 1.5 万人不等，另有 1800 人被俘。不过可以确定的一点是，皮洛士并未能彻底摧毁这支罗马军队，他自己也伤亡惨重，相当数量的伊庇鲁斯军官阵亡，这是他无法承受的代价，他的基干部队难以得到补充。

而在失败的罗马人一方，态度却显得乐观很多。罗马公民抱怨道："皮洛士没能征服罗马人，但他征服了莱韦纽斯。"只是将所有战败的责任归咎于指挥失当，

罗马人开始重建军队，准备再战皮洛士。而皮洛士则从会战的结果中获得了更多的实际利益：此前观望局势的亚平宁人，从坎帕尼亚到塔兰托，纷纷倒向皮洛士。随着政治上的改观，皮洛士再度试图与罗马议和，他的头号智囊辛尼阿斯（Cineas）出使罗马城。为了缓和罗马人的态度，辛尼阿斯特意在进入元老院前，向罗马公民散发礼物，表示好意，但随后到来的谈判仍是一无所获。罗马人在一场会战大败后完全不愿接受和平，对于辛尼阿斯和所有希腊人而言，这样你死我活的战争态度在继业者之间的争霸战争中是极为少见的。

此时的皮洛士，惊讶于罗马人坚韧不拔的抵抗意志，他不了解的还有罗马共和国极强的战争潜力。此时的罗马共和国，

◎ 赫拉克利亚城遗址

连同其拉丁同盟和坎帕尼亚盟友，可能有多达27.5万人的军事人力可供消耗，肥沃的拉丁姆平原供养了希腊人难以想象的充沛人口，罗马共和国就如同传说中的九头蛇一般，有着惊人的恢复能力。

意识到无法迅速取胜，皮洛士开始了进一步的行动。他首先进入坎帕尼亚地区，直取首府卡普阿城，试图借此让罗马最重要的非拉丁盟友倒向自己。但莱韦纽斯先到一步，罗马人紧急动员了两个新军团。皮洛士朝向卡普阿的进攻遭到了连续的骚扰，他被迫转向南方的港口城市那不勒斯（Neapolis），然又被罗马驻军所阻止。

在坎帕尼亚的行动失败之后，皮洛士转而直接向罗马行军，邻近的伊特鲁斯坎城市普勒尼斯特（Praeneste）成为他的目标。该城在公元前338年就落入罗马人之手，但其公民仍旧保留着强烈的反罗马立场。在这年的早些时候，一些普勒尼斯特的高级公民还被罗马人带走并处决，以作为对反罗马派的惩戒。因此当皮洛士来到该地时，伊特鲁斯坎公民选择将城市献给了皮洛士。

普勒尼斯特距离罗马城不过35千米，罗马的炊烟从这里都清晰可见，作为一座由三重城墙保护的坚城，普勒尼斯特将是一个良好的军事据点。但皮洛士却无法获得进一步的进展，尾随而来的莱韦纽斯很好地保护了罗马城，两军一度险些发生会战，但一度逼近到距罗马城不足6千米处的皮洛士，还是选择放弃决战：罗马人的另一支军队正从北方前来，他的实力不足以应付两面夹击。最终，皮洛士再次转向南方，回到了坎帕尼亚。

回到坎帕尼亚的皮洛士，再度面对莱韦纽斯的邀击，但这次罗马人得到增援，皮

1、2、3：萨莫奈矛兵，
4：标枪手

◎ 公元前3世纪的萨莫奈士兵形象。萨莫奈是罗马人最坚韧的敌人之一。萨莫奈人重视山地作战，强调小群作战和灵活战术的军事思想，对罗马军团战术体系的形成起到了极大的影响

洛士拒绝接受会战，向东退入塔兰托。到公元前280年的冬季，双方的一系列战略行动以僵局画上了句号。皮洛士解散了亚平宁半岛盟军，带领自己的主力回到塔兰托，罗马军队则在阿普利亚北部建立冬营。

这一年度的战局总体上对皮洛士有利，他赢得一场会战，使大量中立势力倒向他这一边；但罗马人并未遭到决定性的打击，相反他们斗志昂扬，赫拉克利亚会战中的幸存者纷纷被降职处罚，罗马人渴望再战以挽回荣誉，双方的和谈努力均告失败。战争，将在第二年继续下去。

## 阿斯琴伦的惨胜

公元前279年的皮洛士，已经能够获得萨莫奈人、卢卡尼亚人、布鲁提人等大量亚平宁半岛南部部族的武力支持。随着实力的扩张，皮洛士得以再度考虑北进。他的军队首先谨慎地进入了阿普利亚地区，通过对这一外围地区的攻略，他能够确保通向塔兰托的交通线保持畅通。

皮洛士的战略进攻在春季开始，一系列阿普利亚城市被他占领。起初，罗马人不太愿意为了阿普利亚地区的沦陷，冒险与皮洛士正面交战，但当这一地区的罗马殖民城市维努西亚（Venusia）和卢塞里亚（Luceria）遭到威胁时，新任执政官普布利乌斯·丹提乌斯·穆斯（Publius Dentius Mus）和普布利乌斯·苏尔比西乌斯·塞维鲁斯（Publius Sulpucius Saverius）立即作出反应，之前在阿普利亚过冬的4个罗马军团前出求战。最终，在阿普利亚南部城市阿斯琴伦（Asculum）附近的原野上，皮洛士和罗马人第二次遭遇的舞台搭建好了。两方都虎视眈眈，皮

1、2：骑兵
3：轻步兵

◎ 公元前3世纪至公元前2世纪的罗马骑兵

洛士试图用一场决定性的胜利把罗马人打上谈判桌，而罗马人则想一劳永逸地摧毁希腊势力对亚平宁半岛的染指。

古典时代的作家认为这两支军队的总人数都达到了7万人以上，而双方的实际人数都在4000名骑兵和3.5万名步兵上下，罗马人还准备了300辆障碍马车，作为武器和路障用来对付战象。皮洛士的基干部队在赫拉克利亚之战后再无补充，但更多亚平宁人加入了他的队伍。

会战的第一天，由散兵战斗拉开序幕。罗马人起先占领了阿斯琴伦战场的山地和林地，这些地形极大地阻碍了皮洛士占优势的骑兵、战象和马其顿方阵作战，因而他指派轻装部队将罗马人驱逐出这些地形。在一天的游击战后，皮洛士成功地将罗马人逐退，第二天的正式交战，得以在一块平地上进行。

次日，两军排布出了常规的战斗序列。皮洛士依旧保留了一部分战象、轻步兵和骑兵作为预备队，余下的骑兵分布两翼，步兵主力在中央结阵。皮洛士将他最信赖的部队——来自马其顿和伊庇鲁斯三大亲族的各方阵团，分别部署在主战线右侧和中央，而在这两个"拳头"之间，则是居左的布鲁提人、卢卡尼亚人，和居右的塔兰托人，步兵战线的最左侧则部署着萨莫奈人。在各方阵单位的间隙，皮洛士还部署了一些亚平宁半岛部队，通过他们来加强方阵间的联系。而罗马人从左至右依次部署了第1、第3、第2和第4罗马军团，以及与其对应的同盟军团。骑兵部署在两翼对抗皮洛士的骑兵，少量轻步兵和那些马车一起部署在战线后方，用以对付战象。8个军团加上两翼的骑兵，使得罗马人的战线长度达到了6千米之长。

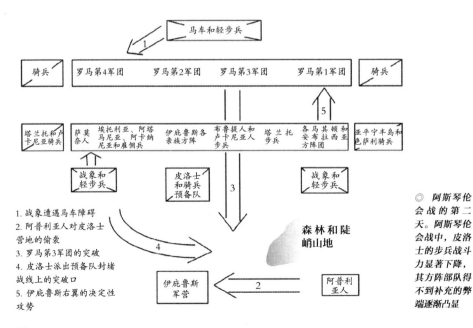

1. 战象遭遇马车障碍
2. 阿普利亚人对皮洛士营地的偷袭
3. 罗马第3军团的突破
4. 皮洛士派出预备队封堵战线上的突破口
5. 伊庇鲁斯右翼的决定性攻势

◎ 阿斯琴伦会战的第二天。阿斯琴伦会战中，皮洛士的步兵战斗力显著下降，其方阵部队得不到补充的弊端逐渐凸显

伴随着此起彼伏的战吼和号令，两条战线开始前进。两军的骑兵首先在两翼接战，来自罗马和希腊的骑兵偏好用长矛直接冲击对方，而塔兰托骑兵则习惯于以灵活的转向躲开冲击，回击以标枪的投射。随之而来的步兵交战更为血腥和激烈，双方的密集阵形每一次互相碰撞都产生大量的伤亡。

◎ 阿普利亚步兵形象。阿普利亚人和布鲁提人都偏向于轻装化的步兵武装，这使得他们总是很难在战场上正面对抗罗马重步兵

在步兵战线上，两军各自在右翼获得了优势。克劳诺斯借给皮洛士的马其顿士兵们以密集的攒刺将罗马第1军团逐渐逼退；而在战线另一端，罗马第4军团则在和老对手萨莫奈人的交战中，渐渐占到上风。皮洛士将预备队中的战象调至左翼，试图挽回局面，罗马人则针锋相对地派出了轻步兵和障碍马车回击。一些士兵躲藏在马车中，等战象接近时再发动攻击，一度占了上风，但战象的驭手们稍稍退后，让伴随的轻步兵上前进攻。后者成功驱逐了设伏的罗马人，随后战象群继续进攻，使得得胜的罗马第4军团陷入混乱，罗马人在这一局部获得的优势也随之失去。

然而在战线的中央，罗马第3军团却突然获得了决定性的进展。与之对阵的卢卡尼亚人和布鲁提人，在短暂的交战后败下阵来，随后一溃千里。战线的缺口逐渐扩大，同样不可靠的塔兰托人受到了友军的影响，也加入了逃亡的行列。溃败的势头直到强大的方阵部分才告终止，缺口两翼的各方阵部队尽管两面受敌，但仍阻止了罗马人继续扩大缺口。尽管如此，皮洛士的步兵战线上仍旧被打出了一个宽达1千米的大洞，第3军团和配属的同盟军团从这里一拥而入，肆无忌惮地追击皮洛士的亚平宁半岛盟军。

屋漏偏逢连夜雨，此时罗马人的一支援军从战场外姗姗来迟，一支约4000名步兵和400名骑兵的阿普利亚军队从皮洛士的后方进入战场援助罗马人。由于战场的混乱，他们没有选择直接投入战斗，而是转而攻击皮洛士的营地。皮洛士连忙调回左翼的战象，让骑兵预备队和战象一起前往援救营地，但他们没能在营地陷落前赶到，阿普利亚人掠夺了营地，随后带着战利品退出了战场。

预备队在返回路上，一头撞进了那支追击中的第3军团和配属的同盟军团。罗马人已经失去了秩序，反而遭到生力军的打击而溃散。皮洛士的预备队一路追击，将这支罗马部队赶进了一处森林。陪伴战

◎ 塔兰托式骑兵。塔兰托式骑兵特指希腊世界中那些手持大盾的标枪骑兵。他们的形象最早在公元前4世纪的塔兰托铸币上出现，同时期很少有持盾作战的希腊骑兵。从公元前4世纪末期开始，这种轻型标枪骑兵开始从塔兰托风靡整个地中海，塔兰托式骑兵的首次大规模海外服役是在公元前317年的帕纳塔西奈会战，数百名塔兰托式骑兵雇佣军加入了安提柯一世的军队。讽刺的是，塔兰托式骑兵的作战方式广泛流行的同时，塔兰托公民自己的骑兵却逐渐衰退

象的投石手和弓箭手随之开火，让躲在森林中的罗马人伤亡惨重，但慑于骑兵和战象的冲力，罗马人又无法突围而出。

至此，罗马人在中央和右翼的两处进展均被皮洛士所遏止，皮洛士却依仗马其顿方阵在右翼的成功逐渐占到了上风。最终皮洛士将战象—骑兵预备队重新投入第一线，以又一次强有力的右翼进攻，配合方阵粉碎了罗马人的战线，不过被困的第3军团却借此脱身。夜幕降临之时，罗马人被迫接受失败，残部逃回了营地。同样损失惨重而筋疲力尽的伊庇鲁斯—希腊联军，无力进行追击，也撤出了战场，由于营地的被毁，他们被迫在附近的高地上重新扎营。

阿斯琴伦会战再度以非决定性的形势画上句号。现代史学界普遍认为，皮洛士损失了超过3500人，罗马人损失7000人以上。但是，掩盖在优势的交换比之下的，是皮洛士基干部队和军官团的又一次惨重损失。连皮洛士本人也身中一支标枪，大难不死。他自己的受伤连同高级军官的大量伤亡，促使他迅速将部队撤回了塔兰托，解散盟军过冬。罗马人同样退出了阿普利亚，尽管在战术上失败，但他们成功阻止了皮洛士占领阿普利亚的行动。

阿斯琴伦会战后，皮洛士真正见识到罗马人的恢复能力，自己的职业军人部队难以承受大量的战斗伤亡，他由此留下了"再这样获胜一次，我们就完了"的著名感叹。在亚平宁半岛的冒险进行2年后，皮洛士萌生退意，开始考虑返回马其顿或者南下西西里。而在来年春季，他再度求和无疑印证了这一想法。

公元前278年春季，皮洛士向罗马人提出休战建议，双方暂时维持现有势力范围。罗马人却再次展示了倔强的民族性格，他们要求将战争进行到底，直至皮洛士彻底退出亚平宁半岛。而皮洛士则不再考虑罗马人的反应，在留下一部分守军后，皮洛士在第3年放弃了在南亚平宁半岛的攻略，而进入西西里岛。

皮洛士放弃亚平宁半岛和进入西西里的决策，缘于阿斯琴伦战后传来的几个消息。就在托勒密·克劳诺斯入主马其顿后不久，一个意想不到的灾难落到了希腊世界的头上，凯尔特人在公元前279年发动了大规模的南下行动。为了阻止蛮族入侵，克劳诺斯亲自走上战场，却在一场惨败后身死，连头颅都成了凯尔特酋长的酒器。

克劳诺斯死后涌现的数位僭主都不足以稳固掌握权力，为此，马其顿人向皮洛士提出了入主的邀请。

又一次的，皮洛士面临着双重选项：南方的西西里岛上，希腊殖民城市的强势统治逐渐衰弱，迦太基人的东侵造成了严重的威胁，和塔兰托人一样，西西里的希腊人也需要一位"佣兵队长"。再三权衡后，皮洛士放弃了变化无常、乡间饱受蹂躏的马其顿，而前往富庶的西西里，并指望以此为基地，在未来入侵阿非利加。

西西里岛上的希腊城市，以锡拉库萨为代表，是希腊本土各城邦早从公元前8世纪就开始的殖民行动的结果。也就是从那时起，希腊人和腓尼基人在西西里岛上的浴血争夺，持续了数个世纪。尽管希腊人曾一度兵临迦太基城下，但在这时的西西里岛，迦太基人却无疑占到了上风。陷入内乱的希腊城市无力靠自己的力量解决

问题，便将目光转向了皮洛士。而在接到了来自锡拉库萨、阿格里真托（Agrigentum）和莱昂提尼（Leontini）等城市的求援后，皮洛士慨然应允，迦太基人闻讯后选择与罗马结盟。公元前278年的夏末，在60艘战舰的护航下，皮洛士带领战象和约8000名士兵进入了西西里西部。

皮洛士的登陆，立即得到了西西里岛各希腊城市的欢迎，他们的军事资源让皮洛士的军队如滚雪球般快速扩大。皮洛士上岛后，立即向西西里第一"大希腊"城市锡拉库萨进发，后者正被迦太基的5万大军和100艘战舰围得水泄不通。但迦太基人显然对皮洛士的到来缺乏准备，皮洛士的舰队强行突破了封锁线，冲入了锡拉库萨内港，和被困港内的锡拉库萨海军会合，舰队数量占据了上风。而战斗力低下的迦太基陆军更无直面皮洛士的勇气，很快迦太基海陆军放弃了锡拉库萨之围。

◎ 皮洛士初次登陆西西里的陶罗米纳海滩

锡拉库萨的解围，让大量希腊城市加入他的同盟，他的军力扩充到了 3 万名步兵和 2500 名骑兵，这些部队大多是西西里的希腊雇佣兵。截至公元前 278 年年底，皮洛士已经解放了大多数受困于迦太基威胁的城市，并在次年继续向西前进，正式进入迦太基及其盟友的势力范围。

在一系列的围攻战中，皮洛士得以发挥他从德米特里乌斯军帐下学习到的围攻技艺，大型的攻城器械被建造起来。在伊利克斯（Erys）城的攻防中，皮洛士以投射武器清除了城墙上的防卫者，并首先冲上城墙，作为对赫拉克勒斯勇名的效仿。随后，赫克泰尔（Herctae）、潘诺穆斯（Panormus）等一系列迦太基的西西里要塞纷纷失守。在数月时间里，皮洛士的兵锋让迦太基在西西里的据点仅剩下其大本营利利巴厄姆（Lilybaeum）一处。对利利巴厄姆的围攻，将成为皮洛士西西里攻略中最关键的一步。

得知西西里摇摇欲坠，迦太基人连忙进行增援。这一过程中，希腊联军的舰队很可能在海战中遭遇失败。因为皮洛士一度拥有的多达 200 艘的战舰，在后来他离开西西里时只剩下 110 艘了。皮洛士失去了制海权，利利巴厄姆的守军得以获得本土的持续补给，皮洛士因此无法选择长期围攻，强行攻取成了唯一的选择。

建立围攻线后，皮洛士发动了攻击，但迦太基在利利巴厄姆的防御固若金汤，防御者轻松击退了进攻。皮洛士本来试图建造更大的攻城器械并开挖攻城坑道，但他本人经营西西里的意志却很快产生了动摇。在他看来，利利巴厄姆的围攻将会消耗太多的时间。在仅仅 2 个月的围攻后，皮洛士选择半途而废，并传令西西里的希腊城市提供新的人力和舰队，他的计划是

◎ 伊利克斯的"布匿"城墙遗址。城墙由迦太基人所建，皮洛士在伊利克斯围城战中有着极其勇猛的表现

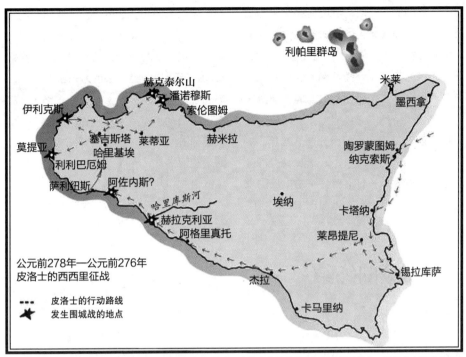

利帕里群岛

米莱

墨西拿

赫克泰尔山
潘诺穆斯
伊利克斯
索伦图姆

莫提亚
塞吉斯塔　莱蒂亚
哈里基埃
赫米拉
陶罗蒙图姆
纳克索斯

利利巴厄姆

萨利纽斯　阿佐内斯？

哈里库斯河
埃纳
卡塔纳

赫拉克利亚
阿格里真托
莱昂提尼

公元前278年—公元前276年
皮洛士的西西里征战
锡拉库萨

- - - 皮洛士的行动路线
★ 发生围城战的地点

杰拉

卡马里纳

◎ 皮洛士的西西里征战示意图。在西西里的两年征战中，皮洛士表现出了出色的攻坚战能力，但战术上的亮点无法弥补战略上的连续失误

直接登陆阿非利加本土。

这一决策也成为皮洛士在西西里的分水岭，此前长达两个世纪的经验表明，只要迦太基人能够维持利利巴厄姆，他们总能够迅速地收复其余失去的领土。在这一关头，皮洛士没有学习到安提柯一世的经验。后者曾在公元前315年围攻地中海最著名的坚城之一——提尔，尽管在海军处于劣势的情况下，围攻者补给困难、苦不堪言，但安提柯仍下令强攻提尔。最终在长达18个月的咬牙坚持后，安提柯攻取了提尔，同时让托勒密王朝的海军失去了最重要的海军港口之一，扭转了局势。

皮洛士放弃围攻不仅在军事上是一个

错误，从政治上来看，他轻易放弃围攻的举动显露了他对西西里盟友的真实态度：他无意真正为希腊人清除迦太基的威胁，只一心想利用前者的人力物力达成自己的野心。各希腊城邦与他的"蜜月期"也随之结束，他们表达了自己对此的不同意见，反而让皮洛士暴露出了本来面目。他如暴君一般愤怒地痛斥了希腊人，并居高临下地向他们处以罚金。至此，他在西西里所受的广泛欢迎荡然无存，还一并留下了三心二意、忘恩负义的恶名。

为了对抗西西里城市的敌意，皮洛士开始在各希腊城市中安排驻军，这一举措进一步激起了希腊人的不满。首批邀请皮洛士上岛的城市，现在反倒首先开始煽动公开叛乱。迦太基人闻讯大受激励，从利利巴厄姆向皮洛士的势力范围反击。结果，皮洛士首先丢掉了锡拉库萨，随后发现整个西西里岛都在与自己敌对。他在西西里的冒险仅仅持续了 2 年时间，就因自己的决策失误而毁于一旦。公元前 276 年，皮洛士在西西里无法维持，恰逢罗马人再度向塔兰托进攻，一封来自亚平宁半岛的求援信总算让皮洛士有了体面退出西西里的借口，他重新将目光转向了亚平宁半岛。

# 军事冒险的终结

在皮洛士远离亚平宁半岛的 2 年中，他的盟友在反罗马战争中损失惨重。公元前 277 年和公元前 276 年，新任的罗马执政官都取得了足以举行凯旋式的大胜。到皮洛士准备回应盟友的求援，返回亚平宁半岛的时候，亚平宁半岛已只剩少数皮洛士驻军的坚城仍未失守。

皮洛士选择了最直接的返回线路：从墨西拿海峡渡海，登陆亚平宁半岛南部城市雷吉恩和卢克里斯（Locris）。出发前他的总兵力包括 2 万名步兵、3000 名骑兵和 110 艘战舰。但在墨西拿海峡，他遭到迦太基海军的 130 艘战舰拦截，海战中他的舰队被彻底摧毁了：70 艘战沉，28 艘失去航行能力。登陆后的皮洛士面临着雷吉恩和卢克里斯的敌对，进行围攻后才得以确保自己的后方。他的第二次亚平宁半岛之旅，从一开始就困难重重。

设法从雷吉恩前往塔兰托后，皮洛士

开始寻求人力和金钱的补充。此时坏消息从东方传来：安提柯二世戈纳塔斯成了马其顿国王。皮洛士写给他一封威胁信索取援助，但遭到拒绝，这也为未来他们之间的恩怨埋下伏笔。勒索不成的皮洛士，转而通过抢劫卢克里斯的神庙获取收入，结果运输赃物的船只仿佛遭到天谴，甫一出海便遭遇海难，皮洛士惊惶之间被迫归还了财物，军队的士气也随之大跌。

然而，公元前 275 年的罗马人同样诸事不顺。前一年的多次流行病造成了大量人口和牲畜死亡，加上一起雷劈卡皮托神庙的天灾，让罗马人对皮洛士的返回颇为惊恐。尽管过去 3 年内，罗马共和国连战连捷，但当这一年度的执政官开始征兵时，还是有大量公民逃兵役。直到发出违令者没收财产、贬为奴隶的威胁后，罗马军团才重新组建成型。

最终还是皮洛士率先行动，在得到亚平宁人的人力补充后，他带领 4 万人首先进入了亚平宁半岛中部。而罗马军队则分为两路，执政官科内利乌斯的一半军队进入卢卡尼亚，而曼纽乌斯·卡里乌斯（Manius Curius）则带领 2 万至 2.5 万人直面皮洛士的主力。通过迅速的行动，皮洛士抢在两支罗马军队会合前，在贝内温图（Benevento）截住了卡里乌斯。没钱发饷的皮洛士希望能利用兵力优势各个击破，首先打败卡里乌斯。为此，皮洛士设法进行了一次夜间偷袭，一支战象和轻步兵的特遣队将绕到罗马营地后方袭击。结果，复杂的地形使得偷袭分队直至破晓才抵达目标，筋疲力尽的偷袭者被罗马人

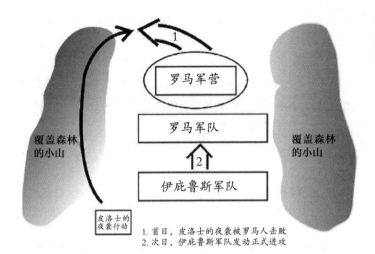

◎ 贝内温图会战示意图。贝内温图的战败宣告了皮洛士在亚平宁半岛冒险的终结

1. 首日，皮洛士的夜袭被罗马人击败
2. 次日，伊庇鲁斯军队发动正式进攻

发现并击败，甚至有数头战象被俘，皮洛士本人艰难逃脱。

偷袭的惨败，激起了罗马人的战意，卡里乌斯立即在次日发出挑战，而皮洛士也随即接受正面会战。贝内温图会战的开头与前两场会战别无二致：依靠方阵部队和骑兵—战象混成部队的侧翼打击，皮洛士在右翼获取优势，而由亚平宁半岛部队组成的左翼则被罗马人击溃。但是在追击过程中，一头幼象在围攻罗马营地时受伤，它的哭喊影响了其余已疲惫不堪的大象，最终导致了连锁反应：皮洛士的整条战线被失控的象群冲垮。罗马人戏剧性地赢得了贝内温图会战的胜利。

皮洛士的伤亡视不同史料而定，有1万余人到3万之众的不同说法。但有一点是毫无疑问的：皮洛士的亚平宁半岛冒险至此彻底结束。皮洛士最依赖的伊庇鲁斯、马其顿士兵和战象已经消耗殆尽，他的财源也已经枯竭。就在这一年的秋季，皮洛士带领仅存的8000名步兵和500名骑兵

起锚离开塔兰托，返回伊庇鲁斯。在皮洛士离开5年后，罗马人彻底统一了南亚平宁半岛。

在6年的征战之后，皮洛士又一次回到了伊庇鲁斯故土。除了军队比出发前少了一半，他在这6年中一无所获。皮洛士的个性中有太多和他曾经的宿敌、上司和亲戚德米特里乌斯相似之处，无休无止地追求军事冒险是对他一生的总结。现在，他不满于偏安伊庇鲁斯一隅之地，而再度将目光投向了马其顿和希腊。

在加拉太人肆虐的公元前278年，安提柯·戈纳塔斯成功地在色雷斯击败了一支凯尔特人，这次胜利连同他的血缘一起为他争取到了马其顿的王座。而皮洛士在亚平宁半岛期间，安提柯二世公然拒绝提供援助，连同皮洛士对马其顿的野心一起，引发了皮洛士对马其顿的再度入侵。

公元前274年春季，皮洛士涉足马其顿，并迅速取得了一定的成功，至少2000名马其顿士兵倒戈到他的麾下。最终，安

提柯二世带领主力前来阻止他，双方在一条狭窄的隘路上相遇，战斗地点很可能在阿乌斯河（Aous）附近。安提柯二世并未从他的祖父和父亲身上继承过人的军事天赋，在会战中他的部队被皮洛士分割击败。马其顿方阵仓皇逃跑，而充当后卫的凯尔特雇佣兵和战象全军覆没，皮洛士俘虏了其中的相当一部分。

战斗结束后，马其顿人再度因伤亡畏于继续战斗。皮洛士见此，在军营外大声呼喊熟识的马其顿军官，安提柯的马其顿士兵纷纷倒戈，而安提柯二世像他父亲一样，趁夜悄悄逃亡。皮洛士凭此轻松夺取了马其顿和色萨利地区，安提柯二世则屈身于一些沿海城市，手中再次仅剩下一些雇佣兵。

重占马其顿的皮洛士让一支凯尔特雇佣兵驻守马其顿古都埃迦伊（Aegae），结果酗酒和贪图财货的蛮族

破坏了马其顿的历代皇陵，这一举动几乎让马其顿人暴怒，也让皮洛士才刚获得的人心无影无踪。而由于安提柯二世从父辈手中继承的强势海军，皮洛士始终无法消除他在沿海的存在，他在马其顿的统治同样无法稳固。

还没彻底消灭安提柯的皮洛士，此时又开始寻觅新的扩张机会，这时，斯巴达人克里奥尼穆斯（Cleonymus）前来拜访，送上一个天赐良机。克里奥尼穆斯原有斯

帕特雷

亚该亚地区

西基昂
科林斯

阿尔戈斯

麦加罗波利斯

美塞尼亚地区

美塞尼　斯巴达

塔伊耶托斯山脉

埃夫罗塔斯河

山脉

◎ **公元前272年皮洛士在伯罗奔尼撒的征战**

巴达的王族血脉，然而他过于专断而失去了王位继承权。于是，被流放海外的克里奥尼穆斯试图叫来外援，帮助自己复位，而皮洛士无法拒绝这个建立傀儡政府的机会和诱惑。他毫不犹豫地答应了这个请求，借机进入斯巴达。

带着2.5万名步兵、2000名骑兵和24头战象，皮洛士入侵了伯罗奔尼撒半岛。在行军南下的路上，皮洛士遇见了来自亚该亚、美塞尼和雅典的各路使者。这些地区都有安提柯设置的驻军，他们请求皮洛士帮助希腊城市颠覆安提柯的控制，这使得安提柯在希腊的利益遭到威胁。

恰逢此时，斯巴达国王阿瑞乌斯（Areus）正率军出征克里特岛，国内可谓毫无防备。于是，当皮洛士穿越科林斯地峡进入伯罗奔尼撒时，斯巴达使者前来了解皮洛士南下的原因。皮洛士煞有介事地告诉使者，自己旨在推翻安提柯对各希腊城市的控制，并表达了对斯巴达的敬意，甚至表示自己希望能获得斯巴达式的军事训练。结果，斯巴达使者轻信了这一说法。

而当皮洛士一进入拉柯尼亚的领土时，他立即开始蹂躏乡间，此时斯巴达人才对皮洛士的不宣而战如梦初醒。斯巴达自古以来的传统是以公民的勇武好战作为防卫，因而不设城墙。兵临城下的皮洛士也因此而轻视斯巴达，并没有在到达的第一天当晚进攻，而是准备在第二天白昼再行攻城。不料，这个晚上却改变了此后的历史进程。

当皮洛士次日醒来时发现城市在一夜之间重重设防，原来在前一日夜间，斯巴达的全体女性和老人全力赶工，挖掘出了一条壕沟工事。而斯巴达留守国内的青壮年，则趁机休息了一整晚，以应付次日的杀戮。斯巴达的女性完成这些工作后，纷纷以世代流传的言语激励子弟，"带着盾牌凯旋，或是躺在盾牌上马革裹尸"。曾是克里奥尼穆斯的妻子、后来与他决裂的契洛尼斯（Chilonis）更是将绳索套在颈上，随时准备自杀。尽管斯巴达的国运早已不复往日，但斯巴达人仍旧保留了几分全盛时的风骨，令人感叹。

攻城开始后，皮洛士亲自领导了第一轮步兵突袭，结果人数处于劣势的斯巴达公民兵被逐退，但依靠临时工事，他们设法挡住了皮洛士的前进。皮洛士的儿子托勒密带领一支凯尔特人和凯奥尼亚卫队迂回冲击，破坏路障。契洛尼斯的心上人、斯巴达王子阿克罗塔都斯（Acrotatus）则组织了300人，从战场侧翼发动反击。托勒密的部下们被斯巴达人猛烈的突袭赶进壕沟，托勒密使尽浑身解数才得以脱身。

经此，皮洛士第一天的攻击以惨重的伤亡宣告失败。第二天的进攻开始后，皮洛士的马其顿士兵设法填补了壕沟，随后皮洛士亲率骑兵直冲城中，然而他的坐骑身中流矢导致军心大乱。斯巴达人趁势又一次将皮洛士赶回营地。就在斯巴达人苦苦支撑时，安提柯二世部署在科林斯要塞的驻军，在福基斯人阿米尼亚斯（Aminisa）的指挥下雪中送炭，他们抵达后不久，阿瑞乌斯本人也带领2000人从克里特返回，皮洛士的突袭随着两支援军的到达宣告破产。

放弃攻城的皮洛士原打算就近过冬以图久计，但上天仿佛注定要让他困于连续的战事中。斯巴达以北的城市阿尔戈斯（Argos）发生了与斯巴达类似的政治变局，城中的亲安提柯派掌权，另一派便前来邀请皮洛士介入政局，皮洛士立即引军北上，投入自己的最后一次军事冒险中。

在皮洛士离开斯巴达的过程中，斯巴达军队对他的后卫发动了凶猛的突击，充当后卫的凯尔特佣兵和莫洛索伊方阵团均伤亡惨重，托勒密带领皮洛士的卫队前去援救，却在混战中被斯巴达的骑兵杀死。闻讯赶来的皮洛士怒不可遏，手持骑枪手刃了斯巴达骑兵的指挥官伊瓦库斯（Evalcus），才得以暂时逐退斯巴达人的追击。

然而还未及到达阿尔戈斯，坏消息接踵而至：安提柯二世带领全军已在阿尔戈斯城外的高地上以逸待劳。皮洛士不敢直接冲击高地上的敌军，便亲自向安提柯挑战，两人间的对话倒是颇能展现二人的性格，皮洛士表示要以单打独斗分出胜负；而安提柯则回答说："统军作战要务在身，国王不可轻出决斗。若是皮洛士执意找死，那自然有许多别的死法可供挑选。"岂料安提柯的回答却一语成谶。

作为战场的阿尔戈斯，此刻居中调解，两人暂时接受了和谈的提议，皮洛士却私下另有考虑。当晚，亲皮洛士的阿尔戈斯市民为他打开城门，伊庇鲁斯大军鱼贯而入，起初突袭进行得很顺利，但当皮洛士的战象入城时，需要拆卸大象背上的箭塔才能通过。黑暗中的这番嘈杂，使得阿尔戈斯市民纷纷从梦中惊醒，公民兵们连忙

◎ 伊庇鲁斯战象的冲击。战象是一种强大而敏感的动物，一旦使用不慎，很可能对友军造成极大的杀伤

取出武器，冲进位于城市要道的工事"阿斯匹斯"（以重装步兵圆盾命名的一座堡垒）把守。

闻讯而来的除了安提柯在城外的军队，还有尾随而至的斯巴达人。阿瑞乌斯国王率领卫队和克里特雇佣兵与安提柯会师，两人猛攻皮洛士留在城外的凯尔特佣兵，一时间皮洛士腹背受敌，混乱不堪。战况的不利让皮洛士试图撤军，他让另一个儿子赫勒努斯在城墙上开出大洞，赫勒努斯却误会了命令，从主干道上增援皮洛士。进出的人流汇集一处，让军队更无秩序可言。此时，一头叫作奈康（Nicon）的战象，其驭手意外落下大象，急于救主的战象在惊慌中彻底发狂，无差别地攻击所有士兵。

皮洛士眼看着混乱的一幕，寄希望于用自己的勇武改变局势，冲至阵前鏖战。此时，一支标枪射中了他的胸甲却未能击穿，皮洛士转而前去砍杀那位不知名的标枪手。怎料那位士兵的老母正在屋顶上观看搏斗，眼见儿子正处险境，她用砖瓦砸向皮洛士，恰好将皮洛士砸晕在地。此前皮洛士为安全起见，去除了一切王室标记，结果没人认出他的身份，直至一位安提柯麾下的老兵佐庇鲁斯（Zopyrus）认出皮洛士，准备砍下他的头颅。正在他要下手之际，皮洛士从眩晕中苏醒，佐庇鲁斯第一刀砍歪了，他又补上数击终砍落皮洛士的人头。就这样，叱咤风云的皮洛士因一位老妇投出的砖瓦，横死异乡，死无全尸。

随着皮洛士的死讯传遍战场，苦战中的伊庇鲁斯军队群龙无首，选择向安提柯放下武器。安提柯的一个儿子阿西奥纽斯

◎ 安提柯二世铸币。安提柯二世几乎以一己之力力挽狂澜，使得马其顿的国力回升到了自腓力一亚历山大父子后的最高点，开创了安提柯王朝的统治

（Alcyoneus）将皮洛士的头颅献于父亲，或许是为了表现自己的英雄气概，他将死敌的头颅猛地掷于安提柯身前的地上。然而安提柯认出皮洛士后，却愤怒地把儿子拉到面前，举起手杖痛打和责骂他，指责他的举动恶劣而野蛮。随后安提柯用长袍掩面而泣，皮洛士的命运让他不禁想起了祖父和父亲的结局。

皮洛士败亡后，安提柯二世完成了他的祖父和父亲都未竟的事业，虽然短于领军作战，但安提柯二世在政治、外交和谋划方面的惊人天赋，让他从即位时的山穷水尽中力挽狂澜。最终，安提柯二世建立了安提柯王朝，以及马其顿此后一个多世纪的稳固统治。安提柯王朝的世系尽管追溯到安提柯一世父子，却没有人否认他才是王朝的真正建立者。从伊庇鲁斯、马其顿到希腊的各城市，安提柯二世以直接统

治、驻军、政治联姻、扶植僭主等诸多手段，牢牢掌握了一切。被他放回的皮洛士之子赫勒努斯，一度试图挑战安提柯的权威，最终也遭击败。

这样的结局，对皮洛士以及他的同类们而言是讽刺的：擅长舞刀弄枪的军人国王们，在战场上赢得胜利换取的领土注定朝不保夕，而政客们却能够以勤勉和智力换取一幅稳定的版图。皮洛士是一位悍勇的武士、一个颇有造诣的战术家，却在战略上显得短视和毫无毅力，在外交上显得幼稚及愚蠢，总是为了单纯的个人欲望追求军事冒险，白白浪费鲜血。

从某种角度来说，皮洛士生于一个最好的时代，亚历山大大帝的英年早逝让西至西西里和亚平宁半岛，东至印度半岛的偌大一片土地，成为皮洛士们肆意追求权力欲和战场荣誉的舞台。然而天下无不散的筵席，天下大势分久必合，当人民厌倦无止境的杀戮时，统一的王朝必然将开始建立。只懂得排兵布阵的武人，最终在继业者时代的尾声退场，而将舞台留给了更懂得治国和权术的后辈们。皮洛士的悲剧命运属于继业者时代的所有武人，而他自己则成了这个时代的句号。

# 安条克三世

## 壮志未酬的塞琉西国王

作者
/杨英杰

我比任何人都更有权利成为这里（色雷斯和加里波第半岛）的君主，我也拥有这个力量。——安条克三世爱伦坡曾有诗句云："光荣属于希腊，伟大属于罗马"。古典时期的地中海历史，经历了一段罗马共和国走向崛起，而希腊世界逐步衰落的过程。在这一过程中，许多曾经为胜利女神所垂青的希腊化势力，在战场上沦为罗马军团光荣战史的注脚，这其中就包括了亚历山大帝国的继承者之一——塞琉西帝国。那场短暂并且几乎是一边倒的罗马—叙利亚战争，也被以战败方的国王名讳命名为"安条克战争"，领导了这场战争的塞琉西国王安条克三世，就以这种特殊的方式在史书的一角被铭记。

然而，在安条克三世并不算长久的统治（36年）中，值得被记住的远不止是统治末期的那一场军事灾难。从登上王位到

◎ 安条克大帝雕像。即使没有雕上瞳仁，我们仍能透过雕像想象出安条克大帝坚毅的眼神和勃勃野心

在位期间的一系列军事征服，安条克三世证明了他是一位野心勃勃、能力出众的英主，他的事迹也证明这位枭雄配得上"大帝"（Megas Basileus）的称号。从困境中的坚持，霸业重铸的前夜，再到转瞬之间基业的崩塌，安条克大帝的故事需要娓娓道来。

# 内外交困的新王

公元前3世纪后期的环地中海世界处在一个战乱频仍、政治局势变幻无常的局面中。在西地中海，经过了与亚平宁半岛上各势力的激烈竞争，罗马共和国终于凭借其民族的坚韧秉性脱颖而出，成为地区性霸主。然而随之而来的布匿战争，对参战的罗马人和迦太基人而言，都将是一个漫长而血腥的考验。此时，距离罗马人走向无可阻挡的霸权还有很长的一段时间；在西地中海建立新秩序尚遥遥无期的同时，在东地中海世界，旧的秩序却行将崩塌。

半个世纪前，亚历山大大帝通过军事征服建立了幅员辽阔但政治上脆弱至极的马其顿帝国，几乎是在他去世的同时，这个帝国的政治寿命走向了终点。随后连绵不绝的继业者战争，让几个胜利者得以在旧帝国的尸体上建立起属于自己的王朝。这一相对带来稳定局面的结果，连同希腊文化在亚洲的迅速传播，以及希腊世界的经济在马其顿东征过程中的短暂复苏一起，俨然让东地中海进入一个新的、由希腊人主导的黄金时代。不过这种海市蜃楼式的繁荣和继业者王朝对广大疆土看似严密的统治，实际上与希腊化世界中无休无止的

希腊人内战所共存。在连续的战争中，各继业者王国的国力减弱了，希腊裔人口的数量下降了，希腊人的商业、手工业在衰退，越来越多的中小政治势力谋求自由与独立，从而进一步加剧了东地中海的战乱和分裂。

对于继业者王国之一、继承了大部分亚历山大帝国遗产的塞琉西帝国而言，它同样处于困境之中。尽管在表面上，塞琉西帝国是三大继业者王国中最为强大的一个，依旧维持着极为广阔的疆域，但其中相当一部分，尤其是偏远的东部各行省，对统治者而言已经是鞭长莫及。公元前255年，帝国的巴克特里亚总督狄奥多图斯举起叛旗，将原本就半独立的巴克特里亚行省（Bactria）正式变成一个独立政权，定都巴克特拉城，也就是在中国古籍中定都"薄知城"的"大夏"。差不多在同一时期，帝国北部边陲的帕提亚行省（Parthva，由于拉丁语拼写后改为Parthia）宣告独立。到了公元前238年，古伊朗的草原游牧联盟大益人（Dahae）中，一支叫作帕尼人（Parni）的游牧民族，从他们的居所南下。他们在国王阿萨西斯的领导下，攻占了独立后无力对抗入侵的帕提亚行省。在他们割据一方、迈向建立帕提亚帝国之路的同时，其称呼成了世人所熟知的"帕提亚人"。而在帝国版图的另一端，小亚细亚西北部的城市帕加马（Pergamon），在继业者战争中由于机缘巧合，城市的管理者菲勒泰罗斯（Philetairos）获得了9000银泰伦的巨款。这个数字大抵相当于公元前2世纪彻底吞并本都、比提尼亚和塞琉西前夕，罗马共和国一整年的公共财政收

◎ 安条克三世在铸币上的形象。发行货币并铸上自己的形象，一直是王权最重要的象征之一

入总额；并相当于伯罗奔尼撒战争开始前，盛极一时的雅典帝国的全部货币储备的1.5倍左右。这个幸运的管理者在臣服塞琉西帝国的同时，小心地隐藏起他的野心和这笔财富。直到他的后继者攸美尼斯一世（公元前263年至公元前241年在位）借托勒密王朝和塞琉西帝国之间的战争，于公元前261年宣布独立，并在帝国西部重镇、吕底亚行省首府萨迪斯的附近，痛击了当时的塞琉西国王安条克一世亲率的大军。

除去这些公然独立并且强大到帝国无力收复的行省外，塞琉西帝国疆域内还存在着其他此起彼伏的叛乱威胁，其中甚至包括帝国核心的地区，位于首都安条克城左近的奇里斯提卡（Cyrrhestica）。

伴随着叛乱和军事入侵导致的外部安全威胁而来的，是频繁的内部政治斗争。从公元前246年安条克二世被前妻暗杀起，政治上的反对派始终在给帝国制造分裂局

面，连续三位塞琉西统治者都被内战和暗杀阴谋所困扰。公元前 223 年，当时在位仅 3 年的塞琉古三世在率军出征的过程中被刺身亡，统治权由此来到了他的弟弟手中，也就是未来大名鼎鼎的"大帝"安条克三世。

与被暗杀的兄长一样，安条克三世同样是塞琉古二世及其妻劳狄斯的儿子。在公元前 242 年，他在波斯帝国传统的避暑胜地和夏都——波西斯行省的首府苏萨（Susa）出生。在安条克的童年成长过程中，他见识到了各种各样的动荡局面。在他出生的同时，他的父王正陷入第三次叙利亚战争中，对塞琉西帝国而言这是一次不折不扣的军事灾难。利用塞琉西国内的不稳定，托勒密三世的兵锋一度直达伊朗高原，包括帝国的西部首府安条克城在内，大批帝国重要城市惨遭劫掠，托勒密三世据说掠得了相当于 4 万银泰伦的巨额资产。在公元前 241 年，终于以一纸和约结束了第三次叙利亚战争后不久，塞琉西帝国又陷入了内乱。塞琉古二世的亲弟弟——安条克·海拉克斯（Hierax，意为雄鹰）在小亚细亚发动叛乱。前往镇压的塞琉古二世，在公元前 235 年发生的安卡拉会战中惨败于弟弟之手，拱手献上了整个安那托利亚高原的疆土。只是由于安条克·海拉克斯在随后与帕加马的战争中败北逃亡，塞琉古二世才得以在公元前 228 年开始部分收回小亚细亚的疆土。在勉强稳定了局面仅仅 1 年之后，安条克三世的父亲死于一次意外坠马事故，这使得安条克的兄长塞琉古三世继位。安条克三世自己或许从未曾想过自己的哥哥在位仅仅 3 年就被暗杀，自己借此登上帝国的王座，获得了施展自己野心和抱负的舞台。

然而，对于当时年仅 18 岁的安条克三世而言，登上王位与实际掌握权力有着千差万别。深受塞琉古三世宠信的首席大臣赫米阿斯（Hermeias）身居高位，并且成为实际上的帝国统治者。在年轻的安条克面前，他表现得飞扬跋扈，毫无顾忌地运用各种政治手腕排除宫廷内外的一切异己。

塞琉西帝国不仅内部政局不稳，外部环境同样岌岌可危。在帝国核心区域的东部，无论从财政还是兵源角度来说都极为重要的米底行省，几乎在安条克继位的同时选择发动叛乱。米底行省总督莫隆和他的兄弟、波西斯行省总督亚历山大迅速利用米底的富饶资源，纠集了一支规模可观的大军，进入西南毗邻的美索不达米亚地区。对于内外交困的安条克三世而言，这几乎是插向心口的一刀。米底首府埃克巴塔纳附近，和美索不达米亚南部的幼发拉底河北岸，属于塞琉西军事人力分布最密集的区域。一旦失去这两个地区，连同东方各行省和小亚细亚人力的损失一起，塞琉西帝国就将失去其最主要和可靠的兵源。那是一些主要分布在帝国核心区域的军事定居者，他们通过提供高质量的军事服务换取世袭的土地拥有权或使用权。

面临着这样的威胁，刚刚继位的安条克三世提出，将主要的军力用于东方，消除莫隆带来的巨大威胁。按照塞琉西帝国和大部分希腊化国家的传统，这支军队当然将由国王本人亲自率领。然而卷入一起叛乱阴谋的赫米阿斯反对这个建议，并力主让安条克本人带领一部分军队南下攻击托勒密王朝在叙利亚的领土，而让其他将军领导针对莫隆的平叛军事行动。为此，他还不惜假借国王的外甥、西部的总督阿基乌斯之名写信劝说。最终，国王采纳了这个决定，事后证明这是一个巨大的错误，而赫米阿斯则达成了目的，暂时让安条克转移了注意力，避免了可能到来的惩罚。

就当安条克正带领规模有限的军队，在柯里—叙利亚进行徒劳无功的入侵时，他得到了关于莫隆的报告，这是他不想看到的消息：受命带领军队平叛的将军、亚该亚人色诺塔斯（Xenoetas）行事鲁莽，而错误判断了叛军的实力。他试图立即渡过底格里斯河，迅速地打败莫隆，而一些相对冷静的高级军官，比如齐欧西斯（Zeuxis），在提出反对意见后被色诺塔斯解职并赶走，留守后方基地。结果，在被莫隆的诈败引过底格里斯河后不久，色诺塔斯的军队遭到莫隆的夜袭。完全没有部署警戒措施、喝得酩酊大醉的平叛军队被撕成了碎片，色诺塔斯本人被杀。

事已至此，安条克无法再继续接受赫米阿斯的意见，也不愿容忍他的专权了，国王下决心把所有权力揽到手中。首先，他重新制订了镇压莫隆反叛的政策，听从了齐欧西斯的意见，决心亲自率军东向，与莫隆进行决战。同时，他悄悄开始了针对赫米阿斯的动作：买通了后者的医生，准备以暗杀的方式解决问题。

公元前221年冬季，安条克三世开始了他第一次独立指挥的大规模军事行动。

此时的莫隆在确保了米底的同时，已经占领了美索不达米亚的相当一部分，安条克三世可以掌握的军事资源，去除防备托勒密王朝和参与叛乱的部分，只有相当有限的一部分可以用于平叛。莫隆带领军队主力停留在他占领的冬季营地——帝国的东部旧都、底格里斯河畔塞琉西亚城。了解到这一点，安条克决心以迅猛的战略行动迅速穿越整个美索不达米亚，切断莫隆与他的大本营米底行省的联系，在阻止他利用米底行省的资源进行长时间游击战的同时，逼迫莫隆在普遍不欢迎他的土地上，以不利的情报和后勤条件，进行一场对安条克有利的决定性会战。

安条克行动迅猛，在莫隆后知后觉的情报人员得以获得信息之前，帝国军队已经来到了通往米底的必经之路——阿波罗尼亚城。这里位于底格里斯河的两条支流——迪亚拉河（Diala）和纳林·彻埃河（Narin Tchai）之间。而在阿波罗尼亚城的西北和东南方向，分别延伸着两条西北至东南走向的山脉——贾巴·哈姆林山脉（Jabal Hamrin）和奎米兹·德莱山脉（Qyrmyzy Dereh）。以阿波罗尼亚为据点的塞琉西军队可以轻松控制山脉上至关重要的库达鲁兹隘口（Kurdaruz），封锁莫隆主力与米底间的交通线。

当莫隆急匆匆地离开冬营，急行军到阿波罗尼亚附近的山地时，他才得知自己已经被切断与米底联系的事实，于是他拿定了进行决战的主意。在他看来，他的军队中相当比例的奇里提人（Cyrtian）投石手能够在丘陵地形的会战中发挥更大作用，这是一个有利因素。随着双方指挥官都有接受会战的意愿，阿波罗尼亚附近的大规模会战势在必行。

双方的会战地点最终定于贾巴·哈姆林山脉上一块较平坦的地面上，离库达鲁兹隘口不远。战场呈西北向东南延伸的长条状，长约4千米，宽约500米，安条克的军队占领东北方，而叛军在西南方展开。战场地形较为狭窄，周围难以通行的山地

使得战败一方很难完整撤离，尤其是对莫隆的部队而言。

对于这场会战双方各自投入了多少兵力，史料没有留下精确的数字，不过我们可以从较为完整的战斗序列记载中大概推测出参战两军都达到了数万人的规模。安条克三世本人亲自指挥塞琉西军队的右翼，从西至东，部署的顺序依次是从军事定居者中招募的旭斯通枪骑兵（旭斯通即xyston，一种希腊化世界中最常见的双手骑枪，长度为3米至4米）、克里特步兵（很可能是弓箭手）以及加拉太人和希腊雇佣军组成的重步兵。他的中央毫无疑问由大批训练有素的马其顿式方阵组成，兵员主要是军事定居者，也可能包括一些雇佣兵，数目在9000人左右，在他们的前方是10头印度战象和用以配合的散兵。而在左翼，安

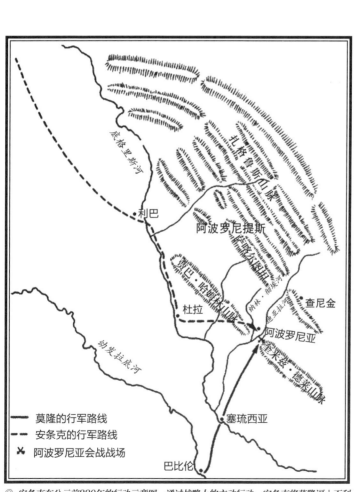

◎ 安条克在公元前220年的行动示意图。通过战略上的主动行动，安条克将莫隆逼入不利境地，并逼迫他接受了决定性的会战

条克三世部署了近卫骑兵的一部分——员额 1000 人的伙伴骑兵，他们继承了腓力二世和亚历山大大帝时期伙伴骑兵的番号、作战方式和出色的战场表现。此外，安条克还在战线两翼后方各预留了一部分步骑混合的预备队。

莫隆缺乏足够的军事定居者响应号召，他的中央方阵不足以延伸足够的战线长度，因此他被迫用更轻型的部队，比如加拉太步兵来组成战线。在战线前方他也部署了用以冲击对方方阵的卷镰战车，不过这一手段在战象的威力面前很可能适得其反。而在两翼，莫隆部署了骑兵，并在骑兵周围崎岖难行、不会遭受敌军骑兵冲击的区域部署了轻步兵。莫隆亲自率领右翼，而把左翼交给一个兄弟瑙鲁斯（Naolaus），直面国王。总的来说，莫隆的骑兵和轻步兵数量占有优势，但重步兵，尤其是马其顿式方阵的数量，远远落于下风。

会战开始后，局势发展显得一边倒。根据波利比乌斯的描述，瑙鲁斯的左翼骑兵发动了冲击，但内心仍旧效忠国王的士兵在发现国王亲自在场时，当即选择了倒戈。而根据一些史学家的研究，叛军在左翼的迅速投降是因为遭受了安条克埋伏的侧翼预备队的伏击。安条克随即以得胜的右翼迂回，在正面作战中已经落于下风的叛军中央战线承受不住前后夹击，立即崩溃了。已经陷入战斗中的叛军右翼随即被包围，莫隆见局势无法挽回，选择了自杀。就这样，声势浩大的莫隆叛乱，随着阿波罗尼亚会战的结束和主谋的身死事实上画上了一个句号。随后的一系列收尾行动，

譬如在底格里斯河畔塞琉西亚的围城中，叛军并没能掀起太多的波澜。

## 塞琉西中兴之主

收复米底和美索不达米亚的叛乱区域后，安条克趁势北上攻击米底地区边缘的米底·阿特罗帕特尼王国（Media Atropatene）。这一地区原属于米底行省的一部分，在亚历山大大帝死后瓜分权力的巴比伦分封中，由于米底行省过于富饶，出于平衡权力的角度，这一部分土地被从米底总督培松的手中夺走，分封给效忠亚历山大的前波斯总督阿特罗巴特斯。在继业者战争开始后，他借机宣布独立，建立了自己的王朝。在塞琉西帝国时期，由此前阿特罗巴特斯王朝的统治者——阿尔塔巴扎内斯（Artabazanes）管理的这一王国是帝国的附属国之一，后来由于米底叛乱，阿尔塔巴扎内斯宣布独立。在轻松击败阿尔塔巴扎内斯后，安条克重新让他宣誓效忠，并允许他继续统治米底·阿特罗帕特尼王国，成为帝国的附庸。在避免叛乱的同时，源源不断地向塞琉西帝国提供军事和财政的贡献。

对于安条克来说，米底叛乱的最终结局是令人满意的。一方面，莫隆的叛乱被平息且没有损耗塞琉西帝国太多的国力，无论是美索不达米亚还是米底，都没有进行长时间的围城和游击战，而宝贵的军事定居者体系的人力资源也没有遭受太严重的战斗伤亡。另一方面，在亲自指挥公元前 220 年冬季至次年春季的战局后，局势

的一边倒也让他获得了足够的威信。

但就在军队返回的路上，小亚细亚又生事端。帝国的小亚细亚部分领古原本由坐镇萨迪斯的总督阿基乌斯（Achaeus）统一节制，他是安德罗马库斯之子，安条克三世的亲外甥。在塞琉古三世被暗杀之后，是他追拿了凶手，并且在军队向他发誓效忠的情况下放弃了唾手可得的皇位。在扶植安条克三世上台后，他保持着对帝国的忠心。同时在他任内，帝国在小亚细亚的经营重现曙光，从安条克一世时期起就飞速扩张的帕加马遭到阿基乌斯的强势压制，到安条克三世继位时，帕加马几乎已经被迫收缩回了刚刚举起叛旗时的一隅之地。安条克三世即位后，阿基乌斯几乎是完全独掌了塞琉西帝国在陶鲁斯山脉以西的一切资源，可随后发生的事颇为耐人寻味：由于赫米阿斯此前借他的名义提出的错误意见，安条克三世进行了徒劳无益的南侵，为此阿基乌斯被公然诬陷反叛和私通托勒密，而国王"相信"了这个说法，并且写信斥责了他。这仅仅是由于赫米阿斯的一系列运作所致的误会，抑或是出自安条克三世本人的猜忌从而产生的顺水推舟之举，我们不得而知。

出于自保的目的，阿基乌斯僭取了国王的头衔，并从事实上建立了一个小亚细亚的独立王国。恰好由于国王离开，首都安条克城附近的奇里斯提卡地区出现了大规模的反叛，阿基乌斯的幕僚于是提议善加利用这个机会入侵叙利亚。然而由于士兵对国王本人的忠诚，阿基乌斯的军队在接近叙利亚的过程中发生哗变，他也被迫放弃了这一计划，此后也再未能对叙利亚产生直接威胁，奇里斯提卡的叛乱也随着安条克的返回而迅速平息。在了解到阿基乌斯反叛的原委后，安条克三世通过收买的医生设法毒死了赫米阿斯，从而去掉了最后一个掣肘的角色。现在的安条克可以用所有手中的资源，去设法让塞琉西帝国中兴。

在平定莫隆的叛乱之后，安条克三世面前的目标有三个：叛乱的阿基乌斯和整个帝国的小亚细亚部分、长时间与塞琉西帝国为敌的托勒密王朝，以及已经摆脱帝国控制很久的遥远的大量东方领土。经过权衡，安条克三世选择整顿军备，暂时无视阿基乌斯的叛乱而优先南下，试图夺取托勒密王朝经营已久的柯里—叙利亚。这个举措正确与否在后世、在当时都引起了一些争论。选择以有限的军事力量去攻击一个与塞琉西帝国平起平坐的继业者王朝，而无视如芒刺在背的叛乱，或许过于冒险了。考虑到在此前的战争中，托勒密三世纵横驰骋，几乎将塞琉西帝国颠覆，这样悲惨的交战记录更让人怀疑这一战略选择的正确性。不过，安条克三世做出这个抉择也有一些极具说服力的理由和依据。

对所有希腊化政治势力，尤其是远离希腊本土的政权而言，都有一个回避不开的问题，那就是希腊裔人口。希腊裔的人力资源无论从总量还是密度上说，都十分有限，而这些人力资源又是使希腊化政权政治稳定、军事强势最重要的基石。无论是塞琉西帝国，还是其他希腊化政权，都想方设法在疆域内引入希腊裔人口的集中

◎ 亚历山大里亚阅兵中的托勒密军队。进入公元前3世纪后，加拉太人凭借勇猛的作战技艺和较低的维持成本成为各继业者王朝军队中相当重要的组成部分。图中赤身裸体的加拉太士兵就是托勒密王朝的加拉太部队的成员

殖民点，并往往以他们作为兵源。

以塞琉西帝国境内的情况为例，在继业者战争末期，一度占据叙利亚和小亚细亚地区大部的"独眼龙"安提柯一世开始向这一地区输送希腊裔人口。其首都安提贡尼亚城（Antigoneia，靠近后来的塞琉西帝国首都安条克城）的第一批希腊裔军事移民，为数5300人，后来被击败他的塞琉卡斯一世（塞琉古一世）接收，这也是塞琉西帝国境内有据可查的第一个希腊化军事定居点。后来在塞琉西帝国时期，这一被称为军事定居者（katoikoi）的制度继续奉行，以希腊裔人口为主，包含一些其他民族的军事人口，从国王处获得自己的庄园，或者只是土地耕种权，以响应军事动员作为回报。

安条克三世时期，在奇里斯提卡地区，军事定居者的数目是5300人；安条克城内有6000人；而在帝国西部的奥龙特斯河畔阿帕米亚（位于首都安条克城的东南），作为最集中的马其顿移民聚居地，军事定居者的数目，尤其是血统纯正的马其顿移民还要更多。但总的来说，帝国可动员的军事定居者数量相较其偌大的疆域而言极为有限。后世的研究估算，在这一时期，整个塞琉西帝国的军事定居者体系所能动员的重步兵（一般以马其顿方阵的形式作战）在4.4万人至5万人，骑兵则在8000至8500人，这一数字还要剥离安条克三世此时无法动员的小亚细亚（重步兵约8000人、骑兵约500人）和东方诸行省（重步兵约1.4万人、中型步兵约3000人、骑兵

约 5000 人）的军事定居者。

尽管安条克并不难获得大量辅助性质的地方部队作为人数上的补充，但这些军力的大量动员，一方面在忠诚度和战斗力上难以满足军事上的需求，另一方面还可能由于土著人口的地位上升造成政治局势的不稳（托勒密王朝的毁灭很大程度上缘于这个因素）。因此，军事定居者人口对于希腊化政权而言，是一个需要上升到战略层面来重视的特殊资源。而作为希腊化移民最集中的地区之一，柯里—叙利亚在托勒密王朝控制下的部分无疑成为安条克三世迫切想要征服的目标。

相比托勒密王朝，安条克的另两个潜在征服对象——阿基乌斯的叛军及近乎独立的东方各行省，则有不适合短期内用兵的理由。在西面，帕加马反扑势力汹汹，并且得到托勒密王朝的支持，阿基乌斯事实上在被迫完成他叛乱前就一直进行的任务：为帝国抵御来自西侧的压力。此时平叛，会白白让帕加马趁乱扩张，深入小亚细亚半岛。而在东方，帕提亚、巴克特里亚以及所有不稳的东方行省过于遥远，安条克三世不可能在未清除掉南方、西方威胁的情况下，进行一次动辄数年之久的东征而弃本土于不顾。反观托勒密王朝，尽管根基深厚，但托勒密四世的统治总体而言被认为是不得人心的，他的性格和私德使他的大臣与将军对他的忠诚度大有问题。从事后来看，这个因素也确实给予安条克三世的战事以极大的便利。

经过权衡利弊，安条克三世最终决定在平定莫隆叛乱和诛杀赫米阿斯后不久，重开对托勒密王朝的战事，即第四次叙利亚战争。公元前 219 年，安条克正式开始了向南进攻。托勒密的边境防御严密封锁了几条南下的道路。起初，安条克两次试图从黎巴嫩山脉与前黎巴嫩山脉之间进行突破，但托勒密驻军扼守着控制马西亚斯峡谷（Marsyas）的多座要塞，这两次从叙利亚中部进行突破的努力均告流产。于是，安条克转而选择了更靠西面的线路，即更艰难的沿海路线。由于地理因素，这里有大量狭窄的隘口和陡峭的悬崖，是非常有利于防卫者的防线。

但是，安条克想方设法说服了托勒密在叙利亚守军中的一个雇佣军将军——埃托利亚人狄奥多图斯（Theodotus）反叛，并使得沿海的要塞城市托勒密斯（Ptolemais）落入自己之手，托勒密守军在叙利亚的第一条防线随之被瞬间突破。狄奥多图斯在此前迎战安条克三世时多有战功，却反而遭到托勒密四世的宫廷佞臣的迫害，因而心生叛意。在狄奥多图斯成功使托勒密斯落城之后，另一名埃托利亚雇佣兵军官尼科劳斯（Nicolaus）率部将狄奥多图斯困于城中。但随着安条克三世前来解救狄奥多图斯，尼科劳斯被迫放弃围城，转而保全柯里—叙利亚剩余的一部分能够维持在托勒密的统治之下。于是，随着大量坚固据点的陷落，安条克的南征在第一年取得了可观的战果，并且没有遭到什么像样的抵抗。

到了公元前 218 年的冬季，托勒密四世被迫重组他在叙利亚支离破碎的防务。已经证明了忠诚和能力的尼科劳斯被晋升，统筹柯里—叙利亚的全部军事事务，并获得了大量的金钱支持。在沿海城市波尔费里翁（Porphyrion）附近，尼科劳斯重建了坚固的防线，试图彻底锁死安条克继续南进的步伐。在波尔费里翁以北，他更利用一连串断崖、河流、峡谷和隘口建立了难以逾越的防御体系。在达幕拉斯河（Damouras）西南约1.5千米、波尔费里翁以北约5千米的萨迪亚特角（Ras El Sadiyatt），尼科劳斯首先设置了观察哨；沿海岸南行2.5千米，内比·雅内斯（Ras Nebi Younes）狭窄的道路和背后适合防御方部署军队的缓坡，被他作为第一道正式的防线，隘口处部署了大量反战象的蒺藜等装置，防止强行突破；内比·雅内斯角再往南5千米处，靠近波尔费里翁的城镇普拉塔努斯（Platanus）附近，守军在萨克雷角（Ras Sakhre）的狭窄处部署了第二条防线；最后，在沿海名城和要塞西顿附近，尼科劳斯准备了第三条防线。

公元前218年春季，安条克再度开始其攻势。为了彻底征服腓尼基地区和柯里—叙利亚残余的托勒密领土，他首先要突破的就是这一系列防线。在驱逐了托勒密军队的观察哨后，他带领主力渡过了达幕拉斯河，开始准备对内比·雅内斯角一线的强攻。经过仔细考虑，安条克选择以轻步兵进行所有的战术行动，进攻部队将分为三个梯队：迪奥克莱斯（Diocles）将率部强行攻击隘口的狭窄通路；米奈达穆斯（Menedamus）的部队则会迂回到东方，从内陆寻机攀登到扼守隘口的哨所所在的高地上；这两支分队都只起到牵制作用，

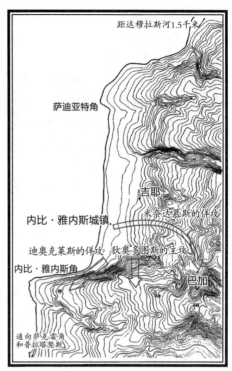

◎ 波尔费里翁的突击行动示意图

由叛将狄奥多图斯带领的主力则会在隘口侧翼——黎巴嫩山脉的缓坡上强行冲击，驱逐缓坡上掩护哨所侧翼的托勒密守军，然后转向，居高临下攻占直接防守隘口的哨所，最终打开通路。

进攻在三个方向同时发起后，托勒密守军的注意力被分散了。起初在两个侧翼的佯攻均告失败，守军守住了隘口正面和东侧的山岭，但狄奥多图斯成功击破了缓坡上的防御，并从侧后突击了忙于正面交战的托勒密军队，一举打开了突破口。获得进展的塞琉西帝国军顺势南进，迅速突破了尼科劳斯在萨科雷角的第二道防线。尼科劳斯原以为能够凭借地利长时间据守

的两条防线被迅速撕碎，极大地打击了他的信心。他只得仓促率领溃兵向南逃去，进入了西顿防守。在紧接着的围城中，守军并没能坚持太久，埃及方面并不太可能再组织一支足够强大的援军解围。于是，腓尼基地区的两座名城要冲——西顿和提尔，先后被安条克三世征服，被困西顿的尼科劳斯则极有可能随之投降了安条克三世，并在后来的军事生涯中为安条克三世服务。

至此，安条克在公元前219年至公元前218年的叙利亚攻略取得了完美的成功，他几乎在毫无损失的情况下就迅速地击破了整个叙利亚地区托勒密守军依仗的大批坚城要塞和天险，而不曾冒险进行任何主力会战。同时，狄奥多图斯和尼科劳斯两名有才能的指挥官对他而言也是一笔可贵的财富。于是，在整个公元前218年剩余的时间里，安条克三世没有选择迎着巨大的补给压力越过西奈沙漠攻击埃及本土，而是一面安抚占领地区，开始未来的内政规划，一面等待着来自亚历山大里亚充满惶恐和急迫的求和。

然而，托勒密四世没有选择妥协。在兵败如山倒的两年中，他选择由他的大臣索西比乌斯（Sosibius）在本土重建托勒密王朝倾颓已久的陆军军备。托勒密王朝的军事定居者开始全力动员，来自丰饶埃及的产出和财富转化为一支支雇佣军。为了弥补军力，尤其是军事定居者组成的方阵数目的不足，索西比乌斯甚至得到授权首次在埃及土著中大量募兵，并且按照马其顿式样方阵训练。通过这样极端的手段，

托勒密王朝迅速重整了一支规模庞大的陆军，并且准备在次年离开埃及，在托勒密四世率领下与安条克一决雌雄。

# 拉菲亚不胜而胜

公元前218年的整个冬季，安条克和他的大军都在位于港口城市阿克（Acre）的冬季营地修整。与此同时，托勒密王朝仓促重组的陆军正在进行高强度的训练，试图紧急提升其素质。终于，到次年夏季，托勒密四世下决心带领完成训练的军队进入巴勒斯坦南部，与塞琉西帝国的陆军进行一次决定性的会战，将他们驱逐出柯里—叙利亚。而安条克三世则颇为低估了托勒密陆军重建后的实力，尤其是大大低估了敌方佣兵和土著部队的征召数量，因此在没有采取征召雇佣军等手段保证实力优势的情况下（也或许是塞琉西帝国的财力不足以支持更多雇佣军的军饷），准备接受一场相对实力均衡的会战。

公元前217年6月，托勒密四世亲率由质量参差不齐的7.5万人组成的大军，以极快的速度穿越西奈沙漠，连续进行了时长达5天、总路程达180千米的急行军，来到了拉菲亚城（Raphia）西南约9千米处扎营。得知托勒密动向的安条克三世匆忙集结军队，沿着从加沙通向拉菲亚的沿海道路急进，这支塞琉西军队的实力大约为6.5万人。接下来的拉菲亚会战成为整个希腊化世界中，自伊普苏斯会战以来，已知规模最大的一场会战，它将会决定柯里—叙利亚未来17年的归属，也间接影响整个

◎ 公元前2世纪中期的塞琉西士兵形象。与另两个继业者王朝的军队中骑兵的明显衰退不同，塞琉西帝国的骑兵始终在质量和数量上维持了极高的水准

1：戴面具的塞琉西骑兵
2：塞琉西铁甲骑兵
3：塞琉西"伙伴"近卫骑兵
4：雇佣军步兵

地中海世界的历史发展进程。

抵达战场之初，安条克选择在托勒密军队东侧约 1.8 千米处扎营，在这里，战场侧翼存在一块可通行的沙漠，方便他发挥骑兵优势。但当他得知托勒密军队通过佣兵和土著部队大大加强了其方阵和骑兵的数量及质量后，他前移了他的营地，使得会战将在这一区域最狭窄的平地上展开，以弥补他在数量上的劣势。对安条克来说，这是一个意料之外的变化，他之所以急匆匆地离开阿克，赶在托勒密四世抵达加沙城之前阻截后者，就是为了确保加沙这个利于屯军和防守的城市不会回到托勒密之手。这样一来，在会战中败北的托勒密将无基地可寻求庇护，托勒密的败军将被迫重新穿过西奈沙漠，这将摧毁这支军队。结果现在准备不足的反而是塞琉西军队，安条克意识到去想会战胜利之后的举措有

些过早了。

托勒密投入战场的总兵力，包括了 5.6 万至 6.1 万人的马其顿方阵（其中 2.5 万人为军事定居者部队、2 万埃及土著方阵士兵，剩余的是来自利比亚等地的其他兵源和雇佣军）、3000 名皇家步兵、3000 名克里特轻步兵、5000 名骑兵（包括军事定居者骑兵和一些雇佣军），以及一些其他种类的中型和重步兵，以及 73 头非洲象。

在塞琉西一方，2 万名军事定居者方阵和 1 万名近卫部队的"银盾军"（Argyraspides）是安条克主要的重步兵，还有 5000 名希腊雇佣军可能也以方阵形式作战；剩余的 2.7 万人都是较轻型的步兵。骑兵方面，包括各有 1000 人的"伙伴"和"近卫"（Agema）两支近卫骑兵部队在内，总计有 6000 名骑兵投入会战。此外，总数达到 102 头的印度战象无论从数量还是体

型上都压倒了托勒密一方的非洲森林象。

值得一提的是，由于一连串战功，以叛将身份被火速升迁、获得近卫部队"银盾军"指挥官高位的狄奥多图斯，在会战开始前几天，或许是为了证明自己的忠诚，或许是为了炫耀武勇，又或许是想报答安条克的知遇之恩，仅仅带着两名部下成功混入了托勒密大营，进行对托勒密四世的刺杀。最后由于搞错了目标所在的帐篷，他误将托勒密的御医杀死，随后三人全身而退。

终于，在连续几天散兵间的游击作战后，公元前 217 年 6 月 22 日，双方正式决定进行这一次会战。战场位置于拉菲亚城西南 9.25 千米处，战场宽度为 5.6 千米，两翼是无法让部队通过的沙丘。在右翼，安条克三世亲自率领近卫骑兵的两支骑兵队，以"伙伴"在前、"近卫"在后的顺序梯次部署，同时部署在右翼的骑兵可能包括 2000 人的军事定居者骑兵，骑兵左侧是 5000 名来自东部省份的轻步兵和 5000 名希腊雇佣军。塞琉西军左翼则由 2000 名骑兵和一些轻步兵组成。战线中央的核心是从右至左部署的银盾军和定居者方阵部队，总计达到 3 万人之众，他们按照正常纵深的 16 排部署。这条主战线的一部分是由轻型部队组成的，他们需要面对敌军的重步兵，而在主战线前方，大量轻步兵松散部署，进行游击作战。最后，安条克三世的战象大多出现在侧翼尤其是右翼，其余的则均匀分散在整条战线上。

在托勒密四世一方，人数占优的方阵出于利用战场宽度的考虑，排

◎ 拉菲亚会战的战场位置示意图

◎ 拉菲亚会战中的战象交战。北非象总是无法与印度象抗衡，托勒密和罗马军队都曾在战场上遇到这种困扰

成了 24 排的纵深，由欧洲移民组成的定居者方阵大多面对着银盾军，其余的定居者方阵和埃及土著方阵一起对阵塞琉西一方的军事定居者。这段战线上，托勒密的方阵享有 3：2 的数量优势。此外还有一部分雇佣军和利比亚人组成的方阵，在中央战线的右端对垒塞琉西军队中的一部分轻步兵。托勒密本人指挥着包括 700 人的近卫骑兵中队在内的 3000 名骑兵，以及部署于其前方的非洲象、右侧的 3000 名轻盾兵一起面对安条克亲率的 4000 名骑兵、印度象和 5000 名希腊雇佣军，他的右侧则是 3000 名近卫步兵对抗对方的希腊雇佣军。在托勒密的右翼，他的骑兵数量和对面的敌军相若，而右翼和中央间还有约 3000 人的克里特人。

拉菲亚会战的正式开始，是以安条克右翼的行动为标志的。部署在双方骑兵前方的战象群在安条克和托勒密亲自作战的战场区域开始冲击，战象用自己的长牙架住对方的象牙，随后努力把对方的脑袋顶偏到一边，然后从侧面撞翻对方。在战象互相搏击的同时，在战象身边作战的轻步兵纷纷试图用标枪等武器攻击战象的敏感部位，譬如鼻子和腿，同时又要小心保护己方的战象，若干大胆者甚至冲上前去伺机割断战象的脚筋。身形庞大的战象的身上还被固定了小的塔楼，部署其上的塞琉西士兵在发射标枪和箭矢的同时，也以方阵士兵使用的萨里沙长枪攻击对方的战象骑手。凭借着战象体型和数目的优势，塞琉西的象群在比它"袖珍"许多的非洲森林象面前占据了优势，托勒密的战象在遭受重创后开始溃逃。

慌不择路的北非象群在后退过程中，冲进了正严阵以待的托勒密左翼骑兵中。顿时，包括托勒密四世亲率的近卫骑兵中队在内，托勒密骑兵的队形被失去理智的非洲象践踏得七零八落。与此同时，至少一部分塞琉西右翼的骑兵，在安条克亲自指挥下迂回到了侧翼，和正面的战象、骑兵一起突击了陷入混乱的托勒密左翼骑兵，后者立即被击败了。安条克率领得胜的右翼骑兵，开始了一路追击。与安条克的骑兵相接的希腊雇佣军，也随之进攻，击败了当面的托勒密轻盾兵。在安条克三世的右翼，塞琉西军队大获全胜，托勒密四世在乱军中侥幸逃过了被杀的命运，他没有退出战场，而是逃到了战线中央的方阵中继续指挥。

然而在战场的另一端，局势的发展却刚好相反。由于重步兵数目不足，安条克三世被迫在步兵战线的左翼用来自阿拉伯和东部各行省的轻步兵填补战线。这些单位在人员素质和装备上都难以胜任，结果在遭到托勒密军队中希腊雇佣军的冲击之后，他们很快就溃不成军了。同样是在安

条克的左翼，托勒密的雇佣军骑兵也在与安条克左翼骑兵的交战中获得了优势，他们很可能和安条克三世一样，成功地进行了迂回突击。于是，在双方的主力方阵来得及交战前，双方各自以自己的右翼击溃了对手的左翼。

战况进展到这时，安条克三世指挥的右翼骑兵进行了令人费解的行动。尽管明知己方的中央战线在数量上占绝对劣势，但他的骑兵并没有立即进行转向并对托勒密方阵的背后发动冲击，相反，安条克带领右翼骑兵进行了长时间的追击。这一战术选择，与希腊世界军事史上许多次重大会战中的情况如出一辙，某一翼获胜的一方进行了长时间的追击，而错过了迂回攻击敌军侧后的机会。有些史学家认为这个决定需要归咎于安条克的年轻气盛和缺乏经验，由于对部队失去战术控制，他的右翼进行了追击行动而忘却了"铁锤"的本

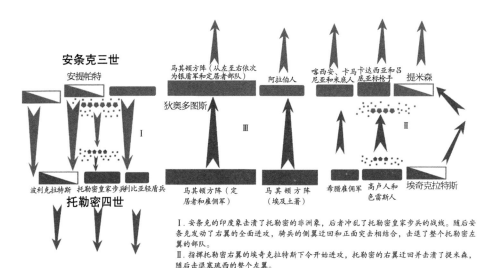

◎ 拉菲亚会战示意图

Ⅰ. 安条克的印度象击溃了托勒密的非洲象，后者冲乱了托勒密皇家步兵的战线。随后安条克发动了右翼的全面进攻，骑兵的侧翼迂回和正面突击相结合，击退了整个托勒密左翼部队。

Ⅱ. 指挥托勒密右翼的埃奇克拉特斯下令开始进攻，托勒密的右翼迂回并击溃了提米森，随后击退塞琉西的整个左翼。

Ⅲ. 托勒密脱身到中央战线接替了方阵的指挥权，他下令发动正面进攻，数量占优势并且侧后暴露的塞琉西方阵被击败，首先是定居者方阵，然后是银盾军，逃离了战场。

职。但考虑到他在对抗莫隆时展现出的老练的战术手腕，以及希腊世界的皇室成员在指挥能力上的普遍"早熟"（由于在所受的皇家教育中极为强调国王的领军职责，有许多希腊化政权的国王往往在不到20岁时就熟稔于用兵之道），这个猜测似乎又过于牵强。另一个可信度更高的猜测是，塞琉西右翼骑兵的进军路线背后被本方前进的战象群所阻挡，由于排斥战象的气味，这些骑兵最直接的返回路线被阻挡了；另一方面，拉菲亚战场过于狭窄的宽度也让他们不能在短时间内绕路回到中央；最后权衡利弊之下，安条克三世决心索性不立即返回中央，而是确保在追击中杀死托勒密四世，彻底摧毁托勒密军队的指挥中枢。

人算不如天算，安条克的意图随着托勒密侥幸前往战线中央，坚持指挥方阵而落空。与此同时，同样在侧翼获胜的托勒密右翼骑兵却做出了更有利战局的选择。托勒密的右翼骑兵和希腊雇佣兵从安条克方阵的左侧旋转，并开始攻打安条克的方阵侧后。正面战场上处于2∶3的数量劣势，背后又遭夹击，安条克的方阵战线岌岌可危。

也就是在两翼分出胜负时，托勒密的中央战线开始稳步前进。当两支马其顿方阵部队互相交战时，密集的矛墙所带来的心理震撼对双方的士兵都是巨大的考验。在这时，方阵部队很难在战斗里发挥出更多的战术弹性了，士兵的勇气和个人战斗技巧几乎成了唯一的决定因素。尽管有着多8排纵深的巨大优势，但托勒密中央战线右段的士兵是新近接触方阵作战方式的新手，相比塞琉西定居者方阵而言，要稚

嫩得多，因此后者存在质量优势，仍可以一战。然而，在双方阵形的第一排老兵开始交战的同时，塞琉西方阵的背后发生了骚动，托勒密的右翼骑兵猛烈地冲击了方阵暴露的背面。几乎是在一瞬间，刚才还愿意一战的塞琉西方阵迅速地崩解了。

在定居者方阵各单位溃散的同时，在战线右端的银盾军则进行了更为坚决的抵抗，一方面这是由于他们更优秀的战斗素质，另一方面也是因为银盾军在战线上的位置使之免于遭受第一时间被迂回的命运。在这里，托勒密王朝的军事定居者方阵发动了进攻，银盾军则寸步不让。面对着重

◎ 银盾军是亚历山大大帝统治末期，他授予"持盾卫队"的老兵们的荣誉称号，这支部队在继业者战争中大放光彩。塞琉西帝国继承并重启了这一番号，组建了自己的银盾军，从全国军事定居者系统中抽调精英，组成这支常备力量

约 6.5 千克的萨里沙长枪的全力刺击，大多不披甲的方阵士兵们显得不堪一击，不时有士兵折断长枪，拔出短剑应战。在一系列混乱的互相戳刺和推挤中，托勒密定居者方阵毫无进展，他们无法打破银盾军坚韧的阵形，于是选择暂停进攻，重组队形。

银盾军击退了当面敌军的第一次进攻，但这种坚持无法持久，他们目睹了自己左翼的全面溃败。当敌军的第二次进攻开始时，他们同样遭遇到了数个方向的夹击，确认事不可为之后，这支塞琉西陆军中的精华同样失去了战意，开始了溃退。

直到此时，总算把右翼骑兵从追击中叫停的安条克三世，才得以率领他的右翼回到了战场。此时他能看到的，只是自己的主力已经溃不成军并且无法再被聚拢重组。无奈之下，他只得驱使残兵向东北方向的拉菲亚城撤退。起初，他试图让败兵在城外扎营，避免溃军被赶进并困死在拉菲亚城中，不过，受创严重的各部队纷纷逃进了拉菲亚城，安条克也只得无奈地进城重组部队。万幸的是托勒密四世似乎并无进一步发展胜利的信心和意愿，安条克得以重整残军，并与托勒密签订了停火协定，收殓尸体、赎回俘虏。

决定性的拉菲亚会战就此结束了，安条克三世在会战中付出了巨大的损失，大约 1 万名步兵、300 名骑兵和 5 头印度象被杀死，被俘数字也达到了 4000 人（大部分都是步兵），此外，他的战象大多落入了托勒密的手中。托勒密四世一方的伤亡，主要集中在战败的左翼：1500 名步兵、700 名骑兵和 15 头战象被杀，大约 26 头

战象被俘。仅就伤亡情况而言，这场会战对安条克三世来说毫无疑问是一次彻底的灾难。

然而整个第四次叙利亚战争的结局，对安条克三世而言却并非不能接受。在拉菲亚会战之后，亚历山大里亚立即发生了大规模的叛乱，受此影响，托勒密四世无法继续进行战争，而仅仅收回了柯里—叙利亚，坐视沿海的腓尼基地区被塞琉西帝国征服。于是，托勒密王朝尽管最终获得会战胜利，却在这数年中付出了巨大的财政损失，在舔舐伤口之余，多年内无力再对外干涉。安条克三世从而得以腾出手来应付其他战略方向，进行他梦想已久的东征，恢复塞琉古一世时，甚至是亚历山大时期的帝国东部疆域。

# 势如破竹的平叛

公元前 217 年，塞琉西帝国在叙利亚南部的战略进攻以差强人意的结果告一段落。安条克三世转而将注意力放到西方，清除东征计划最后的障碍。在过去的数年内，尽管塞琉西军队全力与托勒密王朝交战，但阿基乌斯却始终没有对叙利亚发起入侵。他的军队组成结构与安条克三世的别无二致：忠于帝国的军事定居者是其最为可靠的核心。阿基乌斯动员小亚细亚的军事定居者，就不免需要避免面对安条克本人作战。而莫隆在阿波罗尼亚会战中的失败，很好地说明了塞琉西国王在军事定居者系统中的威望。出于同样的原因，阿基乌斯被迫在公元前 220 年对叙利亚失败

的入侵中，向士兵承诺不再进攻叙利亚。

于是在结束叙利亚战争之后，安条克三世几乎是立即开始实施西部平叛的准备工作。在亚历山大里亚叛乱进行的同时，塞琉西帝国的军队驻扎在冬营中恢复实力。次年，即公元前216年的夏天，安条克正式率领军队越过了陶鲁斯山脉，开始了针对阿基乌斯的战争。为此，他还正式承认了帕加马王国的存在，并与后者的统治者——国王阿塔卢斯一世（Attalus I）签订盟约，一同与阿基乌斯为敌。

由于实力上的绝对劣势，阿基乌斯无力以一场大规模的会战将安条克驱逐，因此只得选择坚壁清野的方针，展开连续的游击战。在公元前216年的冬季，安条克三世克服了重重阻力，来到了阿基乌斯亲自坐镇的叛军首都——坚城萨迪斯之下，并且开始了漫长的围攻战。萨迪斯城早从古吕底亚帝国起就坚固非常，历经波斯人和希腊人的重重加固，此时已是一个第一流的要塞城市。阿基乌斯本人坐镇城市内部的卫城区，指挥外城守军的防御以及一系列的骚扰、游击行动。

安条克深知重城之坚，无意将萨迪斯之围发展成旷日持久的消耗战。因此从围城的第一天起，他就想方设法地以突击而非饥饿攻取城市。在围城过程中，他麾下的克里特军官拉苟拉斯（Lagoras）提供了一条宝贵的信息。在萨迪斯的外城墙上，有一处与内城要塞相接的结合部，由于视野的影响，无论是内城还是外城的守军都无法很好地观察这个地点。在进行了一系列抵近侦察和试探之后，拉苟拉斯发现该

处城墙确实设防松懈，利用一块较高的岩石，攻城者可以用云梯偷偷摸上城墙，继而打开城门。此外，这段城墙后总是有大量食腐的鸟类聚集，他由此猜测，守军在城墙背后设立了尸坑，为了防疫，这一区域很可能缺少守军常驻。

在将这一系列发现报告安条克三世后，拉苟拉斯被授权制订一个偷袭计划。他于是要求组建一支精干的突击队，以此打开城门，随后2000人的先锋部队将首先进城，伴随整支庞大的军队，一举攻下占萨迪斯大部分面积的外城区。为此，包括塞琉西军队两员知名悍将——狄奥多图斯和国王卫队长迪奥尼西乌斯（Dionysius）在内，总计30人的突击队被组建起来，在拉苟拉斯指挥下，承担攀登城墙的重任。这一行动的实施最终被放在了一个没有月光的晚上，在此之前，塞琉西军队对突击部队进行了对应的训练，并在选拔过程中对最终计划严格保密。值得一提的是，拉苟拉斯和狄奥多图斯一样，原先是为托勒密四世服务的军官，最终改换门庭在新国王麾下大放光彩。

随着等待已久的无月之夜到来，塞琉西军队开始了准备已久的计划。突击队悄悄在城墙边的岩石上支起了两架云梯，拉苟拉斯和迪奥尼西乌斯各自从一架云梯上带头登上城墙。在这一过程中，他们不可避免地在攀登过程中发出声响，为了吸引敌军的注意力，安条克三世故意在城市的另一头发动了佯攻。在萨迪斯外城另一端的波斯门，安条克的部队强攻城门。外城守将阿勒巴佐斯（Aribazus）立即以守军

出城迎击，双方在城门附近展开了肉搏战，坐镇指挥的阿基乌斯也从卫城调出一部分预备队前往那里。于是，突击队刚好在远离战场的一角，于几乎没遭到抵抗的情况下潜入了城区，并且迅速打开了最近的城门，城外的接应部队以2000人前锋为首，迅速冲进外城区。

随着攻击者大规模入城，叛军反应过来，在拉苟拉斯入城的地点附近，来自内城区的增援试图夺回城门，双方发生激战。首先入城的2000塞琉西士兵迅速夺取了城门附近的剧院和周围区域，并在确保通路的同时，利用数量优势把少数前来填补防线漏洞的守军逐退。到这时，安条克的攻势已经无法阻挡了，进攻部队紧紧追逐着败退不止的守军，一些士兵转而打开其他的城门。阿勒巴佐斯在外城区进行了一段时间的绝望抵抗，随后被占优势的进攻者所压倒，外城区守军不计一切地试图躲

进内城区要塞避难，于是塞琉西军队终于得以攻占整个外城区，士兵纷纷开始在城区内纵火和劫掠。坚固的萨迪斯城，除去一小部分的卫城区外，都已落入了安条克三世的手中。

随着萨迪斯在事实上的陷落，安条克三世得以腾出手来恢复其他的小亚细亚领土，同时维持着对萨迪斯内城要塞的围困。阿基乌斯尽管被死死困住，但得益于内城水泄不通的防御，这样的围攻看上去永无休止。来自腓尼基、叙利亚和美索不达米亚的使者源源不断地来到安条克的军营，报告各地区的日常事务，并由国王进行处理。东征的准备工作在围攻萨迪斯的进程中有条不紊地进行着，但阿基乌斯叛乱的最终平定看起来遥遥无期，直到出现一个难得的机会。

在亚历山大里亚，终于从首都叛乱的焦头烂额中解脱出来的托勒密四世，希望

能够给安条克三世制造一些麻烦。得知阿基乌斯被困后，他计划将阿基乌斯营救出来，培植成为反安条克三世的流亡政府首脑。于是，他的高级军官克里特人波利斯（Bolis）自告奋勇成为特使前去设法营救阿基乌斯。

然而，就和所有其他克里特人一样，波利斯的大无畏冒险精神毫无疑问是出于对个人利益的追求，和忠诚毫无关系。几乎在到达小亚细亚的同时，他一方面和亲阿基乌斯的罗德岛、以弗所等城市协商营救事项，另一方面他果断地开始考虑从安条克处得益的可能性。最终在权衡利弊之下，波利斯选择改换他的雇主，经过和安条克的磋商，一个借营救之机活捉阿基乌斯的计划产生了。

接下来发生的事情就不难想象了，历经"千辛万苦"、想方设法进入了萨迪斯内城的波利斯为阿基乌斯带来了他等待已久的好消息：在萨迪斯城外，以弗所、罗德岛、托勒密王朝等多个反安条克的政治势力决心设法将阿基乌斯救出，并已定下了一个周密的计划。一心向往脱逃之后的天高任鸟飞，阿基乌斯不假思索地相信了这个计划，感激地对勇敢而又"忠诚"的波利斯交付了全部的信任。随后在一个夜晚，经历了一系列惊险，阿基乌斯、波利斯和后者提供的数名来自米底的护卫终于脱逃出了重重包围之下的萨迪斯。就在阿基乌斯开始思考如何东山再起，甚至入侵叙利亚复仇之际，他的"救命恩人"用铁链把他拴到一边。到此时，阿基乌斯才在错愕中意识到，波利斯狠狠地骗了他，而

那几位所谓"不会说希腊语"的米底人，事实上是安条克三世自己忠心耿耿的贴身近卫。就这样，阿基乌斯这位国王的外甥、本都国王米特拉达梯的女婿、曾经的小亚细亚雄主就以这种方式轻易地被活捉了。

公元前213年，在阿基乌斯被审判和处决后，萨迪斯的要塞也投降了，安条克在西部的军事行动终于画上了一个正式的句号。现在，大批来自小亚细亚、叙利亚、美索不达米亚和其他地区的士兵和物资，正源源不断地向奥龙特斯河畔的阿帕米亚进发，把这里变成了一个大军营。未来的东征军将从这里出发，试图恢复亚历山大大帝和塞琉古一世时代的疆土，重新建立统一。

安条克投入东征的军队规模，根据罗马史学家查士丁的记录，仅战斗部队就达到了10万名步兵和2万名骑兵之众。查士丁的史料，在准确性上向来为人所诟病，这一数字作为孤证，始终难以得到史学界的一致认可。但从客观情况分析，考虑到安条克三世已经确保了其余各战略方向的基本稳定，故可以动员几乎所有的军事力量投入这次东征，这个军力数字仅从可能性而言是成立的。以军事定居者体系的人力资源，加上随处可得的大量地方招募部队（往往是东部地区提供的轻步兵，考虑到东征的敌对诸国军队中都有不少的轻步兵和骑射手，几乎可以断定安条克三世同样会在东征军中加入大量自己的轻装部队），足以让安条克三世获得一支总数超过10万、质量则参差不齐的部队。而如何运用这样大规模的军队，无疑对指挥官的

能力提出了艰巨的考验。

公元前212年，在漫长的准备后，安条克三世策划已久的东征正式开始。由于史料的缺失，我们很难彻底地复原这一次东征中的所有细节，大部分已有的记载来源于波利比乌斯，而且这一来源也断断续续，只留下了若干碎片。安条克三世的第一个目标，是在高加索的山峦中建立起来的奥龙特斯王朝（Orontid），后者统治着地理概念上的大、小亚美尼亚地区。在更靠近美索不达米亚平原、位于高加索南麓的索菲尼（Sophene）和科马根（Commagene）地区，奥龙特斯王朝的薛西斯最先遭遇安条克的兵锋。薛西斯当时定都于阿尔萨马萨塔（Arsamosata），随即遭到了安条克三世的围攻，攻击者迅速包围了城墙。几乎是在见到塞琉西军队规

模的同时，薛西斯就失去了抵抗的意志，派遣使者请求和谈。安条克三世的大部分幕僚建议在谈判中杀死前来的薛西斯，直接颠覆这一王国，不过安条克三世无意对此偏远之地进行统治，因而在谈判后放薛西斯离开。

薛西斯随后向安条克三世进贡了300泰伦的贡金、1000匹骏马和1000头装满补给物资的驴。在宣誓效忠并使王国成为塞琉西帝国的附庸国之后，薛西斯得以保有原先的权力，并且获准娶安条克三世的姐姐为妻。在与原有的统治者建立良好关系的同时，安条克三世宽松的行事作风也获得了索菲尼地区民众的好评。

同属奥龙特斯王朝的另一位国王、薛西斯的兄长奥龙特斯四世此时统治着更北方的大亚美尼亚地区，安条克同样无意容

◎ 公元前250时期的亚美尼亚奥龙特斯王朝范围示意图。作为一个波斯化的王朝，奥龙特斯王朝不断地将其势力南下渗透到美索不达米亚地区

忍边陲的这一独立王国存在。经过军事和外交的双重斡旋，亚美尼亚王国发生了叛乱，奥龙特斯四世的两位将军——阿塔西斯（Artxias）和扎雷（Zareh）颠覆了王权，自立为统治者，并向安条克臣服。

于是，几乎是兵不血刃地，安条克三世将扩张中的亚美尼亚王国彻底打压，消除了美索不达米亚北部的潜在威胁。他的目光随之转向东方。在得到了亚美尼亚人的补给支持后，东征部队向东前进，前往米底。早在亚历山大时期起，作为前波斯帝国的核心地区门户，米底地区的建设就是重中之重。为了防范来自边境的野蛮人入侵，米底行省的边境建立了一个个希腊殖民城市，不过这些客居者殖民点的光彩都被一座历史更悠久的城市所掩盖：埃克巴塔纳（Ecbatana）。这座建立在奥朗底山脉（Orontes）上的城市，在古昌底亚帝国时期成为她的首都，在被波斯、马其顿人征服之后也多次迅速从战乱中恢复。这里坚不可摧的城防要塞和富饶的产出，使他成为帝国军队继续东征的重要后勤基地。在这里，安条克三世短暂停下了脚步，制定进一步的计划。

与此同时，帕提亚国王阿萨西斯二世却仍无法判明安条克三世的企图。一方面，塞琉西军队的规模之大，已经足以发动一次彻底收复东方行省的军事行动；但另一方面，东进离开米底之后，沙漠环境对于这支大军而言，构成了极大的补给压力，阿萨西斯从心底不相信安条克三世能够进行长时间的进军。因此，在实力悬殊的情况下，阿萨西斯决心放弃进行正面交战，

整个帕提亚行省连同王国首都赫卡通皮洛斯（Hecatompylos）都在弃守之列。帕提亚的骑射手们将施展他们最擅长的作战方式，尽可能地骚扰安条克的后勤，直至他自行放弃征讨为止。

公元前211年，塞琉西军队向东进入了帕提亚行省的领土，自公元前247年该地总督宣布独立以来，帕提亚行省再一次回到了塞琉西帝国的手中。期间塞琉西军队只遭遇了小股帕提亚人的抵抗，后者破坏道路、阻挠后勤，但在塞琉西军队占绝对优势的军力，以及安条克精心部署的骑兵掩护面前，这些骚扰都没有取得可观的战果。阿萨西斯二世连同他的主力部队一起，退到里海沿岸的赫卡尼亚地区（Hyrcania）。

在安条克收复帕提亚行省的过程中，唯一见诸史书的激烈抵抗发生在埃克巴塔纳至赫卡通皮洛斯大路上的要塞城市西里尼克斯（Sirynx）。一支被击败的帕提亚雇佣军逃进了这座坚城，安条克被迫使尽解数，运用各种围攻技巧才得以攻取城市。落城在即，绝望的帕提亚守军抢先屠杀了城中的所有希腊裔居民，随后再试图逃跑。但这样的抵抗从总体上无法阻止塞琉西军队的攻势，赫卡通皮洛斯最终落入安条克手中。

就这样，安条克三世轻松地收复了帕提亚行省，但对他而言，这种暂时性的成果远远不能令他满意。他很清楚，一旦塞琉西军队的主力离开，帕提亚人就会卷土重来，他们重占这一行省的同时，也将使继续东征的帝国军队腹背受敌。阿萨西斯

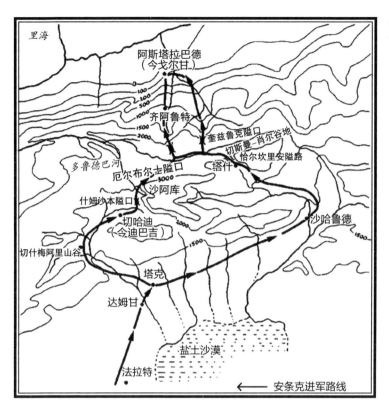

◎ 厄尔布尔士隘口
之战示意图

里海

阿斯塔拉巴德
（今戈尔甘）

齐阿鲁特

奎兹鲁克隘口

切斯曼-肖尔谷地

多鲁德巴河

恰尔坎里安隘路

厄尔布尔士隘口

塔什

沙阿库

什姆沙本隘口

切哈迪
（今迪巴吉）

沙哈鲁德

切什梅阿里山谷

塔克

达姆甘

盐土沙漠

法拉特

← 安条克进军路线

的避而不战更加使安条克确信，帕提亚人试图等待塞琉西军队师老兵疲之际，再刺出最致命的一枪。

因此，在安定了占领区的人心后，塞琉西军队立即于公元前 210 年回师向西，准备穿越厄尔布尔士山脉（Erburz）的中部隘口，进入赫卡尼亚地区，彻底击败帕提亚人。这里的地形复杂，适合伏击，而且除去虎视眈眈的帕提亚军队之外，也有当地的土著部落随时发动袭击。与亚历山大大帝不同，安条克并没有选择稳妥地沿着多条隘道平行前进，而是将全部主力集中在单一的道路上。这条从沙赫鲁德（Shahrud）到契斯曼 - 肖尔

（Chasman-Sawer）谷地的道路，被称为恰尔坎里安（Chalchanlyan）隘路，隘路位于一条狭长的谷地中，伏击者将很容易从两侧的坡地上获得有利的射击位置。

这样的环境对当地的塔普里安人（Tapurian）土著或者是帕提亚人的大军而言，都是良好的作战场所。安条克很清楚自己处在易被伏击的不利位置上，但他设法以此设下了一个反伏击的圈套。在里海沿岸地区，不乏希腊人的定居点，这些定居者由于帕提亚行省的独立和沦陷沦为了帕提亚人的属民。随着塞琉西军队收复疆土，他们自然十分乐意成为这支军队的向导，通过这些熟悉地形的帮手，安条克

枪盾兵
（Thureophoroi）
得名于加拉太人的椭圆长盾（thureo），在公元前3世纪中前期开始流行的一种步兵类型，适应多种地形和战术角色的多用途部队。

胸甲枪盾兵
（Thorakitai）
枪盾兵"万金油"的战场定位使得轻型化的他们在结阵作战时不够坚韧。换装了锁子甲的重型化枪盾兵，得名于"胸甲"（thorax）一词，能够更好地承担突击作战和维持战线的职责。

◎ 枪盾兵的复原形象。公元前280年的加拉太人入侵催生了不少希腊军事体系的改革，其中枪盾兵是最重要的之一。这种多用途的中型部队及其变种在所有希腊化军队中流行

想方设法找到了一些小路，得以将一些擅长攀登的山地轻步兵部署到隘路周围的高地上。一旦行军主力遭受两侧的伏击者攻击，后者将反而暴露于埋伏在更高处的塞琉西轻步兵面前，遭受交叉火力的攻击。同时，一部分克里特步兵将在行军纵队前充当诱饵，在他们背后则埋伏着一些枪盾兵（Thureophoroi 和 Thorakitai，装备长矛、标枪和盾牌的多用途中型部队，其中后者身着锁子甲而前者只有亚麻、皮革胸甲），一旦伏击者轻率地暴露位置并且被火力压制，他们将配合发起进攻，彻底击溃伏击的敌人。

塞琉西军队的进军就如计划的那样进行：行军纵队的先头果真在恰尔坎里安隘路遭遇了伏击，出乎意料的是，攻击仅仅来自抱着恶意的塔普里安土著，而帕提亚军队仍旧高挂免战牌。塔普里安人在向克里特人发动攻击的同时，就被四面八方埋伏着的投石手、弓箭手所压制，克里特人和背后的枪盾兵随之行动，科斯岛人尼克米底斯（Nicomedes）和叙利亚战争中的叛将尼科劳斯指挥他们发动冲击。局势逆转，埋伏者反而成了中伏者，在付出惨重代价后被驱离了战场。安条克的主力遂安全地越过了厄尔布尔士山脉，进入赫卡尼亚。

在这次规模不算大的战斗中，安条克三世展示了他熟练的用兵手腕和惊人的自信，敢于将自己的全军置于危险境地，故意设置诱饵，从而引诱出踪影难觅的敌人。

而在这样的敌手和塞琉西军队的堂堂军势之下,阿萨西斯二世最终失去了抵抗下去的意志。公元前209年,安条克压倒了帕提亚人在赫卡尼亚的抵抗,帕提亚选择签署和约,成为帝国的附庸王国。

随着帕提亚的屈服,安条克三世的目标就轮到了又一个在帝国衰退时选择了背叛的行省:巴克特里亚。不过事实即将证明,这个在未来孤悬中亚却仍能够成就一番霸业的希腊化王国,是一个难缠得多的对手。

# 无往不利的"大帝"

在进一步叙述安条克在巴克特里亚的军事行动之前,我们有必要先行介绍一下他的这个对手。早在公元前255年前后,当时的巴克特里亚总督狄奥多图斯(Diodotus)就正式宣布了这一边陲行省的独立。随后的公元前246年,陷入内外交困的塞琉古二世被迫将他的三个女儿分别嫁给本都王国、卡帕多西亚王国的国王,以及尚未僭取国王头衔的狄奥多图斯。通过这个举措,塞琉西帝国勉强和巴克特里亚王国维持了盟友关系,而实际上保持中立的巴克特里亚王国则在名义上再度成为帝国的行省之一。大概在公元前228年至公元前227年,狄奥多图斯与塞琉古二世之女嫁给他之前所娶的另一位妻子所生的儿子,已成为新的巴克特里亚之主。也就是在狄奥多图斯去世前后,巴克特里亚总督再度独立,并且由他或是他的儿子首度称王,开始发行象征王权的印有头像的铸币。

狄奥多图斯二世称王不久,就改变了父亲对西方诸势力维持中立的政策,转而与帕提亚人结盟,试图从塞琉西帝国攻取更多领土。作为一个以希腊裔人口为统治根基的政权,巴克特里亚国内的希腊人普遍对这一政策感到不满。狄奥多图斯一世生前器重的将军,也是他的女婿,欧西德莫斯(Euthydemus)从这一情况中获得了机会,利用王国内部对狄奥多图斯二世的不满情绪,煽动了一场叛乱并谋杀了狄奥多图斯二世。随后,他成了巴克特里亚的新国王,并且励精图治,开始了一系列军政方面的新政策。

截止到公元前208年,战争最终在塞琉西帝国和巴克特里亚王国间爆发为止,巴克特里亚人牢牢控制了前巴克特里亚行省的大部分区域,包括以首都巴克特拉城(Bactra)为中心的巴克特里亚地区、北部的索格底亚纳地区(Sogdiana)、费尔甘纳地区(Ferghana),东至兴都库什山脉边缘,西至阿利乌斯河(Arius River,今伊朗哈里河)下游。

正所谓唇亡齿寒,尽管站在亲希腊人的立场上放弃了与帕提亚人的良好关系,但作为一个僭越的国王,欧西德莫斯自然能理解安条克对帝国东部的重新征服意味着什么。随着帝国的兵锋即将进入巴克特里亚王国境内,他立即开始动员军力。对欧西德莫斯来说,西部边境的阿利乌斯河是一条很好的防线:一方面这里构成了限制安条克大军行动的自然障碍;另一方面,考虑到国内各希腊化定居点间对塞琉西帝国仍存在的认同感,尽可能让战火远离本土也是政治上成熟的决策。

公元前 208 年，决心扼守阿利乌斯河畔，阻止安条克一切渡河企图的欧西德莫斯，带领 1 万名骑兵前出到了阿利乌斯河下游的东岸。值得一提的是，一支规模如此可观的纯骑兵军队，在希腊化军队中并不常见，考虑到巴克特里亚王国的希腊化人力无法提供如此多骑兵，这支军队毫无疑问包括大量本地的伊朗贵族。之所以出现这样的情况，一来是由于欧西德莫斯出兵心切，等不及步兵为主的希腊裔部队赶到阿利乌斯河；二来则是忌惮希腊人对塞琉西帝国的忠诚，此前这个因素已经使得莫隆和阿基乌斯先后成为战场上的牺牲者，欧西德莫斯无意步其后尘，这才一反常规，冒着引起政治不稳的风险，大量征召了伊朗贵族提供的骑兵兵员。

刚刚进入巴克特里亚境内不久的安条克，得知了欧西德莫斯正在赶赴阿利乌斯河的消息。正在围攻一座边境要塞的他，权衡了赶在守军到位前突破阿利乌斯河的可能性，便选择抛下了军队主力，精选出大部分骑兵，辅以 1 万名轻盾兵，朝向阿利乌斯河进行了 3 天的急行军。当塞琉西军队的这支精锐机动部队来到阿利乌斯河时，他们却失望地发现巴克特里亚的骑兵已经控制了下游的渡河点。欧西德莫斯将他的主力部署在距渡河点不到 4 千米的城镇，而几个作为前哨的骑兵中队则负责监视东岸附近的浅滩。

然而，巴克特里亚人的防御安排却小有漏洞，前哨各中队每到夜间就返回主力所在的营地，而夜间就成了安条克进行偷渡的好时机。于是，凭借着夜幕的掩护，塞琉西军队开始了偷渡行动，行军序列以安条克本人和 2000 人的近卫骑兵打头。到天色破晓时，国王和他的近卫骑兵们已经

◎ 塔兰托式骑兵。塞琉西军队中的骑兵不仅包括各式重骑兵，也包括专业化的轻骑兵力量。装备标枪、轻装简行的塔兰托骑兵是重要的游击、侦察和掩护力量，得名于这种作战样式发源地的亚平宁半岛南部希腊城市塔拉斯，在继业者时代成为风靡地中海的骑兵种类

1：攸诺斯底德斯
2：侍从
3：塔兰托式骑兵

在河岸上占据了阵地，而余下的骑兵，在帕奈托鲁斯（Panaetolus）的指挥下仍在鱼贯涌上河岸，步兵则更是落在后面。但巴克特里亚人留给安条克的时间不多了，随着白昼的到来，斥候将塞琉西前锋渡河的消息传达到了巴克特里亚军队中。正在行军前往渡口的巴克特里亚前锋加快了速度，欧西德莫斯则在闻讯后开始组织主力增援。

现在，面对巴克特里亚人的反击威胁，安条克手边能够动用的部队仅有他的近卫骑兵部队，更多的部队不是仍在渡河，就是忙于排布队列。他下令让帕奈托鲁斯不急于投入定居者骑兵，他本人和近卫骑兵将承受巴克特里亚人的冲击，等后者疲惫不堪、阵形散乱后，充当预备队的帕奈托鲁斯将一击制胜。能否守住这个桥头堡，对于阿利乌斯河畔的这场死斗而言，将决定最终的胜负。

巴克特里亚骑兵的先头部队很快来到了战场，稍微整顿队形之后，第一个巴克特里亚骑兵中队发动了冲锋。安条克亲自带领近卫骑兵进行反冲击，双方的队形交错之际，倒下的骑手和马匹顿时布满了战场。在一番激烈的战斗之后，塞琉西近卫骑兵击垮了第一个巴克特里亚骑兵中队，但后者立即由第二、第三个骑兵中队接替下去。

被敌方的生力军所压制，塞琉西骑兵陷入了苦战。这一过程中，安条克始终身居第一线，凭借着个人的武勇投入血腥的肉搏战。混战中，国王的坐骑被杀，落马的安条克拔剑坚持步战，来自一个不知名

对手的一击狠狠地打在他的脸上，打飞了他的几颗牙齿。尽管如此，负伤的安条克依旧死战在第一线，国王身先士卒的表现鼓舞了他的近卫们，塞琉西骑兵始终不曾后退一步。

帕奈托鲁斯在第二线静观战局的变化，近卫骑兵陷入苦战的同时，塞琉西的骑兵主力终于完成了渡河，转而发动了冲击。由于此前激烈的战斗，巴克特里亚骑兵已经伤亡惨重，许多被重创的巴克特里亚单位被迫退出第一线，在后方重组阵形准备再度冲击。而这时塞琉西骑兵预备队的猛烈进攻，使得第一线的巴克特里亚人溃不成军，同时也让忙于重组的对方二线部队顿无立足之地。塞琉西骑兵顺势将巴克特里亚人彻底赶出了渡口附近的地区，这一过程中，安条克的近卫骑兵付出了惨重的伤亡，而对手的各先头骑兵中队也折损过半。

直到此时，欧西德莫斯和巴克特里亚骑兵的主力才姗姗来迟，但这已经太晚了。塞琉西的后续——轻盾兵开始接连上岸，而在骑兵交战中获胜的各骑兵中队也挟余威继续冲击欧西德莫斯一世亲率的部队。第二阶段的交战中，士气大挫的巴克特里亚人更快地败下阵来，阵亡和被俘者不计其数。阿利乌斯河会战就这样画上了一个休止符。欧西德莫斯无奈地放弃了战场，带领残部向巴克特里亚境内的扎里阿斯帕（Zariaspa）撤退，他试图在边境地带就遏止安条克步伐的计划就此破产。

至此，安条克对巴克特里亚的入侵实际上已经一路无阻，面对着军力上的绝对劣势和初战中的大败，欧西德莫斯一世再

也没有勇气和实力进行又一次大规模会战。塞琉西军队得以安心地围攻巴克特里亚境内遍布的防御据点。由于身处希腊化世界东缘，巴克特里亚需要直接面对游牧民族入侵的军事压力，使得其巴克特里亚的殖民点普遍重重设防。如果说，此前在帕提亚的作战中，西里尼克斯这样的要塞城市是难得一见的硬骨头，那么在巴克特里亚境内，这样的要塞便是家常便饭了。在希腊本土、西西里和亚平宁半岛南部，往往只有那些最坚固的城市才会拥有三条护城沟的重重设防（譬如抵抗了罗马3年围攻的锡拉库萨）。而同样的设防标准，在西里尼克斯这样的东方希腊殖民点中，则显得并无过人之处。因此，在初期的迅速推进后，安条克被迫放慢了进军的节奏，开始缓慢的围攻进程。当帝国的兵锋到达巴克特里亚首都——巴克特拉城下时，围攻者遇到了前所未有的困难。

对巴克特拉城的漫长围攻过程，几乎没有留下任何记载细节的史料，我们所能知道的只有一点：在长达2年以上的围攻过程中，围城者和守军双方都在物质和精神上到达了极限。安条克至少在围攻线上投入了数万大军，连同巩固占领区的部队一起，这支数目巨大的远征军时时刻刻依赖着从埃克巴塔纳开始的漫长补给线提供给养。无论从长时间远离本土的安全因素考虑，还是从漫长围攻的物力消耗来考虑，安条克都无法忍受这样的等待继续下去。同时对困守都城的欧西德莫斯一世而言，坚固的城墙和壕沟纵然能够暂时挡住进攻者，但防御工事却不可能阻挡住饥饿和疾

病的渗透。最终，在公元前206年，欧西德莫斯向安条克乞和。

在外交斡旋的过程中，欧西德莫斯展现出了极为老练的政治手腕：首先，他历数了自己的统治历程：是他杀死了对塞琉西帝国抱有敌意的狄奥多图斯二世，使得帝国在实际上获得了更为稳定的东部边境，因而他称自己"并非是一位叛徒，倒是为帝国除去了一位叛徒"。在安条克表示妥协和善意的同时，他话中带刺地提醒国王，正是自己的王国隔在塞琉西帝国和诸多游牧民族之间，如果他不能得到和平，那么在他毁灭的同时，也会有数不胜数的萨喀游牧马队被放进王国的边防线之内。

欧西德莫斯绵里藏针的口信戳中了安条克的软肋：一方面，帝国对东方的重新征服原本就必然以扶植亲塞琉西政权为最终目的，与欧西德莫斯存在于此并无矛盾；另一方面，帝国也需要巴克特里亚去扼守边境，抵抗野蛮人入侵的威胁，就如同马其顿之于希腊半岛的意义。眼看苦苦围攻难有收获，安条克顺水推舟地接受了欧西德莫斯的要求。

在承认了塞琉西帝国的宗主权，并且将王国的战象部队上缴给安条克后，巴克特里亚王国的存在得到了安条克的承认。在签订和确认条约内容的最后阶段，欧西德莫斯一世派他的儿子德米特里乌斯（Demetrius）与安条克会面。年轻王子给安条克留下了很好的印象，认为他的谈吐和作风颇具王者之风，于是在承认欧西德莫斯王位的同时，允诺在未来将自己的一个女儿嫁给德米特里乌斯。从历史发展来

看，巴克特里亚从事实上而言再未与帝国为敌，并在此后开始了针对帕提亚人的军事行动，牵制了这一塞琉西帝国未来的主要敌人。

安条克在巴克特里亚王国的军事行动，随着这和约的签订而宣告结束。安条克得以自由地在王国境内部署驻军，并以此为为补给基地，开始向印度的远征。与亚历山大攻略印度有所不同，安条克三世进入印度更多是以一种和平的方式进行的。在亚历山大完成远征印度并在中亚边陲建立马其顿人统治后不久，月护王旃陀罗笈多（Chandragupta）推翻了难陀王朝，建立了印度的第一个大一统王朝——孔雀帝国（Maurya）。恰逢亚历山大大帝去世，希腊化世界陷入内战，无力维持印度边缘的统治，因此塞琉西帝国的开国君主塞琉古一世与处在上升期的月护王建立了良好的关系。几个帝国无力管辖的边缘行省被送给了月护王，作为交换，他获得了多达 500 头的战象作为礼物，这些印度象为他赢得了至关重要的伊普苏斯会战，大致确立了之后一个世纪内东地中海的政治格局。

现在，安条克三世选择步亚历山大大帝和塞琉古一世的后尘，他的大军从卡比萨（Kapisa）南下，进入喀布尔河谷。月护王朝在印度西北地区的王公——幸军王（Sophagasenus）与安条克三世重温了两国的友谊，安条克还获得了更多的印度战象，加上此前在巴克特里亚的收获，他的象军规模扩充到了 150 头。幸军王赠送给安条克的大量财富由安德罗斯提尼斯转运回国。而国王和他的主力，在印度驻扎了

一段时间之后，从东征的最远点，途经阿罗霍西亚地区（Arachosia）、德兰吉亚纳（Drangiana）、卡马尼亚（Carmania）返回波西斯地区，重新稳固了印度洋沿岸各定居点的统治，此时已经是公元前 205 年的冬季了。

至此，安条克三世完成了为期 8 年的东征行动，回到了帝国西部。从公元前 212 年到公元前 205 年，延续 8 年的东征，意义不仅限于恢复帝国对东部的统治。安条克三世通过对亚历山大大帝和塞琉古一世伟业的重现，向世人昭示了自己的能力和统治的正当性，塞琉西帝国也重新被看成继承亚历山大遗产的庞然大物，安条克也借此功业获得了"大帝"的称号。在回到底格里斯河畔的塞琉西亚城后，安条克还对波斯湾对岸的阿拉伯人聚居点哈吉拉（Gerrha）进行了远征。

而在公元前 205 年到公元前 204 年，托勒密王朝发生了巨变：托勒密四世结束了其 17 年的统治，在他死后登上王位的是他的幼子托勒密五世，独擅朝纲的大臣们迅速杀死了托勒密五世的母亲，接下来在王国内发生了连续的叛乱。托勒密王朝的陷入低谷，迅速燃起了安条克大帝的野心，在近 20 年的统治里，他几乎对所有目标完成了成功的军事征服，唯独对柯里—叙利亚的进军功亏一篑。现在，托勒密王朝国力虚弱，成为再理想不过的目标，安条克迅速与马其顿安提柯王朝的统治者——腓力五世，建立了针对托勒密王朝的军事同盟。原则上，托勒密在昔兰尼、色雷斯、小亚细亚沿岸控制的疆土将划归腓力五世，

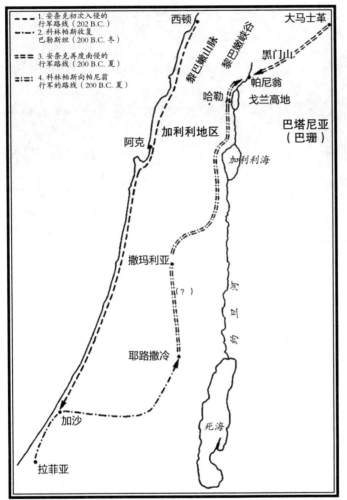

图例：
1. 安条克初次入侵的行军路线（202 B.C.）
2. 科林帕斯收复巴勒斯坦（200 B.C. 冬）
3. 安条克再度南侵的行军路线（200 B.C. 夏）
4. 科林帕斯向帕尼翁行军的路线（200 B.C. 夏）

西顿　大马士革　黎巴嫩山脉　黎巴嫩峡谷　黑门山　帕尼翁　哈勒　戈兰高地　加利利地区　阿克　巴塔尼亚（巴珊）　加利利海　撒玛利亚　（？）　约旦河　耶路撒冷　加沙　死海　拉菲亚

◎ 第五次叙利亚战争示意图。安条克大帝在公元前202年发起的第五次叙利亚战争是塞琉西帝国对托勒密王朝最彻底的军事成功之一

多阻力；在接下来的一年里，仅存的托勒密据点——加沙城坚持住了漫长的围攻。最终在公元前201年冬季，安条克放弃了攻下加沙城的企图，在确保了占领区的守备后，他带领主力暂时回到了叙利亚过冬。

然而托勒密王朝并未放弃。与上一次叙利亚战争中的危机时期一样，托勒密王朝尽可能在失去柯里—叙利亚的同时，以空间换时间，从希腊获得了雇佣军的补充，紧急动员了一支军队。在安条克回到叙利亚的同时，托勒密军队在埃托利亚人斯科帕斯（Scopas）的指挥下北进，在公元前200年初的冬季开始收复柯里—叙利亚的领土。这一年夏天安条克被迫开始又一次南侵，这一次托勒密军队试图进行直接的抵抗，从而引发了公元前200年的帕尼翁会战（Battle of Panion）。

帕尼翁城，位于从大马士革出发，连接叙利亚和巴勒斯坦北部的三条重要道路的交汇点以东，这里是阻止安条克向南进

而埃及本土和塞浦路斯将归塞琉西帝国。

不过，腓力五世正忙于争夺希腊本土和爱琴海上的利益，显然无法立即进行对托勒密埃及本土的军事行动，塞琉西帝国于是开始策划独立攻击柯里—叙利亚。公元前202年，塞琉西军队暴风般地席卷了南巴勒斯坦的大部分地区，而没有遭到太

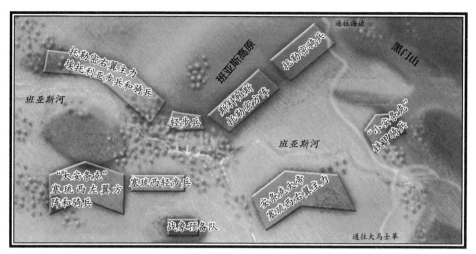

图中文字：
通往海边　班亚斯高原　黑门山　托勒密右翼主力　埃托利亚步兵和骑兵　托勒密骑兵　班亚斯河　斯科帕斯　托勒密密方阵　轻步兵　班亚斯河　"小安条克"铁甲骑兵　"大安条克"塞琉西左翼方阵和骑兵　塞琉西轻步兵　安条克大帝塞琉西右翼主力　战象预备队　通往大马士革

◎ 帕尼翁会战的双方部署示意图。由于地形限制，会战实际在两个分战场进行。只有在战场极东端的班亚斯河源头，也就是塞琉西军队后方，两个战场间才互相通行

入巴勒斯坦的要冲所在。从安条克的战略选择而言，在第四次叙利亚战争中为他采用的西部道路，即在西顿附近形成突破，从腓尼基地区的道路进入黎巴嫩谷地，被托勒密军队严密设防。他只得从大马士革取最短线路，直取约旦河西岸，尽可能快地进入平原地区。而斯科帕斯则在战术上更忌惮于让塞琉西军队进入平原，安条克手中更多的骑兵、方阵和战象都更适合在平原而非山地交战，因而斯科帕斯希望在戈兰高地的山地环境中进行一场会战。但斯科帕斯的动作显得太慢，安条克的主力迅速地冲下了戈兰高地并占据了帕尼翁以西的位置，斯科帕斯被迫在相对平缓的地形上决战。

会战的最终地点位于现在的班亚斯高原（Banyas Plateau）上，黑门山（Mount Hermon）从北面、戈兰高地的边缘从南边包围了这块高原上的谷地，而班亚斯河则

从东至西将这块平地切割成南北两半，北部稍为平缓，南部更为崎岖不平。塞琉西军队离开帕尼翁城，在平地的东北占据了阵地，斯科帕斯则在西南对应布阵。战场被河流分为两块，帕尼翁会战实际上成为在南北两面分别展开的独立会战，两军的南北两部都组成了独立的战线。

安条克本人亲自指挥北部的塞琉西军队进入战场，他的三子"小安条克"，即未来的安条克四世被指派去带领北部部队的右翼。"小安条克"带领一部分定居者骑兵抢占了战场北部边缘的高地，另外一些骑兵则部署在"小安条克"和步兵战线之间。值得一提的是，"小安条克"的骑兵首度以著名的铁甲骑兵形象出现在战场上，这种具装冲击骑兵在希腊化军队中的运用还属首次，很可能源于安条克在东征中与帕提亚和巴克特里亚军队接触产生的启发。在北翼的中央，安条克依次部署了战象和

方阵，投石手、弓箭手和一些塔兰托式的轻骑兵被安排在方阵缝隙中，他本人则带领"伙伴"近卫骑兵队以及一些战象充当预备队。在左侧，一些轻型化的塞琉西骑兵充当牵制部队。

斯科帕斯的托勒密军队同样分为南北两部。他本人亲率北翼部队对抗安条克大帝本人，埃托利亚人规模有限但战力可观的骑兵在两翼对垒塞琉西骑兵，来自埃及的方阵和战象则以相同的编组迎战他们的同行。一河之隔的南部，则主要由埃托利亚人组成战线，这些轻捷善斗的希腊山民对南部战场的崎岖山地地形非常适应。他们面对的塞琉西军队，则由安条克大帝的长子"大安条克"率领，在南部，塞琉西的一些方阵和骑兵部署在崎岖不平的山地上，他们背后则有一些战象作为后备。整个战场上，双方的战线宽度达到了3千米，这证明这场会战的参战兵力规模达到了接近拉菲亚会战的水平。

会战从北部战线的交锋开始，托勒密军队的左翼骑兵首先发起了冲锋，与之对垒的塞琉西骑兵佯装不敌而后退。追击的埃托利亚骑兵们将侧翼暴露给了等待在一旁高地上的铁甲骑兵，年仅15岁初涉战场的"小安条克"一马当先，带领铁甲骑兵发动了势不可挡的冲锋。这些超重型枪骑兵居高临下的冲击瞬间从侧后粉碎了埃托利亚骑兵，连同回过头来交战的其他塞琉西骑兵一起，塞琉西右翼骑兵大获全胜，一路追击败逃的埃托利亚人。

在右翼分出胜负的同时，两军的中央才刚刚开始前进，托勒密的战象很快被塞

◎ 早期的塞琉西具装骑兵。外形上有许多波斯具装骑兵的遗风，最引人注目的是其腿部防护，这种"侧甲"（parameridia），或称"飞翼形马甲"同时起到护腿甲和马甲的作用，可能源自于安那托利亚高原，此前就出现在波斯帝国的精锐具装骑兵身上

◎ 早期具装骑兵的"飞翼形"马甲形制及披挂细节

琉西的印度象群驱逐，暴露在战象下的托勒密方阵同时又发现自己的背面被塞琉西骑兵所包围。北线部队遭遇前后夹击的战况，对斯科帕斯而言几乎是毫无挽回的余地了，被铁甲骑兵和战象的强大冲击力冲乱了队形后，托勒密的方阵主力陷入了被屠杀的一边倒境地。斯科帕斯直接离开了北线部队，快马加鞭前去组织南线的战斗，指望从那里扳回局面。

南线的战局发展，确实对托勒密军队更加有利，埃托利亚人山地作战的优势很快在步兵战斗开始后显露出来。破碎地形上的塞琉西方阵逐渐无法保持队形，而被渗透近身的埃托利亚步兵所击败，南线的托勒密骑兵同样也击退了当面的塞琉西骑兵。但是，就当斯科帕斯催促着得胜的部队立即进攻，寄希望于迅速绕过班亚斯河，转向北进攻击安条克的背后时，塞琉西在南线的战象群挽回了局势。不习惯与战象作战的埃托利亚人被这些庞然大物阻挡住了步伐，这里的战况再度陷入了僵局。

意识到无法获得进展，斯科帕斯大概预料到了北部部队的下场，被迫选择退出战场。埃托利亚人发挥机动性的优势，迅速完成了重组，并得以从南面的山地地形躲开塞琉西军队的追击，大约有1万多名残兵跟随斯科帕斯撤出了战场。而部署在北部的托勒密军队则没有这样的好运，特殊的战场地形使得他们无处可退，遭遇了毁灭的命运。

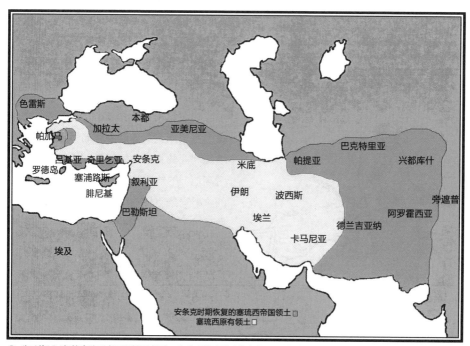

◎ 公元前194年的塞琉西帝国疆域示意图，几乎已经回到了塞琉古一世在位期间的大小

帕尼翁会战一边倒的结局基本奠定了第五次叙利亚战争的结局。与18年前的另一个埃托利亚雇佣兵将军尼科劳斯一样，斯科帕斯和他的万余残军一路奔逃，躲进了沿海城市西顿的高墙之后，指望着来自埃及的海上救援。但他最后还是无力抵抗下去，向安条克投降，在回到亚历山大里亚后也被处死。而托勒密对柯里一叙利亚、腓尼基和犹太地的统治就此告终。在此时，由于担忧埃及的粮食出口受战乱影响，来自罗马的使节向安条克和马其顿的腓力五世提出不将战火烧至埃及本土。原本就无意攻击埃及的两位君主顺水推舟地答应了，在随后的数年内，托勒密王朝在小亚细亚、色雷斯沿岸等地区的领土被瓜分殆尽，海外领土仅剩下塞浦路斯岛一处。直到公元前195年，安条克才与托勒密五世签订了合约，后者在娶安条克的女儿克利奥帕特拉一世（Cleopatra Ⅰ）的同时，承认了塞琉西帝国的既得利益。

此时，距离安条克三世继位已经过去了28年，截止到重创托勒密王朝为止，安条克一一击败了登基之初所有内部和外部的敌人，重新将塞琉西帝国的版图扩张至接近初创时鼎盛时期的程度。所有人，连同安条克自己，都确信他是一位当之无愧的"大帝"，他对帝国的统治和扩张将不可阻挡地继续下去。然而月盈则亏，塞琉西帝国在东地中海重新建立的霸权和威势，连同安条克大帝本人的不可一世一起，将以一种任何人都无法想象的方式迅速地消失得无影无踪。

# 屡败于罗马军团

在安条克三世的这近30年的统治期间，地中海世界的另一个部分同样充斥着战争和政治博弈。罗马共和国在获得第一次布匿战争的胜利后，不可避免地与西地中海的另一强权——迦太基，展开了又一次殊死角逐。最终，在历经近20年的死斗后，迦太基再次败下阵来，尽管汉尼拔这样的军事奇才使尽浑身解数，但罗马共和国惊人的战争潜力依旧帮助他们成为西地中海唯一的主人。在决定性地击败迦太基后，他们开始了进一步的扩张。

安条克的政治盟友，马其顿的腓力五世就成了罗马扩张的牺牲品之一。腓力五世的人生与安条克三世有许多相似点，他们的出生、继位时间甚至个人性格和行事作风都如出一辙，在他们意外获取王位的同时，各自的王国都面临着艰难的发展环境。不同之处在于，同样是充满活力和野心的统治者，具有非凡军事天赋的腓力五世所能利用的资源要远少于安条克三世。尽管赢得了绝大多数战场上的胜利，但他治下的马其顿安提柯王朝在与埃托利亚联盟、斯巴达、艾利斯等希腊城邦的交战中，还是逐渐因穷兵黩武的国策而损耗国力。随着罗马的影响力逐渐渗透过亚得里亚海，马其顿不可避免地与罗马共和国正式交战，结果在公元前197年的狗头山会战败北后，腓力五世被迫退出战争，也中断了对希腊的干涉政策。

然而，埃托利亚联盟、伊庇鲁斯、艾利斯等希腊政治势力，并不满意于罗马共

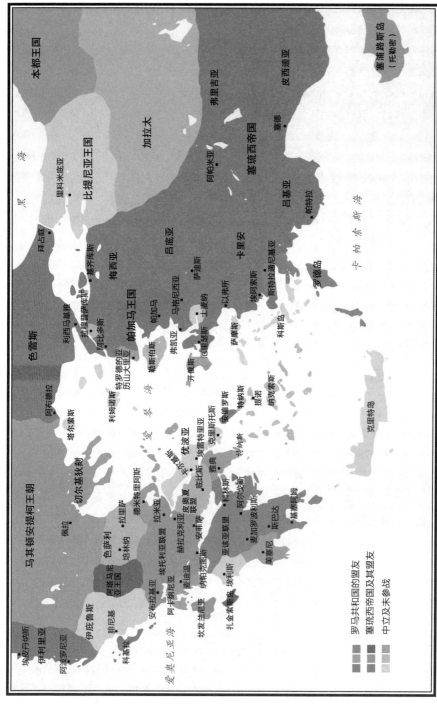

© 罗马—叙利亚战争前的爱琴海。希腊世界从未停止内战，而对手势力扩展到东地中海的罗马共和国而言，这样的内战帮助她削弱了不止一个强大的希腊和马其顿人对手

图例：
- 罗马共和国的盟友
- 塞琉西帝国及其盟友
- 中立及未参战

和国对希腊的政治渗透，以对抗强敌马其顿为目的建立的反马其顿同盟，反倒成为罗马进入希腊遂行统治的一条捷径。埃托利亚联盟对罗马共和国的不满与日俱增，碍于无力独自对抗罗马共和国，他们将眼光朝向了东方。

与此同时，安条克三世在击败托勒密王朝并吞并小亚细亚的各处托勒密飞地的同时，也逐渐与罗马共和国产生了嫌隙。随着安条克在小亚细亚继续扩张势力，吞并独立的希腊殖民城市，来自罗马的敌意与日俱增，最终，地中海两大强权之间的和平终于在公元前192年彻底被打破。当安条克大帝将征服的步伐迈到色雷斯沿岸的希腊城市时，罗马共和国终于无法容忍，来自罗马的外交官明确告知：要么确保小亚细亚诸希腊城市的独立，要么从色雷斯罢手，退出欧洲；如果想要二者皆选，那就要做好准备迎接军团飘扬的鹰旗。安条克对这种毋如说是威胁的外交斡旋毫无兴趣，在他看来，无论是小亚细亚还是色雷斯的希腊城市，都已是他的囊中之物。在对这个提议明确拒绝的同时，他立即开始准备对罗马共和国的战争，流亡之中的罗马死敌汉尼拔也被他以盛大的礼仪迎接到以弗所。

按照安条克的判断，进入希腊挑战罗马的优势地位将是易如反掌的事情。作为传统盟友的腓力五世和普遍存在反罗马情绪的希腊各城邦联盟，足以提供一支规模极为可观的大军，只需他的先锋踏上希腊的土地，希腊人就会箪食壶浆。于是，在公元前192年末的冬季，安条克正式开始

了对希腊的军事行动，100艘战舰和200艘运输船组成的舰队运送着一支总数达到1.8万人的先遣部队在希腊登陆，然而这里的局势却与他想象中的大相径庭。

指望得到全希腊支持的安条克受到了意料之外的冷遇，除了怂恿者埃托利亚联盟外，对他的入侵响应者寥寥，亚该亚联盟等许多主要的希腊势力纷纷选择站在罗马一边。不仅如此，就连他的老盟友腓力五世，也从马其顿的战略利益出发选择暂时和罗马人站到一起。大失所望的安条克被迫在整个冬季忙于进行外交活动，劝说希腊人改旗易帜的同时，分出原本就有限的军力设法确保尽可能多的希腊城市站在他一边。这时，他一定无比后悔，没有动员更大规模的军队来到希腊，此时跟随他征服了整个东方的百战精兵大多分散在各军事定居点尚未动员。

更糟糕的消息在次年的春季到来，与防务荒废的托勒密王朝相比，罗马人显然是一个更具活力的对手。公元前192年的早春，罗马人以令人惊讶的速度动员了2万名步兵、2000名骑兵和15头非洲象的远征军，由执政官马库斯·阿基利乌斯·加里博（Marcus Acilius Glabrio）指挥，从亚平宁半岛南部港口布林迪西翁（Brundisium）起航，来到了希腊。此时的安条克，不仅在军力上处于劣势，而且还将相当部分的部队分散在希腊各地，毫无疑问他处于全面的被动中。为了防备亲罗马的色萨利地区，三四千人的塞琉西部队此前被派驻色萨利的阿塔马尼亚（Athamania），这支分队首先遭到罗马

人的突袭而全军覆没，1000 余名投降者被收编了罗马军队。

身边仅有1万名步兵、500 名骑兵和 6 头战象的安条克大帝，处于进退两难的境地中。尽管他的海军司令官波利塞奈得斯（Polyxenides）能够暂时掌控爱琴海的制海权，但11月中旬至3月中旬的海况却不利于任何大规模的舰队行动，因而迅速的增援行动被自然条件而非敌对的海军行动阻止了。既无法获得增援，也不能和不愿从海上撤出希腊，被困在希腊中南部的安条克把目光投向了一个名战场：温泉关（Thermopylae）。

作为沟通希腊南北的交通要道，温泉关无数次成为防御者的据点，安条克也把他的军队撤退到了这里，他寄希望于温泉关的特殊地形能弥补兵力的不足。温泉关附近大多是无法通行的山区，仅有的沿海通路极为狭窄，最窄处仅90米。塞琉西军队利用一道土墙和壕沟封堵了道路正面，

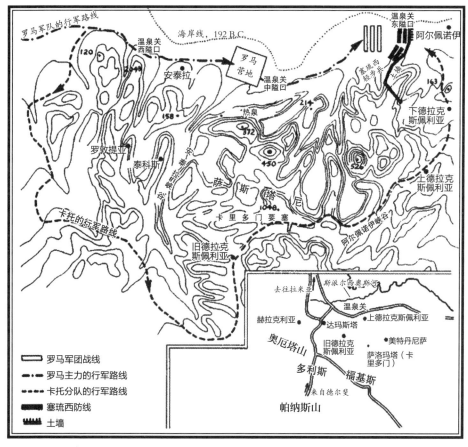

◎ *温泉关之战示意图*

安条克将长枪方阵布置在土墙的正面，辅以弩炮等投射机具为火力掩护，一些轻步兵和银盾军的步兵被前出部署到土墙前方的高地上，充当第一层屏障。而在温泉关的两侧，东侧海上的迂回登陆路线被安条克的舰队和几个外围据点锁死，西面的内陆山区则被他的埃托利亚同盟军把守：卡里多门（Kallidromon）、泰科斯（Teichous）和罗敦提亚（Rhoduntia）三座独立的山峰被2000名埃托利亚步兵防守，更靠近内陆的赫拉克利亚（Heraclea）和希帕塔（Hypata）两座城市被另2000名埃托利亚卫戍部队占据。

一心认定罗马人将被迫从正面进攻温泉关，安条克打好了如意算盘，一旦罗马人在坚固的防守下陷入僵持，他就可以放心地等待援军从亚洲到来。到那时，兵力占优的塞琉西军队将从温泉关的防御位置转入进攻，在开阔地上寻求一次进攻会战的机会，摧毁罗马军队。

公元前191年4月，加里博带领罗马军队来到了温泉关附近，在安排正面进攻的同时，他让马库斯·波基乌斯·卡托（Marcus Porcius Cato）和卢西乌斯·瓦勒里乌斯·弗拉古斯（Lucius Valerius Flaccus）各自带领2000人的分队，绕路攻击塞琉西战线的后方，这使得他们需要首先攻取卡里多门、泰科斯和罗敦提亚的高地要塞。而加里博则亲率主力直取温泉关东部隘口的正面防线。

罗马人在正面发动的进攻迅速驱逐了防线前方部署的散兵，安条克让他们撤退到战线后方，以方阵迎接罗马军团的正面强攻。尽管罗马军团数量占优，但狭窄的地形以及塞琉西军队修筑工事，让他们步履维艰，方阵中伸出的密集长矛，连同周围高地上射出的箭矢和标枪一起让罗马人难以取得任何正面进展。安条克对局势有了较为乐观的估计，他甚至希望在罗马人受挫之后，能设法击退对手，并以有限的部队进行追击。

然而局势峰回路转，正面交战僵持的同时，安条克认为万无一失的侧翼却出现了问题。弗拉古斯的部队向位于罗马大营侧后方的泰科斯和罗敦提亚进攻，埃托利亚人利用高地优势很轻松地击败了前者，甚至反而发动攻击，伺机偷袭了罗马的营地。但在卡里多门要塞，守军被突然到来的罗马人袭击所击败，这一关键锁钥的丢失使得通向温泉关背后的小路门户大开。卡托的迂回部队通过了卡里多门的通道，沿着阿尔佩诺伊峡谷（Alpenoi）一路急进，来到了塞琉西防线的后方。

敌军在背后的突然出现，完全出乎安条克的意料。实际上，安条克手中有从前沿退下的轻盾兵和骑兵预备队，足以击退卡托的突袭，但突如其来的遇敌完全打乱了他的计划。在来得及采取措施之前，腹背受敌的方阵军心大乱，士兵开始放弃阵地溃逃，指望守住军营中宝贵的行囊。这一变动决定了温泉关之战的结局，加里博得以带领主力突破正面，安条克眼见部队完全失控，只得带领骑兵撤退，并让6头战象在峡谷中拖延时间，尽可能掩护主力撤离。会战最终的结果完全一边倒，安条克的步兵和战象几乎全军覆没，骑兵则完整地脱离，塞琉西在希腊的军力几乎为之一扫而空。

随着在温泉关的惨败，从希腊到小亚细亚，所有反塞琉西的势力随之加入战争，安条克入侵希腊的野心灰飞烟灭。但战争远未就此告终，第二次布匿战争的英雄"大西庇阿"（Publius Cornelius Scipio Africanvs）和他的兄长——卢西乌斯·西庇阿成为罗马远征军的指挥官，带领罗马军团进入小亚细亚，准备一劳永逸地摧毁塞琉西帝国在地中海刚刚重建的霸权。

回到小亚细亚后的安条克，面对着战争扩大的威胁，但他仍旧对防守帝国的小亚细亚领土保有信心。此时，亚该亚联盟、马其顿、罗德岛、比提尼亚和帕加马都已加入罗马军队的行列，面临着四面楚歌的局势，安条克决心将罗马军队拒于亚洲之外。

尽管安条克来不及动员所有军队防守面积广大的亚洲领土，但波利塞奈得斯的舰队能够控制爱琴海上罗马人可能的渡海行动，因此国王将陆地防御的重点定在了加里波利半岛的利西马基亚（Lysimacheia）。这座以继业者利西马库斯命名的重镇，扼守住了达达尼尔海峡。安条克再一次过度自信地认定，腓力五世会保持中立，而罗马人仅靠自己的地理知识和向导无法穿越复杂的色雷斯地区到达赫勒斯滂海峡，达达尼尔海峡成为实际上唯一可行的通路。

但是，政治局势的变化再度超出他的预期，腓力五世在第二次马其顿战争中败北后，彻底改变了自己的战略原则。在国

◎ 罗马五列桨座战舰。公元前3世纪起，地中海的各个角落开展了规模骇人的海军军备竞赛。两个世纪前成为海军宠儿的三列桨座战舰此时显得过时而弱小，即使是五列桨座战舰也只能算是批量生产的货色，七列桨座、十三列桨座、十四列桨座甚至更大的巨舰纷纷入役，成为强大的舰队战术核心和编队旗舰。这些多列桨座战舰的命名原则，并非单纯按照桨桨的数量来区分，比如三列桨座战舰由三排单人桨驱动，但四列桨座战舰却仅有两排双人桨，五列桨座战舰则有两排双人桨和一排单人桨。一些更大的战舰，比如十八、二十列桨座战舰，其命名甚至与桨手数目无关，只代表舰船船体型之巨大

内民生惨遭战争荼毒、百业凋零之际，腓力五世将反罗马的立场和野心暂时隐藏，在表面上亲近他暂时无力对抗的罗马。另一方面，安条克三世此前出于笼络盟友的目的，一度承诺站在他一边的阿塔马尼亚王国在未来为他们征服马其顿的土地，这样的反复成性也激怒了腓力五世。结果，腓力五世选择站到罗马一边，他为西庇阿兄弟提供了宝贵的给养和向导，帮助他们完成了几乎不可能的行军——穿越色雷斯的部分领土，并借此得以免付尚未偿清的罗马战争赔款。

在亲自坐镇利西马基亚的同时，安条克派遣次子塞琉古攻略帕加马国土。来自亚该亚联盟的1000名步兵和100名骑兵作为精挑细选的志愿者来到帕加马提供援助。塞琉古的兵力不足以对帕加马进行彻底的围攻，结果利用高效的游击和骚扰作战，亚该亚骑兵使塞琉古的部队无法在帕加马的领土上获得充分的补给，而最终将他们驱逐。

同时，罗马的其他希腊盟友在海上联合起来给安条克以重击。为了争夺爱琴海的制海权，罗马人以李维（Livy）为指挥官，带领保护亚平宁半岛沿海的舰队东进，这支舰队由多达81艘"带有甲板"的战舰（这一时期"带有甲板"的修辞，一般是指在原有的船只露天甲板上，填补空缺建成完整的全通甲板，或是侧向扩展出额外的甲板空间，用以搭载更多的陆战人员）组成，这些战舰很有可能都是威力巨大的五排桨座战舰（Quinquereme）。帕加马人也派出了50艘战舰（其中半数"带有甲板"），

以航海能力和造船技术著称的罗德岛人则派出了27艘战舰。而塞琉西舰队尽管数目不少，但在船只尺寸上普遍落于下风，而这种劣势将很快让安条克尝到苦果。

# 一去不返的霸业

公元前190年内，双方的海军舰队在爱琴海为了争夺制海权发生了连续的交战。起初，实力落于下风的塞琉西舰队被困在以弗所港内，为了解救主力，安条克派遣汉尼拔去腓尼基和叙利亚组建另一支舰队。结果试图解围的汉尼拔在攸利梅顿（Eurymedon）被罗德岛舰队和部分罗马舰船拦截，罗德岛人利用水手的素质优势获胜，重挫了这位名将，而将他的残部赶入潘菲利亚围困。此后由于李维带领大部分舰船到赫勒斯滂为陆军进行护航，塞琉西海军才得以解困。滞留在伊奥利亚（Aeolia）的罗德岛舰队遭到突袭，波利塞奈得斯俘虏了20艘罗德岛战舰，从而扳回一城。

在完成护航任务后，罗马—希腊联合舰队得以重新集结，全力投入对制海权的争夺，最终海上的决战在迈昂尼撒斯（Myoneessus）进行。罗马人和罗德岛人的83艘战舰倚仗更优秀的水手和陆战队员取得了一场决定性的大胜，波利塞奈得斯的90艘战舰中13艘被俘、16艘战沉，而罗马人仅损失2艘战舰，另有1艘罗德岛战舰被俘。海战中，波利塞奈得斯试图拉长战线迂回敌方的侧翼，但自己的中央却随之薄弱，先被罗马人顺势突破，最终

◎ 后期的塞琉西具装骑兵。新式的马甲形制使他们和后来波斯帕提亚军队中的铁甲骑兵更为形似

被孤立的塞琉西各部分舰队只得逃离战场。

迈昂尼撒斯海战结束后，罗马人完全掌握了爱琴海的制海权。连同西庇阿兄弟出人意料地渡过赫勒斯滂一起，这两方面的行动置安条克于尴尬的战略位置：他自以为安全的侧翼完全洞开，而自己却据守在一个毫无意义却暴露前出的位置上，这几乎是温泉关之战在战略上的再现。

进退失据的安条克至此终于失去了信心，一个泛东地中海的反塞琉西同盟显得太过强大了。在得知海战惨败和西庇阿兄弟渡过赫勒斯滂之后，他立即放弃了利西马基亚，销毁了无法携带的物资并迅速撤往小亚细亚。同时，他试图通过拜占庭人的撮合，以放弃小亚细亚的几个希腊城市——这也是他的势力向希腊扩展的起点

和战争的最初起因——和他在伊奥尼亚、埃托利亚的盟友，补偿罗马人的一半军费为代价，换取和平。然而西庇阿兄弟的意见简单明了：如果这项提议在罗马人渡过赫勒斯滂之前提出，那他们会高兴地接受，但现在罗马人不会错过获得更大利益的机会。

从战争开始前的信心满满，到紧随而来的一连串败北，毫无疑问让安条克的心理形成了巨大的落差。阿庇安这样的罗马历史学家甚至将得知败报后的安条克描述成惊慌失措、痛哭流涕，抛弃家人不顾而以过激的情绪四处奔逃。然而这显然不符合常识：安条克作为一个从毁灭边缘起家，历经多次军事失败而最终以实绩取得"大帝"尊号的君主，心理素质岂会如此脆弱？这当然更应该理解成历史学家主观的偏向性描写。不过，在经历战争的一连串不利事件后，安条克逐渐认识到这场罗马—叙利亚战争将决定东地中海的霸权，他抛却和平的想法，动员那支随他东征西讨的大军进行最后的决战。

最终，随着罗马军队与帕加马、亚该亚军队会合并南下，安条克带领他的大军离开了萨迪斯。沿着赫尔墨斯山谷，这支军队走向了马格尼西亚，这个注定将决定霸权诞生或陨落的地点。在近一百年前，安条克大帝的先祖、塞琉西帝国基业的奠定者、"胜利者"塞琉古一世带领大军西进，与在色雷斯、马其顿建立统治并寻机东进的另一位继业者利西马库斯进行了库鲁佩狄安会战（Battle of Curupedion，公元前281年）。在这次同样发生在马格尼西亚的会战中，两位耄耋之年的君主为了他

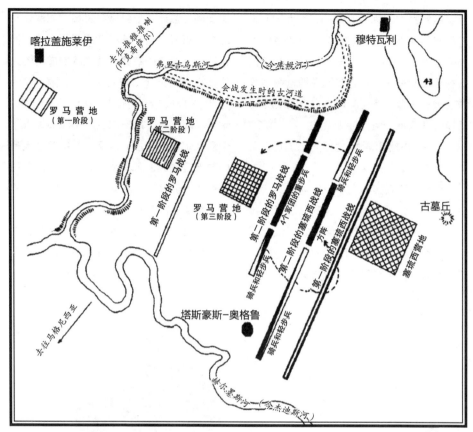

◎ 马格尼西亚会战的战场位置和部署示意图

们多年未竟的目标——重新统一亚历山大帝国而亲临战场，最终塞琉古一世获胜而利西马库斯战死，塞琉西这个亚洲帝国朝向欧洲扩张的通路就此打开。对安条克而言，这场会战的性质别无二致：若胜，则此前的所有失败都显得微不足道，整个希腊将会重新对他开放；若败，则塞琉西帝国过去20年内苦心重建的实力将不复存在。

会战战场的精确位置位于两条东西走向的河流——北面的弗里吉乌斯河（Phrygios，今土耳其库姆河）和南面的赫尔墨斯河（Hermos，今土耳其杰迪斯河）之间，罗马—希腊联军占据了西侧，而安条克在东侧扎营。安条克投入了包括军事定居者主力在内的7万兵力，这是安条克统治期间出现在野战中的最大一支塞琉西军队。而卢西乌斯·西庇阿的兵力则包括2个罗马军团、2个同盟军团和帕加马、亚该亚盟军提供的兵力，总数仅有3万人，但都是经验丰富、素质出众的精锐。

起初，卢西乌斯·西庇阿在两条河流最窄处布阵寻求会战的机会，但这里的战场宽度对兵力占优势的安条克大大不利，因而安条克不为所动。随着时间即将进入公元前 190 年的冬季，在敌人境内难以获得补给的罗马—希腊联军越来越急切地寻求会战，他们将战线向前推进，以稍宽的战场宽度诱惑安条克接受会战。经过两次罗马战线的前推和战场宽度的增加后，安条克决定接受会战。

由于在骑兵实力上居于绝对劣势，卢西乌斯·西庇阿将步兵战线的左端紧贴弗里吉乌斯河部署，步兵与河流之间仅象征性地保留了容纳 120 名骑兵的空间，塞琉西的右翼将很难有足够的战场宽度进行侧

翼迂回。总计 4 个罗马军团和同盟军团从北至南展开，其中罗马军团居于中央，而在这 4 个军团的右翼，是来自帕加马的大约 3000 名轻盾兵，以上所有单位展开了大约 2.1 千米长的步兵战线。在他们的南面，帕加马国王攸美尼斯二世（Eumenes Ⅱ）带领联军的几乎所有骑兵，其中 800 人是他的近卫骑兵，而其余骑兵则大多由罗马提供。加上骑兵，整条罗马—希腊联军的战线长度达到了 3 千米。

与之对垒的安条克限于战场宽度，进行了一些有违常规的部署。总共 1.6 万人的定居者方阵，没有按照习惯的 16 排，而

◎ 塞琉西四马刀轮战车。在逐渐被骑兵取代后，战车依旧不时出现在战场上，但它的脆弱性和冲击力一样突出，需要指挥官小心运用。塞琉西军队在公元前2世纪依然保留了一些双马、四马和六马的刀轮战车

是以 32 排纵深部署，每个方阵团排布成 50×32 的队形，连同 10 个方阵团的间隙一起，占据了大约 1 千米宽的正面，与罗马人两个居于右侧的军团对应，每个方阵团之间都部署了轻步兵和 2 头战象作为掩护。紧邻着方阵的右翼，首先是一部分加拉太重步兵，以及安条克大帝亲自率领的"近卫"骑兵队和 3000 名定居者铁甲骑兵，在他们的北侧是 1 万名银盾军，这些单位将对罗马战线左翼的两个军团发动主攻，1200 名大益游牧骑射手在外围游弋掩护侧翼。值得一提的是，运用冲击骑兵正面强行突破结阵重步兵，这样的冒险做法在此前的希腊化军队中并不多见，安条克此次的右翼部署一方面是由于战场空间有限，另一方面也是铁甲骑兵改革给予了他正面突破的信心。而在方阵的左面，塞琉西军队的部署更为复杂，紧接着方阵的是 1500 名加拉太重步兵和 2000 名以相同方式作战的卡帕多西亚人，他们的左侧是安条克次子塞琉古带领的"伙伴"骑兵队和另 3000 名铁甲骑兵。另有来自梅西亚、弗里吉亚、潘菲利亚、吕基亚、皮西迪亚、克里特、特拉利斯和西里西亚的多达 1.5 万名种类繁杂的轻步兵，包括投石手、标枪手、弓箭手和轻盾兵在内，部署在左翼。在塞琉古的骑兵主力前面，则是一些阿拉伯的骆驼弓骑兵。少量刀轮战车被部署在左翼前列，安条克希望运用他们的冲击力去扰乱对方的骑兵队形，为接下来左翼决定性的骑兵冲击减少障碍。

两支军队都选择在黎明就离开营地布阵，当天的大雾和尚未升至半空的太阳使

◎ 马格尼西亚会战中身先士卒的安条克大帝。随着骑兵装备的发展，马其顿式样的持矛重骑兵逐渐强化其防护，这些近卫骑兵的环式臂甲在一个多世纪前的伙伴骑兵身上不曾出现

得光照条件颇为差劲。为了更好地发挥远程部队的效力，两军的战线比往常更为接近，这为战局发展埋下了伏笔。马格尼西亚会战以双方轻步兵的交战为标志拉开了序幕，塞琉西中央和右翼的轻步兵由门第斯（Mendes）、左翼轻步兵由齐欧西斯指挥，与罗马各军团前方的轻装步兵进行了一系列前哨交战。但军团重步兵和方阵都不急于前进，双方都认为决定性的行动将从侧翼开始。

安条克在右翼首先前进，他亲率"近卫"骑兵队居中，带领 4000 名重骑兵发动了正面的进攻，连同配属的银盾军和加拉太重步兵一起，直接强攻罗马左侧 2 个军团的

正面。区区 120 名骑兵无力守住罗马阵形的左翼，而 2 个军团也没能挡住铁甲骑兵的正面冲锋，罗马战线的左半段在安条克亲自领导的攻击下顿时分崩离析，结阵的重步兵被骑兵正面击垮，也成为一个少见和颇令罗马人感到尴尬的战例。大批罗马和亚平宁半岛同盟军团的溃兵随之向军营溃逃，在那里还配属着 2000 名马其顿和色雷斯的志愿兵，使得罗马的溃兵设法在营地中进行了重整。安条克获胜的右翼一路席卷，他又一次面临着与拉菲亚会战相同的抉择：是重整部队转向左侧，还是继续直攻对手大营？国王又一次选择了后者。

而塞琉西军队占绝对优势的左翼，却遭遇了完全意外的状况。居于前列的刀轮战车由于战线相接，没能获得足够的加速空间，结果攸美尼斯二世准确地判断出战车对骑兵的威胁，集中手中的轻盾兵和轻骑兵分散围攻战车。没能完成加速的战车，在投射武器的攻击下显得笨重脆弱，二马、四马甚至六马的刀轮战车，只要有一匹马匹受伤就变得难以驾驭。这样的攻击使得战车大多在失控中掉头向后，反而冲击了塞琉西军队的左翼。另一方面，由于铁甲骑兵笨重的铠甲和密集的队形，他们没有足够的速度和空间来躲避来自本方战车的误伤，于是塞琉古麾下的左翼骑兵主力，在本方战车的冲击下溃不成军。攸美尼斯

◎ 阿帕米亚合约产生的领土变动示意图。阿帕米亚合约使得罗马主导下的东地中海秩序诞生了

二世顺势展开攻击，仅仅3000名骑兵和3000名轻盾兵就将塞琉西的整个左翼战线打得一败涂地，追赶着数量五倍于自己不止的敌军，追亡逐北如入无人之境。

安条克此时对左翼发生的变化毫不知晓，在他看来，就连善战的罗马步兵都被自己的骑兵冲击一鼓而下，那显得更不堪一击的罗马骑兵必然也被自己强大的左翼轻松碾碎。他带领右翼的得胜部队猛攻罗马军营，却被留守的罗马军官马库斯·阿米里乌斯（Marcus Aemilius）带领溃兵和营地守卫们暂时挡住。安条克眼见短时间内无法攻下营地，便回过头来冲向罗马的另一半战线。

在攸美尼斯二世击溃塞琉古之后，将自己的右翼迂回到了塞琉西的方阵之后，尽管背后受敌，但这些经验丰富、值得信赖的老兵迅速结阵，组成四面对敌的阵形，而将战象和脆弱的轻步兵包裹在阵形内部。正面的2个军团不敢强攻结阵的马其顿方阵，便投入轻装步兵以连续的投射打击软化塞琉西方阵的防御。由于对方骑兵的威胁，塞琉西方阵不敢放出轻步兵进行反击，只得直接承受长时间的投射攻击，尽管伤亡惨重，老兵们依旧坚韧地维持着阵形，并缓缓向营地后退。但就在这时，塞琉西各方阵内部的战象忍受不住投射打击，纷纷因痛苦而发疯失控，这些动物从内部冲垮了严密的方阵，军团抓住机会发动了冲锋，失去队形的方阵无力抵抗，塞琉西的战线就此崩解。

直到此时，安条克才回到战场，攸美尼斯二世的弟弟阿塔卢斯（Attalos）带领

200名帕加马骑兵试图阻止他，他弃之不顾地冲向中央战线。但随后的景象出人意料，满地的方阵士兵和战象尸体，以及已经被攻下的军营摧毁了他的意志，他带领得胜的右翼部队仓皇撤离战场，在当天半夜逃回了萨迪斯。根据阿庇安的记载，被俘虏或杀死的塞琉西士兵到5万人，而罗马人的损失微不足道。一些后世的历史学家去除了其中的一些水分，但马格尼西亚会战仍是一场伤亡一边倒的决战，安条克苦心经营多年的军队遭到了毁灭性的打击。

就这样，马格尼西亚会战以这样出人意料的结局结束：一支经验丰富、装备精良的军队，在人数不足自己一半的敌人面前被压倒性地击垮。安条克几乎要为这场会战负全部的责任，是他在不合适的战场环境下使用战车，而招致了左翼的覆灭；是他实验性地在方阵间部署战象，而将一场仍能获得平局的会战转为惨败；安条克曾经的噩梦——拉菲亚会战的指挥失误，以完全相同的方式在马格尼西亚重演。毁灭性的结局使得他的朋友和部下们向他抱怨，有人指责他发动这场战争是因为错误地判断战略态势；他的步兵指挥官们则质问他，为何跟随他征服了整个帝国的方阵老兵们会在最关键的会战里被置于次要的战术地位。胜利者则兴高采烈，一句话在罗马士兵之间流行："安条克大帝，他'曾'是一位国王。"为安条克霸业的功亏一篑画上了一个句号。

作为马格尼西亚会战和整场罗马—叙利亚战争的结果，安条克三世在公元前188年签订了耻辱性的阿帕米亚合约：缴

纳 3000 银泰伦现金作为军费，在未来 10 年内分期支付 1.2 万银泰伦作为赔款；同时仅保留限制性的军备，为此，无数艨艟巨舰被拆卸摧毁，而大量印度战象更是在悲鸣中被屠杀；包括国王的第三个儿子"小安条克"在内的 20 名人质被送到罗马城；更重要的，帝国在陶鲁斯山脉以西的全部领土，被割让给了帕加马与罗德岛。此后，尽管塞琉西帝国起起落落，但其势力再未能涉足陶鲁斯山脉以西。

几乎就在得知罗马—叙利亚战争结局的同时，那些在东征中臣服于安条克的势力纷纷蠢蠢欲动：帕提亚重新独立，并在未来成为塞琉西帝国的掘墓人；巴克特里亚王国走上了自己的扩张之路，并再未承认过帝国的宗主权；帝国的东部行省开始连续的叛乱。安条克在这一连串麻烦和支付赔款的经济压力面前焦头烂额，公元前 187 年，他再度进行了一次东征，然而这征服的结果却是出师未捷身先死。

公元前 187 年，在重新征服波西斯的过程中，为了获得军费，安条克带领军队在苏萨的一座巴尔（Bel）神庙纵兵劫掠，结果在混乱中被杀身亡。

作为一位君主、将军和战士，安条克三世堪称优秀，但他性格和能力上存在的客观缺陷却限制了他的成就。无论是在战略政策的制定，还是战场指挥的把控上，安条克并不缺乏足够的魄力、勇气和智谋，但在对局势判断的准确性上他却一再犯错。这样一位头脑聪敏、"筋骨"强壮，却不幸"近视"的征服者，距离功业的顶峰难免总是一步之遥。于是，当罗马崛起的车轮不可阻挡地来到面前时，一代枭雄安条克注定无法逆天而行，而只能让自己的失败成为罗马共和国征服史的一部分。

安条克大帝死后，塞琉西帝国的诸代君主大多受困于连续的内战和权力斗争，少数几位军事强人的奋斗虽然一度让局势改观，但塞琉西帝国以及整个希腊世界的衰弱不可避免。终于，塞琉西帝国的历史，连同安条克三世的事迹一起，仅在罗马崛起时期的历史长河里勉强占据了一个角落中的位置。安条克三世在柯里—叙利亚、巴克特里亚和印度边陲留下的一系列足迹大多被遗忘，他的名字让人首先联想起的总是罗马军团的以寡击众，或是汉尼拔在他麾下时发生的若干逸事，而非他在阿利乌斯河畔的骁勇和八年东征中纵横万里的激昂。他为山九仞、功亏一篑的人生经历，连同他悲剧性的结局一起，不得不让人感叹世事无常，命运女神总是随手将人推至浪尖，随后又将最得意的他们狠狠推落下顶峰。

# 枭雄录

## 米特拉达梯六世

### 一众叛亲离的本都国王

作者 / 章毅

所有毒药中最致命的那种，就是儿女们对父亲的背叛。——米特拉达梯六世

公元前 62 年，也就是罗马纪元中迪基姆斯·尤尼乌斯·西拉努斯与卢基乌斯·李锡尼·姆雷纳担任执政官的那年，一次显赫豪华程度空前的凯旋式增添了罗马将军格涅乌斯·庞培的荣耀。凯旋式持续了两天时间，无论是陈列的战利品还是规模都超过了以往的任何一次。游行队伍抬着的巨大标语牌上用铭文宣告着庞培的伟绩：夺取装有冲角的战船 800 条，建立了 39 座城市或者军事殖民地，攻陷了 900 多座城市，占领了 1000 多座堡垒。罗马的军团征服了帕夫拉戈尼亚、本都、亚美尼亚、卡帕多西亚、米底亚、科尔喀斯、伊比利亚、阿尔巴尼亚、叙利亚、西里西亚、腓尼基、巴基斯坦和约旦等许多国度，这些地名对于当时的罗马人来说只是神话传说或者就干脆未曾耳闻过。为了运送黄金和宝石，使用了成百上千的马车和挑夫。而且在此之前，庞培向自己的士兵和军官发放了丰厚的奖金——总数高达 16 万塔兰特（塔兰特是古代西方最大的货币单位，1 优卑塔兰特大概等于 27 千克的白银），这个庞大的数字简直让人不敢相信是真的。

作为凯旋式的焦点人物，庞培身披据说曾属于亚历山大大帝的战袍进入罗马。在他所乘坐的战车前面，是 340 多名俘虏和人质，他们都身着自己民族的服装，在行列的末尾是一群据说是亚马孙人（希腊神话中战神女儿的后裔，族中所有女性为战士，为了方便骑射，割掉了右边的乳房）的斯基泰女人。但美中不足的是，这场凯旋式最重要的战利品缺席了，他就是本都国王米特拉达梯六世——罗马共和国晚期最危险的敌人。米特拉达梯六世的空缺被一座纯金打造，高达 12 英尺的塑像代替。与生前一样，米特拉达梯六世（的塑像）被他的众多儿女所包围着。这位狡猾而又坚忍的国王在长达 42 年的时间里与一个又一个罗马将军交战，其中不乏苏拉、卢克尤斯·李启尼乌斯·卢库鲁斯、庞培这样赫赫有名、同时代最出色的人物。国王赢得了许多辉煌的胜利，但最终命运的不济

◎ 罗马凯旋式

◎ 凯旋式中的俘虏和妇女

◎ 提图斯凯旋门的细部显示了来自耶路撒冷的战利品

◎ 一座亚马孙女人的雕像

将他逼上了绝路。国王并没有给庞培拿自己做凯旋式上的装饰品的机会，当他确认已经逃走无望时，就借助一个高卢随从的长剑结束了自己的生命。

根据史书上的记载，米特拉达梯六世是一个富有传奇性色彩的人物。他出生于宫廷，却成长于旷野，从青年直到老年都在为建立一个囊括黑海沿岸和小亚细亚半岛的庞大帝国而战斗，他计划的宏大与面对困难和失败时的惊人意志力让他的敌人们不得不表示钦佩。据说这位国王懂得24种语言，可以和黑海沿岸的每一个野蛮部落直接交流，是个第一流的外交家；他受过非常优良的希腊文化教育，对音乐有很高深的修养；他还是一个很不错的药物学家，研究出了一种万能解毒剂和通过长期服用微量毒药来提高身体抗毒性的办法；他身形魁梧过人，体格强壮，精通马术和使用武器的技巧，是个出色的战士；除了好色以外并无其他嗜好，饮食有节，习惯忍耐劳累和饥饿。即使在他生命的最后几年（那时他已经年近七旬了），这位国王依然能够骑在马上一天走185千米，连续数日不息，对艰苦的行军与作战生活甘之若饴。如果硬要说米特拉达梯六世的身上有什么缺点的话，那就是他性格多疑而又残忍。他的许多将军、朋友、所有兄弟、母亲、三个儿子和三个女儿都命丧他手。不过具有讽刺意味的是，米特拉达梯六世灭亡的直接原因却是因为一次宽恕，这对于他来说可是不多见的：

一次阴谋被发现了，主持者是他的继承人法那西斯，因为某种迷信的原因国王宽恕了他，惊魂未定的王子并没有把逃得一死归结为父亲对自己的慈爱，而是认为这不过是狸猫在吞食老鼠前的戏耍。于是他决定再来一次。由于国王的士兵们被米

◎ 米特拉达梯六世雕像

特拉达梯六世宏伟的计划给吓倒了，他们倒向了年轻的王子。年迈的国王不得不在自杀和成为敌人凯旋式上炫耀的战利品中做出选择，临死前他留下遗言："虽然我已经防范了一切可能从食物中吃到的毒药，但还是没有防备到所有毒药中最致命的那种，这就是儿女们对父亲的背叛。"

# 富庶的本都王国

早在公元前10世纪的上半叶，古代迈锡尼人就已经进入了黑海地区。这些冒险家们来到这里的最初目的是为了寻找铜或者锡矿，这些他们制造武器和工具的必需原料。但随着时间的延续，他们的活动范围也越来越大，由黑海南岸的小亚细亚半岛到北岸的南俄大草原，甚至沿着第聂伯河、多瑙河、顿河等汇入黑海的河流逆流而上，前往荒芜的高加索山脉。远航的目的也变为河流入海口处丰富的渔获和充足的造船木材，在古希腊的文献中我们不难找到不少赞美黑海特有的鲣鱼、竹荚鱼的美味的诗句。直至今日，那里依旧是著名的渔业区，在鱼汛到来时，渔民们甚至可以站在浅滩上用手抓到足够的渔获。古代的希腊人给这片富饶的海域起了一个名字——本都（pontos euxeinos，意思是宜人的海）。

可以毫不夸张地说，这些古代冒险家在进入这片海域时，他们认为自己正在驶向世界的尽头。古希腊人眼中的世界从赫拉克勒斯石柱延伸到法西斯河（里奥尼河，格鲁吉亚境内一条流入黑海的河流），即

地中海的西端到黑海的东端。所有的大陆与岛屿位于一个被海洋包围的平台之上，而黑海与地中海则是唯二可以通航的海洋。在这片接近世界尽头的海域之中，遍布着神话传说。比如在多瑙河入海口的一个小岛上有阿喀琉斯的坟墓；冥界的入口则位于黑海南岸的某处，赫拉克勒斯正是在那儿驯服了冥界的看门犬刻耳柏洛斯，并将其带到国王的面前；传说中战神的女儿亚马孙人居住在今天土耳其北部提尔姆河口；伟大的普罗米修斯则是在黑海东岸的高加索山顶峰，忍受着老鹰每日的啄食，直到为赫拉克勒斯所解救；而伟大的阿耳戈英雄寻求金羊毛的远征的目的地——科尔喀斯位于今天的格鲁吉亚。直到 19 世纪，当地的山民还将羊皮放入河水中获取里面的金沙，也许这就是金羊毛传说的真相。在这里，财富与危险，海洋与陆地、神话传说与现实交织在了一起，对于古代的希腊人来说，无疑具有巨大的吸引力。

现代人应该感谢古代的作家们，他们用十分形象的语言描述了这片海域。他们将黑海形象地比喻成游牧民族使用的筋角复合弓：西面的尽头是博斯普鲁斯海峡，在那里黑海与地中海连在一起；东面则是从高加索山脉流下来的里奥尼河；在黑海的北面则是两条圆弧形的弓臂，一条通过保加利亚、罗马尼亚、乌克兰海岸；而另一条则通过俄罗斯与格鲁吉亚；两条圆弧向彼此弯曲，形成了两个浅湾。西部的浅湾是第聂伯河与多瑙河的入海口，而东面的浅湾则通向刻赤海峡，将亚速海与黑海连接起来；这两条圆弧在射手的手——钻石形状的克里米亚半岛连接交汇；而弓弦，虽然并不像古代作家想象的那么笔直，在今天的土耳其的北部海岸伸展开来。由于地中海与黑海海流的缘故，黑海最主要的海流沿着海岸，按照逆时针流动，另外还有一条直线的海流在黑海的中央南北向地流动。这对于古代航海非常有利，因为古代的水手缺乏足够的航海知识，他们往往只能在距离大陆不远的海域航行以确定自己的位置。海流的存在使得古希腊人在风向不利的时候，也可以借助海流的力量驶向自己的目的地。也正是因为这个原因，黑海的南部海岸的古希腊殖民地比北部繁荣，数量也多得多。

到公元前 5 世纪，黑海的沿岸已经遍布大量的希腊殖民点了。这些城市有些只是单纯的贸易点，还有些已经是独立的城邦了。不过希腊人并不是黑海北岸的主要居民，这里可谓是人种的熔炉，有高加索的山民、红发的色雷斯人、善于骑射的斯基泰人以及许多其他民族混合在这里。在那里，城市往往修建在大的河流的入海口，附近有着大片肥沃的土地，希腊商人们可以乘坐船只沿河而上，进行贸易。而在黑海的南面，即博斯普鲁斯海峡的亚洲一面，通往平原的山丘向南穿过整个安纳托利亚直至托罗斯山脉，在向北的海岸上升，形成了陡峭的丘陵与山脉，直至本都山脉，将南岸区域与小亚细亚半岛内陆分隔开来。而当地的殖民城市往往修建在险峻的山脉或者悬崖上，面朝大海，城内的希腊移民用险峻的地形将自己与充满敌意的内地居民分隔开来。相比起内陆地区，这些殖民城市的经济与黑海沿岸以及爱琴海沿岸的其他希腊城市的联系更加紧密。因此，当时波斯帝国虽然征服了这里，但给予这些城市相当的自治权，而内陆地区则由波斯王室派出总督统治，其中的一个就称为本都。

公元前323年，亚历山大大帝在巴比伦离开了人世，他的部将们立即为帝国的控制权争吵了起来，很快口头上的争吵就变成了可怕的战争。到了公元前301年，庞大的马其顿帝国分裂成了好几块，继业者之一的安提柯控制了叙利亚和小亚细亚，成了诸将中最强大的一个。而当时有一个叫米特拉达梯的波斯贵族在安提柯的手下效力（很可能还是人质），他与安提柯之子德米特里成了好友。安提柯有一天梦见自己将黄金播在田地里，而收获者却是米特拉达梯，安提柯一世认为这是神在梦中对自己的提醒，他立即下令手下去逮捕米特拉达梯，准备将其处死。得知此事的德米特里立即通知了自己的好友，惊慌失措的米特拉达梯只来得及带着6个骑兵逃到了黑海沿岸的帕夫拉戈尼亚的一个城堡中，在那里竖起了旗帜。米特拉达梯的运气很好，就在他逃走后不久，伊普苏斯战役爆发了，在这场

◎ 古希腊陶器

战役中，安提柯父子被马其顿的卡桑德、色雷斯的利西马库斯、塞琉古所击败，年逾八旬的安提柯一世战死，小亚细亚陷入了一片混乱之中。为了牵制自己的敌人，已经获得埃及的托勒密选择米特拉达梯作为支持对象，借助托勒密的支持，米特拉达梯逐渐控制了帕夫拉戈尼亚与东边的本都王国，并于公元前281年称王，这个人就是本都王国的开国国王——米特拉达梯一世。

现存的史料中对这位米特拉达梯一世的记载内容并不多，他自称是波斯阿契美尼德王室的后裔，大流士的子孙。这应该属实，即使是假，他至少也是一个地位非常高的波斯贵族。因为米特拉达梯在波斯语中就是"密特拉的赠礼"的意思，这个名字只会出现在波斯王室或者地位极高的贵族中。而且他举起旗帜后，帕夫拉戈尼亚乃至本都的许多当地驻军很快都投到了他的麾下，显然这位米特拉达梯一世本人的家族在那儿有很高的威望，很可能他本人或者父辈曾经在这个行省担任过重要职位，这种职位一般只会给予很高级的波斯贵族或者王室成员。

米特拉达梯一世称王之后与西边的邻

◎ 杀死公牛的密特拉女神，传说正是她杀死公牛四溅的血让宇宙有了生命

国比提尼亚结为盟友，抵抗塞琉古王朝的进攻。在他继位的第二年，就发生了一件十分重要的事件——加拉太人的入侵。加拉太人本是高卢人的一支，他们从色雷斯迁徙到今天土耳其中部高地的一个地区，这些高卢人按照他们的风俗四处劫掠，成了当时小亚细亚诸国尤其是塞琉古帝国的重大威胁。米特拉达梯一世此时表现出了惊人的灵活手腕，他巧妙地借助高卢人的势力，消灭了自己领土上原本借助以对抗塞琉古的托勒密驻军，然后与高卢人结盟，抵抗塞琉古帝国，从而解决了内部隐患。在公元前 266 年他离开人世的时候，他统治下的本都王国已经是黑海南岸强大的国家之一。

在接下来的一百多年时间里，本都的历代国王都在竭力控制博斯普鲁斯海峡和黑海沿岸的大片土地。本都的主要敌人是马其顿的安提柯王朝以及地中海东岸达达尼尔海峡附近的帕加马王国。因为小亚细亚半岛的地形是中央为荒芜崎岖的安纳托利亚山地与高原，这将塞琉古帝国与本都王国分隔开来，因此两者其实在相当长的时间里保持着一种联盟关系。本都的主要扩张方向是黑海沿岸，而位于小亚细亚西北部的帕加马王国以商贸立国，与黑海沿岸的许多希腊殖民城市有密切的联系；而马其顿王国后期控制了色雷斯，如果要向亚洲进攻就必须控制达达尼尔海峡。本都的扩张与前两者有着不可调和的矛盾，为了牵制这两个敌人，本都王国往往采取了远交近攻的外交政策，力求与希腊半岛、罗德岛等马其顿王国的传统敌人搞好关系。在第三次布匿战争期间，当时的本都国王米特拉达梯五世甚至派出了一支小舰队去帮助当时的罗马围攻迦太基，并赢得了"罗马人民的朋友"的称号，成了罗马的盟友，其目的可谓是不言自明。

公元前 120 年，米特拉达梯五世在首都锡诺普的一次宴会中中毒身亡。根据遗嘱他将王位留给了年幼的长子米特拉达梯六世和次子米特拉达梯·刻瑞斯督斯，由于两人的年龄都还很小，实际上控制国家的是他的遗孀劳迪斯。

与绝大部分母亲一样，劳迪斯比较偏爱较为年幼的次子，希望让次子成为唯一的国王。当然还有一种说法是，年纪较大、性格刚毅、权力欲极强的米特拉达梯六世成了母亲永远掌握权力的障碍，在王室成员间的权力斗争中即使是母子的亲情也显得格外单薄。为了逃避母亲的暗害，米特

◎ 希腊方阵兵的对抗

拉达梯六世逃离了王都，据说他在旷野之中长大，身边只有父亲留下的一小撮忠实的奴隶。这段游荡不定和充满危险的生活锻炼了他的身心。当时人根据米特拉达梯六世献给神庙的他自己的盔甲来判断，这位国王有着极其魁梧的身材，而且在骑马和射箭上无人能比。他还是个第一流的希腊艺术的鉴赏家，在他的身边有着一大批艺术家、历史学家、诗人和哲学家。但是优良的教育并没妨碍他成为一个极其狡猾和残酷的暴君，幼年时的颠沛流离、丧父，以及与母亲的尖锐矛盾让他懂得了用伪装和伪善来保护自己，无论是血脉亲情还是巨大的功勋都不能阻止他的怀疑。在此后漫长的统治生涯中，米特拉达梯六世的双手沾满了他几乎所有亲人与部下的血，因此在最后的时刻，这位国王是极为孤独的。

公元前 115 年，羽翼丰满的米特拉达梯六世推翻了母亲的统治，并将自己在旷野中学到的东西付诸实践。他处死母亲与所有的兄弟姐妹们，只有一个人除外，被他霸占为妻子的妹妹拉奥迪凯（这种兄妹结婚的情况在古代波斯王室中很常见）。现在拥有王室血脉的只有自己一人了，消除了内部隐患的米特拉达梯六世将目光转向国外。相比起视野里的其他势力，米特拉达梯六世此时的形势可以说是完美。

罗马—塞琉古战争（公元前 188 年）中，高达 1.5 万优卑亚塔兰特的战争赔款摧毁了塞琉古帝国的财政基础。更糟糕的是，塞琉古在战争中失去的小亚细亚大部分都落入了罗马的传统盟友帕加马王国与罗德岛手中，他们无疑起到了监视塞琉古帝国的作用，而不久后帕加马又变成了罗马的亚细亚行省。而马其顿的安提柯王朝在第三次马其顿战争（公元前 168 年）后被分为四个自治共和国，并在第四次马其顿战争（公元前 146 年），也就是最后一次马其顿战争后沦为罗马共和国的行省。公元前 147 年，希腊爆发了以阿凯亚同盟为首的反罗马大起义。罗马在镇压了起义之后，解散了阿凯亚同盟，摧毁了起义者的中心科林斯，居民被拍卖为奴隶。中希腊与南希腊变成罗马的行省，只剩下雅典、斯巴达与德尔斐还保留着形式上的独立。而埃及的托勒密王国变得如此腐败，以至于离开了罗马的军事支持，托勒密的法老们甚至无法维持自己对埃及的统治。

不难看出，在公元前倒数第二个一百年里，罗马人的征服大潮摧毁了希腊化世界里最强大的几个势力，并将其中最为肥美的部分变成了直接统治的行省。剩下的几个幸运儿则不得不压榨完公民的最后一个铜板，以便讨好贪得无厌的罗马包税人和元老们，免得哪天成为罗马大军下一个征讨的对象。在这种情况下，自然没有人再有精力来阻止黑海边上的某个国王东征西讨了。

而从另外一个角度，黑海沿岸的那些相互孤立的希腊殖民城市，无论是从经济上还是军事上都是很难独立存在的。尤其是黑海北岸的那些，他们直接面对着南俄大草原，那里自古以来就是游牧民族的地盘，如果没有外部的支持，他们很难长时间抵御数量上远远超过他们的斯基泰人的进攻。而马其顿、塞琉古及希腊本土的几个重要联盟的毁灭使得原有的军事和政治庇护不复存在。同时在经济上，原本这些黑海沿岸的殖民点向希腊本土以及小亚细亚沿岸输出粮食、鱼和木材等原材料，输入葡萄酒、橄榄油、陶器等制成品，但罗马的政府摧毁了原有的贸易据点（比如科林斯，就是当时东地中海最重要的贸易中

心之一），这无疑伤害了这些黑海沿岸的希腊城邦的利益。因此，这些希腊殖民城市急需一个新的庇护者出现，而米特拉达梯六世无疑是个很不错的人选。

# 罗马人的挑战者

作为一个感觉十分敏锐的政治家，米特拉达梯六世无疑感觉到了这点。他第一步的征服对象是小亚美尼亚与黑海东岸的希腊殖民城市科尔基斯。如前文所说，在黑海的沿岸存在一个逆时针流动的海流，而古代海军一般都是沿着海岸前进的，显然米特拉达梯六世这是为了进一步控制黑海北岸而准备前进基地。在控制了小亚美尼亚和科尔基斯之后，本都军队开始向黑海北岸的草原部落发起进攻。米特拉达梯六世的行动无疑得到了黑海北岸的那些希腊殖民城市与小王国的支持，他们自愿成为本都国王的属民，换取庇护。公元前110年，本都军队在克里米亚半岛击败了斯基泰人与萨尔马特人（都是古代游牧民族的名称）的联军，迫使他们向米特拉达梯六世臣服。两年后，本都军队又收复了不久前被斯基泰人征服的博斯普鲁斯王国。这个王国位于今天的黑海东岸与塔曼半岛（俄罗斯克拉斯诺达尔边疆区西北部的一个半岛，北为亚速海，南为黑海，西隔刻赤海峡与乌克兰刻赤半岛相望）一带，控制着刻赤海峡，地势十分重要。米特拉达梯六世任命自己的长子曼卡雷斯为国王，实际上控制了这个小王国。在此后不久，他又控制了黑海西北岸的奥尔维亚，与居住在

◎ 博斯普鲁斯王国示意图

◎ 南俄草原上的斯基泰骑弓手　　　　　◎ 斯基泰弓手复原图

当地的色雷斯人与斯基泰人结盟，实际上此时米特拉达梯六世已经成为黑海地区的霸主。

对黑海沿岸地区的成功征服使得米特拉达梯六世的野心变得膨胀起来，对于新征服的领土，他往往将自己的亲属或者朋友扶上王位，这样比直接并入本都王国容易得多，而且这些小王国在陆地上并不相连，直接统治的成本太高。他的国土扩展到了今天土耳其北部、乌克兰南部、高加索西部的大片地区。这些区域盛产的粮食、金银、鱼、木材等物产带来的财富源源不绝地流向锡诺普，让国王的财库变得充盈起来。有了足够的金钱，米特拉达梯六世可以从南俄大草原和高加索山地中招募到无数的骑兵和弓箭手，加上本都王国原有的重装骑兵、战车和步兵方阵，本都军队已经是地中海东部最强大的军事力量之一了。

在外交上，米特拉达梯六世的成就也可圈可点，他对小亚美尼亚的征服并没有影响他与大亚美尼亚国王提格拉涅斯二世的关系。本都国王将自己的女儿嫁给了这位野心勃勃的国王，并与他结成同盟，两个国王约定共同征服亚细亚：米特拉达梯六世向西，而提格拉涅斯二世则向南。

黑海地区崛起本都王国这样一个强权，无疑是对罗马共和国东部行省的直接威胁。早在公元前133年，罗马已经在小亚细亚半岛建立了第一个亚洲行省，即亚细亚行省。这个行省大致与以前的盟国帕加马王国等同，位于今天小亚细亚半岛的西北角，控制着达达尼尔海峡，地理位置十分重要，是罗马军队进入亚洲的桥头堡。以这个桥头堡为依托，罗马共和国在小亚细亚控制了几个附庸国作为缓冲，比如比提尼亚、卡帕多西亚。这几个小国的统治者对米特拉达梯六世实力的急遽膨胀十分惊恐，他们十分希望借助罗马人的力量摧毁这个强大的国王，以解除对自己的威胁。而米特拉达梯六世用老办法（即用自己的儿子或者亲朋担任国王，间接控制这些国家）将自己的一个儿子扶上了卡帕多西亚的王位。不过这次本都国王踢到了铁板，苏拉于公元前94年开始担任西里西亚行省的总督。这个未来的独裁者以一贯的果断带领少量罗马军队和一些临时征集来的同盟军将米特拉达梯六世的儿子赶走了，扶植了一个亲罗马的人担任国王。对于罗马人的介入，米特拉达梯六世保持了克制的态度，可能他觉得还不是和罗马人撕破脸的时候。

想要确定是谁才是引发第一次米特拉达梯战争的真正元凶是很困难的。相比起比提尼亚、卡帕多西亚等国，米特拉达梯六世的实力更强，他也不缺乏入侵这几个小国的动机，但是本都国王的宫廷里有大批来自希腊、马其顿和罗马的流亡者，他很清楚罗马人在军事上的强大。如果可能的话，他很希望在不与罗马人发生冲突的情况下扩张自己的帝国，如果这个冲突一定会发生的话（以米特拉达梯六世的眼光，他应该能够看出罗马是不会允许小亚细亚和黑海沿岸的那些小国强大起来的），那就尽可能地延迟这个冲突发生的时间，好让自己的力量更加壮大。有一点毫无疑问，米特拉达梯六世一直在准备反罗马的战争，在政治上本都国王是绝对的功利主义者，为了打击和牵制罗马人，他曾经与亚平宁半岛同盟、罗马逃亡者、奴隶起义军甚至地中海的海盗结为同盟。

而比提尼亚、卡帕多西亚等这几个小国的国王虽然力量远比本都国王小，但他们心里清楚在他们的背后还有罗马的支持。而与几乎所有的行省总督一样，亚细亚行省总督也是希望战争爆发的，因为这意味着无数的战利品和凯旋式，这对于贪得无厌的罗马政客与商人来说是有着无法抵御的诱惑力的。

双方的小冲突十分频繁，战争的原因很容易找，在本都国王的宫廷中不乏周边小国的王室流亡者，他们都在寻求支持以夺回王位，而边境地区以劫掠为目的的军事行动更是司空见惯。这些冲突没有激化为罗马与本都直接战争的原因是双方面的：米特拉达梯六世方面是他还没有准备好，而罗马方面则是因为当时罗马正和自己的亚平宁半岛同盟者进行着残酷的内战（即

◎ 色雷斯轻装步兵，他们手中使用的就是著名的色雷斯逆刃刀

同盟战争）。共和国不得不和自己征服世界的工具进行战斗（在罗马军团中，有一半的军队是来自亚平宁半岛的盟邦的，换句话说，罗马是在和跟自己一样武装和训练的敌人交战），无疑这对于米特拉达梯六世而言是一个天赐良机，但因为某种不可知的因素（在同盟战争前，有确凿的资料证明米特拉达梯六世与亚平宁半岛的同盟者有密切的联系，甚至在一定程度上建立了反罗马的默契），直到公元前88年春天，战争才全面爆发，而此时亚平宁半岛的战火已经接近尾声了。

战争的导火索是比提尼亚国王尼科美德四世点燃的，这个人与米特拉达梯六世的一生都有着密切的联系。早在公元前90年，米特拉达梯六世就派出军队入侵了比提尼亚，扶植尼科美德的弟弟苏格拉底登上王位，迫使尼科美德流亡亚平宁半岛，不过在罗马"维持现状"的要求下，米特拉达梯六世不得不撤兵，尼科美德重登王位。这位国王回到比提尼亚后，在罗马元老院的怂恿下，不断和卡帕多西亚王国（其国王也是罗马的傀儡）骚扰袭击本都，甚至攻击运送谷物去往地中海沿岸的本都商船，封锁博斯普鲁斯海峡。这就给了米特拉达梯六世发动战争的口实。附带说一句，后来恺撒受元老院的命令到比提尼亚建立一支舰队，在这儿待了很久，与这位尼科美德四世有了非常密切的关系。

尼科美德四世心里很清楚米特拉达梯六世的强大，他很担心为罗马人抛弃，为了确保罗马人的支持，在进攻前他首先向亚细亚行省总督和将军们许下了一大笔赠

款，然后又向他们的随员以很高的利息借了很多钱。如此一来，为了确保尼科美德四世有钱还债和履行诺言，这些罗马人都会支持他。

进攻一开始很顺利，比提尼亚的军队获得了很多战利品，但是本都军队小心地与敌人保持着距离，没有与其发生战斗。米特拉达梯六世派出了使者到罗马的亚细亚行省总督那儿，要求他们在自己与比提尼亚之间做出公正的评判。米特拉达梯六世这么做的原因很简单，当时表面上他和尼科美德四世一样都是"罗马人民的朋友"，即都是罗马的盟国，显然他还是在竭力避免和罗马的直接冲突，如果一定要开战，他也希望获得某种道义上的优势。而尼科美德也派出了使者，双方在罗马总督和将军们面前开始辩论。

本都的使者在拿出大量实据证明比提尼亚军队入侵造成的损失后，指出本都国王并不是没有力量保卫自己，但是国王是罗马人民的朋友，根据条约，共和国有义务制止侵略者或者出兵保卫本都。而比提尼亚的使者在回顾了公元前90年米特拉达梯六世扶植苏格拉底为比提尼亚国王之事后，指出米特拉达梯六世建立了一支300条多列桨战舰的海军，从色雷斯、斯基泰等许多部落招募了大量的士兵，和亚美尼亚建立了同盟，这一切并不是对付比提尼亚（用不着这么多军队）。而尼科美德是在罗马人的帮助下才重登王位的，没有罗马人的保护不可能保持王位，罗马人应该根据别人怎么做而不是怎么说来确定谁才是他们真正的朋友，而谁又是包藏祸心的

◎ 逆刃刀，刀锋的正面和背面都可以杀敌，尤其是反面，甚至可以砍开盔甲和盾牌

敌人。

双方陈词之后，罗马的将军们一直保持沉默，他们的态度已经说明一切了（一方空口白话，另一方有真凭实据），本都的使者只得做出让步，声称："如果你们不肯制止比提尼亚的暴行的话，那至少也要保持中立，让本都国王自卫！"

罗马的将军们内心深处是支持比提尼亚的，但是他们不能够当面撕毁与本都的同盟条约，于是他们在商议之后，给了一个非常模棱两可的回答："我们不愿意米特拉达梯受到尼科美德的伤害，我们也不同意对尼科美德进行战争，因为这是对罗马不利的！"说完后，他们也不顾本都使者的抗议，就强迫对方离开会场。

米特拉达梯六世得到使者的回复后，立即派出他的儿子阿里阿累西斯率军进攻卡帕多西亚，很快就占领这个国家，然后本都使者又前往罗马将军处，要求罗马人制止尼科美德封锁海峡的行动，否则国王就要派人前往罗马，向元老院控告他们的行为。

米特拉达梯六世这么做可能有两个原因：第一，可以再争取一些准备战争的时间，他认为这样对自己更有利；第二、可以迫使罗马亚细亚行省的将军们在准备不充分的情况下主动进攻自己，因为按照罗马的法律，没有元老院的允许，行省的将军们是不能主动挑起战争的，当然在共和国的晚期这条法律已经成为一纸空文，但他们无法阻止米特拉达梯六世派使者去罗马，当时同盟战争还没有结束，很有可能元老院会派另一个人来替代现有的总督，这对现在的总督是很不利的。

罗马的将军们被贪欲冲昏了头脑，他们立即下令本都的使者离开军营，除非米特拉达梯六世把军队撤出卡帕多西亚，否则就无须再派使者来罗马的军营了（意即宣战）。为防止走漏消息，将军们还派出人押送本都的使者回去。

战争是在公元前 88 年春天开始的，罗马人招募了大批雇佣兵，用舰队封锁了博斯普鲁斯海峡，然后分兵两路进攻本都。据说罗马人的总兵力有 8 万人，另外还有尼科美德的 5 万名步兵和 6000 名骑兵。米特拉达梯六世的军队包括步兵 25 万，骑兵 4 万，三列桨以上的战船 300 条，两列桨的 100 条；另外还有小亚美尼亚的 1 万名骑兵，镰刀战车 130 辆。双方军队的数量大得有些让人不敢相信，不过可以确定的是，罗马军队中大部分是临时招募而来的雇佣兵，受过良好训练的罗马军队不会超过 2 个军团。

初战是在尼科美德的比提尼亚军队与本都国王手下的两个将军指挥的轻装步兵、骑兵、少量战车组成的前哨部队之间展开

◎ 现代制作的古希腊方阵兵兵人

的。无论是比提尼亚还是本都军队，都是希腊化军队与波斯传统军队的混合，即除了使用超长枪与小盾牌的马其顿式重装步兵方阵、投矛皮盾的色雷斯轻装步兵、弓箭手、投石手、轻装骑兵以外，本都军队中应该还有一定数量的重装骑兵和战车部队。这两位本都将军是兄弟，分别叫阿基拉斯与尼奥托勒马斯，指挥骑兵和战车部队的阿基拉斯可能是本都军队中最出色的将领。

战场是阿姆尼阿斯河旁的一个大平原，由于本都的前哨部队比比提尼亚人的数量少得多，而且主力的重装步兵还没有赶到，所以尼奥托勒马斯派出一小队轻装步兵去夺取平原上的一个小山包，以避免敌人采取包围战术。比提尼亚人也采取了同样的行动，双方为争夺山头展开激战，比提尼亚人赢得了胜利，迫使尼奥托勒马斯投入更多的兵力，尼科美德也投入了增援军队。为避免被数量上占巨大优势的敌人包围，尼奥托勒马斯不得不向后退却，同时向自己的兄弟阿基拉斯发出求援的请求。

阿基拉斯冷静地观察了形势，他并没有贸然地将手中的军队投入战斗，而是让军队越过平原，迂回到比提尼亚人的右侧，让轻装骑兵用标枪和弓箭突击敌人的侧翼，同时下令镰刀战车部队准备好。遭到突袭的尼科美德犯了一个错误，他下令全体军队转向进攻新的敌人，而没有派出分遣队继续追击尼奥托勒马斯。看到敌人的注意力被吸引到自己这边来了，阿基拉斯下令自己的骑兵向后退却争取时间，当他估计自己兄弟的军队重新准备好了以后，就下

◎ **本都军队中的亚美尼亚重骑兵，请注意他们还没有马镫**

令骑兵回头进攻，同时发出信号让镰刀战车部队冲击比提尼亚人的侧翼。

看到正面的敌人骑兵掉头进攻，比提尼亚人本能地按照通常步兵对付骑兵的战术收缩队形，将长矛指向正面，这就成为侧面而来的镰刀战车部队的好靶子。（本都军队使用的镰刀战车部队是古代世界战车部队的终极版，在战车的两个轮轴上各装有约1米长的镰刀，当战车高速奔驰时，锋利的镰刀会将遇到的一切物体切碎。）战车冲进了比提尼亚人的密集队形，将一些人拦腰斩断，而另一些人被碾碎。当尼科美德的士兵们看到许多同伴被切成两半，还没有停止呼吸，还有镰刀上挂着的血淋淋的肢体，不由得大为惊恐，军队也陷入了混乱之中。这时阿基拉斯的骑兵从前面

发起进攻，尼奥托勒马斯再从后面发起猛攻。经过一段不长时间的战斗，比提尼亚军队被彻底击败了，只有很少的人保护着尼科美德本人逃走了，绝大多数还活着的士兵、金钱与辎重都落入了米特拉达梯六世的手中，而本都军队的主力根本还没有投入战斗。

# 希腊人的解放者

得胜之后的米特拉达梯六世的措施，显示出他比腓力五世与安条克三世（上面两人分别为马其顿王国与塞琉古帝国的统治者，都企图统一希腊化世界，却因为内部矛盾被罗马人分别击败了）在政治上要高明得多。他优待了所有的俘虏，并给予旅费将他们全部释放回家了。米特拉达梯六世心里很清楚：罗马，而非尼科美德，才是他真正的敌人。只有摧毁罗马在地中海东部的存在，他理想的大帝国才可能存在下去，而要做到这一点，他就必须向所有希腊人表明自己是帮助他们推翻罗马人压迫的解放者。

对于米特拉达梯六世来说幸运的是，要争取到希腊人的心并不难，因为贪婪的罗马商人、包税人和将军们已经替他把绝大多数工作都做完了。早在公元前2世纪初，希腊化世界的绝大多数城邦和小王国都已经陷入了深远的社会危机与经济危机之中，土地和财富集中到了极少数有产阶层手中，而原有的绝大多数公民都沦为无产者或者陷入沉重的债务之中。所以绝大部分城邦内部矛盾极为尖锐，有产阶层掌权则采取

寡头制，无产阶级上台则宣布废除债务，放逐有产阶层，瓜分其财产的法令。而罗马人的传统政治态度一般是站在有产阶层一边，支持寡头制。而在其后的大征服、行省化的过程中，绝大多数当地居民都沦落到赤贫的境地。因为共和国对行省一般是采取包税人的税收制度，即将每个行政区域的税收拍卖给某个包税人，包税人拿出一笔税金预支给共和国的国库，然后包税人就有权力去该行政区域征税，征收来的税金与预支给国库的钱的差额便是包税人的利润。考虑到在格拉古兄弟的改革后，罗马的审判权掌握在骑士阶层手中，而这些包税人往往就是罗马的骑士本人或者是骑士的代理人，他们的行为可以说是无所忌惮。不难想象，在这种制度下，实际征收的税额很可能是共和国得到的税额的几倍甚至几十倍，许多行省居民很快就沦落为包税人的债务奴隶，他们对罗马的仇恨可想而知。

罗马的亚细亚行省，即过去的帕加马王国又有自己的特点。在罗马征服马其顿王国与塞琉古帝国的过程中，帕加马王国一直是罗马的忠实盟友，并从中获得了很大的好处，变得强大起来。但是当马其顿王国与塞琉古帝国被彻底打败之后，罗马对帕加马的态度就变了，这个变得越来越强大的王国不再是罗马扩张的助力而是障碍了，罗马开始采用各种办法削弱它。比如宣布狄罗斯为完全免税的自由港，绝大部分原本在帕加马进行的商业立刻就转移到狄罗斯了，直到公元前133年又将其变为自己的一个行省。

因此不难想象米特拉达梯六世对俘虏的宽容政策，对亚细亚行省的本地居民有什么样的效果。在接下来的战斗中，本都军队轻而易举地击败了在亚细亚行省的罗马军队。罗马人自己也承认，从当地募集来的士兵是根本不能用来和米特拉达梯六世作战的，而控制博斯普鲁斯海峡的舰队和守兵干脆向本都国王投降。当一个罗马将军逃入一个希腊城市抵抗时，米特拉达梯六世许诺只要他们交出这个罗马将军，他将不会伤害这个城市里的任何一个人，城里的居民得知后，立即解散了雇佣兵，将那个罗马将军交给了米特拉达梯六世。这场战争的主要策划者——罗马亚细亚行省的总督曼尼阿斯此时也终于落入米特拉达梯六世的手中，这个总督被绑住双手坐在一头没有鞍的驴子上四处游行，并被强迫对每一个看到他的人说出自己的名字和遭到这种遭遇的原因。在这样羞辱了他之后，米特拉达梯六世用一种具有讽刺意味

的办法处死了曼尼阿斯：将融化的黄金倒入这个贪婪的罗马人的喉咙。

从色雷斯到伊奥尼亚，整个爱琴海东岸的许多希腊城市都派出使者邀请米特拉达梯六世派军队来保护他们，就这样地中海东岸的所有罗马领地与属国都落入了米特拉达梯六世的手中，唯一还保持着对罗马人的忠诚的只有罗德岛和伊奥尼亚南部的部分希腊城市。于是，将米特拉达梯六世与罗马的阿凯亚与马其顿行省隔开的只有爱琴海了。

可能米特拉达梯六世在罗马的主要敌人里是最幸运的一个，他对小亚细亚的征服几乎是摧枯拉朽式的，罗马人对当地居民的压迫已经将绝大部分民众都推到了本都一边。在失去了亚细亚行省之后，色雷斯、马其顿与希腊本土就好像成熟的葡萄一样任人采摘，而罗马本身此时却还陷在残酷的内战之中。

米特拉达梯六世决定充分地利用罗马

◎ 进入罗马亚细亚行省
（帕加马王国）的米特拉达梯六世

人不得不交给自己的时间，他首先将自己的首都迁到了帕加马。这里位于小亚细亚半岛西北端，靠近博斯普鲁斯海峡，控制着东地中海与黑海的交通，还是从欧洲进入亚洲的桥头堡，本都国王定都于此显然已经将马其顿与希腊纳入了自己伟大帝国的未来版图之内了。为了筹措军费和赢得小亚细亚当地人的心，同时也为了消灭新增国土内的隐患，他发出了一个颇有"普罗主义"色彩的法令：解放奴隶，免除还没有付清的债务或将债务免除一半，豁免他占领区域多年的税收。他还向小亚细亚、色雷斯许多地区和城邦发出信件，让他们在同一天内屠杀亚平宁人（包括罗马人）以及亚平宁半岛的释放奴隶。

毫无疑问，米特拉达梯六世下令屠杀的法令是极其残酷和血腥的，一共有8万人因此丧命。甚至连逃入神庙中寻求保护的人也未能幸免。不过，还是要将屠杀的法令与前面废除债务与解放奴隶的法令联系起来看，这些被屠杀的人绝大多数都是跟随罗马军队而来的包税人、随军商人。当罗马征服当地的时候，这些商人向罗马军队购买战俘当作奴隶、战利品。罗马的将军们向战败者勒索赔款时，又会迫使那些拿不出足够现金的城邦与国王向亚平宁半岛与罗马商人借款，支付的利息甚至高达年息200%以上，国王们不得不以矿产、港口税收等公共资源作为债务的抵押，甚至不得不将自己的公民卖为奴隶还债。加上共和国的包税制度，小亚细亚乃至希腊除了极少数寡头以外，绝大多数人都非常痛恨这些远道而来的"吸血鬼"。米特拉

达梯六世的解放奴隶与废除债务的法令主要针对的就是上面所提到的那些人。即使是今天，没有极其强大的暴力作为后盾，要剥夺一个群体的大量财富也是不可想象的，而在古代社会，无论是废除债务还是解放奴隶，伴随着对债主与奴隶主肉体的消灭几乎是必然的。

米特拉达梯六世的行动不但赢得了新占国土的人心，还消除了内部的隐患。除此之外，他对罗马人与站在罗马人一边的寡头阶层的打击还激起了在爱琴海彼岸的希腊人的希望，他们将他称为新狄奥尼索斯，即酒神或者说"解放者"。在雅典发生了民主派革命，一个名叫阿里斯提奥的奴隶、前伊壁鸠鲁派哲学家发动了起义，少数当权的富豪寡头逃出了雅典。

从米特拉达梯六世的屠刀下逃出生天的亚平宁半岛与罗马商人都逃往罗德岛，其中还包括琉西阿斯·喀西约，他是亚细亚行省的代执政官。罗德岛，这个位于小亚细亚西南部的岛屿是东地中海最大的商业中心，拥有一支强大的海军，岛上的居民开始尽可能地募集雇佣兵，修理军舰，准备抵御本都国王即将发起的进攻。

米特拉达梯六世对罗德岛的行动就不像先前那么顺利了，可能是先前轻而易举的胜利让这位国王有些太大意了。他娶了一个新的妻子，然后前往寇斯岛，在那里收容了当时埃及国王托勒密十世的儿子，与之一起的还有巨额的金钱。米特拉达梯六世将这些财富运往本都。这些不必要的炫耀无疑给了罗德岛人相当多的备战时间，岛上的居民清楚国王的军队远远多过他们，

◎ 三列桨座战舰模型。这种船为了达到最高的航速，所以吃水线浅，很容易腐烂，所以不用时必须拖上岸晾干

所以他们尽可能地加强对海港的防御，将岛上城墙之外的所有资源加以破坏，使得本都人无法利用这些东西来进攻城市。

最先抵达的是国王的海军，虽然米特拉达梯六世有一支很强大的舰队，但他在东地中海的舰队主要是由盟友海盗与伊奥尼亚沿岸的属民提供的，他自己的舰队必须留在黑海以确保后方无恙。国王舰队成分的混杂让他在与罗德岛的海战中吃了不少亏，甚至他本人的舰队都遭到了误撞，但是数量的优势最终起到了作用。本都的陆军登陆后，罗德岛的舰队不得不退回港口。因为补给的匮乏使得围攻战无法长期化，米特拉达梯六世决定发起一次海陆两面的夜袭，好尽可能快地拿下城市。

为了确保胜利，他建造了一座巨大的机械，名叫萨谟布卡，安装在两条平行的船只上，士兵们可以通过吊桥直接从船上来到城墙上。为了建造这个巨大的机械，他甚至砍伐了奉献给阿波罗的圣林，因为罗德岛人已经焚毁了其他所有可以利用的材料。

为了确保围攻军队的协调一致，米特拉达梯六世让自己的士兵先占领一座叫作阿塔拜里阿斯的小山，从海上和陆地上都可以看到山顶的火光，约定以火光作为海陆两个方面同时进攻的信号。可是一个意外发生了，负责陆路进攻的本都军队被城墙上的守兵发现了，罗德岛人点着了火光通知守兵，而看到火光的海上舰队误以为这是进攻的信号，便在没有得到陆路协同的情况下单独发起了进攻。

本都军队的进攻十分猛烈，尤其是萨谟布卡这个巨大的机械可以将一个装满士兵的封闭笼箱放上城墙，而守兵的绝大部分投掷武器就无效了。对于守兵来说，幸

◎ 萨谟布卡的复原图

◎ 雅典卫城复原图

运的是陆地一面的敌人没有同时进攻，他们可以将主力集中到面海的一面来。根据史书的记载，神灵的干涉决定了战局的胜负，被触怒的阿波罗摧毁了这个巨大的机械，并用火烧毁了它，不过更加可信的解释是这个机械本身的重量太大了，超出了船舶或者材料本身的强度，自己散架了。

萨谟布卡的解体严重地打击了本都军队的士气，尤其是很多士兵知道这是用献给阿波罗的圣林的木材建造的之后。米特拉达梯六世不得不做出选择，是通过长时间的围困拿下这里，还是撤兵选择另外一个目标？正在这个关头，一个惊人的消息传来了：雅典发生了起义，首领阿里斯提奥的使者赶到，他请求本都国王派出军队帮助他。

在综合考虑了东地中海的形势后，米特拉达梯六世决定调整自己的战略：让自己最能干的将领阿基拉斯率领大部分舰队和一部分陆军从海上支援雅典；一个儿子阿卡提阿斯率领包括骑兵和战车的主力军队沿陆路入侵色雷斯和马其顿；而自己则返回帕加马，组织军队，制造武器，统筹全局，让自己的将军们去负责具体的作战。阿基拉斯的行动十分顺利，他首先征服了提洛岛与雅典周围依旧忠于寡头政权的雇佣兵控制的要塞，然后将要塞和提洛岛上的金库交给阿里斯提奥，并交给他 2000 名士兵，好让这个起义军领袖能够牢固地控制雅典，他本人则加强了庇里优斯（雅典的港口城市，有十分坚固的城墙环绕）的防御，将它作为他征服希腊的作战基地。本都军队的强大势力和对雅典人的善举赢得了希腊南部与中部绝大部分城邦的支持，他们都倒向了本都军队，驻守在当地的少量罗马军队和罗马的支持者不得不撤离。到公元前 87 年，伊庇鲁斯是整个希腊半岛上唯一还在罗马控制之下的地区了。

# 来自苏拉的攻击

当米特拉达梯六世征服希腊与小亚细亚的时候，罗马还深陷残酷的内战中，这场战争表面上的导火线是公元前 91 年的罗马保民官马尔库斯·李维优斯·杜鲁苏斯

被刺杀，而真正的原因却是亚平宁半岛的罗马同盟者们渴望得到罗马公民权以分享共和国的利益，但罗马却不愿意。亚平宁半岛的城邦与公社认为罗马正是依靠他们的帮助才征服了这么多土地和人民，自然他们有权分享所得到的利益。显然，假如罗马想要继续维持对地中海沿岸的统治，与亚平宁人分享权力就是必要的，毕竟不可能仅仅依靠罗马一国的人力来控制这么多人民和土地。马尔库斯·李维优斯·杜鲁苏斯——这位以正义感而闻名的罗马官员企图通过一条法令来满足亚平宁半岛同盟者的要求，但是他的努力最终失败了，政敌们大声宣扬杜鲁苏斯出卖共和国来讨好亚平宁人，于是他的法案被搁置，他本人也在不久之后在家门口被人刺杀。

杜鲁苏斯的死不啻于告诉所有的亚平宁人，通过合法手段获得罗马公民权的道路已经被堵死，于是亚平宁半岛的城邦、公社纷纷相互交换人质与誓言，保证除非元老院给予所有参与者罗马公民权，他们绝不单独与罗马妥协。而这种同盟是罗马所禁止的，根据法律，所有的亚平宁半岛同盟者只能单独地和罗马缔结同盟，而相互之间不能缔结同盟。而整个亚平宁半岛，除了埃特鲁里亚和翁布里亚以及亚平宁半岛南部坎佩尼亚与几个希腊城市外，几乎所有的亚平宁半岛同盟者都加入了反罗马的同盟中。当同盟结成后，在公元前 91 年年底他们就派出一个代表团前往罗马，提出最后通牒——要么给予公民权，要么战争。

元老院立即拒绝了要求，并且当权者还认为不久前被杀的杜鲁苏斯是引发这次

反罗马同盟的元凶，当权派以此为理由审判杜鲁苏斯的支持者，流放了许多人，于是在罗马的内部也形成了两个相互仇恨的派别。

同盟战争可能是罗马共和国所面对的战争中最为艰难的一个，因为这场战争中的敌人曾是罗马人征服世界的臂膀。亚平宁半岛同盟的军队是完全按照罗马人的方式训练和武装起来的，他们的统帅也完全可以与最优秀的罗马将军抗衡，战争爆发的地点又位于亚平宁半岛的心脏地带，罗马人不得不同时与南面和北面的敌人作战。因此，在战争的第一年，罗马人付出了很惨重的代价，许多起义区域的罗马殖民地与要塞陷落了，越来越多的亚平宁人倒向同盟一边，不过在罗马一方有一个年轻的将领脱颖而出，那就是苏拉，他当时在罗马的南方面军担任副将。

军事上的挫折让元老院不得不在政治上做出让步，公元前89年初，当年的保民官提出法案，所有亚平宁半岛同盟成员都可以以个人身份提出申请，获得罗马公民权，不过只能登记在8个特里布斯里中（这样一来新加入的公民就无法影响罗马的政局，因为罗马一共有35个特里布斯里，投票时是按照特里布斯里而非个人为单位计票的）。这条法令不适用于那些参与同盟的成员，这个狡猾的伎俩让许多即将加入同盟的亚平宁半岛城市站在了罗马人一边。法令起到了作用，在公元前89年剩下的时间里，罗马人攻陷了北方联盟的首府阿斯库路姆，紧接着马尔西人、维斯提尼人、佩利格尼人都被征服了，最后被征服的是萨姆尼乌姆人，整个北方联盟被消灭了。

在南方，已经成为主将的苏拉采用了非常残酷的战术，他蹂躏了同盟的土地以消灭敌人的战争潜力，对于士兵他十分放纵，以讨取士兵们的欢心。到公元前88年初的时候，除了少部分山地还剩下一些起义者在活动，其余都已经被镇压下去了。作为战功的报酬，苏拉被选举为公元前88年度的执政官，他必须前往地中海东部去抵御米特拉达梯六世的进攻。

在外部的威胁消失后，罗马内部的矛盾终于又爆发了出来。一个属于杜鲁苏斯派别的名叫普布里乌斯·苏尔皮克优斯·卢福斯的保民官在元老院提出了一个议案：所有的元老所放出的贷款总额不能超过

◎ 慕尼黑古代雕塑展览馆的苏拉头部雕像

2000 德拉克马（罗马的货币单位，1 德拉克马大约等于一个陶工一天的收入，罗马的元老被禁止直接从事商业，高利贷是他们的重要收入来源）；将亚平宁人加入的新公民分配到所有 35 个特里布斯里中去；取消先前对杜鲁苏斯派别的放逐法令；剥夺苏拉对米特拉达梯六世战争的统帅权，而交给自己的政治盟友马略。显然，卢福斯的提议是罗马在战胜亚平宁半岛同盟后内部矛盾的总爆发。元老院的当权派为了避免在对自己不利的局面下表决，便采用了古代常用的一种拖延办法——让执政官宣布特别的宗教节日来让元老院停止办公。而卢福斯召集了 3000 名携带武器的支持者杀死了执政官庞培乌斯的儿子，强迫庞培乌斯宣布节日结束，通过了自己的法案。

苏拉得知消息后立即逃出罗马，在卢福斯派来接收军队的保民官抵达之前赶到了准备出征东方的军队那里。他召开士兵大会向他们宣布了元老院的法令，接着他指出假如马略成为新的统帅，就一定会从自己的老兵中招募军队而非让他们去远征东方。士兵们立即愤怒了起来，因为这会让他们失去发财的机会，他们用石头投掷元老院派来接收军队的军事保民官，将其驱逐，军队里的绝大部分将领都逃走了，除了苏拉以外，只剩下一个财务官。

得到了士兵的支持的苏拉立即向罗马进军，他手下一共有 6 个军团约 3.5 万人。遭到自己的公民组成的军队入侵，这在罗马历史上还是第一次，但绝不是最后一次。马略和卢福斯企图组织抵抗，但很快就被击败了，已经 70 多岁的马略在经历了许多

扭力部分的局部示意图。

发射石弹的亚历山大式弩炮。它依靠扭曲的动物筋腱和毛发来提供弹力来发射。

晚期希腊式弩炮上的铁质残留物，出土自西班牙的安普里亚斯。

出土自以色列马萨达遗址，橘子大小的弩炮用石弹。

◎ **罗马人使用的扭力弩炮**

危险后才和他的儿子逃到了非洲，在那里他募集了一支不大的军队；而卢福斯在逃跑的路上被人杀掉，按照苏拉的命令，这个保民官的头被陈列在广场上，而根据罗马的法律，保民官的人身安全是神圣不可侵犯的。

苏拉不可能长时间待在罗马，因为东方的形势一天比一天糟糕，但他也不能将一个动荡的罗马留在自己的背后。他在很短的时间内废除了卢福斯不久前通过的所有的法案，从支持自己的人里选出了 300

人填补了元老院的空缺，以确保自己派别对元老院的掌握。随后他通过了新的法案，废除了人民大会和保民官的权力，将权力集中到了元老院手中。但苏拉的行为是如此让罗马的平民们痛恨，以至于在军管的状态下，公元前87年选出的执政官中还是有一个狂热的民主派——卢克优斯·科尔涅里乌斯·泰纳，苏拉不得不强装笑容地做出声明："对于人民因为自己而拥有自由感到非常高兴。"

当苏拉率领5个军团和几个大队骑兵在伊庇鲁斯登陆后，他发现自己的处境很不妙：刚刚结束的同盟战争极大地消耗了罗马的国库，米特拉达梯六世又占领了共和国最富饶的几个行省。为了给苏拉军费，元老院甚至不得不出卖努玛国王（传说中罗马的第二位国王）祭祀神灵的珠宝，才获得了一共约9000磅黄金，这就是进行这场战争的全部资金。而当时米特拉达梯六世的海盗舰队控制着海洋，以及整个小亚细亚、大部分希腊和马其顿的海岸线。苏拉唯一能够指望的就是手中的3万人，因此登陆之后他就以最快的速度向雅典进军了。

苏拉的冒险得到了回报，阿基拉斯的兵力分散在整个南希腊，他不得不用部分的兵力和苏拉的全军交战。双方的初次交锋是在彼奥提亚爆发的，在希腊山地间狭窄的小平原上，苏拉的老兵打败了仓促集结的本都与雅典联军，他们不得不退回雅典，绝大部分希腊城市就像先前倒向米特拉达梯六世那样迅速地又重新倒向了罗马。

但对雅典的围攻战却进行得很困难，起义者的领袖阿里斯提奥守卫雅典城，而阿基拉斯则守卫庇里优斯。雅典城与庇里优斯都有高达20米的城墙保护着，这些城墙都是在伯克利里时代建设的，用大块的岩石砌成，阿基拉斯攻占后又加以修补，十分坚固。由于有港口，阿基拉斯可以不断得到援兵和给养，战争不得不进入长时间的围攻。

围攻战持续了公元前87年的整个冬天，苏拉采用了一切可行的进攻办法。雅典所在的阿提卡半岛资源十分匮乏，所有的粮食、木材都必须从其他地方运来，据说每天运送各种资材的骡子就要有2万头。为了制造攻城所需的各种器械，苏拉砍伐了雅典学园附近的树林，还抢掠了德尔斐、奥林匹亚等地的神殿来给士兵发饷，但依然没有成功的希望。苏拉不得不派人去埃及借来一支小舰队以实施对庇里优斯的封锁，准备用饥饿来征服敌人。

当战争持续到公元前86年的3月时，苏拉的围困终于有了效果，雅典城陷入了恐怖的饥荒中（雅典与庇里优斯之间的联系被切断了，雅典本身没有港口），守兵甚至不得不以人肉为食。精疲力竭的守兵再也抵御不住罗马人的进攻，进入雅典城的苏拉进行了大屠杀，只有极少数人保住了性命。在攻陷了雅典后，苏拉用全部的兵力围攻庇里优斯，再也坚持不下去的阿基拉斯不得不从海上将剩余的部队撤走了。

可对于苏拉来说，形势并没有变得更好，反倒更糟糕了。征服了马其顿与色雷斯的阿卡提阿斯开始向希腊前进，他的手下有超过10万人，其中还包括1万骑兵和镰刀战车，他与阿基拉斯会合了，而且米特拉达梯六世本人率领着另外一支大军从帕加马出发了。更加糟糕的是，在罗马又发生了政变：马略带着军队从非洲回到了亚平宁半岛，他和泰纳联合了起来，建立了民主派的新政府。苏拉被免去了司令官的职务，被公元前86年的执政官卢克优

◎ 雅典4德拉克马银币，猫头鹰是雅典娜的标志

斯·瓦列里乌斯·弗拉库斯所取代了，罗马还让弗拉库斯率领2个军团前往希腊取代苏拉。于是，苏拉在焚毁了庇里优斯这一港口后（显然这是为了避免为米特拉达梯六世所利用）就带领所有的军队追击阿基拉斯去了。

阿基拉斯决定用饥饿来打败敌人，他让自己的舰队停泊在庇里优斯外的港湾中，以封锁海上的补给线。而他自己占据了一处十分坚固的营地，显然他想让战争长期化。在进行了长达6个月的围攻战后，阿提卡半岛已经无力提供苏拉足够的粮食了。这时苏拉面临一个非常痛苦的选择，如果他继续留在阿提卡，就会面临粮食不足的困境；如果他离开阿提卡，就不得不离开对自己有利的地形（本都军队在骑兵方面占绝对优势，崎岖不平的阿提卡半岛对罗马有利），而且时间对他来说也很宝贵，米特拉达梯六世的援军正在向希腊进发，而代替自己的指挥官随时都可能到来。

最后苏拉选择了离开阿提卡，因为地形的不利可以克服，而饥饿却不可战胜。

他率领军队向彼奥提亚机动，巧妙地避开了本都军队的追击，与自己的副将在佩特罗尼斯会师，这个副将原先守卫在著名的温泉关，防止马其顿的本都军队南下。

双方在福西斯的喀罗尼亚相遇，面对本都军队巨大的数量优势和强大的骑兵，罗马的士兵感觉到胆怯，苏拉不得不将自己的军队布置在设防的营地里，拒绝会战。由于本都军队庞大的数量，很快就将当地的资源消耗殆尽，阿基拉斯不得不派出骑兵去更远的地方收集粮食和草料。

为了激励士兵们的士气，苏拉采用了一个非常古怪的办法，他强迫士兵们每天挖掘壕沟修建工事，将士兵们折磨得疲惫不堪。这样两天以后，士兵们向苏拉抱怨，他就回答如果你们不想和本都人打仗那就得修筑工事，疲惫不堪的士兵们立即回答他们宁愿流血也不愿意继续这么干下去了。

激励了士兵的士气后，苏拉立即开始行动。在第三天早上他派出一个分队去占领战场附近的一个高地，高地四周地形崎岖不平，不利于骑兵行动，而且控制着阿苏斯河，阿苏斯河是战场附近最重要的水源。当时本都军队也派出一个叫作"铜盾军"的轻装支队前往，在激烈的战斗后，罗马人控制了那个高地，阿基拉斯不得不带领自己的大军撤退，否则就会面临干渴的危险（罗马人可能会用土木工程让河流改道）。

看到敌人的大军撤退，罗马士兵士气大振，苏拉带领他的军队追击敌人。在奇罗尼亚他追上了敌人，本都军队位于一块多岩石的地区，苏拉抓住机会发起了猛攻，因为这会限制敌人骑兵和战车发挥作用。苏拉的预见实现了，绝大部分战车被限制在狭小的空间里，被投枪所摧毁；而本都军队的成分过于复杂，在狭小的空间内拥挤成一团，加上奇罗尼亚人从本都人所不知道的一条小路成功地迂回，本都军队被包围在一个狭小的区域。苏拉赢得了巨大的胜利，他不但消灭了这样一支大军，还攻占了军营，获得了全部辎重，阿基拉斯只带着很少的一部分人逃走了。

# 本都的政治胜利

胜利之后的苏拉用丰厚的战利品奖赏了自己的士兵和盟友，但一个坏消息传来了：代替他的罗马执政官弗拉库斯已经来到了希腊。他公开宣称要进攻米特拉达梯六世，但苏拉心里清楚这不过是迷惑自己的谎言，内敌比外敌更可怕。他决定先打败弗拉库斯，但是当他行军到梅莱提的时候，得知另一个本都将军多里劳斯率领着8万援兵与阿基拉斯的残兵会合了，苏拉不得不掉过头来，对付新的敌人。

新的本都将军一开始对败将阿基拉斯十分鄙视，因为他觉得一支那样庞大的大军是不应该遭到这么惨重的失败的。他直接入侵彼奥提亚，迫使苏拉与自己进行会战。但在几次失败的前哨战后，他认识到罗马人是可怕的敌人，转而赞同阿基拉斯

的建议，即用消耗时间和金钱而非速战速决来打败罗马人，于是他选择了奥考麦努斯附近的一块平原。那里广阔平坦，没有树木来阻碍本都的骑兵，在平原的尽头是一块沼泽与湖泊。

尽管弗拉库斯率领的民主派军队随时都可能出现，但苏拉还是没有贸然应战，他下令手下挖开沼泽旁边的堤坝，让水流淌到平原上来防止敌人骑兵的冲击。成分过于复杂的本都军队立即发起了进攻，正在施工的罗马人掉头逃跑，冲散了负责警卫的单位。看到形势危急的苏拉赶忙抢过鹰帜，穿过溃逃的人群向敌人冲去，高声叫喊："罗马人，如果有人问你们是在哪儿抛弃你们的鹰帜和司令官，你们要回答是在奥考麦努斯。"

苏拉的冒险起到了作用，溃逃的罗马军队回头应战，加上2个支队赶来支援，本都军队的突袭被击退了。苏拉下令继续施工，在施工的过程中双方也在进行持续的战斗，但最后罗马人完成了工事，大量的水被引入平原，将大片的土地变成了湿软的泥地，本都军队被限制在很小的一块区域。

最后的决战十分残酷，许多本都士兵被逼进了沼泽之中，直到两百年后，当地人还在湖泊和沼泽中找到破碎的刀剑、头盔、胸甲和箭头。阿基拉斯和多里劳斯费了很大力气才逃离了战场。

阿基拉斯在奇罗尼亚战败的消息，让米特拉达梯六世极为震惊。希腊人在罗马军队到达后的墙头草行为让国王对新的属民的忠诚很怀疑，于是米特拉达梯六世首

先从自己的属民中征集了8万士兵由多里劳斯带领去支援阿基拉斯，随后他开始动手消灭那些潜在的不稳定因素。在很短的时间内，他占领了开俄斯等几座城邦，将贵族的孩子收为人质，将城邦的公民发配到了荒凉的黑海北岸去了。米特拉达梯六世的行为激起了一些希腊城邦的反抗，于是他一面派兵镇压，一面给予所有希腊城邦的侨民、奴隶、债务人以公民权，国王认为这些受惠于他的人将会坚定地站在自己一边。

米特拉达梯六世的行为激怒了小亚细亚、色雷斯、马其顿等希腊化世界的上层，其中很多人都是他亲密的朋友，本都国王正是通过他们来控制他庞大的领地的。假如说屠杀和发配还只是威胁到遭到国王怀疑的那些人，但给予所有城邦的侨民、奴隶、债务人以公民权则是触犯了古代地中海奴隶制城邦的存在底线。如果用一句更容易理解的话解释就是"礼崩乐坏"。这些贵族策划了一个阴谋，企图用谋杀国王本人来解决问题，但是其中的一个人向国王告了密，为了证实他并非诬告，他让国王待在他家的床下，亲耳听到密谋的内容。

米特拉达梯六世立即逮捕了密谋者，所有人在经过拷打后被处死。国王决定一劳永逸地避免遭到阴谋的伤害，他到处派遣密探，以寻找可能存在的阴谋，越来越多的人被牵连处死，许多人其实不过是密探们的私敌。与此同时，而被派来接替苏拉的罗马新司令官弗拉库斯在渡过亚得里亚海的时候遭遇到了风暴，军队受到很大的损失，后来又被本都军队击败，更重要

的是他无法拿出足够的金钱来收买士兵（经过苏拉和本都军队的战争，希腊已经民穷财尽了），士兵们认为他是个无能的指挥官，军队处于崩溃的边缘。不久后，弗拉库斯被自己的副将费姆布里亚杀死，而费姆布里亚不认为自己能够从苏拉手中争取到军队的指挥权，于是他就率领剩下的军队渡海入侵米特拉达梯六世的首府——帕加马王国去了。在那里费姆布里亚赢得了几次胜利，用劫掠满足了士兵的欲望。

而苏拉的处境也好不到哪儿去，虽然他赢得了两次辉煌的胜利，此时的亚平宁半岛却控制在苏拉的死敌——民主派手中。民主派控制了政权之后，不但剥夺了苏拉的司令官头衔，而且宣布其为公敌，他所通过的法令也被废除，他的同党也遭到屠杀。苏拉的党徒们不得不从亚平宁半岛逃亡到希腊他的营地里，要求苏拉率领他们重新打回罗马去。

然而士兵们却并不这么想，无论是从爱国主义还是自身利益的角度考虑，将对米特拉达梯六世的战争继续进行下去都要有利得多。士兵们跟随苏拉进攻自己的城市绝非是因为他们的政治观点与苏拉相同，公元前1世纪的罗马军队已经变为了一个完全独立的社会集团，士兵们唯一的政治观点就是将自己的短剑卖一个高价！即使是苏拉，也不能公然违逆士兵们的愿望，硬把他们带回罗马去。更何况，苏拉很清楚虽然他消灭了两支庞大的敌军，但米特拉达梯六世依然控制着从色雷斯到黑海东岸的广阔领土，随时都可能卷土而来，算得上是汉尼拔以后罗马最可怕的敌人。

最终是米特拉达梯六世的求和使者解决了苏拉的难题，米特拉达梯六世授给阿基拉斯全权向苏拉求和。毫无疑问，本都国王与两个敌人都有接触，但经过接触，他感觉到苏拉与费姆布里亚不同，前者很迫切地想要回到罗马去对付民主派，也有希望在短时间内结束战争的意愿。其次，米特拉达梯六世早在苏拉担任西里西亚总督的时候就与他打过交道，加上先前的战争，没有人比他更清楚这是一个多么可怕的敌人，国王很希望通过这次和谈与苏拉建立比较好的私人关系。而费姆布里亚无论是从拥有的兵力还是从控制的地域来看，都远比苏拉小得多，即使不用苏拉，只凭国王本人的力量也不难将他消灭。阿基拉斯一开始派出的使者是一个和他同名的提洛商人，但苏拉则表示他很高兴能够和阿基拉斯本人会晤。

最终，会谈是在靠近迪里姆（色雷斯沿岸的一座希腊城市）的一处阿波罗神庙中进行的。阿基拉斯提出己方的条款：米特拉达梯六世保留亚细亚的领土，而从马其顿和色雷斯以及爱琴海上靠希腊一侧的岛屿撤兵；苏拉还可以在回国对民主派的战争中得到本都海军和金钱的援助。苏拉拒绝了阿基拉斯的条件，提出了自己的条件：只要阿基拉斯交出手中的舰队，他就可以自己称王（他是卡帕多西亚人，有王室血统），罗马愿意将与他结盟，帮助他与米特拉达梯六世交战。阿基拉斯严词拒绝了苏拉的提议，声称自己是国王的朋友，绝不会背叛国王。在经过艰苦的谈判后，双方达成协议，恢复到战前的状态。米特拉达梯六世放弃比提尼亚、卡帕多西亚、帕夫拉戈尼亚、罗马的亚细亚行省，将它们归还原主，保留开战前的领土，另外支付罗马人2000塔兰特的赔款和70条战船，并给予500名弓箭手。双方都释放手中的

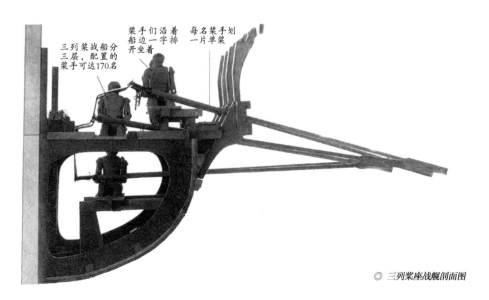

◎ 三列桨座战舰剖面图

战俘，本都国王将成为罗马人民的朋友，与罗马结为同盟。现在就等着米特拉达梯六世批准了。

在前往米特拉达梯六世驻地的路上，苏拉很小心地给予阿基拉斯非常好的待遇。在阿基拉斯得病的时候，苏拉下令停止行军好让对方康复，并一反常态地将对方当作自己的同僚而非手下败将优待。苏拉释放了战俘中所有米特拉达梯六世的朋友，只留下了阿基拉斯的死敌，不久之后这个人还被毒死了。最后苏拉还赠给阿基拉斯一万亩位于优卑亚的地产，并给予他"罗马人民的朋友"的头衔。苏拉还散布谣言：阿基拉斯在奇罗尼亚战役中的不当表现，才是他赢得胜利的真正原因。显然，苏拉是想要破坏米特拉达梯六世对他最优秀将领的信任。

米特拉达梯六世派出的使者带来了回复：除了帕夫拉戈尼亚和船只以外，国王愿意接受条款。这就将阿基拉斯置于一个非常尴尬的局面，他不得不立即赶回国王那里，在他看来，这已经是能够争取到的最好的条件了。

阿基拉斯的谏言起到了效果，当然更大的可能是费姆布里亚在帕加马赢得的几次胜利迫使米特拉达梯六世做出让步。在公元前85年，苏拉与米特拉达梯六世本人会面，达成了和约。表面上看，这个条约对米特拉达梯六世颇为不利，因为他必须放弃现在还占领的许多土地，还必须支付赔款。但从另外一个方面考虑，费姆布里亚在帕加马王国的胜利正在威胁着本都国王对博斯普鲁斯海峡的控制权，一旦失去

这个海峡，米特拉达梯六世的大军就会和黑海沿岸的本土分隔开来，此时位于黑海东北岸的博斯普鲁斯王国已经出现了不稳的迹象，尽快达成和约是必要的让步。而且国王很清楚，在达成和约后，苏拉就会立即替他解决费姆布里亚的问题，随后返回罗马对付民主派。如果罗马的内战长期化的话（这是完全有可能的），国王完全可以再挑起新的战争。至于赔偿的军费和船只，相对于在征服中掠夺到的财富来说不过是九牛一毛罢了。

苏拉的士兵们对统帅签订的和约非常不满，在他们看来这个国王是杀害了8万多罗马人的凶手，居然让他只需交出区区2000塔兰特，就可以带着四年来抢掠的无数财物回国，还能得到"罗马人民的朋友"的称号，这实在是太荒谬了。苏拉则回答假如自己拒绝和约，那米特拉达梯六世很有可能和费姆布里亚联合起来，自己有限的兵力很难同时打败两个敌人，随后他许诺将给予士兵们丰厚的补偿，于是士兵们就让步了。

与米特拉达梯六世达成和约后，苏拉就开始准备进行对罗马民主派的战争了。不过在此之前要弄到一大笔钱塞住士兵们的嘴。他率领舰队前往伊利昂，那里是费姆布里亚的据点，在包围了这个城市后，苏拉要求对方交出军队，因为费姆布里亚是非法获得军事指挥权的（他杀死了弗拉库斯），而费姆布里亚则反唇相讥说苏拉的军权也是非法得到的。苏拉没有发起围攻，但是费姆布里亚的士兵很快就成群地翻过城墙跑到苏拉麾下了，因为在苏拉一

边有着更光明的未来。众叛亲离的费姆布里亚最后只得让奴隶结束了自己生命。

解决了所有问题的苏拉开始处理战后的事务，他奖励那些在米特拉达梯六世入侵时依然忠于罗马的人。对于其余的人，他处以总数高达2万塔兰特的罚款，对于无力支付的，则没收土地、拍卖公民为奴以填补不足，而且他还下令所有米特拉达梯六世废除的债务和释放的奴隶都恢复原状，违令者处死。所有苏拉的士兵都有权作为贵客受到所在地市民的接待，每个主人必须用最好的食物款待士兵晚餐，并每天给一个士兵4德拉克马，一个百夫长50德拉克马再加上一件外衣。

在勒索到足够的金钱后，公元前84年，苏拉留下副将穆列那带领着费姆布里亚的那2个军团留在亚细亚，作为自己的代理人处理未完的事宜。自己和自己的军队从小亚细亚返回了希腊，在那里过了冬天。第二年春天，他率领军队入侵了亚平宁半岛，在击败了民主派的敌人后，他成了无限期的独裁者。苏拉不但恢复了他出征前的法案，还将大批自己的政敌列入了"公敌"名单，被列入公敌名单的人财产被没收，人身不再受法律的保护，任何将其杀死的人不但无罪反而可以获得2塔兰特的赏金。被列入公敌名单的前后有5000人，其中绝大部分都是属于元老和骑士阶层及富有的亚平宁人，这些人的巨额财富让苏拉和他的追随者成了巨富，苏拉还将自己的士兵安置在没收的土地上，使其成为自己的坚定的支持者。

此时，苏拉留下的副将穆列那希望能够用一个凯旋作为自己竞选下一任执政官的砝码，并用劫掠物充实自己的钱袋；而在米特拉达梯六世一方，他也希望找到一个收回卡帕多西亚的机会。总之，无论是苏拉还是米特拉达梯六世，都没有把他们签署的和约当成长期性的，而只是当成一个短期的停战协定。这样一来战争的爆发就是迟早的事情了。

米特拉达梯六世返回本都之后，就招募新的军队，制造武器，他的理由是黑海东北沿岸的博斯普鲁斯王国和科尔基斯人背叛了他。但是米特拉达梯六世的行动规模之大，让人无法相信他的目的只是为了征服刻赤海周围的那些部落，而且本都国王还占据着卡帕多西亚王国的一部分土地，这块土地根据条约是应该交出来的。这个时候，苏拉的离间计起到了作用，米特拉达梯六世怀疑自己的将领阿基拉斯在与苏拉谈判时为了自己的私利出卖了国王，得知消息的阿基拉斯惶恐地逃往罗马人那里。作为本都的高级将领，阿基拉斯清楚很多军队的情报，他劝告穆列那应该先发制人，因为米特拉达梯六世正在策划反罗马的新战争。

穆列那终于等到了需要的借口，他于公元前83年春天率领军队入侵卡帕多西亚（米特拉达梯六世控制的那部分），在敌人的领土上大肆劫掠。而米特拉达梯六世并没有立即应战，他一面集结兵力，一面派出使者前往罗马控告穆列那的行为。元老院使者只是当着众人的面要求穆列那不要侵扰国王，但是穆列那并没有停止他的进攻。于是米特拉达梯六世派出军队进行报复。公元前82年，双方展开了激战，国王赢得了胜利，他的骑兵在平原上起到了很大的作用，穆列那只能沿着一条小路逃往福里基亚，沿途他遭到山民的不断袭击。

米特拉达梯六世的胜利让整个卡帕多西亚都投到他这一边来了。而当时苏拉已经彻底打败了民主派，建立了独裁统治，过着极其奢侈淫荡的生活。他并不愿意与米特拉达梯六世重新开战，打破现有的权力格局。（苏拉本人的身体状况十分糟糕，据说他有很重的暗疾，不可能亲自出征；而派另外的将领，则担心他可能会凭借战功夺取自己的权力。）因此苏拉派出使者前往亚细亚调停了战争，同时禁止罗马将领发动进攻，米特拉达梯六世接受了调停，他将一个4岁的女儿嫁给了卡帕多西亚的国王，通过这个借口他占据了卡帕多西亚最好的一块土地。于是第二次罗马与米特拉达梯六世的战争就这样结束了。

# 国王的最后尝试

苏拉的调停带来了很长时间的和平。这个可怕的独裁者在离开人世之前，凭借着他的12万老兵一直掌握着共和国的最高权力。但苏拉很清楚，他摧毁所有社会政治制度所建立起来的独裁体制，依靠的社会基础是多么脆弱。亚平宁人、罗马平民、马略的老兵、骑士阶层、元老中的民主派，甚至他自己派别中的一些人都对现状不满。原因很简单，他触犯了罗马共和国的政治铁则——"轮流坐庄"。聪明的苏拉很清楚这一点，所以在公元前79年他的执政官

◎ **罗马时代的海盗**

任期到期的时候，就召集人民大会宣布自己交卸了本来是无限期的独裁权，现在已经是一个普通公民了。全场的民众默不作声，看着这个可怕的独裁者在朋友的簇拥下离开了会场。

在这样一种情况下，再一次挑起与米特拉达梯六世的战争是很愚蠢的了。而本都国王也在上一次战争中看到了罗马式军团面对他多民族混合军队的巨大优势，苏拉在两次决定性的战役中都战胜了数量上占巨大优势的本都军队。同时，国王本人在黑海沿岸的地位还不稳固，因此这个聪明的国王决定先稳固自己的后方，利用一切资源加强自己的军队。通过军事征服和外交行动，他与多瑙河沿岸、南俄大草原上、高加索山脉的各民族酋长建立了很好的关系。而且他还用金钱支持和收买了地中海上的海盗，甚至支持远在西班牙行省的罗马民主派领袖塞多留，与他签订协议，从东西两面夹击罗马。

公元前78年，苏拉因病去世。他的死几乎立刻在罗马引起了一场内战。当年的

执政官马尔库斯·埃米里乌斯·列庇都斯甚至在元老院里坚决反对为苏拉举行盛大的葬礼，如果不是庞培以自己极大的威望压制住了双方，恐怕内战就已经在罗马城内爆发了。在埃特鲁利亚的某些地区，被没收土地的市民们和苏拉的老兵发生了冲突，列庇都斯被元老院派去镇压，而他在征集了一支军队后就要求元老院恢复保民官的权力，赦免流亡者并要求成为第二年的执政官。庞培击败了列庇都斯，迫使他流亡到了撒丁岛。

而对罗马最大的威胁却是在西班牙的昆图斯·塞多留（Quintus Sertorius），他是泰纳和马略死后罗马民主派的领袖。苏拉建立独裁统治后，他不得不流亡到非洲作为一个小酋长的军事顾问，在那里他在和海盗的战斗中取得了好几次胜利，赢得了优秀指挥官的名声。公元前80年，他受一个名叫路吉塔里亚的起义部落邀请，来到西班牙成为反抗军的首领。在接下来的几年时间里，他不断赢得对共和国讨伐军的胜利，其中包括梅特鲁斯和庞培这样的名将。如果考虑到塞多留拥有的极其有限的资源，他可能是当时最优秀的统帅。

米特拉达梯六世静静地观察着这一切，他就好像一只勤勉的蜘蛛，无声地织着自己的网。国王与塞多留签订了秘密的盟约，给予对方金钱和战舰的支援，以牵制和消耗共和国的力量，同时换取军事顾问来帮助自己建立罗马式的军队。他还与地中海的海盗保持着良好的关系，这些海盗在第一次米特拉达梯战争后变得如此强大，甚至有自己的港口、自己的城市、自己的舰队，可以围攻城邦和王国，已然成为东部地中海最强大的海上力量。国王还将大量的谷物分配给黑海沿岸的野蛮部落，以争取他们的好感，换取雇佣兵。

公元前75年，米特拉达梯六世的老对头——比提尼亚王国的国王尼科美德四世去世了。这位"恺撒的丈夫"在遗嘱中将自己的王国赠给了罗马，这种行为在共和国晚期的亲罗马的附庸国中很常见。因为从公元前2世纪开始，地中海东部的这些希腊化小王国普遍出现了经济和社会危机，普通公民普遍破产，有产者和无产者的矛盾极为激化。而元老院一贯是支持有产者阶层的，因此当王国的统治者感觉到无法继续统治下去时，就往往会将国家"赠送"给罗马，来维持旧有的秩序。

元老院接受了尼科美德四世的赠予，在那儿建立了一个新的行省，这无疑对米特拉达梯六世是一个严重的威胁，同时他也觉得这是个不错的借口。于是本都国王就在次年发动了战争，率领军队入侵了比提尼亚。同时，米特拉达梯六世的盟友亚美尼亚国王提格兰二世也入侵了叙利亚，将塞琉古王国的残余部分纳入了自己的帝国，这可能是事先约定好的行动。提格兰二世所建立的帝国是如此庞大，以至于他给自己加上了古代中东地区最高统治者的传统尊号——"众王之王"。

相对于指挥战争的能力，米特拉达梯六世选择战争时机的能力要强得多。如果我们将目光投向当时整个地中海地区，将会发现他选择了一个非常好的时机。从公元前80年开始，塞多留在西班牙行省建立了民主派的基地。这个有着非常杰出的组织和指挥能力的统帅把罗马的流亡者和西班牙当地的部族士兵联合起来，以非常温和的态度对待西班牙人，为统治区内的西班牙当地显贵的子女建立罗马化的学校，学习希腊语和拉丁语。塞多留对行省居民的做法在当时是绝无仅有的，赢得了西班牙人的爱戴。在战场上，先是梅特鲁斯，后来是庞培，元老院把手中最优秀的将领都派往西班牙，但在战场上却无法占得便宜。在公元前74年，罗马人最担心的并非东方的伟大国王，而是"新汉尼拔"入侵亚平宁半岛。在公元前73年，罗马爆发了斯巴达克斯起义，在接下来的三年时间里，奴隶大军迫使元老院拿出全部力量来对付他们。而海盗舰队也是罗马共和国的巨大威胁，到公元前60年代，以克里特岛和西里西亚为基地的海盗舰队已经将自己的活动范围扩大到了整个地中海地区。他们甚至敢在亚平宁半岛南部的坎佩尼亚登陆，洗劫了奥斯提亚（位于罗马西南25公里的海港，主要是为罗马承运来自北非和埃及的粮食）的港口与里面的船只，让依靠北非和埃及的面包过活的罗马人尝到了饥饿的滋味。

被派来对付海盗的是公元前74年的执政官——卢克优斯·李启里乌斯·卢库鲁斯和科塔。卢库鲁斯不但是苏拉的挚友，还是当时罗马最富有的人之一。在军事上，卢库鲁斯可能是元老院手中仅次于庞培的将领，而庞培当时正在西班牙对付塞多留。与苏拉不同的是，卢库鲁斯是一个品行端正的人，虽然他个人生活十分奢侈，但在

公务生活中却公正严明。当卢库鲁斯抵达亚细亚行省的时候，发现当地的情况非常糟糕，罗马的高利贷者和包税人跟着苏拉的大军又重新回到了这片土地上，他们就好像蝗虫一样把一切都啃得干干净净，苏拉在战胜米特拉达梯六世之后对小亚细亚诸邦一共课以2万塔兰特的罚款，而包税人的同盟用两倍的价钱也就是4万塔兰特中标，而最后这些人用高利贷的方式一共获得了12万塔兰特的巨款。在这种情况下，几乎所有的小亚细亚人都将米特拉达梯六世的军队视为解放者，假如本都国王再次发出废除债务、解放奴隶的宣言，仅凭卢库鲁斯手中的几个军团是不可能控制得住局面的。

另外，卢库鲁斯的军队一共有5个军团，其中1个军团是他在罗马新招募的，其余4个军团（包括2个原先属于费姆布里亚的军团）都是驻扎在亚细亚行省的。这些军团已经军纪废弛，习惯在当地过着十分奢靡的生活。

卢库鲁斯不得不在当地停留了一段时间。首先，他下令限制高利贷的利息不能高于每月1%，如果违反则债务取消，而且债权人拿走的金额不能超过债务人收入的四分之一。其次，他下令从严约束士兵。卢库鲁斯的行为虽然对共和国有利，但也激起了骑士集团和士兵们的痛恨，这也为他后来的遭遇埋下了伏笔。

在完成了准备工作后，已经是公元前71年了。卢库鲁斯得知，自己的同僚科塔鲁莽地向米特拉达梯六世发起了进攻，被他击败，还被包围在比提尼亚的首府——

◎ 攻城中的楼车

黑海的重要港口卡尔西顿之中。本都国王的舰队还突入港口，消灭了罗马亚细亚行省的海军舰队，形势非常危急。

卢库鲁斯立即率领 5 个军团和一部分骑兵出发，总兵力大约有 3 万名步兵，2500 百名骑兵。从败兵的口中，他得知围攻卡尔西顿的本都军队总数高达 12 万人，而且这些军队受过罗马式的训练，并非第一次米特拉达梯战争中那种多民族的乌合之众。考虑到当地已经进行了两年多的战争，粮食十分匮乏，卢库鲁斯决定用切断补给线的办法打败敌军。

在米特拉达梯六世军队的后方有一座小山，在那里可以威胁国王的补给线，因此有本都军队重兵把守。为了占领这座小山，卢库鲁斯决定采用欺骗的手段。在米

特拉达梯六世的军队中有一位名叫琉西阿斯·马基阿斯的罗马流亡者，是西班牙的塞多留派给本都国王的军事顾问，深得国王的信任。而当时塞多留已经被叛徒杀害，卢库鲁斯就派出信使与其联络，以取消流放的条件收买了对方。琉西阿斯·马基阿斯谎称罗马军队中原先属于费姆布里亚的 2 个军团，因为不满卢库鲁斯的严苛军纪（这是实情），决定投靠到国王这一边来。米特拉达梯六世相信了这个说法，于是卢库鲁斯用这个办法占据了这个重要的据点。如此一来，国王的军队就被许多山脉和河流所截断，很难从陆路获得足够的粮食，只能依赖海运，而当地冬季风会很大，海路也会断绝。

面对困境，米特拉达梯六世有两个选

◎ 带有顶盖和围壁的攻城锥

择：利用自己兵力上的优势突围，但是这就必须放弃围攻卡尔西顿的计划；或者加紧围攻卡尔西顿，只要在冬天到来前攻下城市，就可以依靠城内的存粮过冬，而且控制了港口，就完全可以用大船运送补给了（因为米特拉达梯六世所控制的海岸线不适宜大船靠岸，只能用小船转运，受气候的影响很大）。最终，国王选择了后者。

为了进攻卡尔西顿，米特拉达梯六世采用了可行的一切办法。他用双重的堤坝封锁港口，用壕沟包围城市靠陆地的一边，修建土墩、攻城塔和带有护屋的攻城锤。他还将两条最大的四列桨战船并列着连接起来，形成一条双体船，在上面建造一个巨大的攻城塔，以便靠近海边的城墙时，从攻城塔上放下一座吊桥，这样士兵们可以直接登到城墙上。在准备好了这一切后，国王下令将俘虏的 3000 名卡尔西顿市民送到城墙边，企图用同胞的哀求来打动守兵，但守城的将军庇西斯特图回答："那些让自己落在敌人手中的人应该坚毅地面对自己的命运。"

看到自己的计划失败了，米特拉达梯六世就下令用那个特制的机械登上城墙。但可能是准备不足的缘故，只有四个本都士兵登上城墙，其余的人没有跟上。守兵们鼓起勇气冲了上去，将这四个士兵丢下城墙，又将燃烧的松脂火把投掷到船只上，迫使其后退。

接下来，米特拉达梯六世采用了一切可能的办法围攻城市，可是守兵们向撞城锤投掷石块，用套索扯倒靠近的攻城塔，用装满羊毛的篮子保护遭到攻城锤撞击的城门和城墙、用水和醋灭火，用布幔来抵御箭矢和石弹。当天黄昏的时候，终于有一段城墙因为被焚烧而倒塌，但因为火势太大，无人敢冲进去。当天夜里，城里的居民又修建了一道新的城墙，夜里的大风又将国王其余的攻城器械破坏了。

就这样战争持续了下去，由于缺乏粮食和饲料的缘故，米特拉达梯六世不得不将自己的大部分马匹绕道送到比提尼亚去，路上遭到卢库鲁斯的袭击，大部分战马都落入了罗马人的手中。在此之后，米特拉

◎ **保护士兵挖掘地道的顶棚**

达梯六世不得不采用挖掘地道摧毁敌人墙基的办法来摧毁城墙，但依然毫无收获。

战争持续到了公元前71年的冬天，缺乏粮食的米特拉达梯六世不得不考虑撤兵了。由于人数众多，只得绕道前往拉姆普萨卡斯（小亚细亚东北端靠近达达尼尔海峡的一座城市）。本都军队在半途中遭到了卢库鲁斯的攻击，损失巨大。国王本人随同舰队在退往本都的过程中遭到了两次暴风的袭击，几个亲信携带着国王的财产逃到卢库鲁斯一边。

现在的形势变得对米特拉达梯六世非常不利了，他的军队中受过最好训练的那部分都在不久前的撤退中损失掉了。虽然他的国库充裕，但临时招募来的新兵是不可能抵抗卢库鲁斯的老兵的。于是米特拉达梯六世不得不向东撤退，逃往他的女婿——亚美尼亚国王提格兰二世的领土寻求庇护。在撤退的过程中，国王带走所有能够带走的粮食，将其余的焚毁，以阻止卢库鲁斯得到补给，为了防止他的妻妾落入卢库鲁斯的手中，他下令将她们全部处死。

此后的战争持续到了公元前68年，从黑海东南的亚美尼亚到叙利亚的广阔土地，卢库鲁斯均赢得了很多次胜利，甚至攻占了亚美尼亚王国的国都。但米特拉达梯六世通过退却保存了实力，并通过退却消耗敌人的力量。随着时间的流逝，情况变得微妙起来。由于卢库鲁斯对士兵的纪律要求非常严格，禁止士兵劫掠主动投降的城市，所以胜利并不能给士兵们带来经济利益，士兵们非常痛恨他。而且卢库鲁斯在小亚细亚打击高利贷者和包税人的法令也触犯了国内骑士阶层和部分元老的利益。因此在公元前67年，罗马军队发生了哗变，士兵们要求退休并兑现奖赏，卢库鲁斯不得不撤退，罗马派了一个新的执政官替换他。转入进攻的米特拉达梯六世夺回了本都、卡帕多西亚，重新威胁罗马的亚细亚行省。

# 众叛亲离的结局

此时的罗马已经消灭了西班牙的塞多留、斯巴达克斯起义以及位于西里西亚和克里特的海盗。人民希望一劳永逸地解决对米特拉达梯六世的战争。公元前67年初，当时的保民官盖乌斯·玛尼里乌斯提出了一个惊人的法案：给予庞培东部的统帅权。他可以随意调配和征用亚平宁半岛边界以外所有行省的军队和财力，并可以以共和国的名义向所有盟邦要求支援；有权力独立代表共和国向任何人宣战和议和。

这个法案立即在元老院掀起轩然大波，如果将不久前庞培在对海盗的战争中拥有的巨大权力联系起来，就不难看出这个提议违反了"轮流坐庄"的权力运行规则。虽然天才的演说家西塞罗在元老院做出了极其出色的演讲，但最终元老院还是否决了这个提议，不过在不久之后，人民大会还是强行通过了这个法案。

这是一个异乎寻常的决定，从罗马共和国的名称"元老院与罗马人民"来看，

共和国的最高权力机构有两个：元老院和公民大会，但是在共和国历史的绝大部分时间里，公民大会是没有机会发挥自己的作用的，控制着元老院的寡头们采用宗教习俗、设置节日、发动战争等各种各样的办法限制人民大会的召开，将权力集中在元老院里。苏拉发布的新法案里干脆要求召开公民大会必须得到元老院的允许，庞培通过人民大会获得权力表明他正倒向了民主派一边，在这场战争结束后不久，他就成了"前三头"的一员。

得到东部统帅权的庞培正在西里西亚，他很快接收了卢库鲁斯的剩余军队，开始向本都进军。得知这一切的米特拉达梯六世派出使者询问如何才能得到和平，庞培尽可能地用谈判来拖延时间，因为他同时在和新兴的帕提亚王国进行谈判。通过外交谈判，庞培以给予部分美索不达米亚的土地为代价拉拢了帕提亚王国，牵制住亚美尼亚国王提格兰二世使其无法支援自己的岳父。但庞培完成这一切后，就对本都国王下了最后通牒："交出逃兵，然后无条件投降！"

面对庞培的巨大压力，米特拉达梯六世不得不退却，双方开始了一场漫长的追逐战。国王很清楚罗马军队的优点和缺点，他打算用距离的优势拖垮庞培，但是这次运气站在了庞培一边。在亚美尼亚的幼发拉底河上游某处，庞培在一次夜间的战斗中赶上并击溃了国王，仓促之间，米特拉达梯六世只能和少数随从逃亡到自己的女婿提格兰二世那儿，但是这次提格兰二世拒绝了他。原因很简单，根据与罗马人的

条约，帕提亚王国从东面入侵了亚美尼亚，提格兰二世甚至不得不逃进山区以躲避帕提亚人的骑兵，在这种情况下，他已经不可能再和罗马人起冲突了。

失望的米特拉达梯六世只得向东北继续跋涉，在途中他遇到了一支骑兵和3000名轻装步兵，这是他仅有的军队。幸运的是国王在一个要塞中预先保存了一大笔金钱和足够的补给，他给了士兵们一年的薪水后，就带着6000塔兰特和收容到的溃军前往黑海东岸的科尔基斯去了。在那里他度过了公元前66年的冬天。在第二年，他率领着军队沿着黑海的东岸向处于他儿子玛卡列斯统治下的博斯普鲁斯王国（今天克里米亚半岛一带）前进，由于没有舰队，米特拉达梯六世不得不越过满是西徐亚部落的荒野地带。要通过这片旷野是极为艰难的，不过这位已经年近70的老人战胜了这一切困难。凭借他的声望和外交才能，绝大多数西徐亚酋长们都赠送礼物给他，派出护卫护送。其中最有势力的一部分甚至还娶了本都国王的女儿，与其建立了联盟。因此当他的儿子玛卡列斯得知，父亲在这么短的时间穿过无人通行的荒野抵达自己的王国边界时，不禁大吃一惊。

早在卢库鲁斯与米特拉达梯六世交战时，玛卡列斯就背叛了他的父亲并与罗马人签订了联盟。因此当他得知米特拉达梯六世抵达自己的王国时，立即派出使者为自己辩护。为了逃避父亲的惩罚，玛卡列斯乘船逃往位于黑海南岸的刻索尼苏斯，他还烧毁了其余的船只以防止米特拉达梯六世追击。但是米特拉达梯六世找到了一

些其他的船，当玛卡列斯发现自己无路可逃时就自杀了。在控制了博斯普鲁斯王国之后，米特拉达梯六世处死了自己离开这里时留下来的所有朋友，但是却没有伤害自己儿子的朋友，他觉得这些人所做的一切都是忠诚于朋友，无可厚非。

在再一次求和被庞培拒绝后，米特拉达梯六世决定实施一个极其宏伟的计划：他打算把黑海北部南俄大草原和多瑙河上的那些蛮族部落团结起来，组成一支大军沿着陆路入侵亚平宁半岛。也就是说，米特拉达梯六世想要成为阿提拉和拔都的先行者。

为了执行这一计划，他向王国的居民课以重税，建立了一支3.6万人的军队还有一支舰队。国王讨好蛮族人的行为激怒了王国的希腊籍居民，他们一贯是仇恨这些草原上的蛮族人的。第一个起来反抗的是位于今天塔曼半岛上的帕那哥尼亚，随后凯尔索尼索斯、提奥多西亚以及许多其他的城市也发生了反叛。此时又发生了一件让国王极其愤怒和绝望的事情：米特拉达梯六世曾将许多黄金放在青铜容器里，再用铁包裹起来，隐藏在一座要塞里作为备用，管理这个要塞的是国王的一个妻子，但妻子看到国王逃往黑海北岸，觉大势已去的时候，就将这个要塞里的黄金献给了庞培，请求庞培保证假如俘虏了她的儿子，不要伤害他。庞培应允了这个母亲，而米特拉达梯六世得知这个消息后，愤怒地将这个儿子用酷刑处死，抛尸荒野以报复妻子的背叛。

米特拉达梯六世的行为弄得人人自危，

◎ 罗马化的本都士兵

1: 无名战士
2: 狄奥斯克里德斯
3: 萨伊塔斯

士兵和军官们也对远征亚平宁半岛的前景感到惶恐不安，即使是国王的法定继承人法那西斯也是如此。在他看来，假如现在和罗马人议和的话，他也许还能保住这个王国（博斯普鲁斯王国），而假如父亲的计划被执行了，那王国一定会被毁灭的。于是法那西斯策划了一个阴谋，当阴谋被破获后，法那西斯的同谋者都被施以酷刑之后处死了，而他本人却被宽恕了。因为一个国王的顾问劝说米特拉达梯六世：在远征之前处死自己最重要的儿子是不吉利的，而且这不过是法那西斯在惶恐中做出的决定。米特拉达梯六世被说服了，就宽恕了儿子。

但法那西斯决定把阴谋继续进行下去，因为只有这样他才能真正安全。王子很清楚士兵们对未来的远征是惶恐的，于是他自己本人和使者来到军营里，向军官和士兵们讲述蛮族人的不可信以及远征的困难，又用各种许诺来收买他们，将绝大部分士

兵争取了过来。

第二天清晨，叛变发生了。绝大部分士兵都加入了叛军，除了对远征的畏惧，还有一些迷信的因素，士兵们认为米特拉达梯六世已经年老，已经为神所厌倦，换一个年轻的王子要有利得多。

米特拉达梯六世为嘈杂声惊醒，他赶忙来到军营，想挽回局面，他大声问士兵们需要什么，士兵们回答："我们要求你的儿子做国王，要一个青年人，而不是一个被宦官所左右的老年人，一个杀了这么多儿子、将军和朋友的刽子手！"

但看到事情已经不可挽回后，米特拉达梯六世决定结束自己的生命，以免落入罗马人的手中。首先他用毒药处死了身边的妻妾和两个女儿。处死了她们之后，他自己也服下了毒药，然后快步疾走好让毒药更快地发作。但是由于他从幼年时就采用经常服用微量毒药的办法锻炼抗毒性的缘故，毒药始终未能发作，绝望的国王不

◎ 本都历代国王的岩穴坟墓。请注意山上人工开凿的石穴，那里便是历代本都国王的陵墓所在

得不恳请身边的一位高卢军官杀了自己。

就这样，米特拉达梯六世结束了自己的生命。法那西斯将自己父亲的尸体送到了庞培那儿，并祈求能够继续统治祖传的王国（即本都王国和博斯普鲁斯王国）。庞培在确认了米特拉达梯六世的身份后，下令给予符合国王身份的葬礼，将他安葬在本都历代国王的王陵之中。至于法那西斯，庞培把博斯普鲁斯王国留给了他，除去帕那哥尼亚，因为这个城市是王国中第一个起来反抗米特拉达梯六世的。

当一切尘埃落定，就出现了文章开头的那一幕。罗马人击败了最后一个传统势力范围里的挑战者，属于罗马人最辉煌的时代来临了！

# 格涅乌斯·庞培

## 功败垂成的罗马前巨头

作者/董狐

崇拜朝阳的人自然多于崇拜落日的人。

——庞培

地中海世界也许注定是个无法平静的地方。就在波希战争之后的三百多年时间里，雅典经历了由盛转衰的转变；之后希腊北边的马其顿暴然崛起，建立了拥有前所未有的宽广疆域的亚历山大帝国；亚历山大死后他建立的帝国又陷于分裂，然后爱琴海区域开始平静下来。这时世界的目光开始转向地中海中部地区，在那里，一个新的强权正在崛起，很快这个强权的名声就会超过雅典、马其顿、迦太基……它就是罗马！

罗马经历了一场场辉煌的战争，击败并征服了所有能征服的敌人，从罗马共和国变成罗马帝国，帝国的基业持续数百年，成为古典时代欧洲—地中海世界最伟大的帝国。

当希腊人还在和波斯人在希腊半岛鏖战的时候，罗马人民也赶走了他们的国王，结束了王政时代，迎来了共和时代。罗马人的来源，据他们自己说是在希腊人围攻特洛伊时，维纳斯女神的儿子埃涅阿斯及其追随者从城里逃出来，沿北非西行穿过迦太基，来到了亚平宁半岛。关于罗马城的建立，也有一段近乎神话的传说：罗穆卢斯兄弟从小被篡权者扔在台伯河畔，他们做国王的外祖父也被驱逐出境，一只母狼发现并哺育了罗穆卢斯兄弟，直到他们被一名牧羊人所救。两兄弟长大后杀死了敌人，帮助外祖父恢复了王位，但兄弟俩离开外祖父，最后在牧羊人发现自己的地方创建了罗马城。罗马人的祖先被狼哺育大，这可能冥冥中预示着罗马人今后野心勃勃、不断对外征服的历史。罗马在血雨腥风中成长，在征服了一个又一个敌人后走向辉煌。本书中前三位枭雄——伊庇鲁斯国王皮洛士、塞琉西国王安条克三世、

◎ 亚平宁半岛罗马帕拉佐博物馆中的母狼育婴青铜雕像，反映了传说中的罗马早期历史

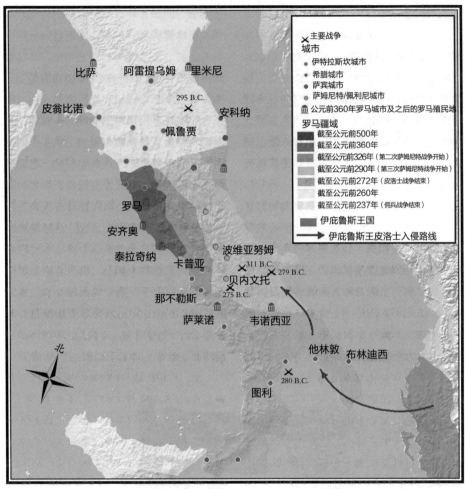

图例：

× 主要战争

城市
- 伊特拉斯坎城市
- 希腊城市
- 萨宾城市
- 萨姆尼特/佩利尼城市
🏛 公元前360年罗马城市及之后的罗马殖民地

罗马疆域
- 截至公元前500年
- 截至公元前360年
- 截至公元前326年（第二次萨姆尼特战争开始）
- 截至公元前290年（第三次萨姆尼特战争开始）
- 截至公元前272年（皮洛士战争结束）
- 截至公元前260年
- 截至公元前237年（佣兵战争结束）

- 伊庇鲁斯王国
→ 伊庇鲁斯王皮洛士入侵路线

比萨　阿雷提乌姆　里米尼

皮翁比诺　　　　295 B.C.　安科纳

佩鲁贾

罗马

安齐奥

泰拉奇纳　卡普亚　波维亚努姆

那不勒斯　　　311 B.C.　279 B.C.
贝内文托
275 B.C.

萨莱诺　韦诺西亚

他林敦　布林迪西

280 B.C.

图利

北

◎ **罗马早期疆域示意图**

本都国王米特拉达梯六世也都在强悍的罗马人面前折戟沉沙。

共和时代的罗马就在军事上取得了辉煌的战绩，在希腊世界逐渐衰败的时候，他们却渐渐征服了半岛上的"拉丁同盟"、伊特拉斯坎人、半岛南部的土著和希腊殖民城邦，统一了亚平宁半岛，成为地中海地区新的霸主。在随后的几百年中，他们通过三次布匿战争永远地击败了海上强国迦太基，此前迦太基名将汉尼拔一度攻入罗马本土，给几乎亡国的罗马人留下了极其可怕的印象。为了永远消灭对手，占领了迦太基的罗马军队烧光了所有的建筑物，杀光所有的青壮年，把妇女和儿童全部卖去做奴隶，并在迦太基人的土地上撒上盐作为诅咒。显赫一时的迦太基自此在世界历史永远地消失了。

与此同时，罗马军队通过数次战争征服了从亚历山大帝国中分裂出来的马其顿，控制了整个希腊地区，除了波斯帝国的继承者帕提亚帝国，罗马人在当时的已知世界里已经成为最强者。和希腊人比起来，这时的罗马人是以野蛮的征服者形象出现的，以至于后世长期流传着罗马士兵杀死阿基米德的故事。

在长年的对外征服中，罗马人学习了很多对手的战术，建立了一套非常行之有效的军事制度和战术体系，这些正是罗马军队能够屡战屡胜的关键因素。早期罗马军阵也是希腊式的方阵，但是他们很快发现这种战术不太适用于多森林、丘陵的亚平宁半岛，于是就进行战术改革，大约在亚历山大大帝东征时期，罗马军团的作战体制渐渐定型。

罗马军队是西方古代史上最早用短剑而不是长矛作为主要兵器的军队，罗马军团步兵的主要武器是著名的"西班牙短剑"（Gladius Hispaniensis），这种短剑刃长60至70厘米，刀锋尖锐，能刺能砍。据说罗马重装步兵都是优秀的剑手，精于逼近格斗，西班牙短剑在他们手上就成了令人胆寒的屠刀。据李维记载，马其顿战争时期罗马军队的短剑往往造成敌人残肢断臂、开膛破肚的恐怖伤创，这让马其顿士兵大为惊骇，士气低落。罗马军团的另外一件标志性武器就是重型标枪（Pilum）。这种标枪借鉴了萨姆尼特人的军事技术，铁质枪头长30至50厘米，异常纤细，前端是金字塔形枪尖，枪身是一条长1.5米的木杆，全重约5公斤。投射时标枪射程

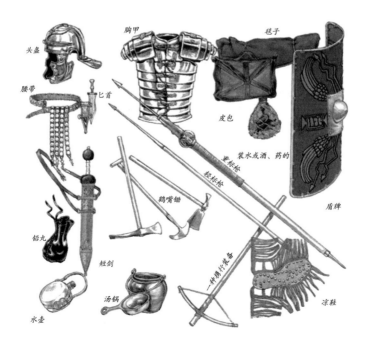

头盔　胸甲　毯子　腰带　匕首　皮包　装水或酒、药的　重标枪　轻标枪　鹅嘴锄　盾牌　铅丸　短剑　一种携行装备　汤锅　凉鞋　水壶

◎ 罗马军团重步兵的装备图解

◎ 罗马士兵复原图

兵使用的盾牌也比希腊步兵大得多，高1.3米、宽0.6米，呈长圆形，木制蒙皮用金属条加固，据说这种盾牌是从凯尔特人那里学来的，后来渐渐演变成长方形。罗马军团的锁子甲也是学自凯尔特人，这种盔甲也比希腊盔甲的防护更全面，因此罗马士兵在战场上生存的机会也大大增加。

罗马军团的战斗阵形是著名的"三线阵列"（Triplex Acies）。由青年兵组成第一阵列，壮年兵组成第二阵列，老兵阵列在最后面压阵。一个罗马军团的标准战斗序列，包括10个中队①的青年兵1200人，10个中队的壮年兵1200人，10个中队的老兵600人，另外还有1200名辅助轻步兵和300名骑兵，总共4500人。决战之前，罗马军团鱼贯出营，排出三线阵列，罗马部队占据中央，联盟部队分居左右，骑兵在两翼掩护。各个方阵紧密相连，不留空隙。战前需要经过一次变阵，各纵队之间留出空隙，后面的辅助轻步兵从空隙中来到最前面。列阵完毕，罗马军团稳步向前，逼近敌阵。当进于交战距离时，罗马军团停住，第三阵列的老兵左腿跪地，盾牌下端抵地，上端斜靠在左肩上，右手持矛，斜向前方竖立，做出这种标准压阵姿势。此时阵前的轻步兵向敌阵投掷数轮标枪，然后迅速从阵列空隙退到老兵后面，然后再变换阵形，堵住空隙。

罗马军团第一阵列做好准备即发起攻

大约30米，威力惊人，能够穿透古典时代的所以铠甲。罗马人的重型标枪的设计也有很多独到之处：枪头往往带有倒钩，在贯穿敌人的盾牌之后，即使不伤人也难以拔除，挂在盾牌上非常碍事，造成敌人行动困难；标枪在落地之后细长枪头会折弯，这样可以保证不被敌人利用。此外罗马士

---

① 在早期罗马军团的编制中，一个大队一般为450～570人，其中包括一个少年兵中队（辅助轻步兵）120～160人、一个青年兵中队120～160人、一个壮年兵中队120～160人以及老兵中队60～80人。也就是说，中队（也有的地方把中队翻译成小队）编制是120～160人，一个中队被分为两个百人队，但其实没有200人。

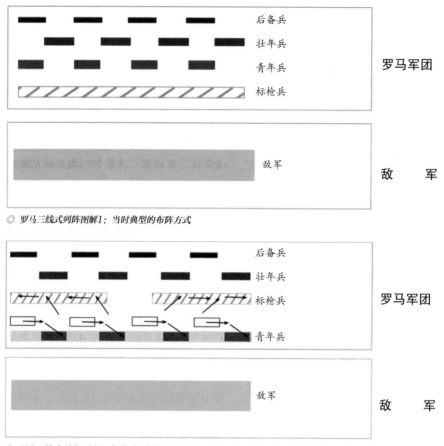

◎ 罗马三线式列阵图解1：当时典型的布阵方式

◎ 罗马三线式列阵图解2：标枪兵在投掷标枪后撤到青年兵方阵之后，由后者发起第一波攻击

击。青年兵发出惊天动地的"战吼"（War Cry），奋力向敌手投出手中的标枪，然后左臂拎着盾牌，右手握着短剑冲向敌阵，全身的力量都灌注到盾牌上猛烈撞击敌人，力求将敌兵撞翻。接下来罗马士兵开始展示独特的战术动作，他们俯低身子，盾牌端扛在左肩继续向前冲撞，右手短剑却猛力刺向右前方的敌兵。这个战术动作出其不意，相当有效，因为敌军士兵的注意力集中在对面的罗马士兵，对来自右前方的

攻击往往疏于防范。罗马步兵的这个动作近乎机械，通常是右臂弯曲，从下往上猛刺敌兵的腹部，因为这个部位往往缺乏防护，而且比较致命，往往刚一接触就刺倒最前面的一排敌人，给对手带来极大的心理震撼。

如果青年兵经过苦战未能击溃敌军，罗马将领便会吹响号角发出指令，调遣第二阵列接敌。两个阵列互换位置的过程相当复杂，第一阵列各中队的左侧方阵移至

◎ 罗马军队单兵格斗技巧

◎ 战斗中的罗马军团

右侧方阵的后面，这样的话阵形就会留出空隙，然后第一列阵整体后退，第二阵列向前推进，从第一阵列的空隙穿过，进入战场。然后各中队排在后面的方阵移向左前方填上空隙，进行新一轮的攻击。如果罗马青年兵和壮年兵都被击败，那么他们会迅速退到第三阵列后面重组，老兵们编结成长矛密集阵阻挡敌军，残存的青年兵和壮年兵也会组成一条阵列，和老兵一道进行作战。

在同各个不同战术风格的敌人作战时，罗马军团的这种战术所向无敌，他们的正面进攻锐不可当，三条阵列交替攻击，不断对敌阵施加压力。这正是希腊密集阵望尘莫及的优势，而且罗马步兵小方阵也比希腊密集阵更加机动灵活，对地形的适应性更强。

除了重步兵外，罗马军团还有大量的轻步兵（Velite），即上文所说最先向敌人投掷标枪的辅助步兵。这个兵种约占军团编制总数的三分之一，通常由最年轻、

◎ 罗马士兵在投掷标枪

最贫穷的公民组成。他们的装备更加简陋，只戴一顶头盔，身上不被甲，装备一面90厘米直径的碟形圆盾（Parma），以及几支轻型标枪和一柄短剑。轻步兵的主要作用是远距离投射标枪骚扰敌军，只有万不得已才拔出短剑近身格斗。

罗马的骑兵则是社会精英的代表，因为武器、盔甲、马匹都要自备，所以其成员（Equites）必须要求个人财产在40万铜币（相当于400盎司黄金，约12441克）以上，基本上只有贵族世家子弟和最富有的公民才能跻身罗马骑兵的行列。然而罗马的步兵传统根深蒂固，罗马骑兵虽然自诩精英部队，战斗效能却名不副实，在罗马战术体系中一直处于从属地位。据波利比乌斯记载，罗马骑兵最早的时候装备跟轻步兵一样，完全无法胜任近距离格斗，在战争中只能起到侦查、骚扰、追击残敌等作用。大概在皮洛士战争时期（公元前280年~公元前276年），罗马骑兵仿照希腊

◎ **慕尼黑古代雕塑展览馆的盖乌斯·马略半身像**

骑兵重新进行装备，头戴视野开阔的波奥蒂亚头盔（Boeotian Helmet），身披锁子甲，武器是一面圆盾、一支长矛以及一柄短剑。大约在汉尼拔战争时期，罗马骑兵又开始采用高卢人发明的四角马鞍，这种马鞍有四个犄角，可以夹住骑手的大腿和腰臀，这样一来骑兵在马上的稳定性大大增加，相应的战斗力也大幅提升。不过罗马历次对外战争决胜的核心力量依然还是重步兵方阵，这种情况一直延续到罗马帝国灭亡为止。

在罗马共和国前中期，罗马军队和希腊军队一样是市民组成的义务兵，类似于同时期西汉"兵农合一"式的征兵制。按照规定，17岁到46岁的罗马公民都要服兵役，而且武器需要自己筹备，入伍后这些士兵按照年龄和所持财产多少被分为4个兵种。而47岁至60岁的市民，虽不需要参加野战军为罗马作战，但有义务在需要时随时应召参加城市守备部队。这种公民兵制的好处是国家可以节省大笔的军费开支，而且全民皆兵，动员能力极强。缺点是公民兵并非以军人为唯一职业，往往战斗力比不上职业常备军，不过罗马公民兵一直保持了职业军人的水准。此外这种兵制必须要以大量自耕农为基础，一旦这个基础遭到破坏，那么公民兵制就会陷入兵源枯竭的境地。

由于连年征战，罗马士兵很多死于战火，其他人也因为长年出征无暇耕作土地，最后导致破产沦为无地者，公民兵制的基础遭到严重破坏。正在此时，罗马的北非盟友——努米底亚的国王朱古达因为对王位继

承问题的不满，对罗马采取敌对政策，[1]罗马军队前往征讨，却屡屡失败。平民组成的部族大会选择将领出身的马略担任执政官，并由他全权指挥北非战事，从而掀起了"马略改革"的序幕。

马略改革的主要内容是以募兵制代替征兵制。他首先取消参军的财产限制，宣布凡是自愿且符合条件的罗马公民，包括无财产者都可以应募入伍。这样就解决了困扰罗马多年的，因资格符合者不足而导致的兵源匮乏问题。以往罗马军队的服役期一直没有统一标准，有时只有数月甚至数日，有时却长达数年。针对这种情况，马略规定士兵一旦入伍必须服役满16年。这实际上是把罗马军队明确为一支全部由职业军人组成的部队。在服役期间士兵由国家统一供养，并按照等级发给薪酬。士兵退伍后，还能在被征服地区分得属于自己的一块土地。这样就使士兵们退役后的生活也有了保障，大大确保了士兵对罗马的忠诚。

实行募兵制后，士兵的武器装备由国家统一配给，而且规格、样式也得到统一，便于军队补给。再加上服役时间的延长，军队能够进行长期的正规训练，十分有利于战斗力的提高。后来这支经过马略严格训练的军队在战场上连连获胜，公元前105年，朱古达被马略的副将苏拉活捉，

◎ 战败被俘的朱古达被铁链锁着带到苏拉面前

◎ 马略率军征讨高卢

---

① 公元前118年，罗马盟友、努米底亚国王米西普萨去世，其子朱古达杀死了同父异母的兄弟希姆普萨尔，将另一个同父异母兄弟阿德赫巴尔赶到了罗马。在罗马的斡旋下，两人瓜分了努米底亚王国。朱古达只得到了王国的西边，深感不满；公元前112年，朱古达出兵占领了整个努米底亚并杀死了当地所有来自亚平宁半岛的商人。公元前111年，罗马元老院向朱古达宣战。

朱古达战争以罗马的胜利告终。之后马略又挟胜利之威转战高卢，连续击败两股日耳曼部落，再次为罗马赢得赫赫威名，马略也因此被称为"森布里人和条顿人的征服者"以及"第三位罗马之父"。

马略的改革挽救了罗马的危机，却无意中开启了一个新的时代。因为军队性质发生变化，涌现出一大批以战争为唯一职业的军人，这就为军阀乃至军事独裁的产生提供了肥沃的土壤。事实上也正是如此，在之后的罗马历史中，依靠军事力量取得帝国最高权力的人物层出不穷，军事寡头之间的内战连绵不绝，罗马也即将从共和时代过渡到军人掌权的帝国时代，世界历史也即将翻开新的一页。而本章的主人公——格涅乌斯·庞培（拉丁语：Gnaeus Pompeius Magnus）也在此时脱颖而出。

# 崛起的罗马将星

庞培出生在罗马城中的一个贵族家庭里，其父斯特拉波·庞培不仅是罗马共和国负有盛名的军事统帅，而且也是贵族派的代表人物之一。公元前89年，斯特拉波·庞培担任共和国执政官，在亚平宁半岛同盟者战争中表现出色，征服了萨宾和皮凯努姆地区。作为胜利者的回报，他在皮凯努姆地区拥有大量的土地和保护民。

庞培青少年时期受过良好的教育，具有相当高的文化修养，对当时先进希腊文化非常仰慕而且造诣颇深。同时由于受到家庭的熏陶，他又酷爱军事，17岁时就随父出征，去镇压拉丁同盟的叛乱。

"同盟者"是罗马人对亚平宁半岛上其他不具备罗马公民资格居民的称呼。他们不能享有和罗马公民同等的政治经济权利，却要履行各种义务，因此长期存在不满情绪，最后终于爆发武装暴动。他们以阿斯库伦城为发源地，席卷亚平宁半岛中部和南部。"同盟者"暴动的目的是为了争取罗马公民权，他们甚至以科菲纽姆为中心创立了一个名叫"亚平宁半岛"的国家，并设元老院、执政官等机构，铸造货币。罗马元老院非常震惊，于公元前90年派两名执政官及一批将领（包括马略和苏拉）前往镇压。战斗进行得十分残酷，罗马军队付出重大代价。罗马以往的征服战争一般都在亚平宁半岛之外，对付的是组织纪律都不如罗马人的民族。但这次的对手完全不同，亚平宁半岛各城邦长期跟罗马协同作战，使用同样的装备，遵循同样的战术，懂得罗马人所有的取胜之道。而且亚平宁半岛处处叛乱，敌人甚至一度打到了罗马城外，罗马人不再有稳定的后方。双方各自动员了差不多十万军队，也有文献记载罗马和拉丁联盟的兵力对比是处于劣势，大约是 $1 : 2$。罗马在两年之内阵亡三名执政官统帅，另病死一名，始终无法取得决定性胜利。

最后，在一些人的建议下，罗马方面调整策略，同意做出让步。凡愿意效忠罗马并在规定时间内放下武器者，将被授以罗马公民权。因为达到了斗争的目的，"同盟者"军队很快被这个命令所瓦解，只有马尔西人与萨谟奈人坚持反抗，直到公元前88年也宣告失败。经过这场战争，多数

"同盟者"不同程度地获得了罗马公民权。

少年庞培也跟随父亲参与了这场战争，并且在战争中有过不错的表现。数年的战场生活教给他很多宝贵的经验，并且对他今后的人生产生了深刻的影响。在同盟战争中获胜之后，"老庞培"卸任执政官，回到东海岸领地皮西努姆（Picenum）。而"老庞培"手下的三个军团既不解散也不转交给别人，而是直接带回了皮西努姆。苏拉派遣庞皮乌斯前往接替"老庞培"，但不久军中发生兵变，庞皮乌斯也被杀死。这件事说明此时的罗马军队已经完成沦为将领的私人武装，而这支武装也是庞培此后起家的资本。

这时的罗马又陷入一片混乱的状态，马略和苏拉正在进行着内战，昔日共和国的秩序荡然无存。无论谁胜利，等待罗马的都将是军人独裁。共和国正处于向帝国转变的前夜。

按照普鲁塔克所著《希腊罗马名人传》中的说法，马略出身骑士阶层，公元前155年，生于阿尔皮努姆（Arpinum，今阿尔皮诺）城。在历史学家的笔下，马略是一个典型的外粗内细的形象，他受过完善的教育，但是厌恶希腊文化，威严朴素，有点不善言辞。他是个天生的军人，而且是"士兵的将军"，喜欢跟普通士兵同甘共苦，御下颇严但是赏罚分明。除了杰出的军事天赋外，马略对政治也有浓厚的兴趣，然而不幸的是，他从来都是一个糟糕的政治家，缺乏基本的政治眼光，并不为元老院所喜欢，但得到骑士和平民阶层的支持。而苏拉的性格和马略迥然不同，他出身没落贵族家庭，幼年受过基本教育，个性开朗而随和，不像马略那么严厉，像希腊人那样喜欢戏剧，这点也跟马略形成鲜明对比。

同盟者战争中，苏拉由于表现异常出色，成为罗马最耀眼的一颗将星，战后又担任执政官，是马略的强有力竞争者。同盟者战争胜利后，罗马准备征讨本都王国，马略和苏拉开始暗中争夺远征军的统帅权。马略虽然已经年老，却得到了平民党领袖萨尔皮西乌斯的支持，如果在公民大会上表决，肯定能胜过对手苏拉。普布里乌斯·苏尔皮克优斯·卢福斯提议给在同盟者战争中获得罗马公民身份的

◎ *庞培半身雕像*

拉丁人平等的选举权，马略为了获得平民党的支持，也赞成这个改革。元老院极力反对改革，自然也不愿让马略出任远征军统帅，于是拉拢苏拉以抗衡马略，并以祭祀为借口推迟表决。普布里乌斯·苏尔皮克优斯·卢福斯率领暴民冲击元老院，追打两名执政官。苏拉从元老院逃走，却误入马略家中。马略逼迫苏拉同意不再推迟表决后将他放走，如愿以偿地当上了远征军的统帅。

可得到安全后的苏拉却不肯认输，他连夜赶到仍在清剿同盟者残余力量的军中，向士兵们宣称共和国正处于危急之中，号召士兵跟随他进军罗马，消灭威胁共和国的叛徒。自从马略军事改革之后，罗马士兵们开始效忠统帅个人而不是共和国，因为对一个以打仗为终生职业的军人来说，除了从军之外没有别的选择，只有相互紧密结合，形成一个牢固的整体，才能更有效地保障自己的利益。因此士兵毫不犹豫地追随苏拉，向罗马进军。

得到苏拉进军罗马的消息，罗马元老院也大惊失色，数次派人劝阻苏拉，但苏拉只是表面上答应，进军的步伐丝毫未停止，很快就已经兵临城下。因为罗马城平时不能驻军，马略一时间找不到可以作战的部队，想要武装奴隶，却得不到他们的响应。最后马略只得逃出罗马前往北非努米底亚，凭借朱古达战争中积累的威望，在那里找到了落脚处。后来马略也组织了一支军队，准备继续和苏拉争夺罗马的统治权。苏拉凭借兵权赢得了政治斗争的胜利，然而这个行为却开了一个恶例，此后

有无数罗马将领效仿他的行为，元老院被驱赶解散成了家常便饭，原有的共和制度遭到彻底的破坏，军事独裁时代已经来临。

苏拉控制了罗马之后大肆清洗马略同党，但很快又带兵前往东方征讨本都。这时的罗马执政官秦纳和元老院闹翻了，他也学习苏拉召集军队进攻罗马，此时"老庞培"坐拥重兵却不加干涉，而苏拉留在本土的另外一支军队被马略的盟友拖住。

马略得到消息后立刻从北非出发返回罗马，沿途招募大量军队和秦纳会合。罗马眼看又要沦陷，"老庞培"忽然带兵赶到罗马，名义上是帮助元老院抵御马略，实质上是先把罗马控制在手中，然后静观局势变化。正在这时，"老庞培"忽然被雷电劈死，少年庞培觉得自己无法处理如此复杂的局势，于是带兵悄悄地返回了皮西努姆，在那里继续观望局势的发展。

马略和秦纳双双当上了执政官，继续派遣军队去东方征讨苏拉。次年，刚当了17天执政官的马略病死了。经过数年的战争，苏拉击败了本都国王米特拉达梯六世迫使其退出占据的希腊，又凭借威望收编了前来讨伐他的罗马政府军，回师国内，一场内战即将爆发。

公元前83年，苏拉留副将穆列那（Murena）带领费姆布里亚留下的两个军团镇守东方，他自己率领4万主力精锐在亚平宁半岛本土塔兰托港登陆。庞培这时意识到只有苏拉才能成为最后的胜利者，此时投靠他对自己十分有利，于是开始四处招募军队。利用"老庞培"在皮西努姆的威望，他在非常短的时间内又招募了一

个军团。此时罗马政权还在秦纳的掌握之下，在前往和苏拉会合的路上有重重障碍，然而这次庞培显示出了过人的军事天赋，带领部下冲破了罗马军队的很多条防线，顺利通过许多城市，而且缴获了大批的武器和战马。

庞培的到来得到了苏拉的热烈欢迎，因为此时平民党一方军事力量还很强大，庞培这样颇有军事才能的地方实力派正是他所需要的。因为及时带兵赶来会合，年仅23岁的庞培成为苏拉的得力助手，这也正是他此后飞黄腾达的起点。

在随后的战争中，苏拉战胜了三支平民党军队，占领罗马，而且将平民党核心人物"小马略"（马略的儿子）围困在普莱内斯特城。庞培作为副将在半岛北部地区作战，有过不俗的表现。后来平民党统帅加博所部被驱赶南下，与苏拉率领的军队对峙。为了救出被围困的"小马略"，加博派出多达8个军团的迂回兵力，希望绕开当面的苏拉军队进入普莱内斯特城，不料半道上被庞培截击，8个军团只回来7个大队。[①]这时平民党败局已定，主要首领都已经逃走，剩下残部集中起来反扑苏拉，双方在罗马城科林门外展开了在罗马本土的最后一战。战况非常激烈，苏拉左翼被击溃，他本人也差点阵亡，最后逃出战场，然而克拉苏的右翼却取得了胜利，导致平民党人最终失败，而另外一颗耀眼的政治新星、庞培未来的强劲对手克拉苏也在此

战中崭露锋芒。

罗马本土的战事结束了，苏拉最终击败了平民党，夺取了罗马的最高统治权。执政之后，苏拉实行了一系列的政治改革。首先他恢复了独裁官的职位，这是自从费边（汉尼拔入侵时拯救罗马的英雄）以来罗马第二位独裁官，接着公民大会批准苏拉为独裁官，任期不限。这样一来，苏拉便集国家大权于一身，成为名副其实的独裁者。苏拉还扩充了元老院，将其成员增至600人，而且恢复了民主改革前元老院的特权：任何提案不经元老院审议不得提交公民大会，此前由骑士控制的常设刑事法庭也收归元老院掌握。代表民主改革成果的保民官的权力被剥夺殆尽。除此之外，新的罗马政府还大兴土木，废除了面向城市贫民的廉价配粮制度。自此罗马正式进入军人独裁时期，也开了后世军人独裁之先河。

战争结束后，庞培为了与苏拉的关系能更紧密，加强自己的地位，抛弃了自己的妻子，和苏拉的女儿结婚，个人地位更加巩固。此时平民党所有首领几乎全部被杀，只剩下两个人。一个是数月前逃到北非的加博，一个是逃到西班牙的森图里乌斯。"小梅特卢斯"（被马略流放的梅特卢斯之子）被派往西班牙进攻森图里乌斯，森图里乌斯后来在这里又坚持抵抗了十几年。与此同时，庞培则受命领兵前往西西里岛追击加博，在这里他抓住了刚从北非

---

① 一个罗马大队一般为450—570人，考虑到作战时会配属一些骑兵部队，故规模可能要比标准编制更大一些。

◎ 颇具威名的努米底亚轻骑兵

赶来的加博，然后处死了他。

消灭加博之后，庞培奉命继续向北非进军，征讨此前支撑马略的努米底亚国王多米提乌斯。双方展开对峙，战场上忽然天降暴雨，多米提乌斯的军队开始后撤，庞培却抓住时机向敌人进攻，击溃了立脚不稳的敌军。此战震惊了努米底亚，很多城市不战而降，仅用了 40 天时间，庞培就横扫北非，占领了整个努米底亚。为了稳定局势，庞培杀死了这里所有属于马略派系的罗马守将，而且撤换了亲马略的努米底亚国王。

北非之战的辉煌胜利大大提高了庞培在罗马的声望，正当他在港口整装待发，踌躇满志打算回国的时候，苏拉向他传达了命令，要他解散军队，只留下一个军团。庞培军队的士兵集体哗变，他们要拥戴庞培杀回罗马消灭苏拉，新的内战到了爆发边缘。庞培凭借个人威望努力说服士兵，

平息了哗变，并跟苏拉讲和，最后还是带领军队回到罗马。庞培要求苏拉为自己举行凯旋仪式，苏拉则警告庞培不要违背法律，因为当时罗马法律规定只给有巨大战功的执政官、行政长官举行凯旋式，而庞培连元老都不是。不过庞培毫不退让，他嘲讽苏拉说："崇拜朝阳的人自然要多于崇拜落日的人"。为了安抚庞培，苏拉破例为庞培举行了非洲之战的凯旋式，并授予他"伟大"的称号。

# 罗马最有权势者

公元前 78 年，苏拉病死，各方蓄积已久的对苏拉独裁的不满如火山爆发般涌出。新任执政官马尔库斯·埃米里乌斯·列庇都斯废除苏拉宪法，而元老院宣布列庇都斯为祖国公敌，派庞培进行镇压，庞培很快就取得了胜利。在列庇都斯死后，其子"小列庇都斯"前去投靠马略的外甥恺撒。

第二年夏，庞培又奉元老院之命讨伐在西班牙的另一民主派领袖昆图斯·塞多留（Quintus Sertorius）。尽管庞培拥有出色的军事才能，然而这次在塞多留面前他却显得力不从心。庞培的军队一踏上西班牙领土，就遭到塞多留军队的迎头痛击。在公元前 75 年的苏克罗镇大战中，庞培军一败涂地，他本人身负重伤，险些被俘，在之后的塞恭提亚之战中，庞培军又接连失利，始终无法战胜敌人。对西班牙的征战费尽了庞培的心机，耗掉了他本人和国家的大量财富。公元前 72 年，塞多留军中一些部将和士兵发生哗变，塞多留为其部

◎ 斯巴达克斯的最后时刻

将所刺，这才给了庞培转败为胜的机会，得以平定了塞多留运动。

就在庞培征战西班牙的同时，罗马爆发了斯巴达克斯领导的声势浩大的奴隶起义。在西班牙取得胜利后，庞培又奉元老院之命，回国增援正在镇压斯巴达克军的克拉苏。等庞培的军队赶来时，克拉苏已经消灭了斯巴达克军主力。奴隶军余部5000人从战场北面突围出来，正好被庞培迎面拦住。庞培残忍地将这5000人全部处死，这件事也导致他在历史上恶名昭彰。

在平定这场史无前例的奴隶起义之后，庞培和克拉苏都赢得了巨大的政治利益。他们率军回到罗马后，拒绝了元老院发出的解散军队的命令，在城外驻扎。在公元前70年度的执政官选举中，他们两人同时申请参加。但按照当时的法律，庞培未达到成为候选人的最低年龄，而且也不具备选举必需的担任过财务官或法务官的经验。尽管如此，由于两人战功卓著，最后还是被罗马公民选举为公元前70年度的执政官。然而有的历史学家认为，庞培破格当选的主要原因在于他驻扎在罗马城外的庞大军团所施加的无形压力。

苏拉死后，民主派的力量又重新开始出现在罗马政坛上，得不到平民支持的苏拉派渐渐失势，民主派声势大增，庞培便见风转舵，倒向民主派，采取各种措施讨好骑士和平民。庞培和克拉苏当选为执政官之后，颁布和实施了一些有利于平民的政策：恢复苏拉统治前的公民大会和保民官权力；恢复分发廉价粮食；法庭交给由元老、骑士和最富有的平民组成的委员会，此外他们还清洗了元老院中苏拉的60名党羽。通过这些措施，庞培博得了广大罗马公民的好感。

当时地中海的海盗异常猖獗，成了罗马的心腹大患。战胜迦太基人之后，罗马人虽然取得了地中海的霸权。但与腓尼基人、希腊人不同，他们不是航海民族，不可能在很短的时间内建立起自己的庞大舰队，同时他们也不善于在海上从事贸易。于是，罗马人便只好从腓尼基人、希腊人等被征服民族中征召人员从事海上贸易。这些人当然不会效忠罗马人，而有些腓尼基人干脆和希腊人联手，在海上从事劫掠活动，骚扰和劫掠罗马。从达达尼尔海峡到直布罗陀海峡，到处都有他们的身影。

随着罗马国内两极分化的加剧，沦为赤贫的自由民和奴隶难以谋生，此时也纷纷出海为盗。由于他们人数众多，很快成了底层海盗的主要来源。处于极端贫困之中的他们，"成队地在海盗领袖的指挥下出动，进攻未设防的城镇，大肆劫掠，把比较富裕的公民劫持到他们隐匿的港口里，扣押他们，以索取赎金"（普鲁塔克《传记集：庞培传》）。海盗们围攻城市，蹂躏岛屿，迫使居民们向他们缴纳贡赋，被俘的富有居民要么交纳高额赎金才被释放，要么干脆被卖为奴隶。海盗们猖獗一时，以至于在海上过往的船只觉得处处都是陷阱，找不到一处安全的航道。在罗马帝国的高层，以马略为代表的民主派和以苏拉为代表的贵族派一直在进行斗争，甚至政权几度易手。海盗们于是利用罗马共和国内战造成的虚弱，封锁了罗马海上贸易的商道，从埃及运来的粮食仅有三分之一能运到罗马，其余的均落入海盗之手，罗马出现了严重的粮荒，形势异常危急。

元老院不得不组织军队，征讨海盗，但历经多次作战几次都未取得胜利。更为严重的是，海盗后来甚至和罗马的贵族骑

◎ 镶嵌画中的罗马海军

士们串通一气，肆无忌惮地袭击来往商船，洗劫沿海城市，并将掳来的人口卖作奴隶。由于罗马赖以生存的粮食运不来，饥饿开始威胁着罗马，居民开始谴责元老院，指责他们在与海盗的斗争中的无能。很快公民大会任命庞培为剿匪军队的统帅，授予他前所未有的权力，并且给他配备25名副职，12万名步兵，4000名骑兵以及270艘战舰，限期3年内肃清海盗。

面对新的战斗形势，庞培总结了之前清剿海盗失败的教训，他首先从提高军队的战斗力入手。虽然这支12万人的大军是罗马军团中的精锐，但是他们只懂得陆战，没有海战经验，甚至连基本航海技术都不懂。为了尽快具备海战的能力，庞培从被征服的海上民族中征召有经验的水手，由于这类人才很多，征兵也进行得十分顺利，很快组建了一支军队。与此同时，为了补充舰船上的人员，庞培又征召了一批外国水手。但考虑到他们有叛变的可能，这些外国水手一律不配发武器，主要担任培训罗马士兵的任务，任务完不成便要受罚。在军队编制上，庞培将优秀的士兵与有经验的水手分在一起，让他们发挥各自的优势，组成一个新的有战斗力的军事单位。

在大战略上，庞培采取了重点出击和全面进剿相结合的办法，分步骤分阶段地进行，将几个最大的海盗列为讨伐的主要对象。为此，他把西地中海地区划分为12个军事区，每一个军事区任命一名指挥官，配以不同数量的战船和士兵。安排已定，庞培将所有部队分为九路，分片包抄，步步进逼，在西班牙、高卢、亚得里亚海、

西西里、撒丁等地区附近的海域，同时进剿海盗。而对于力量最强的爱琴海和小亚细亚沿岸的海盗则推迟攻击。经过40天的战斗，庞培军队将活跃在从墨西拿海峡到直布罗陀海峡之间广大海域的西地中海海盗几乎全部肃清。西部海盗被消灭之后，庞培不给其他海盗喘息的机会，立刻又马不停蹄地把战场转向东地中海，他的军队所向披靡，海盗连遭败绩。一连串的失利使各个海盗据点被恐惧情绪所笼罩。海盗们只好从公海上退却，藏匿到一些小岛和狭窄、幽静的海湾深处。为了防止海盗东山再起，庞培在这些地方的出口处构筑了要塞，从此以后海盗再也不敢明火执仗地出入公海抢劫商船了。

庞培清剿海盗的战役取得了阶段性胜利，罗马的海上贸易船得以自由地往来于各个港口，给处于饥饿之中的罗马居民运来了宝贵的粮食，海盗对罗马的威胁已基本解除。在商船的安全得到保障以后，庞培开始了下一阶段的计划，他要彻底消灭海盗，务必杜绝海盗的再生。这时海盗们已军心大乱，部队也四分五裂，大部分人如惊弓之鸟，惶惶然不知所措。针对这种情况，庞培果断许诺：凡不战而降的海盗可得到赦免。这个决定彻底地瓦解了海盗的军心，罗马人只是在基里基亚遇到了抵抗，其他地方的海盗连续不战而降，就连他们的海盗船也全部落入罗马人之手。

庞培围剿地中海海盗的战争，仅仅用3个月的时间就取得圆满胜利。被罗马军队俘虏的海盗高达2万多人，此外还有1万多海盗在战斗中被打死。共有400艘海盗

船被缴获，800多艘海盗船被焚烧和击沉。经此一战，罗马人基本上肃清了地中海主要航线上的海盗。

庞培的老竞争对手克拉苏此时仍在担任执政官，拥有最庞大的军队和罗马首富的称号，但是其战功远不足以和庞培相比。史料记载此人极其善于敛财，当时罗马的房屋很容易着火，他专门组织了一支救火队，一旦哪里失火马上赶到，以极低的价格从绝望的房主手里买下房屋，然后再开始救火。通过这种方式克拉苏在罗马城内获得了数以千计的房屋。此外克拉苏还拥有无数的银矿，以及人数众多、分工明确的奴隶。在收买人心方面克拉苏充满了慷慨和吝啬的两面性：他经常借钱给朋友而不收利息，不过借期一满却又立即无情地逼债。据说克拉苏倾心于亚里士多德的学说，当他远游国外时，总是由一位学者陪伴。每次，这位学者都能得到一件旅行用的斗篷，但是回来之后就被收回。他经常在家中盛宴款待平民百姓；在街上，不论对方地位多么低贱，只要向他打招呼，他都能

◎ 最早由恺撒所兴建的阿庇亚古道

叫出对方的名字。正如历史学家所说，"他不是一个忠实坚定的朋友，也不是一个冤仇难解的敌人，一旦涉及他的切身利益，他可以毫不迟疑地摆脱个人恩怨"（普鲁塔克《克拉苏传》）。立场变化无常的克拉苏并不像个将军或政治家，倒更像一个商人，他善于收买一切有价值的东西，尤其是人心。从元老院到最底层，他都拥有无数的债务人与支持者。虽然克拉苏缺少庞培那样的军事才能，但这样一个对手无疑也是很强大的。

庞培的第二个强劲对手恺撒此时还是个小人物，在声望和地位上远不足以和庞培、克拉苏相比，而且作为马略派他也一直饱受排挤。庞培结束清剿海盗的行动后，恺撒也已经结束西班牙总督副手的任职返回罗马。公元前66年，恺撒被委任为"阿庇亚大道管理人"，职责是维护这条连接罗马和布尔迪西的大道。因为工作出色，后又出任新的罗马市政官，主要负责城市的公共设施（特别是神庙）的建设和维护，以及市场的管理等日常生活事务。为取悦平民阶层，恺撒组织了许多次公共竞技比赛，兴建了许多公共建筑，虽然成果显著却负债累累。

就在苏拉死后罗马局势再度一片混乱时，罗马的老对手、本都国王米特拉达梯六世再次向罗马宣战，意图夺取小亚细亚北部的比提尼亚。本都军分头并进，击败罗马驻军，占领比提尼亚，很快又进一步攻占赫勒斯滂沿岸大部地区。罗马统帅鲁库鲁斯率大军反击，迅速收复失地，夺回比提尼亚，并攻入本都境内，米特拉达梯

六世逃往亚美尼亚，但不久又卷土重来。

公元前66年初，公民大会通过保民官马尼利乌斯的提案，任命庞培为征讨本都的统帅，取代已取得重大战果的鲁库鲁斯并接管其军队。庞培来到东方后，首先同本都国王进行谈判，他要求本都无条件投降，却遭到了米特拉达梯六世的拒绝。于是他率军围攻本都，切断通往城内的粮道，以威逼他投降。最后本都国王率精兵突围出城，庞培领兵紧追不舍，在幼发拉底河上游追上并击溃了本都军队。米特拉达梯六世只带了800名骑兵突出重围，庞培率军继续追击，一直赶到伊伯利亚（今格鲁吉亚）和阿尔巴尼亚（今阿塞尔拜疆），打垮了这里刚崛起的势力——亚美尼亚。但因罗马军团在山区作战存在巨大困难，庞培这才不得不中止这次行动，只满足于外高加索山区部落对罗马表面上的臣服，率军退回本都。

庞培在东方征战的时候，罗马国内的政局却是波谲云诡，其典型代表就是竞选公元前65年度执政官时发生的喀提林阴谋。候选人喀提林被指控曾在阿非利加长官任上犯了勒索罪，当时罗马外任官员贪赃枉法现象极为普遍，对这一问题的处理本来是可松可紧的，而主持竞选的现任执政官图利乌斯偏偏严格要求，取消了喀提林的候选人资格。用历史学家的话说，这"只反映出派别斗争的激烈。而并不说明这个可以出售的罗马在政治上已经有了执法严明的迹象"（撒路斯提乌斯《喀提林阴谋：朱古达战争》）。喀提林大为恼火，居然和另外一名落选者组织一批暴徒，打算在两位当选者于元旦宣誓就职后，在朱比特神殿同元老院成员见面时杀死他们，不过阴谋最后宣告流产。事实上这件事反映了部分共和派贵族的企图，他们因选举舞弊失败而采取暴力手段，意图在庞培回来时将罗马主要行政官职位控制在自己手中。

公元前63年，米特拉达梯六世自杀身

亡，至此庞培胜利地结束了米特拉达梯战争。结束战争之后，庞培把比提尼亚和本都合并，变成新的罗马行省，随后又灭亡叙利亚地区的塞琉古王国，把这一地区也变为罗马行省，大大拓宽了罗马的疆土。他在小亚细亚、巴勒斯坦等地插手当地事务，在加拉太、卡帕多基亚和犹太扶植了新的国王，使东方一些国家变成了罗马的附庸，此外又侵犯帕提亚的几个附庸小国，并与帕提亚边境的总督们密谋，企图干预帕提亚内政。依靠这些，庞培本人成了东方一些王国的"王中之王"，他的权力和威望达到了顶点，已经成为罗马最有权势的人。

# 罗马前三头同盟

公元前 62 年，满载着来自东方的战利品，庞培率领军队返回罗马。一回到罗马，庞培便立即解散军队，专注于私人生活。不过，这只是他的韬晦之计。庞培绝对是个野心勃勃的人，而且有着出色的军事和管理才能，他也渴望通过这些才能达到顶峰的顶峰。

庞培之所以那么做，是他一直认为自己离不开元老院，如果没有元老院的支持，他将会寸步难行。元老院多年来对罗马的事实统治使其享有绝对的尊严和权力，庞培觉得必须尊重他们。自共和国初期以来，元老院便充当政治中心机构的角色，成为罗马政治生活中举足轻重的权力象征，"元老院从官员的顾问会转变为名副其实的管理机构，而官员只是它的执行工具，元老院在

对外和战方面的权力主要体现在对军费的最终决定权和对军政（区别于战时的军令权以及平时的统兵权）的控制权上"（弗朗切斯科·德·马尔蒂《罗马政制史》）。同时，元老院在祭祀、外交乃至经济上都具有绝对至上的权力，虽然没有法律强制要求官员必须履行元老院的命令，但官员们也会因担心卸任后被追责而不敢与元老院发生冲突。虽然也有人质疑元老院的统治权，但只要不到万不得已，庞培是不会这样做的。

可是不久庞培就发现，自己在放弃军队的同时，也丧失了对元老院的控制。他要求元老院正式批准自己的建议，在东方各行省实施各项措施并为老兵分配土地作为退休金补偿，但元老院找出种种借口推诿不批。当时，西塞罗正在劝导社会各阶层进行合作，共同保卫宪法，从而结束罗马的政治纷争。庞培特别希望精英派的代表元老院和"骑士派"所代表的富商阶层能够精诚合作，并希望这种"各阶层的和谐"可以在自己的领导下得以实现。

然而元老院对他在东方擅自将行省包税权给予骑士的做法非常不满，更害怕他利用自己的威望实行军事独裁，元老院拖了一年时间才为庞培举行了凯旋式，而且对庞培的各种请求最后也予以拒绝，这使得庞培大为恼怒，对元老院的态度由合作开始转为对抗。

正当庞培返回罗马的时候，恺撒此时再次陷入债务危机。出人意料的是，这次是克拉苏帮了他。其实，两人之间的关系并不好，恺撒早年在小亚细亚被海盗俘虏的时候曾经说过："克拉苏，你听到我被

俘的消息时该有多么高兴啊。"然而克拉苏却看出恺撒将来必然能成大器,甚至在恺撒与自己妻子通奸之后还出资帮他竞选。在恺撒动身去西班牙就任行政官之前,债主们追上门来扣住了他的行装,克拉苏出来为恺撒的巨额债务做了担保,恺撒这才得以脱身前往西班牙。

刚一抵达西班牙,恺撒就发动了对卢西坦人和加拉埃西人的进攻,这次行动为恺撒带来了丰厚的战利品和巨大的声望。在行省秩序得到恢复后,因为次年的执政官选举日期迫在眉睫,恺撒甚至不等继任者到达,就匆匆离开行省返回罗马。公元前60年,恺撒率部抵达罗马,部队就驻扎在城外。恺撒希望元老院为他在西班牙取得的辉煌胜利举行凯旋仪式,同时又想得到次年的执行官席位。根据法律,他必须以普通公民身份入城,才能成为候选人。如果他进入罗马城,他就必须丧失军事指挥权,不得不解散自己的军队,这也就意味着放弃凯旋仪式。同时,恺撒和元老院的关系并不好,因为他曾指使保民官克劳狄指控以西塞罗为首的元老贵族在挫败喀提林阴谋时,未经审判就处死了罗马公民,致使西塞罗被放逐。现在,恺撒却请求元老院允许他作为缺席候选人,以便能够在不必在场的情况下参选,元老院自然搁置了对恺撒这项要求的讨论。最终恺撒选择了解散军队,同时放弃了凯旋仪式,以普通公民身份成为执政官候选人参加选举,在选举中他获得了成功。

克拉苏此时也支持庞培的提议,他希望有一群税吏在亚洲行省实行包税制,以

豁免一部分税收,但也遭到元老院的断然拒绝,这导致元老院与克拉苏之间的关系恶化,也疏远了骑士派。

到了这时,三位新崛起的强势人物全部站到了元老院的对立面,不过他们三人之间也存在矛盾。首先,恺撒是马略的外甥,而庞培和克拉苏都是苏拉的追随者,双方正是水火不容的敌对派系。庞培和克拉苏之间在苏拉死后一度也有过矛盾,不过在共同的敌人——元老院面前,之前的恩怨甚至派系出身的不同都显得不重要了。

克拉苏是个标准的政治投机者,从来不会把个人恩怨置于政治利益之上,而且他还有着极其丰厚的家财,虽然身为富人阶层的代表却在平民当中有着不错的民意基础;庞培是个很有军事才能的统帅,多年的征战让他在军中培养了一大批铁杆追随者,在努米底亚、西班牙、地中海以及东方的一连串胜利也让他在罗马享有极高的威望,绝对是个举足轻重的人物,这时他正受到元老院的排挤,政治上也迫切需要盟友;刚在战争中崭露头角的恺撒虽然没有庞培的赫赫战功,也没有克拉苏的巨额财富,但他的政治智慧比前两人更加高超,"在口才和行动上强而有力,在任何方面敢作敢为,随便对什么事都信心百倍,为了追求荣誉,不惜钱财,耗尽他的家产"(阿庇安《罗马史·下卷》),此外作为马略的支持者,加上此前为平民营建了不少公共工程,恺撒在平民中也享有比较高的声誉。现在的恺撒野心勃勃,希望在罗马政坛上占有一席之地,因此只要克服狭隘的个人恩怨,三人还是有广泛的合作基础的。

在恺撒的说服下，庞培和克拉苏结束了长期的敌对状态，三人秘密结成同盟，即历史上的"前三头同盟"。这一天，罗马城中举行了一个规模盛大的特殊婚礼：年近50岁的庞培挽着一个14岁少女走向了神庙。为了巩固联盟关系，庞培娶了恺撒的女儿茱莉亚。

一个全新的时代开始了，正如历史学家所说，"前三头同盟是一种非法的、秘密的集体专制，是对腐朽没落的罗马共和体制的革命，古典作家将前三头同盟的形成作为罗马共和国毁灭的开始"（宫秀华《罗马：从共和走向帝制》，第二版）。

按照同盟协议，"这个国家的任何一项措施都不得违反他们三人之一的意愿"（苏维托尼乌斯语）。公元前59年，恺撒出任执政官，他设法通过有利于庞培和克拉苏的法令，如给老兵分配土地、降低包税人的租金等。作为马略、秦纳事业的继承人，恺撒还有意培植自己作为平民领袖的声誉。除加强宣传笼络人心外，恺撒还进行了一些民主化的改革，比如通过土地法，使2万名贫民获得土地，并指使亲信到处为民请命，煽动贫民反对元老贵族。恺撒执政的风格类似于格拉古兄弟，对元老院的反对完全不予理睬，甚至随时准备以动用武力（他可以调用庞培手下的老兵）恐吓政敌。同年当选的另一名执政官毕布路斯自忖无法对抗"三头同盟"，以正在提防不祥征兆为借口，申明正式停止处理所有事务，退出政治活动直到任期结束，恺撒得以大权独揽，"毕布路斯和恺撒执政之年"变成了"尤利乌斯·恺撒执政之年"。

恺撒在西班牙的行政官任期将满，需要重新再分配一个行省，元老院为了尽最大可能削弱恺撒的影响力，便打算将无关紧要的行省分配给他，让他掌管森林和牧场。但恺撒迅速做出反击，让保民官瓦提

◎ 罗马军团与高卢军队作战

尼乌斯在公民大会通过法律，将山南高卢和伊利里亚分给他管理五年，并赋予他任命自己的副职的权力。这时山北高卢总督突然死亡，元老院便把山北高卢也分配给了恺撒。元老院之所以这样做，是因为恺撒在平民中有广泛的支持，现在不给他这块地方，公民大会最后还是会奖励给他，那样恺撒反而更加光荣，元老院没有必要在一件做不成的事上刁难恺撒。

执政官任期满了之后，恺撒把庞培和克拉苏留在罗马以保护他的利益，自己则前往高卢地区，开始了一段属于自己的伟大征服历史。

恺撒向高卢进军时只率领了4个军团的兵力，其中一个军团还是庞培的部队。和以往衰朽的东方古国不同，这次恺撒的对手都是一些能征惯战的蛮族，他们不仅数量极其庞大，而且作战勇猛，在这些原始部落里，得到别人认可的唯一方法就是杀人，因此他们的个人格斗经验和技巧都要大大超过罗马士兵。而且这些蛮族体格异常强壮，据史料记载他们比当时的罗马士兵平均要高一个头左右，确实是非常难以对付的敌人。然而罗马军团却有着极强的组织性和纪律性，哪怕遭受严重的伤亡也能坚持作战，况且他们装备精良、战术先进，在正面对敌中往往能击败数量比自己多的蛮族。再加上恺撒也是一位极其杰出的军事天才，他善于周密侦察敌情和地形，不局限于单一的战术，而是根据不同情况采用灵活多变的作战方式，指挥军队行动果断、目的坚决，善于利用有利地形迅速构筑工事，擅长使用快速机动兵力实

施突然打击，一旦击溃敌人则必定要穷追不舍，务求全歼敌人。此外恺撒还注重采取外交手段，运用谋略和计策分化瓦解数量上占优势但意志不统一的众多部落，而且取得了非常好的效果。

恺撒在高卢南征北战，一度跨海进入不列颠，立下了罗马历史上前所未有的战功，甚至超过了庞培。据普鲁塔克记载，恺撒在征战的七年间，突击占领了800多个城市，征服了300多个部落，与总数达300万的高卢人作战，其中100万人被歼灭，100人被俘。后世历史学家对这些数字的真实性表示十分怀疑，认为存在严重的夸大成分，尽管如此，恺撒的赫赫战功还是毋庸置疑的。

恺撒在高卢的辉煌胜利为罗马共和国带来了深远的影响：大量的奴隶与财富源源流入罗马，刺激了罗马经济的发展；丰饶的高卢地区从此正式划入罗马版图，使罗马的疆土得以扩展到莱茵河西岸和比利牛斯山脉以东，并远至不列颠。对恺撒个人来说，高卢征服给他带来了空前巨大的声望和一支能征惯战的庞大军队：据记载他已经拥有了10个军团的精锐部队。所有这一切自然也引起了庞培和克拉苏的嫉妒，"三巨头同盟"开始出现危机。

此时罗马城内也是暗潮涌动，前三头同盟看起来几乎到了瓦解的边缘。普尔赫尔原先是"三巨头"的盟友，可他于公元前58年当选保民官之后就开始利用一伙暴民对罗马实行恐怖统治，甚至还煽动公众仇视庞培。人们不可避免地猜测，他受到了恺撒或者克拉苏的教唆。庞培于公元前

57 年获得地方总督五年的任命，他利用职权控制谷物供应，借以增强自身的影响力。在是否要为埃及国王复位设立一个军事要塞的问题上，庞培和克拉苏意见相左，关系再度恶化，最后庞培甚至宣称自己的性命受到克拉苏手下间谍的威胁。与此同时，元老院共和党反对派成员阿赫诺巴尔布斯发出声明，如果自己当选公元前 55 年的执政官，他将立刻把恺撒从高卢召回。

恺撒此时正专注于高卢事务，他必须保证后方稳定，于是采取行动以保证"三头同盟"的团结。为了修补"三巨头"之间的关系，恺撒于公元前 56 年春天邀请庞培和克拉苏前往伊达拉里亚北部的路卡举行了秘密会议。为讨三个统治者的欢心，大约有 120 名元老院议员也去了路卡。路卡会议做了以下决议：由庞培和克拉苏竞选公元前 55 年的执政官，以便阻止恺撒的死敌多米奇乌斯的当选；期满后，再按抽签结果，分头治理叙利亚和西班牙行省五年。恺撒将在瓦提尼乌斯法的基础上续任高卢总督五年。

返回罗马后，庞培和克拉苏着手实施会谈时做出的决议：他们二人在公元前 55 年一起出任执政官。保民官特雷伯纽斯提出法案，指定他们在行省任职的任期为五年。克拉苏将出任叙利亚总督；庞培出任远、近西班牙总督，自己可以不去当地任职而交由副职管理，从而他本人可以留在罗马附近。之后这两位总督联合提议一条法律，将恺撒在高卢的任期再延长五年。通过这次会议，"三巨头"之间，特别是恺撒与庞培之间的裂痕得到了修补，"前三头联盟"

再次得到了巩固。

这种稳定维持了大约两年时间，公元前 54 年，庞培的妻子茱莉亚病故，他和恺撒之间唯一的纽带断了，而这时克拉苏正雄心勃勃地准备征讨帕提亚帝国。和两位盟友相比，克拉苏缺少赫赫战功，唯一值得让人提起的只是在一场奴隶战争中取得了胜利，而且战争前期还屡战屡败，靠着坚持到底才取得了胜利。克拉苏的权势是他靠自己的金钱和政治手段建立起来的，而不是靠辉煌的战功。正如后世历史学家评论的那样：在"前三头同盟"中，庞培的军功无与伦比，恺撒的睿智有目共睹，克拉苏想要与前两人比肩，就只能去做一些那两人没有做也不屑于做的事情。据记载，克拉苏待人和蔼可亲，无论对方是高贵的议员、著名的将军，还是卑微的商人、可怜巴巴的乞丐、谁也不多看一眼的奴隶，都能从克拉苏那里得到温暖的笑容、亲切的关怀和非常慷慨的援助。穷人们崇拜克拉苏，几乎把他当作神明来崇拜。可在恺撒和庞培的心中，克拉苏也许只不过是一个包里装满金币的政治投机者，在共和国晚期混乱多变的政治舞台上，只有战功赫赫的军事统帅才能大放异彩。也就是说，"三巨头"三人之中唯独克拉苏不可能主宰未来罗马的命运，庞培和恺撒无论谁在竞争中胜利，克拉苏都只能屈居其下。为了获得和两位盟友一样的权势，克拉苏刚结束叙利亚总督的任期，就在时机还不成熟的情况下向罗马在东方的头号劲敌帕提亚帝国发起了远征。

# 前三头同盟瓦解

帕提亚又被称为安息，其创建者帕尼人原本是波斯帝国东北部的一个部落。波斯帝国被马其顿人征服后成了亚历山大帝国的一部分，亚历山大死后其帝国分为三个主要部分：位于埃及的托勒密王国、位于马其顿故地的安条克王朝、以叙利亚为中心的塞琉古帝国。其中塞琉古帝国疆域最大，从地中海东部沿海地区一直延伸到波斯，后来帝国的波斯总督叛变，这块领土永远地分裂了出去，而帕尼人渐渐统一波斯故地，相继征服了北抵高加索、西至幼发拉底河、南达阿拉伯沙漠、东临阿富汗高原的广大地区，建立了强大的帕提亚帝国。值得一提的是，帕提亚的附庸亚美尼亚人曾一度崛起，吞并了帕提亚帝国的西北部地区，公元前66年庞培征讨本都时带兵深入东方追击残敌，击败了这里刚崛起的亚美尼亚人，帕提亚帝国这才得以收复领土。帕提亚后来因争夺王位爆发内战，其中一方向罗马驻叙利亚总督求援，罗马军队已经开拔却被元老院勒令停止，导致求援的米特拉达梯斯王子战败被处死。

正当以罗马为代表的西方地中海地区军事水平突飞猛进的同时，帕提亚等东方游牧民族的军事水平也取得了长足的进展，不再像波斯时代那样面对希腊军队时处于明显劣势。因为帕提亚人是马背上的民族，他们的强力兵种和主要战术都建立在弓马娴熟的基础上，其中最典型的代表就是被罗马人称为"安息人射法"（也叫作帕提亚回马射）的战术。在战场上帕提亚轻骑兵通常会诈败佯退，趁着敌人追来之际，他们在马背上转身回射追兵，这种战术可以始终保证自己在敌人的攻击范围之外，并且能随时打击敌人。面对这样的战术，如果对手是机动性处于绝对劣势的步兵，不论他们的精神和装甲多么坚强，其阵形崩溃只是时间的问题。一旦敌人阵形出现

◎ 公元前1世纪的帕提亚轻骑兵

◎ 安息人射法示意图

散乱的迹象，帕提亚骑兵会利用高度的机动性回马作战，将敌人阵形彻底冲垮，然后追击逃跑的步兵，往往可以将绝大部分敌人歼灭。

关于帕提亚的军队组成，普鲁塔克与迪奥都有详细的记载，普鲁塔克所著的《克拉苏传》就这样描述前来迎战的帕提亚军队："……两百辆载着奴婢、姬妾与仆从的马车与1000头骆驼组成的车队，还有1000名重骑兵，其余全都是轻装骑兵，他们也负责担任斥候。这些骑兵与仆从加起来至少1万人。"而卡西乌斯·迪奥·科克亚努斯（Cassius Dio Cocceianus）也在《罗马史》中描述了帕提亚军队："帕提亚人没有使用盾牌，他们的军队主要是由骑马的弓箭兵与骑马的长枪兵组成，许多都是重装甲。他们的步兵数量少，主要由资质较差的人组成，即使如此也全都是徒步的弓箭兵……除非是严寒的冬天，不然这里的气候极为干燥，湿气非常少，这让他们的弓弦能时时紧绷……"

◎ 帕提亚重骑兵

◎ 冲锋中的帕提亚重骑兵

根据历史学家的记载，可见帕提亚军队主要由轻装弓骑兵组成。这些轻骑兵的主要武器是弓箭和一柄弯刀，身上只穿着轻便的皮甲，以保证高度机动性，他们所使用的战术即前文提到的安息人射法。其次还有少量由贫苦平民组成的步兵弓箭手，使用威力比欧洲弓更大的反曲复合弓，但在战争中处于非常次要的地位。此外还有少量由贵族组成的重骑兵，他们装备着精良的头盔和胸甲，身体其他部位覆以鳞甲或锁子甲，脸部戴着一个造型凶恶的金属面具，战马穿着青铜或皮质的鳞甲，覆盖全身，长及马膝。这种骑兵使用一柄长达3米的长矛，辅以长剑、铁锤、狼牙棒等兵器，在作战中他们往往不打头阵，而是等敌人阵形遭己方弓骑兵连续射击开始散乱时，

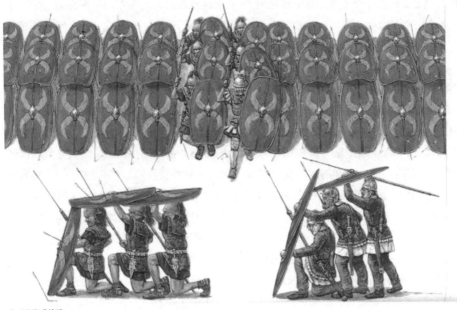

◎ 罗马盾牌阵

才开始以密集阵形从背后或侧翼向敌阵冲锋，这种冲锋虽然速度不快，却凶狠异常、势不可挡。

因为罗马与帕提亚有互不侵犯的协定，元老院强烈反对克拉苏的开战计划。但在另两个巨头特别是恺撒的支持下，一心要建功立业的克拉苏还是带着军团出发了。公元前53年，克拉苏聚集7个军团的兵力，此外还有4000名辅助步兵、4000名西亚骑兵和1000名高卢骑兵。这时亚美尼亚国王又带来6000名骑兵加入大军，此后他还有4万名骑兵陆续赶到。国王建议克拉苏绕道走亚美尼亚的南部山区进攻帕提亚，那个地区可以提供充足的水和粮草，而且地形也对帕提亚骑兵不利。但克拉苏选择了一条更短的路线：从叙利亚穿过沙漠到美索不达米亚，直扑帕提亚的首都泰西封。

当年春天，罗马军队向东渡过幼发拉底河，过河后占卜时得到凶兆，但克拉苏毫不在乎，继续向前进发，几天后侦察分队回来报告，没有看见敌军，但发现了大批马队的足迹。这时一位沙漠部落酋长建议克拉苏向西穿过沙漠追击逃跑的帕提亚人，他可以带路，克拉苏听从了这个建议。

罗马人侵时，帕提亚把军队分成两个部分，一支由国王奥罗德斯二世率领前往进攻亚美尼亚，以惩罚他们联合罗马的行为；另一支留在国内对抗克拉苏。罗马人深入沙漠，行军越来越困难，这时亚美尼亚国王派人带来消息，因为本土被帕提亚人攻入，他的4万骑兵不能赶来了，不过他建议克拉苏北上和他会合。克拉苏对此不屑一顾，命令军团以急行军速度前进，而那位带路的酋长借口骚扰敌人率部悄悄溜走。到达卡莱镇的时候，克拉苏遇到了帕提亚人主力部队。

根据普鲁塔克记载，克拉苏这时表现得非常惊慌失措。一个将领建议他将部队尽量展开，用骑兵掩护两翼，以免被敌军包围。克拉苏同意了，但调动进行到一半，克拉苏又改变了主意，将部队组成一个空心方阵，他本人带着卫队与辎重留在方阵的中心，罗马人就以这样的阵形向帕提亚人前进。行军一段时间后来到一条小溪边，有人建议克拉苏停下过夜，第二天弄清情况后再进攻。但"小克拉苏"和他的高卢骑兵却急于一战，催促他父亲继续前进，克拉苏于是下令，保持阵形，原地喝水进食。没等大部分人吃喝完毕，克拉苏就命令出发，一路不停地走到帕提亚人跟前。

帕提亚人开始用重骑兵冲击罗马军队，但罗马步兵方阵非常坚强，阵形丝毫不见散乱，他们便开始用弓骑兵围绕着罗马军队放箭。罗马轻步兵向敌人冲锋，却扑了个空，最后被帕提亚骑兵赶回方阵。罗马士兵发现敌人的弓箭可以射穿自己的盔甲和盾牌，于是他们挤在一起，用盾牌把整个方阵全部遮住，等待帕提亚人把箭射光。而对方射光箭后立刻撤到后方，很快又从停着的一队骆驼那里得到补给，带着满满的箭囊赶回来作战。这时敌人一支弓骑兵从背后攻击罗马军队，克拉苏的儿子率领1000高卢骑兵前往迎敌，敌人立刻向远处撤退，"小克拉苏"率军追击，一直追到罗马军主力视线之外的地方。这时敌人的大队铁甲骑兵出现，双方相互冲锋。高卢骑兵的短矛和标枪刺不动对方的铁甲，而帕提亚人的长矛可以很轻松地刺穿他们的皮衣，高卢人最后只能冒死拉住敌人的长矛，把对方拉下马来近身肉搏。战斗很快结束，除500人被俘外，这支部队全部战死。帕提亚人将"小克拉苏"的头砍下，挂在长矛尖上，回到罗马方阵前来回驰骋，并且高声询问这个人是谁，出身罗马的哪个家族，他们不相信这样一个壮烈阵亡的勇士会是克拉苏这个懦夫的儿子。

◎ **罗马军团遭遇帕提亚弓骑兵**

克拉苏完全丧失了斗志，抛下伤员连夜撤回卡莱镇。留在这里他还是觉得不安全，第二天晚上继续撤退，但这次的向导又被帕提亚人收买了，罗马军队被领进一片沼泽地。最后克拉苏带着少数部队逃了出来，被帕提亚人围在一座山岗上。帕提亚统帅苏伦纳斯怕等到晚上罗马人会逃进山区，于是提出和克拉苏谈判。克拉苏不肯上当，但被手下用剑逼着下山谈判。刚见到苏伦纳斯的面，克拉苏就被背信弃义的敌人砍死，而且头颅和右手也被砍下，敌人又用熔化的黄金把他的嘴巴灌满。

罗马军队在这场战争中遭受了前所未有的惨败。帕提亚人全部兵力只有1万弓骑兵和1000铁甲骑兵，而罗马方面除了逃回叙利亚的5000人外，7个军团的步兵和数千骑兵几乎全被消灭，代表荣誉的7面军团鹰帜也被缴获，收藏在帕提亚神庙里。据记载有2万名罗马士兵战死，1万被俘当了工匠，其余还有很多死于沙漠中或者当地阿拉伯土著之手。

战后克拉苏的头颅和右手被送给正在亚美尼亚首都访问的奥罗德斯二世，这时的亚美尼亚和帕提亚已经是亲密盟邦，亚美尼亚国王将妹妹嫁给了奥罗德斯二世的儿子。胜利的信使抵达时，两位国王正在观赏一部希腊悲剧，剧情是一个英勇的战士被蛮族杀害后，战士的母亲抱着他的头颅走上舞台。演员上台时，她怀中抱的正是克拉苏的头颅。

"三巨头"时代结束了，昔日全罗马最富有、最煊赫的克拉苏战死沙场，生前和死后都饱受屈辱。本来就很脆弱的三角平衡被彻底打破，剩下两人必然要有一番龙争虎斗，无论谁是最后的胜利者，他都将成为唯一的独裁者，罗马的帝国时代即将来临。

就在克拉苏远征帕提亚惨败的时候，罗马城内又陷入连续不断的骚乱中。公元前53年，参选裁判官的克洛狄乌斯和参选执政官的米洛爆发冲突，双方的支持者和手下的士兵在罗马大街上相互斗殴，而庞培则在背后支持米洛。整整一年，暴乱始终没有停止，执政官选举也因此而无法举行。最后克洛狄乌斯在一场混战中遭到暗杀，暴乱再次升级，暴徒将其尸体抬到元老院议事厅进行火化，在一片混乱中大火烧毁了整幢房屋。

此时庞培的身份还是地方行政官，不能进入罗马城居住，但必须住在罗马附近。元老院赋予庞培在紧急时刻征召军队平息暴乱以恢复社会秩序的权力，但他仍然没有采取行动。城内传出了关于庞培的谣言，说他需要的是持久稳定的权力而不是现在这种临时的权力。最后庞培被元老院任命为明年的"没有同僚的执政官"，他这才开始采取行动平息暴乱。元老院同时还通过了一项更广泛的杜绝司法贿赂的措施。紧急状态已经解除，庞培和恺撒的关系问题再次浮上水面。

自从庞培的妻子死后，他和恺撒的唯一纽带消失了。这次他通过扶植米洛实施暴乱，事后又要挟元老院谋取未来唯一执政官的做法，不仅事先没有和恺撒商议，而且违背了路卡会议的承诺。不管恺撒能不能容忍他的行为，两人之间一直互通声

◎ 陷入骚乱的罗马城

气的政治联盟实质上已经宣告瓦解。事实上，尽管一直待在高卢，恺撒一直密切关注着罗马的局势和庞培的一举一动。执政后的庞培虽然同时身兼执政官和行省总督的职务，但行事仍然小心翼翼，并没有以独裁者自居，"在他的任期内，庞培对所有元老都采取谦虚的态度，也没有和他们之间发生冲突"（阿庇安《罗马史·下卷》）。不过庞培很快设法把自己在行省的任职期限延长了五年，却没有延长恺撒的任期。

其实庞培始终忌惮恺撒手中握有的武力，因此他在担任执政官期间，还是给恺撒帮了两个忙。首先，他允许恺撒以不在场候选人身份参加以后的执政官选举，虽然作为执政官他始终坚持候选人必须亲自到场的法律，但又增加了一个额外条款，赋予恺撒不受这项规定约束的权利。其次，因为恺撒一直到公元前48年才能有当选执政官的合法资格，庞培为了保证恺撒在此之前仍然能掌握高卢的权力，在公元前51年和公元前50年两次帮助了恺撒，阻止元老院讨论继任者的问题。

公元前50年，叙利亚行省受到帕提亚的威胁，元老院投票表决，决定让庞培和恺撒每人各拿出一个军团协助东征。庞培表示自己在公元前53年已经拿出一个军团借给恺撒跟随克拉苏远征帕提亚了，这样一来，恺撒就要拿出两个军团，其军事力量会受到一定的削弱。不过这个决定最终没有变成现实，恺撒的两个军团还是留在了亚平宁半岛。公元前49年，恺撒的两个对头——马塞勒斯和莱恩图鲁斯皆当选为执政官。在这件事上，庞培并没有为昔日盟友恺撒尽力阻止他的敌人当选，后来也正是因为这两人的当选最终导致了内战的爆发。在这两位执政官的运作下，元老院决定解除恺撒的军权。恺撒自然得知了这一切。虽然没有公开翻脸，但双方的关系已经彻底无法弥补了，那么下一步极有可能就是兵戎相见。

这年的12月初，事情到了无法回避的地步。执政官马塞勒斯给元老院提出两个问题以供表决，其中之一即是否应派继任者去高卢取代恺撒的位置。这个问题得到了肯定的答复。恺撒的支持者、保民官马克·安东尼马上提出另一项动议：恺撒和庞培二人都应该放弃军团解散军队。这样恺撒就不用担心庞培的威胁了，可能不会再反对交出兵权，元老们非常急切地采纳了这项动议，以避免当时几乎是近在眼前的战争。最后有370人投了赞成票，只有22人反对。然而这些挽救和平的努力最后都化为乌有，因为有个具有一票否决权的保民官投了反对票。马克·安东尼本人成为攻击的对象，他被元老院驱逐，逃离罗马参加恺撒的军队。第二天，执政官马塞勒斯主动宣布全国处于紧急状态。他还找

到庞培，要求他拯救国家，授权他统率留在亚平宁半岛的两个军团并额外征兵。此时庞培已无法再回避，于是就接受了这个任务。

这时库里奥任职期满，跟着恺撒去拉文纳过冬，并将这个消息通报给了他。恺撒仍想保持现状，他提出一个折中方案：保留两个军团在山南高卢行省和伊利里库姆省，直到他担任下一届行政官为止。为了避免战争，庞培愿意接受这个方案，但众位执政官却不答应。恺撒再一次做出挽救和平的努力，他派遣库里奥前去罗马送信，信中第一段就提到内战。恺撒在信中表示，如果庞培按他的方案去做，他就放弃军团；但如果方案遭拒，他将被迫采取行动，捍卫自己和国家的权利。庞培这时已经无法左右局势，罗马方面拒绝恺撒的要求，内战最终爆发了。

# 恺撒面前的败者

早已做好战争准备的恺撒军团忽然出现在国境线卢比孔河（Rubicon）边，很快他们渡过了卢比孔河向罗马开来。庞培以及恺撒的反对者们措手不及，只好逃出了罗马。恺撒兵不血刃地进入罗马城，要求剩余的元老院议员选举他为独裁官。

因为庞培的根基主要在东方，因此他和反恺撒的元老院成员逃到了希腊，希望在那里组织军队抵抗恺撒。而恺撒缺少和亲庞培的强大舰队抗衡的海军，加上庞培在东部根基深厚，有东部各行省及附庸国的庞大人力物力支持。因此恺撒没有直接

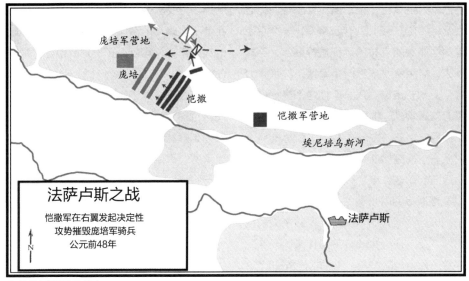

庞培军营地

庞培

恺撒

恺撒军营地

埃尼培乌斯河

法萨卢斯

## 法萨卢斯之战

恺撒军在右翼发起决定性
攻势摧毁庞培军骑兵
公元前48年

N

◎ *法萨卢斯战役示意图*

进攻希腊，而是向西进军对付庞培留在伊比利亚的7个军团的强大兵力，以巩固其在西地中海的势力范围。恺撒经过40天的战斗攻下马赛，夺取了内、外西班牙行省，并且建立了一只小型舰队。待西方稳定后，恺撒又移师东方，准备在那里和庞培军决战。

公元前48年1月5日，恺撒巧妙地避开了庞培的舰队，率领7个军团渡过亚德里亚海，在埃皮尔登陆，并轻而易举地攻下了阿波洛尼亚。军事经验丰富的庞培虽然知道自己在人数上占优势，但也深知恺撒的部队能征惯战，因而没有主动发起进攻，而是试图切断恺撒的补给线，想让他们挨饿而自动溃败。不过恺撒并没有给他这个机会，庞培反而因为过于避战而渐渐丧失主动权，被恺撒一路追击，以少量兵力构筑工事包围在迪尔拉奇乌姆（在今阿尔巴尼亚）。幸好这是一座靠海的城市，

可以源源不断地从海上运来补给，恺撒军没有制海权，只能眼睁睁看着而无可奈何，自己还遭受了庞培的一次奇袭而差点全军覆灭，最后不得不解围南去。

庞培在色萨利与其他反恺撒派成员会合，在他们的再三催促下，庞培在法萨卢斯附近与恺撒正面遭遇，不得不展开决战。

恺撒军人数较少但战斗经验丰富，虽然名义上有7个军团，但全部都缺员严重，此前的损失一直没得到整补，有的军团甚至只有1000多人。庞培共有9个军团，同时还有大量的辅助部队，而且另有两支军团从叙利亚赶来增援。他的部队人数虽然多，但大多作战经验不足或者是刚刚组建。

在战役部署上，两位统帅十分重视侧翼，希望通过侧翼进攻打败对方。由于战斗在埃尼培乌斯河边展开，恺撒的左翼以及庞培的右翼都临近河岸，使得彼此都无

法在这一侧发动侧翼迂回攻击，因此双方都在另一侧部署了更多的力量，而战役最重要的部分也是在这里展开的。

庞培几乎把他所有的骑兵部队以及由投石手、弓箭手所组成的轻型部队都部署在左翼，希望能通过他占优势的骑兵部队获得胜利。恺撒也把他的骑兵部署在了右翼，正面对阵庞培的骑兵。同时，恺撒还从各军团抽调了六个最精锐的步兵大队，组成了第四阵线，以一定角度部署在主力步兵方阵的后侧，并提醒他们胜负就取决于他们的勇敢了。此外，他还命令第三阵线在没有命令的情况下不得出动。庞培则将其步兵排成 10 排，以防出现溃逃。

部署完毕后，双方军阵间的距离刚好够双方步兵发起冲锋，但是庞培事先命令士兵不得出击。据说他是使用了疲兵之计，想让恺撒的部队奔跑双倍距离，不过也可能是对自己军队的作战能力、士气以及纪律性缺乏信心。这一诡计被恺撒手下经验丰富的百夫长们看穿了，他们在半路上叫停了冲锋，并重整了队伍，稍事休息再重新发起冲锋。

在河岸一侧，轻步兵在重装步兵接阵之前就已经发生了小规模的战斗。拉比厄努斯领导的庞培军骑兵发起了冲锋，大量投石兵和弓箭兵紧随其后，成功击退了恺撒阵中主要由高卢人和日耳曼人组成的骑兵以及轻步兵部队。但是，当他们遇到恺撒事先部署在这里的第四阵线部队时，这些东方骑兵却遇到了劲敌。这些被恺撒寄予厚望的部队按照统帅事先要求的那样，将手中的标枪向敌人骑兵的面颊上戳去，

而不是按通常习惯投掷出去。这个战术出乎意料但非常有效，庞培的骑兵溃退到了周围的山脚下，他们身后的投石兵和弓箭手则被丢下，孤立无援地被包围歼灭。这时恺撒将第三阵线部队投入了正面战斗，几乎同时恺撒的第四阵线部队转向开始从侧翼进攻庞培。面临正面和侧后两面夹击，庞培知道大势已去，于是逃离了战场。共和派军队溃不成军，恺撒很快便洗劫了庞培的营地并控制了其残部。

这场战役是罗马内战中的最后一场也是决定性的战役，庞培几乎全军覆没，仅以身免。据普鲁塔克引述盖乌斯·阿西尼乌斯·波利奥的记载，在这场战役中，恺撒损失了 1200 余人，而庞培方面损失了约6000 人。但据恺撒的《内战记》记载，此役他只损失了 30 名百夫长及不到 200 名士兵，而庞培却有 1.5 万人阵亡，2.4 万人被俘，180 面军旗和 9 支军团鹰徽被缴获。后世学者对恺撒的记载表示强烈的怀疑，因为双方主力都是罗马军团，就算战斗力有差别也不会有这么大。庞培的指挥也体现了名将的风采，而且一度在左翼突破了敌人的防线，只是手下士兵素质不如对手，这是导致他在战略战术上都处于下风的主要原因。然而不管怎么样，从此以后，罗马境内再无可以和恺撒抗衡的势力，恺撒成为罗马共和国的实际最高统治者。

公元前 48 年秋，庞培在恺撒军的追击下坐船来到了埃及首都亚历山大港口外，想在这里寻求庇护。埃及国王托勒密十三世这时只有 15 岁，他派出财政大臣波提纽斯主持迎接庞培的事宜。庞培的船被拦在

港口外，他们被告知国王的家庭教师和宦官会代表托勒密十三世出港迎接。很快埃及人划着小船来了，地中海剿匪时曾是庞培手下百夫长的塞普提米乌斯也在船上。在对方的劝说下，庞培和公元前 49 年的执政官雷托鲁斯以及少数士兵登上了迎接的小船。小船在庞培亲人的注视中渐渐远去，在弓箭的射程之外停了下来，但还在视线之内，小船上发生的事可以看得清清楚楚。

刚一上船，庞培和雷托鲁斯就被前的手下塞普提米乌斯带人抓住，跟来的士兵被当场杀死。庞培的妻儿子在大船上看到这个变故惨案，吓得连忙扬帆逃走。小船一靠岸，庞培就被塞普提米乌斯杀死并砍下头颅，这天刚好也是庞培 58 岁的生日。雷托鲁斯则被关进牢房，后来也在那里被处死。

勒密十三世希望以此举讨好恺撒，成为罗马忠实的盟友，同时也希望罗马能减轻他欠罗马的债务，所以当两天后恺撒追击庞培来到埃及的时候，他向恺撒献上了庞培的头颅。不料恺撒大发雷霆，甚至对庞培的死垂泪不已。虽然庞培是他的政敌，可也是他的独生女茱莉亚的丈夫，更曾经是罗马执政官，身为罗马人的恺撒无法容忍本国的要人为异国人擅自杀害。

一代名将庞培就此死去，虽然下场凄凉，却得到了政敌恺撒的眼泪，这也许算是一个枭雄最好的结局了。随着庞培的死去，一个时代结束了，另外一个崭新的时代即将拉开序幕。

# 枭雄录

## 马克·安东尼

### 沉迷女色的罗马后巨头

作者 / 董狐

你们要是有眼泪，现在就尽情地掉吧！

——安东尼

当恺撒为了追击庞培而来到埃及的时候，这个国家正处于内战的状态。此时的埃及仍在托勒密王朝的统治下，而这个王朝的缔造者托勒密一世原本是马其顿人。

托勒密一世出身低级贵族家庭，从童年开始就是亚历山大三世（即后来的亚历山大大帝）的密友，成年后跟随亚历山大远征东方，立下赫赫战功，极受亚历山大信任。后来托勒密娶波斯贵族之女为妻，一直随军东征西讨。亚历山大大帝病死后，其帝国一分为三，托勒密在埃及建立了托勒密王朝并自称埃及法老，以用那个伟大征服者的名字命名的港口城市作首都，史称托勒密一世。托勒密王室是希腊人，却继续采用埃及原有的政治制度。托勒密一世赐给自己手下的希腊老兵很多土地，并鼓励他们将家庭也迁入埃及。后来有上万

◎ 柏林旧博物馆中收藏的克娄巴特拉胸像

希腊人来到埃及并成为统治阶级，而本土的埃及人在政府中仅占很少的部分，而且仅担任较低层次的职务。

时任埃及国王的托勒密十三世之前按照父亲的遗嘱与同父异母的姐姐克娄巴特拉七世（即世人所熟知的"埃及艳后"）结婚并共治埃及（古埃及素来有近亲结婚的传统，据说这样可以保证王室血统的纯洁），但不久两人因争夺权力失和，克娄巴特拉七世被逐出亚历山大。她后来在埃及与叙利亚边界聚集了很多军队，准备进攻埃及。正好此时恺撒来到埃及，试图调解两人的争端。据普鲁塔克等历史学家的记载，克娄巴特拉得到消息后，乘船连夜潜入亚历山大，以毛毯裹身，让人抬到恺撒房门前。克娄巴特拉突然出现在恺撒面前，让恺撒又惊又喜，很快两人就成了情人。

对于王位继承的纠纷，恺撒宣布埃及王位由托勒密十三世与他的姐姐克娄巴特拉七世共享，这个仲裁很明显是对克娄巴特拉有利的。恺撒的做法也许并不是像后世传言的那样是被克娄巴特拉的美色迷惑，站在恺撒的角度，这个裁定是合情合理的。以罗马独裁官身份给同盟国王室争端做仲裁人，恺撒首先必须保证埃及和之前一样做"罗马的友好同盟"，最好继任者能遵循先王以前的这个传统，而且也按先王的遗命行事，而恺撒的这个裁定正是忠实地遵守了埃及先王的遗命。另外一个原因也导致恺撒不愿支持托勒密十三世：托勒密十三世指使近侍杀死罗马前执政官庞培。按照传统，罗马人是不会饶恕杀死同胞的异国人的。此外对埃及王室来说，庞培是

他们的保护者，现在被保护者居然杀了保护者，这对注重主从关系的罗马人来说也是不能忍受的。

托勒密十三世自然不肯接受这样的安排。一个月后，他集结军队向恺撒发起挑战。他手下有2万名步兵和2000名骑兵，其中包括7年前庞培留在这里的剩余部队。这些士兵在埃及娶妻生子，已经全部忘记了罗马军团的纪律和战术，基本上已经被埃及化。恺撒只有3200名步兵和800名骑兵，以及10艘船，这些兵力加在一起还不足一个军团。而埃及海军有72艘船，其中的主力还是应庞培要支持法萨卢斯会战、后来逃跑回来的那部分。

恺撒的兵力只能用来防守，在亚历山大城内和埃及军进行巷战。城中居民饱受战火摧残，因此对罗马人极其厌恶。为了防止海上归路被切断，恺撒集中兵力进攻并放火去烧埃及舰队，火势蔓延到陆地上，将号称希腊文化发祥地的亚历山大图书馆中的40万册藏书全部焚毁。紧接着，双方围绕号称世界七大奇迹之一的亚历山大港灯塔展开争夺战。主要战斗发生在连接灯塔和港口的1.4公里的长堤上，战斗进行到最紧要关头，埃及军四面合围，恺撒从船上跳进海里才逃脱。

这时恺撒只得固守待援。此前在法耶罗战役中击败庞培后，恺撒把自己的嫡系精锐调回罗马修整，命手下头号战将多米提乌斯率领庞培旧部三个军团前往平定本都叛乱。第二年2月，镇守小亚细亚的多米提乌斯带了两个军团从海路赶到埃及，这两个军团之一就是由庞培旧部改编成的第37军团。此外，还有一些来自叙利亚和小亚细亚的当地军队从陆路向亚历山大逼近。恺撒军趁机出击，夺取了制海权与援军会合，从而结束了长达4个月的城市巷战。战斗转移到了尼罗河入海口附近。双方都各有数目不等的陆军和海军，在尼罗河两岸隔河对峙。因为埃及人强大的舰队

◎ 亚历山大港灯塔复原图

◎ 亚历山大图书馆内部想象图

在尼罗河里来回游弋,恺撒不希望在尼罗河上发生战斗,于是打算从一条河岸很高的尼罗河支流偷渡,去袭击河对岸的埃及军统帅部营垒。托勒密十三世发现了恺撒的企图,派部队前来阻止,双方展开拉锯战,迟迟无法分出胜负。这时恺撒军中的日耳曼骑兵等得不耐烦了,分散出去找渡河点,结果从一处河岸极低的地方渡过河去,杀向敌人的背后。与此同时,正面的军团士兵也砍伐了一些很长的大树,架在河上足以通到对岸。罗马人在树干上铺上泥土冲过河去,埃及军队溃败,绝大部分人被杀。

恺撒乘胜率军直逼托勒密十三世设在山上的营垒,这座营垒三面分别被河流、高地、沼泽地所环绕,地形极其险要。经过一天休息,恺撒次日发起了进攻,罗马士兵奋勇发起攻击,敌人则占有地形优势,因此战斗进行得很激烈。恺撒后来派出重兵攻下营垒附近的一处村庄,从两面夹击埃及军队。而埃及战船也从尼罗河驶进支流,从背后向罗马人射箭,给罗马军队造成了很大的伤亡。这时恺撒看到驻守在山峰最高处的埃及人已经撤走,赶去其他地方支持作战,于是派出几个精锐营前往偷袭,击退了剩下的少数敌人。忽然从四面传来的呐喊声让埃及军队吓得惊慌失措,在营地里到处乱窜,罗马军士气更加高昂,将连通主营寨的各处要塞一起攻了下来。埃及人纷纷从壁垒上向尼罗河的方向跳下去,前面很多人摔死,他们的尸体高高垒起为后面的人开出一条路。托勒密十三世逃到河边跳上一条船,但他的大批部下也洇水向那条船上涌去,后来因为人太多,他和那条船一起沉了下去。

公元前47年3月27日,恺撒以胜利者的姿态进入了亚历山大港城内。按照惯例战败者都要被处死或卖做奴隶,为了求得一条生路,城中居民放下武器请求恺撒做埃及之王,然而恺撒仍然忠实地执行埃及先王的遗命,让克娄巴特拉七世和另外一位还活着的王子共同执政,然后新的共同统治者克娄巴特拉七世和托勒密十四世与恺撒签订了新的同盟条约。那些曾拿起武器抵抗罗马军队的居民没有受到任何惩罚,但杀害庞培的所有主谋全被处死,只剩下克娄巴特拉七世的妹妹阿尔西诺伊,恺撒把她送到了罗马。

这时庞培的余部仍然在突尼斯和阿尔及利亚等地活动,恺撒本打算修整一下再去征讨,但镇守小亚细亚的多米提乌斯传来急报,因为两个军团被调来支持恺撒,自己剩下的一个军团无法抵抗本都的进攻。此前恺撒和庞培进行内战时,本都国王法尔纳凯斯以"光复国土"为借口发动了叛乱,先是攻下了黑海南岸最大的城市锡诺普,然后又趁势占领了卡帕多西亚等罗马盟邦的领土。恺撒必须前往支持东方战场,但为了保证埃及王室的安全及稳定这里的局势,他留下了两个军团,只带走了随他追击庞培而来的第6军团和800名日耳曼骑兵。

恺撒大军并没有马上前往战场,而是从海路经过各个省以及同盟国的各个港口城市,安抚当地势力,以宗主国的身份协调仲裁各个被统治民族之间的纠纷。这些工作是必不可少的,因为这是恺撒首次以罗马领袖的身份造访这些地方,能够及时处理这些事务关乎他统治下的罗马世界的稳定。

直到公元前47年6月，恺撒的军队出现在东方战场上，这时战争已经接近尾声，本都国王法尔纳凯斯几乎已经控制了小亚细亚一半领土。恺撒手中只有精锐第6军团和800名日耳曼骑兵，这时因为伤病等原因，第六军团只剩下1000多人。但是加上多米提乌斯手中的一个军团，以及痛恨本都侵略的各路诸侯援兵，虽然战斗力参差不齐，罗马这一方已有2万之众。本都国王慑于恺撒赫赫威名，打算通过外交手段来解决，但又迟迟没有派出使节。恺撒于是中止谈判，向本都军发动袭击，双方在黑海附近的泽拉展开会战。第6军团果然不负盛名，以少击多大败敌人。事后恺撒在发给元老院的战报中只有一句话："我来，我见，我征服！"

在恺撒平定东方行省和同盟国之时，自然需要一个可靠的人替他在罗马本土处理内政。这个人就是本文的主角：马克·安东尼（Marcus Antonius）。

## 罗马独裁官副手

马克·安东尼是著名的辩论家马克·安东尼·奥雷托尔的孙子，奥雷托尔于公元前86年被马略的支持者处死。安东尼母亲是恺撒的亲戚，她和安东尼父亲一共生了三个儿子。后来安东尼父亲去世，她又与政治家勒图纳斯·苏瑞结婚，而苏瑞又在公元前63年因卷入喀提林阴谋被处死。安东尼从小就缺乏父亲的管教，青年时代和

兄弟以及朋友在罗马过着花花公子的生活，他们经常赌博、酗酒甚至介入绯闻事件。据普鲁塔克的记载，20岁前安东尼就已经欠了250塔兰特的巨额债务。后来他决心做出一番事业，于是去希腊学习诡辩术，但是在那里又参加了行省总督组织的军团骑兵，开赴叙利亚作战并成为一名优秀的骑兵指挥官，备受上司赞赏。此后他又前往高卢战场，加入恺撒的参谋部，在恺撒面前展现出了高超的军事才能，然而因为性格原因他又四处制造麻烦，就连恺撒本人也多次因他的不当举止而发怒。然而无论如何，安东尼始终是恺撒的支持者，而且他们之间也有远房亲戚关系。

公元前50年，安东尼被选为保民官留在罗马以保证恺撒的利益。后来当恺撒的政敌想要解除恺撒兵权时，他站出来提出一个方案，要求恺撒和庞培都解除兵权，但是这个建议最后遭到反对，安东尼也被元老院驱逐，逃离罗马加入恺撒的军队。在后来的内战中，安东尼一直是恺撒的副指挥官和骑兵统帅，并且在所有的作战中都担任左翼军指挥。在法耶罗会战中，他指挥的左翼军在战局紧要关头起到了关键性作用，为恺撒赢得最后胜利立下汗马功劳。因此当恺撒远征时，将治理罗马稳定后方的任务也交给了他，这一年安东尼只有34岁。

安东尼的任务并不简单。临走之前，恺撒曾指示安东尼严禁对庞培派进行处罚，不得流放，不得没收他们的财产。安东尼必须温和地应付反对派的挑衅，但同时又要维护国内的稳定。同时，恺撒还要求安

东尼防止恺撒派获胜后飞扬跋扈，从而对反对派肆意妄为。那些支持恺撒的年轻人，用西塞罗的话说就是"罗马的青年激进派"，往往在胜利后认为属于自己的时代来到了，很可能会对自身行为不加克制，为所欲为。而安东尼自己就是"激进派"的一员，他必须控制好他的这些伙伴。恺撒之所以这样安排也是出于维持势力均衡的考虑，而且也希望安东尼能克服自身的立场，成为一位理性成熟的政治家。此外，安东尼被指定负责恺撒留在本土的第8、第9、第10、第11、第12等五个军团的修整管理工作。这些都是从高卢战役就开始跟随恺撒的百战精锐，恺撒这次把他们留在本土是希望他们能好好休整，以迎接他回国之后即将开展的另一次重大战役。为了避免士兵们在休战期过于闲散，恺撒又制订了一项政

策，命令他们在这段时间里修筑贯通"罗马世界"的主要道路，而这一切也需要安东尼来组织实施。

在战场上安东尼管理军队游刃有余，但处理内政却显得力不从心，无论他怎么努力，在这方面的能力还是很有限，很多事情仍不得不依赖恺撒来最终决断。对西塞罗的处理就是个最好的例子。

西塞罗在哲学、政治、法律等方面有很深的造诣，同时又是个伟大的雄辩家，被视为罗马历史上最好的作家和演说家。在庞培与恺撒爆发内战的时候，西塞罗支持庞培，但又不肯和恺撒为敌。恺撒进入罗马的时候，他逃往西班牙。恺撒曾派人登门劝说，得到保持中立的承诺，这是庞培派中唯一享受到这种待遇的人。内战结束后，西塞罗认为凭着和恺撒不错的私交不会受到处罚，于是再度回到国内。然而就在西塞罗在布尔迪西登陆时，他却意外地收到了安东尼要求待命的通知。安东尼特地写信给西塞罗，说自己只是受恺撒之命暂时代理政务，没有权力处理像西塞罗这样的情况。安东尼在信中对58岁的西塞罗非常恭敬，不仅出于对长者的尊重，还因为他的爷爷在苏拉时代是一名著名律师，西塞罗曾在著作中多次介绍过这位"货真价实的贵族"。安东尼还附上一封恺撒写给自己的信。恺撒在信中写道："到处都在传'小加图'和路奇乌斯·马尔凯鲁斯即将回到亚平宁半岛再次进行政治活动的消息。如果这样的事真的发生了，内乱的根源永远无法铲除。因此是否允许他二人回国定居，待我自己考虑后再作决定。"

◎ 安东尼像

这封信里虽然没有提及西塞罗，但安东尼也没有胆量擅自决定西塞罗的去留。安东尼表示很同情被困在布尔迪西的西塞罗，因此他又询问西塞罗是否需要给正在亚历山大港战斗的恺撒送去急信请示此事。这个提议立刻遭到了西塞罗的拒绝，因为他害怕这样做会引起北非庞培派的憎恨。

恺撒结束埃及战事后，又前往东方巡视，然后统帅对本都的作战。西塞罗就一直老老实实地在布尔迪西待着，不敢去太远的地方，因为他不知恺撒什么时能回来，以防错过向恺撒请示的机会。西塞罗充满惶恐不安，他在给好友的信中写道："我自己都不清楚，是怎样痛苦、严重到连我自己都无法想象的动力，驱使着我做出了那样的选择（追随庞培）。现在回想起来，那肯定不是理性的抉择，而是一时的冲动。如果不责怪自己，那可真是连信都不好意思写了。那个决定带来的沉重心理压力，你从（法萨卢斯会战的）结果大概也能猜想到吧。"

恺撒结束东方战事回国，刚一登岸西塞罗就前往拜会。当恺撒在夹道欢迎的人群中看到情绪低落的西塞罗时，特地下马朝他走去。他不仅当街拥抱了西塞罗，还与西塞罗亲热地交谈着走了数百米。从这件事上就可以看出来安东尼完全不了解恺撒对西塞罗的态度，他没有擅自放西塞罗回国是对的，但应该及时向恺撒请示，在这件事上他不应受西塞罗的左右。恺撒回国后肯定会知道西塞罗的事，到时难免会产生安东尼办事不力的印象。

在这一年里，安东尼虽然没有杀害或

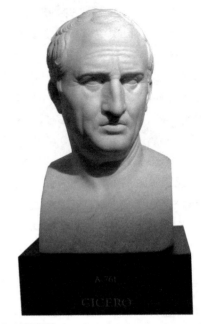

◎ **西塞罗雕像**

流放任何庞培派成员，但还是没收了不少他们的财产。此外他最失败的地方在于没有处理好精锐部队的安置任务。当恺撒处理完西塞罗的事后，沿着阿皮亚大道返回罗马的期间，接二连三地收到了安东尼从罗马发来的关于军队哗变的急报。这次哗变的军队竟然是恺撒的嫡系部队，军团中的部分士兵集体要求退役。而且此次哗变的主谋是第 10 军团，他们已经和第 9 军团的部分士兵手持武器，齐聚城外的马尔斯广场。大法务官撒路斯提乌斯带着奖赏方案前往交涉，结果被士兵们赶了回来。这个第 10 军团堪称恺撒部队的主力中的主力，在地中海世界可以说是家喻户晓。如今这样一支英雄军团也加入罢战的大军，对恺撒来说确实非同小可，而且此时正是需要他们前往北非肃清庞培余党的关键时刻。

据历史学家记载，为了缓解这场危机，恺撒连平时一直跟随左右的日耳曼骑兵护卫队都没带，单人独骑穿过罗马城来到哗变士兵的面前，批准了他们退役的要求。这次他不再以"战友们"而是以"公民们"来称呼这些曾经的属下。第10军团的士兵们跟随恺撒征战多年，有着极强的荣誉感，而且早已和统帅结下深厚的感情。被恺撒当成陌生人的感觉让他们在感情上无法接受，于是放弃了退役或加薪的要求，流着泪希望重返军队为恺撒继续作战，而恺撒却拒绝了。两个月后准备开赴北非作战时，恺撒也没通知他们，但第10军团还是默默地跟在大军后面。恺撒凭借自己的智慧和威望达到了他的目的：既没提高薪水也没发奖金就瓦解了这次兵变，而且让他们乖乖地请求作战。关于这件事，后世的学者评价道："恺撒简直是个演技一流的幽默剧大师。"

为了保持社会稳定，恺撒又命令安东尼退还了此前没收的庞培余党的财产。大军即将出征，恺撒抓紧时间又处理了一些经济领域里非常紧要的事务。在庞培—恺撒内战期间，社会动荡，个人命运沉浮不定，很多人希望借此赖掉债务，逐渐演变成不可忽视的社会问题。安东尼对此事也没处理好，严重违背了恺撒的本意。恺撒取得内战胜利之后，以西塞罗的女婿多拉贝拉和学生卡埃里乌斯为代表的"青年激进派"，认为这是胜利者为所欲为的时代。因此这两人分别担任大法务官和护民官之后，无视经济的基本规律，提出一项将庞培时期

的欠款全部归零的议案。虽然安东尼在恺撒回国前暂时冻结了该项提案，但这个做法会给罗马公民造成一种错觉，以为欠款清零的政策还是有可能会实现，一旦欠债者都不肯还债了，那么整个经济都会陷入无法循环的困境。

为了挽救潜在的危机，恺撒一回国就针对这个问题进行综合考虑，然后颁布了两项措施：一、罗马地区年租金低于500第纳尔，亚平宁半岛地区年租金低于125第纳尔的居住用房免除次年租金；二、免除次年所有利息，除了次年的利息被免除外，其余所有的本金的利息应当以两年前的法律为标准支付。内战爆发后出现了严重的通货膨胀，恺撒的这项法案也消除了债务中通货膨胀的那部分，而以内战爆发前的价值标准还款和支付利息。此外，恺撒也调整了年利率，此前的年利率一直是12%，这次利率调整得更低。这样一来，债权人虽然损失了通货膨胀所带来的收益，但可以收回本金以及利息，债务人也不至于因通货膨胀被盘剥，各方的利益都考虑到了。

剩下的就是庞培余党的最终处理问题了，这一问题倒是和安东尼执政失误没什么关联，因为只有恺撒自己才能最终决定此事。如同对待西塞罗一样，恺撒也让他们自由选择去留，哪怕是前往北非参加正在集结的庞培军余部也绝不阻拦。对于愿意留下的人，也像对待西塞罗和瓦罗一样，允许他们在罗马居住，既不没收财产也不剥夺公职，仍给予他们言论自由。此外对那些仍然希望从政的人，恺撒给予他们公

◎ 印有雷必达头像的古罗马钱币

他父亲在内战期间因反对元老院死于政治阴谋，雷必达前往投靠恺撒并成为其最得力的助手之一。在恺撒的支持下，雷必达进入政界，很快在晋升体系中崭露头角。公元前49年，雷必达被选为裁判官，当恺撒在西班牙与庞培军主力作战时，雷必达帮助他管理罗马。平定西班牙后，雷必达又帮恺撒管理刚征服的西班牙。雷必达一直忠实地为恺撒工作，虽然未曾在战场上有过精彩的表现，但颇受恺撒的信赖，常常被委任管理后方，这种才能正是安东尼所缺乏的。

平的机会，不过在此之前要求他们必须归顺自己。布鲁图和卡西乌斯都在归顺之列。恺撒严守"我和苏拉不同"的诺言，并没有搞苏拉那种臭名昭著的"处罚黑名单"，也没有设置"待察黑名单"。此外恺撒又从有经济实力的骑士阶级和百夫长中选出优秀人才填补元老院空缺，甚至对那些现在还身居北非的庞培派议员们，如梅特鲁斯·西庇阿、"小加图"、亚弗拉尼乌斯、佩托雷乌斯、拉比埃努斯等人，恺撒也没有剥夺他们的元老院议员身份。

处理完这些事务之后，因为对安东尼的执政能力非常失望，恺撒撤去了他的职务，同时以独裁官兼执政官的身份，任命与自己同为执政官的雷必达掌管公元前46年的国内事务，然后匆匆赶往西西里岛，在那里集结兵力渡海征讨北非。

新的罗马管理者雷必达不仅取代了安东尼的职务，也取代了他在恺撒心中的地位。这位新崛起的人物出身于政治世家，

# 崛起于恺撒之死

庞培虽然已死，但其余部党羽仍然众多，恺撒调用精锐主力前往征讨确实是明智的。恺撒通过情报得知，庞培余党用雇佣等手段从地中海各个地区召集了10个军团3万人的兵力，此外还有9000名骑兵。一直赶不上罗马政局变化的努米底亚这次又支持了内战的失败者，努米底亚国王手下有按罗马方式训练出来的4个军团2.5万人，此外还有6000名素有威名的努米底亚骑兵以及120头大象。恺撒为了远征调动了10个军团3万名步兵以及4000名骑兵，其中有5个军团是新兵，剩下5个军团中包括刚获得正规军身份和罗马公民权的高卢第五军团。和以往历次战争一样，这次恺撒的兵力又处于劣势，而且他们是深入敌境作战，军粮和补给都要海上运过去。然而恺撒却充满了自信，他甚至等不及己方兵力集结完毕就下令出发，让西西里总

◎ 恺撒进军北非

督负责军粮补给和后续军团渡海等事宜。

在登陆地点上，恺撒也一改常规，在突尼斯东部而不是北部登陆。这样可以避开努米底亚的大本营，如果敌人出来截击就要脱离自己的补给基地，而且这里不是敌人的统治中心，征集粮草也要容易点。军队上岸时，恺撒又选择了南部城市比较集中的区域，而不是北边的沙滩。他正是要吸引敌人急行200公里前来救援，从而可以以逸待劳，而且为后续部队的到达赢得时间。很多新兵觉得恺撒不等兵力集结完毕就跨海出征的做法非常鲁莽，而且这时天气非常寒冷，地中海也不适合航行。不过庞培余党也没料到恺撒会在这个时候进攻，这次行动真正起到了突袭的作用。

恺撒不指定登陆地点，让属下自由选择。结果登陆时敌人抵抗力量极为薄弱，恺撒军队四处扫荡，没受一点损失。恺撒

先头部队只有一万多人，士兵们惴惴不安地等着敌人大军开到。恺撒让人筑起一道长长的防护栅以挡住敌人占绝对优势的骑兵，同时亲自出马去征集军粮，了解到庞培余部由许多个民族组成，恺撒决定采取分化瓦解的政策。对方统帅梅特鲁斯·西庇阿觉察到了恺撒引蛇出洞的战略，所以没有出动主要兵力，只是用骑兵为先头部队前往进攻恺撒。这支骑兵数量很庞大，但始终冲不破恺撒的防护栅，每次攻击后回营的骑兵数量都在减少。一个月后，恺撒的第二批后续部队赶到，西庇阿只得带领主力前来迎战，和恺撒军相隔数公里对峙。这时忽然传来一个坏消息，努米底亚国内遭到攻击，努米底亚国王已率军回去防御。失去这支强有力的援军，西庇阿彻底丧失了和恺撒正面对战的勇气。

恺撒也遭受了类似的问题，他的第三

◎ 与努米底亚轻骑兵作战的罗马骑兵

◎ 遭遇敌人战象的罗马军队

批援军迟迟没有到。这支部队正是去年闹哗变的第9、第10军团，可这两个军团才是真正的精锐。因为遇到大风暴，这批援军只能留在马尔萨拉港内。虽然恺撒当时羞辱了他们，但实际上最信赖的还是他们。这时的恺撒非常焦急，《阿非利加战记》中这样描述道：恺撒的"内心与双眼都在不分昼夜地遥望海面"。在等待期间，恺撒开始训练新兵，告诉他们与敌人应当保持多远的距离，突袭敌人时应当到什么限度，什么样的姿势既可以保护自己又能击倒敌人，以及进攻的方法，后退的窍门，甚至还有如何有效投石的技巧。为了让士兵克服对大象的恐惧，他还找来大象向士兵现场演示，说明这种动物有什么样的习性，攻击力如何，战斗时有哪些缺陷，它们哪一部分最容易攻击，如何朝大象投石最有效，长矛刺在大象的哪个部位最有效

等等。

在漫长的等待中，两边部队都渐渐聚齐，恺撒等来了他的后续援军，努米底亚人也赶过来支援他们的盟友。经过一系列小规模接触与试探，双方最终在普塔苏斯展开会战。恺撒这次别出心裁地把骑兵放在最中间，希望他们迅速突破敌人中央方阵，然后绕到敌人背后袭击其左右两翼。开战前恺撒穿行于即将与敌殊死拼杀的士兵中间，象征着最高指挥官的红色披风在风中猎猎翻飞。恺撒准确地叫出每一位老兵的姓名，鼓励他们说："迄今为止，我们所有的战斗都不辱盛名，不是吗？"对新兵，恺撒则鼓励他们要鼓足勇气，不要输给那些曾给恺撒军团带来无限声誉的前辈们。

双方军阵渐渐接近时，一件出人意料的事情发生了。极度渴望戴罪立功的第10军团不等恺撒下令就向敌人冲去，全军的

士气立刻被感染起来，恺撒趁机下令全线压上，万众一心直插敌营。对方没有丝毫还手的余地，整个战斗不到半天就结束了。据恺撒自己宣称，敌人超过1万名士兵战死，而恺撒军的伤亡还不到50人。

塔普苏斯会战的消息立刻传遍了努米底亚的大街小巷，努米底亚国内掀起了一股投靠恺撒的热潮。无望的努米底亚国王和庞培余党佩托雷乌斯最终以互刺的方式结束了生命。

获得胜利之后，恺撒命令曾率军从背后袭击努米底亚的罗马人西提乌斯统治这里，自己马不停蹄地率军继续北上，去清剿各处的庞培余部。经过三个月的东征西讨，恺撒又回到罗马，此前已有人回去为他准备了一个规模空前的凯旋仪式。恺撒回罗马那天，全国放假，所有的地方都是人山人海。开始是众人簇拥着的恺撒，然后是高官们组成的游行队伍，再之后是经过精心准备的各种战利品和俘虏，代表了恺撒军团在不同地区和不同民族作战取得的辉煌胜利。在这一天里，恺撒达到了充满荣誉和骄傲的人生顶峰。

恺撒再度回到罗马后，立刻着手进行各种改革，包括给北亚平宁半岛和西西里岛居民以罗马公民权，请专家制作儒略历，建立和平广场等。虽然他是一个极好的行政官，但作为罗马最优秀的统帅，他不得不经常四处征讨，治理内政的过程一次次被打断。

公元前45年，庞培的两个儿子逃到西班牙发动叛乱。恺撒再次远征西班牙，于孟达会战中击败叛军，庞培长子劳斯阵亡，

次子流亡西西里。恺撒回国之后，于公元前44年宣布成为终身独裁官。

公元前44年，为拯救跟随克拉苏在卡莱会战中被俘虏的9000名罗马士兵，恺撒宣布将远征帕提亚。但当时的占卜师说"只有王者才能征服帕提亚"，这句话令共和派成员深感不安，他们认为这是恺撒即将称王的前兆。在同年2月的牧神节典礼上，已获恺撒谅解并被任命为执政官的安东尼做出了一个惊人的举动，他将花环献给恺撒并称呼恺撒为王。虽然恺撒当场予以拒绝，但这件事令共和派更加惶恐不安，他们于是下定决心谋刺恺撒，日子就定在3月15日元老会那天。

元老会前一天，恺撒和雷必达一起用餐时，突然提出一个问题："怎样一种死法是最好的？"大家纷纷发表意见。最后恺撒表示，他愿意突然而死。元老院会议这天，恺撒只身一人前往会议厅。虽然事先已经得到警告，说有人这天要谋刺他，但是他仍然拒绝带卫队。他说："要卫队来保护，那是胆小鬼干的事。"恺撒大步走进大厅，坐到黄金宝座上，笑着说："现在不就是3月15日吗？"这时阴谋者都身藏短剑，像朋友一样围在他身边。其中的一个人跑到他面前，抓住他的紫袍，装作有什么事要询问他一样。这是动手的暗号，众人一拥而上，用短剑刺向恺撒。恺撒没带任何武器，他奋力夺下紫袍，进行反抗，但腰部中了一剑。紧接着又一剑刺进了他的大腿。他看见这一剑正是他最信任的马库斯·布鲁图刺的，不由得惊呼："啊，还有你，布鲁图！"最后他放弃了抵抗，颓然

◎ 卡穆奇尼·文森佐油画作品《恺撒之死》

倒下，用紫袍蒙面，听任他的仇敌乱刺乱砍。他全身一共被刺二十三处，其中有处是致命的，而最巧合的是，他死的时候正好倒在庞培雕像的脚下。

得知恺撒被刺的消息后，安东尼等恺撒派议员立刻逃出了会场。而在杀死恺撒之后，布鲁图说："我爱恺撒，但我更爱罗马！"可是罗马的平民没有一个人对恺撒之死表示高兴。当凶手提着血淋淋的短剑走出元老院高喊"我们自由了"的时候，大街上却空无一人。人们已经从此前逃出的议员口中得知恺撒被刺的消息，他们躲进家里静观事态发展，原本熙熙攘攘的罗马已经变得静寂。和之前预料的欢呼场面正好相反，凶手们看到的只是人们冷漠的表情和充满怀疑的目光。

回想起恺撒之前以宽大仁慈对待自己的政敌，而政敌却残忍地谋杀了他，不能不说是他养虎为患。公平地说，恺撒的

所作所为确实有独裁的性质，从"伟大统帅""终身独裁官""国父""纠纷官"等一系列的头衔就能看得出来。恺撒击败庞培之后，大权独揽、政由己出，甚至远在战场上都要遥控指挥罗马的一切，这对于具有长期贵族共和传统的罗马共和国来说确实是不能容忍的，恺撒的存在就是对民主制度的侵犯。但是话又说回来，当时罗马的民主还称不上真正的民主，并不是全民参政的现代民主，本质上还是元老贵族共同掌握权力。恺撒大权独揽，压缩了元老贵族的权力，他们刺死恺撒也谈不上有什么正义性，只是争权夺利而已。而且恺撒本身还是继承自马略的平民派，实施了很多有利平民的措施，这些又被元老贵族们所反对。

对罗马平民来说，恺撒对外战争的辉煌胜利给他们带来巨大的荣誉感，而且大大拓展了罗马的疆土。也许这些远比元老

贵族之间的权力平衡游戏更重要，这些从他们对恺撒之死的态度上就能看得出来。恺撒虽然被刺死了，但历史发展的趋势无法阻挡。罗马共和国很快就要走到尽头，另外一个属于罗马的帝国时代即将来临。

刺死恺撒后，密谋者们建议把恺撒最主要的支持者安东尼和雷必达也杀了，不知是因为良心不安还是为了回报恺撒宽容对待政敌的做法，布鲁图拒绝了这个建议，他说："我们做的事是对独裁者的处决，而不是政治阴谋。"安东尼并不知道这些，他担心遭到政敌的报复，化装成奴隶逃出了罗马。

接下来的几天里罗马的局势一片混乱，恺撒的奴隶连夜潜入元老院偷出了恺撒的尸体。第二天，布鲁图等反恺撒议员召集群众集会，向全罗马说明刺杀恺撒的原因，台下的观众包括大批对恺撒忠心耿耿的军团士兵。布鲁图说他们此举是为了全体罗马人的自由，让他们不再做恺撒一人的奴隶。第二个发言的是马略曾经的同盟者秦纳，他不仅没有参与刺杀，而且从政治立场上来说和恺撒也是一个派系的，但当他听说恺撒遇刺的消息后，第一时间前去见刺杀者并表示对他们的支持。秦纳大肆攻击恺撒，当他说到要把恺撒的尸体扔进台伯河时，台下群众愤怒了，刺杀者被赶下了台，在奴隶的保护下从广场后的暗道逃走。

安东尼闻讯后潜回罗马，找到了恺撒的遗孀卡尔普尼娅，从她那里看到恺撒生前就写好的一份遗嘱。除了涉及个人财产的处理和人事安排外，恺撒在遗嘱里还指定养子屋大维为自己的继承人，并让他继承尤里乌斯·恺撒家族姓氏，这令安东尼非常失望。

# 恺撒继承人之争

屋大维出生于小城韦莱特里，其父是元老院议员，又担任过马其顿总督，后来

◎ 存于梵蒂冈博物馆的屋大维雕像

死在任上。其母阿提娅不久后就改嫁，按照罗马习惯，女子改嫁通常不带和前夫所生的孩子，于是屋大维和姐姐从小由祖母尤莉娅抚养。而尤莉娅是恺撒的亲妹妹，早年丧夫后回娘家居住，因此屋大维从小也是在恺撒家长大的。后来恺撒将屋大维收为养子，同时也打算将他培养成未来的接班人。和安东尼正好相反，屋大维擅长内政却缺乏军事才能，为了弥补他这个缺陷，恺撒给他安排了一个很有军事天分却出身卑微的副手。恺撒遇刺的时候，屋大维只有18岁，此时正在国外远征军团军中，而且对大多数罗马人来说，屋大维这个名字非常陌生。安东尼于是萌生了取而代之的想法，首先他凭借遗嘱监督人的身份，以保护恺撒财产为名义，将预备远征帕提亚之用的1亿赛斯特斯巨款控制在手里，然后派人和刺杀集团联系，试图找到解决方案。很快安东尼和雷必达等恺撒派和刺杀集团于藏身处举行了一次元老院会议，却没有通知也参与刺杀阴谋的西塞罗。刺杀集团这时才知道恺撒遗嘱的内容，他们中的很多人都在恺撒人事安排的名单上，这时他们开始对反对恺撒产生了动摇。最后双方达成一个妥协方案，安东尼担任执政官，对违背誓言刺杀恺撒的原恺撒派成员不再追究责任，同时刺杀集团也支持恺撒政治模式的继续推广，按恺撒生前的人事安排分配职务，布鲁图等人也都分到了行省总督的职位。除人事安排外，元老院会议还决定继续沿袭恺撒的政治构想，一是吸纳高卢和西班牙两个行省的代表进入元老院；二是继续给予非本土出身者罗马公民权的政策。安东尼也做了一个让步，那就是废除"终身独裁官"的称号，而恺撒生前一直积极筹备的远征帕提亚之事在会上无一人提起。据说西塞罗得知这个结果后感叹道："早知如此，当初何必刺杀恺撒？"

第二天，罗马给恺撒举行了隆重的葬礼。安东尼站在古罗马广场的讲坛上，面对恺撒的遗体，宣读了恺撒的遗嘱。他表示会遵照遗嘱赠予每位罗马公民300赛斯特斯，以及会把恺撒位于台伯河畔的私人花园捐出来作为公共活动场所，同时他也谴责了违背誓言刺杀恺撒的前恺撒派成员们，最后歌颂了一番恺撒的功绩，追悼会结束。然而市民的怒火却没有消失，他们冲进刺杀者的住处。不过刺杀集团成员早已提前躲避，并没有人在骚乱中受伤。

当上执政官之后，安东尼违背了恺撒的遗嘱，没有将恺撒的遗产分赠给每位公民，而是将这笔巨款花在充实自己的军备上。此外，他还安插自己的亲信担任重要职务，恺撒的得力战将雷必达此时已投靠了他，被任命为继恺撒之后的大祭司，另一名恺撒派重要成员多拉贝拉被任命为执政官，他这种安排是有用意的，完全是针对屋大维继承恺撒家族姓氏而设置的。虽然恺撒遗命让屋大维继承恺撒家族姓氏，但按照规定这件事首先要得到大祭司的认可，然后还要在公民大会上得到通过。大祭司雷必达性格温顺，现在已经听命于安东尼，而召集公民大会的权又掌握在两位执政官手中，这种安排为屋大维顺利继承姓氏设置了强大的阻力。就在安东尼为巩固权力而努力的时候,他最不想看到的人出现了。公元前44年4月,18岁的屋大维在亚平宁半岛南部的布林迪亚登陆,这时距离恺撒遇刺已经有了一个月。

此前屋大维是奉恺撒之命,前往希腊西海岸的阿波罗尼亚军为远征帕提亚集结军队。恺撒遇刺的消息传来时,他还在军中,当时军中将领们劝这位恺撒指定的继承人先不要返回罗马,留在前线静观其变,但屋大维还是决定返回罗马,以继承恺撒给他留下的一切。

屋大维遵守国家法律规定,未带军队返回罗马,只带了几名随从。他在布林迪亚登陆后,沿阿皮亚大道北上,先来到其继父、前执政官菲利普斯的家里。听到这一消息后,很多恺撒派成员纷纷从罗马赶到这里,聚集在屋大维周围。他们虽然对恺撒选屋大维为继承人非常意外,但还是表示会绝对遵守恺撒的遗愿。另外屋大维还拜访了西塞罗,被这位前辈称为"我的孩子"。很快支持者们簇拥着屋大维北上罗马,安东尼非常冷淡地迎接了这位竞争对手。在36岁的安东尼眼中,屋大维只是个孩子,除了那份遗嘱外,无论年龄和履历都无法和自己竞争。

屋大维很快以见尊长的礼节去安东尼家中拜访,但在关键性问题上却一点也不含糊。他首先表示继承恺撒政治遗产的决心,然后要求安东尼归还此前被他私吞的恺撒留下的金库。按照罗马传统,社会名流去世后,其子必须举办戏剧、体育竞技等活动以为纪念,花费不菲,而屋大维自己却负担不起,因此他需要这笔钱来举办

活动,以履行养子的义务,好对公众有个交代。如果屋大维办不成这件事,罗马公民可能会非常失望从而怀疑他继承人的资格,这正是安东尼希望看到的,因此他迟迟不肯归还金库。

陷入困境的屋大维没有放弃,他紧接着去拜访恺撒生前两位财力雄厚的好友,希望他们能够提供经济支持。这种政治投机肯定是划算的,对方答应全力支持。然而无处不在的西塞罗这次又从中作梗,劝说两位富豪之一的马提乌斯不要帮助屋大维,他不希望屋大维顺利继承,然而被对方义正词严地拒绝了。最后恺撒的纪念活动在7月顺利举行,屋大维漂亮地赢得了第一回合的胜利。同时罗马公民对这位18岁"孩子"的印象大为改观,从此以后罗马人再也不会问"谁是屋大维了"了,他们甚至从此以后以 Julius(尤里乌斯)称呼七月。

尽管屋大维威望如日中天,但因为只有18岁,便无法成为元老院成员,而且安东尼并没有放弃对他的排挤。安东尼让雷必达停止给屋大维办理养子的手续,而且在元老院通过违反恺撒生前安排的人事设置议案。执政官任期满后,安东尼任山南高卢(北亚平宁半岛行省)总督,多拉贝拉任叙利亚行省总督,任期都是五年。这样做的用意很明显,即使安东尼卸任执政官,也可以率兵从北亚平宁半岛行省越过卢比孔河威胁罗马,从而左右政局,这算是自从恺撒死后安东尼首次公开表明要成为恺撒继承人。另外一项内容是对布鲁图等刺杀集团人员的安排,布鲁图和卡西乌

斯已分别前往希腊和叙利亚上任以躲避危机，安东尼让他们的任期一直延续到公元前44年末，距离任期结束只有四个月时间，这段时间里他们就可以名正言顺的以公职人员身份出境，而不是被流放，这样就可以在"不伤及名誉的情况下逃往国外"。安东尼这样做的原因是想得到以西塞罗首的刺杀派的选票，这时屋大维已经成为他最大的敌人了。

然而西塞罗这时却打算拉拢屋大维对抗安东尼，他开始将矛头始转向安东尼。从9月开始，西塞罗连续发表了十四篇反安东尼的演说，他指责安东尼只有匹夫之勇，而且沉湎于酒色，除了嗓门大之外一无是处，只是个像角斗士一样的普通男人。与此同时，他不仅没有攻击屋大维，还对其大加赞扬，希望他能看清安东尼的真面目，与自己合作，同时希望把群众煽动起来把安东尼赶下台。然而西塞罗的这些目的都没达到，只是让那些倾向于屋大维的

元老院议员疏远了安东尼而已。屋大维这时早已不是西塞罗眼中的那个"孩子"了，他这时也积累了不少实力，除了刚开始的那些支持者，他还聚拢了大批原恺撒手下的精锐部队，然而这时他并不愿意和安东尼直接对抗，更不愿意为西塞罗所利用。

到了10月份，胶着的局势终于即将发生变化。预备远征帕提亚的军团从希腊回来了，为了将这批军队收为己用，安东尼先赶到了军团登陆的布林迪亚港。他拿出恺撒的金库希望收买这支部队，当初之所以不还给屋大维就是为了今天之用。然而大部分军人拒绝听从安东尼的指挥，表示只愿意跟随恺撒生前指定的继承人。安东尼又以执政官名义让北亚平宁半岛总督德奇姆斯·布鲁图（恺撒以前的军团长，后来加入反恺撒阵营，并非刺杀恺撒的那个布鲁图）马上卸任，以便他亲自掌握北亚平宁半岛的部队以对抗屋大维。布鲁图不肯放弃兵权，因为他深知自己为支持恺撒

◎ 古罗马时期的狂欢宴会

的人所仇恨，一旦失去军队就意味着任人宰割。安东尼决定率军前往征讨，沿途他用高额赏金征集了很多部队，然而到达卢比孔河的时候，花大价钱招募来的军队又倒向了屋大维，但他还拥有不少的兵力，将布鲁图围困在摩德纳城中。

这时西塞罗又出来活动，他首先赞扬是屋大维把罗马从安东尼的暴政下解救了出来，当务之急应该是前去解救布鲁图。20天后执政官进行换届，按照恺撒生前的安排，希尔提乌斯和巴苏斯当选新执政官，这俩人都曾是恺撒的亲信，现在都支持屋大维，而且与西塞罗关系要好。西塞罗于是提出两个议案：一、正式授予屋大维以恺撒继承人的身份；二、对安东尼发出"元老院最终劝告"，并宣布其为国家公敌。不过元老院没有通过这两个议案，因为屋大维毕竟太年轻，"元老院最终劝告"这种非常措施也不是轻易就启用的，最后元老院决定派使者前去劝告安东尼停止内战，结果不了了之，安东尼很自然地加以拒绝了。

而屋大维此时却不再安坐，开始募集资金组建军队。2个月后，屋大维和两位新执政官带领4个军团赶到交战前线。安东尼不得不撤围前来迎战，很快被屋大维击败向西撤退，但两位执政官都战死沙场，他们的部队都被屋大维收编。布鲁图虽然被解救，但不为忠于恺撒的士兵所容，只得逃亡希腊，半路上被高卢部落抓获送到安东尼手里。安东尼毫不犹豫地处死了布鲁图。此前去叙利亚任职的多拉贝拉也杀死了背叛恺撒的托雷波尼乌斯。两名叛徒的头颅被送往罗马，放在古罗马广场的讲坛上示众。给恺撒的复仇终于开始了，却是以恺撒最不愿意看到的方式。

取得胜利后，屋大维并没有听西塞罗的建议追击安东尼，而是返回了罗马。在屋大维的武力压迫下，元老院无力与之抗衡，而且两位执政官都已战死。虽然年龄不够，最后元老院还是同意屋大维出任候补执政官。在公民大会上，屋大维却以压倒性的投票优势出任正式执政官，另外一名执政官由恺撒的外甥佩提乌斯担任。屋大维上台后的第一件事，就是履行了成为恺撒养子的公证程序，此后屋大维开始正式使用盖乌斯·尤里乌斯·恺撒这个名字，而元老们也开始称呼他为"恺撒"（为方便阅读起见，下文仍然使用屋大维的称呼）。屋大维做的第二件事，就是促成佩提乌斯提出的《佩提乌斯法》的出台，根据此法，那些背弃誓言谋杀恺撒的人全部被判有罪，并处以流放。这件事给一直关注局势发展的西塞罗以极大的震撼。

# 罗马后三头同盟

正式成为恺撒继承人后，屋大维带领着11个军团的庞大兵力，前往北亚平宁半岛行省。不过与此同时，他始终和西塞罗保持通信，情真意切地向这位智者请教问题。西塞罗也因此对屋大维抱有一丝幻想，总希望屋大维能够战胜安东尼，《佩提乌斯法》规定的流放总比安东尼的直接处死政策要好得多。

安东尼此时也聚集了一支大军，他联络了高卢、西班牙等行省的总督组成反对

◎ 恺撒遇刺前后的罗马版图示意图

屋大维的联盟。而雷必达等支持屋大维的各行省总督也率军北上，加入屋大维的大军。屋大维却对战胜安东尼没有信心，和对手比起来自己的军事才能非常欠缺。这时雷必达、普兰库斯、帕里奥等已升任行省总督的前恺撒的军团长们，也率军北上赶来和屋大维回合。

在雷必达的劝说下，屋大维首先向安东尼发出和解的信号，同时也让佩里乌斯撤销了宣布安东尼为公敌的法令。最后屋大维和安东尼在雷必达的陪同下到博诺尼亚附近的一个河中小岛上会面，经过两天的艰难谈判，他们最终达成了一个协定：这三位恺撒派人士将组成一个"组建国家政权的三人集团"（triumviri rei publicae constituendae），为期五年，到公元前 38

年 12 月 31 日结束。即史称"后三头同盟"。与秘密协定性质的"前三头同盟"不同，这个"后三头同盟"是依据公元前 43 年通过的《提蒂亚法》（lex Titia）合法组建的。此外"三巨头"将罗马西部行省进行重新划分：屋大维得到了撒丁岛、西西里岛和阿非利加（Africa），安东尼得到的是山南高卢和山北高卢，雷必达得到的是西班牙和那旁尼西斯高卢。

后三头同盟执政后的第一件事就是制定一份"黑名单"，违反恺撒一贯宽容的做法，用最冷酷无情的方式彻底清除政敌，罗马又回到了苏拉恐怖政治时代。名单涉及了 300 多名元老院议员和 2000 多名骑士阶层成员，其中 130 多人被定为"国家公敌"，在未经审判的情况下直接处死，这些人以前大多是庞培的支持者，在恺撒的宽容政策下继续保持地位的那批人。然而这些人大部分并没有参与刺杀恺撒的阴谋，事后也没有秘密支持刺杀者，"三巨头"正是借为恺撒复仇的机会将反对势力斩草除根。此外"三巨头"搞大清洗还有一个目的，那就是为自己的政治活动筹措资金，2000多名富有的政敌被罚没全部财产，充实了"三巨头"的腰包。

那位在通信中被安东尼口口声声称为"长者"的西塞罗名列黑名单榜首，罪名是"为刺杀恺撒提供思想指导"。三巨头联盟形成之后，西塞罗就因对政局彻底失望离开了罗马。一开始他打算乘船前往希腊去投靠布鲁图，但其弟昆图斯被自己连累上了黑名单，他不肯撇下弟弟独自逃生。当面对前来抓捕他的军队时，西塞罗放弃了抵抗，并且告诉打算保护他的奴隶们说："勿行此无用之事。"最后西塞罗的头颅和右手被砍下带回罗马，放在古罗马广场示众。

在"三巨头"刚执政这段时间里，清洗风暴席卷了整个亚平宁半岛。当年苏拉发明的告密者奖赏制度再次被启用，整个罗马人人自危。黑名单成员的家人也被抓了起来，哪怕是妇女儿童也要受到严刑拷打，被要求说出他们的丈夫或父亲的藏身之地。一旦追捕对象被发现，就会立刻被砍下头颅送回罗马，连押运的过程都省略了。直到后来古罗马广场的讲坛上密密麻麻摆满了首级，比苏拉时代有过之而无不及。

公元前42年1月1日，元老院通过一项决议，将故去的恺撒尊称为"神"，这是除罗马开国君主罗慕路斯外第一个被封

神的人。为了维持恺撒"神君"的形象，除记录恺撒巅峰时期辉煌的《高卢战记》《内战记》外，屋大维将恺撒的其他作品全部付之一炬。罗马人民对将恺撒神格化也持欢迎态度，在他们眼中战无不胜的恺撒确实像神一样具有无上的力量，即使在他死后仍然还是罗马人的守护神。

将恺撒封神正是屋大维复仇计划的第一步。刺杀恺撒的布鲁图和卡西乌斯现在正在希腊整军备战，此前的大清洗深深地刺激了他们，他们明白只有手中掌握武力才能保护自己。屋大维要对付他们必须拉上安东尼，而安东尼此时正积极地扩充自己的实力，对复仇一事并不热心。将恺撒封为神，刺杀罗马守护神的叛徒自然也成了必须要解决的国家公敌，安东尼自然就无法再推脱。当年夏天，经过仔细筹划，雷必达留在罗马管理后方，安东尼和屋大维率领19个军团的大军，浩浩荡荡地渡过亚得里亚海前往希腊。

在这段时间里，布鲁图和卡西乌斯也做好了充分的准备。他们首先杀掉安东尼派来的叙利亚总督多拉贝拉，然后在各自的行省里加征赋税，调集了包括2万骑兵在内的10万大军。安东尼—屋大维联军登陆后，布鲁图采取了防守战略。屋大维和安东尼远道而来，所带粮草有限，此时正在闹饥荒的埃及也无法给他们提供援助，因此布鲁图和卡西乌斯坚守到对方粮尽援绝时再出击是最好的选择。事实上也正是如此，由于补给断绝，饥饿的恐慌开始在安东尼和屋大维的军中蔓延，安东尼只得下令军队主动出击，最后两军在希腊北部

腓力比城西的开阔平原上遭遇并扎营对峙。

在联军的统帅权上，屋大维和安东尼谁都不肯听对方的指挥，于是在屋大维的建议下，两人决定各自率军分别和两支敌军交战：战争分成南北两线展开，安东尼在南线对阵卡西乌斯，屋大维在北线对阵布鲁图。

在南线战场上，卡西乌斯看准了对方的弱点，无论安东尼如何邀战，始终坚守营地不肯出战。战线南面是块沼泽地，安东尼于是打算在沼泽地上秘密建起一条长堤来，出其不意地从侧面袭击对手。不过这个计划被卡西乌斯发现了，他也派兵去建一条横向的长堤以截断对手。安东尼见对方兵力分散有可乘之机，于是集中兵力猛攻敌军工事和长堤之间的缺口，很快撕开了对方的防线并攻占了卡西乌斯的大营，

卡西乌斯带兵从长堤赶回来支援，士气旺盛的安东尼军又轻易地把他们击溃。与此同时北线战场上也正发生激烈的交战。布鲁图手下那些纪律松散的部队终于忍受不住对方的挑衅，不等布鲁图命令就高喊着"自由"的口号向敌人阵地猛扑而去，布鲁图只好被动地前去指挥作战，然而这次进攻却收到了出人意料的效果，防守松懈的屋大维军四散奔逃。布鲁图军冲进屋大维的大营，却发现屋大维已经逃走，愤怒的士兵们把他的睡床砍成了碎片。

这时战败的卡西乌斯逃到了一座小山上，当登高观察战场局势时，一贯以冷静著称的他错把屋大维营地看成了布鲁图的营地，那些冲天的烟柱和到处燃烧的火光让他误以为布鲁图也战败了。卡西乌斯彻底丧失了信心，他宣布释放贴身的奴隶，

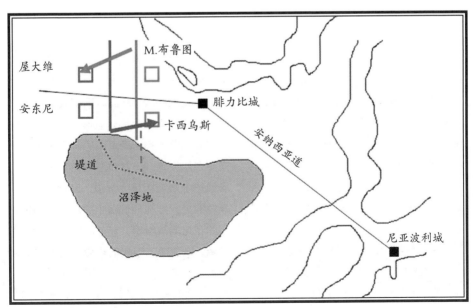

◎ 腓力比战役第一阶段示意图

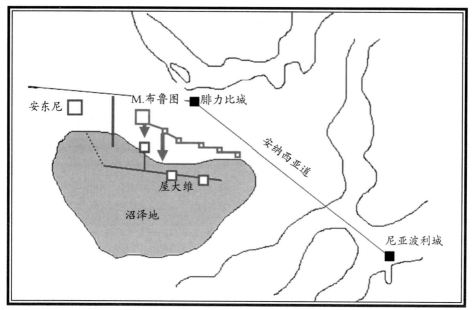

◎ *腓力比战役第二阶段示意图*

并让奴隶杀死自己。等战胜的布鲁图赶到时，这位号称叛军中最强的将领已经气绝身亡。

为了避免侧翼被包围，在接下来的战斗中布鲁图只得将战线往南延伸，背靠大海又构建了更为坚固的防守阵地。陆上战斗正在激烈进行时，布鲁图一方的海上力量消灭了安东尼和屋大维带来的运输舰队。布鲁图并不知道这个胜利的消息，相反，绝望的情绪在他的军队中蔓延开来，士兵们极力要求主动出击，放弃坚固防线去和敌人决一死战。这时布鲁图也没有了取胜的信心，于是同意了这个要求。10月23日下午，布鲁图军发起了最后的进攻，双方发生激烈的近身肉搏战。布鲁图下令士兵们抛下弓箭和长矛，列成战斗队形冲入对方军阵，和敌人举剑相互砍杀。很快布

鲁图军的攻势开始减弱下来，安东尼趁机发起反攻，敌军全线崩溃。布鲁图逃进附近的森林里，属下劝他逃到别处东山再起，可布鲁图最后选择了自杀。

腓力比战事到此终于结束，安东尼和屋大维一方获得了胜利，而共和主义者的根基被彻底摧毁，从此以后个人独裁在罗马不再有强大的阻力。值得一提的是，战败之后布鲁图和卡西乌斯的余部纷纷选择向安东尼投降，一方面是因为安东尼在这场战争中表现得最为卓越，另外一方面，年轻的屋大维在他们眼中更加残酷嗜杀。因此在这场战役里，安东尼成了最大的受益者，既获得了巨大的声望，又收编了大量敌人余部。

因为在战场上比屋大维更优越的表现，在瓜分战后利益上，安东尼也占尽了上风。

腓力比战役之后，安东尼和屋大维达成一个协议，罗马的疆土被一分二，安东尼掌管东部诸行省，屋大维掌管西部诸行省。这样的划分明显对安东尼有利，东部地区一直是罗马的主要赋税来源地，而且对安东尼来说，掌握这里也是为了远征帕提亚做准备。如果征服了帕提亚就等于是完成了恺撒未竟的事业，即使屋大维是恺撒的指定继承人，在声望上也将比不了自己。罗马西部地区除了贫瘠外，在广袤的地中海上还有大量的庞培余部在活动，治理这里将是非常头疼的事。

对屋大维来说，选择西部也有一些有利条件。首先，首都罗马就位于西部，掌握西部就更接近本土，对罗马就更有影响力，这一优势是其他优势都无法比拟的。其次，掌握西部更方便组建军队，因为按照规定，作战时的主力罗马步兵军团必须由具有罗马公民权的人组成，不仅罗马位于西部，而且新获得公民权的亚平宁半岛和高卢地区也位于西部，因此西部拥有更多的罗马公民。这就意味着，一旦安东尼和屋大维之间爆发战争，屋大维手中就拥有更多的罗马军团，而安东尼只能更多地依赖异族佣军，而这些异族有时候未必靠得住。

至于第三位巨头雷必达，虽然后三头同盟仍然在发挥效力，但在分割领土上雷必达已经完全被撇在了一边，其他两人只是在有需要的时候才会想起他，大多数时间都是无视他的存在。

罗马东部各属国已经习惯于依附罗马内战中的得胜者，就像法耶罗之战后归顺恺撒一样，腓力比会战后他们又转而支持安东尼。而安东尼也像当年的恺撒一样，得胜之后开始巡视东部各盟国，会见各国国王，这是维持东部地区稳定的必要手段。最后安东尼来到小亚细亚半岛东南部，在滨海的行省首府塔鲁苏斯休息时传召了埃及女王克娄巴特拉七世。克娄巴特拉七世在腓力比会战中曾给布鲁图提供过军事援助，安东尼召她前来，除了要巩固和埃及的同盟关系外，也是为了责问她此事。

克娄巴特拉七世以前访问罗马时安东尼见过她，但当时自己只是恺撒的副手，没有什么过深的交往，但现在安东尼已成为罗马的最高统治者，加上克娄巴特拉七世又支持过布鲁图，因此他对这位恺撒的旧情人已不再那么客气。然而克娄巴特拉七世却显示出高超的政治智慧，不仅化解了因支持布鲁图带给自己的危机，而且用征服恺撒的方式征服了安东尼。

# 钟情于埃及艳后

据说，正当安东尼打算给这位埃及女王一个下马威时，克娄巴特拉七世乘着一艘华丽到极致的游船沿着河流缓缓驶入塔鲁苏斯市区，打扮成维纳斯的埃及女王被女奴簇拥着出现在安东尼面前。被克娄巴特拉七世迷住的安东尼完全忘记了她之前的背叛，立刻邀请她共进午餐，而埃及女王却邀请安东尼上船小聚，最后安东尼听从她的建议，而且后来也不再提支持布鲁图的事。克娄巴特拉七世轻易地战胜了本来要兴师问罪的安东尼，但为了巩固这种

◎ 埃及艳后与安东尼的会面

地的珍馐美味，同时还有宫廷乐师、舞妓和魔术师为宴会助兴，日日欢宴，夜夜笙歌。与此同时，她又为安东尼安排了非常别致的消遣方式，邀请他和自己一起乘船去尼罗河上钓鱼。一开始安东尼毫无所获，为了挽回颜面他命令奴隶潜入水底将鱼挂在钩上，结果满载而归。聪明的克娄巴特拉七世看破了他的伎俩，却没有说破。第二天克娄巴特拉七世也暗中让奴隶潜下水给安东尼鱼钩上挂鱼，不过这次挂的是鱼干。当安东尼钓上鱼干的时候尴尬异常，克娄巴特拉七世和随从们忍不住哈哈大笑。为了化解尴尬，女王向安东尼说道："我无比伟大的将军，小小鱼儿岂能入您的法眼？您所钓的必是王国和城市啊。"安东尼不仅没有生气，反而被她的这种小伎俩弄得心醉神迷。

正当安东尼在埃及与克娄巴特拉七世缠绵缱绻时，屋大维正被国内的动乱折磨得焦头烂额。前往东方巡视之前，安东尼指使妻子富尔达娅和弟弟路奇乌斯在罗马中部的贝鲁吉亚发动叛乱，而屋大维并不擅长指挥作战，而且恺撒留给他的助手阿格里帕也缺乏临战经验，叛乱始终无法镇压，甚至一度还被安东尼派的动乱逼入绝境。然而屋大维是个很有毅力的人，虽然屡屡战败但始终坚忍不拔，经过多次苦战最后渐渐占据上风，控制了局面，将两个叛乱者赶到了希腊。

局面发生了根本性逆转，而不重视情报工作的安东尼却毫不知情。当他意气风发地回到国内打算收拾残局时，才知道自己精心安排的计划已经失败。屋大维亲自

关系，她邀请安东尼以私人身份去埃及和她再次相会，安东尼自然非常愉快地接受了邀请。

为了安排好这次相会，克娄巴特拉七世对安东尼的喜好和性格做了详尽的研究，以前招待恺撒用的那种方法对安东尼并不适用。恺撒即使在度假期间，也没有完全把政务抛在脑后。在埃及休息期间，他每天仍然坚持写《内战记》，而且花很多时间研究尼罗河水源问题、埃及的国情，同时还根据天文学家和数学家的最新研究思考历法改革问题。恺撒对衣食是否华美、住处是否舒适并不在意，对那些东方式的豪华生活也缺乏兴趣。因此当时克娄巴特拉七世唯一能做的就是陪伴在恺撒身边，或者给恺撒在尼罗河上旅行提供舒适的游船。

而安东尼正如他的政敌所攻击的那样，是个容易沉湎于酒色的人。谙熟此道的埃及女王据此采取了与对待恺撒完全不同的方法。她给安东尼营造了奢华至极的宫廷生活氛围，而且精心准备了来自全世界各

前往安东尼登陆的布林迪西港迎接他，安东尼只好把责任全部推给妻子富尔达娅，声称自己毫不知情，连路奇乌斯也是受到了妻子的蛊惑，后来富尔达娅在希腊听到这个消息后，怒极而死。屋大维自然不肯相信他的话，但自己的军队在镇压叛乱时损失也很大，只好假装深信不疑。

两人都没有把握通过军事手段战胜对方，因此在屋大维的谋臣梅塞纳斯的调停下，双方在登陆地布林迪西达成了新的妥协方案《布林迪西协定》，将罗马分成三大块：安东尼继续占据东部，屋大维继续掌管西部，而南部和阿非利加行省则交给雷必达统治。与腓力比战役之后那次为了秩序的势力范围划分不同，这次划分是确定各自统治区域的范围，然后在此基础上签订一个互不侵犯协议。为了确保协定的执行，安东尼和屋大维又进行了政治联姻：安东尼娶屋大维的姐姐屋大维娅为妻，屋大维则娶安东尼的继女克劳狄娅为妻。这时从埃及传来克娄巴特拉七世产下双胞胎的消息，但安东尼仍然如期和屋大维娅举行婚礼。

在此后的两年里，双方都保持了难得的平静。安东尼和屋大维娅在雅典过着朴实清淡的生活，然而屋大维在西部的统治却渐渐稳固。经过苦战，屋大维终于战胜了西部最强劲的敌人——庞培次子克斯图斯·庞培。这一胜利让安东尼深感不安，两年来他的名字渐渐淡出罗马人的视线，这时只有通过打败罗马宿敌帕提亚才能保住自己声望，于是远征帕提亚又提上议事日程。

远征之前，安东尼写信召克娄巴特拉

七世来见面，埃及女王接信后立刻赶来，不仅带了安东尼远征所需的充足金钱和物资，还带来了那对从来没见过父亲的双胞胎。见到克娄巴特拉七世之后，安东尼再度坠入情网，不仅按她要求和她举行了婚礼，而且承认了那对双胞胎是自己的儿子。按照希腊传统，两人在希腊和埃及发行了正面反面分别印着两人侧面像的纪念货币。最令人惊讶的是，他居然把东方诸城邦的统治权当成了新婚礼物送给了妻子，而这些地方大多是罗马行省或罗马同盟国的领地。就这样，克娄巴特拉七世通过婚姻事实上恢复了两百年前的埃及领土。罗马人

◎ 克娄巴特拉七世与安东尼钱币头像

异常震惊，重婚本身就违反了罗马法律，而且将如此一大片领土像私人财产一样赠给盟国更是为所罗马人不能容，但安东尼对这一切都不在意，他认为只要远征帕提亚能取得胜利就足以得到罗马人的原谅。

公元前36年春，远征大军正式出发。安东尼集结了三倍于克拉苏远征军的兵力，共计16个罗马军团6万人，以及从西班牙和高卢等地征集来的骑兵1万人，此外还有来自东方各城邦的支援兵力4万人。而对手所有兵力加在一起只有4万人，由归降帕提亚的希腊人莫内斯指挥。此时帕提亚也处于王位纷争带来的内乱中，而且也缺乏像击败克拉苏的苏雷纳斯那样的优秀将领，因此包括克娄巴特拉七世在内都认为这场战争安东尼一方稳操胜券。

为了满足新婚妻子占领帕提亚的野心，安东尼也改变了罗马此前以打击帕提亚巩固防线为主的战略，他这次远征的目的是要征服帕提亚。这个计划，安东尼没有对士兵们明言，因为罗马军人不会为了满足异族女王的野心而流血牺牲。然而东方诸城邦对此看得一清二楚，他们不肯为了埃及女王的私欲而作战，而且一旦帕提亚被占领，他们保卫边境的作用将不复存在，地位也会大大下降，最后他们倒向了帕提亚。这样一来形势急转直下，原本是罗马盟友的诸城邦联反而和帕提亚站在了同一战线上。

渡过幼发拉底河后，罗马军队进入了帕提亚米底亚省境内。安东尼下令将所有攻城器械都留在后面，其余军队轻装疾行，结果在围攻米底亚的首府时，只好花

大量的人力和时间筑起一座土堆来攻城。帕提亚军队并没有正面迎敌，而派遣一支精锐骑兵袭击罗马人的辎重部队，先是全歼了押运粮草的2个军团，夺走了所有的军需，将带不走的攻城器械全部烧毁，而且还切断了罗马人的补给路线。安东尼下令就地筹粮，然而在敌境筹粮是件很危险的事，很多士兵出去后便没再能回来。罗马军被阻于坚城之下，而这时帕提亚国王佛拉特四世率领的野战主力出现在罗马军背后。安东尼决定先对付佛拉特四世，命令主力前往迎战，帕提亚军全线后撤。罗马人追出30公里，仅仅消灭100多个敌人。但在这段时间里城里的守军冲了出来，把土山上攻城的罗马军队打回营地。

双方开始僵持起来，罗马军队补给日渐困难。但帕提亚人也不轻松，他们的部队由松散的部落军队组成，如果入秋以后还不能结束战事，帕提亚国王也不能保证他们还会在寒冷的冬天为自己效命，到时候帕提亚军队就会自动解散。两支军队的士气都变得非常低落，安东尼明白这次出征是无法取胜的了，于是派人和佛拉特四世谈判，以对方归还俘获的鹰旗和战俘为撤军条件。佛拉特四世拒绝了这一要求，但表示如果安东尼愿意撤军，他保证不会加以阻拦。

数日后，安东尼决定撤军。罗马人全军集合，向亚美尼亚撤退。一开始很顺利，走到第三天时，大军遇到一条堤岸被破坏的河流，河水漫到道路上挡住去路。安东尼立刻明白可能是敌人在这里设下埋伏，于是下令全军戒备，把投石手和标枪手布

◎ 正在使用攻城器械进行攻城的罗马军队　　◎ 正在与帕提亚骑兵作战的罗马军队

置在外围。很快帕提亚弓骑兵就从各个方向杀出，用弓箭向罗马人射击，但自己遭受的伤亡也不小。紧接着又是第二波袭击，但被高卢骑兵打退了。此战之后，安东尼便下令行军时部队组成一个大方阵，投石手和标枪手掩护两翼和后侧，骑兵追击时不准远离大队。接下来的几天里，帕提亚人虽然屡屡偷袭，但每次袭击的战果都小于自己的损失，于是追击的热情慢慢减退，罗马人安全地退回了国境线，避免了克拉苏那样的全军覆没。

远征失败的消息不到一个月就传遍了整个罗马，安东尼和帕提亚鏖战时，屋大维正集中兵力收复亚得里亚海东部的伊利里亚地区，他没有多余的兵力而且也不愿意援助安东尼。而安东尼的另一个妻子屋大维娅却积极地设法援助深陷困境的丈夫，她携带了大量物资和金钱，亲自率领着雇来的2000士兵前往东方和丈夫会合，行至希腊时忽然收到安东尼的亲笔信，信中让

她把物资和士兵留下，本人立刻返回罗马。屋大维娅素来听从丈夫，于是顺从地返回了罗马。

屋大维得知此事非常生气，他写信给姐姐，告诉她不必为安东尼尽妻子的责任，更不必抚养他与前妻生的孩子，然而屋大维娅却没有听从弟弟的劝告。这件事也在罗马公众当中引起怒火，他们对安东尼和屋大维之间的争斗并无兴趣，但堪称人妻典范的屋大维娅这次遭到如此不公的对待，再加上安东尼之前的所作所为和最近远征的失败，让安东尼的公众形象降到了历史最低点。

屋大维自然不肯放过这样一个打击对手的绝好机会，经过精心准备，他在元老院公布了安东尼留在女祭司处的遗嘱。安东尼在遗嘱中明言，死后的遗产全部留给他和克娄巴特拉七世所生的孩子，完全无视与富尔达娅及屋大维娅两位罗马上流女性的关系。第二项内容更加让人惊愕，安

东尼要求自己死后葬在亚历山大港。

罗马人被这份遗嘱彻底地激怒了，在他们眼中安东尼不仅是背叛妻子的负心人，而且是背叛祖国的败类。

# 最后的穷途末路

公元前 32 年，屋大维认为时机已经成熟，正式向众叛亲离的安东尼宣战。

跟以往历次争斗不同，这次屋大维巧妙地把他和安东尼之间的个人斗争变成罗马和埃及之间的国家斗争，当年秋天所有的罗马地方城邦一致推举屋大维为"保卫罗马、狙击埃及全军总司令"，甚至部分一直追随安东尼的将领得知真相后也弃他而去。东方属国也深知这场战争的原因，无人参与安东尼的军队迎击屋大维。

安东尼并不太把这些当回事，主要原因在于他的海军比起屋大维的具有很大的优势。除了拥有 6.5 万名重装步兵、2 万名轻步兵和 1.2 万名骑兵外，安东尼一方还有 500 艘大型战船，如此大规模的海军在地中海历史上堪称史无前例。此战陆军和海军的费用几乎全部来自埃及，可见克娄巴特拉七世也把所有的希望都寄托在这场战争上了。屋大维一方有 8 万名重步兵、1.2 万名骑兵和 400 艘战船，虽然他的海军在数量上处于劣势，但在战船性能上有两个明显的优势，一是所有战船都备有一种可以投掷的火器，近战中可以令敌船起火；二是罗马的战船经过改造后船头更加坚固锐利，对敌船的冲击力更强。

屋大维渡海前往希腊时，安东尼把舰队布置在希腊东北部的普雷伟扎湾，以便屋大维军登陆时他能够从附近进行截击。然而在陆战海战谁是主导的问题上，安东尼军内部却产生了严重的分歧。将领们一致主张先进行陆上会战，因为这正是安东尼的强项，但克娄巴特拉七世却主张先在海上进行作战，因为己方在海上力量占优势，最后安东尼支持了克娄巴特拉七世的建议。安东尼这么做是因为屋大维手下的百夫长们是主动请求参加这次决战的，这些百夫长在恺撒时期就南征北战，安东尼深知其战斗力，因此他对陆战能否获胜也缺乏信心。紧接着克娄巴特拉七世又提出万一海战失败该如何善后的问题，最后作战会议决定万一战败全军一起撤往埃及。这一做法是非常不明智的，即使统帅对战败之后的对策有所考虑，但也不应该公之于众，这样只会让军队彻底丧失获胜的信心。

克娄巴特拉参七世与作战会议次数日益增多，安东尼的将领们逐渐陷入绝望，除了她所提的建议非常荒唐外，还因为她埃及女王的身份。将领们觉得自己效忠的只应该是罗马，而不是埃及女王的丈夫。当屋大维在希腊登陆时，很多将领背离安东尼而去，而且带走了他们的士兵，经常是天还没亮安东尼军中已空帐累累。安东尼下令抓住逃兵一律处死，但这样反而加剧了士兵的逃亡。事情到了这个地步，原本打算坚守消耗敌人的安东尼不得不寻求速战速决了。

屋大维掌握了这些情况，于是用一种更巧妙的方法来加剧对方的瓦解。当前来投诚的士兵说自己虽然离开了安东尼，但也不愿意和他兵戎相见时，屋大维尊重了他们的意愿，准许他们以自由之身回国。这个消息传到安东尼军中，逃亡变得更加普遍了。事到如今，海战已经成为唯一的选择。然而在陆军低落士气的影响下，海军也开始逃亡。安东尼别无选择，只有马上出战。

公元前31年9月2日清晨，最后的海上决战拉开了序幕。

安东尼的船队迎着朝阳顺风而行，渐渐驶出普雷伟扎湾。今天的风向对安东尼非常有利，他的计划是利用自己战船数量和吨位的优势，采取侧翼包抄战术消灭敌人。恰好屋大维的总指挥阿格里帕也采用了同样的包围战术，在普雷伟扎湾狭窄的入口处截击敌人，可以弥补自己战船数量上的不足。

安东尼率领的右翼船队率先冲向敌人，克娄巴特拉七世的旗舰在埃及战船的保护下排列在中间位置第二梯队。屋大维的船队也已在海面上排成弧形严阵以待，屋大维坐镇中央，阿格里帕率领的船队位于左翼，正对安东尼的船队。双方接战后，海面上火光四起，喊杀声惊天动地，接近1000艘战船相互激烈交战，整个海湾入口处宛如人间地狱。

整个海湾入口处宛如人间地狱。这时克娄巴特拉七世也赶来助战，然而眼前的骇人景象令这个从未见过战争的女人肝胆俱裂。她不肯再参与作战，而是下令扬帆撤退。巨大的紫色风帆鼓风而行，在战场上极其显眼，守卫女王的60艘战船也全部扬起风帆追随而去，脱离了战场。

◎ 古罗马时期地中海海战的壮观场面

这时曾经威名赫赫的安东尼仿佛忘了自己罗马将领的身份，居然也下意识地竖起风帆跟随克娄巴特拉七世逃走。临走前他看到了被他遗弃的船队已被敌军团团包围，这些被卡在狭窄入口处来不及逃走的战船全部高举船桨。目睹这一切的安东尼趴在船尾瑟瑟发抖，丝毫动弹不得。对于这一天的安东尼，古罗马历史学家毫不留情地批评道："作为男人，他的生命在这一瞬间已经终结。"

罗马军队俘获了300艘战船，屋大维饶恕了所有士兵的生命，但将所有埃及战船的船首切下来保存，船身全部烧毁。

安东尼仅剩的陆军部队在帕特雷待了整整7天以等待命令，但始终没有收到安东尼的任何消息。到了第8天，这些忠诚的部队向屋大维投降，并得到了他的宽恕。

逃到埃及后，安东尼给屋大维写信，

希望用自己的一死来换取他对克娄巴特拉七世的饶恕，然而安东尼没有得到回复。克娄巴特拉七世也给屋大维写信，表示自己愿意退位，请求屋大维同意让她的儿子继承埃及王位。屋大维给她回了信，只是让她自动解除武装。

屋大维很快率军来到埃及，克娄巴特拉七世躲进藏有宝藏的神庙并且把入口封死。安东尼别无选择，只得带领残存的骑兵前往抵抗。战斗非常激烈，安东尼占了上风，眼看就要胜利的时候，情势急转直下，他手下的士兵再度倒戈，投向了屋大维，安东尼只得再次逃跑。这时埃及的使者赶来向他报告了女王的死讯，万念俱灰的安东尼告诉身边的奴隶："履行约定的时刻到了。"这是他和奴隶事先约好杀死他的暗号，然而奴隶不肯杀他，而是拔剑自杀了。

安东尼拔出奴隶自杀用的剑，刺向了自己。这时又一批使者赶到，向他报告女王并没有死。原来在谎报自己的死讯后，克娄巴特拉七世立刻后悔了，赶快派人告诉安东尼真相。失血过多的安东尼用最后的力气对身边的人说，希望能够把他抬到女王身边。随从将安东尼抬到神庙外，把他从高处的空窗塞了进去。克娄巴特拉七世含泪抱住了浑身是血的安东尼，而安东尼也如愿以偿死地在了心爱的女人的怀里。

这位死在女人怀里的罗马将军虽然和恺撒比起来明显缺乏政治才能，但也不失为一代名将，在和屋大维的斗争中也经常处于上风。他本来有可能成为统治全罗马的胜利者，但自从宠信克娄巴特拉七世之后渐渐变得众叛亲离。他败给屋大维绝不是因为军事才能有所不如，而是完全失去

◎ 安东尼之死

了民心，最后甚至到了连一个将军的基本素养都丧失了的地步。然而他对克娄巴特拉七世的爱意却维持到了他生命的最后一刻，作为一个政治家，他无疑是一个令人扼腕叹息的失败者，但作为一个普通人，他却是一个令人感动的痴情汉。

这时屋大维也进入了亚历山大，而埃及首都并没有一人试图去抵抗这位胜利者。直到军队进入王宫，屋大维才得知安东尼的死讯，他什么也没说，只是让人把埃及女王活着带到他面前。克娄巴特拉七世不肯出来，希望以神庙里的财宝为条件，换取她和恺撒的儿子继承王位。屋大维什么也没说，只是率军攻入神庙，除了将女王带出来外，里面的财宝自然也落入他手中。

屋大维下令将 17 岁的恺撒之子处死，而女王和安东尼所生的三个孩子则带回罗马交给屋大维娅抚养。数日后，克娄巴特拉七世自杀，一代传奇女王也走向了人生终点。

战胜了安东尼后，屋大维已再无对手，成为笑到最后的胜利者。四年后，罗马元老院授予屋大维"奥古斯都"的称号，这一称号虽不是皇帝但实质上等同于皇帝。延续近五百年的罗马共和国历史到此正式结束，那个后来同样是威名赫赫的罗马帝国正式登上历史舞台。

◎ 安东尼的妻子屋大维娅

# 窥雄录

## 尼禄·克劳狄乌斯·恺撒

### 身负污名的罗马帝国皇帝

作者 / 章毅

啊,一位多么伟大的艺术家将要死去了呀!
——尼禄

公元54年10月14日，已经是黄昏时分，从拉丁与杜斯古尔那边山地吹来的非常寒冷的晚风夹杂着细密的冻雨，落在众多站在荷斯季里乌斯元老院广场上的人头上。不过依然有越来越多的人汇集到广场上，形成了一片人海。所有的人正用夹杂着不安与希望的复杂心情凝视着元老院大门前那些排列整齐的近卫军士兵，等待着新皇帝的诞生。

终于，元老院的大门打开了，两个穿着紫袍的少年在元老们的簇拥下走了出来，他们的头上戴着月桂枝制成的花冠，人群顿时骚动起来，随着年纪较大的那个少年举起自己的右手，广场上的人群爆发出一阵阵的欢呼声，近卫军的士兵们也开始有节奏地用武器敲击着盾牌，发出欢呼声。

就在十几个小时前，朱利乌斯皇朝的第四任皇帝提贝里乌斯·克劳狄乌斯·恺

◎ 元老院会堂遗址

撒·奥古斯都·日耳曼尼库斯在一次家庭晚宴后突然离开人世。坊间传言克劳狄的侄女，同时也是皇帝的第四任妻子阿格里皮娜毒死了丈夫，目的是为了让自己的亲生儿子、年仅17岁的尼禄·克劳狄乌斯·恺撒（全名为尼禄·克劳狄乌斯·恺撒·奥古斯都·日耳曼尼库斯，又名尼禄·克劳狄乌斯·恺撒·杜路苏斯·日耳曼尼库斯，Nero Claudius Caesar Drusus Germanicus）登上至尊之位。

## 元首之名的皇帝

自从公元前30年，屋大维消灭安东尼之后，他实际上已经成为"后三头"中共和国唯一的独裁者了（马尔库斯·埃米利乌斯·雷必达虽然还保留着祭司长的职位，但已经被剥夺了全部的军队和权力，不过有个空头衔罢了）。但摆在屋大维面前的还有两个巨大的难题：一、将自己依靠武力篡夺的权力"合法化"，并选择一个可靠的继承者；二、消灭残余的反对派（主要是在元老院的共和派显贵）。

在屋大维剩余的大约44年的在位时间中，他成功地在不破坏共和国外衣的前提下做到了第一条，而第二条则做得不多。从某种意义上讲，当屋大维于公元14年离开人世的时候，元老院中共和派的势力比公元前29年屋大维从埃及返回罗马时还要强大一些。

出现这种奇怪现象的原因有两个。

首先，屋大维的所有行动都是在"复古"旗号下进行的。可能是由于舅公恺撒被刺

杀的前车之鉴，但更大的可能性是当时整个社会上的"复古"思潮。屋大维一直都很小心地将自己的行动隐藏在维护共和制度的外衣之下，以避免被扣上"独裁者"和"企图成为国王"的罪名，成为暗杀或者阴谋的对象。实际上，罗马朱利乌斯王朝的最高统治者更应该翻译成"元首"而非"皇帝"。因为从屋大维到尼禄，朱利乌斯皇朝的几位最高统治者的权力其实主要由四个官职叠加而成：终身保民官、所有军队和行省的最高统帅、首席元老、祭司长；另外还要加上一些特殊和临时的职务，比如"祖国之父"的荣誉称号、对"风俗与法律"的监察官、对罗马粮食输入的关怀者、对罗马城市下水道和公共建筑的管理权。最后，还有元首本人所拥有的巨大私人财产（比如埃及行省就是元首的私人领地，还有无数内战中没收而来的财产），使得元首有经济基础来维持军队对他本人的忠诚。

在元首的四项权力中，终身保民官使他可以否决和控制所有的民政管理（保民官对元老院通过的所有决议有否决权，为此元老院还特别通过了一项法令，给予奥古斯都及其继承者一个例外，因为保民官只能由平民而非贵族担任）；对军队和行省的最高统帅权使得他可以垄断对军队的控制权力；首席元老使得他可以控制元老院的议程；而祭司长则使得他可以在宗教事务中占据主导地位（古罗马的宗教生活和政治生活密切联系，很难分开，比如共和国时贵族们就经常通过祭司长宣布临时的宗教节日让元老院和公民大会休会来拖延对他们不利的表决）。不难看出，以上四项权力的来源都是元老院和公民大会。考虑到屋大维上台后公民大会作用的弱化和内战时期军阀对元老院权威的削弱，屋大维的所作所为在某种程度上还加强了元老院的权威（当然他的最终目的还是抬高自身的地位）。因此，这种依靠元老院同时授予多项官职来获得"权力合法性"的"元首"和古代世界"君权神授"的"皇帝""国王"是有着巨大差异的。

其次，罗马共和国的最后一百年几乎充满着连绵不断的内战，内战的双方都采用宣布公敌名单、没收财产、大屠杀等极其残酷的手段来消灭政敌。在残酷的内战中，一切革命和民主的力量都被消耗殆尽，无论是贵族还是平民都还记得内战的恐怖，都渴求和平，哪怕是独裁者统治下的和平。但是屋大维统治的44年时间里，社会已经从内战的恐怖中恢复过来了，参加和目睹内战的一代人基本死去了，新生的人们却是在和平的共和国中长大的，忘记了战争的恐怖。而屋大维的继任者们却是宫廷中

◎ 尼禄头像

长大的，他们将自己看成是天生拥有大权的专制君主。于是在屋大维死后，出现了这样一种奇怪的现象：最高统治者将自己视为皇帝，而公民却并不将自己视为臣民。更糟糕的是，从屋大维开始，历任元首用获释奴隶组成了直属自己的官僚结构。虽然理论上他们的权限不过是管理元首巨大私人财产的管家罢了（元首的私人财产极其庞大，而且绝大多数支出用于军队和其他公共服务），但实际上他们的权力范围却逐渐扩大到所有行省与亚平宁半岛。这些获释奴隶虽然有巨大的权力和财富，但在社会中的地位却没有相应地提高，在统治阶层中也没有足够的影响力，因此元首在统治阶层中除了军队以外就没有任何其他有力的支持者了。显然，屋大维之后的历任元首是无法像一个国王那样正常统治的，采用公开的和系统化的暴力手段来实施恐怖政治是他们唯一的选择。但暴力从来不是单向的，元首们也付出了生命的代价，尼禄之前的提比略、卡里古拉、克劳狄几乎都是死于阴谋和政变。因此，屋大维之后的几任朱利乌斯王朝的统治者所统治时期被称为"恐怖时代"也就不足为奇了。

在屋大维之后、尼禄之前的三位统治者，即提比略、卡里古拉、克劳狄三人中，相对提比略和卡里古拉，克劳狄与元老院、与显贵们的关系要好得多，其原因有克劳狄个人方面的也有外部方面的。在个人方面，克劳狄幼年时在身心方面就并不太健全，因此他即使成年以后在宫廷和罗马的顶层政治生活中都处于边缘地位，他能够登上帝位也完全是一场偶然。公元41年，

当时的皇帝卡里古拉被近卫军中的阴谋者用匕首刺杀，由于阴谋者没有在事先拟定继承者，因此在卡里古拉死后的两天时间里是虚位的。元老院甚至准备取消元首制恢复到原有的共和制，而此时几名近卫军的士兵正好遇到了卡里古拉的叔父，在军队中享有巨大威望的日耳曼尼乌斯的弟弟克劳狄，士兵们立即将他带到军营里并向他欢呼，拥立他为统帅。看到大势已定的元老院也只得承认既成事实，追认了元首拥有的其他头衔和权力。当时已经50多岁的克劳狄从个性上是一个与其说温和，毋宁说迟钝的人，他自然不会有精力像前两位元首那样搞清洗。当然，提比略与卡里古拉已经将元老院中绝大多数的反对派都"处理"掉了。到了克劳狄这一代，从屋大维就开始建立的以释放奴隶担任的，管理元首巨大的地产和财产（实际上已经包括整个帝国事务）为主要任务的直属元首本人的官僚机构已经相当健全，其代表便是四个宫廷办公厅，这个强大的官僚机构有足够的能力架空原有的以元老院为核心的共和国权力机构，克劳狄也不太需要使用恐怖政治的办法来确保自己的统治。

由于提比略、卡里古拉、克劳狄三人的执政时间并不长（提比略上台时间为公元14年，而克劳狄去世为公元54年，三人加起来还没有屋大维一人在位时间长），尼禄继位时的大部分罗马人都亲身经历过了提比略与卡里古拉的黑暗恐怖时代，也度过了相对宽松的克劳狄时代，他们对即将上任的皇帝抱有怎么样的心情就不难揣测了——"是卡里古拉还是克劳狄呢？"

应该说，尼禄在刚刚继位时的名声还是不错的，即使是以"丑闻的贩卖者"而闻名的苏维托尼乌斯（罗马历史学家，其作品以低俗著称）在他的《十二帝王传》里也不得不承认尼禄在刚刚登上大位时对生父与义父孝思，对母亲爱崇（他继位第一天给卫队长的口令就是"良母"，倒是阿格里皮娜的所作所为和"良母"差了十万八千里）。尼禄继位之初就宣布要按照奥古斯都的温和原则统治，甚至以自己年幼为理由拒绝传统上元首的"祖国之父"的头衔，而且绝不放过任何可以显示自己慷慨、仁慈、谦逊与善良的机会。最重要的是，他将检举违反巴比乌斯法的告密者的赏银压缩为原先的四分之一，这条法律是元首们用于打击元老院中的政敌的有力武器，任何被认为对元首不予以"尊重"的人假如被告发的话就会被处死或者流放，其财产也将会被没收，告密者将得到四分之一的赏金。尼禄削减告密者赏金的行为显然是为了向元老院示好。除此之外，登基之初，尼禄还向罗马人民发放赏金，每人400赛斯特尔提乌斯；给予即将破产的元老补助金，以让他们的财产符合元老的资格；拿出大笔的钱财举办赛会；向贫民发放粮食与各种礼物；在角斗时没有让任何角斗士被杀；而且在与人接触的时候，表现得非常谦逊，无须提醒他便向各个阶层的人致意，但别人向他致谢时，尼禄则回答"当我能配得上的时候再感谢吧"。一言以蔽之，尼禄在企图讨好罗马城内的所有人——从底层的平民到元老们，此时的他俨然是一个"纯良少年"。

但实际上，从尼禄的父母来看，他的血脉中似乎留着残暴的基因。尼禄的父系是多密提乌斯氏族中的阿赫诺巴而比家族，从外表上他也遗传了这个氏族中一个十分著名的外貌特征——青铜色的胡子。关于这个家族，罗马人有一句谚语："阿赫诺巴而比家族的人有青铜色的胡子一点也不奇怪，因为他们还长着铁脸和铅心。"一直以来，这个家族就以残酷无情、专横跋扈、纵欲无度而闻名罗马。而尼禄的母亲阿格里皮娜则是著名的日耳曼尼库斯（卡里古拉的父亲，奥古斯都的侄儿和养孙，以品德高尚和忠于共和国而闻名）的女儿。阿格里皮娜是个有着极强权力欲的女人，为了满足自己的权力欲，世间没有什么法律和道德是她所不敢践踏的。像这样的女人，即使在见惯各种荒淫无耻行为的罗马贵族中也是极其罕见的。传说当尼禄刚刚出生时，一个占星术士告诉阿格里皮娜她的儿子即将成为国王，但他的母亲也将死于他手，而阿格里皮娜笑着答道："只要他称王，那就让他杀死我吧！"

# 宫廷阴谋中成长

当尼禄3岁的时候，他的生父多密提乌斯离开了人世，按照遗嘱，还在幼年的他应该能够享有三分之一的遗产。但当时的元首卡里古拉（他是尼禄的舅舅）以共享继承权的理由夺走了这份遗产，不久后他的母亲阿格里皮娜也被流放了。姑母列比达收养了这个一贫如洗的孩子，但他是由几个奴隶养大的，这与他的高贵出身非常不配。如果留意一下朱利乌斯王朝几个有权触及最高权力的家族主要成员的生平，将会发现他们的婚姻状况极为不正常，充满了乱伦和近亲通奸，完全是政治联姻和性欲的产物，夫妻间的正常感情极其罕见，而且家族男性成员在未成年期间的非正常死亡率出奇地高，显然这是当权者消灭潜在威胁的结果。正如第二任皇帝提比略所说的"我们的家族没有兄弟，兄弟会自相残杀，父子也会相残，这是命运"。不难想象，尼禄是在怎样的一种环境里度过自己的幼年生活的。

公元41年，克劳狄登上了大位。作为元首为数不多的近亲（日耳曼尼乌斯家族成员在提比略与卡里古拉执政时就死得差不多了），尼禄的母亲阿格里皮娜从流放地返回了罗马，重新进入了帝国的核心权力圈。回到母亲身边的尼禄不但收回了生父的遗产，而且还得到了养父的一部分遗产。阿格里皮娜返回罗马后结了婚，但不久就毒死了自己的新丈夫帕西安努斯·克里斯普斯——罗马当时最富有的人之一。

凭借自己的血统和财富，阿格里皮娜成了当时帝国地位最高的两个女人之一。另外一个是元首克劳狄的第三任妻子美萨里娜，这两个女人

之间有着尖锐的矛盾，原因很简单——尼禄对美萨里娜的儿子布列塔尼库斯继承大位构成了威胁。

朱利乌斯皇朝的罗马还处于从城邦共和国加行省的联合体转到统一大帝国的"中间态"，掌握权力的是占帝国人口极少数的罗马显贵，行省居民基本处于无权状态。换句话说，掌握最高权力的朱利乌斯－克劳狄乌斯家族在显贵中是处于一种孤立无援状态的。因为权力的高度集中同时也意味着能插手权力的人数极少，而且同质化程度很高。朱利乌斯－克劳狄乌斯家族根本无法通过分化制衡的办法削弱其他显贵，也无法从其他行省居民中得到支持者，因为高层政治与行省居民根本无关。为了减小内耗，朱利乌斯－克劳狄乌斯家族经常通过家族内部成员联姻和相互收养加强内部团结，而这种联姻在很多时候根本是违背伦常的。比如尼禄与他的第一任妻子屋大维娅，尼禄的母亲是屋大维娅的父亲的侄女，夫妻双方不是一个辈分，两人之间也有很近的血缘关系。最高权力的传承也并非简单的父子传承，因为元首本质是共和国的高级官员，并非真正的国王，对继承者的年龄和能力有相当的要求。而且权力基础的薄弱也使得元首在很多时候不得不将权力交给成年的近亲而非年幼的儿子。克劳狄当

◎ 克劳狄胸像

◎ 尼禄之母"小阿格里皮娜"头像

造的谣言，有一点是确定无疑的，那就是阿格里皮娜是这场战争的最后胜利者。公元 48 年，美萨里娜被克劳狄勒令自杀，原因是她趁克劳狄不在罗马时与自己的情夫盖乌斯·西利乌斯举行了一场婚礼。元首这么做并非出于一个丈夫的嫉妒，当时罗马上层阶级的道德已经沦丧得一塌糊涂，以至于婚姻与家庭不再是人们追求的对象，反而被认为是一种妨碍他们寻欢作乐的讨厌的桎梏，贵族妇女们为了满足欲望对自己的肉体甚至比妓女还要轻率。已经年过五旬，自小又以低能和迟钝而闻名的克劳狄在肉体方面对美萨里娜可没有什么吸引力，元首也早就知道了自己的妻子拥有众多的情人，也对此处之泰然。真正让克劳狄下杀手的原因是情夫的身份。盖乌斯·西利乌斯是近卫军的一名高级军官，美萨里娜与他的婚姻只能意味着一件事情：一场武装政变即将发生。

但如果将所有已知事实的碎片拼接起来，就会发现一些隐藏得更深的东西。在此之前，美萨里娜为了夺取一名元首秘书波利比乌斯的豪宅，以大逆谋反为理由让克劳狄处死了他；当克劳狄得知妻子与他人结婚赶回罗马，清洗了近卫军，换上亲信布鲁斯担任军官之后，阻挡皇后美萨里娜向丈夫求情挽回局面的正是元首的另一名私人秘书纳尔奇苏斯；而促成克劳狄与阿格里皮娜的第四次婚姻的是一名元首秘书帕拉斯，帕拉斯和布鲁斯在克劳狄死后尼禄能够继承元首之位中起到了极其关键的作用，正是这两个人分别控制了宫廷和近卫军，确保尼禄在前往元老院之前封锁

时已经年近 60，身体状况并不好，所以年长布列塔尼库斯 4 岁的尼禄从某种意义上讲更有资格继承大位。

美萨里娜与阿格里皮娜的矛盾很快激化到了尖锐的程度。美萨里娜干脆派出刺客想要在尼禄午睡时将他勒死，但是一个惊人的意外发生了，刺客在走近床边时发现一条蟒蛇从尼禄的枕头下面钻了出来，惊恐的刺客认为这是神在护佑这个孩子，于是逃走了.人们在枕头上发现了蛇留下的蜕皮，一名预言家声称这预示尼禄将从老年人手中得到权力，正如他从老蛇那儿得到蜕皮一样（古时候人们认为蛇能够通过蜕皮而返老还童）。

不管上面的故事是否为阿格里皮娜编

了消息并收买了军队。

看到这里，应该可以得出这样一个结论，在这场两个女人之间的战争中，决定胜负的关键是阿格里皮娜争取到了元首身边的亲信集团，尤其是释放奴隶组成的私人秘书们的支持。美萨里娜虽然处死了其中一人，但还是因为关键时候无法向自己的元首丈夫当面施加影响而失败了。

接下来的事就顺理成章了，阿格里皮娜竭尽自己的所有能力勾引了枕边空虚的元首和叔叔。凭借近亲的身份，她有权进入宫廷之中，有很多与克劳狄亲密接触的机会，这是一个很大的优势。一年之后（公元49年），克劳狄就与阿格里皮娜结婚了，而尼禄也成了元首的养子与女婿（他与克劳狄前妻的女儿屋大维娅订婚了）。

克劳狄最后的几年生活中充满了不幸，他的新婚妻子与释放奴秘书们结成了紧密的同盟，他们就好像骡夫操纵自己的牲口那样操纵着元首，将一个又一个威胁着尼禄继承权的人送上黄泉，总计有35名元老和300多名骑士，其中包括克劳狄两个女儿的丈夫，唯一能够幸免于难的是克劳狄的亲生儿子——布列塔尼库斯，因为他当时还年幼，不过他也在克劳狄死后不久遇害。

在克劳狄人生的最后一年，这个迟钝的老人越来越表现出对自己所做的事感到

◎ 在三榻餐厅里进餐的罗马贵族

◎ 塞涅卡头像

后悔。他很后悔与阿格里皮娜这样一个权力欲极重的女人结婚，并收养尼禄为子。于是他提前给予布列塔尼库斯成人长袍，并在元老院向元老们恳请他们关心自己年幼的孩子。一切都在向阿格里皮娜发出警报：尼禄的继承权并非板上钉钉。

公元 54 年 10 月 12 日的傍晚，克劳狄正像平时一样享受着自己的晚餐，他是个十分贪图口腹之欲的大胖子。突然，他丢下手中的餐具，抓住自己的脖子，咽喉里发出痛苦的嘶嘶声。旁边的侍从和亲人慌忙地将他扶起，地板上散落着吃剩的蘑菇，这是他最喜欢的菜肴。这个可怜的老人受了一整晚的折磨，次日黎明才断了气。阿格里皮娜和元首的亲信们封锁了消息，并迅速将尼禄用乘舆带到近卫军兵营，让他向士兵们发表简短的演讲，许下丰厚的赏金，在得到了近卫军的支持后，尼禄才前往元老院。

接下来就是本篇开始的那一幕，尼禄继承了每一任朱利乌斯王朝的元首所有的头衔，除了"祖国之父"。

不过，继位之初的尼禄并没有能力处理复杂的国政，处理具体事务的是近卫军的长官阿佛拉尼乌斯·布鲁斯和尼禄的私人老师安奈乌斯·塞涅卡。后者是著名的斯多葛派哲学家、第一流的行政官僚和宫廷学者、阴谋家和伪君子，同时还是罗马首屈一指的富翁和高利贷者。这两个人参与了阿格里皮娜谋杀前任元首的阴谋，现在他们企图控制尼禄，将权力的重心转回到与元老院合作的路线上来。

无疑布鲁斯与塞涅卡的行为最终是不可能成功的，相比起臃肿迟钝的元老院，元首辖下的官僚机器更适宜作为统治罗马帝国的工具。而且摆在两人面前的还有另外一个更直接的问题：如何应对元首的母亲的挑战。

对于阿格里皮娜来说，儿子尼禄不过是又一个她用来掌握权力的工具，克劳狄死后，帝国的最高权力应该也只能属于她所有。布鲁斯与塞涅卡这两个前政治盟友此时已经成为阻挡她控制尼禄的障碍，于是宫廷内部又爆发了一场新的斗争——阿格里皮娜派和塞涅卡派争夺元首尼禄的斗争。双方都竭力采用一切可能的手段讨好尼禄，其中最常见的办法就是讨好、献媚、满足元首的欲望和艺术偏好，哪怕这种欲望对元首本人和国家是如何不健康和有害的。一个 17 岁的年轻人在这样的环境中成长是不会有什么好的结果的。

# 弑母之后的残暴

两派的斗争很快就决出了胜负，比起阿格里皮娜的严苛控制，塞涅卡更善于讨好或者说满足自己学生的欲望，或者说更没有下限。为了削弱阿格里皮娜的影响力，他将一个十分美丽的女奴阿克特送到了尼禄的身边。相比起母亲为自己选择的身份高贵的妻子，尼禄很快就被美丽温柔的阿克特迷住了，并给予阿克特自由，一些溜须拍马者甚至想方设法地寻找依据证明阿克特是帕加马王室的后裔，因为元首不可能和一个卑贱的奴隶结婚。被儿子的行为激怒的阿格里皮娜亮出了自己的底牌，她威胁尼禄自己将和布列塔尼库斯——前任元首的亲生儿子——到近卫军军营去，让士兵们选择谁才是真正的元首。

阿格里皮娜的威胁起到了作用，更确切地说是反作用。公元55年，布列塔尼库斯突然中毒身亡，这严重地伤害了尼禄与阿格里皮娜之间原本就并不稳固的母子关系，塞涅卡与布鲁斯成了胜利者。

塞涅卡与布鲁斯的胜利给其他人树立了一个很不妙的榜样，罗马上流社会的每一个人都看到年轻的元首是一个不能控制自己欲望的年轻人。很快，仿效者就出现了。公元58年，另一位罗马贵族撒尔维尤斯·奥托将自己美丽的妻子带到了尼禄的面前，这就是罗马贵妇人波培娅·萨宾娜。尼禄很快就被她迷住了，他设法让奥托与她离了婚，并想要让她成为自己的妻子。

这件事情成了压断元首与其母亲脆弱关系的最后一根稻草。阿格里皮娜此时已经被逐出宫廷，被剥夺了全部荣誉和权力以及随身卫队。元首的妻子屋大维娅同时也是阿格里皮娜的养女，阿格里皮娜用极其激烈的态度反对尼禄与她离婚，因为这将剥夺她对儿子的最后一点影响力。

阿格里皮娜的反对并没有影响尼禄的决定，他迫不及待地与屋大维娅离了婚，理由是她不生育，这个可怜的女人不久后被流放，最后在公元62年以通奸罪被处死。为了找到足够的证据，尼禄干脆让一个心腹做伪证声称他曾经与屋大维娅通奸。

应该说尼禄对他的新妻子波培娅·萨宾娜是有真正的爱情的，虽然这种爱情可能是扭曲的。他在与前妻离婚后的第12天就与波培娅结婚了，在随后的相当长一段时间，尼禄都成了这个有着女神外表的恶毒妇人的奴隶。

阿格里皮娜的末日终于来到了，无论是波培娅还是塞涅卡都很清楚阿格里皮娜行事的无所顾忌和对权力的可怕渴望，如果有一天这个女人重新回到权力的中心，

◎ 与尼禄一起观看角斗表演的波培娅·萨宾娜

她一定会使用一切可能的办法报复自己。而且这并不是不可能的。根据很多古代历史学家的记载，阿格里皮娜为了控制自己的儿子，甚至与尼禄发生了乱伦的肉体关系，尼禄身边也有一个与阿格里皮娜容貌非常相似的妓女。为什么不趁着尼禄与阿格里皮娜的关系降到最低点的机会彻底消灭这个隐患呢？

要让尼禄相信阿格里皮娜正在策划一个反对自己的阴谋并不难，实际上这甚至不全是一个谎言，为了重新回到权力中心阿格里皮娜是不惮于做任何事情的。更不要说塞涅卡还能得到波培娅·萨宾娜的帮助，这个美丽而又恶毒的女人已经能够像操纵木偶一样操纵尼禄。很快，塞涅卡就如愿以偿了，此时的尼禄脑海中已经完全没有了道德的概念，只想着永远逃脱母亲的控制和监视。他建造了一条用胶粘合而成的大船，一旦进入水中船就会解体。然后尼禄邀请阿格里皮娜来贝亚过节，在她返回住处时他预先命令将所有的其他船只调走或者凿穿，只留下那条特制的船。但事不如人愿，阿格里皮娜的确如尼禄所预想的那样登上了船，船也解体了，但擅长游泳的阿格里皮娜脱险了。从母亲的获释奴信使口中得到这个消息的尼禄异常失望，他干脆将一把匕首塞到这个倒霉的获释奴的身边，然后声称这是母亲派来的刺客，并以此为理由派出士兵杀死了阿格里皮娜。同时尼禄还让士兵们制造一种假象，仿佛阿格里皮娜是用自杀来逃避已经败露的罪行。

就这样，阿格里皮娜于公元 59 年死掉了。这个女人无论是生前还是死后都给尼禄造成了极其重要的影响，弑母的罪恶感一直在拷问着这个懦弱的灵魂。与许多恶人不同的是，尼禄心里很清楚自己这么做是错的，事后他也会感到恐惧和惭愧，他只是无法控制自己，身边的那些人和他自己的欲望最后毁了他。在梦中，母亲的鬼魂和蛇发的复仇女神挥舞着皮鞭和火把追逐着他，尼禄不得不多次让祭司举办祭典来祛散阴魂和祈求宽恕。此外，尼禄在前往希腊旅行时，甚至不敢参与著名的厄琉息斯秘仪，因为在仪式开始前，司仪总要宣布亵渎神灵者和罪人必须离开。

对于塞涅卡来说，阿格里皮娜的死带来的胜利是很短暂的。这个熟练的行政官僚和阴谋家发现自己越来越难以控制元首，杀死自己的母亲毁掉了尼禄身上不多的道德感，而越来越多的人开始效法塞涅卡，用引诱和满足元首的各种欲望的方式靠近尼禄，为自己牟利。塞涅卡发现自己处于一种两难的境地，如果他劝诫学生控制自己的欲望，将会惹来尼禄的厌恶；而如果他置之不理，将会让政事更加败坏，同时元首的身边也会挤满更多的竞争者，这些竞争者都将自己看成阻碍他们的绊脚石。

公元 62 年，控制着近卫军的布鲁斯死了，死因可能是尼禄在赐给他治疗咽喉病的药物里下了毒。尼禄任命了另外两个人代替了他，其中一人叫作奥弗尼乌斯·提该里努斯。这对塞涅卡来说是一个巨大的打击，因为他失去了一个最有力的政治盟友，而且提该里努斯是一个出身低微而且道德低下的人，他对尼禄起到了极其恶劣的影响。塞涅卡在发现自己已经无法控制学生后，就离开了宫廷，隐居了起来，他想要用这个办法保住自己的性命和财产。

现在约束着尼禄的最后一根皮带也被解开了，他一天比一天深地陷入鲜血、屠杀和放荡之中。许多尼禄身边最亲密的人都死于他手：尼禄养父的女儿安东尼娅、第二任元首提比略的外曾孙路贝里乌斯·普劳提乌斯、他妻子波培娅与前夫的儿子、尼禄乳母的儿子、收留他的姑母列比达、帮助他夺得王位的那些老释放奴隶们，甚至尼禄曾经深爱着的波培娅本人。尼禄杀死他们的原因有很多，有谋财害命的，比如他的姑母列比达和老释放奴隶们，他们拥有的巨额财富让他们丧了命；有威胁到他的地位的，比如路贝里乌斯·普劳提乌斯，他的母亲阿格里皮娜曾经想要利用这个孩子来对抗他，尼禄在处死他之前甚至鸡奸了对方，以嘲笑母亲的行为；还有抗拒元首的欲望的，比如安东尼娅，在波培娅死后，她拒绝嫁给尼禄，被诬陷阴谋（对朱利乌斯家族的成员而言，"阴谋"只有一个意思，那就是大逆罪，即反对元首的阴谋，因为其他的罪行根本对他们是无效的）而处死；更多的则是触犯了尼禄喜怒无常的脾气，比如波培娅与前夫的儿子喜欢在游戏中扮演将军和皇帝，而他乳母的儿子曾经在为尼禄准备的游泳池里洗澡，波培娅则是因为在怀孕的时候指责丈夫过于沉浸在赛场之中忘记了自己而被激怒的尼禄踢死。

他的老师塞涅卡最终也没能逃脱。塞涅卡的死因，则是兼而有之，他无数的财产是引来杀身之祸的一个原因，不过更可能是因为他知道的太多了。从阿格里皮娜杀死克劳狄的第三任妻子美萨里娜，到诱使年少的元首杀死自己贪权跋扈的母亲，宫廷层层帷幕后面都闪动着这个当时第一流学者的影子。因此，即使塞涅卡交出自己的绝大部分财产以恳求学生饶恕自己，尼禄也绝不会让一个知道这么多秘密的人活在世上，哪怕他是自己的老师。

当然，前面所举出的例子绝不是说尼禄屠杀的对象只限于自己的身边的小圈子。与几乎所有朱利乌斯王朝的统治者一样，尼禄将元老院视为威胁自己权力的对象。从某种意义上讲他是对的，在消灭了几乎所有朱利乌斯 - 克劳狄乌斯家族的成员后，元老院里的显贵们是他唯一的威胁了。尼禄处死所有让他不快的元老，无论理由多么可笑，比如双目失明的法学家卡西乌斯·龙吉努斯，因为在自己的族谱里保存着刺杀了恺撒的祖先——盖乌斯·卡西乌斯的肖像而被处死；著名的诗人安奈乌斯·路卡努斯丢掉了自己的脑袋，是因为他的诗才引起了尼禄的妒忌。

尼禄甚至将统治行省和军队的权力交给了自己的释放奴隶和骑士阶层，而根据共和国的传统，这些都是元老阶层才能担任的官职。在民众里的好名声、巨大的财富、统帅才能、在诗歌与文艺上的出色才能，以及一切可能引起尼禄妒忌和疑虑的东西都会引来杀身之祸。而且尼禄在执行死刑方面总是非常果断的，甚至不给予受刑者超过一小时的时间准备，对于那些没有足够胆量和勇气自我了断的人们，尼禄倒是给予了一点人道的方便，他通常让医生"关照"一下那些犹豫不决的可怜人，即切断他们的动脉，这能够让死者尽可能快且无痛苦地离开人世。

这并不是说远离宫廷就能逃脱杀身之祸。假如某个元老不经常出现在尼禄身边，赞叹元首的歌喉、诗才与驾驶战车的技巧，他就不会被尼禄列入"朋友"的行列，那么当某位贪图赏金的告密者控告他的时候，尼禄也绝不会考虑告密者的话是否属实。第二天早上这个倒霉鬼就会在自己家门口看到近卫军的百夫长带着元首陛下的旨意前来，让他结束自己的生命，这样还能给自己的孩子保留一点遗产。比如未来的皇帝韦伯芗就差点因为打瞌睡而丢了性命：一次尼禄在通宵达旦的晚宴中表演竖琴，而韦伯芗因为实在是熬不住了，居然睡着了，如果不是深得尼禄信任的"风雅的裁

判官"培特洛尼乌斯用一个出色的小笑话圆了场，尼禄差点让一个百夫长去劝说这个可怜的人切断自己的动脉。机智的培特洛尼乌斯笑着对尼禄说："如果说奥尔菲斯（古希腊神话中阿波罗的儿子，著名的音乐家和诗人）的歌声能够让猛兽睡着的话，陛下的竖琴也对韦伯芗起到了催眠的作用。"

# 慷慨与奢欲并存

不过与帝国的上层不同，尼禄在罗马下层百姓和帝国东部行省中，尤其是希腊化行省的名声倒是相当不错。究其原因主要有以下两点。

首先，作为元首，尼禄虽然控制着近卫军和隶属于元首本人的官僚机构，但绝大多数罗马贵族对元首是又害怕又痛恨的。尼禄很清楚自己在帝国的上层是如何的孤立无援，这也是他中后期疯狂屠杀自己亲属的原因之一。因为军队已经对朱利乌斯 - 克劳狄乌斯家族宣誓效忠，贵族们只有在准备好了另外一个军队能接受的人选（至少是朱利乌斯 - 克劳狄乌斯家族的成员）来代替尼禄后，才敢发动一场政变。否则，政变就可能激化成一场残酷的内战，这才是罗马贵族们最恐惧的事情。尼禄提前杀掉自己的亲属等于是消除了政变的隐患。

为了改变自己在罗马城里的孤立地位，尼禄不得不想方设法地讨好平民们。此时罗马底层已经成为希图不劳而获的渣滓的汇集地，他们的口号就是"面包与马戏"。而在赛会和施舍方面，尼禄是从来不吝啬

◎ 韦伯芗半身像

的，为此他甚至耗尽了自己和行省的财富。

其次，在尼禄的身上还有一种可以称之为低俗的天性。比如在他还是个少年的时候，他就很喜欢在天黑后穿戴着平民的斗篷和毡帽在罗马的贫民区闲逛，参与各种各样的恶作剧取乐，其中包括殴打夜归的人、抢劫商店等等。须知这种夜游是非常危险的，当时罗马的治安是如此的不好，以至于有位哲学家曾经说过这样一句话："一个罗马的市民假如在夜晚十点后出门而不事先写下遗嘱是非常不谨慎的。"参与斗殴者经常会失去眼睛甚至性命，可是尼禄一直乐此不疲。这种行为在贵族们看来是行为不端的低俗，但在罗马底层看来却有"同类"的亲近感。

因此，与对自己亲属和贵族们的"杀伐果断"不同，尼禄在面对人民时显得格外的宽容，他始终能忍受人民对他的唾骂和指责，对那些用挖苦话和打油诗攻击他的人尤其宽大为怀。须知罗马人民对当权者的尖酸刻薄可是举世闻名，甚至在西方文学里还产生了一个专门的类别——讽刺诗。比如当时一名著名的滑稽剧演员达图斯在表演中唱到："祝你健康，父亲！祝你健康，母亲！"同时相应做出饮酒和游泳的动作（暗示克劳狄与阿格里皮娜之死）；一次尼禄经过大街时，一名犬儒派的哲学家当众向他高声叫喊："你能把诺普里乌斯的不幸①唱得很好，却把自己的好的东西用得很糟糕（暗示尼禄弑母弑父）。"还有一首匿名的讥讽诗如下：

"尼禄、奥瑞斯特、阿尔克·迈翁都杀了自己的母亲，

只要数一下，定会发现，尼禄等于弑母者。②谁能否认尼禄出自埃涅阿斯的伟大后裔？③一个背走了自己的老父，一个送走了自己的母亲。

我们的皇帝紧拉琴弦，帕提亚的国王则拉紧弓弦。

我们的皇帝是歌唱者阿波罗，而那个国王则是远射者阿波罗。④整个罗马正在完全被宫殿吞没，赶快迁到维爱去，公民们！

乘维爱还没有被划归宫殿。⑤"

面对人民的嘲讽，尼禄没有追查讽刺诗的作者，当告密者举报的时候，尼禄也禁止严惩作者；对于前面那个犬儒派哲学家和滑稽剧演员，他也只是将他们驱逐出罗马和亚平宁半岛了事，尼禄的这种态度

---

① 这是一个特洛伊战争神话中的故事，诺普里乌斯之子巴拉美德在特洛伊城下被希腊联军无辜杀死，为了替儿子报仇，诺普里乌斯用火将回归的希腊舰队引向礁石，将其毁灭。

② 这是一个双关比喻，尼禄名字的希腊字母代表的数值正好等于"弑母者"希腊字母的数值。

③ 埃涅阿斯是特洛伊英雄，以孝顺闻名，特洛伊城灭时，他背自己的老父逃走，传说正是他漂流到亚平宁半岛，后代建立了罗马城。

④ 帕提亚是当时罗马在西亚的主要敌人，以善于骑射而闻名，公元62年，帕提亚人在亚美尼亚包围了罗马人，罗马不得不在屈辱性的条件下放弃了部分边界领土。太阳神阿波罗在希腊神话中还兼有射手神和音乐之神的职责。

⑤ 维爱是罗马附近的埃特鲁利亚城市，公元前396年为罗马所吞并，不久后罗马贵族与平民爆发尖锐矛盾，罗马平民声称如果贵族不做出让步，他们就全体迁往维爱，诗歌中讥讽尼禄扩大宫殿占用贫民区土地。

无疑在平民中为他加分不少。

尼禄能够得到东部行省居民的爱戴，则是源于尼禄个人对希腊文化的热爱。这在罗马贵族中倒是很常见，因为相比起高深的希腊文化和哲学，罗马在这些方面要粗陋和实用主义得多。比如希腊的戏剧中有《普罗米修斯》《波斯人》这些思想性与艺术性兼有的名著，而罗马的那些托加剧和滑稽剧多半不过是以色情表演来取悦市民的下脚料，一般来说出身高贵的贵族都不会看的（对罗马戏剧有兴趣的书友们可以看看 HBO 的系列剧《罗马》，里面有几个片段是关于罗马的戏剧的）；西塞罗（罗马哲学家和文学家）是一个第一流的散文家、出色的律师与政客，但在哲学方面他其实只是起到了一个普及者的作用，无法与柏拉图、苏格拉底、亚里士多德与皮浪（怀疑论哲学家）相提并论。可能是在亚平宁半岛南部的大希腊地区长大的缘故，尼禄在幼年时就爱上了音乐、戏剧以及诗歌。继位之后，他就立即召见当时著名的竖琴大师特尔普鲁斯，午饭后便听他弹奏直至深夜。尼禄并没有止步于一个欣赏者的角色，他还努力身体力行，以一个职业表演者的标准要求自己。比如尼禄经常仰卧，将铅板放在胸口，以锻炼肺部呼吸；通过导管和呕吐清理肠胃；不吃有核的果子和其他有害嗓子的食物，他每个月都有几天只吃油拌韭菜来保护嗓子。这在罗马贵族中就是绝无仅有的了，因为大部分罗马贵族都将这些视为奴隶的技能，他们是不会操此贱业的。

很快尼禄就亲自登台表演，一开始是在宫廷内的小圈子，但随后就在罗马城的公开场合。不但如此，他甚至前往心目中艺术的故乡——希腊和帝国东部首屈一指的大城市亚历山大里亚旅游和巡演。应该说尼禄在歌唱和舞蹈方面的天赋很一般，他的声域狭窄，嗓子沙哑，脖子粗，肚皮大，两腿细而且有点罗圈，但这并不妨碍他在亚历山大里亚和希腊的巡演中赢得巨大的成功。亚历山大里亚人有特色的鼓掌声把尼禄迷住了，尼禄甚至专门从亚历山大里亚人中招募了一批年轻人在他在剧场里表演时鼓掌，这批年轻人的队长得到了 40 万赛斯特尔提乌斯的报酬。而希腊人则干脆将全部基萨拉琴比赛优胜者的桂冠都授予了元首陛下，狂喜的尼禄接见了所有送来桂冠的使者，并称赞只有希腊人懂得欣赏音乐，也只有他们与自己的激情合拍。在参加了奥林匹亚赛会并赢得冠军后，他将自治和免税的特权赠给了该行省的居民，并赠予裁判员罗马公民权和许多金钱。

以公元 62 年为一个分水岭，可以将尼禄的统治分为两个阶段。在这一年里发生了几件极其重要的事情：帮助他登上元首之位的近卫军长官布鲁斯死了，塞涅卡引退了，尼禄的结发妻子屋大维娅死了，奥弗尼乌斯·提该里努斯成了新的近卫军长官。这些事情标志着尼禄和元老院短暂的蜜月期结束了，在尼禄刚刚继位时被停止的大逆罪的起诉又开始了，处死与没收也出现了，这一方面是为了打击反对尼禄的显贵反对派，但另外一个原因则是为了填补元首日渐羞涩的钱袋。

应该说前任元首克劳狄给尼禄留下了

一笔非常丰厚的遗产。由于年幼时不被家人重视的缘故，克劳狄在登上元首之位之前手头并不是非常宽裕，因此他继位后颇为节制，而元首的收入极为丰厚，因此尼禄继位之初国库应该是颇为充盈的。但尼禄在挥霍金钱的速度上超出了所有人的想象。不知为何，这个年轻人将那些精打细算的人视为穷酸的守财奴，而将挥金如土、肆意妄为的人看成是有气概的男子汉。这位年轻人无论是在别人身上还是自己身上花钱都毫无节制，比如他赏赐士兵就花掉了 22 亿赛斯特尔提乌斯；亚美尼亚国王提里达提斯来到罗马时，每天的花费有 80 万赛斯特尔提乌斯，在他离开时，尼禄赠予他 100 余万赛斯特尔提乌斯；尼禄在玩掷骰子游戏时，一个点就押 40 万赛斯特尔提乌斯；出外旅行随行的车辆不少于 1000 辆，而且拉车的骡子钉着银制的脚掌，随行的努米底亚骑兵戴着金质的臂环和发环。

然而，前面所提到的那些比起在建筑方面的花费简直不值一提。他修建了一座从帕拉丁延伸到埃斯奎林（帕拉丁和埃斯奎林都是罗马七座山之一）的宫殿，这座宫殿最早被尼禄称为"穿堂"，不久遭遇火灾后重建，这就是著名的"金屋"（Domus aurea）。在这座巨大宫殿的前殿有一座高度超过 100 英尺的尼禄本人的巨像，而前殿的廊柱就有 1.5 公里长，前殿里面还有一个巨大的池塘。宫殿内部的各个建筑物是如此大，以至于像一座座小城市。建筑四周则是精心设计的耕地、葡萄园、树林与牧场，有大量的野兽和家畜；在餐厅装有旋转的象牙镶嵌而成的天花板，以便撒花和喷洒香水；正厅的天花板是一个巨大的天象仪，可以随着时间旋转，镶嵌着宝石模拟夜空。至于这座宏大建筑的两位工程师谢维路斯和凯列尔，历史学家塔西陀说这两个人用自己的智慧耗掉了一个皇帝的金库。

除此之外，他还打算挖掘一条运河直通罗马附近的港口奥斯提亚，以便直接通航。尼禄如此疯狂地耗费金钱，除了他对

◎ 在野外进行荒淫宴会的罗马贵族

◎ 著名的"拉奥孔与儿子们"雕塑是从尼禄的"金屋"遗迹中挖掘出来的

亲族的名字，其遗产的六分之五将归现任元首继承。此外，对元首忘恩负义之人（即遗嘱中没有给元首留下足够遗产的）的财产全部没收，为他起草和口授遗嘱的人也要受到牵连。此外，尼禄还收回了以前他送出的许多礼物，发布法令禁止普通人使用紫色和绛红色两种颜料，而他又派人在市场上偷偷出售一点这两种颜料，然后封锁了商店，没收了所有财产。尼禄甚至把手伸向了神庙和退休的百夫长们，当时的神庙除了祭祀神灵之外，还有替人保存财产和遗嘱的作用，尼禄将神庙里的金银塑像夺走，据为己有，还掠夺了那些富有的退休百夫长的财富。在委任某个人担任官职时，尼禄总是补充下面一番话："你知道我需要什么吗？我们要做到不给任何人留下分文！"

帝国的财富有着足够的自信，还有另外一个原因。那就是一个神经错乱的罗马骑士向他许诺，在非洲海岸边的巨大洞穴里有一个古代金库，这是狄多女王（传说中建立迦太基的推罗妇女）从推罗逃亡出来时埋藏在那儿的，自己可以毫不费力地为尼禄找到这个财库。

但最终希望化为泡影，尼禄不得不拖欠军饷和老兵的退伍金，并通过诬陷和掠夺填补亏空。他的目光首先投向了克劳狄的老获释奴隶们（往往都拥有惊人的财富，而且往往得到过元首的赐名）。他颁布法令，所有已故的获释奴隶假如使用了元首任

## 渐入窘境的暴君

尼禄的行为激化了他和显贵们的矛盾，一个反尼禄的阴谋在公元65年逐渐形成了，参与阴谋的有许多元老和骑士阶层中的人。阴谋的主导者有两个人，一个是年轻的贵族格涅乌斯·卡尔普尔尼乌斯·皮索，按照计划在尼禄死后他将继任元首；另外一个是近卫军的第二号人物——费尼乌斯·卢福斯，他参与阴谋的原因是因为妒忌尼禄更加信任另一名近卫军长官——提该里努斯。但阴谋者的行动太过迟缓了，被揭发的阴谋给了尼禄一个很好的机会消灭所有他不中意的人，被处死的人包括塞涅卡和"风雅的裁判官"培特洛尼乌斯（波

兰作家显克维奇的名著《你往何处去》中，曾将培特洛尼乌斯作为一个重要角色）。

公元 64 年夏天罗马城的大火和随后发生的对信教者的迫害，可能是尼禄最广为人知的罪状。站在高处看着焚烧着的罗马弹唱着"啊，我祖先的巢穴！啊，我亲爱的摇篮"（《荷马史诗》中特洛伊的国王普里阿姆面对沦陷的特洛伊时的独白），无疑很符合尼禄这样一个认为"艺术高于一切"的暴君形象。但如果深究细节，将会发现这两个指责都是不符合实际的。火灾是偶然发生的，因为发生的时间是在满月的日子，在这样的日子里它的"美学"效果是不怎么样的。尽管如此，是尼禄纵火的流言还是使得人民产生了极大的不满，这种不满随时都可能演变为武装暴动。为了寻找替罪羊，当局将许多属于各种底层非法组织的成员都逮捕了。受害者中可能有信教者，但这次行动并非针对信教者。

大火之后，尼禄为了挽回自己在群众中的名声，自己出钱发放食物，同时廉价收购了大片火灾之后的土地开始修建著名的"金屋"。尼禄的努力收到的回报微乎其微，因为只有流氓、无产者才能从大火中获利，而城中的有产者得到的好处是不足以补偿损失的。

内忧正在逐渐积累，外患也开始出现了。

在尼禄执政的早期，他面临的最大外部威胁是不列颠行省的布狄卡女王所领导的起义。这个女人是当时不列颠行省的一个凯尔特人部落艾西尼人的女王，她的丈夫普拉苏塔古斯国王是罗马人的傀儡。普拉苏塔古斯死去时没有留下男性后裔，在遗嘱中他将王国的一半留给罗马人以偿还一笔债务，但罗马吞并了整个王国，罗马士兵还强奸了布狄卡女王的两个女儿，这成了一场大规模起义的导火线。更糟糕的是，不列颠行省的总督苏维托尼乌斯·鲍利努斯花费了很大精力在打击凯尔特人的德鲁伊教派上，这个教派在当时的土著凯尔特人中有着很大的影响力，无形之中将所有的土著人推到了罗马的敌对面。

公元 61 年夏天，布狄卡女王成功地结成了一个几乎所有土著部落都加入的反罗马同盟。暴乱首先在威尔士发生，总督鲍利努斯带领三分之二的军队前往镇压，随后大批驾驶着两轮战车的凯尔特武士袭击了当时罗马人在不列颠的中心——卡姆罗多努，在他们的身后是成群结队身着黑衣驾驶着牛车和马车的妇女，她们诅咒着罗马人并激励着战士们进攻。防御薄弱的卡姆罗多努被攻陷，随即起义军又攻陷了位于今天伦敦所在地的朗蒂尼亚姆，接下来是维鲁拉米亚姆，起义军极其残酷地报复了侵略者，即使是妇女和儿童也被作为祭

◎ *面对罗马大火吟唱的尼禄*

祀神灵之用，一共有7万以上的罗马人和同盟者被杀。

但是布狄卡的胜利没有持续下去，经验丰富的鲍利努斯下令焚毁了所有不在坚固据点里的粮食。起义军已经动员了所有的人，自己的田地里没有收成，又无法从罗马人手里得到粮食，而罗马人却可以使用据点里的粮食。面对这种情况，布狄卡不得不进攻严密设防的罗马据点以获得补给，这给了鲍利努斯足够的时间重整兵力。女王的进攻失败了，起义者不得不将军队分散开来以收集补给，却遭到罗马人的进攻，最后的决战发生在泰晤士河以南的一块崎岖不平的多石地带，凯尔特人最有力的武器——战车无法发挥作用，罗马人赢得了胜利，绝望的布狄卡用毒药结束了自己的生命，随同她进入坟墓的还有王国的所有财富，直到今天历史学家们也没有找到坟墓的所在。

不过对于尼禄来说，帝国东部的问题才是真正的大麻烦。卡莱之战（公元前53年，帕提亚帝国名将苏莱那歼灭了克拉苏的7个军团的大军）和不久后安东尼不成功的进攻告诉罗马的上层一个事实：在两河流域广阔的平地上，罗马军团很难战胜由骑射手和铁甲骑士组成的帕提亚军队。经过屋大维和提比略的努力，双方在两河流域与陶鲁斯山脉之间形成了一条双方都能够接受的分界线。但对于位于小亚细亚东部地区的山国亚美尼亚王国，双方对其归属还是有相当的争议，早在提比略的时代，两国就为谁控制亚美尼亚王国开始激烈的冲突。

◎ 带着受辱的女儿对不列颠人慷慨陈词的布狄卡女王

公元62年，帕提亚人包围了罗马军队，并将自己的傀儡提里达提斯扶上了亚美尼亚国王的宝座。尼禄不得不派出自己最优秀的统帅格涅尼乌·多米提乌斯·科尔布罗，这是他一直以来极力避免的，因为他害怕对方从中赢得足够的声望取代自己。

科尔布罗的行动十分成功，他通过几次成功的战役和巧妙的外交行动以很小的代价解决了亚美尼亚—帕提亚问题。提里达提斯表示自己接受罗马的保护并于公元66年亲自来到罗马接受尼禄的加冕（即亚美尼亚成为一个帕提亚和罗马之间的缓冲国）。不过科尔布罗的胜利也确定了他的末日，尼禄在不久之后（公元67年）把科尔布罗召到自己身边（当时尼禄在希腊巡游），并处死了对方。

科尔布罗无缘无故的被杀（他一直在

◎ 驾驶镰刀战车的布狄卡女王青铜塑像，位于今天伦敦威斯敏斯特大桥西侧

整个东方都会起来反抗罗马残酷的统治。尼禄不得不派出自己手中最后一位有足够军事经验的统帅——提图斯·弗拉维优斯·韦伯芗，这位不讨尼禄喜欢的统帅能活到现在的唯一原因是他出身低微，是个包税人的儿子（通常干这行的是骑士或者显贵的释放奴隶）。在尼禄看来这个人不太可能威胁到自己的地位，不过尼禄万万没有想到的是这个已经57岁的老人在他死后成了新的罗马皇帝。

公元67年，韦伯芗指挥着5万军队在巴勒斯坦开始了军事行动。到第二年，除了犹太一地外，其他地方的起义都被平定了，但此时韦伯芗得知了一个惊人的消息——元首尼禄已经遭到了废黜，韦伯芗立即停止了所有的军事行动，向同盟者索要骑兵和弓箭手，做好了内战的准备。

在罗马，刚刚从希腊返回的尼禄还没有从获得无数桂冠的狂喜中平静下来，就传来了一个可怕的消息：高卢行省的总督朱利乌斯·路德克斯举起了"恢复共和"的旗帜，对新增加的租税极其不满的高卢人站在了起义军团一边。

东方，不可能参与反尼禄的阴谋）让还活着的人惊恐异常，他们意识到如果自己什么都不做，早晚也会落到科尔布罗的下场。新的阴谋又开始了，这次阴谋参与者的范围变得更广了，其中有高卢行省的总督朱利乌斯·路德克斯和西班牙行省的总督塞尔维乌斯·伽尔巴。当时罗马的所有行省中，驻扎军队最为强大的就是西班牙、高卢和叙利亚。

但此时东部巴勒斯坦行省犹太人起义的规模越来越大了，不但本行省的总督无力镇压，就连在叙利亚负责整个东方事务的副帅凯斯提乌斯·伽洛斯也在围攻起义者的中心耶路撒冷时被击败了。如果让起义持续下去后果是不可设想的，很可能

面对糟糕的局面，尼禄表现出一种与其说是镇静还不如说是逃避事实的态度，在很长的一段时间内他不给任何人回信，也不发布任何命令，只是和平常一样观看赛会，举行宴会，唱歌。最后让尼禄做出

反应的是文德克斯的一份檄文，檄文中嘲笑尼禄掌握竖琴艺术比掌握其他艺术差，而掌握统治艺术比竖琴艺术更差。愤怒的元首写了一封信给元老院，让其为他本人和国家报仇。可不久后，西班牙行省的总督塞尔维乌斯·伽尔巴也举起了叛旗。

当得知西班牙行省也竖起了叛旗之后，尼禄立即昏倒了，他长时间地不省人事，一声不吭。突然，他跳起来，撕裂自己的衣服，捶打胸膛，诅咒神灵，就仿佛某些戏剧中的角色一般。不过在此之后，他依然像平时那样过着奢侈的生活。每当得到一个好消息，不管是真是假，他都举行豪华的宴会，在宴会上向自己的朋友手舞足蹈地唱着讥讽叛军的歌曲。某次他前往戏院看戏时，走进后台对赢得成功的演员说对方正在从皇帝的忙碌中得到好处，即假如自己不是这么忙的话，他的表演一定会压倒对方而成为观众们欢呼的对象。

随着时间的流逝，形势变得越来越糟糕。路德克斯的叛军被指挥上日耳曼军团的维尔吉乌斯·卢福斯击败了，但胜利了的日耳曼军队要求维尔吉乌斯宣布自己为元首，维尔吉乌斯拒绝了军队的要求。这并没有让尼禄的处境更好些，因为这不过是维尔吉乌斯想要等待一个更好的机会（当元首）罢了。

## 暴君的可悲结局

对未来越来越绝望的尼禄不得不从占星术、征兆或者其他迷信手段里寻求安慰，他的情绪不断在孩子般的绝对自信和完全的绝望之间摇摆。一会儿他声称只要他进入高卢行省，在叛变士兵面前流泪，就能让他们追悔莫及；一会儿他又在声称打算放火烧毁罗马城，然后乘船逃往埃及的亚历山大里亚，在那里依靠艺术谋生。不难想象，尼禄的行为会让他的支持者多么沮丧。

终于，尼禄决定亲自出征，他首先下令公民按照部落登记人口（即准备按照部落征兵），但没有合乎年龄的人应征，于是只得向奴隶主们征收奴隶，又向罗马城内的房东们征收一年的租金作为军费，由于尼禄苛求只能用新铸造的金银币缴纳，于是许多人干脆拒绝缴纳。同时尼禄还让自己的情妇打扮成亚马孙女人的模样，准备好装载舞台道具的车辆，好随自己一同出征。

由于战争的进行，罗马的物价高涨，赏赐和赛会也停止了，本来就没有其他生活来源的平民对尼禄的感情也逐渐变为负面。有谣言说尼禄故意抬高粮价从中牟利。有一次当人民正在挨饿时，传来了一个消息，从亚历山大里亚出发的船给宫廷的角斗士运来了沙子，让人民群情激奋。（供应罗马的粮食主要是从埃及运来，而当时罗马进行角斗时，为了防止鲜血太多使地面太滑，所以必须事先在角斗场铺上细沙吸血，来自尼罗河的细沙特别受欢迎。）

就这样，尼禄成了当时罗马上下所有阶层憎恨的对象，甚至连近卫军也动摇了起来。新任的近卫军长官宁菲狄乌斯·萨比努斯代表西班牙总督伽尔巴向士兵们许下了慷慨的诺言，这是压倒尼禄的最后一根稻草。最后，即使是尼禄的宠臣奥弗尼乌斯·提该里努斯也必须在自己和元首的生命之间做出选择了，选择的结果是不言而喻的。在近卫军的保护下，元老院做出决议，废黜了尼禄的所有头衔。

众叛亲离的尼禄身边只剩下了十几个获释奴和卫兵，他只得一边派人前往奥斯提亚（罗马附近的港口）准备船只，一面恳求身边的百夫长保护自己逃往埃及，但是每个人都在推诿拖延，甚至一个士兵还大声喊："难道死有那么可悲吗？"

尼禄在屋子里踯躅，他在犹豫是前往伽尔巴或帕提亚人那儿做一个乞求者，还是穿上黑衣到讲坛前去装出可怜的样子请求人民的原谅。如果不能继续当元首，还能当埃及总督也好。最后他决定还是把一切留到第二天早上再考虑，可当他半夜醒来时发现整栋屋子里只剩下几个获释奴，士兵和其他的人都跑光了，这些人甚至连尼禄预先准备好的毒药都拿走了。绝望的尼禄高声叫喊角斗士斯皮库鲁斯的名字，好让对方能够干净利落地结束自己的生命，但无人回应。于是他高声喊道："难道我既没有朋友，也没有敌人吗？"最后，尼禄冲出屋外，跑到台伯河边，仿佛要跳入河中。

不过，尼禄又一次打消了自杀的念头，他决定找一个安静的地方，静静地思考一下。他身边唯一的那个释放奴将自己的农庄让给了他。尼禄当时赤着脚，穿着一件内衣（没有斗篷），蒙了面纱，骑着马，身边只有三个仆人。途中他听到路过的行人喊着："士兵们在追赶尼禄！"此时他的马受了惊，使得尼禄脸上的面纱落了下来，路过的一个退役老兵认出了尼禄，赶忙上前问候。为了防止被人跟踪，尼禄不得不选择了一条穿过荆棘地的小路，马匹不能通过，他的仆人们脱下衣服铺在地上尼禄才穿过荆棘，来到农庄的后门。

尼禄好不容易才进入农庄，此时所有

的仆人都劝说主人赶快摆脱威胁着他的耻辱（即自杀）。尼禄下令在他的面前挖一个坑，并准备大理石、水和干柴（大理石用来做墓碑，水清理尸体，干柴焚烧尸体）。当一切准备完毕后，尼禄又犹豫了起来。此时一个信使将一封信交给了尼禄，信中说元老院已经宣布尼禄为公敌，正在搜捕他，并声称要按照祖先的习惯处死他。经过询问后尼禄得知是将受刑者的衣服扒光，然后将脖子夹在"V"形的木叉上，然后鞭打至死。被吓得魂不附体的尼禄从身上取出两把锋利的匕首，一面犹豫，一面不停地责备着自己的怯懦："我活得多么不体面呀，多么可耻呀，这和尼禄多不相称！这个时候应该果断，鼓起勇气吧！"

此时外间传来了马蹄声，害怕是前来捉拿自己的骑兵的尼禄一面说着《荷马史诗》中的诗句"听，那奔驰的烈马的嘶声在我耳边轰鸣"，一面在仆人的帮助下用匕首刺入自己的喉咙。当一名百夫长冲进屋子，用斗篷堵住他的伤口，企图阻止血流出来的时候，已经奄奄一息的尼禄说出了两句话："太晚了，这就是忠诚。"他最后的遗言是责成朋友们不要让任何人得到他的头，务必将整个遗体完全火葬。尼禄的愿望被满足了，骨灰被他的两个保姆收存，与他的那个女释放奴隶情妇阿克特并葬在宾齐奥山的多密提乌斯家族墓地。

尼禄死于公元68年6月7日，正是他的发妻屋大维娅的周年忌日。许多人戴上了自由帽（释放奴隶时，待在奴隶头上的一种便帽），以表示庆祝。但并不是没有人怀念尼禄，在相当长的一段时间里，尼禄的坟墓上都有鲜花装饰，在船首讲坛上有人为他竖立了身着镶红边托加的塑像，而且还以他的名义发表敕令，仿佛他还活着。此外，希腊人和帕提亚人都很怀念尼禄，在尼禄死后的20年时间里，在东方出现了三次自称是尼禄的人，并纠合了许多拥护者。

尼禄的死并不意味着内战的结束。恰恰相反，这只是内战的开始。朱利乌斯-克劳狄乌斯家族已经绝嗣了，而尼禄也没有收养养子，产生新元首的唯一办法就是击败所有的敌人。

第一个得到元老院承认的元首是西班牙总督伽尔巴，原因很简单，他的出身最为高贵。但生性吝啬的他既没有给予近卫军足够的赏赐，也并没有遵守给予击败路

◎ 伽尔巴的胸像

德克斯的日耳曼军团大量赏赐的诺言。公元69年1月1日，上莱茵军团的士兵们拒绝对伽尔巴宣誓效忠，他们拥立自己的长官维尔吉乌斯·卢福斯为新的元首，更大规模的内战爆发了。

年老的伽尔巴是没有足够的能力指挥这场内战的，他不得不收养了一个更加年轻的贵族皮索·李启尼亚努斯为自己的养子和共治者，但这却激怒了波培娅·萨宾娜的前夫奥托。这位年轻的贵族先前被尼禄派到西班牙当一个地区的行政长官，他在伽尔巴的起事中出了很大的力，也得到了伽尔巴的某种承诺。被激怒的奥托开始到近卫军中鼓动对伽尔巴的不满情绪。公元69年1月15日，奥托发动了一次政变，伽尔巴和他的共治者都被刺杀了。

奥托吸取了伽尔巴的教训，他从来不拒绝士兵们的要求，此时除去西班牙、高卢、布列塔尼亚以外的行省和元老院都承认了奥托的元老身份，但维尔吉乌斯的日耳曼军队入侵了亚平宁半岛，在4月份的一次战役中，奥托的军队被击败了，他本人自杀了，在死前他表现得勇敢而又镇定，完全不愧为一个罗马人的皇帝。

相比起奥托和伽尔巴，维尔吉乌斯是更糟糕的元首，他能够战胜奥托完全是因为靠近日耳曼边界的军队有更好的训练和两个有能力的下属。但他本人根本没有能力控制军队，日耳曼军团的纪律彻底败坏了。更糟糕的是，日耳曼军团的成功入侵向所有的行省军团揭示了一个秘密：元首不仅仅在罗马才能产生，在其他地方只要有强大的军队，也能产生元首。由于镇压犹太起义的缘故，在东方集中了一支极为强大的军队，统帅韦伯芗在统帅才能上也远远胜过前面几位元首，无疑他也更有资格成为元首。

韦伯芗的军事行动是非常严密的，公元69年7月1日，他兵不血刃地控制了埃及，也就是控制了罗马的粮食来源。与此同时，他的副将穆启亚努斯率领军队通过小亚细亚进入色雷斯。色雷斯、多瑙河等地的军团立即投入了韦伯芗的麾下。面对强大的对手，维尔吉乌斯惊慌失措，双方在几乎是跟奥托军与维尔吉乌斯军前一次交战相同的地点进行了一场会战。军纪废弛的日耳曼军团被击败了，胜利者对失败者进行了残酷的屠杀。绝望的维尔吉乌斯用投降保住了自己的性命。

但留在罗马城里的近卫军并不愿意接

◎ 奥托胸像

受韦伯芗的元首地位，因为在他们看来，新的元首一定会使用更信任的军队代替自己（近卫军的薪饷和待遇都远远超过其他的行省军团），与其被强制退伍不如拼死一搏。近卫军的叛乱将整个罗马城变成了战场，城市变成了无法无天的士兵们的天下，直到韦伯芗的副将穆启亚努斯率领纪律完好的后续部队来到罗马，才恢复了正常的秩序。

就这样，尼禄死后的第四个，也是最后一个元首韦伯芗登上了至尊者的宝座，经过这一系列残酷的内战，元老院里的显贵们残余的那点势力也消耗殆尽，也许这个时候，称其为"皇帝"比"元首"要更名副其实了。因此从某种意义上来说，罗马进入了真正的帝国时代。

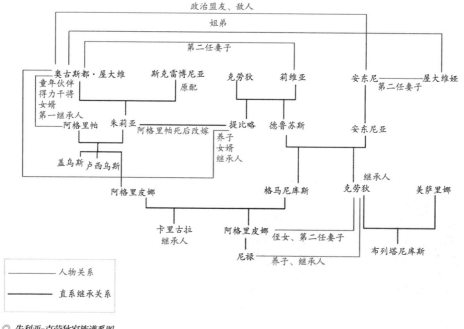

◎ 朱利亚-克劳狄家族谱系图

# 寰雄录

## 阿提拉——婚夜暴毙的游牧战神

作者/董狐

被我战马践踏过的土地将寸草不生！——阿提拉

公元5世纪，距离屋大维建立罗马帝国已经过去了500多年。在这500年当中的前半部分，罗马政治稳定、经济繁荣，其疆域在图拉真统治时期也达到最大，这段时期被称为罗马的"黄金时期"。在此之后，罗马帝国境内爆发了长达50年的"3世纪危机"，在这段时期内，帝国各省农村枯竭、城市衰落，而且内战连绵不绝，帝国政府陷入全面瘫痪的境地。马可·奥里略登上皇位被视为"3世纪危机"开端，也就是在这一年"罗马和平"也正式结束。

马可·奥里略即位的第二年，帝国在东方边境和帕提亚人再度爆发战争，这场战争刚平息不久，帝国西部多瑙河上又传来了边警。公元167年，两个日耳曼人部落渡过多瑙河侵入罗马，其中一支甚至打到亚平宁半岛的北部，迫使皇帝亲自带兵前往征讨。正当帝国集中力量解决西部问题时，东方的叙利亚又发生了新的叛乱。马可·奥里略只好抽调兵力前往镇压，很快平息了叛乱，但多瑙河上的战争却陷入僵持的局面。康茂德继位后，为了解决边境问题只好与日耳曼人签订和约。根据和约，罗马在表面上维持原有的疆界，但是日耳曼人可以以"同盟者"的身份迁入帝国境内居住，但必须为帝国服兵役，替帝国守卫边境。罗马帝国的边境从此以后不再是一道不可逾越的界线，为之后各个蛮族部落不断侵入罗马疆域开了一个恶例。这个政策还有一个严重的负面影响，那就是罗马军队渐渐"蛮族化"。罗马公民开始习惯于把保卫帝国的任务交给蛮族佣兵，而这些蛮族佣兵纪律松散、训练废弛，严重影响罗马军队的整体战斗力，而且他们对罗马的忠诚度也很成问题。军事上的衰弱往往会导致一系列问题，一旦边境叛乱迟迟不能平息，国内社会稳定会受到很大影响，原有各种矛盾也会加剧。也许后来罗马衰落并不仅仅因为上述这些原因，但边境虚弱、蛮族入侵却是罗马由盛转衰的直接导火索。

# 蛮族入侵的世界

公元392年，罗马皇帝瓦伦提尼安二世被篡位者杀害，瓦伦提尼安王朝覆灭。罗马将领狄奥多西一世带兵平叛，在消灭了西部的篡权者之后成了帝国唯一的统治者。公元394年，狄奥多西一世建立狄奥多西王朝，宣布基督教为国教。次年狄奥

◎ 为罗马服役的哥特骑兵

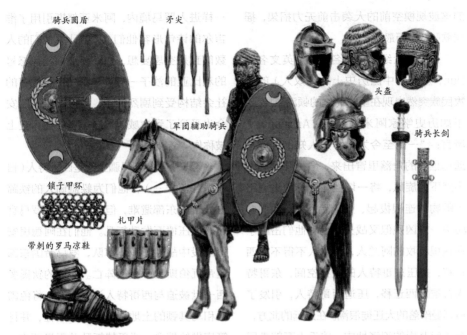

骑兵圆盾　　　　矛尖　　　　　　　　　　　　　　　头盔

军团辅助骑兵　　　　　　　　　　　　　　　　　骑兵长剑

锁子甲环

札甲片

带刺的罗马凉鞋

◎ **罗马军队中的蛮族辅助骑兵**

多西一世去世，根据其遗嘱，帝国被彻底分成东西两个国家，东边部分给长子阿卡狄乌斯，西边部分给幼子霍诺里乌斯。

　　自从罗马立国以来，周围的蛮族一直都威胁着边境的安全。随着罗马疆土的拓展，接壤的蛮族也渐渐从山南高卢（亚平宁半岛北部）、山北高卢，变成西班牙、日耳曼。早在恺撒时代，各位统治罗马西部的将军就已经习惯于使用日耳曼骑兵卫队，战争中的骑兵也主要由高卢骑兵、日耳曼骑兵组成。几百年间，这些蛮族渐渐进入罗马社会，除了为罗马服役外，有的还被允许在边境耕种土地，山南高卢等蛮族甚至被赐予罗马公民权。在"罗马和平"时期，罗马军队基本上都能把威胁边境的蛮族驱除。

　　大约公元3世纪到公元6世纪之间，

全球气候进入一个小冰河期，亚欧大陆北部变得异常寒冷。从蒙古高原到俄南草原这一条长长的游牧带遭到恶劣天气的残酷打击，牛羊大批死亡，牧民生活难以为继，于是各游牧部族纷纷南下农耕文明区，或者移居南方农耕帝国境内，或者直接劫掠。中国历史上著名的"五胡乱华"也正是发生在这一时期。与罗马的情况类似，经过长期战乱的中原王朝为了弥补人力的不足，不断地招徕北方部族附塞而居，甚至在内战中直接武装胡人为自己作战（比如"八王之乱"）。于是游牧部族渐渐羽翼丰满，等中原王朝出现危机时，他们蜂拥而起推翻中原王朝，在中国境内建立了自己的民族政权。而亚欧大陆西端的西罗马帝国，此时也由胜转衰，在游牧民族对农耕文明的这波规模空前的大袭击前无力招架，摇摇欲坠，进而最终亡国。

公元4世纪，一个名叫匈（英文名称Hun，不同于中国历史上的匈奴人）的游牧民族突然出现在里海北岸的顿河草原上，正如历史学家阿米亚努斯（Ammianus）所言："一个至今为止不为人知的种族从遥远世界的角落里冒出来，像一阵从高山中降下的旋风，将一切挡在他们前进道路中的物体连根拔起、毁灭殆尽。"他们像魔鬼一样凶残但又战无不胜，他们击败了在这里游牧的阿兰人，阿兰人不得不向西迁移，挤压东哥特人的生存空间，东哥特人被迫向西迁移，压迫西哥特人，引发了日耳曼部落的大迁徙浪潮。在遥远的北方，多瑙河北岸的沼泽地中，成千上万的难民在那里聚集，这些人宁愿逃离他们的田地和村庄，忍受贫穷与饥饿，也不愿意面对那些可怕的敌人。这些日耳曼部族像潮水

一样进入罗马境内，阿米亚努斯引用了维吉尔的诗句形容他们："要计算他们的人数简直是空思妄想，如同要细数狂风怒号的利比亚的沙子一样。"罗马帝国原有的社会结构受到剧烈冲击，紧接着帝国的安全也受到了致命威胁，这一事件在历史上被称作"蛮族入侵"。

第一个入侵罗马疆土的是西哥特人（日耳曼部落之一），他们为躲避匈人的铁蹄进入帝国东部避难，但后来因不堪罗马官员的欺压愤而发动叛乱。他们在阿德里安堡战役中战胜了罗马军队，罗马帝国东部皇帝瓦伦斯也于是役阵亡。继位的狄奥多西一世被迫与西哥特人订立和约，将色雷斯和马其顿的土地划分给他们居住，并且答应供给粮食，西哥特叛乱才平息下来。5世纪初，西哥特人再度发动叛乱，他们在首领阿拉里克率领下，先是蹂躏了巴尔干半岛，然后进军亚平宁半岛，沿途得到大

◎ 入侵欧洲的匈
人骑兵

◎ 油画中西哥特人洗劫罗马的场景

量奴隶、隶农和农民的加入，声势浩大。西罗马军队主力从莱茵河前线回军救援，却导致其他日耳曼部落的更大规模的入侵。另外一个日耳曼部落汪达尔人趁机越过莱茵河侵入高卢，然后又南下西班牙建立国家。公元 408 年，阿拉里克包围罗马城，勒索了大量钱财后才暂时退兵。两年之后，阿拉里克再次围困罗马，城内奴隶打开了城门将西哥特人放入。在内外夹攻之下，这座号称"永恒之城"的罗马终于沦陷了，随后遭到了西哥特人的大肆烧杀劫掠。西哥特人并没有占领罗马，而是向西进入高卢南部，将此前占领西班牙的汪达尔人逐走，于公元 419 年建立了西哥特王国。汪达尔人则渡海进入北非，于公元 439 年攻克古城迦太基，建立了汪达尔王国，切断了西罗马帝国的一个重要的粮食来源，导致西罗马经济进一步走向崩溃。同时汪达尔人在地中海上四处抢劫商船，西罗马帝国本已十分脆弱的商业网再次遭到严重破坏。公元 455 年，汪达尔国王该萨里克率领大批舰队渡海北上攻陷罗马，又把罗马洗劫一空，劫后罗马居民仅存 7000 人。与此同时，其他日耳曼部落纷纷进入各罗马行省：法兰克人和勃艮第人占领了高卢地区；盎格鲁人、萨克森人和朱特人占领了的不列颠岛南部；苏维汇人占据了伊比利亚半岛西北一角。

在分裂后的头几十年里，西罗马帝国的疆土已经千疮百孔，无数日耳曼小部落在其间建立了独立王国。西罗马人剩余的领地除了亚平宁半岛和西西里海东岸地区外，就只有高卢北部地区和北非的一小块狭长的土地，就是这些地区也防守极其薄弱，连首都罗马都很容易被蛮族攻破。同时西罗马皇帝也成了蛮族雇佣军的傀儡，昔日享有赫赫威名的罗马军团已不堪再战，要想维持西罗马帝国名义上的存在，罗马皇帝离不开这些蛮族军人的保护。与西部的同胞相反，东罗马帝国（因其首都君士坦丁堡旧称拜占庭故而也被称作拜占庭帝国）虽然未能解除蛮族的威胁，但一直保持了社会和经济上的稳定。各蛮族入侵的主要目标是西罗马，因此拜占庭只需向他们交纳巨额赎金就可以幸免。与此同时，拜占庭皇帝狄奥多西二世在君士坦丁堡修筑了极其坚固的城墙，使得这座城市成为

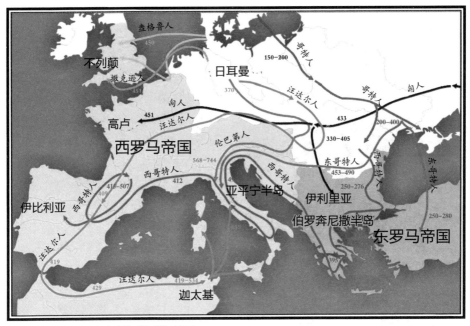

◎ 公元150年至公元500年蛮族迁徙形势示意图

"野蛮人"攻不破的城市。

第一波蛮族入侵带来的动荡渐渐归于平静，各个蛮族虽然建立了许多国家，但彼此征战不休，并无统一昔日罗马疆域的志向。因此西罗马受到的威胁已经暂时降低，只要利用他们之间的矛盾巧妙地周旋其间，同时慢慢积蓄自己的实力，等待合适的时机一战而定，收复罗马旧疆域也不是不可能的事。然而灾难才刚刚开始，正当罗马人渐渐恢复正常秩序时，那个带来这一切可怕灾难的敌人——匈人也正在逼近。

关于匈人的来源，史学界并无定论。因为匈人本身没有文字和历史记载，所以关于他们和文明民族打交道之前的历史都无法得知。至于搅乱欧洲的匈人和中国历史上的匈奴人是否为一个民族，迄今也没

有结论。

《汉书·匈奴传》中记载匈奴人"逐水草迁徙，无城郭常居耕田之业，然亦各有分地，无文书，以言语为约束。儿能骑羊，引弓射鸟鼠，少长则射狐兔，肉食。士力能弯弓，尽为甲骑。其俗，宽则随畜田猎禽兽为生业，急则人习战攻以侵伐，其天性也。其长兵则弓矢，短兵则刀铤。利则进，不利则退，不羞遁走。苟利所在，不知礼义。"

而罗马史学家马塞林对匈人有这样的描述："匈人比欧洲所有的蛮族还要野蛮很多。他们天生丑怪，四肢粗短，躯干壮硕，大脑袋，罗圈腿，整个身体的线条就好像是上帝用斧头在一块老树根上随便砍出来的一样。他们吃半生不熟的兽肉，或者是地里挖出来的草根，从来不用调料；穿粗

◎ 匈人骑兵画像

糙的亚麻布衣服，或者是鼠皮袍子，一件衣服上身以后就再也不洗不换，直到破烂不堪。他们在马背上生长，可以几天几夜不下马。打仗的时候，他们很少排成整齐的队形，时而分散，时而聚集，来去如风，往往在敌人没有防备的时候就已经冲到眼前，而杀戮劫掠一番后又迅速离去。他们是非常可怕的敌人，在远处他们飞快地射箭，来到近前他们用剑与敌格斗，舍生忘死、骁勇无比，当敌人拼命招架时他们会突然甩出绳套，将敌人缚倒在地，动弹不得。"

　　由此看来，匈人与匈奴人之间有很多共同点：以游牧为生，精于骑射、来去如风，具有极强的侵略性并且对农耕定居文明造成了严重的威胁。匈人一进入欧洲，便体现出远超其他蛮族的强大战斗能力，以至于引发了声势浩大的民族迁移潮，这与他们的作战特点是密不可分的。匈人的战术最大的特点是惊人的闪电式攻击，具有极

强的战略机动性。他们的军队主要由轻骑兵组成，一天之中可以几次更换坐骑以保持高速行军，往往能在敌军兵力还未集结前便已杀到，正是这点令对手深为畏惧。与此同时，匈人军队在战场上的战术机动性也很强，他们延续了帕提亚等东方游牧民族的弓骑兵战术，作战时利用机动性和敌军保持距离，同时用手中的弓箭远程射杀敌人，这种战术对崇尚重步兵近战的罗马世界军队来说，始终是个无法克服的难题。

　　除此之外，匈人军队的战斗力之所以如此强还有个关键性原因，那就是他们装备着更为先进的马具。后世历史学家这样描述匈人入侵欧洲时的马上装具："马鞍是人与马完全结合在一起的关键。匈人独特的马鞍引起了罗马人的惊奇，他们的马鞍不像罗马人的那样由裹住马肚子的皮革制成，匈人的马鞍的特别之处在于它有一个两头高的木制托架（高桥马鞍）。这样不论马怎么跑，骑士们都能稳稳地坐在马背上。……相反，罗马人笨拙的骑术使不少骑手经常在战斗中失去平衡，而从马上掉下来，这通常很危险，有时甚至是致命的。……除了马鞍，匈人还从亚洲带来了一项在当时具有革命性的创新：欧洲人从未见过的马镫。为了防止腿在长距离地骑马后会疲劳，人们在马鞍上系了绷带、皮带或者用一种亚麻织成的腿带。这样，脚就有了可踏的地方。……尽管当时这种马镫还不完善，但它给骑手们一种安全感，同时也能让他们在马上站起来向各个方向转身。由于有了木马鞍和马镫，匈人骑手们能在骑马的过程中朝每个方向射箭。"

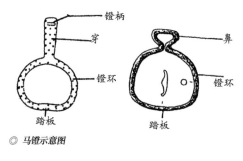

镫柄

穿

镫环

踏板

鼻

镫环

踏板

◎ 马镫示意图

在世界军事发展史上，高桥马鞍和马镫堪称具有划时代意义的发明。两者未发明之前，骑兵战斗力发挥受到很大限制，因为战马还不是一个稳定的平台。那时的很多军队甚至只是把马当成行军时的坐骑，到了战场还需要下马作战。只有骑术高明的游牧民族才能在无马镫的情况下拉弓射箭。而一旦装备了高桥马鞍和马镫，骑手在马上就有了稳固的支点，他们的两只手被解放出来，可以更加轻松地完成射箭、劈砍等战术动作。同时马镫的发明也完善了骑兵挺矛冲锋的战术，让重装骑兵的冲击变得更加有力和可怕，这对后来欧洲中世纪的军事产生了极为深远的影响。从以上这些角度来看，率先装备了高桥马鞍和马镫的匈人能够横扫欧洲也就不足为奇了。

公元375年，到达黑海北岸的匈人开始大规模扩张。他们先向西攻灭阿兰人和东哥特人在多瑙河沿岸所建立的国家，然后向南攻克亚美尼亚，一直打到波斯和叙利亚。匈人以凶残闻名于世，他们不放过任何一个烧杀掳掠的机会，而走后往往留下一片废墟、一地白骨。多瑙河南岸富庶的耐苏城（Naissus）后来被匈人攻陷，因为他们将城市烧得如此彻底，以至于几年

后罗马的使者经过这里时不得不在城外宿营，而这时河边仍然能见到累累白骨。所幸进入匈牙利草原以后，匈人征伐的脚步暂时停了下来。此时的匈仍然是由各部落组成的松散联盟，部落首领之间的争执拖住了他们前进的脚步。但是这个局面不会维持太久，因为一个年轻人正在崛起。他就是本章的主角，匈人帝国的君主——阿提拉（Attila）。

# 罗马的交换人质

根据哥特史学家记载，阿提拉在外形上是一个典型的匈人。他肩膀宽阔，躯干壮硕，头颅硕大且面色黝黑，胡须稀疏粗硬，鼻子扁平，深陷的眼窝里是一双鹰隼一般的小眼睛。他喜欢以犀利的目光在众人脸上来回扫视，让人不寒而栗。不过阿提拉和那些简单粗暴的蛮族首领完全不同，他是一位出类拔萃的政治家和战略家，而且在任何时候都能保持冷静的头脑，从来不感情用事。虽然在连年的征战中锻炼出了优秀的军事才能，但阿提拉更愿意利用政治手腕达到他的目的。

关于阿提拉的童年史书上的记载很少，只知道他于公元418年按照议和条约被送到西罗马宫廷当作人质。这时他只有12岁。作为交换，西罗马人则派遣了阿非利加行省总督高登提乌斯的儿子埃提乌斯去匈做人质。阿提拉在西罗马宫接受了良好的教育，同时也学到了罗马人的传统和习俗以及奢华的生活方式。西罗马人希望阿提拉回去的时候能在匈人当中传播罗马文化，

◎ 19世纪欧洲油画中的阿提拉

◎ 画家笔下的西罗马第一任皇帝霍诺里乌斯

以增加西罗马对周边民族的影响力，而匈人则希望通过人质交换获取更多西罗马内部的情报。阿提拉曾经一度试图逃离西罗马但最终失败了，于是他开始把注意力集中在研究西罗马的内部政情上，有时他甚至会暗中观察西罗马的外交会议，以获取他们外交方面的情报。阿提拉在西罗马学到的一切，对于他以后统治匈以及发动征服西罗马的战争都有极大的帮助。

与阿提拉一样，埃提乌斯在匈做人质期间也获益良多，多年来的匈人军营生活让他对这个敌人了如指掌。严格说起来，埃提乌斯并非罗马人，他母亲是高卢名门望族，其父高登提乌斯则有日耳曼血统，后因战功升为罗马的骑兵统帅，最后做到阿非利加行省总督。埃提乌斯的青少年时代也是作为人质在各个蛮族部落中度过的，先是在西哥特首领阿拉克里那里，阿拉克里死后又被送到匈王卢阿的营帐中，因此埃提乌斯会说哥特语、匈语、希腊语、拉丁语，而且熟知各个蛮族的情况。在匈作人质期间，埃提乌斯还结识了很多匈人贵族，包括匈王卢阿和他的侄子阿提拉，据说埃提乌斯和阿提拉交往甚密，两人经常会晤，对彼此非常了解。

结束人质生活后埃提乌斯回到国内，凭借与匈的良好关系他开始在西罗马政坛上发挥重要作用。为了躲避蛮族的袭击，这时西罗马的首都已经迁到了拉文纳。霍诺里乌斯和君士坦提乌斯三世为共治皇帝。公元421年，君士坦提乌斯三世病死，其妻普拉西提阿（霍诺里乌斯之妹）因与霍诺里乌斯发生矛盾被赶到拜占庭首都君士坦丁堡。两年后，霍诺里乌斯去世，文官约翰被其他人拥戴为皇帝。这时拜占庭应普拉西提阿的要求出兵干预，埃提乌斯虽然支持约翰但无力对抗拜占庭军队，于是携带成箱的黄金前往匈人那里寻求帮助。埃提乌斯告诉匈人这些只是预付金，一旦击败拜占庭军队将会有更多的酬劳。匈人立刻派出6万骑兵跟随埃提乌斯前往拉文纳，打算从背后袭击拜占庭军队。然而他们来晚了，拜占庭军队已占领拉文纳并将约翰斩首。君士坦提乌斯三世和普拉西提阿的儿子瓦伦丁尼安三世被拜占庭扶植为新皇帝，皇帝幼年时期由普拉西提阿摄政。

匈的军队开始向拜占庭军队发起进攻，但迟迟无法取得胜利。埃提乌斯决定和对方和谈，最后双方达成了协议：埃提乌斯承认既成事实，普拉西提阿对埃提乌斯的敌对行为既往不咎，匈人从拉文纳撤军。但作为撤军条件，新朝廷要替埃提乌斯向匈人支付事先许诺的军费。匈人在这笔交易中获益匪浅，他们非常乐于继续为西罗马帝国效力。为了安抚匈人，西罗马赠送了他们很多土地，双方保持了良好的关系。而埃提乌斯则被派往高卢行省担任军队统帅，去对付那些大大小小的日耳曼蛮族部落。

帝国东方边境暂时保持了稳定，埃提乌斯从而得以腾出手来解决高卢事务。他先是在阿尔战役中击败了西哥特人，迫使他们退回阿奎塔尼，紧接着又前往莱茵河防线支援，在诺里库姆打败了日耳曼人的进犯。公元430年，因战功卓著，埃提乌斯被任命为步兵和骑兵总司令。这时埃提乌斯的政敌伯尼法斯伯爵从北非返回拉文纳，并且得到了普拉西提阿的宠信。埃提乌斯认为二人正密谋除掉自己，于是起兵前去征讨伯尼法斯，两军在里米尼附近展开会战。伯尼法斯赢得了胜利，但他本人却身受重伤，于一个月后死去。埃提乌斯

战败后逃亡到萨尔马提亚，但后来在匈人的支持下，迫使普拉西提阿恢复他的权力，任命他为西罗马帝国的统帅。

在恢复权力后，埃提乌斯成了帝国的实际支配者，他把主要精力都放在处理北方边境的问题上。与匈交好是埃提乌斯的一个无可比拟的优势，除了帝国军队中有大量匈人佣兵外，埃提乌斯还经常能得到匈额外的军事支援。作为回报，匈人得到了在占领地区劫掠的特权。公元436年，高卢地区以底层高卢人为主力的巴高达（高卢语"战士"的意思）暴乱越演越烈，巴高达首领巴托率领军队向西罗马军队发动了规模空前的猛烈进攻，甚至在高卢的许多地方建立了政权。西哥特人见有机可乘，趁西罗马军队顾此失彼之时派大军袭击高卢南部商业都市阿尔勒，守军奋起抵抗，但因力量悬殊城市即将沦陷。危急时刻，埃提乌斯率军赶来驰援，与西哥特大军对峙于城外。敌人兵力雄厚而且英勇善战，直接开战恐怕没有胜算，这时占据布列塔尼的蛮族阿利摩人向西罗马军事据点发起进攻，埃提乌斯沉着冷静，一面暗中派大将利托略带军前往征讨，一边派人和西哥特人谈判。埃提乌斯给了西哥特人一笔钱，并且劝说他们去打西班牙。西哥特人对埃提乌斯背后的匈人深为忌惮，于是调头西进西班牙，阿尔勒得以转危为安，而利托略的军队也击溃了阿利摩人，局势初步得到稳定。

时隔不久，另外一支日耳曼蛮族勃艮第人又开始向西罗马进攻，埃提乌斯率军前往征讨。西哥特人再度乘虚而入，围困

纳尔榜城。城中守军全力抵抗，但城中粮食渐渐吃完，西哥特人又调来攻城撞槌，日夜不停地撞击城门，情况岌岌可危。关键时刻，埃提乌斯派利托略率领一支骑兵前往救援，这支部队每人都在马上绑着两大袋面粉，从西哥特军队背后杀开一条血路冲进城内。城中守军得到了宝贵的粮食，顿时士气大振，连续打退敌军多次进攻。见破城期限又被延长，西哥特人失去了耐心，加上自己的后勤也难以为继，不久之后即撤围离去。在另外一条战线上，埃提乌斯指挥西罗马军队有力地阻遏了勃艮第人的攻势，等敌军攻势稍挫后立即发起猛烈反攻。战斗十分激烈，西罗马军最后大获全胜，总共杀死了2万名勃艮第士兵。紧接着埃提乌斯率军追歼勃艮第残部，一直打到沃姆斯，无情地摧毁了勃艮第王国，这场大屠杀便是日耳曼史诗《尼伯龙根之歌》的原型。公元443年，埃提乌斯将剩余的勃艮第人迁到日内瓦湖以南的萨伏伊地区，彻底地解决了勃艮第问题。

紧接着，埃提乌斯率军转战高卢，在这里同西哥特进行了决战。因为少年时期在蛮族做人质的经历，埃提乌斯熟知西哥特人的战术和习性，在同他们作战时能驾轻就熟，稳操胜券。在这次战役中，西罗马军大败西哥特军，取得了决定性胜利。西哥特方面损失惨重，阵亡高达8000人。获胜以后，埃提乌斯把指挥权交给利托略，自己先回亚平宁半岛去了。这时利托略因此前的几次胜利滋生了轻敌情绪，率军冒险进攻西哥特王国的首都图卢兹。而西哥特人吃了败仗后却变得十分谨慎，不再像以前那样正面迎敌，而是派兵突袭包抄利托略的营地，西罗马军队仓促迎敌，双方展开激烈的混战，相持良久，最后西罗马军全面溃败，利托略本人也当了俘虏。此战之后西哥特的气焰复盛，埃提乌斯不得不再度带兵出征，把西哥特人牢牢挡在图卢兹一线。埃提乌斯本打算采取攻势一举击溃敌军，但考虑到利托略新败，己方兵力受到相当损失，需要保存实力防备其他蛮族的进攻，因而采取防守的战略。西哥特国王提奥多里克也是一个务实的君主，因为击败对手殊无胜算，他也有意与埃提乌斯媾和，以保持现有领土。最后双方达成停战协议，各自保有实际控制领土，相互不得越界，此后双方在边界上一直相安无事。

◎ 埃提乌斯画像

在这些战役中，埃提乌斯体现了作为一个伟大统帅的各方面优秀素质。首先，他清醒地认识到，兵源不足的西罗马军队难堪大任，于是在战争中大量使用主要来自匈的雇佣军，同时他也很善于驾驭这些异族佣兵。其次，埃提乌斯深知敌情，了解他们的优点和缺点，在作战指挥上能够扬长避短，因而总是能取得战争的胜利。不仅手下的蛮族佣兵对他心悦诚服，而且周围的蛮族都对他既敬畏又钦佩，甚至连匈的首领听到埃提乌斯这个名字都敬畏三分。

在埃提乌斯的不断努力下，西罗马帝国开始渐渐恢复在高卢、西班牙诸行省的权威。借胜利之势，埃提乌斯和汪达尔人首领盖瑟里克进行谈判，双方订立互不侵犯的和平协定，从而保持了帝国中心所在亚平宁半岛的安全。最后埃提乌斯出兵打败了法兰克人和苏维汇人，迫使他们与西罗马帝国结盟，成为帝国十分得力的盟友和帮手。

除军事手段外，埃提乌斯还对蛮族进行安抚，听取他们的抱怨，考虑他们的困难，与之展开谈判和协商，对于蛮族提出的正当要求则予以满足，但又坚决遏制他们的侵略野心。此前，西罗马在军事上主要存在两个问题，一是传统的罗马军团兵源枯竭，而蛮族佣兵在镇压同胞叛乱时不肯努力作战，甚至对西罗马的忠诚度都存在问题；二是短期内涌入的蛮族太多，一时间烽火四起，数量有限的西罗马军队难免顾此失彼。单单击败或镇压其中一支也并非不可能，但敌人太多、局势太复杂，头绪万端极难理清，只有具备极高统筹能力的

统帅才能完成这一工作。埃提乌斯恰恰在这两点上都做得很好，经过他的一番打理，西罗马帝国的统治大大加强，渐有中兴迹象。

正在埃提乌斯征战西方的同时，东边的匈也更换了统治者，另外一个强有力人物正在欧洲东部崛起。他就是埃提乌斯的好朋友——阿提拉。不久之后，埃提乌斯的这个好朋友还将会有一个绰号——"上帝之鞭"。

# "上帝之鞭"的铁蹄

公元434年，匈王卢阿去世，他的两个侄子布莱达和阿提拉共同继承了匈的王位。为了避免两面受敌，埃提乌斯一直小心维持着他和阿提拉之间从幼年就开始的友好关系，两人过从密切，书信不断。埃提乌斯后来给阿提拉找了一位博学多才的私人助手，帮助阿提拉打理外交事务，接待来自希腊罗马文明世界的使者。为了巩固这种友好关系以及培养具有军事才能的接班人，埃提乌斯又将自己的儿子送到阿提拉身边学习骑射。

因为与西罗马之间有着良好的关系，所以一开始阿提拉把精力主要放在对东方的扩张上。首当其冲的是拜占庭，刚一即位阿提拉兄弟就开始陈兵边境，向拜占庭索要在其庇护下的叛教部落。这些部落归顺拜占庭后曾帮助他们抵御过汪达尔人的进攻，拜占庭不想归还但又畏惧匈的武力，只得进行谈判。第二天阿提拉兄弟前往马古斯会见拜占庭外交代表团，经过谈判双方达成协议：拜占庭归还匈人叛教部族，

将之前每年 350 罗马镑的岁币增加两倍，开放更多边境与匈互市，匈人同意拜占庭以每人 8 个金币的代价赎回此前被俘的罗马人。条约签署后，匈人撤军北还，拜占庭皇帝狄奥多西二世趁机修复了被地震震坏的城墙，并沿多瑙河建立防御工事，大大加强了拜占庭帝国的防御能力。

鉴于拜占庭加强了防御，阿提拉引军东向进攻帕提亚帝国的继承者萨珊波斯，然而在亚美尼亚被波斯军击败，迫使阿提拉放弃了征服波斯的计划。公元 440 年，阿提拉再次把注意力放到拜占庭帝国，他派军队频频袭扰多瑙河北岸的商业城市，反而指责拜占庭人未履行和平条约内容，更声称拜占庭的马古斯主教亵渎了多瑙河北岸的匈人皇家坟墓，要求对方交出此人，否则便要再次进攻拜占庭。拜占庭不肯轻易将自己的主教交出，阿提拉便率军横渡

多瑙河入侵拜占庭。因此前因局势好转，多瑙河沿岸的工事已被皇帝狄奥多西二世拆除，匈人军队一路烧杀抢掠，如入无人之境，伊利里亚地区和色雷斯地区被彻底摧毁。拜占庭军队无法抵抗，匈人军队一直打到马古斯城下。正当双方商讨交出马古斯主教的条件时，主教已经逃出了马古斯城。此后匈人军队接连攻陷费米拉孔、辛吉度努姆、塞尔曼等城市。直至次年，狄奥多西二世从北非调回军队，并发行新金币充作军费，这才暂时遏止了阿提拉的攻势。在此之后，狄奥多西二世认为已有足够的力量对抗阿提拉，便拒绝了匈人索要战争赔款的要求。

公元 443 年，经过精心准备的阿提拉再次沿多瑙河发动大规模进攻，先是攻陷了拜占庭的一座军事重镇，随即包围并攻占了尼斯城。这两场战役中，匈人首次使

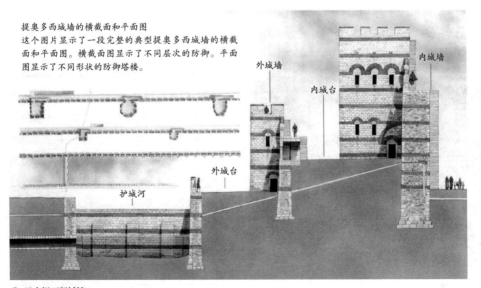

提奥多西城墙的横截面和平面图
这个图片显示了一段完整的典型提奥多西城墙的横截面和平面图。横截面图显示了不同层次的防御。平面图显示了不同形状的防御塔楼。

外城墙

内城墙

内城台

外城台

护城河

◎ 君士坦丁堡城墙

用了攻城槌及攻城车等重形装备,这正是他们能够胜利的关键因素。再之后匈人军队横扫巴尔干半岛,沿着尼沙瓦河依次攻陷了谢尔迪卡、菲立普波里斯、留莱布尔尬兹等大城市,最后直到君士坦丁堡城下。虽然阿提拉已经消灭了城外所有的拜占庭军队,但因攻城器械不足,面对高大坚固的君士坦丁堡城墙仍然是无可奈何,只好采取长期围困的策略。

最后君士坦丁堡城内粮食断绝,狄奥多西二世只得答应阿提拉的要求。他派皇室使节亚纳多留斯出城与阿提拉谈判,最终狄奥多西二世与阿提拉达成协议,签订了比之前要求更严苛的条约:拜占庭赔偿匈6000罗马镑(约1963公斤黄金)作为毁约的惩罚,每年的岁币增至以前的三倍,而每个被俘的罗马人赎金也增加到12个金币。不过这些赔款对拜占庭来说实在不算什么,他们每年的财政收入高达27万磅,这笔"巨额赔款"占其总数二十分之一还不到。得到赔款后,阿提拉心满意足地离

◎ 阿提拉的饮宴

开拜占庭的国土。刚回去不久,阿提拉无情地谋杀了胞兄布莱达,成为匈唯一的统治者,他运用学到的各种政治知识对匈加以改造,将它从松散的部落联盟变成一个强有力的中央集权政体。

随后匈人军队连续击败了哥特人、巴斯克人,阿提拉的威望如日中天,北非的汪达尔人出于对抗西哥特的需要,也遣使向阿提拉表示臣服,其他民族也纷纷效仿。一时间匈的首都布达城成了欧洲的政治中心,各国使者云集于此,争先恐后地献上自己的贡品以表示臣服。

在这段时间里,一连串的天灾人祸再次袭击了拜占庭帝国:先是大竞技场发生规模空前的大暴动,经过很多天骚乱才彻底平息;紧接着帝国境内发生了可怕的饥荒和瘟疫,大量人死亡,能为帝国军队服役的人大大减少;再之后是一场几乎摧毁君士坦丁堡城墙的大地震。公元447年,阿提拉率军再度来袭,由默西亚行省侵入拜占庭领土。拜占庭派遣一支由哥特将军率领的军队前往抵抗,但很快被阿提拉击败。这次阿提拉打算快速突袭君士坦丁堡,因而没有与各地拜占庭守军纠缠,而是绕过了对方的一些主要军事重镇,横越巴尔干半岛径取皮莱隘口,以绝对优势兵力击溃那里的守军后直取君士坦丁堡。当匈人军队再次来到君士坦丁堡城外时,他们这才发现巨大的城墙依然完好,并没有被地震摧毁。本打算突袭的阿提拉见破城无望,于是向拜占庭提出了恢复"和平"的条件:拜占庭人需继续履行纳贡的义务,并且把多瑙河以南的五天骑程以内的防御工事全部撤

◎ 行军途中的匈人军队

除。拜占庭并没有轻易答应这些条件，双方关于这件事的谈判断断续续持续了数年。

在谈判期间，虽然表面上战火已熄，但双方的斗争并未停止。军事上无法打败敌人，拜占庭于是打起了暗杀的主意。这时阿提拉向君士坦丁堡派来了一个高规格的外交使团，其中的主要成员是匈人附庸、基尔人首领艾迪卡和阿提拉的罗马裔私人顾问俄瑞斯忒斯。公务之余，两人游历了繁华的君士坦丁堡，负责接待他们的是拜占庭负责外交事务的宦官克里萨皮乌斯。见艾迪卡在君士坦丁堡流连忘返，又听说他很得阿提拉宠信，而且负责阿提拉的安全保卫，于是克里萨皮乌斯酝酿出了一个大胆的计划。他避开俄瑞斯忒斯，独自和艾迪卡接触，希望他回去后利用保护阿提拉安全的优越条件将阿提拉刺死，拜占庭方面会给予他永远享用不尽的荣华富贵。艾迪卡毫不犹豫地答应下来，但又索要50磅黄金作为定金和活动经费，克里萨皮乌斯也答应了他的要求。艾迪卡一行走后，克里萨皮乌斯又向拜占庭皇帝狄奥多西二世汇报了此事。狄奥多西二世批准了这个计划，并且又派遣一个使团以商讨归还双方逃亡人员为名跟随匈人使团回去，以便见证阿提拉被刺杀的过程并赶回来汇报，必要的时候也可以配合暗杀。这个使团包含了三位重要人物——资深外交官马克西明、史学家普里斯库斯及哥特裔翻译比基拉斯，其中比基拉斯身负秘密使命，那50磅黄金也放在他身上，而其他两个人对暗杀计划毫不知情。

两支使团一路上经过饱经战火的巴尔干各城市，在中途休息时举行的宴会上，一度爆发过冲突。双方都在祝酒时赞颂自己的君主，但比基拉斯说狄奥西二世的权力来自上天，而阿提拉只是一个凡人，无法与狄奥多西相提并论。匈人大怒，几乎要兵戎相见，最后马克西明和普里斯库斯出来解围才避免双方火拼。渡过多瑙河，

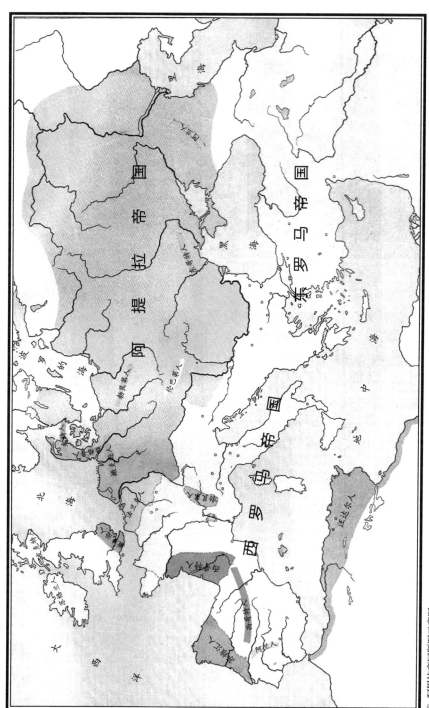

里海

Y干国

黑海

东哥特人

帝国拉提阿

伦巴第人

盎格鲁人

波罗的海

勃艮第人

北海

东罗马帝国

中地海

法兰克

Y勃艮第

西罗马帝国

Y汪达尔人

爱尔兰人

Y卡普里

赤撒克人

大西洋

迁达尔人

阿佳人

Y卡太基

◎ 阿提拉帝国版图示意图

回到阿提拉大营后，艾迪卡立刻向阿提拉汇报了这个阴谋。

几天后，使团见到了阿提拉。阿提拉忽然大发雷霆，就人口逃亡问题责问比基拉斯，声称要将他钉上十字架，再将尸体喂鸟，之后又对拜占庭边防要塞表示鄙夷，"只要我们高兴，难道就不能把它化为粉末？"最后阿提拉平息了怒气，没有杀掉比基拉斯，也没提刺杀之事。直到使团离开前最后一天，马克西明和普里斯库斯忽然得到消息，比基拉斯已被逮捕。当着他们的面，阿提拉质问50磅黄金的用途，比基拉斯慌张地答不上来，最后阿提拉以杀死他带来的儿子为威胁，比基拉斯才招供出所有的计划。然而阿提拉又宣布赦免了比基拉斯，但又把他关起来做人质，然后放其儿子回去报信，让拜占庭皇帝把比基拉斯赎回去。赎金不多不少也是黄金50磅，阿提拉这是在用自己的方式羞辱狄奥多西二世。此外，他还给狄奥多西二世写了一封信："你我都出身于贵族，但你的行为使你失去了继续保持这份头衔的资格，而我却以我的功绩保留了荣耀。我们因此可以分出高下了。"

在此之后，在东方已没有多少施展余地的阿提拉将扩张的矛头又转向了西方。凭借与埃提乌斯非同一般的关系，匈一直与西罗马保持着友好的关系。"他们与罗马已经有长达十五年的和平了，这都是根植于被匈人的老朋友埃提乌斯支撑着的匈人—罗马人联盟，但阿提拉不是一位让友情挡住他得到战利品的路的人，不用一年，他的附庸们甚至他自己的上层精英集团都会变得不安分。需要做一些事了"（约翰·曼《上帝之鞭阿提拉》）。

对于阿提拉来说，打击拜占庭和焚掠巴尔干不过是一个前奏，向西扩张彻底占领高卢甚至西罗马才是他的真正目的。这时匈人已经全盘接收了昔日东哥特人的广袤领土，包括莱茵河以东的中部欧洲和东部欧洲，以及南俄罗斯、巴尔巴半岛和保加利亚的一部分。阿提拉虽然没在这块土地上建立一个统一的帝国，也没有做到治下的所有部落都对阿提拉绝对服从，但至少没人敢和他进行武力对抗，而且这片土地上的一切事务都在阿提拉的控制之下。一旦他对外发动战争，其他部落就会给他提供足够的军队。如果再征服高卢地区甚至西欧，阿提拉的统治范围将会从里海延伸到大西洋，那么除了亚平宁半岛的西罗马以及巴尔巴和小亚细亚的拜占庭外，匈人帝国的疆土与当年的罗马帝国也相差无几了。

# 与西罗马人为敌

然而此时高卢地区的局势异常复杂：东北部的法兰克人建立了稳固的统治，距离匈人最近；西北高卢布列塔尼地区是巴高达人；在西南高卢阿斯坦地区，西哥特人完成了穿越西班牙的长途迁徙后就定居在这里，他们是这一地区除西罗马外最强的势力；罗马在高卢中部和南部等"安全地区"还维系着统治，以阿尔勒为首府，这里保存了罗马文化并受到罗马的保护。埃提乌斯的军队遍布连接罗马与大小军事重镇的道路网。高卢行省的统治者是阿维图斯，他曾经在埃提乌斯手下担任过将领，因而被埃提乌斯授予在高卢行省的高级职务以作为奖励。公元439年，在许多使节都失败后，阿维图斯成功地说服了西哥特国王提奥多里克，与之签订了一项互不侵犯的和平条约。

面对高卢地区政权林立的现状，阿提拉首先展开了一轮外交活动，以便在将来采取军事行动时尽量为自己减少敌人。第一个要解决的是西哥特，为了达到占领高卢一部分土地的目的，同时又不让埃提乌斯感觉到西罗马在高卢的统治受到威胁，西哥特是最好的切入点，因为他们既是西罗马的敌人也是匈的敌人。阿提拉通过外交途径向埃提乌斯表示，西哥特人曾经是匈的附庸，现在他们背叛了宗主国逃到高卢，自己有义务率军将他们追回来，他将会继续扮演"匈与罗马友谊的捍卫者"。埃提乌斯自然没有被他的伎俩所欺骗，但居住在阿斯坦地区的罗马人却倍受鼓舞，他们认为阿提拉会帮助自己夺回被西哥特人夺走的土地。

不过，西哥特是一支强大的力量，在阿提拉看来，在没有决定先打谁之前，他们最好也保持中立，至少不能让他们和西罗马联合起来。因此，阿提拉又给西哥特国王提奥多里克写了一封立场完全不同的信，在信中他让提奥多里克认真考虑一下，谁才他真正的敌人。此外阿提拉还花费了很多语句来表示对提奥多里克的支持，显得非常和蔼可亲并且善于为他人着想，正如拜占庭历史学家约尔达内斯所说，"在

极度残暴的外表下，他其实是一个敏感细腻的人"。

这件事也说明了这时的匈人战斗力已经严重退化，以至于阿提拉不得不用外交手段为自己减少敌人，不能再像他们父辈刚进入欧洲时那样，以区区一个民族的力量击败所有的蛮族。经过几十年的定居生活，匈人已经完全改变了生活方式，因为脱离游牧生活，他们的马匹数量越来越少，以至于不得不组建步兵以补充骑兵数量的不足，这时的匈人军队从战术到组织都已和其他蛮族没有太大差别。

正在阿提拉等待时机时，间谍向他报告了一则关于西哥特人的重要情报：北非的汪达尔王国和西哥特王国严重交恶，双方已经到了爆发战争的边缘。此前出于政治联姻的需要，西哥特国王提奥多里克将女儿嫁给了汪达尔国王盖萨里克的儿子胡内里克。一开始两人感情笃好，很快有了孩子，但没过多久胡内里克的脾气变得异常暴躁，残酷地对待妻子和自己的孩子。后来因怀疑妻子试图毒死自己，胡内里克把西哥特公主的鼻子割下来并送还到她父亲那里。原本天生丽质的公主变成了见不得人的丑八怪，提奥多里克自然震怒异常，发誓要讨伐汪达尔为女儿报仇。阿提拉异常兴奋，他打算先发制人，在西哥特还没有行动之前就出兵摧毁他们，但在此之前，他要先做好安抚西罗马的工作。公元450年春天，阿提拉给西罗马皇帝瓦伦丁尼安三世写了一封短信，在信中他明确表达了即将进攻西哥特的意图，并向对方保证不会和西罗马发生冲突。然而就在此时，两

个意外事件的发生打乱了他的计划。

首先，埃提乌斯和阿提拉之间的关系因为法兰克王位继承人问题出现裂痕。法兰克王死后，两个王子争夺王位，次子前往西罗马寻求支持，埃提乌斯答应给予帮助并将他收为养子。而长子却逃到了匈，得到了阿提拉的支持。这件事把两个本来是朋友的人推到了一个尴尬的境地，两人谁都不肯轻易放弃这个控制法兰克的大好机会。自从阿提拉把扩张方向转向西边之后，除非埃提乌斯放弃恢复罗马疆土的宏大志向，否则他和阿提拉之间爆发冲突是避免不了的。

而另外一个事件直接给予阿提拉对西罗马帝国提出领土要求的借口，埃提乌斯已经无法避免和阿提拉的正面冲突了。西罗马皇帝瓦伦丁尼安三世有个姐姐叫作霍诺莉娅，因与管家尤金尼厄斯私通，后因怀孕而败露。皇太后普拉西提阿认为这是皇室的奇耻大辱，于是命令处死尤金尼厄斯，然后霍诺莉娅自己选择处理方式：要么嫁给一个"富有且安全并且没有任何针对皇帝阴谋的执政官"，要么将会被送到遥远的君士坦丁堡，在那里接受严厉管束，等待她的将会是修道院般清苦的禁闭生活。霍诺莉娅在政治方面的野心比起其母普拉西提阿有过之而无不及，这两个选择都不是她想要的。她既不肯嫁给一个无聊透顶的丈夫，更不愿在君士坦丁堡度完余生。最后霍诺莉娅还是被送到了君士坦丁堡，可谁也没想到，被逼得走投无路的公主在那里做出一个足以导致整个欧洲陷入战火的决定。她通过一名忠诚的宦官海厄森苏斯，给西哥特王提奥多里克送了一封求救信，表示如能得到解救便嫁给对方为妻，嫁妆是整个西罗马帝国。同时她也给阿提拉送了一枚戒指和一个口信，表达了同样的意思。从法理上来说，一位被流放到同盟国的罗马公主是无权拿整个国家做自己的嫁妆的，但对于阿提拉这样的蛮族首领来说，这些并不重要，重要的是他得到了一个看似非常合理的开战借口。

不过先动手的是西哥特人。提奥多里克得信后便以此为由，大举进攻关押着霍诺莉娅的拜占庭，一路烧杀抢掠直到君士坦丁堡城下，被贿以重金后始退。然而他没有要求对方履行婚约，他深知罗马公主不可能下嫁蛮族。而且他也非常惧怕阿提拉，不愿意与他争夺妻子。阿提拉收到公主的礼物后并没有马上做出反应，而是打算到了合适的时候再向西罗马摊牌。这种不顾一切把国家至于极其危险的境地的做法，让拜占庭人也把霍诺莉娅看成了一位危险人物，为了避免惹火烧身，拜占庭皇帝狄奥多西下令把霍诺莉娅送回西罗马。

狄奥多西建议瓦伦丁尼安三世把霍诺莉娅交给阿提拉以甩掉这个麻烦，而瓦伦丁尼安三世认为这是对帝国的侮辱，自然拒绝了这个提议。这时前去送信给阿提拉的宦官海厄森苏斯回来向霍诺莉娅报告任务已经完成，瓦伦丁尼安三世将他逮捕了，经过严刑拷打后处死。瓦伦丁尼安三世也想处死霍诺莉娅，但被母亲普拉西提阿阻止了。普拉西提阿认为女儿只是误入歧途，希望瓦伦丁尼安三世好好照顾她。最后皇太后把霍诺莉娅嫁给一个西罗马官员，这样阿提拉就无机可乘了。

这时阿提拉也陷入了困境，之前为了与西哥特作战，他已经集结了一支规模空前的大军（一些编年史书记载有50万）。这支大军除了匈人军队外，还有大量附庸国军队，他们包括时为拜占庭和匈服役的东哥特人、颇有名气的阿兰枪骑兵部队以及格皮德人、鲁吉安人、斯基里安人、阿卡喇里人、赫鲁里安人、伦巴第人等大小蛮族。而这时拜占庭政局发生变化，阿提拉原先指望用来发动战争的军费没了着落。7月底，拜占庭皇帝狄奥多西二世骑马时摔伤，2天后去世。因为狄奥多西没有儿子可以继承皇位，而他的姐姐普尔喀莉娅和霍诺莉娅一样充满政治野心。为了夺权，普尔喀莉娅先是嫁给了一名色雷斯元老马西安，然后告诉拜占庭大臣们狄奥多西临终前指定马西安为继承人。就这样马西安成了拜占庭新的统治者，他上台后做的第一件事就是不再继续向匈进贡岁币。

阿提拉正忙于筹划西征之事，没有精力也不可能再调转矛头来处理拜占庭问题，于是他派出一支使团去拜占庭请求经济上的支援。马西安的回答是：金子是用来给朋友的，铁才是给敌人的。在拜占庭那里碰了壁，阿提拉这时还有另外一个选择，那就是带着霍诺莉娅送给他的戒指去帮她恢复在西罗马的统治，这样自己也能从中得到不少经济上的好处。阿提拉派使者去西罗马，宣称"霍诺莉娅不应该被亏待，如果她不能得到权杖，那他会为她报复"（普里斯库斯《出使匈人王廷记》），对于阿提拉这个荒唐的请求，西罗马人的回应是"霍

诺莉娅不能同他结婚，因为她已经被许配给了另一个人，而且她也没有权力要求得到权杖，因为罗马的统治权属于男性而不是女性"。

这件事导致西罗马和匈彻底决裂，阿提拉决定暂时撇开西哥特先进攻西罗马的高卢行省。只要匈人在高卢迅速取得决定性胜利，一直打到大西洋岸边，那么整个南欧都会处在阿提拉的控制之下。然而这种从未经历过的远征对他而言存在很多困难：匈人此前的战术是骑兵远程突袭，像闪电一样插入敌后致敌防线崩溃，然后由跟在后面的步兵肃清残敌。不过这种战术仅适用于开阔的大平原，阿提拉向西前进的道路上有不少带堡垒的城镇，必须要使用投石机或攻城塔之类的攻城器械。往远处运送攻城器械往往太耗费时日，而阿提拉集结的庞大军队每日开销极大，他不可能等那么长时间，于是只好再度和西罗马谈判。不过这次阿提拉的价码更高：因为霍诺莉娅是他的合法妻子（有戒指为证），而本来拥有继承帝国的权力的霍诺莉娅却被贪婪的弟弟赶走，现在又被许配给他人，因此瓦伦丁尼安三世应该直接把帝国的一半疆土——整个高卢直接交给阿提拉。瓦伦丁尼安三世自然无法接受这个条件，阿提拉又派了一名使者告诉他："我的以及你的主人阿提拉命令我通知你，为他准备好你的宫殿！"

正当皇帝还在幻想阿提拉能够前去攻打西哥特放过西罗马时，对局势严重性有着清醒认识的埃提乌斯已展开了卓有成效的外交工作。埃提乌斯深知，单凭西罗马

◎ **匈人军队对高卢庄园的洗劫**

一己之力绝对不是阿提拉率领的蛮族联盟的对手。虽然帝国军队曾在自己的带领下攻无不克战无不胜，但那时的主力是匈人佣兵，很多战争甚至得到匈的直接出兵援助。为了扭转这个劣势，西罗马必须把高卢地区的大小蛮族也联合起来，尤其是强大的西哥特人。虽然西哥特长期以来是埃提乌斯的主要敌人，但如果阿提拉击败了西罗马帝国，那西哥特也必然不能幸免。于是他派了曾成功说服提奥多里克签订和平条约的阿维图斯前往图卢兹，劝说他们与西罗马共同抵抗阿提拉，并提醒西哥特人不要忘记被匈人抢夺祖先土地的深仇大恨，以及至今仍在不时被匈骚扰的现实。提奥多里克被阿维图斯说动了，但还是没有最终下决心。

这时的阿提拉正在解决法兰克问题。他的行军路线是渡过莱茵河后沿摩泽尔河逆流而上，从这一带的山区穿过然后到达香槟平原，那里才是匈人骑兵的用武之地。

而这一带控制在法兰克人手中，如果他们对阿提拉采取敌对政策，那将会对西征极为不利。最后阿提拉派之前向他求助的前法兰克王的大儿子希尔德里克前往该地区，收编了还没为西罗马效力的法兰克人，组成了一支军队，为行军解除了侧翼威胁。为了避免西哥特和西罗马联合，阿提又派出使者去告诉提奥多里克自己只是借道攻打西罗马，同时又派人给埃提乌斯传话，说这次出兵只是为了攻打西哥特。然而西罗马和西哥特相互一核实，这个谎言就被揭穿了，提奥多里克反而因此下定决心和埃提乌斯一起抵抗阿提拉。

# 血腥的沙隆会战

公元451年3月，阿提拉的部队从多处地方搭浮桥渡过莱茵河及其支流，并在过河之后汇聚成一支大军，一路势不可挡地向高卢地区杀来。高卢行省的城市一座接着一座沦陷。4月7日，阿提拉大军攻陷高卢名城梅兹，整座城市遭到了空前惨烈的烧杀抢掠，最后被彻底夷为平地。根据教会文献记载，阿提拉在屠杀之后宣称自己是奉神谕来惩办世上的罪人的，即"上帝之鞭"。紧接着是卢特提亚（巴黎的前身），但主教派遣一名7岁小女孩出城和阿提拉谈判，这座城市才幸免于难，到此时高卢北部城市除了军事重镇奥尔良外，全部宣告沦陷。

奥尔良控制在阿兰人的手里，他们本来许诺支持阿提拉，但见到匈人军队惨无人道的杀戮后又心生反悔。阿提拉不能容忍这种背叛，于5月初率领全军前往围攻奥尔良。阿兰人联合城中的一个罗马军团拼死抵抗，此前城中的阿乃努斯主教已派人向埃提乌斯请求援兵，告诉他守军最多

◎ 罗马鹰旗

只能坚持到6月中旬，埃提乌斯则要求他们尽力坚守到底。这时所有的蛮族都被阿提拉大军对高卢的蹂躏所震惊，大家都意识到单凭自己的力量是无法对抗匈的。埃提乌斯抓住这个同仇敌忾的良机，派人四处联络，凭借自己在高卢地区的威望建立了一个反抗匈的联盟。分布于高卢和西班牙的各个日耳曼蛮族部落，甚至位于不列颠的凯尔特部落都派兵前来支援，西哥特国王提奥多里克也亲自带兵前来助战。据历史记载，当阿提拉大军开始围困奥尔良城时，埃提乌斯联军的规模也达到了50余万人。决战的时刻快到了。

由于阿提拉大军没有携带笨重的攻城器械，虽然他的部队规模极其庞大，但缺乏攻城的手段，一连数周如潮水般的攻击也未能拿下奥尔良，反而自己伤亡惨重，士气也急剧下降。原先的闪电突袭变成了长期围城，数十万大军的补给也是沉重的负担，阿提拉的西征计划遭受了严重的挫折。而这时城中守军也几乎到了山穷水尽的地步，阿乃努斯主教也快绝望了，眼看城池就要沦陷，关键时刻，埃提乌斯的大军出现了。城上守军看到罗马鹰旗缓缓地在地平线上出现，背后是西哥特大军，援军的到来让他们欢声雷动，顿时士气大振。在匈人大军没有在奥尔良城下被消耗得差不多之前，埃提乌斯前来迎战没有什么胜算，而且他也需要利用这段时间集结足以与阿提拉抗衡的强大兵力。而对阿提拉来说，顿兵坚城久攻不克，敌方援军又从背后出现是兵家大忌，这时战局已对他极为不利。

◎ 奥尔良围城战

埃提乌斯的援军赶到战场后不做任何停留，立刻向匈人联军发起进攻，城中守军也集中全部投射武器向敌军射击，匈人军队再也支持不住，向东退却，阿提拉宏伟的西征计划到此彻底破产了。而埃提乌斯和提奥多里克却紧追不舍，尾随阿提拉渡过塞纳河来到马恩河畔。当天晚上，埃提乌斯让法兰克人当先锋袭击阿提拉的营地，阿提拉连夜下令撤退，充当后卫的格皮德人付出了很大代价才阻止住法兰克人的突袭。这时阿提拉意识到自己的大军已无法全身而退，攻城时跟在后边的步兵大量聚集在奥尔良城下，如果率领轻骑兵部队逃走，那么就等于把他们交给敌人，自己用了好几年时间才集结的部队大部分就会瓦解，这是阿提拉所不能接受的。第二天上午，阿提拉修正了原有的撤退计划，回军列阵，这时埃提乌斯的联军也尾随而至，两军终于在沙隆附近的卡塔隆尼原野相遇，各自摆开决战的阵势。

这时的罗马军队和恺撒时代相比已经发生了很大变化，首先罗马军团的编制已经从6000多人缩小为1000多人；其次步兵装备也有一定改变，原先的木制盾牌为包裹金属外皮的盾牌所取代，这种盾牌的防护性虽然显著增强，但重量也大大增加，非常不利于步兵冲锋。罗马步兵从前惯用的重型标枪也被一种超轻型标枪替代，这种标枪虽然穿透力远逊于重标枪，但射程可达50米之远，几乎接近弓箭的射程。这时罗马军队的战术也变得非常保守，一般都是组成盾牌阵等敌人来攻，直到敌人冲击方阵受到很大损失后才随后追击。而西哥特军队的战术与罗马军队形成鲜明对比，他们的军队往往以大量的重装骑兵为核心，战斗时由重骑兵冲击敌阵，一旦取得胜利后步兵随后掩杀。匈的战术仍然是以大量的弓骑兵为主力，在冲锋的时候向敌人射出遮天蔽日的箭雨，如果用来对敌军实施边逃跑边射箭的战术可能游刃有余，但正面冲击的效果可能不如西哥特的重骑兵。

卡塔隆尼原野非常平坦，除了少数隆起的土丘外全是一望无际的旷野，正是匈人擅长的且适合骑兵的战场。在战前，阿提拉命令巫师通过观察牺畜的内脏以预测战争的吉凶，巫师占卜的结果是对匈不利，但敌军统帅将会阵亡。阿提拉认为这样也划得来，于是下定决心在这里和埃提乌斯展开决战。阿提拉看见埃提乌斯的联军阵形严整，知道无法像以前那样通过突袭迅速击溃，于是采取谨慎的打法，首先把军中战车集中起来围城一个车阵，将自己的大营置身其中。

扎下大营后，阿提拉发现旁边有一个小土丘，于是马上派出一支骑兵前往占领。这时埃提乌斯也发现了这座土丘，从这里可以很好地观察到匈的大营，便派遣西哥特王子托里斯蒙德前去抢夺。托里斯蒙德果然没有辜负埃提乌斯的厚望，他率领精锐亲军卫队向山丘上的匈人军队展开进攻，勇猛地把匈人赶下坡去，夺取了这个制高点，大大地鼓舞了联军的士气。

阿提拉虽然没有占到地利，但丝毫没有气馁，为了提振军队的士气，他花了很多时间给属下做战前动员。直到下午，匈人才走出车阵，在平原上摆开阵势。这时埃提乌斯把联军分为左中右三翼，左翼是由埃提乌斯亲率的罗马军团，右翼是由提奥多里克率领的西哥特部队，而阿兰人、法兰克人和其他蛮族则被放在中央。阿提拉则针锋相对，亲率匈人精骑居中，把东哥特人放在左翼去面对他们的同胞西哥特人，其他各蛮族军队则位于右翼。埃提乌斯这样的部署相当冒险，因为他放在中间的蛮族部队是联军中最弱的部分，非常容易被匈人骑兵从中央突破，那么整个西罗马联军的防线将会被拦腰斩断。然而从另一方面看，中心突破的匈人部队也有从两翼被包抄的危险，有可能会重蹈罗马军团在坎尼会战中的覆辙。

午后不久，会战终于打响。阿提拉一方首先发动进攻，在遮天蔽日的箭雨掩护下，匈人精锐骑兵排成楔形突击阵形向西罗马联军的中央直插而去。由各蛮族组成

◎ 匈人下属的阿兰人重骑兵被罗马军团标枪打倒

的中央军阵缺乏严格的纪律性，在首轮箭雨的射击下军心就已经开始动摇了，等到匈人骑兵冲到时很多人开始溃逃，防线被轻易撕开一个大口子。匈人骑兵并不追击败敌，而是向左旋转，从背后包围西哥特军队。一旦对方最强的西哥特军战败，那么此战基本上大局已定。为了逼退敌人，年过60的提奥多里克亲自率领重骑兵向匈人发起反冲锋，结果在激战时中箭落马，被紧随其后的重骑兵活活踩死。失去领袖的西哥特军开始出现混乱的迹象，战况千钧一发之际，王子托里斯蒙德站出来迅速恢复了秩序。西哥特重骑兵在他的带领下向匈人骑兵发起了凌厉的反击，将他们从中央缺口压了回去。这时埃提乌斯率领的左翼罗马军团也取得了胜利，他们排成密集队形，首尾呼应、稳步前进，冲散了阿提拉由蛮族组成的右翼军阵，然后将其分割歼灭。从中央败退的匈人骑兵正好迎面撞上了罗马军团的盾牌防线，大量骑兵在罗马士兵的标枪攒射之下纷纷倒下。与此同时，阿提拉联盟左翼的东哥特人也抵挡不住西哥特铁骑的猛烈冲击，率先退出战场。孤军深入的匈人军主力此时失去了两翼的掩护，战役进行到这里基本上胜负已分。

夜幕悄悄来临，阿提拉明白大势已去，于是丢下大部分人马，只带领精锐亲军卫队冲出重围，狼狈地逃回用战车围住的大营。回到大营后，阿提拉命令将所有马鞍都搜集在一起，燃起一堆大火，准备在大营被攻破之后跳入火堆自尽，以免受被俘之辱。入夜之后，战场上依然一片混乱。托里斯蒙德率部追击时与大部队走散，结果误入匈人的营地，幸好随从拼死保护，托里斯蒙德这才从敌阵中突围出来。埃提乌斯在混战中也和部队失散，最后不得不在西哥特人的大营里过夜。直到次日凌晨，整个战场才渐渐安静下来，沙隆平原上尸横遍野。埃提乌斯巡视战场时发现了敌军伤亡比己方要多得多，而且阿提拉大营一片安静，不再有人出来挑战，埃提乌斯这才意识到自己已经赢得了战争的胜利。提奥多里克的尸体也被找到，西哥特人哀伤不已，为他们的国王举行了一场沙场葬礼，送葬的队列在匈人面前缓缓前进，令躲在大营里的阿提拉也深为震撼。

此战双方伤亡惨重，据历史记载至少有16万人战死或负伤。阿提拉大军大部溃散，余下的兵力也无力再发起进攻了，而且补给断绝，退路又被西罗马弓弩手封死，被全歼也只是时间问题。虽然已经陷入绝境，但阿提拉仍然躲在车阵里负隅顽抗。匈人大营中的战鼓不分昼夜地响彻云霄，托里斯蒙德率西哥特骑兵发起的几次冲锋都被乱箭射了回来，暂时也不能将其奈何。而在西罗马联盟这边的军事联席会议上，关于如何处理阿提拉，各方也产生了严重的分歧。有人主张强攻，有人主张长期围困，但埃提乌斯却想把阿提拉放走。埃提乌斯对局势有着清醒的认识，他知道匈虽然盛极一时，但注定无法长久，而居住于高卢地区的数量极其庞大的各个蛮族才是罗马最大的威胁，尤其是西哥特人，他们的过于强大是埃提乌斯所不愿见到的，留下阿提拉可以有效地制衡这些蛮族。当天晚上，埃提乌斯劝说托里斯蒙德赶紧回国继承王

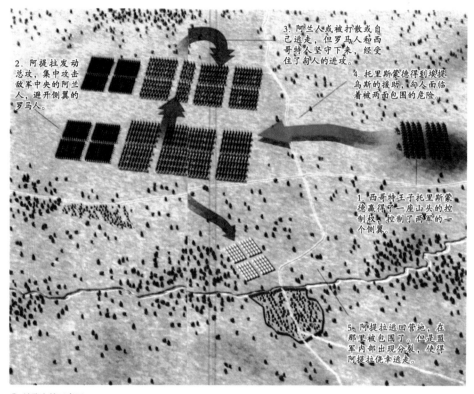

图中标注：

2. 阿提拉发动总攻，集中攻击敌军中央的阿兰人，避开侧翼的罗马人。

3. 阿兰人或被扩散或自己逃走，但罗马人和西哥特人坚守下来，经受住了匈人的进攻。

4. 托里斯蒙德得到埃提乌斯的援助，匈人面临着被两面包围的危险。

1. 西哥特王子托里斯蒙德赢得了一座山头的控制权，控制了两军的一个侧翼。

5. 阿提拉逃回营地，在那里被包围了。但是盟军内部出现分裂，使得阿提拉侥幸逃走。

◎ 沙隆会战示意图

位，然后自己也拔营撤退了。阿提拉这才得以逃出重围。在返回首都布达的路上，阿提拉得到消息，自己发动的波斯战争也失败了。

客观地说，整个战争的转折点是奥尔良守城战而不是沙隆会战，正是奥尔良城中的守军消耗了匈人军大部分战力，西罗马联军才能在之后的决战中只用一个下午就把阿提拉大军打垮了。可以说自从埃提乌斯率领援军在围城的匈人军背后出现以后，阿提拉的西征计划就不可能实现了。他唯一的正确选择是尽量全军而退，而不

是用久战疲惫之师在这里和对手赌一把。

沙隆会战沉重地打击了阿提拉率领的匈人联军，将西欧从匈人铁蹄下拯救出来，然而这并不意味着罗马帝国可以重新强大起来。阿提拉撤军后，高卢地区仍然充斥着不服从罗马统治的大大小小的蛮族，"这个时候，整个国家的情况显得相当糟，因为没有一个行省没有蛮族居民"（约翰·曼《上帝之鞭阿提拉》），西罗马帝国对这里的统治仍然非常脆弱，只有埃提乌斯这样的厉害人物才能掌控如此复杂的局面，小心翼翼地维系着帝国在高卢地区的存在感。

◎ 被汪达尔人洗劫的罗马城

◎ 油画中描述的教皇利奥与阿提拉会面的场面

而阿提拉也没有从此一蹶不振，他的西征大军虽然战败，但作为核心力量的匈人骑兵却没有遭受毁灭性打击，仍然具有强大的作战能力。

# 新婚夜里的暴毙

仅仅在沙隆之战的一年后，阿提拉又集结起一支大军，绕过阿尔卑斯山，从东面攻入亚平宁半岛北部。这次被威胁的是西罗马帝国的本土，而且情况远比上次还要糟糕，埃提乌斯对此却无能为力，因为他无法劝说西哥特等蛮族为保卫罗马本土而战，只得躲在仅剩兵力守卫着的拉文纳，预备和西罗马皇室成员一起前往拜占庭避难。和以往的无数次侵略一样，匈人军队将他们的野蛮本性发挥到了极致，亚得里亚海西岸的阿奎利亚城几乎被从地面上抹平，括米兰、威罗那和巴度阿等波河流域地区的其他城市全部遭到了洗劫。只有阿奎利亚抵抗得比较激烈，匈军连攻三个月也没能拿下，最后阿提拉通过观察发现了城墙的弱点，这才攻克这座城市然后将之夷为平地。在围城期间，阿提拉造了一座土山，用来祭祀曾经到过此地的祖父乌尔丁。短短几个月时间，整个北亚平宁半岛几乎被匈人彻底焚毁，饱掠之后的匈人军队开始向罗马城进军，而罗马城自从上次被汪达尔人焚毁之后一直未能恢复过来，根本没有能够抗敌的军队。

关键时刻，罗马教皇利奥一世冒险出城，在米西诺河和波河交汇处会见了阿提拉。据基督教文件记载，两人会面的时候出现了"圣迹"，圣彼得和圣保罗通过神谕威胁阿提拉，如果不撤军就会将他处死，阿提拉因害怕"神罚"而退兵，罗马这才得以保全。其实阿提拉退兵的真正原因并不是因为什么"圣迹"，而是因为他自身也陷入了困境。这时亚平宁半岛正在发生饥荒，成千上万的人饿死，这些尸体无人掩埋又爆发了可怕的瘟疫。匈军中不仅严重缺粮，而且也传染上了瘟疫，而拜占庭军队这时又趁机袭扰匈的后方，渡过多瑙河进入了潘诺尼亚。阿提拉的军队在沙隆会战中其实损失很大，这次强行进军亚平宁半岛纯粹是为了泄愤，本已超出自己的能力范围，现在又遇到这么多困难，最后只得从亚平宁半岛撤军。这两次征战让匈人帝国元气大伤，从此以后阿提拉再也没对外发起过大规模进攻。

公元 354 年，阿提拉在新婚之夜暴病身亡。他迎娶的是一位叫伊笛可的日耳曼少女，第二天人们在新房里发现阿提拉全身赤裸的尸体，而伊笛可正躲在床角瑟瑟发抖。后经军医检查，阿提拉是在睡梦中被鼻腔血管破裂流出的血呛死的。在葬礼上，匈人战士们割下自己的一缕头发，用剑刺破自己的脸来哀悼阿提拉，按照匈的习俗，"最伟大的战士是不应以女性的哀号和泪水，而是以战士的鲜血来哀悼的"。匈人把阿提拉的遗体装进分别由金、银、铁制成的三层棺材里，然后驱赶着奴隶们筑起大坝拦住河流，再把棺材埋葬在干枯的河床下，从各国掳掠来的战利品也扔进了墓穴。最后匈人开闸放水，奔涌的河流淹没了阿提拉的墓地，所有参与施工的奴隶全部被处死，从此以后再也没人知道阿提拉被葬在何处。阿提拉死后，他的几个儿子因争夺继承人爆发了战争，匈的实力被进一步削弱，此后也渐渐地在欧洲历史上销声匿迹了。

据记载，在阿提拉暴毙的那个晚上，西罗马皇帝梦见阿提拉的弓弦被折断了。

和西哥特等其他蛮族的国王相比，阿提拉是个彻底的暴君，他的死对文明世界来说是福音。虽然拥有当时欧洲最强大的军队，但他却未能为自己的民族增加一寸疆土。他的军队像流寇一样在全欧洲散布着恐怖，除了屠杀就是勒索，既没有试图去安抚当地人民，也没有试图去建立统治机构。正如后人所评价的那样，如果阿提拉真的成功了，那欧洲肯定将会成为一片人烟稀少的荒原。

正当匈人帝国在东方渐渐消失时，西罗马帝国也遭受了同样的命运。战后埃提乌斯一度以"罗马的救星""帝国对付野蛮人的坚强堡垒"而享有极高的威望，不仅帝国的很多军政要人是他的部下或者挚友，而且他的儿子和皇帝瓦伦丁尼安三世的女儿小普拉西提阿订有婚约，甚至一些从外省来的官员都去向埃提乌斯面述政情而不再去觐见皇帝。瓦伦丁尼安三世是个没有主见的君主，执政以来一直接受母亲普拉西提阿的指导。公元 450 年，普拉西提阿死后，国家就操纵在埃提乌斯的手里，瓦伦丁尼安三世对此非常不满，但又忌惮埃提乌斯巨大的威望而无可奈何。一直想取代埃提乌斯的地位的罗马元老马克西姆斯见有机可乘，便通过皇帝的亲信赫拉克

利乌斯向皇帝暗示，埃提乌斯可能正在策划一场政变，从而建立一个新的王朝，并建议皇帝先下手为强。

公元 454 年 9 月 21 日，瓦伦丁尼安三世以废除婚姻为名将埃提乌斯骗到皇宫，随即两人发生了激烈的争执。瓦伦丁尼安三世忽然指责埃提乌斯为叛徒，然后跳下王位拔出剑刺进埃提乌斯的胸膛，据历史学家记载，这是他有生以来第一次拔剑。赫拉克利乌斯和其他侍卫也拔出剑冲上来，用剑刺入埃提乌斯的身体。手无寸铁的埃提乌斯身中十几剑，当场死去。

杀死埃提乌斯后，瓦伦丁尼安三世封锁消息，紧接着将埃提乌斯在军中的亲信骗进宫中一一诛杀，西罗马能征惯战的将领损失殆尽。帝国军队失去了这位伟大的统帅，军心彻底涣散，再也不堪作战。听到埃提乌斯被杀的消息，一位大臣痛惜地对瓦伦丁尼安三世说："我不了解陛下和埃提乌斯的过节，我只知道您刚刚用左手砍掉了右手。"消息传到国外，不论埃提乌斯曾经的盟友还是敌人，都对这位英雄的陨落感到分外惋惜。埃提乌斯没有光荣地战死在沙场上，却死于一个怯懦无能的君主的剑下。西罗马人本来就蔑视无能懦弱的瓦伦丁尼安三世，现在开始更加憎恶他了。

马克西姆斯原指望杀死埃提乌斯后取代他的位置，但这个角色却被赫拉克利乌斯抢走了。为了报复盟友的背叛，马克西姆斯安排了埃提乌斯的两个匈族部属——奥普提拉和萨斯提拉，去暗杀瓦伦丁尼安三世和赫拉克利乌斯。公元 455 年 3 月 16

日，瓦伦丁尼安三世前往玛提厄斯军营检阅并准备观看射箭练习，跟在身后的奥普提拉突然拔刀刺向了他。当受惊的皇帝转身去看是谁在袭击他时，奥普提拉又刺下第二刀将他杀死。与此同时，萨斯提拉冲上前杀死了赫拉克利乌斯。军营中的士兵大多是埃提乌斯的忠实追随者，当刺杀发生时，他们站在一边无人上前援救。

虽然埃提乌斯的手下间接帮他报了仇，但西罗马帝国行将衰亡的命运再也无法挽救。自从蛮族像潮水一样涌入帝国境内以来，罗马的国势就如同风中残烛，随时都有熄灭的危险。在最黑暗的日子里，上天将埃提乌斯赐给了罗马人，在他的带领下，

帝国军队重振消失多年的声威，东征西讨、战功赫赫，甚至击败了不可一世的阿提拉，罗马人的荣誉与尊严仍然得以保持，他们对埃提乌斯的依赖远甚于强盛时期罗马人对恺撒的依赖。现在埃提乌斯死在他所效忠的皇帝的剑下，罗马人失去了他们最后的一位良将，之后再也没出现过类似的能力挽狂澜的人物，帝国的前景因而越来越黯淡。

公元476年9月4日，西罗马末代皇帝罗慕路斯·奥古斯都被蛮族将领奥多亚塞废除，西罗马帝国正式宣告灭亡。

欧洲古典时代到此结束，漫长而黑暗的中世纪开始了。

# 江东霸王孙策

## 枭雄录

### 有子如孙郎，死复何恨

作者
/ 上帝之鹰

"有子如孙郎，死复何恨。"这句名言对后世家庭教育影响深远。说出这句话的人，是淮南军阀袁术袁公路，他因企图篡位代汉而丑名远播。他口中的"孙郎"，则指当时尚在自己麾下的孙策孙伯符。袁术说出此言的时候，正值"孙郎"的父亲——破虏将军孙坚刚刚去世。而孙坚是带着一番遗憾，撒手人寰的。

这又是怎么一回事？说来话就长了。

# 少年起事

众所周知东汉末年是个异常动荡的时代。外戚干政，宦官专权，朝政在两大势力的交替掌权与不断火拼之下，日益腐朽不堪，特别是历史上著名的昏君汉桓帝、汉灵帝执政时期。东汉第11位皇帝汉灵帝刘宏，成天一门心思钻研着如何享受和玩乐，将自己的本职工作全托付给"十常侍"等大宦官。这些贪得无厌的公公们趁机利用手中的权力，大肆卖官鬻爵，中饱私囊。在昏君与权阉沆瀣一气下，各种各样光怪陆离的事情不断发生。试举两例：

宦官娶三妻四妾，收养儿孙；宦官出行，所用马匹穿金戴银，另有骑兵护卫，规格和皇帝车驾相仿。

当一个政权开始病入膏肓时，最直接的体现就是地方上民不聊生，盗贼横行，州郡弹压不力甚至放任自流。种种情况日积月累，终于在汉灵帝光和七年（公元184年）在一个叫张角的江湖郎中利用下来了

个大爆发。这就是历史上著名的"黄巾之乱"。数十万对现状早已不满的张角信徒头裹黄巾，揭竿而起，横行各州郡达四年之久。几乎颠覆整个东汉王朝。

这种无法无天的局面，为某些当时尚默默无闻的未来英雄们提供了在历史上崭露头角的舞台。吴郡富春（今杭州西南）人孙坚正是这个舞台上的名角之一。

17岁那年，他与父亲坐船去钱塘。路上碰上海盗拦路劫财，这情况即使是大人也是躲避不及的。孙坚可谓初生牛犊不怕虎，不顾父亲的劝阻，提着刀子就冲了上去。不过他并不是直接冲过去乱砍乱杀，而是在岸上扬声大呼，作东西指挥状。贼人们远远看见，还以为捕盗官兵大至，登时作鸟兽散。孙坚追上去，当场斩杀一人。

小小年纪就如此有勇有谋，孙坚从此名闻郡里，郡守召其为代理校尉，用今天的话来说，算是临时地方警备副司令。

牛刀小试就获成功，孙坚从此一发不可收拾：击会稽妖人许昌于句章（今浙江慈溪）；大破黄巾贼于宛城；讨边章、韩遂于凉州（今甘肃武威）；征长沙盗贼区星、周朝、郭石于零、桂……随着军功的不断增加，孙坚也一路从代理校尉上升到郡司马、下邳丞、别部司马、议郎、乌程侯、破虏将军、豫州刺史……在一次次残酷的战斗中，孙坚的大名逐渐走出吴郡，传遍全国。连凶焰四射的汉末大奸雄董卓也评价道："孙坚小戆[①]，颇能用人，当语诸将，使知忌之。"随后又喟然长叹道："但杀二袁、

---

① 这里的"戆"是勇悍好斗的意思，非贬义词。

刘表、孙坚，天下自服从孤耳。"当时，袁绍袁术兄弟和刘表都已是颇具实力的一方军阀，唯独孙坚依旧只是个袁术的部属。足见假以时日，孙坚羽翼丰满，定能成为傲视群雄的一代豪杰。可惜天妒英才，正当孙坚的事业和威望都如日中天时他自己却出了意外，而这个意外的源头就是淮南军阀袁术。

袁术和统治河北的军阀袁绍本是亲兄弟，然而两人却暗中不和。袁绍是庶出，早被以袁家嫡子自居的袁术所看不上眼，袁术甚至私下里称袁绍为"吾家奴"。袁绍与冀州牧韩馥等共同起兵讨伐挟持天子的逆贼董卓，袁术响应，派孙坚带兵参加。然而袁绍却企图派部将周昕乘虚偷袭孙坚任刺史的豫州，袁术大怒，派部将吴景打跑了周昕，二袁嫌隙更深。

此后，两兄弟越走越远。袁绍想和韩馥拥立幽州牧刘虞为皇帝，以取代被董卓控制的汉献帝刘协。而袁术此时已得到孙坚征董卓时从洛阳带回的传国玉玺，心怀异志。于是袁术以"皇帝尚在，董卓未灭，应以公义为先"等冠冕堂皇的理由拒绝了袁绍的提议。两人自此彻底翻脸，各自结交外援，试图吞并对方。袁术连接公孙瓒牵制袁绍，袁绍则拉拢刘表对付袁术。刘表的地盘荆州就紧挨着袁术地盘的左侧，这让袁术如何睡得安稳？同室操戈的一幕已不可避免。

初平二年（公元191年），袁术抢先动手，命孙坚攻打刘表。两军战于樊（今襄阳市樊城区）、邓（今河南邓州）之间，刘表部将黄祖不晓得孙坚的厉害，主动来迎，结果被打得大败。孙坚乘胜追渡汉水，围襄阳，却不防被刘表另一部将吕公诱入岘山之中。孙坚大概是很久没有打过败仗了，滋生了骄傲轻敌的情绪，只顾闷头狂追，竟一气赶进了黄祖预先设好的埋伏圈内。竹林间乱箭飞下，孙坚当场被射杀。

可怜一代名将，就此惨死荒野。孙坚的侄儿孙贲收拢了叔叔的旧部，回军投奔袁术，袁术让他接任豫州刺史一职。

噩耗很快传到舒城（今安徽六安舒县）孙家，正在急切等待前线消息的孙家人顿时如五雷轰顶，嚎哭声充满了孙府的各个角落。

悲伤归悲伤，逝者长已矣，活着的人还要坚持过下去的。老爹死了，作为长子的孙策义无反顾地撑起了家里的一片天。他在参加了父亲的葬礼之后，就带着家人移居到了江都（今江苏江都市）。

孙家突遭如此重大的变故，所受打击是可想而知的。不幸中的万幸，孙家新顶梁柱孙策并不是个庸碌无能的年轻人。他在继承了父亲家业的同时，也早已继承了父亲少年老成的气魄和独立思考的能力。

孙坚当年奉命北讨黄巾的时候，曾将家人安置在寿春（今安徽寿春）。孙策在那里度过了自己的童年时光。作为武将家的孩子，孙策的童年世界里不曾存在过多少快乐时光，他人生中最无忧无虑的阶段是在不停地学习、自省其身、结交名士中度过的。到了孙策10多岁的时候，他已经和他父亲当年一样，在江淮一带成了个大名人。

在孙策长长的一段好友名单里，有一个和他同龄的孩子是他最亲密无间的玩伴，两人虽非亲兄弟，却胜似亲兄弟。平日里时不时你送我一只竹马，我赠你一个泥人。兴起时，这个孩子竟把自家路南边的大宅子都送给了孙策，还曾与孙策一起以儿子的礼节去拜见孙母。这个孩子日后对孙策以及孙策的弟弟孙权的一生都产生了重要影响，他的名字叫作周瑜，是洛阳令周异的儿子，《三国演义》里那飘逸俊美的江东周郎就是他。

周瑜的生平事迹，三国迷们是耳熟能详，但有件事估计没多少人知道：孙坚远赴中原打仗，出于方便照应的考虑，周瑜建议孙策把家从寿春搬到自己的家乡舒县。孙策顺从地照办了。两家的交往从此更加亲密，让宅拜堂的事，就是在那以后发生的。这件事不只是两人情深义厚关系的体现，

还说明了孙坚不在家的时候，家中事务一直都由孙策主持，足见少年孙策独当一面的本领已得到父亲的认可。

尽管生活的磨炼在很早的时候就已经开始了，但支撑起一个家和担负起父亲未竟事业的难度是完全不在一个水平线上的。年仅 18 岁的孙策并没有退缩，而是在擦干眼泪后勇敢地去面对即将到来的大任。因为他是孙坚的儿子，还是最大的儿子，他别无选择。

光有勇气和决心是不够的，现实的困难一一摆在孙策面前：无论是要报父仇还是继续在江东扩大势力，都需要一支军马。可孙坚的旧部已经全部被原老板袁术所吞并，袁术是一只贪得无厌的狼，肥肉既然已经吃下去了，要让他再吐出来，谈何容易。

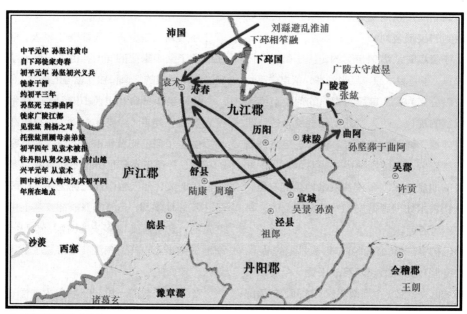

◎ 孙策早期活动示意图

孙策把未来寄托在西南方向的丹杨郡（今江苏南京一带），那里的太守是他的舅舅吴景。这是他们孙家目前唯一的希望了。

临行前，孙策去拜访了当地名士张纮。此人本是广陵人，年轻时曾游学京师。大概是看到时局已乱，张纮学成归来后无论是州郡的举荐还是县衙门的聘请一概予以拒绝。后寓居江都。何为寓居？东汉末年中原战乱不断，大批北方士人携家南渡避难，大名鼎鼎的三国第一智者诸葛亮就是南下大军中的一员。按传统的说法，这是促进了南北方的人才交流，为南方经济开发做出了卓越贡献。当然，孙策所求的并不是经济问题，他要征求的是下一步的战略方针，在这方面，孙策百分百地相信张纮能引领他走上正确的路。

当时的情景，史书记载得很清楚：

孙策对张纮言道，如今天下大乱，汉柞衰微，野心家个个拥兵自重，却都只顾着为己谋私。只有先君孙坚与主公袁术联手讨伐逆贼董卓，真心匡扶汉室。皇天不佑，先君功业未成就为黄祖所害，孙家不幸，天下不幸。说到这，孙策悲愤不已，几欲垂泪。

孙策如此动情，张纮却似乎并未听到孙策的话，毫无回应。

眼见如此，孙策还是径直把自己的想法说了出来：先君已逝，但他的理想不能随之飘逝。孙策年龄虽小，但对父亲的壮志不敢遗忘。如今孙策打算先去主公袁术那里讨回父亲的旧部，再去丹杨依附自己的舅舅，招徕流亡，以图东据吴会，上为朝廷拱卫地方，下为孙家报仇雪恨。

其实除了这一步外，此时的孙策也并没有太多的选择。但丹杨亦是四战之地，江淮几大势力在周围纵横交错，凶险无比。孙策踏出的第一步尤为关键，若一招不慎则满盘皆输。因此他觉得还是先征求下智者的看法再说。

张纮只是冷冷地向孙策表示，自己对天下事毫无兴趣，且母亲刚刚过世，自己还在服丧，所以，他对孙策无所帮助。

这对孙策来说不啻于劈头一盆冷水。显然张纮对混乱动荡的时局失望已极，丝毫不想理睬其中之事。但孙策并不是个轻言放弃的人，既然来了，不求得先生的金玉良言誓不罢休。于是他三番五次地上门求教，无奈张纮的心冷如铁，孙策一次次都失望而回。

孙策也真是不到黄河心不死，眼看着啥好话都说尽了，啥诚意都掏出来了，依旧无法打动张纮先生，一急眼，他竟然使出了终极招数——男人平时打死也不愿意用的法子——眼泪。

"君高名播越，远近怀归。今日事计，决之于君，何得不纡虑启告，副其高山之望？若微志得展，血雠得报，此乃君之勋力，策心所望也。"[1]用大白话说就是，我孙策早就听说张先生是个道德模范文明标兵，所以才一而再再而三地和您掏心窝子，

---

① 出自《裴注三国志·吴书一·孙破虏讨逆传第一》。

您就不能也用我的十分之一热情来回报我下吗？我知道现在是个现实社会，我不会亏待您的，事业若成您就是我孙策永世的大恩人。说完这几句，孙策再也忍耐不住，拜在地上放声大哭起来。

这般情景远出张纮意料。他原本做好了应对孙策失去耐性乃至恶语威胁的准备，没想到孙策甩来的不是飞镖，却是豆腐，这让再坚硬的盔甲也失去了作用。

除了利诱，孙策的话里还带有几分小小的威胁：张纮先生您不是大家公认的正人君子吗？作为一个正人君子，现在却对一个可怜的丧父少年的苦苦哀求拒之千里，这事要是传出去，对张先生的名声貌似不太好吧。东汉末如张纮这样淡泊名利的清流人士一不怕苦二不怕死，怕的就是声望受损，孙策这一招可谓打中张纮的软肋。

无可奈何，张纮终于开了金口。他告诉孙策，少年壮志，真不负令尊孙坚之名。只要孙策带丹杨兵开进吴会，拿下荆州、扬州（今湖北荆州、江苏扬州，两地在当时都是江淮一带的军事要地）都不在话下。以孙策之能，到时候非但能报仇、占据长江天险、剪除奸贼、匡扶汉室都大功可成，应该向齐桓公、晋文公（春秋五霸中国的两位霸主，以勤王为名称霸诸国）的霸业努力。只是苟富贵，勿相忘，自己届时还当仰仗孙策。

原本对自己的计划只是勉强自信的孙策，得到肯定，顿时大喜过望。他不仅坚定了原来的想法，更将自己的家人一并托付给了张纮。

解除了后顾之忧的孙策欣喜而去，而肩膀上平白无故多了副重担的张纮只能苦笑不已。张纮当然知道孙策给予他这么大的信任不仅仅是感激他张纮对自己能力的肯定，更是为了强行将他绑在孙家的战车上。从此以后整个江都的人都知道江东名士张纮是孙家家属的保护人，张先生再想和以前一样置身事外是做不到了。小小年纪已经懂得要在江东做大事离不开当地名士的支持，少年孙策的战略眼光可谓不亚其父。

离开江都后，孙策又赶往下一个目的地——淮南军首府寿春。

见到袁术后，孙策照例是声泪俱下，然而泪弹这次却失了灵。袁术是为了利益对自家亲人都能翻脸的主，别人家的不幸关他啥事儿？孙策求了半天，也只得到在丹杨募兵的授权而已。

孙策只得带着平日里最信任的心腹吕范、族人孙河等踏上了前往丹杨的路。在吴景的帮助下，他很快募集了几百人。孙策军重建工作虽不能说完美，但总算是展开了。

天将降大任于斯人也，必先苦其心志，劳其筋骨。孙策还盯着地图想着先拿哪个县开刀呢，却不提防自己已经被别人盯上了。泾县（今安徽宁国泾县西）宗帅（当地少数民族山越的首领）祖郎用偷袭给这个外来户好好上了一课。孙策大败，刚拉起的小队伍折损殆尽，孙策自己也险些被祖郎砍下马来，幸好躲闪得快，祖郎一刀砍在了马鞍上。孙策趁机拔腿狂奔，才算捡回了一条命。

初次下海就把老本赔了个精光，孙策

只好再去求袁术。袁术这回实在没什么理由好推托了，加上他也确实想在江东多开家"分店"，这才勉强将孙坚旧部1000多人拨给孙策。

队伍重新拉起来了，然而这次孙策没有再妄动。被祖郎大破的那一仗使得他对江东局势的险恶有了更深一步的认识。要在如此险恶的环境中生存下来，首先必须作好充足的准备工作。而准备工作的头一件就是——立威。

现在孙策统辖的100多人虽然都是父亲手下的老兄弟，但孙策毕竟还是刚刚成年的孩子，威望和战功全部为零，再加上先前的惨败，这如何能让这些昔日横行江东的精兵猛将们对新主人心服口服？而将若不能服众，连指挥号令都无从谈起，更遑论建功立业了。

所以，在再度出师之前，孙策必须先采取一些非常手段，在这些老兵中建立自己的威信。因而当孙策军的一名骑兵犯事逃到袁术军营里藏起来的时候，孙策根本不给顶头上司面子，硬是派人闯进去，把

那个家伙从马房里搜了出来就地斩杀，然后才向袁术赔罪。人死不能复生，袁术虽然心里很不痛快，也只能酸溜溜地说："叛徒人人得而诛之，换我也一样，伯符何必在意？"

恰巧这时，由京城来的特使也到了淮南。原来自征讨董卓的关东联军自行解散后，董卓解除了后患之忧就又开始了荒淫堕落的生活。司徒王允和董卓义子吕布合谋，刺杀了董卓。事后王允拒绝赦免董卓的部众，导致董卓部将李傕、郭汜等起兵打进京城，赶跑了吕布，杀死了王允，控制了献帝。李、郭二人知道自己的行为不得人心，于是四处拉拢地方实力派。袁术称雄淮南，李、郭就假借天子的名义，派太傅马日磾持节前来，拜袁术为左将军，封阳翟侯。孙坚也早已全国闻名，既然给了袁术一个名分自然不能落了孙家。因此，马日磾也带来了拜孙策为怀义校尉的诏书。

以上这两件事使得孙策名声大噪，不仅孙家部曲彻底拜伏在他脚下，连袁术的大将张勋、乔蕤等也争着和孙策拉关系交

◎ 《列女图》中描绘的魏晋使者图

朋友。一时孙策在袁术的地盘上大有反客为主之势，袁术那句"使术有子如孙郎，死复何恨"的感慨，就是在这时候发下的。

威望是有了，但这还不够。在乱世，威望只是华丽的门面妆点，要真正称霸天下，靠的还是实打实的战绩。孙策复出后打的第一仗，是与庐江太守陆康打的。

陆康本人的性格我们不得而知，但可以肯定的是他很会得罪人：袁术刚与袁绍翻脸的时候，曾进军陈留（今河南开封陈留），结果被袁绍联合三国主人公之一曹操痛打了一顿，袁术只得改主意东取徐州。军中缺粮，袁术曾向陆康借3万斛，陆康给一口回绝了。袁术一怒之下便派孙策攻打陆康，并许诺事后封孙策为庐江（今安徽庐江）太守。恰巧陆康曾对孙策无礼，孙策也怀恨在心，此时公私账一起算，将这个任务完成得格外漂亮，两下就把庐江拿下来了。

庐江到手了，袁术却翻了脸，改任自己的老部下刘勋为太守。此前袁术曾答应给孙策个九江（今江西九江）太守当当，过后却改用丹杨人陈纪。袁术一再食言，孙策心中大为怨恨，两人的矛盾就此埋下。

其实从局外人的角度来看，袁术这样做也有他的考量。孙策身上继承了孙坚的优良基因，在江东的声望又超过袁术，如果此时再给他地盘的话，不用多久肯定能发展成一股强大的势力，到时候袁术能否控制得了就难说了。这跟曹操听说刘备成

为荆州牧后惊呼"刘备，人中之龙也，生平未尝得水。今得荆州，是困龙入大海矣。孤安得不动心哉"[①]是一个道理。

怨归怨，毕竟自己现在还依附于袁术，袁术对孙策说话不算数，孙策除了敢怒而不敢言还能怎么样呢？要想尽快改变现状，除非自己当上老板。

或许也是老天觉得一而再再而三地委屈了孙策，很快给了他重拾称霸江东大志的机会。

# 威震江东

当时朝廷委任侍御史刘繇为扬州刺史，按族谱来算，刘繇还算宗室子弟，然而当下是乱世，就连天子都成了傀儡了，谁还买你一个天子亲戚的账？淮南王袁术占据着扬州州府寿春，就是不让出来，刘繇没办法，只好把扬州州府设到长江以南。

刘繇过去做地方官的时候，尽职尽责，州府大治，声名很好。吴景和孙贲也敬佩他，把他迎接到曲阿（今江苏丹阳），孙家人和刘家人一开始相处得相当和谐。可好景不长，孙策打下了庐江，这下袁术势力对曲阿形成了包围之势，刘繇紧张了。他怎么看吴景和孙贲怎么像袁术安插在自个身边的两颗定时炸弹。背后随时可能被人捅上一刀的感觉是最难受的。刘繇先下手为强，发兵赶跑了吴景和孙贲，他二人退守历阳（今安徽和县），刘繇又派部将樊能、

---

① 出自《三国演义》。

◎ 东汉末年的江东形势示意图

于糜驻横江，张英驻当利口（横江和当利口都在今安徽和县一带）以拒。袁术得知大怒，派老部下惠衢为扬州刺史，吴景为督军中郎将，与孙贲一起反攻。不想刘繇这个行政能手，军事上也一点不差，吴景、孙贲、惠衢一连打了几年，一点进展也没有。

这样的战略僵局正好给了孙策以难得的机会。袁术为人刻薄，政德不立，有些部下已经看出此人离败亡不远了。几年前，督军校尉朱治就劝孙策抛弃袁术，回江东发展基业。孙策也早有此意，但袁术已经开始提防他了，在没有一个看得过去的理由之前他不能轻举妄动。现在充足的理由有了，孙策自然不会放过，他主动向袁术请缨："我孙家在江东留有不少关系，现在正是拿出来利用的好时机。末将愿协助舅父拿下横江，只要横江一得，末将可

在当地招到至少3万人，以助将军拿下江东。"[1]袁术批准了他的请求。

兴平二年（公元195年）十月，已是折冲校尉的孙策带着1000多名步兵，数十名骑兵的弱小队伍踏上了孙家复兴之路。好在孙家在江东的旧望仍在，沿途不断有人加入孙策军。孙策来到历阳的时候，已经拥有了五六千人。此后，周瑜也带着一批私兵和钱粮赶来与发小会合，孙策大喜。须知周瑜的加入，对于孙策的意义可不仅仅是多了支生力军或多了些军粮那么简单，这意味着孙策的事业得到了江东大族（周家世代为官，典型的江东士族）的支持。而江表名士和江东豪族的支持向来是历代江南统治者得以立足的重要基础。（不仅三国，还有司马炎建立的东晋，乃至之后的宋齐梁陈皆是如此。）先前已有了张纮，如今再加上周瑜，孙策一统江东的时机已经成熟。

三国时代的江东，即为东汉所设的扬州刺史部，一般指丹杨郡、吴郡、会稽郡、豫章郡四郡，辖区包括今天的江苏一部及福建、浙江、江西全境。比起当时的群雄逐鹿之地中原，江东地面并不能算大。然而东汉末年中央统治力的崩溃使得这片不大的土地上同样割据势力横生。丹杨已被刘繇所占；会稽有朝廷委任的太守王朗；刘表的部下诸葛玄把持豫章；而孙策老家吴郡则盘踞着土豪严白虎的人马。孙策要在江东立足，强敌环伺。这也是为什么袁

① "策说术曰：'家有旧恩在东，愿助舅讨横江；横江拔，因投本土召募，可得三万兵，以佐明使君匡济汉室。'"出自《裴注三国志·吴书一·孙破虏讨逆传第一》。

War Story · 255

术敢于放手让孙策去江东大干的原因，他根本不相信这个毛头孩子能在重重围攻下有什么作为。不过江东枭雄就是江东枭雄，这些困难是根本难不住也吓不倒孙策的。刘繇第一个感受到整肃一新的孙策军的可怕实力。横江和当利两根在吴景、孙贲喉咙里哽了几年之久的鱼骨头，在孙策手上三下两下就被拔除了。樊能、张英战败逃走。

职场里有句话："领导者的魅力是一个成功团队的关键因素。"

想象下，如果一个部门的经理整天阴沉着一副脸，好像谁欠了他钱没还一样，动不动就对下属发火、训斥，又刚愎自用听不进任何意见，那么这个部门还能有啥凝聚力？还能创造出色的业绩？

相反，要是老板是个年轻富有朝气的大美女或者大帅哥，待人随和，谈吐风趣。对部下的意见能虚心吸取，善待人才，干群关系融洽得不得了。那么这家公司的腾飞指日可待。

孙策正属于后一种领导者。

论貌，或许他比不上传说中的美男子伯黎斯（曾色诱希腊皇后海伦而走，并导致了特洛伊战争）或者潘安，但也属有棱有角，五官端正（《三国志·孙破虏讨逆传》里称其"美姿颜"）。

论才，他幽默感相当不错，时不时能和部下说几个笑话，缓和下气氛（《三国志·孙破虏讨逆传》里说他"好笑语"）。

论用人，不仅孙坚旧将系统的韩当、黄盖、程普忠心效力于他，在江淮以及出征路上孙策也不断发掘人才。吕范、周泰、蒋钦、董袭、朱治、凌统等为孙吴政权

建立立下汗马功劳的赫赫名将皆由孙策亲手提拔。

更为难能可贵的是，孙策还意识到了军纪的重要性。都说乱世人命如蝼蚁，其实两军交战中丧生的人们只占冤魂的很小一部分，乱世人口锐减的最主要原因还是军阀们对无辜百姓的抄掠。在军阀们眼中，军队才是唯一的紧要。为了军队的需要，更为了满足弟兄们无止境的贪欲，军阀动不动就纵兵烧杀抢掠。而对死神随时可能到来的恐惧感更使得军人们以肆意践踏弱者的生命作为宣泄手段。因此，三国时代大江南北，赤地千里，荒无人烟的现象比比皆是，实在是人类历史上的浩劫。

江东的百姓们是幸运的，他们遇上的虽不能算是仁义之师，但也算是秋毫无犯了。在孙策的强力约束下，孙策军沿途不烧不抢，充分贯彻执行了严明的军纪。对见惯了袁术、笮融等名为地方官实为土匪的"军队"的各种暴行的百姓们来说，孙策军的将士们简直是他们的救世主，沿途民众争相敬奉牛酒。有了民意的充分支持，孙策军战意更盛，沿途势如破竹，锐不可当，以至于刘繇的手下们听说孙策军逼近就弃城而逃。孙策一路直攻下了牛渚（今马鞍山当涂县采石），缴获了刘繇存放在那里的所有军械粮草，声势大振。

当然，统一江东之路也不是一直那么顺风顺水的，少不了得啃掉几块硬骨头。彭城相薛礼和下邳相笮融奉刘繇为盟主，占据秣陵城（今南京）不肯让路。对于这些绊脚石，孙策采取各个击破法。他先攻笮融，斩首500余级，笮融挨了打，闭门

不出。孙策回头又攻薛礼，薛礼相比较不耐打，丢下城池逃走了。孙策这头打得高兴，没曾想樊能、于糜抄了他的后路，牛渚屯陷落。孙策回军复破之，俘获男女万余人。

秣陵周边肃清了，孙策集中精力攻击秣陵县南笮融驻地，不想城上流箭飞下，正中他大腿。孙策实在无法继续乘马指挥作战，只得让人用轿子把他抬回牛渚。

主将受伤对军心的影响是非常大的，孙策先前一路平定的城池相继复叛，亏得吴景全给镇压了下来。笮融军也蠢蠢欲动，孙策将计就计，派人假装叛逃，告知笮融："孙策那小子伤势太重，已经挂了。"笮融大喜，派部将于兹出击。孙策军数百迎战，却不战而走。于兹更相信孙策已死，纵兵深入追击，结果闯进了孙策的埋伏圈里，被斩千余。（《三国演义》里周瑜诈死赚曹仁的情节很可能就是以这段为蓝本的。）孙策亲率军马进抵于兹军营下，命左右大呼："孙郎到底怎么样了！"[①]敌人乱作一团，当夜就弃营而去。笮融听说孙策没死，吓得大气不敢出，赶紧下令加强城池的防御工事。孙策见该地形势险要，弃之转攻刘繇别将于海陵、胡孰、江乘，皆下之。于是乘胜直取刘繇的大本营曲阿。

在曲阿，孙策遇上了一位名列史册的传奇名将，并演绎了一段流传后世的历史佳话。

太史慈这个名字，三国爱好者们不会陌生。在演义里，太史慈的忠义令无数读者感动，而他的战死也令无数读者唏嘘。正史上的太史慈并没有悲壮地战死，而是病逝于建昌都尉任上。然而他传奇的一生却并非虚构。少年时的他勤奋好学，担任过所在州郡的曹吏。为了帮助郡守打赢御状，曾毁掉过与之有仇的州牧的奏章，并因此被迫流亡辽东。后为报母恩而依附北海相孔融，在其被黄巾余党围困时又设计杀出重围，引来平原相刘备的援军，解决了北海危机。由此可见，此人的忠肝义胆绝非演义美化，而是不折不扣的史实。

完成母亲的嘱托后，太史慈又从东莱投奔了同乡刘繇。此时孙策军已至，有人劝刘繇任命太史慈为大将军，刘繇不从，只让太史慈当个斥候。如此不识人才，刘繇如何不败？

老天似乎有意不让太史慈就此埋没，这天他带着个手下外出侦察。到了神亭（今江苏常州薛埠镇神亭村），忽然看到对面来了14个骑马的，为首一人英俊潇洒、气度不凡，正是孙策。

显然孙策也是出来查看敌情的，碰巧撞上了，双方都是一愣。虽然孙策也没带多少人手，但人数依旧是太史慈一方的七倍，更何况随从都是韩当、黄盖等猛将，若全数压上，太史慈肯定毫无胜算。然而太史慈也真是无畏，认出孙策后竟单骑上前冲着他就刺。孙策反手一枪，正中太史

---

① "孙郎竟云何！"出自《裴注三国志·吴书一·孙破虏讨逆传第一》。

慈的战马，太史慈跌落在地时摘下了孙策的头盔，而孙策也顺手夺得太史慈插在背后的手戟。此时孙刘兵马同时赶到，打得不可开交的两人方才被"劝开"。

这段单挑在《三国志》里不过寥寥数笔，在演义中却被大肆渲染，不但平白增加了许多惊心动魄的打斗场面，更虚构说事后双方都挑着战利品在敌营前骂战。而正史上太史慈远没那么风光，神亭之战总的来说他略处下风，他的顶头上司刘繇见孙策军主力开到，也和自己的部下那样不加抵抗就直接把曲阿丢了跑路。

刘繇在谋士许邵的劝说下，退保豫章，后与同到此地的笮融火拼一场。此乃后话。

至此，丹杨郡全部落入孙策之手。孙策拿到了第一块真正属于自己的根据地，心情大好，大肆封赏有功将士之余，也不忘把恩泽布于他人。丹杨诸县城门上瞬间贴满告示："凡是前刘繇、笮融的部下并不问罪。愿意来投我的，孙策双手欢迎。不愿意来的，也不勉强。"[1]仁政为孙策在当地又赢得了无数人心，来投奔孙策的刘、笮部众从四面八方源源不断赶来。短短一旬之间，孙策的账面上就增加了2万多名士兵、1000多匹战马。此时孙家在江东的威望比起孙坚时代已是有过之而无不及。

军事上取得了胜利，内政上可不能因此放松。孙策一面委任吕范为领都督，整顿新军军纪，一面继续广募人才：张纮从江都而来，孙策履行了自己当初的承诺，

表其为正议校尉；广陵人秦松、陈端被提拔进了决策圈；而最让孙策看重的，莫过于彭城人张昭。

张昭和张纮一样，也是渡江而来的名士。孙策见到他后欣喜若狂，以老师的礼节侍奉之，拜以长史、抚军中郎将。孙策甚至像对待昔日玩伴周瑜一样，引张昭拜见自己的母亲，平日里的大事更是一并交给张昭全权处理。张昭昔日在北方的旧相识听说张昭现在混得如此风光，纷纷在奏疏中极尽溜须拍马之能事，甚至将江东大治的功劳全部归于张昭。这可让张昭哭笑不得：功高盖主与杀身之祸向来是一对亲密好友。这些奏疏是万万不能让主公看到的。可压着不让孙策过目吧，肯定会更加引起他的怀疑。张昭一时真觉得有股前临悬崖、背后凌空的感觉。左右为难之下，张昭还是把奏疏老老实实尽数上交，然后提心吊胆地等待着主公的雷霆震怒。不想孙策阅毕后只是大笑，说："这又如何？张昭再怎么样也是我提拔的，他的功绩再大，还不是记在我的名头下？"

古往今来，凡是杰出的领袖在人才的使用上往往能做到人尽其才，而要让人尽其才，重要的一点就给人才充分信任。若对下属束手束脚甚至动辄疑忌，如何能让别人全力施展才华？项羽之于范增、宋神宗之于王安石、宋高宗之于岳飞……无不是这方面的反面教材。孙策对张昭的信任能达到如此地步，显示了他强于一般人的

---

[1] "其刘繇、笮融等故乡部曲来降首者，一无所问；乐从军者，一身行，复除门户；不乐者不强。"出自《资治通鉴·汉纪五十三》。

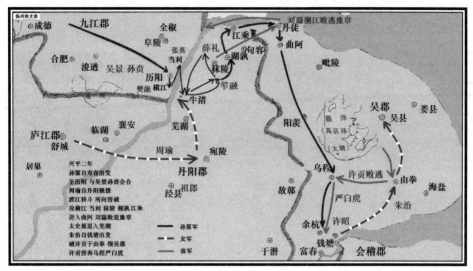

◎ 兴平二年孙策进军示意图

大气与宽容，相比刘繇对太史慈的任用，两人谁能得到江东，不言自明。

丹杨已下，江东尚余三郡，孙策打算先拿下会稽。此时吴郡郡守许贡已被朱治击败，依附了当地山贼首领严白虎。严白虎势力因此大增，聚众数万人，部属遍布整个吴郡。吴景等人觉得再让他们发展下去就该威胁到丹杨了，因此主张先去平了吴郡。孙策冷笑道："严白虎等人不过是一群土匪罢了，势力再大也不过是一堆腐草而已，等我收拾完会稽，回头就扫掉他们还不和捏死个苍蝇一样容易。"① 建安元年（公元196年）八月，他力排众议，渡江进军会稽郡。

会稽太守王朗不顾功曹虞翻劝阻，发兵固陵与孙策对决。孙策用叔父孙静之谋，缚火把为疑兵，分兵从查渎偷渡，直插高迁屯，阵斩丹杨太守周昕等。王朗从水路逃亡东冶，孙策追击，再度大破之。王朗困极，欲走交州而不得，只得投降。孙策重儒士，训斥了他一番就予以释放。

解决了会稽，孙策立刻东进吴郡。不出他所料，严白虎党人数虽多，但尽是些乌合之众，他没花多少力气就一一清除了严白虎在当地的势力。严白虎害怕了，派弟弟严舆来讲和。孙策设宴款待，席间故意拿刀猛砍桌子，号称严白虎帐下第一勇将的严舆竟吓得全身发抖。孙策看出他是个虚有其表的家伙，顺手抄起铁戟就结果了严舆。敌军军心大乱，一触即溃，严白

---

① "虎等群盗，非有大志，此成禽耳。"出自《三国志·吴书·孙破虏讨逆传》。

虎逃往余杭。孙策全面更换当地官吏，自领会稽太守，以朱治为吴郡太守。

# 挥师西向

孙策在江东大展宏图之时，原老板袁术也在淮南蠢蠢欲动。当时李傕、郭汜之乱刚刚平息，中原新贵曹操被原李、郭部下张绣大败，又与老朋友袁绍开始交恶；在徐州的刘备和前来投奔的吕布撕破脸，打得不可开交。袁术自以为天下已无可制约自己的力量，传国玉玺又在自己手中，篡逆时机已经成熟。于是他不顾众人反对，于建安二年（公元197年）春在寿春公然称帝，国号大仲，封九江太守为淮南尹，置公卿百官，郊祀天地。

"我袁氏出自春秋时的陈国，而陈国是大舜的后裔。舜五行属土，而汉尚火德。以土代火，正符合相生相克原理嘛。何况谶言有云'代汉者，当涂①高也'，也正合我的表字。我袁家代汉岂不是天意吗？"身着华丽的龙袍，端坐在金色宝座上的袁术，面对"文武百官"的道贺，得意扬扬地想。

可恨又可悲的袁术，他如果熟读历史就会知道，自己的做法只会令淮南成为众矢之的。张楚王陈胜和更始帝刘玄的悲剧都在提醒着后人，在天下未定的时候称帝无异于自取灭亡。或许愚蠢至极的袁术已经顾不上去想这些（也许根本没想过），因为他很快就关起门来享受起奢靡的帝王生活了。

袁术自立为帝的行为简直是引火烧身，早已觊觎淮南的曹操等军阀找到了极好的讨伐借口。当年九月，曹操打着讨逆的旗号东征，在蕲阳（今安徽宿县）大破袁术军，斩杀袁术大将乔蕤等。"大仲皇帝"胆小，弃军逃向淮北。时天大旱，"大仲"军民冻死饿死无数，袁术势力就此衰落。

袁术篡汉的行为实在不得人心，沛国相陈珪、前兖州刺史金尚等都起来反对他。早已对袁术深怀不满的孙策也趁机在劝阻无效后，正式宣布与之断交。原先被袁术调回淮南的吴景、周瑜等孙家人皆弃袁术而前往江东，袁术更加势单力孤。

既然扯破了脸，那也没有必要对袁家客气了。先前出于防备孙策的需要，袁术曾派堂弟袁胤代周尚出任丹杨太守。孙策回头就把袁胤赶回了淮南，以吴景代之。袁术闻讯气得半死，然而他此时也没敢亲征江东，于是想出了个借刀杀人的法子：他暗中派人授予孙策的老仇人祖郎印绶，命他率山越众袭击孙策。孙策没防备，一时竟又被祖郎包围了起来，猛将程普拼命护卫，持矛左冲右突，总算替主公杀出条血路。孙策组织反击，不仅反败为胜，还活捉了祖郎。面对这位让自己两次在鬼门关边走一遭的对手，孙策再度显示了极其宽阔的胸襟，在祖郎表示屈服后，他当场下令打开祖郎的枷锁，委任他为门下贼曹。

好事成双，降伏了祖郎势力后，孙策

---

① "涂"通"途"，道路之意，而袁术字公路。

建安二年

诏孙策吕布陈瑀 讨伐袁术
陈瑀暗通祖郎严白虎
孙策行至钱塘 自讨严白虎
都督吕范突袭陈瑀驻地海西
陈瑀仅以身免 单骑投袁绍

◎ 建安二年孙策进军路线

◎ 建安二年孙策进军路线

随后又收服了一员名将——太史慈。太史慈本与主公刘繇同奔豫章，大概觉得这样没啥前途，于是半路上离队单干。他进入芜湖一带占山为王，自称丹杨太守。当地的山越部众见他是个英雄，纷纷前来投靠，于是太史慈进驻泾县，自立屯府。然而他也没风光多久，孙策派兵进剿，太史慈所部全是乌合之众，没抵抗两下就一败涂地，太史慈本人也当了俘虏。

当太史慈被五花大绑送到孙策面前的时候，孙策并未加以任何形式的报复，反而亲手为其松绑。之后还笑嘻嘻地抓着太史慈的手问一句："兄弟你还记得神亭的交情吗？如果那时我被你抓到了，今天我下场会如何？"太史慈的回答也真妙："说不准哦。"①孙策拊掌大笑，两人遂冰释前嫌。

孙策随即问太史慈："今后该做啥打算？"太史慈摇摇头："败军之将，还有什么资格夸夸其谈。"孙策摆摆手："昔日韩信都能问计于李左车，我今天为什么不能向你征求意见？"②一出口就自比韩信，孙策取江东后真是自信满满。

太史慈见孙策心诚，方才说出自己的想法："州郡新破，原太守的士卒们四处流落，如果放任不管的话，以后再想收编他们就难了。我倒是很想去向他们宣扬您的恩德，不过只怕不合府君的意。"③

太史慈直爽的言语让孙策对他的信任又加了几分，他立刻让太史慈前去招募刘繇残部。两人约定，明天中午再见面。

刚把太史慈抓住，就这么把他又放出去，他还会再回来吗？诸将皆心生疑虑。孙策本人却极为放心，他知道太史慈这个人把信义二字看得极重，绝不会违背自己的承诺。孙策这一把没有赌错，第二天当太阳定格在日当中时，太史慈就已返回。"君不欺我也。"孙策当即以太史慈为门下督、折冲中郎将。大军回师时，太史慈和祖郎一左一右，一并为昔日的死敌开道。见者莫不深深为孙策所折服。

至此江东只剩下豫章郡（今江西省）还在坚持了。下邳相笮融本就是个十足的土匪头子，刘繇败走后，此人无人制约，更加暴虐，先后杀死广陵太守赵昱和前彭城相薛礼，大掠后流窜至豫章。此时朝廷委任大司农朱俊之子朱皓代替诸葛玄为豫章太守。来到豫章的刘繇于是让笮融和朱皓一起赶跑了诸葛玄，笮融事后却设计杀死了朱皓，自领豫章。刘繇发兵驱逐了笮融，他逃入山中被人杀死。没多久，刘繇也病死了。太傅马日磾以朝廷名义委任名士华歆继任。

刘繇死后还留下1万多部众，这些人打算跟随华歆。这股力量如果能加以组织，必将大大增强豫章的力量，可华歆却是个迂腐的儒生，认为乘势夺别人的遗产是很不道义的行为。刘繇众恳求了几个月，最终还是失望而去。

这么块肥肉，在乱世你不吃，有的是人盯上。孙策立刻派太史慈以探视刘繇之子为名前去招抚。临行前两人许以60日为期限。太史慈走后，孙策手下一些嫉妒他的人又开始说怪话：有的认为华歆和太史慈有交情，他这一去就不回了；有的则认为太史慈会西投黄祖。孙策笑笑："子义（太史慈表字）要是舍我而去，我倒很有兴趣

---

① "捉其手曰：'宁识神亭时邪？若卿尔时得我云何？'慈曰：'未可量也。'" 出自《裴注三国志·吴书一·孙破虏讨逆传第一》。

② "慈答曰：'破军之将，不足与论事。'策曰：'昔韩信定计于广武，今策决疑于仁者，君何辞焉？'" 出自《裴注三国志·吴书一·孙破虏讨逆传第一》。

③ "慈曰：'州军新破，士卒离心，若傥分散，难复合聚；欲出宣恩安集，恐不合尊意。'" 出自《裴注三国志·吴书一·孙破虏讨逆传第一》。

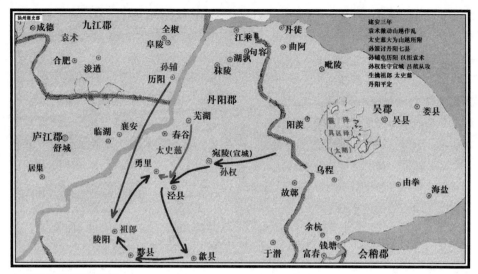

◎ 建安三年孙策进军路线

知道他会去找谁？"当两个月后太史慈再次带着降兵如约而返后，那些人顿时哑口无言。

大喜之余，孙策并未忘记向太史慈打听豫章郡的动向。当他听说华歆毫无魄力，只是个自守的主；丹杨人僮芝假传诏书，自立庐陵太守；鄱阳的众多宗帅们占山为王，海上有山越五六千家占岛为寇，也完全不把华歆放在眼里等重要情报时，顿时大喜过望。在孙策看来，这块地盘真个是天赐厚礼。天予之，若不取，反受其咎。至此孙策定下了征服豫章的心。

孙家在江东的事业蒸蒸日上之际，袁氏在淮南却不断丧失人心。袁术称帝后在生活上极度腐化堕落，后宫数百人服饰皆是绫罗绸缎，每日山珍海味吃到自己都腻透了。而手下的士卒们却衣不蔽体、饥寒交迫，人心更加离散。

不久，袁术的"国库"就被挥霍一空。他只得烧毁宫殿，去投奔部下陈简、雷薄，却吃了个闭门羹。部众们觉得再跟着这个家伙一点意义也没有，接连逃亡而去。袁术走投无路，只得将皇帝的尊号让给他一直瞧不起的哥哥袁绍，自己也打算前去依附。却不想半路被曹操派出的刘备、朱灵等人所阻，袁术只得退回寿春。

建安四年（公元 199 年）六月，"大仲"皇帝在愤恨交加中吐血而死。他在淮南称雄的过程简直像一场闹剧，擅自篡逆的丑行更像一场闹剧，就连最后败亡的一幕也活脱脱是一出闹剧。纵观此人一生，实在连枭雄也算不上，用"小丑"来形容倒是蛮恰当的。

袁术已死，他的堂弟袁胤害怕曹操来攻，与大将张勋、长史杨弘等带领袁术的灵柩离开寿春。张勋与孙策有旧交，打算前往会稽。结果半路上被庐江太守刘勋打了埋伏，袁术所有遗留下来的珍宝和部曲全部被刘勋收走。

小小一座皖城（庐江郡州府所在，今安徽安庆以西）凭空多了几万张吃饭的嘴，粮食供应一下紧张了起来。刘勋不是魔术师，不能画饼给袁术旧部充饥，只得求助于华歆。然而豫章的情况也好不到哪去，华歆仗义，派手下将偕去山越海盗那征粮食，哪知海盗们根本不把华歆当根葱，将偕去了几个月，才带回几千斛米，这点粮食还不够张勋他们塞牙缝的。

华歆没了辙，又不敢和山越翻脸，只好通知刘勋来征粮。刘勋显然并不擅长奇袭，等他的人马开到海岛，山越们早就听到风声逃了个空，刘勋只得空手回师，途中反倒挨了一记闷棍——孙策早派孙贲等人等在彭泽（今江西彭泽），狠狠截击了一回。刘勋带着几百名残部逃到寻阳（今湖北黄梅），却又听到了一个更坏的消息：孙策与周瑜率 2 万人乘虚袭破皖城。袁术的遗产刘勋还没捂热，就连着自家的全部家业一起被孙策照单全收。（此仗孙策和周瑜还有意外收获，传说中的绝世美女大小乔姐妹就是在此为两人所娶的。）

恼恨万分的刘勋来到流沂（今湖北武昌一带），向江夏太守黄祖求救。黄祖派儿子黄射带 5000 水军来援。孙策闻知杀父仇人来了，怒不可遏，立刻来攻。刘黄联军抵敌不住，刘勋与将偕北投曹操，黄射逃回江夏。

黄祖的出兵干涉给了早就想动手的孙策一个绝好的借口，流沂一战孙策俘获刘勋兵马 2000 余、战船 1000 多艘，组建水军的条件也有了。时机已成熟，建安四年（公元 199 年）十二月，孙策正式下令大举进攻，目标——江夏。

陆地上兵马浩浩荡荡，江面上战船风帆如云。孙策端坐马上，身后是江夏太守行建威中郎将周瑜、领桂阳太守行征虏中郎将吕范、领零陵太守行荡寇中郎将程普、行奉业校尉孙权、行先登校尉韩当、行武锋校尉黄盖等一干勇猛无匹的大将。

10 年了，孙家总算又回到了荆州。这一次，他们是来讨回血债的。

十二月初八，孙策军到达沙羡县（今湖北武昌西金口），黄祖与刘表派来的从子刘虎、部将韩晞等人早就在那里等了。复仇之战就在此打响。战斗打响后，孙策亲手擂鼓，震动苍穹的鼓声中透露着无尽的怒火。狂怒中的程普、黄盖、韩当等身先士卒，锐不可当。战场上烈焰熏天、浓烟滚滚，孙策军士兵在主公和大将们的感召下，个个奋勇争先，冒着如雨般的箭矢，冲向黄祖军阵地。

恶战持续到辰时，黄祖军实在无法抵御满怀仇恨的孙策军的狂攻，全线崩溃。韩晞、刘虎被杀死，黄祖逃走。黄祖家属 7 人与战舰 6000 多艘被俘，士兵被杀死、溺死的达数万人之多。江面上漂满了尸体和战船的残骸，孙策军士兵们在战场上来来回回，搜寻着黄祖军残兵，尽情搜刮着战利品。人人脸上写满了胜利的喜悦。

沙羡之战大获全胜，但对于孙策而言，复仇之路只踏出了第一步。仇人刘表和黄祖尚未授首，而江东境内的局势也并未完全稳定下来，他要做的事还有很多很多。

此后，孙策夺取豫章可谓兵不血刃。当时江东所有割据势力已基本被消灭或打服，毫无自立打算的华歆连抵抗孙策的勇气都没有，已投降孙策的虞翻当面对他作了一番利害陈述后，华歆便主动提笔写了份迎接孙策的檄文。第二天，华歆头戴葛巾，身着便服，出城归降。孙策用好言抚慰，待之以上宾之礼。庐江"太守"僮芝也在这时候病倒了，孙贲的弟弟孙辅趁机收取庐江。孙策将庐江从豫章辖区独立出来，任命孙贲为豫章太守，孙辅为庐江太守。江东之地至此全部划进孙策名下。

# 英年早逝

建安五年（公元 200 年）春，孙策登上城头，遥望天际，心潮澎湃。

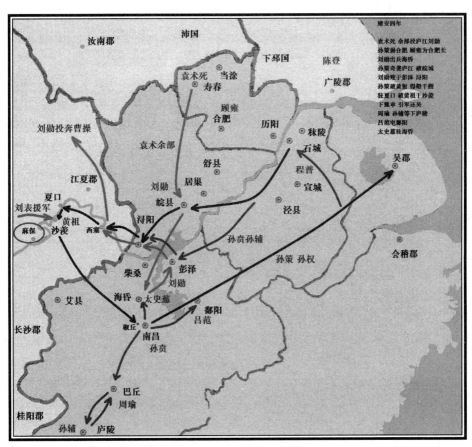

◎ 建安四年孙策进军路线

父亲的遗志终于实现，那个曾在江都以泪求助的 18 岁少年，此时已成为这片土地的主人。五年来，这个少年用自己略显稚嫩的肩膀，在父亲的旧部和儿时玩伴的协助下，硬生生把孙家再度扛上了天。然而，前进的步伐走到这里就可以停止了吗？孙家的雄心仅仅限于江东之地吗？孙策的回答是"否"，孙坚在天之灵若能开口，回答也一定是"否"。

孙策望向了北方，目光尽头是仍在厮杀的中原大地。

"据长江，奋威德，诛除群秽，匡辅汉室，功业侔于桓、文，岂徒外藩而已哉？"这是当年江都问计的时候，张纮为他指明的人生方向。现在孙策的目标不只是拿下江东那么简单。江东只是孙家的根据地，绝不是止步地。而这位青年才俊真正的志向应该是结束这个乱世，一统全国！

天有不测风云，正当孙策雄心勃发，准备进一步拓展疆土的时候，可怕的意外再次出现。改变历史的往往是许许多多的偶然，而偶然事件中往往夹杂着许多必然。改变孙策命运的事件就是由偶然和必然结合产生的。

说偶然，是因为孙策杀死了一个与他并无深仇大恨的人，他就是被朱治打败过的前吴郡太守许贡。许贡失败后寄托在严白虎门下，严白虎又被孙策打败。许贡只能归降孙策，孙策本着善待俘虏的原则，并没有为难他。然而仁义可以感动很多人，但并不能感动所有人，许贡就是其中之一。他在孙策手下并不安分，一直试图策划阴谋。

孙策尽得江东后，已将献帝掌握在手中的曹操意识到在南方出现了个比袁术、刘表更难对付的小子。可他此时正致力于与袁绍的全面对抗，因此对江东这头他暂时只能用安抚的策略。想拉近关系，最有效的方式就是认亲。曹家与孙家血缘完全无交汇，但可以结为亲家啊。曹操将自己弟弟的女儿许配给了孙策最小的弟弟孙匡，又将孙贲的女儿迎为儿媳。同时极力提拔孙策的两个弟弟孙权和孙翊。

当然，结亲只是政治手段之一。在乱世，即使是父子那样的亲情，在利益面前也随时有可能被弃若敝屣，更何况只是儿女亲家。从"策阴欲袭许（即曹操地盘中心许都，今河南许昌），迎汉帝"这句记载来看，两家其实暗地里一直都在较劲。

许贡先生无疑是明白这一点的，因此他私下给曹操写去一封密信，信中他把孙策比作项羽，认为这样的枭雄绝不能放任在外，最好召之京师，用高官厚禄将他软禁起来。许贡把信送出后，便在日夜不安中等待着曹操的行动，然而他等来的却是孙策的突然传唤。孙策将一封信对着他扬了扬，熟悉的文字，熟悉的信函，许贡才知道自己小看了面前这个年轻人。然而一切为时已晚，随着孙策一声令下，许贡当场被勒死。

孙策一向以仁德服人，收容过严白虎的许昭，得罪过他的功曹魏腾，他都给予了宽容。袁术和刘繇的家小，他也厚待之。甚至像太史慈、祖郎这样曾想要他命的人，他也能既往不咎。而对并不想结果自己的许贡，孙策却痛下杀手，可以算是孙策行事中的偶然了。

或许是局势已定，孙策不再像以前那么有耐性？或许孙策的原则就是可以容忍敌人的杀手，而不能原谅属下的背叛？或许许贡并没有任何值得欣赏的才能，孙策觉得留他也无用？

种种猜测都有可能，但都不重要，重要的是许贡手下有3个门客逃走了，他们都是很具有豫让、聂政精神的人。而孙策并没有予以足够的重视。

偶然说完了，那必然因素又是啥？

后来的吴主孙权好打猎，经常自己亲手射杀猛兽。老臣张昭怕他出事，天天在他耳边唠叨。孙权开始只是付之一笑，依旧我行我素。后来他烦了，干脆连理也不理张昭。后世的史学家们因此总结孙权的性格缺点——刚愎自用，从不听劝。而同样的性格，我们在孙策身上也能找到，或许这就是孙家世代相传的倔脾气基因？

打猎这事，虞翻也劝过。"翻谏曰：'明府用乌集之众，驱散附之士，皆得其死力，虽汉高帝不及也。至于轻出微行，从官不暇严，吏卒常苦之。夫君人者不重则不威，故白龙鱼服，困于豫且，白蛇自放，刘季害之，愿少留意。'"[1]

面对虞翻的逆耳忠言，孙策的态度要好一些，他先是承认对方是对的，然而又为自己找了个理由，说自己脑子好动，想法不断，闷在家里太难受了，还是出去走走好些。

谁能想到，这一走走，就让一代少年英雄永远地"走"了……

建安五年（公元 200 年）春，闲不住的孙策又出动了，这回的靶子是广陵太守陈登。孙策初与袁术断交时，接受了朝廷要求参与讨伐袁术的诏令。孙策与袁术旧部陈瑀分配到一条战线上，陈瑀却动了坏心眼，派都尉万演等秘密渡江，联络丹杨、宣城、泾县等地的山越宗帅祖郎、严白虎、焦已等，计划在孙策出击之时乘虚偷袭他的后方。不想被孙策发觉，派遣吕范、徐逸等大破陈瑀于海西，俘获陈瑀妻子及部署等 4000 多人。陈登是陈瑀从兄的儿子，为了给叔父报仇，陈登密谋授予严白虎余党印绶，让他们趁孙策西征的时候在江东捣乱。孙策一解决豫章的事，回头就找陈登算账去了。

孙策军到了丹徒（今江苏镇江一带），粮草不继，不得不暂时停止进军。孙策实在是个闲不住的人，很快就套上猎装到野外体验他的老爱好去了。从虞翻的话来看，孙策在打猎的时候，警备工作做得很差。或许是出自对自己武功的自信，或许是因为近年连战连胜，感觉太好，孙策这次又没带多少卫士。一路上，孙策连射连中，兴头起来，忍不住策马狂奔。他胯下骑的是一匹骏马，很快就把卫士们甩得没影了。

当你全力捕猎的时候，你是否会想到，你自己可能早已经成为别人眼中的猎物呢。当孙策为追逐一只野兔，闯进一片密林中时，只见有 3 个手持弓矢的军人正站在一边。孙策当即喝问那三人究竟是何人。为首一人镇定地回答说他们是韩当手下的军

---

[1] 出自《三国志·吴书·虞陆张骆陆吾朱传》。

士，也是出来射猎的。这反而更引起了孙策的疑心，因为韩当手下的军士他都认识，却从未见过这三人。多年军旅生涯使得孙策心里不祥的感觉越来越强烈，随手摸出了一支箭，还未等为首那人作出反应，孙策已经一箭把他射倒在地。另外两人见状，一齐举起了手中箭。还未等孙策第二支箭搭上弦，脸上已经中了两箭，翻身落马。

原来此三人正是前文提到的那3个许贡手下的门客，他们摸清了孙策打猎的爱好和经常走的路线，专门乔装在此伺机为他报仇的。眼看刺客就要动手之际，卫士们已经飞马赶到，两人瞬间被剁成肉酱。

身负重伤的孙策被抬回会稽，医士诊断后下了结论：还有得治，但在百日之内必须平心静气加以养护，不能随便乱动。可这一结论对孙策来说与死刑判决无异：让他一动不动躺着100天？不如给来个痛快算了。

孙策举起镜子，望着镜中那已经无法辨认的面庞。在强烈的精神刺激下，他突然摔下镜子，猛烈地捶着桌面，歇斯底里地大吼起来。结果导致创口全部崩裂，伤情迅速恶化，即使是扁鹊再生，也无力回天了。

弥留之际，孙策要做的第一件事就是选出合适的继任者，他将自己的3个弟弟逐一作了对比，最后挑中了老二孙权：他虽然只有18岁，但性格豪爽、仁而多断、好养侠士，作风与其父和孙策极为类似，且足智多谋，孙策时常都自觉不如他。[1]将江东基业交给他来掌管，无疑是最好的选择了。

将自己的印绶交给孙权以后，孙策还要做第二件事：指定辅政大臣。孙权虽然能力不弱，但毕竟太年轻，为政经验不足，没有一两个老臣辅佐，孙策走得也不安心。这一次，他把张昭唤去，在他耳边低声嘱咐："这小子能辅则辅，不能辅先生就可自取之。"[2]这句病榻遗言，与《三国演义》里的刘备托孤之事何其相似也。清人梁章钜在作《三国志旁证》的时候评价道：孙策即使真有此遗言，那也只是为了故意坚定张昭的心才说说而已的。张昭对孙吴忠心耿耿，绝不会有任何非分之想，然而孙策对他还是放心不下，故用这种方式来让他彻底安于辅臣之位。由此可见，孙策的驭人手段其实也是很不错的。

"中原正在大乱，以江东的实力，进取不足，但占据险要，坐观成败，还是绰绰有余的。你们一定要好好辅佐我的弟弟。"孙策最后留下的几句话决定了江东未来专心于东南一地，不轻易干预中原战事的政治方针，也为后来孙吴政权的建立提供了最重要的理论指导。孙策无愧为孙吴的真正奠基人。

当夜，东汉末年最耀眼的一颗将星就此陨落，时年仅26岁。

---

[1] "每参同计谋，策甚奇之，自以为不及也。"出自《裴注三国志·吴书二·吴主传第二》。

[2] "若仲谋不任事者，君便自取之。"出自《裴注三国志·吴书七·张顾诸葛步传第七》。

# 枭雄录

## 辽东军阀公孙瓒

白马义从 今安在

作者 / 上帝之鹰

新版《水浒传》电视剧第一集里有这么句台词，"一旦为吏，终身为吏，全无出头之日，认命去吧！"一语道破宋代地方吏员的悲剧。

自隋朝开创科举制以来，封建政府官僚体系中的"官"（即手握实权的领导阶层）与"吏"（即基层办事员阶层）之间的等级鸿沟日趋加深。唐代吏员们被归于"流外官"（即九品以下的所有公务员与事业编众）一类，尚能通过"铨选"等程序进入"流内官"（即九品以上的公务员，算是真正的"官"一族了）行列。但若无人举荐或者无背景，你就不得不老老实实按九品勋转制①的程序至少走完 27 年基层生涯，然后才能盼着吏部能不能念在你这么多年苦劳的份上开开恩。这样即使能做上个九品芝麻县令，你也早已是胡子一大把了。对比那些年纪轻轻就通过考试或者各种明的暗的渠道步入天子门生行列的后辈们，难免空生几分"可怜白发生"的感慨。

唐代小吏的转职之路走得虽然艰难，但总还算有条像样的路走。到了宋朝，文学之风与科举之风大盛，全国各地的才子呈几何级倍数增加，又呈几何级倍数拥入官场。再加上恩荫补官（即靠老爹或亲戚关系上位）现象日趋泛滥，大宋行政机关领导岗位严重饱和。以至于连选人（即京官以外的低级文官）转为京官的门槛都高到吓人，时人皆以"选海"称之。有人统计，有宋 300 余年，仅有少得可怜的几例堂吏（中书省办事员，还是京城小吏）最终进

入流内官之列。至于那些可怜的广大地方基层小吏们，想当上真正的"官"简直无异于白日做梦。

相比之下，汉代的吏员们出身的路子就宽多了。比起唐宋，那简直就是一个天上一个地下。汉代想为官，大抵有这么几条路可走。

1. 征辟：顾名思义，由中央向地方召集贤才，大抵分为皇帝亲自下诏征辟（受征者多为德高望重的老学者）与公府（即中央各机关）、州郡（即地方机关）自行征辟两种方式。此制度东汉较多，典型例子有东汉末年著名党人领袖李膺、三国名人王允等。

2. 任子：两汉为慰劳功臣们，允许他们的子孙后代可以不经考察直接上位。这批官宦子弟中虽然不乏庸碌无为、道德败坏之人，但也很有几个德才兼备的人物，如"留胡节不辱"的硬汉苏武、著名好好先生张安世、大权臣霍光、西汉"魏征"汲黯等。

3. 纳赀：简单讲就是花钱买官。俗话说"有钱能使鬼推磨"，你只要舍得，就能过把当官的瘾。不过这种法子不太光彩，所以两汉时只有极度缺钱花的时候才偶尔搞搞，而且买到的多是些很不入流的位置。这方面的名人有黄霸、张释之等

4. 自荐：以材力为官，以方伎为官。意思是你要是个武林高手，或者吹拉弹唱琴棋书画有那么一门特长的，你就可以学学毛遂，向皇帝自荐。当然这类属于非主流的选官之道，自然也没出过啥了不起的

---

① 吏勋品分为九品，三年一考核，合格者可升一品，到达九品者方能获得铨选流内官的资格。

人物。

5.察举：即地方州郡向中央推荐人才，充分发动全国上下识人用人的热情。察举的项目有很多，例如孝廉（你是个大家公认的孝子，或者清廉能干的官吏，你就能到中央做官）、茂才（类似于科举制中的秀才，不过对象限于现任官吏）、贤良方正（特别会批评领导，而且能批评到点子上）、文学（一般指擅长经学之人）、明经（要求经学高手，但一般指儒学家）、明法（精通当朝法律之人）、兵法（对带兵打仗很有天分的人）等等。察举制为两汉时期最常见的选官制度，众多名臣如公孙弘、晁错、董仲舒、杨震等都是通过这种方式进入仕途的。

现在，察举制的名人榜上又要添上新的一笔，他就是本章的主人公——公孙瓒。

# 凭"天资""忠义"拔于小吏

公孙瓒，字伯珪，辽西令支（今河北迁安一带）人。东汉是门第决定出身的时代，公孙家世代作2000石的官，因此公孙瓒也算世家子弟了。本可凭借关系为他在州府弄个很不错的位置，可惜公孙瓒的母亲地位卑贱（估计是小妾之类的），因此"子以母贱"的公孙瓒最终很低调地在一位姓侯的太守手下当了一名书佐（相当于现在的秘书）。

先"天"不足，并不意味着我们的公孙瓒会就此被埋没。老天在身世方面委屈了公孙瓒，却在自身条件等别的方面很给

了公孙瓒一些补偿。

第一，相貌。"瓒"者，美玉也。《说文解字》的解读是"三玉二石也。从玉赞声。"《礼》则说："天子用全，纯玉也；上公用龙，四玉一石；侯用瓒；伯用埒，玉石半相埒也。"公孙瓒人如其名，外表颇有美玉之风，史书说他"有姿仪"，估计至少也是个相貌堂堂的男子。

第二，嗓子。汉代尚武，公孙瓒有一副中气十足的嗓子（史书说他"大音声"），隔老远都能听得到。书佐是个小办事员，常要向领导口头汇报，有时可能还要跑跑腿、传传话之类。这就意味着干这事的人绝不能是个蚊子声。

第三，好记性。每次和领导汇报工作时，他总是不一件件细说，而是把所有部门的近日情况汇总起来一起报告。这明显是在卖弄嘛，可太守就中意他这副好记性。看样子就算让他在工作上独当一面也错不了。

总而言之，因为有上面这种种优点，侯太守对公孙瓒是越看越顺眼，最后竟干脆把自己的女儿许配给了他。这么有男子汉气质的家伙，将来肯定能干出一番男子汉一样大气的事业来。这选择就和吕公挑中刘邦一样，绝对错不了。

当了太守的乘龙快婿，公孙瓒的人生开始发生变化，他很快就被送到了著名学者卢植门下学习明经。两汉重经学，出身明经科的丞相为数不少。看来候太守并不打算仅仅征辟女婿而已，而是要把他培养成值得朝中央察举的人才。

两汉时期，被举为孝廉是非常常见的进入仕途的方式，而且前途无量。

孝，是中华民族几千年流传的传统美德。时至今日，孝道依旧是我们从小到大被日夜灌输的重要价值观。在民风相对纯朴的古代，孝道则更被看重、提倡。"刑三百，罪莫重于不孝。"[①]当时的子女们若有不孝行为，后果可是非常严重的，轻则遭舆论集体谴责，在公共场合永远也无法抬起头来，重则锒铛入狱乃至上断头台。相比之下，能恪守孝道的年轻人则将获得无比丰厚的回报，不但街头巷尾个个尊敬、人人称赞，更有可能大名高悬于石刻牌坊之上，成为家乡流芳千古的名人。

孝道也是儒家思想的核心内容之一，历代崇儒的统治者们为了大力宣扬重孝思想，往往对孝子烈女们给予实质性的奖励，例如立牌坊、青史留名、赐予钱物等。"罢黜百家、独尊儒术"的汉代，自然对此格外重视，"举孝廉"就是其表征。

不过弘扬"孝"的真实目的，是为了弘扬"忠"，也就是把对父母的"孝"转化为对上位者的"忠"。武圣关羽被誉为"忠义千秋"，但其实公孙瓒在早年也做了一件充满忠诚和侠义的事情。

当时公孙瓒从卢植那里学成归来，并当上了一个郡的上计吏（专门负责向中央汇报州郡本年工作情况的人员）。眼看前途无量时，他的上司太守刘君却不知犯了何罪而被下诏逮捕。朝廷派来的专员将他装进囚车，押往京城。公孙瓒作为太守刘君的属下，在"忠君"和"侠义"的观念下，做出了一个惊人的决定——与上司共生死。

按当时的法令，朝廷钦犯的囚车除了押解人员外，其他人等一概不准接近。（汉文帝时谋反的淮南王刘长就是这样被活活饿死的。）公孙瓒不得不换上一套普通士兵的衣服，乔装打扮一番混进了押运队伍。一路上，公孙瓒一面躲避着押车士兵充满怀疑的目光，一面尽力侍奉刘太守。虽然一路辛苦，但公孙瓒和刘太守总算坚持到了洛阳。廷尉的判决书很快就下来：刘太守被流放日南！

日南位于交趾，东汉的时候那里除了横生的瘴气以及未经开发的山林外什么都没有，可以说是一片名副其实的穷山恶水之地。流放到那里等于是判了你的死刑。面对死亡的威胁，"忠义"公孙瓒还能坚持下去吗？

《三国志》和《后汉书》都记载了接下来这样感人的一幕：

北芒山（今洛阳北邙山）上，一座孤坟前，公孙瓒带着酒肉等祭品长跪不起。"昔为人子，今为人臣，当诣日南。日南瘴气，或恐不还，与先人辞于此。"[②]将一杯酒缓缓浇在坟前后，公孙瓒伏地大哭，叩头不止。见者无不动容。

大概上苍也被公孙瓒的忠义之心所打动，正当公孙瓒抱着必死的心即将跟着上司的囚车前往日南的时候，洛阳的诏书来

---

① 《吕氏春秋·孝行》引《商书》。
② 出自《裴注三国志·魏书八·二公孙陶四张传第八》。

了。这是份大赦令，刘太守和公孙瓒都免了远赴边疆之苦了！

回到属地，公孙瓒发现自己的事迹早已轰动全郡。这一年的本郡孝廉，公孙瓒毫无悬念地当选。他先被举荐为郎官，后又担任辽东属国长史。汉代的长史掌兵马，亦助太守掌兵，权力仅次于郡守。

当上长史只是事业的开头，长史既然是本郡军事长官，那自然要用战功来作为自己的功劳簿上的色彩。好在公孙瓒无论是所处的时代还是环境都相当特殊。公孙瓒所在的辽东属国，正是防备乌桓和鲜卑的前沿地带，面对着北方狄戎的重重包围，获得军功的机会可谓随时随地都会出现。

春秋战国时起，东胡①作为中国最古老的少数民族之一，即已活跃在北方大地上。《史记》里多处留下东胡与燕赵等国发生战争的记载。西汉初年，东胡已经颇为强盛，于是四处惹是生非。正好邻近的另一少数民族部落匈奴起了内讧，匈奴单于头曼被自己的儿子冒顿打死了。东胡借口和头曼关系好，三天两头地来找冒顿的茬，今天要冒顿的好马，明天要他家的美女，后天要匈奴的土地。把冒顿逼急了，点起兵马杀进了东胡地界。东胡人不敌，部众四散逃窜，一部分逃到乌桓山（今内蒙古赤峰阿鲁科尔沁旗西北），一部分跑去了鲜卑山（今内蒙古哲盟科尔沁左翼中旗西）。两拨人就在那定居了下来，久了干脆直接

以各自的现居住地地名乌桓山、鲜卑山作为本族的名号。就这样，东胡族永远从中国历史上消失了，取而代之的是两个新的民族——乌桓和鲜卑。

东胡已经没了，可匈奴还惦记着陈年旧怨呢。强盛起来的匈奴学当年的东胡，三天两头来乌桓那要这要那，乌桓若交不出东西，本族的老弱妇孺就统统被匈奴人当人质掠走。长此以往，乌桓人受不了了，干脆南下投靠了中原的西汉王朝。后来，汉朝于汉武帝时期派名将卫青和霍去病几次出击，大败匈奴，匈奴不得不退出河套以西地带。汉武帝随后把乌桓迁移到了上谷（今河北张家口一带）、渔阳（今北京密云）一线，让他们负责紧盯匈奴的动向。

作为汉家北大门的哨兵，乌桓一直尽职尽责。可惜天下没有不变的友谊：公元8年，大权臣王莽篡夺了西汉最高权力，建立了大新王朝。新莽朝与匈奴交恶，征发乌桓等部族兵马远征匈奴。乌桓人不堪奴役，反而与匈奴人联合起来抄掠边境，参与乌匈联军的还有新兴盛的鲜卑部落。此后多年，乌桓、鲜卑与匈奴一起久为北疆之患。

东汉建立后，在光武帝刘秀的软硬兼施下，乌桓与中原的关系再度走向和睦，还曾多次出兵协助东汉打败匈奴和鲜卑人。然而随着东汉王朝逐渐走向没落，对北疆的控制力也开始被严重削弱，趁机再度强

---

① "东胡，东北夷……北狄之别名也。"出自《逸周书·卷七·王会篇》（孔晁注）。

盛起来的乌桓各部再度与鲜卑联合，频繁入寇。东汉在边境设置专门统辖这方面事务的护乌桓校尉连战失利，徒呼奈何。

但严峻的边防形势也给公孙瓒提供了充分发挥军事才能的空间。与敌人的第一次直接交锋很快就到来了，交锋的方式有些出乎公孙瓒的意料之外。

# 以"白马义从"威震乌桓

这一天，公孙瓒带着数十骑兵巡视属国境内，一路出了边关。正行间，却见远方尘头大起，约莫数百名鲜卑骑兵迅速朝他们逼来。

敌我数量比为 10 : 1，且此地一片空旷，无险可守，所有的从骑脸上都露出了恐惧之色。公孙瓒见状，立刻下令全部人撤进附近一座废弃的堡垒。堡垒内，公孙瓒为部下分析了一番当前的形势：鲜卑骑兵来去快如闪电，如果我们就此逃跑的话，结果只能是在半路上被他们追上、包围、消灭。如今之计，唯有出其不意，拼死突袭敌人，才是唯一的生路。大伙完全同意他的意见。

鲜卑人正得意扬扬地等着汉军出来投降，一个身材高大的骑士猛然从堡门冲出，只见他手持双刃矛，左冲右突，勇不可当。在他的身后，数十名骑兵随之杀出，一齐跟着他直杀进敌阵。

鲜卑人完全没有料到待宰的羔羊竟瞬间变身为凶狠的恶狼，一时手足无措，溃围而走。公孙瓒此役杀得血满征袍，据事后统计，他一人就手刃敌人达数十人之多。

然而代价也是惨重的，公孙瓒手下战死达半数，但这支小队伍总算逃过了全军覆没的命运。

这次胜利再度大大提升了公孙瓒的名声，也让鲜卑知道了新任辽东长史是个打起仗来敢玩儿命的主，从此不敢再轻易入塞。因此，公孙瓒被升为涿令。然而他在拜听朝廷封赏的诏书时绝对不会想到，他很快将遭遇一次沉重的挫折，他更不会想到的是自己这一生都将与乌桓、鲜卑剪不断理还乱……

中平元年（公元 184 年），北地郡（今甘肃庆阳一带）的先零羌人及枹罕、河关两地盗贼共同起来造反。叛军推选湟中义军首领北宫伯玉及李文侯为将军，击杀护羌校尉泠徵、金城太守陈懿等。此后，他们更挟持凉州豪杰边章、韩遂共同造反，一路打破州郡，声势十分浩大。

东汉政府委任司空张温为车骑将军，执金吾袁滂为副以讨之。张温从幽州（今北京）征调了 3000 突骑（从乌桓人中精心挑选出来的骑兵）助战，这支精锐部队的指挥官，正是公孙瓒。可见当时的公孙瓒已是边境战功无数的名将了。

汉灵帝无疑是整个东汉乃至两汉最会敛财的帝王，他通过卖官、加税等方式使设在西园的私人金库里的金银堆积成了山。然而汉灵帝无疑又是东汉最吝啬的帝王，全国各地暴动此起彼伏了，他却始终不肯动用一毫一厘来犒赏军队，以至于多支军队粮饷不继，怨声载道。

很不幸，这支幽州突骑正属于欠薪部队之一。乌桓骑兵们远离家乡，为别人家出征本就不大情愿，现在连饭都不让吃饱，报酬也不发。这如何让他们还有心思替皇上卖命？队伍到了蓟中，已经逃亡大半。

仗是没法打了，偏偏又有人趁机闹事。前中山国相张纯随队出征，出发前他曾向张温申请做突骑统帅，结果被无情驳回，一直怀恨在心。如今见乌桓兵多叛亡归本部，他觉得报复的时机来了，便私下与同在军中的前太山太守张举商议："如今天下到处反叛，到处出现异象，朝廷无力阻止。现在连乌桓也反叛了，这分明是汉朝气数已尽的症状。我们何苦再傻乎乎地做忠臣？不如当下联合乌桓一起反了，说不定将来的新主就是我们呢。"①说得张举连连点头称是。

中平四年（公元187年）六月，张举、张纯连接乌桓部落首领丘力居，在蓟县（今天津蓟县）举兵反叛，劫掠蓟地。护乌桓校尉公慕稠、右北平太守刘政、辽东太守阳终等均被杀。叛军队伍很快发展到10余万人。张举于是自称皇帝，封张纯为弥天将军、安定王。"二张"随即布告天下，要求灵帝退位，迎张举为帝。

旧叛还没平定，新叛又起！作为距离叛军最近的朝廷部队，公孙瓒自然不能无所作为。他先是率部追击正在劫掠右北平和辽西各郡的叛军，被提升为骑都尉。第二年十一月，张纯与丘力居进入青、徐、幽、冀（今山东、河北一带），公孙瓒奉命堵截，

在石门山与叛军展开大战，张纯、丘力居大败，丢弃家属越边塞而逃，从渔阳、河间（今河北沧州）等地掠走的百姓全部被公孙瓒夺回。

大概是被胜利冲昏了头脑，公孙瓒不顾自己没有后援，率军一路追击，结果反而被缓过劲来的丘力居等人包围在辽西管子城。汉军外无救兵，内无粮草，只得用战马和皮弓甚至盾牌上的皮革充饥。就这样过了200多天，汉军实在坚持不下去了，公孙瓒只得与士兵们一一诀别后分散突围。时值寒冬，大雨夹杂着大雪连绵不断，又冷又饿的汉军士兵们大批倒毙在城边壕沟内，活下来的人只剩四成。幸运的是叛军同样也打得精疲力竭，自动撤至柳城。公孙瓒残军这才得以活着回家。

管子城之战对于先前连战连胜的公孙瓒来说，简直是一个巨大的耻辱。未来的辽东枭雄选择用实际行动来洗雪这一耻辱。此后公孙瓒成了辽东一带最勇猛的将军，不论昼夜，不论远近，只要一听到敌情，他立刻带着手下追杀过去，不砍下几颗脑袋决不罢休。乌桓人对他可以说是又恨又怕。对公孙瓒恨之入骨的乌桓人甚至专门给他画了张骑着白马，手持双刃矛的像。平时没事就把那张像当靶子练，一旦射中，便高呼万岁。这待遇可以和西汉时著名酷吏"苍鹰"郅都相媲美了。（匈奴人曾把木头人雕刻成他的样子，用箭射以泄愤。）

---

①"今乌桓既畔，皆愿为乱，凉州贼起，朝廷不能禁。又洛阳人妻生子两头，此汉祚衰尽，天下有两主之征也。子若与吾共率乌桓之众以起兵，庶几可定大业。"出自《后汉书·卷七十三·刘虞公孙瓒陶谦列传》。

◎ 汉代骑兵俑

由于公孙瓒很有创意地在军中挑选了数十名神射手，全部骑清一色的白马作为自己的左右翼护卫，还给他们起了个很威武的称号——"白马义从"，因此乌桓人之间常常互相告诫：遇到白马长史的军队，千万不要交手，尽早闪人。乌桓的贪至王顶不住压力，率众向公孙瓒投降。凭此功劳，公孙瓒再升中郎将，封都亭侯。

尽管公孙瓒已经成为乌桓叛匪们心中的噩梦，然而噩梦是吓不死敌人的。公孙瓒升了官，平叛业绩却并没有因此而提升。史称他"与胡相攻击五六年①……不能御②。"

历代政府面对越燃越旺的起义烽火，都采用过"三分军事七分政治"的应对办法。意思就是以安抚分化依附敌人的民众为主要目的，军事打击只用作辅助手段。东汉朝廷也不例外，见用硬的解决不了辽东问题，便也想改走走政治路线：先解决了叛军的外援——乌桓人。派谁去执行这个任务呢？公孙瓒看到乌桓人就要杀，肯定不行。前幽州刺史刘虞在任时治政出色，甚得北狄人心，于是被委以重任。

刘虞果然不负朝廷所望，他刚到幽州牧的任上就下令裁减当地驻军，摆出副不再动用武力威胁的态势，又派人前往乌桓部落广喻恩德，许诺只要斩得贼首张纯等人的首级，则朝廷必将对乌桓既往不咎。丘力居等人听说来者是刘虞，大喜，皆派翻译前来告之准备归降。失去了乌桓外援，"二张"势力大为减弱，只得抛弃妻儿老小逃入鲜卑。中平六年（公元189年）三月，张纯被门客王政所杀，王政献其首于刘虞。困扰东汉东北边疆达两年之久的"二张之乱"就这样被刘虞仅用一个月的时间就和平解决了。

有人欢喜，必有人不乐意。公孙瓒与刘虞同为孝廉出身，对待乌桓的观点却彼此相左。公孙瓒主剿，刘虞主抚，两人根本谈不到一块去。可事实是刘虞用抚的手段轻松摆平了公孙瓒怎么也摆不平的问题，一时间在朝廷的眼中刘虞完完全全把公孙瓒比了下去。公孙瓒怀恨在心，派人将乌桓使者全部暗杀，企图嫁祸刘虞。可这招骗不倒丘力居等人：刘虞是出了名的仁德之人，怎么会干出这种卑鄙的事？第二批乌桓使者瞅准机会还是到了刘虞那里，这

---

① 这数字值得商榷，按张纯等公元187年起事，公元189年失败，顶多两年而已。
② 这里的"不能御"，应该是无法阻止他们烧杀抢掠的意思，而不是不敌。

回他们是来为惨死的同胞喊冤的。

刘虞知道这肯定是公孙瓒搞的鬼，但此时为了大局，他也不好和公孙瓒马上翻脸。为了彻底安抚乌桓部落，他申报朝廷，将幽州的兵马几乎全部遣散，只留下公孙瓒率领万余人屯在右北平（今河北唐山）。后来，东汉朝廷封刺杀张纯的王政为列侯，刘虞也功拜太尉，封襄贲侯。见地位被刘虞全面超越，公孙瓒心中更加恼恨。

# 因"天下大乱"逐鹿中原

辽东属国表面上重归平静，底下却暗流涌动，而比辽东局势更为复杂和凶险的，则是东汉朝廷的局势。

清代的郭嵩焘认为，"汉、唐以来，虽号为君主，然权力实不足，不能不有所分寄。故西汉与宰相、外戚共天下，东汉与太监、名士共天下，唐与后妃、藩镇共天下，北宋与奸臣共天下，南宋与外国共天下，元与奸臣、番僧共天下，明与宰相、太监共天下，本朝则与胥吏共天下耳。"

说实在的，笔者对郭嵩焘先生对别朝的评价毫无异议，但并不赞同他对东汉的总结。因为从历史记载来看，名士对东汉政局的影响很是有限，特别到了中后期，能与太监势力相抗衡的只有外戚一族而已。

自汉高祖发妻吕氏大权独揽，开启外戚干政的历史，此后数百年间，外戚势力始终时不时染指着两汉朝政。特别是进入东汉章帝之后，皇帝多短命而逝，新任天子年龄尚幼，外戚摄政成为家常便饭。当小皇帝长大了，对恋权的外戚日趋不满，

然而此时满朝已皆是外戚之党，皇帝要夺权只能借助日夜贴身服侍、陪伴在自己身边且未被外戚收服的那些人——太监。永元四年（公元 92 年）六月二十三，汉和帝在钩盾令郑众的协助下，一举歼灭大权在握的外戚窦宪势力。至此，宦官依靠皇帝支持，开始成为制衡外戚的最重要力量。在日后的安帝、顺帝、桓帝等朝宦官均与外戚展开过你死我活的斗争。东汉的江山就在两股势力永无休止的缠斗中一天天衰落下去。

汉灵帝刘宏成为东汉第 11 任皇帝时，张让、赵忠等 12 个大宦官正受宠，人皆呼之"十常侍"。灵帝对他们的宠幸达到了匪夷所思的地步，甚至公开宣称"张让是我父，赵忠是我母。"既然都成了皇帝的爹妈了，还有啥事不敢干的？在昏君灵帝的纵容下，"十常侍"们朋比为奸，大兴党锢，陷害忠良。满朝文武对此早已麻木，视若无睹。

太监们得势了，肯定有其他人不满意，比如外戚。自建宁元年（公元 168 年）联合朝臣与宦官作战失败后（汉桓帝岳父、大将军窦武与太傅陈蕃计划诛杀权宦曹节、王甫等，计划泄露，双双遇害），外戚势一直处于被压制状态。但是，任何人都不能容忍权力长期把持在政敌手里。灵帝死后，新任大将军、灵帝妻兄何进招来太傅袁隗的侄儿袁绍，商议召集各地军马进京，尽诛"十常侍"。袁绍也是个热血青年，两人一拍即合，并很快制定出了计划。哪知何进耳根子软，临到要动手的时候却又犹豫了起来，结果被张让等人用假密诏骗进

皇宫杀死。袁绍大怒,与弟弟袁术攻破皇宫,杀死了大部分宦官。张让等首恶挟持小皇帝刘辩(汉灵帝之子)出逃,最后在小平津(今河南孟津东北)为尚书卢植等朝臣追上,被迫投河自杀。

何进死了,"十常侍"们也死了,在南北宫(东汉皇宫)轮流坐庄了半个多世纪的两大势力双双消亡。鹬蚌相争渔翁得利,何进死前下令各地刺史、太守们进京锄奸的命令等于打开了潘多拉魔盒。早已蠢蠢欲动的野心家们争相开往京城,企图填补难得的权力真空。最后出身西凉豪族的并州牧董卓腿比较快,抢到了头彩,控制了洛阳。

小皇帝刘辩倒霉透了,刚刚打发了恶人张让等人,却又迎来了比"十常侍"狠十倍的董卓。这家伙一控制了局面就废刘辩为弘农王,改立灵帝少子刘协。这就是东汉最后一任也是最没皇帝样子的皇帝——汉献帝。

成功挟持了天子后,董卓更加凶焰四射。他奸淫宫女、占据国库、严刑胁众、滥杀无辜,连废少帝和其母何太后都死在他的手里。对于文武大臣,他更是看着不顺眼就随意诛杀,弄得整个京都人人自危。生性残忍的董卓甚至放纵士兵劫杀手无寸铁的百姓,而后宣称大破贼人而回,其兽行真到了令人发指的地步。

董卓抢占洛阳,本就让那些动作慢一拍的各地诸侯深感不满,他在京城的种种暴行更激起了普天下的愤怒。初平元年(公元190年),函谷关以东各州郡联名起兵讨伐董卓。后将军袁术、冀州牧韩馥、豫州刺史孔伷、兖州刺史刘岱、陈留太守张邈、广陵太守张超、河内太守王匡、山阳太守袁遗、东郡太守桥瑁、济北相鲍信等各拥数万人,组成了"山东反董联盟"。因反对董卓废帝而被迫逃往冀州的袁绍被推为盟主。袁绍自称车骑将军,其余各诸侯都封了官号。值得一提的是,未来一统北方的曹操,此时也在反董盟军中。

古代人做大事总要讲究个名分,历次想改朝换代的农民起义往往要先立个前朝宗室为帝,好打上"光复前朝"的旗号;而乱世军阀之间互相攻打,也往往要找个像样的借口。董卓虽然残暴,但他手里毕竟掌握着献帝,反董联盟就这么出去打他,不是臣子讨伐天子吗?袁绍和韩馥一商量,决定立个新皇帝来代替董卓手里那个。为了镇服人心,新皇帝的威望必须大大高于献帝。选谁好呢?思来想去,两人同时想到了一个对象:刘虞。

汉朝实行的是封建制,宗室子弟被派到外地去做官的一点也不少,现存宗室出身的刺史、太守虽有几个,但怕是没有人的声望能超过刘虞的。敲定了对象后,前乐浪太守张岐作为反董联盟的使者,带着劝进书踏上了前往幽州的路。

张纯之乱平息后,辽东迎来了难得的和平期,刘虞在领地内继续推行仁政。他本人勤俭节约,蔽衣绳履,食不兼肉。在经济上,他鼓励农业生产,开放与上谷胡人的商业贸易,积极招徕青、徐地区的流亡百姓。在他的精心治理下,饱受战争创伤的辽东属国迅速得以恢复,连年丰收,人口在短短一年多时间内竟增加了100多万。

幽州俨然成为北方远离战火的世外桃源。

张岐的到来，打破了短暂的宁静。

"你不必再劝了，我绝不会做这种大逆不道的事！"刘虞将劝进表狠狠扔在地上，坚决拒绝了袁绍、张岐等人给他上的尊号。

"阁下不肯做皇帝，那么先做尚书令如何？"袁绍等人只得退而求其次。尚书令掌管天下官职的册封，刘虞做了尚书令，那反董联盟众人自封的官职就能合法化了。

"如今天下动乱，圣主蒙难。你们身受国恩，不思报效，却试图用这种逆谋来玷污我刘伯安（刘虞字伯安）的名声吗？我就把话说白了，让我答应帮你们，除非太阳从西头出来。如果你们再逼我，我就逃到匈奴那去！"刘虞愤怒地说着，一面真的打算整理行装。

"别，我们不难为你就是了。"袁绍、韩馥等见刘虞的态度如此坚决，只得作罢。[1]

刘虞虽然拒绝了袁绍劝他称帝的建议，私下里却依旧和反董联盟保持着联系。而刘虞之子刘和时任侍中，正陪伴在献帝身边。董卓见反对势力强大，干脆一把火烧了洛阳，将天子和文武百官一并迁往西汉故都长安。献帝无时无刻不在想家，便派刘和逃出长安，前往刘虞处求援。刘和经过后将军袁术的地盘南阳时，被袁术留住。

袁术留下刘和是喜欢这个年轻人吗？当然不是，他只是为了获得刘虞的支持而已。袁术许诺与刘虞共同出兵长安，让刘

和通知老爸。接到儿子的信，刘虞立刻做出决定，派几千人马前往南阳。

正当刘虞整点军马的时候，一个人拦住了他。谁？公孙瓒。

别看公孙瓒在对待反叛问题上没有刘虞老道，但对袁术的野心他还是看得很清楚的。袁术虽然一口一个"只承认献帝为正统"，并因此不惜与老哥闹翻，其实他一直心存异志。

当时传说袁氏是大舜的后裔，舜氏尚土，而东汉尚火德。舜和东汉之间正符合阴阳说的五行相克理论。时下又有谶言流传："代汉者，当涂高也。"因此袁术就此认为老天也暗示他才是真正的代汉之人。董卓撤离洛阳后，诸侯联军相继开进已是一片废墟的京师。隶属袁术的豫州刺史孙坚在一口井里发现了被丢弃的传国玉玺。袁术得知后，竟软禁了孙坚夫人，将玉玺夺了过来。天子之物在手，袁术更加深信不疑自己是天命所属。他联合刘虞，只是为了加强己方实力而已。

看透这一切的公孙瓒极力阻止刘虞发兵南阳。然而刘虞根本不听公孙瓒的劝说，还是把兵马派了出去。这一派，麻烦就来了。公孙瓒害怕自己和刘虞的私聊内容被袁术知道，干脆先下手为强，让弟弟公孙越带一千骑兵抢先赶到袁术处。公孙越和袁术偷偷说了些啥，我们不知道。但我们知道刘虞的人马来到南阳后没过多久就被迫成了袁家军的一部分，而刘和的地位也由上

---

① 参见《资治通鉴·汉纪五十二》。

宾变成了囚犯。刘和后来从袁术处逃跑，又被袁绍扣留。刘虞得知以后，与公孙瓒的矛盾更深了。

辽东属国在钩心斗角，中原也不消停。当反董联盟刚刚成立的时候，重要成员之一的济北相鲍信就私下对曹操说："这些人没一个是干大事的料，只有您例外。"一语道破反董联盟只不过是一群乌合之众的本质。后来的历史走向也证明大多数联盟成员都是在讨伐逆臣遮羞布下各自谋利的主。如此松散的集团，怎能成大事？因此当董卓迁都长安后，诸侯们见一时难以消灭它，又多少已经捞到了些名声，便在消耗完粮食后一哄而散。只有曹操与孙坚各自继续坚持讨伐董卓。

山东各路人马失去了共同敌人后，立刻陷入了全面火拼中。兖州刺史刘岱与东郡太守桥瑁结仇，刘岱杀死桥瑁，占领东郡。紧接着袁绍联合韩馥叛将麹义，吞并了冀州，逼死韩馥。

下一对较量者是袁氏兄弟，袁术轻视袁绍为婢女所生，平时就很看不起他。这次在刘虞的事上又彼此相左，于是公开翻脸。袁绍派部将周昂袭占了孙坚的豫州治所阳城（今河南汝州），孙坚回击，周昂败退，坚守阳城。袁术派公孙越援助孙坚，公孙越却在攻打阳城时被流箭射死。公孙瓒得知后大怒，从此与袁绍结仇。

愤怒的公孙瓒上表朝廷，历数袁绍引来董卓、逼杀韩馥、以微贱身份继承袁家、辱没袁宗等十大罪状，随后尽起主力进驻磐河（今山东德平县）。当时袁绍的实力还不够强，对公孙瓒昔日的威名很是忌惮。

为了向公孙瓒"请罪"，袁绍将自己所佩的渤海（今河北、辽宁渤海湾一带）太守印交给公孙瓒堂弟公孙范，试图与公孙家和解。没想到公孙范一到渤海就倒向公孙瓒，冀州、青州、兖州等地刺史全换了公孙家的人。

# 兴久战之兵制霸辽东

初平二年（公元191年）十月，青州、徐州的黄巾军30多万人进犯渤海，打算与在黑山的同党会合。公孙瓒得渤海兵相助，在东光县（今河北沧州东光）以南大破敌军，斩首3万余。黄巾军丢弃辎重争渡黄河，结果渡河期间又遭辽东军痛击，被杀、被俘达数万之多，黄河为之成血河。公孙瓒缴获无数，兵威更盛，乘胜进军界桥（今河北南皮到邺城一带）。袁绍没想到搬起石头砸了自己的脚，只得硬着头皮出战。

初平三年（公元192年）春，三国史上著名的界桥之战爆发。

界桥南面20余里处，4万辽东军分为3部分，一字排开：中间是3万名步兵，左右两侧各列骑兵5000人，公孙瓒引以为傲的精锐"白马义从"夹杂其中。看来公孙瓒是打算先用侧翼骑兵冲乱袁绍军阵营，而后用步兵扩大战果。

远远望去，辽东军人数众多、军容严整，铠甲在阳光的照耀下闪闪发光，令人目眩。

奇怪的是，面对强悍的敌人，袁绍却一副满不在乎的样子。他只派部将麹义带领800步兵为先锋，中间似乎夹杂着一些强弩手，不过数量看来并不是很多。河北军数万主力则像畏战一样，隐伏于麴义军之后。

袁军主力的隐蔽工作做得不错，公孙瓒登高一看，只看到麴义的人马，登时嗤之以鼻：这么点人，还都是步兵，也想阻挡我？我不用出全力，一下就能把他们踏为齑粉！仗着人数优势，辽东军骑兵朝麴义的部队如龙卷风般压过去。

面对黑压压的敌军，麴义并不慌张。作为在凉州对羌前线的老将，他啥大场面没见过，即使是威震辽东的"白马义从"，又如何能吓倒他？

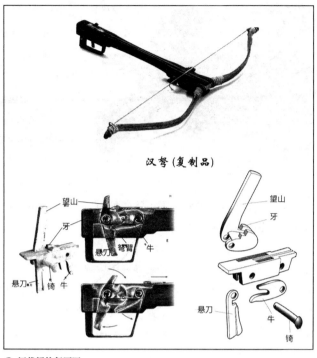

汉弩（复制品）

◎ 汉代弩的复原图

麴义手下的士兵也和主将一样镇定，眼看敌军的马蹄踏地震天动地，他们却只是伏在盾牌底下，一动不动。等辽东军马冲到袁军阵地前十几步的时候，800名袁军步兵后面齐刷刷立起上千个人影。刹那间，数千只飞箭直直朝辽东骑兵射去！

惨叫声开始此起彼伏地响起。由于距离太近，骑兵们又挤在一起，一时间根本无法躲避。上千具强弩射出的每一支箭，无一落空地穿透了辽东骑兵的盔甲，刺进了他们的身体。

在强弩冰雹般劈头盖脸的连射下，辽东骑兵死伤惨重，大溃而逃，新任冀州刺史严纲等千余人当场战死。辽东军争相奔逃，不敢回营。直逃至界桥之上，在公孙瓒的威逼下，辽东军试图还击。麴义挥师击之，再次大破敌人。麴义一口气竟追到了辽东军大营，把营门前所立的大旗都给拔了去。留守营内的辽东军哪敢来战，全部散走。

望着麴义用不到2000人击败了4万辽东军，袁绍不禁欣喜若狂。得意忘形的他急着赶上去欣赏敌军惨状，加之见辽东军已溃，丝毫不加戒备，只带了少量卫兵就径直到了界桥。

正当袁绍望着满地辽东军尸体喜形于色的时候，公孙瓒别部2000余骑赶到，将袁绍团团围住。此时袁绍身边仅有戟兵百余，弩兵数十，而辽东军箭如雨下，形势十分危急！

◎ 弩机——弩的重要部件

别驾田丰想扶主公躲入附近的残垣断壁间躲一躲，袁绍却一把打开田丰的手，猛然摘下头盔摔在地上，吼道："男子汉大丈夫，要死就战斗而死！躲进夹壁里求生，像个什么样子？！"坚持在原地指挥作战。虽然历史上的袁绍并不算什么英雄人物，然而此时的他可以说是男子汉气概十足。

心不慌，动作就不乱。主帅镇定自若，士兵们就能保持勇气。强弩兵排成整齐的阵形，不停向敌军发射。辽东骑兵一次次冲锋，又一次次被射回，伤亡人数在不断增加。这支河北军人数不多，辽东军哪里想到袁绍就在里面，还以为只是袁军的一支小分队呢。领头的觉得为了这样支分队付出那么大的伤亡不值，于是稍稍退却。正好麴义军凯旋，辽东军登时一哄而散。袁绍总算逃过一劫。

界桥之战后，公孙瓒元气大伤，对袁绍的心理优势荡然无存。他与弟弟退回到蓟县之后，为了抵御袁绍军的进攻，在蓟县大城东南方向新筑小城一座。而幽州的治所就在蓟县，这一来，公孙瓒与冤家刘虞就做了邻居。两家隔河相望，摩擦不断，彼此怨气进一步加深。

大胜之后的袁绍确实想再深入一把，他派部将崔巨业围攻故安（今北京故安），久而不下，只得退兵。公孙瓒亲率3万军前来，一路送到巨马水（今河北涞水县）。袁军阵亡者达七八千人之多，算是把界桥的账稍稍补了点回来。

得胜之后的公孙瓒带着人马南下，一直打到平原郡（今山东德州陵县一带），委任青州刺史田楷据守。袁绍军来攻，双方这一对峙就是两年，直打到把城外的青草都给吃光了。最终还是田楷没撑住，被袁绍长子袁谭撵回了辽东。

关东各州郡的连年战乱给中原、河北、山东一带的民生带来极大破坏。此时董卓已被杀，接替他位置的是部将李傕、郭汜。李、郭二人新上位，觉得总得做出点样子来。便派太傅马日磾与太仆赵岐安抚天下。二人都是当时的大名士，各地军阀不能不卖他们个面子。袁绍和公孙瓒在调解下也结为儿女亲家，各自罢兵。

跟河北的外部矛盾解决后，辽东自身的内部矛盾迅速上升到第一位。公孙瓒和刘虞的怨恨并没有随着时间的推移而化解，反而逐步加重。公孙瓒和袁绍交手期间，刘虞担心他坐大，严格控制对公孙军的供应。公孙瓒大怒，更加明目张胆地与刘虞对着干。这段时间两家虽未直接交手，但"迂回战"打得无比热闹。刘虞几次赏赐给胡人们的东西，转眼就被公孙瓒抢去。刘虞制止不了，索性一状告到朝廷，弹劾公孙瓒掠夺百姓。公孙瓒不甘示弱，也投诉刘虞动不动克扣军队的钱粮。双方的官司越打越激烈，诉状在未央宫堆起老高。只可惜，此时李傕、郭汜在长安城正斗得不可开交，献帝只是尊名副其实的泥菩萨而已，哪还有心思去管远在东北的那些破事？所以朝廷只能不住地和稀泥。

刘虞是个厚道人，觉得再这样斗下去对辽东属国未来发展很不利，于是主动提出与公孙瓒会面和解。可公孙瓒对刘虞的恨已到了无法消除的地步，每次都以生病为由拒绝了。好意却三番五次换来冷遇，刘虞终于也烦透了。他是老好人不假，但老好人发起火来比谁都厉害。刘虞琢磨着再这样下去，公孙瓒保不齐哪天会反叛，不如先动手解决了这个辽东的祸害算了。幕僚魏攸得知消息后，好一番劝才算打消了刘虞的念头。

初平四年（公元193年），求和无望的刘虞最终还是按捺不住，起兵10万，开向蓟县东南小城。缺乏军事经验的刘虞实在不够清楚保密工作的重要性，幽州从事公孙纪受过公孙瓒的恩惠，连夜朝公孙瓒通风报信。此时公孙瓒军分散在外，城内兵力很少，慌乱之中公孙瓒甚至打算掘开东城逃走。

眼看刘虞的胜利即将毫无悬念，可他此时却将扭转战局的钥匙交到了公孙瓒手里。

前面已经说过了，刘虞先生一生以仁待人，然而仁义也要看场合和对象的。在战场上对敌人讲仁德的话，那简直就和宋襄公一样愚蠢。不幸的是刘虞正犯了宋襄公同样的错误。东汉时，城内民居都是木头做的，倘若用火攻，则新蓟城一举可破。可惜刘虞手下的士兵也和他一样是仁义人

士，觉得火烧民宅简直是罪孽，只是一个劲地蛮攻城池而已。刘虞本人此时又犯了个明惠帝式的错误（明惠帝在叔父朱棣起兵反叛时曾下令不许伤害叔父，从而错失斩杀朱棣的良机），下令只杀公孙瓒一人，不得伤害无辜。于是刘虞军士兵打起仗来就缩手缩脚，生怕伤了公孙瓒的士兵。这样的攻击如何能有威力？一时10万人竟无法拿下一座小城！

相比之下，公孙瓒就无所顾忌多了。从最初的慌乱中恢复后，他趁刘虞军攻城不下，抓紧时间重整了队伍，并从中挑选出几百名勇士作为敢死队。当风向突然转向刘虞一方时，公孙军敢死队趁机出击，顺风纵火，刘虞军瞬间被火海包围。公孙瓒指挥敢死队径直冲杀，刘虞军数量虽众，但大多没上过几回战场，连续遭遇火攻和突袭后瞬间溃散。刘虞带领下属北逃至居庸关。在公孙瓒军的猛攻下，关卡3天即失陷，刘虞与妻儿被俘。

一开始公孙瓒慑于刘虞的声望，不敢加害于他，还让他继续签署公文。可此时长安又来了个叫段训的使者，试图以加官晋爵的形式调解两人的矛盾：增刘虞封邑，都督六州事务；拜公孙瓒前将军，封易侯。公孙瓒见刘虞的地位依旧在自己之上，顿时嫉意大发，当即诬陷刘虞与袁绍交通，企图篡位。在公孙瓒的胁迫下，刘虞一家在闹市被段训杀害。前任常山国相孙瑾，以及掾张逸、张瓒等临行前自动聚到刘虞周围，大骂公孙瓒，然后与刘虞一同就义。公孙瓒将刘虞的头当作反贼首级送往长安。刘虞旧部尾敦激于义愤，于半路上截走了

头颅，带回安葬。

# 建百尺高楼作茧自缚

公孙瓒独霸辽东，好不得意。他根本没有意识到自己的做法是在自取灭亡。刘虞在辽东属国实在是太得人心了，他遇害的消息传出，整个辽东大地上一片悲声。刘虞旧部渔阳人鲜于辅、齐周、齐都尉鲜于银等人立志为刘虞报仇。他们推举威信很高的广阳人阎柔为首领，立为乌桓司马，以幽州州兵为主力建立起了一支队伍。阎柔少年时期曾被乌桓和鲜卑俘虏，在那里人脉众多。他振臂一呼，大批胡人和汉人一起前来投靠，很快复仇军人数就达到六七万之多。公孙瓒委任的渔阳太守邹丹来讨，双方在潞县（今河北三河县）以北大战，满怀悲愤的复仇军奋力大破公孙瓒军，砍杀邹丹以下 4000 余人。

正在河北和中原扩大业务的袁绍得知消息，大喜过望。因为这正是名正言顺地讨伐公孙瓒的机会。袁绍派刘和与麹义打着为刘虞报仇的旗号北上支援阎柔等人。平日里被公孙瓒欺凌的鲜卑、乌桓也出兵了。7000 多鲜卑、乌桓骑兵在乌桓峭王的带领下，随同鲜于辅南迎刘和。讨伐公孙瓒的军队一下扩大到 10 万人。

敌人正从四面袭来，公孙瓒又在干吗呢？毫无危机意识的他自认为大局已定，就心安理得地做起辽东霸主来了。他动辄报复仇家，陷害良善。他又认为重用世家才子只会让他们觉得是理所当然的，得不到他们的任何感激，便将这些人统统放逐到边远之地。相反他却与占卜算命先生刘纬台、布贩子李移子、商人乐何当等庸人结为兄弟，互通婚姻。这些人仗着公孙瓒的势力，四处欺压掠夺，家产巨万。百姓们对他们深恶痛绝，更加怀念刘虞。

公孙瓒人心不附，讨公孙瓒联军便所向披靡。兴平二年（公元 195 年），联军在鲍丘再败公孙瓒军，歼敌 2 万多。代、广阳、上谷、右北平等郡纷纷起来反叛，杀掉公孙瓒委任的官吏，支援讨伐军，公孙瓒军屡讨屡败。这个时候，公孙瓒才意识到自己已是众叛亲离，然而后悔已迟，自己现在所能做的只有先找一处坚城驻守，然后派人去外地请求援军，以化解危机。

哪里是大本营的最佳驻地？蓟县是刘虞过去的治所，肯定不能去了。老基地右北平已经叛变，也走不通。此时，一首童谣浮上了公孙瓒的心头："燕国南疆，赵国北界，中央不合，大如砺石，只有此中，可以避世。"这首童谣在当地传唱已久，公孙瓒觉得这应该是老天在我指点去处：故燕国南部和故赵国北部的中央交汇处。于是，公孙瓒将目标定位在幽州郡最南端的易京（今河北雄县西北）。

兴平二年（公元 195 年）冬，当麹义和刘和带领的河北军前锋杀到公孙瓒最后的大本营门前时，所有人都被眼前的景象惊呆了。只见易京城被 10 道又宽又深的壕沟层层围绕，重重壕沟之中，上千座五六丈高的土山拔地而起，犹如布满参天大树的远古森林。只不过这些"树"冠上顶着的不是繁茂的枝叶，而是一座座楼阁。很显然，这些都是公孙瓒手下部将的住所。

在上千座飞楼中央，有一座足有 10 丈高的土山格外引人注目。土山顶端的别墅之豪华气派，在众多高楼之中特别显眼。别墅以铁为门，任何一个 7 岁以上的男子不得入内。平日里只听见别墅内不时传出阵阵暴雷般的女声，紧接着就有人赶来，将文书、报告等放进土山脚下的一个竹篮内。然后一根连接着篮子的绳子被迅速往上拉，公文就这样在只闻声不见人的情况下送进别墅内。这就是公孙瓒本人的新"官邸"。

在中亚的美索不达米亚平原，流传着一个"空中花园"的传说。传说中的空中花园是巴比伦国王尼布甲尼撒二世为取悦王妃所建。花园坐落于一个 4 层平台上，平台又由许许多多 25 米高的大柱子支撑。远远望去，花园高度远超城墙，仿佛悬浮在空中一般，因而得名。这座宏大壮丽的空中花园，被史学家们誉为世界八大奇迹之一。然而时至今日，它依旧只存在于传说和神话之中。考古学界始终没有发现任何能够证明空中花园存在过的遗迹或文献。而公元 2 世纪，在东亚神州大地的东北端，一座实实在在见于正史的中国版"空中花园"却在几个月的时间内被修建了起来。

壮观归壮观，易京落成后，公孙瓒的雄心壮志已不再。整整一年多的时间里，公孙瓒军忙时开荒屯田，闲时置酒高卧。任由麹义百般辱骂，就是不肯出战。甚至他的别将被围，他也拒绝发兵援救，理由竟然是"今天我救了他，明天将领们就只指望着救应，不肯死战了。此风不可长。"[1]

公孙瓒摆出这么个大乌龟阵，倒也不是没有任何理论依据的。据他自己说："兵法上有'百楼不攻'的说法。易京屯粮有 300 多万斛，防御措施又如此严密。我只要坐吃存粮，足以等到时局缓解的时候了。"

公孙瓒的考虑也并非毫无道理。此时的他连战连败，人心尽失，如果继续在各地和讨伐联军硬拼下去的话，迟早部队会被打得精光。所以最好的选择莫过于屯粮高垒，固守待援。这一等就是一年多，公孙瓒军存粮充足，气定神闲。可麹义军毕竟是在人家地头上作战，补给困难，粮食最终消耗完了。有一股几千人的联军队伍耐不住饿，往回跑，公孙瓒军很罕见地出击一回，将他们的辎重全部缴获。

凡事都有利有弊，公孙瓒龟缩不出固然使得袁绍军一时拿他没办法，但也使得易京城内的守军士气一天天低落，公孙瓒因此也更加多疑。他往往将左右亲信和侍卫一概斥退，只与侍妾深居飞楼内，谁的面也不见。公孙瓒部下猛将谋臣与他日渐疏远，不断散去。而易京以外的情况更糟。由于公孙瓒先前的见死不救，大寒众将之心，辽东以南各地要么杀掉自己的长官投降，要么无心抵抗袁绍军轻易拿下。袁绍军主力就这样极其顺利地平定了辽东所有州郡，直攻易京。然而面对龟壳般坚固的"空中花园"，袁绍自己也没有太好的办法，一连几年啃不下。

---

[1] "救一人，使后将恃救，不肯力战。"出自《资治通鉴·汉纪五十四》。

袁绍见师劳无功，便想讲和，他给公孙瓒去了封信，建议双方重新修好。公孙瓒把信撕个粉碎。然后吩咐士兵修缮工事，加强防备。公孙瓒还嘲讽地对长史关靖说："如今四方都在打仗，有谁能赖我这老不走？袁绍能奈我何？"①

公孙瓒的做法激怒了袁绍，他集中所有兵力猛攻易京。饶是公孙瓒的飞楼群十分坚固，到底也没经过多长时间的打磨，在10万大军波涛般的打击下渐渐支撑不住。公孙瓒坐不住了，他派儿子公孙续出城，向盘踞在黑山（今辽宁锦州黑山县）的黄巾军余党张燕部求救。公孙瓒自己则集结残余的白马义从，打算向西山（今河北雄县西北一带）突围，与张燕会合后直取冀州，切断袁绍军的后路。关靖连忙劝阻道："易京城的人心早就散了，只是将士们的家属都在城内，所以还能坚持到现在。如果大人您离开这里的话，城中无人主持，陷落是早晚的事啊！"

做大事的人最忌耳根子软，公孙瓒偏偏有这毛病。耳根子软，听进的是良策也罢了，偏偏关靖是个毫无远见的庸才。易京守军的士气正在直线下降不假，但你继续死守不出难道就能让这一切停止？随着袁绍军攻城力度的加强，公孙瓒军总崩溃是迟早的事，与其等死，不如出城奋力一搏，或许还有求生的机会。

可惜，这唯一的机会也被公孙瓒和关靖这对庸才组合断送了。突击计划被取消，

公孙瓒继续困守于飞楼森林里。随着袁绍军四面围拢，易京守军日益窘迫。真不知公孙瓒当年在塞外突击鲜卑的勇气到哪去了。

老天似乎并不想看着前辽东王就这么败亡，建安四年（公元199年）春，期待已久的援军终于有了消息：公孙续已与张燕联兵10万，分三路杀来。大概是翻盘有望，信心重新回到了身上的公孙瓒做出了一个大胆的决定，他让公孙续不必直接带大军前来，只需点精骑5000，到城北的低洼地埋伏好，到时候举火为号，父子俩里应外合，一起夹攻，大破袁绍。此计看似精妙，只可惜在中间执行环节出了个不小的问题——公孙瓒的密使没能把信送到，而是被袁绍的斥候截住了。

约定的日子到了，号火按时在夜空中升起。易京城门放下，躲了四年的辽东骑兵高举火把，一齐喊着冲杀出城。他们也憋屈够了，老是挨打，今晚终于能好好出口恶气了！

等公孙瓒领军到了约定的地点，却没见到公孙续和张燕的一兵一卒，见到的是大批早已守候在此的袁军伏兵……不必描述辽东军横遭屠戮的惨状了，也不用描述公孙瓒衣甲残破逃回城内的狼狈样了，我们只需知道，此战过后公孙瓒彻底断绝一切杂念，闭门不出。

然而现在连死守也不可能了，辽东军在那夜的伏击战中损失惨重，士气已跌至零点。更可怕的是，袁绍此时也找到了对

---

① "当今四方虎争，无有能坐吾城下相守经年者明矣。袁本初其若我何！"出自《资治通鉴·汉纪五十四》。

付"空中花园"的办法，那就是——土龙攻。土龙，也叫穿山甲。它的典型特征之一就是拥有四只强力的爪子，因此它在土里的打洞能力十分惊人。据统计，一只成年穿山甲能在一天内开发出一条高5米、深十几米的隧道。不知哪一天，人类把它的这个本事学了去，应用到了战争之中。特别是对付表面坚不可摧的城池，从地下挖地道攻击比正面强攻有效得多。后世李自成攻开封，张献忠破成都都用过此法。

袁绍命令士兵们挖地道直通飞楼底下，而后改道朝上挖，边挖边用木柱撑住。等工程进度进行到一半的时候，便放火烧毁木柱。随着木柱的倒塌，失去支撑的建筑主体随之轰然崩塌。靠着这种慢而稳的办法，袁绍军攻陷了"空中花园"的一个又一个飞楼，最后终于直达公孙瓒的官邸。

明知敌人在蚕食自家豪宅地基，明知自家很快也将和别的飞楼一样倒下，公孙瓒却一点应对之策都没有。此时公孙瓒的情景用作茧自缚来形容再恰当也不过了。

其实，当公孙瓒对边境异族滥用武力的时候，他已经是开始在作茧自缚了；当公孙瓒胁迫段训杀死刘虞的时候，他已经是继续在作茧自缚了；当公孙瓒固守高楼，部将被围也不去解救的时候，他已经是彻底在作茧自缚了。总而言之，公孙瓒从想称霸辽东的一开始，就是开始了作茧自缚。

与其被活活摔死，不如自行了断了吧。

公孙瓒狠狠心，一把火把中京点着，而后拔出了剑，走向妻子、儿女、侍姜们。当袁军士兵冲进中京官邸内宅时，只见室内一片惨象，熊熊火光中，公孙家的老弱妇孺的尸体横七竖八地悬吊在横梁上，唯一还活着的人，就是公孙瓒自己。

士兵们一拥而上，将其当场斩却。

就此持续了四年的辽东战争，最终以袁绍完胜告终。关靖见公孙瓒败亡，叹息痛恨说："先前如果将军自己冲出去，未必不能成功。我听说君子误把人引入危难，一定和人共同承受，怎能自己活着呢？"于是奔向袁绍阵中战死。田楷也随之战死，公孙续为匈奴屠各部所杀。张燕被袁绍打败，部众离散，后来投了曹操。

大仇已报，复仇军的使命也完成了，鲜于辅和阎柔在渔阳人田豫的劝说下归附了曹操。而乌桓首领们则接受了袁绍的册封和联姻，成为河北袁家的外援。建安五年（公元200年）的官渡之战中，鲜于辅协助曹操大破袁绍，阎柔则参与了曹操清剿袁家残部的行动，并与协助袁家的乌桓军大战。短短一年间曾共浴生死的战友就反目而打得你死我活，这也是乱世典型的定律吧：敌人和盟友随时可以转换。

当然这一切的一切，都与曾经的辽东枭雄公孙瓒无关了。凛冽的北风中，"白马义从"的威名也随之飘逝……

# 枭雄录

## 龙骧之帝苻坚

### 成也仁义，败也仁义

作者
/上帝之鹰

公元 280 年，晋武帝司马炎兵分三路，大举伐吴。末代吴主孙皓举国归降，加之于公元 263 年投降的蜀汉、公元 265 年被"禅让"的曹魏，中国大地终于被西晋所统一，中国历史上最脍炙人口的三国时代宣告结束。纷争了近百年的中华大地终于又回归了平静，伤痕累累的天下渴望着休养生息。然而和平的时光并没有持续多久。

武帝司马炎死后，继承人晋惠帝司马衷暗弱无能，大权为皇后贾南风所掌握。贾皇后工于心计且心狠手辣，她先后杀死太尉杨骏、老臣卫瓘、汝南王司马亮、楚王司马玮等人。太子司马遹非她亲生，也为她所杀。

螳螂捕蝉黄雀在后，正当野心勃勃的贾南风欲效仿西汉吕后准备临朝称制时，曾与她合作过的宗室、赵王司马伦却抢先

一步将她杀死。赵王司马伦随后废惠帝自立，大肆滥封官位，亲信布满朝野，引起了其他宗室的严重不满，其弟齐王司马冏联合外地诸藩王，攻入京城洛阳，逮捕处死了司马伦。然而司马冏也不是什么澄清宇内的英雄人物，为了争权，他旋即与其他藩王发生多场火拼，致使多名宗室被杀，洛阳及其周边地区数次惨遭兵劫。这场大动乱前后有包括司马伦、司马冏在内共计 8 名诸侯王卷入其中，故史称"八王之乱"。

公元 306 年，东海王司马越擒杀最后的两个对手——成都王司马颖和河间王司马颙，成为这场死"王"竞赛最后的生存者。司马越立武帝第 25 子司马炽为晋怀帝。"八王之乱"宣告结束。

前 7 个诸侯王失败了，东海王司马越又何尝是最后的赢家？

西晋立国以来，上层社会风气极度崇尚奢侈，贵族们争相炫富，大臣石崇和皇亲王恺在洛阳公然斗富，驸马王济竟用人乳喂猪。对财富的疯狂追求导致王公贵族们搜刮无度，百姓们饱受剥削，生活在水深火热之中。面对种种"率兽而食人"的现象，大臣索靖早已预测到这将导致可怕的后果，他曾对着皇宫门前的铜驼叹息道："将来我会看到你们匍匐在荆棘之中罢。"而如今历时 16 年的动乱严重削弱了西晋中央的统治，对整个中原大地无论经济还是人民生活都造成了极大摧残。加上连年灾荒，整个社会更加动荡不安，地方势力趁机图谋自立。"八王之乱"的结束并不代表着晋朝厄运的结束，相反苍生的浩劫才刚刚开始。

◎ **晋武帝司马炎画像**

洛阳，满身刀剑伤痕的铜驼瞪大眼睛无奈地仰望着天空。3世纪初的太阳映照在皇宫顶上，斜阳之中，无数黑子正在不断地出现、扩散……黑点的化身，是一个个来自远方的胡族。

随着晋朝的军事力量迅速衰退，匈奴、鲜卑、羯、羌、氐五个已经内附的少数民族趁机兴兵作乱，并纷纷称雄建国。这就是著名的"五胡乱华"。又由于同时期建立起的各民族政权总共有16个，所以又称五胡十六国时代。

在这个兵强马壮即可为王，崇尚暴力与鲜血的年代，却出现了一位具备了儒家审美观，以及颇具乱世仁君风范的少数民族皇帝。他就是本章的主人公——前秦皇帝苻坚。

# 氐族异童

苻坚所属民族——氐，也是五胡之一。

氐族的源流可以追溯到商代。春秋战国时期的历史文献中关于氐族的记载，多将其与另一古老民族羌族合称为"氐羌"，如《逸周书》内注有"氐羌以鸾鸟"，因此大多数学者认为它为羌族分支，但也有不少学者，如马长寿先生等持反对意见。两种观点具体考证如何对本篇来说并不重要，重要的是在本篇所涉及的年代，氐族已完全以独立的形态立足于民族之林。

氐族自古定居于陇西、武都等地（今甘肃东南、西南一带），西汉武帝和三国建安年间，他们曾3次大规模内迁，在关中和陇右分别形成了两大聚居区。苻坚的祖辈就居于陇右略阳郡。

氐人大批迁入关中后，与汉族及其他少数民族一起饱受着西晋政府的残酷剥削和欺压。[1]有压迫就必定有反抗。元康六年（公元296年）八月，秦、雍地区的氐、羌等族全部叛变，立氐族编户齐万年为帝。这次起义虽然仅两年半就失败了，但足以说明氐族人在关中已形成一股不可忽视的政治力量。氐人正式活动在北中国的政治竞技场上，是由一个叫苻洪（原名蒲洪）的人率领的，他是苻坚的爷爷。

"八王之乱"席卷整个北方，一些少数民族也参与了进来。如东海王司马越部将祁宏与晋安北将军王浚均拥有一支鲜卑兵，而成都王司马颖则企图借助匈奴人的力量，派去执行连接匈奴这一任务的是匈奴北部帅刘豹之子刘渊。

按照两汉以来的惯例，为防止少数民族作乱，少数民族首领的家属通常要作为人质被派到内地，刘渊就是其中之一。虽然时刻处于监视之下，但他无时无刻不忘重振匈奴雄主冒顿单于时代的辉煌。这次西晋宗室内乱，刘渊觉得机会来了，便朝领导司马颖建议让他回去发动匈奴各部前来支援。司马颖当时形势不利，立刻予以

---

① "而今丑虏内居，与百姓杂处，边吏扰习，人又忘战。受方任者，又非其材，或以狙诈，侵侮边夷；或干赏陷利，妄加讨戮。"出自《晋书·阮种传》。

批准。就这样，刘渊成功脱身，回到了故乡。

等刘渊取得匈奴贵族们的支持，组织起一支 5 万人的军队的时候，司马颖已经失败。刘渊趁机于永兴元年（公元 304 年）十月在左国城（今山西方山县）称帝。为获得晋人的认同，刘渊自称蜀汉皇帝刘备之后，定国号为"汉"，这就是五胡建立的第一个政权——前汉。

立志振兴匈奴的刘渊当然不会去帮助那帮西晋宗室中的任何一个，而是要效仿"本朝"高祖刘邦，自己做中原的主人。前汉兵分几路南下，只顾着内斗的西晋宗室大臣们哪里抵挡得住？连战连败。永嘉五年（公元 311 年）六月，匈奴兵攻破洛阳，晋怀帝司马炽被擒，很快就被刘渊之子刘聪侮辱后杀死。建兴四年（公元 316 年），刘聪又攻陷长安，继立的晋愍帝司马邺投降后也遭遇了晋怀帝同样的命运，西晋就此灭亡。为争夺玉玺而打得头破血流的西晋皇室们终于是搬起石头砸了自己的脚。

大概是因为连杀两帝实在太损阴德，刘聪的前汉统治并没有持续多久。刘聪死后，他的儿子刘粲是个酒色之徒，整天沉迷于醉乡和温柔乡中，将大权尽委于岳父靳准。公元 318 年，靳准发动政变，杀了刘粲，族灭刘氏全族，前汉只存在 14 年就完蛋了。

刘家的儿子被靳准杀光了，可还有养子呢。刘聪养子刘曜正镇守长安，当即发兵把靳家也给灭了。大兴二年（公元 319 年），

他迁都长安，建国号为赵，史称前赵。

前赵皇帝刘曜说来也算是个能干的君主，他平关中、立学校、征仇池，一时倒把国家整的还像那么回事。可惜既生瑜何生亮，前刘渊部将石勒势力壮大之后，于同年称帝，国号亦为赵（史称后赵），与前赵成了竞争对手，而他的能力明显在刘曜之上。前赵和后赵拉锯了几年，最终后来者居上。咸和三年（公元 328 年），双方决战于洛阳，刘曜大败被俘，不久被杀。前赵也只生存了短短 9 年。

石勒军事能力压倒刘曜，治国方面更胜刘曜一筹。他招纳贤才、劝课农桑、重视教育、加强法治。在他 15 年帝王生涯中，在法律、选举、礼教等方面都建立起了一整套完备的制度。更值得称赞的是，石勒还在国内推行民族平等，他自己是羯人，却规定羯人不得随意欺凌汉族等，这在盛行民族压迫与屠杀的当时，可谓难能可贵。

石勒的种种开明政策使后赵走向强盛，后赵在中原、关中声名远播，各族人民纷纷来主动依附，其中就有氐族首领蒲洪。

蒲这个姓氏来得有点特别。早先不知哪个年月，蒲家水池里突然长出根 5 丈高的蒲草，有 5 节长得像竹子。这家人大概觉得是天降祥瑞，于是就以"蒲"为姓。

很多游牧民族的领袖位置是世袭的，氐族的蒲家是个典型例子。据《华阳国志·后主纪》记载，武都氐王苻健①曾率族人四百户投蜀，可见蒲家至少三国起就是部

---

① 三国时苻家还姓"蒲"，苻是后来改的，《华阳国志》成于东晋时，其实严格说该叫"蒲健"才是。

落领袖了。蒲洪这一支大概在蒲氏中地位并不高，因此蒲洪的父亲蒲怀归只当了个部落小帅。蒲洪出生的时候，陇右暴雨连天，百姓传谣曰："雨如不止，洪水必起。"蒲怀归一拍脑门，就给儿子起名叫洪。

蒲洪长大后有勇有谋，而且仗义疏财，在族人之中声望很高。因此当刘家改朝换代，天下大乱时，蒲家人就推蒲洪做了盟主。刘曜建前赵后，蒲洪在族人软硬兼施下前来归附，被封率义侯。但蒲洪看出刘曜不是干大事的料，因此在刘曜于洛阳大败后，蒲洪立刻转投了石勒手下大将石虎，被授予冠军将军。

明君石勒不长命，59岁那年就驾崩了。他一死，石家立刻步了司马家和刘家的后尘，石勒的族侄石虎杀光了石弘、石宏、石生等石勒一系亲属，自立为后赵国主。蒲洪又跟了石虎，为了表忠，他亲自来到长安，劝说石虎迁移关中豪杰以及氐羌人众充实关东地区。石虎从之，还任命蒲洪为流民都督，与羌族首领姚弋仲一起负责东迁计划。就这样关中的氐人又集体搬到了中原，居于汲郡的枋头（今河南淇县东南）。符坚（那时还应该叫蒲坚）就是在他爷爷驻防枋头期间出生的。

对于依附的胡族首领，同样为胡族出身的石虎并不放心。首领们还是得和在汉人统治时期一样，把自己的家人送到京城当人质。因此蒲坚的出生地不是在枋头，而是后赵国都邺城（今河北临漳县一带）的永贵里。邺城历史悠久，战国时期魏国著名君主魏文侯曾派遣能臣西门豹担任这里的县令。传说，蒲坚出生那天，整个蒲府沐浴在从天而降的神光中，婴儿也身带异象，背上布满了弯弯绕绕的红色纹路，仔细瞅瞅，还是行字："草付臣又土王咸阳。"

蒲坚长到7岁时，异象越来越明显。他臂展过膝（历史上不少贵人都有这特征，比如蜀汉先主刘备、西晋武帝司马炎），目带紫光。蒲家人都乐善好施，蒲洪和蒲坚的父亲蒲雄都这样，小蒲坚也一脉相承。与爸爸和爷爷性格不同的是，他很会揣摩别人的心理，陪在爷爷身边的时候，蒲坚的一举一动都非常合蒲洪的意。特别是在8岁那年，蒲坚竟主动要求请给自己请个家庭教师，这在整天只知酗酒的氐族贵族之中还是破天荒头一遭，蒲洪欣然应允之余，对这个孙子更加钟爱。

看出蒲坚不同寻常的不止蒲洪一人，高平人徐统在京城为官，有一天出行，看到蒲坚和小伙伴们正玩得开心，想逗逗他，便上前对小蒲坚半带吓唬地说："蒲家娃娃①，这可是皇帝出巡的街道，你敢在这玩？不怕被司隶校尉②抓起来吗？"

换了别个孩子，兴许早被吓得哭着跑开了，可蒲坚一脸镇定，答道："司隶校尉只抓犯了罪的人，从不抓小孩。"说罢，继续他的游戏去了。徐统惊讶不已，回头

①《晋书》原文称"苻郎"，应为失误，此时蒲家尚未改姓。
②魏晋时期主管京城司法的官员。

对左右随从道："这孩子有霸王之相。"左右心中暗笑：一个不到10岁的孩子而已，这么早能看出些啥？然而徐统坚持自己的看法：此非尔等所知也！

历史已经印证了索靖的预言，会印证徐统的预言吗？还是让历史自己来解答吧。

# 乱世崛起

蒲洪是个很有本事的人，很有本事的人当老板会干出番大事业来，当主管也会有不少业绩，但如果业绩太出色了，就会引来悲剧。因为肯定会有同事嫉妒你，想方设法地整你。

石虎野心很大，他并不满足于后赵一地，他在位期间北攻辽东，南下江南，显然志在一统天下。这样的皇帝注定是树敌无数的，而他手下的将军们立军功的机会也是无数的。蒲洪每次都能很出色地完成石虎交给他的军事任务，因此得以一路高升到西平公、冠军大将军、开府仪同三司、略阳公。在备受信任的同时，也不可避免地招来了嫉恨的目光。

石虎有个养孙，叫石闵，本是汉人，姓冉，其父冉瞻在一场战斗中被石勒俘获后就成了石虎的养子。石闵长大后身长8尺，勇力过人，为后赵屡立战功。"胡夏宿将莫不惮之。"[1]唯有蒲洪功绩不在他之下，这让他很是不平。于是他有事没事就悄悄

和石虎说："蒲洪这小子是个枭雄的样子，他的那些儿子们也都不是省油的灯。我看不如尽早把他干掉，以免将来成为我们大赵的祸患。"[2]

虽然出自嫉妒，石闵对蒲洪还真没看错。可惜石虎当时对蒲洪这员得力干将正宠信着呢，不但没动蒲洪，反而待之愈厚，气得石闵只能干瞪眼。

可是石虎对亲人就没这么厚待了，甚至亲生儿子也不行，太子石邃、石宣先后死在他手上。石虎本人在接连而来的家庭悲剧的打击下，也于公元349年一命归西。石虎暴死后，他11岁的幼子石世继位，石世同父异母的哥哥、彭城王石遵不满，随即起兵攻进邺城，杀了石世，自立为帝。石闵又朝石遵说蒲洪的坏话。石遵与前朝勋将可没什么交情，把蒲洪的流民都督位置给撤了。尽管其余官职一个没动，但蒲洪对此已大为不满，偷偷派遣使者前往南方，与司马家后裔司马睿建立的东晋王朝取得了联系。从此蒲家开始与后赵离心。

石遵初起兵时，为拉拢石闵，曾许诺立其为太子。然而他事成之后就反悔了，改立了石虎之孙石衍。石闵对此非常恼火。中书令孟准、左卫将军王鸾等劝石遵除掉石闵，石遵也有所动心。石遵的哥哥义阳王石鉴却偷偷溜去朝石闵告密，石闵立刻进宫杀掉了石遵、孟准、王鸾等，立石鉴为帝。

---

① 出自《晋书·载记第七》。
② "苻洪雄果，其诸子并非常才，宜密除之。"出自《晋书·载记第十二》。

京师大乱不止，地方也人心不稳。秦、雍二州的流民结伴西归，路过枋头时不走了，共推蒲洪为主。蒲洪留在邺城的儿子蒲健也斩关而出，回到枋头。蒲洪部众一下扩大到10多万。石鉴恐惧了，便任命蒲洪为都督关中诸军事、征西大将军、雍州牧、领秦州刺史，企图把他调离京畿地区，可蒲洪现在羽翼已丰，给他个王怕都满足不了他的胃口了，他的目标现在是天子。石鉴的小恩小惠只碰了一鼻子灰。

枋头没安抚成，邺城也在继续闹乱子。石闵大权独揽，石鉴接连两次想除掉这个眼中钉，两次都失败了。石闵把他抓起来，关在御龙观里。监禁中的石鉴还不老实，想派人连接赵将张沈，趁石闵出兵时偷袭京师。石闵得知后回师废杀了石鉴，连同诛杀了石虎的28个孙子。

石家子孙们丝毫不吸取司马家的教训，继续同室操戈。最后反倒是让毫无石家乃至羯族血统的石闵抢到了传国玉玺。石闵旋即改国号为魏，为表与羯胡石国彻底撇清关系，他还将自己的姓重新恢复为"冉"，这就是历史上昙花一现但近几年来人气极高的冉魏。

尽管一篇捏造的所谓"杀胡令"以及众多网络谣言的包装，将冉闵描写成一个勇猛无双、战无不胜的大英雄，汉族的守护神之类，然而正史上的冉闵暴虐程度丝毫不在石虎之下，他知胡人不为己所用，便展开种族屠杀，以至于各胡族一天之内被害者即达数万之多。不仅如此，他还诏告天下，斩胡人首级者无论文武均可升官，造成赵国境内汉人"与羌胡相攻，无月不战"，羯胡死者达20余万人，许多人本不是胡人，只因为鼻子高一点，胡子多了些，也被无辜杀死。众少数民族无法忍受冉闵的暴政，青、雍、幽、荆等州的徙户及诸氐、羌、胡、蛮等族数百万人被迫各还关中等故地。一路上，为了争夺有限的粮食，他们互相攻杀，加上瘟疫盛行，暴尸荒野者无数，真正活着回到家乡的人不到三分之一。

暴政只会引发更多的血腥和厮杀，冉闵的种族灭绝政策激起了胡人激烈的反抗。石虎之子石祗、汝阳王石琨与羌族首领姚弋仲和鲜卑慕容部首领、前燕王慕容俊联手，共同讨伐冉魏。冉闵虽然骁勇善战，也取得了好几场胜利，但他的所作所为实在太不得人心，终于公元352年在廉台（今石家庄无极县与新乐市之间）被慕容俊擒获。五月，慕容俊将其斩于龙城的遏陉山。冉魏政权从建立到灭亡仅有短短3年而已。

史称冉闵死后，遏陉山方圆7里草木皆枯，蝗虫大起，一连7个月一滴雨也未下。慕容俊惶恐之余，亲派使者祭祀之，并赠谥号为武悼天王。神话般的描写为冉闵以及他的冉魏政权镀上一层又一层锃亮而虚无的光环，然而纵观这个暴君3年以来的行为，较之羯胡最残暴的君主石虎都不如。石虎尚有加强生产，减免赋役的举动，而冉闵在位时除了破坏还是破坏，实在是毫无一丝可取之处。他打着灭胡者的旗号招揽汉人的心，却对同为汉人的大臣李农、王泰等动辄灭族，又将自己的儿子封为胡族味道十足的"大单于"（前汉刘聪所创，主管境内胡人事务），充分暴露了此人与刘聪、石虎之流在野心家本质上并无异同。

当各股势力在后赵都城一带打得不可开交的时候，身在风暴中心的蒲洪也开始趁机扩充自己的势力。东晋永和六年（公元350年）闰二月，晋穆帝封蒲洪为征北大将军、都督河北诸军事、冀州刺史、广川郡公。蒲洪随后又先后击败了冉闵部将麻秋和老搭档姚弋仲之子姚襄，觉得自己的刀磨得也还不错，自立的时机已经成熟了。

正好当下有句谶言流行："草付应称王。"老蒲洪一琢磨，孙子蒲坚的背上不就有"草付又王咸阳"几个字吗？这谶言不落在我家头上还落谁头上？既然天时、人和、名分三者都齐备了，那再不称王不但对不起自己，也是对不住老天。

就在接受了东晋的封号后不久，在左右的劝进下，蒲洪在枋头自称大将军、大单于、三秦王，任命南安人雷弱儿为辅国将军，安定人梁楞为前将军、左长史，冯翊人鱼遵为后将军、右长史，京兆人段陵为左将军、左司马，王堕为右将军、右司马，天水人赵俱、陇西人牛夷、北地人辛牢全都被任命为从事中郎，氐族酋长毛贵为单于辅相。为迎合"草付应称王"的谶言，蒲洪改姓为"苻"（正好是草头加个付），我们的小主人公蒲坚也就此开始以"苻坚"的名字活跃在历史上了。

兵马也有了，王号也立了，人才也齐了，下一步该打下哪块地盘作为苻家政权的基业呢？

"中原正逐鹿的群雄，哪家都是不好惹的主。不如把目标定在关中，那里不但是各路人马势力暂时达不到的地方，而且还聚集着大量的氐、羌户口，是个发展的

好去处。"降将麻秋如是说。

细细将麻秋的建议琢磨了一番，苻洪不住地点头，"传令下去，就这么办。"

一个刚投降1个月的前敌方将领，能出入主君身边参与决策，足见苻洪在用人、待人上的坦荡风格。而这也是他能成为众氐、羌人公选领袖的重要因素所在吧。只可惜善意的举动未必都能换来同样的回报，苻洪在麻秋恶劣人格上的失察导致了悲剧的发生：正在他准备整顿军马，进军关中时，麻秋设宴款待，苻洪坦然前往，结果中毒身亡。

临终前，苻洪对太子苻健说："其实入关这个想法，为父早就考虑到了。只是当时以为中原能很快搞定，所以一直在这观望。现在看来中原不是你们这些小青年能应付得了的，为父死后，你要带着族人赶紧进关！"

苻健痛哭一场，把麻秋抓起来杀掉。大仇已报，现在该履行父亲的遗命了。苻洪之死对于苻家在北方的声望是很大的打击，为了收拢人心，苻健放弃了大将军、大单于、三秦王的称号，重新作了晋朝的征北大将军。他一面遣使前往东晋京城建康告哀，一面挥师关中。

作为苻洪亲手指定的继承人，苻健最大的优点就是行事低调。早在邺城做人质的时候，他就尽力侍奉石虎，从而从他的屠刀下活了下来。而当面对占据长安的后赵国司马杜洪时，苻健又发挥了他能屈能伸的特长，他一面假装接受后赵新帝石祗的官职，在枋头修建宫室，课民种麦，表示老实在家待着，无西进之意，成功迷惑了杜洪；一面暗中架设浮桥，偷渡黄河。

成功渡河后，苻健立刻烧毁浮桥，以示有进无退的决心。

意志坚定的氐军连战连胜，所过之处无不归降，杜洪被迫逃出长安。苻健定长安为都城，起先还和晋朝装装样子，遣使报捷。第二年，就在军师将军贾玄硕等人的劝进下自立为天王、大单于，修宗庙，设年号，立文武百官，正式开始了氐族人在关中的霸业史。

# 龙骧皇帝

在入关途中的一个晚上，苻健曾梦见一个穿红衣红冠的人自称神使，前来封自己的侄儿苻坚为龙骧将军。身为苻家人，苻健对天命自是深信不疑。第二年就在曲沃设坛，给苻坚办了个相当正式的授勋仪式。仪式上，苻健声泪俱下，要苻坚顺应天命，奋发图强。当时还只有12岁的少年苻坚聆听着伯伯的教诲，心中激动万分，从此更加努力读书习武。

苻家上下一心，同为氐族崛起而奋斗。作为这个朝气蓬勃的团队的新领头人，苻健也真没让老爹在天之灵失望。他开放边市、发展经济、轻徭薄赋、与民休息，关中的生机迅速得到恢复。

军事方面，苻健相继击败晋宗室司马勋、羌族姚襄、前凉张重华以及东晋名将桓温的进犯。其中永和十年（公元354年），桓温大举北伐，太子苻苌、丞相苻雄等接连战败，晋军一路推进到霸上，长安岌岌可危。幸运的是，桓温到了霸上后就停止了进军，在长安周围来回转悠。苻健抓住

机会，将京畿一带的麦子全部抢收而走。桓温乏食，只得退军，沿途被苻雄等领兵追击，损失惨重。苻家第一次危机就这样解除了。

桓温驻军霸上的时候，曾有一位邋遢不堪、满身虱子的隐士前去见他。隐士委婉地指出桓温不速攻长安的根本原因，那就是桓温只是借北伐之机在东晋朝野树立自己的个人威望，并非真心打算克复关中故土。桓温被说得无言以对，而这个隐士在后文中将会经常出现，而且将对本篇主人公苻坚的一生产生很大影响，他的名字叫作王猛。

保卫长安的战斗虽然胜利了，然而氐族方面付出的代价也不小，除了兵员损失外，太子苻苌在追击途中被冷箭射中，当场身亡。苻苌的死使氐苻政权失去了一位出色的继承人。苻健只得按"三羊五眼应符命"的谶言，改立自己的独眼三儿子为太子。就在苻苌死后的第二年，苻健也一病身亡，太子即位。这个独眼龙就是五胡十六国历史上有名的暴君苻生。

苻生时期是氐苻政权非常黑暗的一段时光。大概是因为生理上有残疾，这位哥们儿的脾气极为乖戾，加上酗酒无度，苻生平日里更加喜怒无常。身边人稍看不顺眼，即被虐杀。老臣雷弱儿、毛贵、贾玄石等均无缘无故被害。苻生杀人还杀出了花样：剜眼，凿头，剥人脸皮，用锯子锯人脖子等各种令人发指的手段。在苻生变态一般的统治下，氐苻政权的文武百官成了世界第一高危职业，每个人每活过一天就庆幸不已了。

这样战战兢兢的日子啥时候是个头？不甘成为苻生新的刀下鬼的氐苻大臣们开始谋划政变，反正横竖是个死，先下手为强或许还有点希望。干掉残暴好酒的苻生并不难，没有人会同情他的死，可杀了苻生，氐苻政权由谁来掌管？

众人想到了一个人——苻坚。

氐苻的王要能在军中有威信，苻坚挥剑策马，意气风发，士卒无不畏服。氐苻的王离不开关中豪族和氐族老臣的支持，苻坚一心接纳英雄豪杰，身边聚集了吕婆楼、强汪、梁平老等一批人才。氐苻的王不能再是苻生那样如同魔鬼的化身，他必须声名远扬、才华横溢，而苻坚聪颖孝顺、博学多才，也有经世济民的大志。样样条件都符合，新天王的人选还有疑问吗？

"主上昏虐，天下离心，他的末日不远了。将军您是最适合取代他的那个人。我们觉得应该当机立断，别让他人抢了先。"[①]苻坚好友，前羌胡参军薛瓒、权翼劝着苻坚。

"我主无德，朝中上下怨声载道不已，怀有异心之人大有人在。燕国、晋国一直等着我们起内讧，好趁机从中取事。将军，当机立断吧。千万别等到苻家大祸临头那一天。"[②]特进、领御史中丞梁平老也加入了煽动行列。

其实苻坚自己又何尝看得惯兄长的作为，但苻生的勇武他是知道的，想了又想，始终不敢动手。正当苻坚尚在犹豫的时候，苻生自己把脑袋送到了刀口上。

"昨天晚上夜空中三月同现，彗星进入太微星座，连着井宿。五月以来滴雨未下。这是有人阴谋弑逆，主上要当心呐。"升平元年（公元357年）六月的一天，太史令康权忧心忡忡地谏道。性情暴躁的苻生却认为康权是在妖言惑众，一怒之下竟下令将其活活摔死。

"东海大鱼化为龙，男便为王女为公，问在何所洛门东。""百里望空城，郁郁何青青。瞎人不知法，仰不见天星。"尽管嘴上硬，但苻生毕竟是典型的对谣言、谶言过敏的"苻家性格"。两首透着不祥的民谣让他心惊肉跳。一开始苻生认为是姓鱼的人会来夺他的位置，而空城将给他带来灾祸，于是苻生把太师鱼遵给满门抄斩了，又把所有的空城都给毁了。现在，苻生才想到东海，是苻坚的封地，苻坚家又住在洛门以东，而他的庶兄又叫苻法。想到杀错了人，毁错了城，苻生不禁发出要诛杀苻坚的怨言。然而这句怨言，却被苻生身边的侍女连夜透露给了苻坚。

结果当夜，苻法带着特进梁平老、强汪等数百人先行，苻坚则与尚书吕婆楼率壮士300殿后，两支队伍突入皇宫。半梦半醒的苻生被拖到了另一个房间，在那里

---

① "主上猜忍暴虐，中外离心，方今宜主秦祀者，非殿下而谁！愿早为计，勿使他姓得之！"出自《资治通鉴·晋纪二十二》。

② "主上失德，上下嗷嗷，人怀异志，燕、晋二方，伺隙而动，恐祸发之日，家国俱亡。此殿下之事也，宜早图之！"出自《资治通鉴·晋纪二十二》。

◎ 王猛画像，取自清金史（古良）绘《南陵无双谱》

他被宣布废为越王，然后就被杀死。

对符生的种种让人难以置信的暴行，史学界一直存在是被人恶意丑化的说法。《洛阳伽蓝记》曾引前秦旧人赵逸的话为符生翻案："国灭之后，观其史书，皆非实录，莫不推过于人，引善自向。符生虽好勇嗜酒，亦仁而不杀。观其治典，未为凶暴，及详其史，天下之恶皆归焉。符坚自是贤主，然贼君取位，妄书君恶，凡诸史官，皆是类也。"联想到符生的一句怨言立刻就传到了符坚的耳朵里，而且仅仅一夜，符坚就政变成功，看来符坚在史书没有记录到的地方，也未必没有搞什么小动作。但符生是真恶毒也好，被冤枉也罢，这些都对历史进程再无影响。影响历史进程的是符生死后，符坚终于如大家所愿成了符氏集团的新掌门人。符坚自称大秦天王，追尊父雄为文桓皇帝，母苟氏为皇太后，妃苟氏为皇后，世子宏

为皇太子。前秦正式建立。

符坚登位后在境内行大赦，处死符生时代靠拍马得宠的幸臣中书监董荣、左仆射赵韶等20余人。而梁平老、强汪、吕婆楼等拥立功臣则皆得以重用。在众多新贵的名单中，有一个人的名字有点特别，他就是全身脏兮兮地去见桓温的隐士——流落魏郡的北海剧县人（今山东昌乐以西）王猛。

作为公认的五胡十六国第一智者，王猛年轻时的履历完全可以用"狂生"来形容。据《晋书》所称，自小贫贱的他以贩卖畚箕为业，有一天有个人高价收购他的畚箕，却说要回家取钱。王猛傻乎乎地跟着这个人走了老长一段路，不觉来到一座名叫嵩高的大山深处。猛见一个须发皆白的老人端坐于胡床之上，左右有十来个人服侍他。其中有个侍者想让王猛下拜，老人制止了，说："王公为什么要拜？"而后便用十倍的价钱买下了王猛的畚箕，还派人护送他出山。

老人为何方神圣，今已无法考证。或许是这段神乎其神的经历让王猛先生觉得自己将来必然大富大贵，此后的他除了发奋学习外，性格也变得孤高不已。无论何人，只要是不合他的心意，就算你是宰相家的儿子，王猛也不屑看上一眼。

在旁人看来一个摆地摊卖畚箕的穷小子，摆这么副脸色给谁看呢？说得好听一点叫个性，难听点就叫装清高。王猛一时间成了魏郡世家子弟茶余饭后的绝佳笑料。可王猛继续我行我素，干脆把清高装到了京城，于是他又成了京城世家子弟们的笑

料。只有一个官员认为这个年轻人是个奇才，想把他征辟为自己的功曹。可王猛不搭理他，跑到陕西华阴山搭个棚子隐居了起来。这个眼光独到的官员是谁呢？他就是曾预言过幼年苻坚必成大器的徐统。看来徐先生在看人方面确有高明之处。

桓温退兵时，想带王猛南归，许以高官厚禄。王猛回去询问老师的意见，听了老师的劝，他继续留在华阴山当他的隐士。薛赞和权翼劝苻坚除掉苻生时，苻坚拿不定主意，只得去请教朝中老臣吕婆楼，吕婆楼借机举荐了王猛。

对于这次会面的具体内容，史无明载，《晋书》有这么一句描述："语及废兴大事，异符同契"。也就是说等谈话结束后，苻坚对面前这个外表邋遢不堪的青年已经有了种异常强烈的感觉，用四个字来形容——相见恨晚。

# 良相王猛

这次会面也彻底为王猛日后大展宏图铺平了道路。苻坚称王后，破格把王猛一下提升为中书侍郎，历史上这对著名的黄金搭档就这样开始了联手。

国必有法，法不必情。尤其是在结束了动荡不安的乱世，社会经济、生活都初步走上良性发展的轨道时，建立起一套完善的法规作为稳定发展的保障更是势在必行。刘邦入关先与秦民约法三章，蜀国定汉中后诸葛亮严明法度，美国独立后制定《美利坚合众国宪法》……无不是"改革未动，法律先行"原则的体现。

关中前秦政权的奠基人苻健也算个有作为的君主，但在法制建设的重要性认识上显然有相当局限。他入关后也学刘邦，与老百姓约法三章（具体是哪三章无载），但刘邦在汉朝立国后就命令萧何制定律令，而苻健在位期间始终是那么简简单单的几套。（这大概也是之后的几年中苻健一直与关中割据势力、东晋北伐军等战争不止，政权一直不稳定的缘故。）苻健死后，苻生把精力都花在研究杀人花样上了，哪还顾得上立法？因此关中很出现了一些无法无天的景象。这其中，始平（今陕西兴平东北）的情况尤为恶劣。前秦在关中立国后，前根据地枋头的氐族贵族大量西归，聚集于始平。他们仗着自己资格老，与当地的豪门大族勾结起来，欺男霸女，无所不为，一时始平恶势力横行。百姓们被逼得忍无可忍，纷纷上山为盗，令该地治安更加混乱，地方官员无力制止，徒呼奈何。

对于这个地界，苻坚早就想大力整顿一下，于是他便任命最信任的王猛为始平令，也算是交给他的第一个考验。治乱用重典，王猛上任以后明法峻刑，不论犯法者的后台有多硬，只要查有实证，立惩不贷。至于那些对强豪们包庇纵容甚至勾结一气的官员们，王猛也毫不手软，有一次竟将一名地方官活活打死。消息传出后，始平众权贵大哗：一个无名之辈竟敢对他们如此强硬，这还了得？对王猛的控诉雪片一般飞来，有司把王猛押回京城受审。苻坚也觉得有些过了，对王猛说："政教应当以德为先，你刚管事就杀了这么多人，是不是太过了点？"

王猛理直气壮地答道："治乱邦当以法，陛下既然让我治理始平，那就等于委任我要依法办事。如果是我没能把那些作恶多端、仗势欺人的家伙尽数绳之以法，那就算砍了我的脑袋也无怨言。现在陛下却指责我执法太严，臣实在于心不服。"

这不等于当面顶撞苻坚吗？要是换了苻生，10个王猛也死定了。可苻坚到底是苻坚，他好好咀嚼了一番王猛的话后，觉得有理，不但亲手打开了王猛的枷锁，对他的信任更有增无减。王猛的职务"中书侍郎"很快就变成了尚书左丞，兼咸阳内史、京兆尹（相当于长安市长）。不久，又升迁为吏部尚书、太子詹事、尚书左仆射、辅国将军、司隶校尉、骑都尉等职。一年之内连升五级，可谓荣宠备至。

王猛倍受恩宠，自然招来了朝中许多人的侧目，特别是那些氏族贵族，个个嫉恨不已：我们追随老王多年，立功无数，尚无这样的优待，这个卖畚箕的小子还不到40岁，又是汉人，凭啥升官升得比谁都快？恨得牙痒痒的贵族们总想找王猛的茬差辱他一下。

有一天散朝，特进（荣誉勋位，只有地位特殊的大臣能获得）樊世当着众人的面，指着王猛的鼻子说："我们好不容易和先帝一起打下了这片江山。你这家伙有啥功劳，居然敢厚着脸皮跑来白吃我们的耕种？"

王猛够狠，顶了一句："你们耕个地算啥？还没让你们亲手把种出来的麦子给我做馒头呢！"

樊世暴跳如雷："不把你的脑袋挂在长安城墙上，老子也不活了！"

双方越闹越大，苻坚也动了气，便设计将公主下嫁于樊世的准女婿杨璧。樊世大怒，王猛与他争执起来，樊世气得想当着苻坚的面动手殴打王猛。苻坚抓住这个借口，将樊世推出去杀了。

这下可捅了马蜂窝。诸氏贵族们按捺不住，连篇累牍地弹劾王猛。苻坚暴怒，在朝堂上把他们大骂了一顿，又把闹得最厉害的尚书仇腾、丞相长吏席宝二人分别黜为甘松护军和平民领长史，其余人等挨打的挨打，被贬的被贬。众人这才畏服，从此见到王猛连大气也不敢出。

有了皇帝的全力支持，王猛便无所顾忌地放手大干了起来，长安城内平日里目无法纪的贵族们的好日子过到头了。王猛与当朝名将邓羌联手，在一旬之内就处死了包括苻健妻弟、特进强德在内的贵戚豪强20多人。京城震恐，豪右屏气不敢作恶，整个长安风化大肃，夜不闭户，路不拾遗。苻坚感慨道："我到今天才知道天下有法，而天子又是多么尊贵啊。"

在任用贤良的同时，苻坚自己也以身作则，励精图治。他听从老朋友权翼、薛赞的劝告，实行以德政治国。苻坚在境内大兴教化，赈济老弱孤寡，宫中金银财物多赐予将士们。在生活上，苻坚与历代明君一样力求俭省：非命士以上，禁止在长安百里之内乘坐车马。遇上天灾，苻坚带头裁撤宫中用度，后宫之人皆不穿锦衣华服，衣不曳地，并且削减百官俸禄。由俭入奢易，由奢入俭难。中原的花花世界对来自蛮荒之地的少数民族们是不可抵挡的诱惑，鲜卑、契丹、女真、蒙古等历代游牧民族在中原所建立的政权多亡于疯狂追求奢侈享乐。苻坚在位的时候始终能保持清醒的头脑，坚持艰苦朴素，实在难得。

光节流不算，还要善于开源。在古代，发展经济的途径无非农业与商业两种。而农业又是古代民生的重中之重，苻坚大力鼓励农耕，兴修泾水，在全国评选种田标兵（"孝悌力田者皆表之"），他甚至亲自下田耕作，让妻子苟氏在长安近郊养蚕，为民间作了有力示范。

"十年之计，莫如树木。终身之计，莫如树人。"[1]历史上的大国强国，无不对教育事业极度重视。远如近代日本、新中国，就近的来说，石勒、刘曜等明君都曾大力兴修学校。苻坚自小酷爱读书，为君之后更是狠抓教育工作。他命令郡国通经史者与诸公卿以下子孙都必须完成义务教育。苻坚自己充当学监，每月都风雨无阻地到各处太学之中视察教育工作开展情况，主持考试，考察学业，大力提拔成绩优秀者。学生们无不勤奋上进，手不释卷。

当下正是战争年代，经济搞上去了还不足，军事方面马虎不得。好在苻坚同样重视军备，对军事人才的培养就是证明之一：在渭城建立教武堂，培训军官。禁宫之中也开设禁军学校，"二卫、四军长上将士，皆令修学。"邓羌、吕光、毛当等一大批优秀的军事人才脱颖而出。在升平二年（公元358年）破并州军阀张平；太和三年（公元368年）平匈奴左右贤王刘卫辰、曹毅叛乱；太和二年平五公爵啮梨之乱[2]等一系列战役中，这些人才均发挥了重要作用。

在彻底清理了境内大大小小的不安定势力，稳定了内部局势后，苻坚开始朝家门外扩张了。

自冉魏灭亡后，中原大地陷入了新一轮的混战：鲜卑段家、同属鲜卑的宇文家、同属鲜卑的慕容家、羌族姚家，还有东晋留在北方的一些郡守们和一些大大小小的自立武装彼此征战不息。经过一轮又一轮的弱肉强食，前秦的家门口剩了这么几户：东边是占据河北、辽东的前燕鲜卑慕容家；西头有割据甘肃、内蒙古的前凉张家；北方，鲜卑拓跋系的贵族拓跋什翼犍以盛乐为中心，在漠北建立了代国；西南方，游牧民族吐谷浑盘踞着青海一带；正南头，是仍旧以正统自居的东晋。

在当时，南方的司马家目前地盘最大，综合国力最强；代国的拓跋什翼犍也很骁勇善战；前凉张家这些年内乱不止，但其实力在李俨之乱[3]时已被证明相当一般，对前秦构不成实质性的威胁；吐谷浑常年中立，不足为患。至于前燕，这个亲手灭掉

---

[1] 出自《管子·权修》。

[2] 淮南公苻幼、晋公苻柳、赵公苻双、魏公苻廋、燕公苻武共同起兵反叛，苻坚派人劝说，并送去梨子作为信物，要求他啮咬后交还给使者，以表示服从中央，被拒。

[3] 公元366年，陇西人李俨割土自立，前凉皇帝张天锡发兵猛攻。李俨朝前秦求救，苻坚派王猛、前将军王安等人前去支援，大败前凉军。

冉魏，让石虎等中原群雄头痛不已的强悍王朝，如今虽依旧占据河北、山东、河南、辽东大片地盘，却已是日薄西山，危机四伏。

危机来自前燕内部。自慕容家第三代领袖慕容儁与大司马慕容恪病逝后，新皇帝慕容暐昏庸无能，太傅慕容评趁机把持朝政。慕容评心胸狭窄，平日以陷害忠良为己任。慕容家第二代领袖慕容皝之子慕容垂智勇双全，战功赫赫，深受前燕军民爱戴，慕容恪病逝前举荐他为新任大司马。慕容评红眼病发作，唯恐将来哪天风头完全被此人盖过，成天瞪着那对贼溜溜的眼睛想找慕容垂的茬。

这一切都没能逃过苻坚的眼睛。前燕一直是前秦身边最大的威胁之一，现在消除这一威胁的时机就要到了。但前燕家底毕竟还很厚，还有慕容垂这样的狠人在，贸然出兵并非良策。苻坚现在要做的就是静观其变。

很快，前燕政局真如苻坚所望的那样"变"了。而且是风云突变。

# 攻灭前燕

公元369年，东晋名将、大司马桓温再度大举北伐，这回，他将矛头对准了前燕。大概前燕的内部危机也传到了他耳朵里。桓温的判断没有错，慕容评刻意压制慕容垂，先后派下邳王慕容历、姑苏王慕容臧前来抵御。然而这两位根本不是桓温的对手，没两下就大败而回。慕容垂实在看不下去，主动请战。慕容暐不得已，只得任命慕容垂为持节大都督，全权负责抵御晋军。但他对

慕容垂信心不足，又遣使前往前秦求救，承诺将虎牢以西的土地作为酬谢。

先前桓温伐关中时，前燕曾袖手旁观，这次他们来求救，前秦文武一致认为也该让他们尝尝孤立无援的滋味，只有王猛主张发兵响应。当然王先生不是啥急公好义的好人，他的如意算盘是趁桓温与前燕打得两败俱伤的时候，一举击退桓温，再趁机回过头来收拾前燕。

计划赶不上变化。慕容垂实在太猛了，前秦援军还没开到，桓温就已连战连败，加上粮道被切断，只得撤军。前燕乘势追击，桓温损失惨重。前秦将领苟池也趁火打劫了把，在谯郡（今徐州谯城区）伏击了桓温败军，斩首数万。

慕容垂的出色表现不仅化解了前燕危机，也使得王猛的计划落了空。前燕国内为慕容垂喝彩的声音又大了一轮，太傅慕容评已容不下这个政敌，便不惜利用手中的权势，处处刁难慕容垂。慕容垂一再要求奖励有功将士，慕容评全部予以压下。慕容垂愤怒之余，在朝堂上与慕容评大吵。两人之间的隔阂已不可消除。

敌人并不止慕容评一个。当今太后可足浑氏，与慕容垂有杀妻之仇。可足浑氏先是杀死了慕容垂的发妻，又指定自己的妹妹为慕容垂的继妻。深爱结发妻子的慕容垂对这个强行安排来的老婆连正眼都不看下。足浑氏从此对慕容垂忌恨不已。

慕容评和可足浑氏很快勾搭到了一起，密谋杀害慕容垂。慕容垂只得带着家人西投前秦。

慕容垂来投，可把苻坚给乐坏了。本

来自打慕容恪死后，他就打起了前燕的主意，就是因为忌惮慕容垂的存在，才没敢有下一步动作。现在前燕主动把这个最可怕的敌人赶到了自己的阵营里，这真是天下掉馅饼都比不上的好事啊。喜出望外的苻坚立刻封慕容垂为宾徒侯、冠军将军，慕容垂长子慕容令、侄儿慕容楷等也都厚加赏赐。

在一片欢天喜地中，有一个人的眉头却越皱越紧。不是别人，正是王猛。

"慕容垂父子强如龙虎，将来必为我国之患，不如尽早除之。"[1]王猛谏道。

"现在正是用人之际，我怎么能反倒杀起人才来呢？再说了，我已经答应接纳慕容家父子，平头百姓尚且重信，何况我是万乘之主？"[2]这么多年来，苻坚第一次没有同意王猛的建议。

话说慕容评和可足浑氏用他们的愚蠢行为替苻坚清扫掉了进军前燕的最后一道障碍后，又把出师的借口给苻坚送来了。前燕原先答应给前秦军的土地报酬，现在反悔了，而且还说国与国之间彼此互相救助应该是义务。大概是慕容太傅觉得击退晋军主要是自己的功劳吧，前秦就是个捡便宜的，凭啥要拿这么多？

结果在苻坚的一声令下，东征大军很快就组成了。十二月，辅国将军王猛、建威将军梁成、洛州刺史邓羌率步骑3万进兵洛阳。在出兵之前，王猛向苻坚提出要求：慕容父子熟悉中原地形，就让慕容令做向导吧。苻坚很痛快地批准了。

拿下洛阳没费多大工夫，王猛一封信，就让守将慕容筑投降了。部队欢天喜地地受降时，向导慕容令的帐篷里来了个熟客，他是慕容垂的亲信金熙。金熙的来意很简单：王猛日加诋毁，我们父子前途难测，速速回燕国！苻坚待慕容家父子不薄，如果单凭金熙一张嘴，慕容令或许还半信半疑。但金熙随即拿出了一样东西，让慕容令不得不相信了——那是他父亲从不离身的佩刀。

其实，金熙是受了王猛的贿赂前来欺骗慕容令的。倒不是王猛和慕容评一样不能容人，而是王猛实实在在看出了慕容垂是条蛰伏的蛟龙，这种人绝对不会久为人下。为大事者最要不得妇人之仁，横扫天下的西楚霸王项羽就是这么失败的，王猛可不愿苻坚重蹈项羽的覆辙。于是他私下策划了这个阴谋。那慕容垂的佩刀呢？也很简单，王猛离开长安前与慕容垂喝酒的时候求礼，慕容垂送给他的。

以古代的通信条件，慕容令根本无法同父亲立刻取得联系，核实这一消息的真伪，自然也就无从识破王猛的反间计。在犹豫、彷徨了整整一天后，他终于咬牙下了决心：既然有父亲的信物在，那宁可信

---

[1] "慕容垂父子，譬如龙虎，非可驯之物，若借以风云，将不可复制，不如早除之。"出自《资治通鉴·晋纪二十四》。

[2] "吾方收揽英雄以清四海，奈何杀之！且其始来，吾已推诚纳之矣；匹夫犹不弃言，况万乘乎！"出自《资治通鉴·晋纪二十四》。

其有!

一等慕容令上路,王猛立刻向长安发去紧急文书:慕容令等人心怀故土,已临阵叛变,望陛下速速收捕慕容垂等。慕容垂闻讯如雷轰顶,但儿子出逃是铁的事实,此时纵然他有百口也难辨,只得跟着出逃了。王猛早有准备,在蓝田将其捕获。五花大绑的慕容垂被带到了长安皇宫东堂,此时他万念俱灰,已经做好了等死的准备。然而大大出乎他意料之外的是,苻坚不但没有杀他,反而亲手解开了捆绑他的绳索。

"人各有志,何必相求。慕容令回到前燕如羊入虎口,我只为他惋惜而已。父子兄弟,罪不株连,你不必惊慌。"[1]这一刻,苻坚再度证实了他天下第一仁君的称号并非浪得虚名。

苻坚待慕容垂如故,慕容垂自是感激涕零。王猛却气得直跺脚,但现在他也一时没辙了。

逃回前燕的慕容令却没有这么幸运了。由于父亲的关系,他在故土备受监视。一怒之下,慕容令起兵造反,被早有准备的前燕地方官擒杀。慕容垂最出色的一个接班人,就这样死于王猛的毒计之下。

我们后来在翻阅十六国史的后燕部分时,往往感慨于慕容垂的雄才大略和继承人慕容宝的昏庸无能。父子之间能力的巨大差距导致了后燕在历史上只能是昙花一现。回头想想,若是慕容令还在,这一切是否又会是另一种结局? 拓跋珪的北魏还有那么容易一统北方吗?

当然,历史没有如果,所以我们还是再把目光转回到前秦时代吧。

反间计的插曲并没有影响到苻坚灭燕的进程。攻下洛阳后,王猛推辞封赏,继续挥师东进。慕容垂叛逃后,前燕人心涣散。前秦军一路过关斩将,所过之处望风而降。很快就挺进到了潞川(今山西潞城)。在这里,慕容评正率领 30 万大军等候着。

论兵力,前燕军处于绝对优势。但论士气,前燕军就根本无法与前秦军比了。前秦军一路得胜,斗志昂扬,而前燕军龟缩潞川不进,士气日益低落。领兵的慕容评为人贪得无厌,平日里公开受贿,财如山积。这还不算,他居然垄断了军队里的柴水使用权,强迫将士们花钱买。前燕军上下对慕容评怨气冲天,军心更加不稳,从一开始就埋下了失败的导火索。战局一开,前秦军在猛将邓羌的率领下,破釜弃粮,大呼竞进,如入无人之境。前燕军大败,被杀死、俘虏的竟超过 15 万人。守财奴慕容评抛下军队,只身逃回首都邺城。

潞川之战前秦几乎全歼前燕主力,意义是决定性的。王猛乘势围困邺城。苻坚得知后,又亲率十万精兵前来增援。邺城坚持不住,散骑侍郎余蔚趁夜开门投降,

---

[1] "卿家国失和,委身投朕。贤子心不忘本,犹怀首丘,亦各其志,不足深咎。" 出自《资治通鉴·晋纪二十四》。

慕容暐率众逃往龙城，路上被秦将郭庆擒获。慕容评奔高句丽，被绑了送给前秦。苻坚看着这对昏君奸臣，觉得又可气又可怜，把他们迁回长安，各授官爵。

一个横跨中原、辽东的大国就这样灭亡了。前燕各州牧守、六夷渠帅纷纷降于前秦。前秦版图上一下子增加了157个郡，近千万人口，实力陡增。苻坚心情大为舒畅，忙里偷闲回了老家枌头一趟，学着高祖刘邦，大宴家乡父老一番后，终世免除该地赋税，并改地名为永昌。大概是永世昌顺之意。

消灭了前燕，苻坚收服的不仅仅是大片的土地和人口，还有一份意外惊喜：鲜卑慕容皇族里有一对绝色小姐弟——14岁的清河公主和12岁的慕容冲。男人好色，英雄本色。苻坚一世英雄，但也是个正常男人，见了这对妙人儿也为之倾倒，便将他们同时纳入自己的后宫，日夜宠爱，其他后妃宫女一时竟全部失宠。这件宫闱绯闻很快就传遍了整个长安城，街头巷尾开始流行一首歌谣："一雌并一雄，双飞入紫宫。"京城一时谣言四起，人心思乱。

王猛觉得实在看不下去了，虽然皇上的私生活他不该干涉，但为了大秦的安定，他必须入宫一趟。在王猛的恳切劝谏下，苻坚只得依依不舍地将美少年慕容冲送出宫去。然而他依旧放不下对小情人的挂念，命人在皇城阿房旁边种上一大片竹子和梧桐。慕容冲小字凤凰，民间传说凤凰只在梧桐树上歇息，只吃竹子的种子。苻坚此举显然是希望慕容凤凰有一天能重新飞回阿房城。于是长安城又开始流行一首新歌

谣："凤凰凤凰止于阿房。"凤凰会回来吗？会的。但他回来那天的情景，是苻坚做梦也没有想到的。

情场失意，战场得意。憋着一股气的苻坚在北方一统战略中连续出彩：击败了仇池氐族首领杨纂、杨统，占领仇池，进而降伏了附近的吐谷浑家；击退东晋梁州刺史杨亮的入侵，进而攻占了整个益州（今四川）；前凉君主张天锡曾对前秦称藩，却又杀使反叛，苻坚派梁熙、姚苌等进讨，太元元年（公元376年），张天锡自缚双手投降，凉州归附；当年十月，又应刘卫辰求助，出兵大破代国，代王拓跋什翼犍死于庶长子拓跋君之手，前秦趁机一举平定了代国全境；3年后，苻坚又派长子苻丕攻克东晋重镇襄阳；太元八年（公元383年），前秦按照车师前部王弥置、鄯善王休密驮的要求，遣骁骑将军吕光为使持节，率军10万西征西域不服者，吕光所向无敌，降焉耆国，破龟兹国，威震异域。后来在凉州建起一个新的国家，这就是十六国中的后凉。当然，这是苻坚死后的事了。

## 盛世危机

乐极生悲，在苻坚事业不断高歌猛进的时候，一代贤相王猛却一病不起。苻坚急得亲自到宗庙为他设坛祈福。宁康三年（公元375年）六月，王猛还是病逝于丞相任上。苻坚如丧一臂，放声痛哭，亲手为王猛入殓，以汉代大司马霍光的规格埋葬了自己一生最得力的助手。

"上天是存心不让我一统六合吗？为

什么这么早就夺走了我的景略公啊！"①葬礼上，符坚悲愤地呼道。

两晋南北朝最优秀的一位政治家兼军事家逝去了，给皇上留下了一个欣欣向荣的王国。王国中心关陇一带清平无事，百姓安居乐业，旅行者取给于路，商旅沿途不绝。"长安大街，夹种杨槐。下走朱轮、上有鸾栖。英彦云集、诲我萌黎。"一曲民歌唱出了这个大乱世中少有的一方净土的幸福生活。

然而，在前秦无限繁荣的背后，却隐伏着种种危机。新版图情况复杂，各个被征服的民族对前秦心存怨恨，这一切都需要时间来进行消化。而消化的主要"胃液"——符坚的同胞氐族人，却得不到合理的利用。符坚试图用仁义来解决所有反对他的力量，然而换来的却是亲族们一次又一次的反叛：前有"啖梨之乱"，后有益州牧符洛之变。王猛死后，他的儿子王皮竟勾结符法之子符阳等发动兵变。符坚再也无法容忍，便以镇抚四方为名，将三原、武都、雍州一带的十五万户氐人分散到邺城、龙城、晋阳、洛阳、凉州等地。送别路上，即将分离的亲人痛哭流涕，气氛悲凉。有人奏乐曰："阿得脂，阿得脂，博劳舅父是仇绥，尾长翼短不能飞。远徙种人留鲜卑，一旦缓急当语谁！"识者以为丧乱流离之象。

符坚的行为，虽然有利于新征服疆域的安定，却使得国家中心的氐族力量大为衰落。再加上他出于便于管理的考虑，曾多次将各征服民族大量迁徙于关中。关陇一带的氐族与鲜卑、羌、丁零等"少数民族"的力量对比急剧发生着变化，也为日后的动乱埋下了伏笔。

作为一位出色的战略家，王猛生前就已敏锐地觉察到了这一点，他在临终前告诫符坚："东晋自守江南一隅，但毕竟是正统，君臣又彼此相和。因此请陛下暂时不要打他们的主意。相反，我们辖境内的鲜卑人和羌人或许才是我们最凶恶的敌人，陛下应尽早除之。"

人之将死其言也善，若符坚如同平日信任王猛那样遵照他的遗言去做的话，那么前秦的帝祚可能将延续不止。可惜的是，一向善待降敌的符坚绝不忍学冉闵一样来次民族大屠杀。而多年征战的顺风顺水也滋生了他的骄纵情绪。符坚这次终归没有接受王猛的忠告。

而这次罕见的拒纳良言，也彻底断送了符坚和前秦一片大好的未来乃至生命！

公元 382 年，前秦进入了她的巅峰时期，版图北至漠北，东达高句丽，南据巴蜀、襄阳，西到甘凉。经济繁荣，东北、西域各国都遣使和前秦建立关系。前秦俨然重现了昔日西晋初立时的辉煌。

符坚觉得，既然自己已经有了西晋的资本，那他就应该和西晋一样，一统全国。传令，发兵江南！

---

① "天不欲使吾平一六合邪，何夺吾景略之速也？"出自《资治通鉴·晋纪二十五》。

立刻有人站出来反对了，此人正是拥立功臣权翼。"过去商纣无道，但有贤臣在朝，武王尚且为此放弃讨伐。如今东晋虽然衰微，但君臣未有大恶，又有谢安、桓冲能辅佐。臣以为未可图之。"

太子卫率石越也表了态："臣夜观天象，东晋未到亡时，况且长江天险坚固，人心依附，恐怕没那么容易拿下。"

苻坚一拍桌子："就算他有长江又如何？我拥甲百万，一人丢一根鞭子进去，也能把长江水给断了。"（成语"投鞭断流"就是这么来的。）

朝堂下一片议论，朝臣们各持己见，一时竟无法达成一致。

会后，苻坚找来自己的弟弟、阳平公苻融，征求他的意见，没想到亲弟弟也站到了反对阵营里。理由大抵和王猛遗言一样。

苻坚最宠信的僧人道安、爱妾张氏、最疼爱的小儿子苻诜也都恳求苻坚收回南征计划。无奈连王猛都没能改变苻坚的心意，这些人的劝说又有什么用呢？

文武百官并非全都是清一色的反对派，秘书监朱肜、京兆尹慕容垂、兖州刺史姚苌等都极力赞成苻坚。慕容垂还将征东晋比作西晋当年伐吴。苻坚大为高兴，赏他丝绸 500 匹。

"我们慕容家复兴大业，在此一举。"侄儿慕容楷、慕容绍兴奋地对慕容垂道。

还没等苻坚动手，东晋却先找上门来。桓温之弟、车骑将军桓冲率军 10 万攻打襄阳、巴蜀。苻坚大怒，派儿子苻睿与慕容垂、毛当反击。秦军势大，晋军虽然占了点小便宜，但终归不战而走。

东晋在这次北伐中表现出的懦弱有力地证明了苻坚"江南可下"的判断。太元八年（公元 383 年）五月，前秦天王苻坚正式在全国下达总动员令：征发全国各州郡所有公私马匹，每十丁选拔一兵。20 岁以下的良家、富贵人家子弟有勇力者，一律征为羽林郎（皇家禁军军官），共征得 3 万多人。八月，阳平公苻融率猛将张蚝、慕容垂等步骑 25 万为先锋。苻坚亲率步兵 60 余万、骑兵 27 万的主力从长安出发。放眼望去，秦军旌旗招展，队伍首尾千里，连绵不绝，声势惊天动地。

九月份，秦军前锋苻融已到达颖口（今河南禹州），凉州军刚到咸阳，蜀汉而来的秦军顺流而下，幽、冀之兵开到彭城，而苻坚的主力则到了项城。秦军多路水陆并进，光运粮的船只即达万艘。

消息很快就传到东晋首都建康，满朝震恐。然而兵来再多，也得将去挡。东晋朝廷任命尚书仆射谢石为征虏将军、征讨大都督，以徐、兖二州刺史谢玄为前锋都督，与辅国将军谢琰、西中郎将桓伊等众共八万拒之，使龙骧将军胡彬以水军 5000 援寿阳。

八万对百余万，数字对比悬殊。东晋上上下下都捏着把冷汗，桓冲甚至哀叹道："天下事已可知，吾其左衽矣！"

一片悲观之中，只有一个人镇定自若。他叫谢安，时任东晋中书监、骠骑将军、司徒、录尚书事、侍中、都督扬豫徐兖青五州及幽州之燕国诸军事、假节。从这么一大堆头衔就可以看出，他在东晋的地位不下于王猛在前秦的地位。

五胡南北朝时期最大的特色就是门阀士族把持高位，有时甚至压倒皇族。而南方政权中这种情况尤为严重，王、陆、周、庾、桓等大族在东晋政治格局中都扮演着极为重要的角色。但谢安所在的谢家却不是那么走运，谢安的哥哥谢万在前些年率军北伐，大败而回，谢家地位因此一落千丈。直到谢安复出，并在晋孝武帝司马昌明的继位过程中起到了重要的拥立作用，谢家才逐渐重现辉煌，谢安也一路荣升，成为东晋与桓冲并立的两大重臣。

如今，这位东晋的"王猛"正遭遇着人生之中最严厉的一次考验。面对严峻的形势，谢安却一脸轻松的样子，仿佛肩上担负的并不是谢家乃至整个东晋的命运。他一面推荐弟弟谢石、侄儿谢玄等领兵迎敌，自己却驾车到处游山玩水，或与谢玄终日在山间别墅以棋为消遣。但其实已经暗地里部署将才，并对人说："我当率国家栋梁，在此了断了他。"[1]

镇定自若的谢安运筹帷幄之时，前秦已经在前线遭遇了第一次挫折：谢玄派广陵相刘牢之率领北府兵（由北方流民组成的军队，是东晋一支精锐力量）5000在洛涧（今安徽淮南市东淮河支流洛河）击溃了苻融的前军，秦军主将梁成以下15000多人战死。

这样的损失在古代战争中算不小的了，但对拥兵百万的前秦来说，只是九牛一毛而已。苻坚在进军路上还幻想着能让东晋

◎ 谢安画像

不战而降，便派了个使者前去劝说。苻坚手下人才众多，辩士想必也不会少，使者人选是很多的。千不该万不该，苻坚选定了东晋降将朱序。

朱序原是襄阳的守将，在前文提到的前秦攻打襄阳的战斗中，面对秦军的重重围困，他硬是在毫无外援的情况下，咬牙坚持了一年之久，由于部下的叛变才被俘获。苻坚认为其忠勇，授予他度支尚书的职位。大概是出于旧人之间好说话的考虑，苻坚南下又差他去劝降。

哪知朱序身在秦营心在晋，一见到谢石他们不但只字不提自己的原使命，还为

---

① "可将当轴，了其此处。"出自《世说新语》。

晋军出谋划策："前秦兵力庞大，等他们的人马都聚集齐就完了。唯一的办法就是在他们部队还未全部到达的时候，全力干掉他们的前锋，打击他们的士气。那还有一丝逆转的可能。"

洛涧之战，就是在朱序的极力劝说下发生的。初战告捷，晋军大为兴奋，士气高涨，谢石等趁机进军寿阳，列阵于城外的淝水（今安徽寿县一带）。历史上著名的以寡击众的一场战役，淝水之战，即将在此爆发。

# 惨败淝水

苻坚到达寿阳后得知梁成之败，这才知道晋军并非想象中那么不堪一击。他与苻融登上寿阳城，遥望对面的东晋阵地，只见晋军队列严整，心里已有几分发毛。又望望附近的八公山上，晋军刀枪林立，密密麻麻。苻坚心里的恐惧又大了几分，回过头来对苻融说："东晋确实是个强敌啊，我低估他们了。"其实八公山上全是些草木，并非什么晋军。从此中国成语宝库里又添了一条"草木皆兵"。

紧张归紧张，打仗不是随便乱许诺，后悔了声明一下就可以不作数的。苻坚到这个时候也只能强打精神撑下去，他指挥部下卡住淝水对岸，晋军一时不得渡。

现在轮到东晋方面紧张了，这样僵持下去，一旦秦军主力陆续赶到，一切都将无法挽回。于是，谢玄派人来苻融营里要求决战。前秦营帐里议论纷纷，众将都觉得稳妥为上，还是回绝谢玄比较好。可苻坚却认为是个好机会。"但引兵少却，使之半渡，我以铁骑蹙而杀之，蔑不胜矣！"[1]苻坚为什么放弃了先前相对保险的主张，而要冒险决战？依推断，原因有二：首先，自苻坚继位后，经过一系列的东伐西讨，前秦几乎一统北方。然而这些讨伐战役，多是苻坚部下所完成，即便有亲自攻下邺城，灭亡前燕之举，那也是在王猛大败前燕主力后，属于扫尾性质。如今终于有亲率百万大军正面全歼敌国主力的机会，这对哪个初临战场的人来说，都是件万分激动的事。其次，这次南征前秦朝野反对声浪实在太大，除了拍马屁的朱肜、别有用心的慕容垂和姚苌外，只有与苻坚一样对战争残酷性毫无了解的羽林郎们坚决支持发动战争。苻坚这次故意与部下唱反调，未尝没有想借助一场力排众议的大胜来慑服众人的意思。

先前一直不赞成哥哥的苻融，这次也意外地站到了苻坚这一边。大概他认为百万大军消耗极大，最好速战速决吧。

决战之议遂定。

前秦阵地上，令旗飘扬，秦前军各支部队的主官开始分别指挥部下向后撤退。奇怪的是，命令分明是后撤一段后就重新列阵，但没有一队人马停下，大家还在不停地退却。很显然，毫无战争经验的苻坚

---

① 出自《资治通鉴·晋纪二十七》。

错了，而且错得离谱，他严重低估了战场实际环境的复杂性。

苻坚南征，最大的资本就是雄厚的兵力，而且他也确实征发了前所未有的庞大军队。然而，他没有想到的是，在没有无线电等现代通信设备的古代，部队之间协调作战是一件极其困难的事。依靠传令兵进行人力通信，效率是异常低下的。而军队的数量越多，彼此之间的调度也就越发困难。当部队多达一个无法控制的数量时，要做到将主将命令贯彻全军，几乎难于登天。

而秦军虽然并非所有主力都赶到了淝水战场，根据东晋战后缴获大量前秦乐工、车乘的情况来推断，单苻坚带到寿阳的军队就不下10余万，再加上苻融的20多万前锋（即便扣除在洛涧被歼灭的15000秦军，苻融也还仍有20万左右兵力）。淝水战场上的秦军就达到30万之多。无疑大大超出了指挥极限。失去有效指挥的恶果就是，许多秦军根本不清楚按命令要撤多远，他们只知道看着别人没有停下脚步，自己也跟着走。

另外，前些日子梁成的惨败，对前秦士气是个巨大的打击。再加上晋军旗帜鲜明，队列严正，连苻坚都因此心惊不已，更何况普通的士兵？仗还没开打，秦军官兵心里就蒙上了一层阴影。当渴望已极的后撤令终于等到后，大多数人心里想的根本不是是否还有后续命令，而是快点撤走，撤得越远越好。

在这种情况下，军官们根本无法控制各自的部队，即便有少数人想停下来，也

被别人给裹挟着走了。晋军在河岸越聚越多，秦军的突击队却根本无法组织起来，骑兵们置身人流之中，寸步难行。

许多人见往回走个没完，心里已经疑窦丛生了。三人成虎，何况30万人一起动作。于是大家走着走着，心里就冒出了一个想法：会不会是仗已经输了，所以大家才撤了？秦军官兵越撤心里越没谱，而这时候如果有个人发出一声"跑吧！"的呐喊，那大家都会不约而同地逃跑。

这声呐喊，很快在夜空中响起。"秦军败了，大家快逃命啊！"声音的主人是朱序，什么叫见机而作，他在这里给了最好的诠释。

朱序的呐喊，成了压断秦军心理防线的最后一根稻草。最坏的预感被证实了，人们的两条腿开始本能地做出了求生的动作，后撤成了溃退，几十万人犹如几十万匹脱缰的野马般狂奔起来。

完全始料不及的状况让苻坚不知所措，他呆坐在装饰着云母的御车上，眼睁睁地望着难以置信的一幕。负责后撤行动的总指挥苻融反应还算快，他知道已经无法阻止士兵们逃跑了，于是挥舞着剑冲上来，想把撤退组织得有序些，这样可以大大减少无谓的损失，可惜已无济于事。逃亡的情绪已经像瘟疫一样感染到了几乎每一个秦军士兵，没有人买他的账，他们此时只有一个念头：跑！快跑，快快跑！苻融嗓子几乎喊哑，结果他的身影还是迅速淹没在奔逃的前秦士兵的洪流中，又很快淹没在冲上来的东晋士兵的洪流中，再也没有出现。

主将战死，秦军指挥（如果还有的话）

更加混乱，就算有少数还想抵抗的人也无法坚持了。所有的人争先恐后，自相践踏，死者蔽野塞川，前秦溃不成军。十一月的寒风和天空中传来的鹤鸣不断敲打着秦军士兵那脆弱的心灵，也为前秦的败亡奏响了一首凄厉的交响曲！于是中国成语宝库里又添了一条"风声鹤唳"。

谢石、谢玄乘势挥兵猛击，8万人撵着几十万人的屁股一直追杀到青冈，又攻破寿阳，抓获了前秦淮南太守郭褒。苻坚随行的乐工、乐器，全部落入晋军之手，后来成为江南雅乐的班底。而大胜功臣朱序，则机智地趁乱与张天锡、东晋降将徐元喜一起脱身，重归东晋。

捷报传到指挥部的时候，谢安依旧在与客人对弈。他接到驿站的书信，只淡淡地说了句："孩子们到底把敌人打败了。"[1]成大事者宠辱不惊，谢安是个最好的范例。

而此时的苻坚怀着悔恨奔逃于淮北的土地上。"我还有什么脸再去见大秦的百姓们？！"[2]面对尾随而至的张夫人和士兵们，苻坚沉默半晌，涕泪交流。

后悔已迟，当下最重要的是重整旗鼓。前秦各部在淝水之战中均损失惨重，独慕容垂一部3万人完好无损，苻坚带着千余残军前去投奔。14年前的一幕再度重演，只不过这回双方角色调了个个。

"今秦主兵败，委身于我，是天借之便以复燕祚，此时不可失也。"[3]慕容垂世子慕容宝建议道。弟弟慕容德、冠军行参军赵秋等亲信也都劝慕容垂动手，然而被一代名将一一拒绝。随即大义凛然地将自己的部队全部交给了苻坚。慕容垂这样做，不单单是为了报苻坚昔日之恩。以当时情况来看，苻坚调拨给他的3万人，也不是鲜卑人自己的队伍，如果杀了苻坚，很可能激怒他们，到时候情况可能不堪设想。因此慕容垂的做法，于义于私，都是极为明智的。

慕容垂没有立即背叛苻坚，并不代表着他放弃了复燕的梦想。他拒绝了儿子慕容宝的建议，却接受了另一个儿子慕容农的提议：北上河阳（今河南孟州）。那里是前秦势力范围的薄弱之处，也正应"燕复兴当在河阳"的谶言。慕容垂提出的理由也是非常合理的：北地边远之地，趁朝廷兵败为乱，臣请镇之。

"譬如养鹰，饥则附人，每闻风飙之起，常有陵霄之志，正是谨其笼，岂可解纵，任其所欲哉！"[4]老臣权翼建议苻坚拒绝慕容垂的请求。

但这个建议依然被苻坚拒绝。大概是此时已到安全之地洛阳，而且收集的散兵已有10余万，百官、仪物、军容粗备，苻坚信心又振作了起来，他依然相信自己有力量镇得住慕容垂。但苻坚还是作了必要

---

① "小儿辈遂已破贼。"出自《资治通鉴·晋纪二十七》。
② "吾今复何面目治天下乎！"出自《资治通鉴·晋纪二十七》。
③ 出自《资治通鉴·晋纪二十七》。
④ 出自《资治通鉴·晋纪二十七》。

的预防措施：将军李蛮、闵亮、尹国率领3000兵众同行。名为护送，实为监视。

权翼依然放心不下，他把慕容垂约到河桥以南的一座空仓库中，说是有要事相商。这一计没能骗得过已经上过一次当的慕容垂。慕容垂让典军程同穿着自己的衣服前去赴约，自己则乘着草绳编制而成的筏子从凉马台渡河而去。

十二月，符坚在布置好中原、河北等要地的防线后，回到了长安。

入城前，符坚在城郊摆下祭台，悼念在淝水阵亡的阳平公符融。祭场上，符坚伏地，放声痛哭，悔恨的泪水肆意流淌。

台湾散文家婉清说过："在听到耶稣为世人牺牲的时候，信徒们常眼含热泪，那时的眼泪是世界上最真诚的。"此时符坚流下的眼泪和六年前送别王猛时一样，也是不掺任何做作成分的。

自王猛之后，符坚又失去了一位最忠心的伙伴，一位最出色的助手。此时的他，除了用眼泪来表达心中的无限痛悔外，已没有别的方式。符坚所不知道的是，此时后悔已经太迟。淝水之败，他失去的不仅仅是一个弟弟和10余万精锐，而将是整个天下！

就在当月，前将军、鲜卑人乞伏国仁以讨伐反叛的叔父乞伏步颓为名，联结步颓在陇西造反，这是射向前秦政权的第一支利箭。

当月二十日，已到邺城的慕容垂与二子慕容宝、慕容隆借讨伐丁零（古代北方少数民族之一，为唐代回纥以及现在维吾尔族前身）人翟斌为名，在途中

尽杀监军的氏族将军符飞龙及其手下氏兵1000人，正式举起了复燕大旗。当地的鲜卑旧部与丁零部落纷纷来投。前秦平原公符晖、长乐公符丕接连讨伐失败，猛将毛当、石越阵亡。慕容垂势力大振，自立为燕王，立慕容宝为太子，众至20余万，直取邺城。

太元九年（公元384年）三月，慕容暐之弟慕容泓起兵于华阴（今陕西华阴），慕容冲起兵于平阳（今山西临汾）。钜鹿公符睿发兵攻击慕容泓，龙骧将军姚苌谏阻之，符睿不听出击，兵败身亡。姚苌心中有愧，虽不是自己责任，也派人到符坚处请罪。一向仁义的符坚这次却翻了脸，把姚苌的使者杀掉。（大概被一连串的坏消息刺激到心情大坏。）姚苌惊恐之余，逃到渭北，当地羌族豪强来附。姚苌干脆也反了，自称大将军、大单于、万年秦王，大赦，改年号为白雀。为将其与符秦区分开，史称其建立的政权为后秦。

北方大乱，东晋趁机反攻，江淮以北和巴蜀、汉中大片土地先后被夺回。

# 仁君末路

接下来，符坚等来的却是更多的坏消息：燕王慕容垂之子慕容麟攻拔河北重镇常山（今河北正定）、中山（今河北定县），前秦贵族符定、符绍、符亮、符谟、符鉴等或被俘或降；幽州刺史王永被慕容垂击败，慕容垂前军挺进蓟城以南；而慕容冲干脆直逼长安。

而前后秦之战，前秦一方起初连连告

捷，连姚苌的弟弟都被斩杀。前秦军一鼓作气断绝了后秦军的水源，眼看姚苌等人就要干渴而死，天上雷声隆隆，大雨倾盆而下，后秦营中积水3尺，军势复振。缓过劲来的姚苌展开反攻，前秦军少，战败，护军将军杨璧、右将军徐成等数十人被俘。此战过后，苻坚意识到自己已无力消灭姚苌，加之长安危急，苻坚只得返回国都，亲自布置长安保卫战。

昔日战无不胜的大秦雄师此时连保卫京城的能力都没有了。郑西、灞上两战，前秦军再次大败，苻坚少子苻琳与前将军姜宇自尽。慕容冲率军占领阿房城。10多年过去了，当年的小凤凰终于如苻坚所愿，自己飞回了阿房城，只是谁也没有想到，会是以这种刀兵相见的方式！

到了这个时候，苻坚还对慕容冲抱有不切实际的幻想。他派人送去锦袍一领，希望慕容冲能念起昔日之恩。苻坚又错了，他点燃的不是慕容冲心中的旧恩，而是积压已久的旧仇！

慕容冲的詹事带来的答复是：整个天下都是我的了，一件锦袍算什么！识相的快把苻坚送出来，老子或许还念及过去，饶了你们苻家。否则，别怪我慕容冲不客气！

苻坚怒不可遏，大骂鲜卑白虏（鲜卑人多白皮肤绿眼睛，故为自奉中原正统的人们蔑称为白虏）白眼狼。然而对方已经不是当年的弱者，现在主动权掌握在他的手里，要求自然不可能不苛刻。

苻坚还是低估了慕容家的阴险程度！曾一再被宽恕的前燕末帝慕容暐见苻坚已是内外交困，竟假借儿子结婚的名义，给苻坚安排下了一场鸿门宴！幸而计划泄露。苻坚这下才痛下决心，将包括慕容暐在内的长安城中残余的1000多名鲜卑人全部斩杀。对敌人仁慈，就是对自己残忍。一代仁君苻坚现在才算理解了这句话，可惜为时已晚。

太元十年（公元385年）正月，在一片喊杀声中，前秦迎来了她生命中最后一个春节。

情况越来越险恶了，但苻坚还是坚持按习俗祭祀了太庙，大宴群臣。此时长安大饥，百姓相食。众将分到少得可怜的几片肉，都不忍心吃下去，回家后吐出来喂给他们的妻儿。3年前还是一片欣欣向荣的长安，如今却沦落到如此凄凉的境地！

长安城内一片凄凄惨惨，阿房城中却锣鼓喧天，喜气洋洋。慕容泓早已被臣子所杀，慕容冲被立为皇太弟，现在又自以为长安已稳稳在手，便挑选良辰吉日，宣告登基。重用大燕国号，改年号为更始。史称这个关中燕国为"西燕"。

这下一心与京师共存亡的苻坚坚定了意志，在仇班渠和雀桑接连打败西燕军。慕容冲咬咬牙，几天后在白渠重挫前秦军，苻坚竟一度被围。幸而殿中上将军邓迈、左中郎将邓绥、尚书郎邓琼等人同仇敌忾，奋力狙击，方反败为胜。慕容冲尚书令高盖一度攻入长安南城，前秦军粮绝，靠吃着死人肉还是将高盖赶了出去。

并非全天下的人都和慕容家一样忘恩负义。南北朝时期北方战乱多，百姓们常常修筑堡垒以自卫，这种防御工事被称为"坞堡"。危难时刻见真情，长安粮尽，冯翊一带 3000 多个坞堡的民众感符坚平日之仁,纷纷自发组织起来为长安出粮出力。新平太守(今河南淮阳)苟辅咬紧牙关,坚决拒绝姚苌的劝降,前后杀伤后秦军数万人。前秦军得到人民群众的支持,更加奋勇作战,符坚每日上城亲自指挥,身上中箭,血满征袍也不退。猛将杨定率精锐冲击西燕军阵地,俘获1万多人。符坚不再手软,全部坑杀。慕容冲大恐,挖陷马坑以自固。

心理学上有个名词,叫悬崖撒手。意指大多数的失败不在于失败者实力不足,而是自己心理上先支撑不住,主动放弃了。这个词也说明了人类最大的敌人,就在于自己。

当长安上下军民一心,慕容冲一时难以得手的时候,符坚悬崖撒手了。残酷的长安争夺战还在继续进行,百姓伤亡一天天加重。对于慕容冲而言,反正死的又不是自己家百姓,无所谓。符坚却觉得再也难以忍受了。而过于迷信天意的性格,又成了他最终撒手的重要因素。

符家从起家到坐大,均与谶语有着剪不断理还乱的关系,符坚自己篡位也多少受了点民谣的影响。在这个特别时期,对天意的迷信自然是可想而知的。他甚至请来道士王嘉和僧人道安,一举一动都要咨询他们的占卜。偏偏老天对他似乎也愈发悲观,先是有群鸦数万,哀鸣于长安城楼上,占卜者认为群鸟相斗,门羽,预示着今年之内会有甲兵攻入长安,长安难撑过本年。紧接着,城中又出现了叫《古符传贾录》的书,书中有这么句,"帝出五将长久得"。

这让人不由得联想到先前在长安城中流传的一句民谣:"坚入五将山长得。""坚"契合符坚,而长安西北还真有这么座五将山。心理压力一天天增大的符坚觉得这分明是老天在指引他:长安已经守不住了,逃往五将山,将来还有希望。

事实也似乎在印证着谶语和民谣。五月,前秦最后的希望杨定在城西被慕容冲擒获,符坚再也坚持不下去了。他留太子符宏留守长安,自己带着中山公符诜、张夫人等与骑兵数百出奔五将山。沿途还遍告州郡,约定初冬合力解救长安。

符坚又错了。自王猛死后他一直在不断地犯错,而这一次的错误是致命的。长安之所以能在弹尽粮绝的状态下依旧士气高涨,不断击退慕容冲的进攻,除了慕容冲自己的暴虐不得人心外,最主要的有符坚这个主心骨在城中坚守。只要有符坚在指挥,长安军民就能一次次团结一致,共御外敌。

而符坚一走,也将城内最后的信心带走了。君主都逃了,谁还有心思继续坚持下去?太子符宏威信全无,根本镇不住场面。没多久就与家人、宗室以及数千骑兵也西逃下辨(今甘肃成县西北)。老臣权翼、薛瓒等带着数百人投奔了姚苌。约好初冬反攻,结果长安连秋天也没坚持到。

坚守了大半年的前秦国都终于陷落,残暴的慕容冲对这座曾给自己带来无数伤痛回忆的城市进行了疯狂的报复。西燕军队在全城大掠,大火久久不熄,城中死者无数。这座自西周起就成为中原政治中心的古都,自此永远衰落了下去。(后来隋朝首都长安为杨坚新建，并非旧长安。）

逃到五将山的苻坚很快就发现老天根本不打算兑现自己的"诺言"。他不但没能在当地发展起来，反而被闻讯赶来的羌族骑兵包围了起来，领队的是姚苌手下的骁骑将军吴忠。当吴忠带人冲进苻坚的营帐内的时候，发现前秦天王不慌不乱，正一面安然坐在地上享用着御膳，一面和过去一样对属下发号施令，尽管这时他身边只剩下十来个侍从了！大为佩服苻坚的淡定之余，吴忠还是执行了命令。苻坚被送到刚陷落的新平城，和前任苻法一样被幽禁了起来。

接下来的日子里，苻坚天天大骂姚苌。毕竟自苻生时代，姚苌的哥哥姚襄被氐族名将苻黄眉、邓羌击斩，姚苌率羌族投降氐秦后，文明水平落后得多的羌人就一直被氐族贵族视为属下使唤，现在怎么可能让氐族之王反过来屈膝侍奉过去的奴仆？那就成全他吧，也算给他留个硬骨头的好名声，姚苌想。

太元十年（公元385年）八月二十六日，苻坚被缢杀在新平佛寺。苻诜、张夫人等一起自杀。

"河水清又清，苻诏死新城。"民谣、谶言没有预示苻坚的脱困之道，却预示了他的死。这对几代人谨遵天意的苻家来说，是一个巨大的讽刺。

龙骧皇帝逝去了，留下的争论一直不息。苻坚对自己的敌人一向仁德，对自己的亲属却极其严厉。以至于他在位期间，氐族贵族叛乱一直不息，而后燕、后秦等势力造反时，苻家贵族竟然纷纷投敌。极大地内耗了氐族的内部实力。

这一切矛盾均被前秦强大的国力所掩盖。更确切地说，是被苻坚战无不胜的巨大光辉所掩盖。当前秦惨败淝水，神话般的偶像被彻底打倒的时候，隐藏的痼疾马上来了个总爆发。

总而言之，苻坚的所作所为虽然相当大气，但并没有达到圣人所说的"王霸"的境界。他终归只是个仁君，而并非雄主。

可是就在他死后，中原大地再度迎来黑暗的战争年代。慕容冲不久就死于部下之手。后秦、前秦残余、西燕、后燕、西秦、南凉、翟魏以及后来的大夏等势力陆续而起，为争夺每一块地盘而大打出手。人们在忍受了半个世纪的痛苦之后，才于元嘉十六年（公元439年）迎来了北魏（由拓跋鲜卑建立）的再度一统。

而历史也就此跨过五胡部分，迈入了大气磅礴的南北朝时期。

# 窥雄录

## 瓦岗寨主李密

空余音 牛角挂书

作者
/ 上帝之鹰

某网站的读书频道曾对历代演义小说的家喻户晓程度做了个问卷调查，结果前三名分别为《三国演义》《杨家将》《隋唐演义》。提到《隋唐演义》，就不能不提到瓦岗寨，提到瓦岗寨就不能不提到一个人——李密。因为他是瓦岗寨的老大，《隋唐演义》中的那些英雄差不多都在他手下干过。

那么正史上的李密又是什么样的？

这一切都得从仁寿四年（公元604年）说起。

这一年，隋王朝的开创者隋文帝杨坚逝去。

一般演义传说里说杨坚被不肖子杨广暗杀，此处怎么用"逝去"？

很简单，暗杀说只在演义和一些野史里面被采用。唐修的权威官史《隋书》也只是在《列传第一·后妃》中有过隐约的表示。文帝以及隋炀帝本纪中则明确认为隋文帝为病死。关于杨广弑父夺位说，史学界也一直在争议，目前多数意见认为从当时的实际情况等角度出发，杨广完全没有必要下此毒手。

无论杨坚是否死于非命，杨广成为隋朝第二任统治者已经是不可改变的事实了。

"勤劳日昃，经营四方"，终结南北朝的勤劳皇帝杨坚，在位23年，留给儿子的遗产是丰厚的：一个完全统一的庞大帝国、遍布全国的庞大粮仓、数以千万计的人口，长期威胁中原的塞外势力突厥也臣服了。各方面的成就显示，经过两晋南北朝324年的分裂后，中国的国力达到了又一个新的高度。

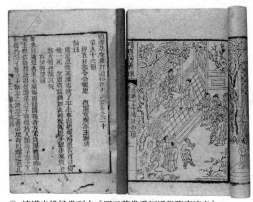

◎ 清道光维扬堂刊本《四云草堂重订通俗隋唐演义》

◎ 隋炀帝杨广画像

令人扼腕的是，隋朝的强盛仅仅和夜空中极光一样短暂出现，便永远地消失了。这一切的罪魁祸首就是当朝新君——隋炀帝杨广。平心而论，杨广并非演义之类所丑化的那么罪恶滔天，他也是个想有所作为的皇帝。

他营建东都洛阳，成为世界建筑史上的奇观；他开通大运河，促进南北方资源协调与运河沿岸城市的发展；他开创科举，从而对今后1200多年的中国教育制度和人才选拔制度产生重大影响。对外，隋炀帝北破契丹，西击吐谷浑，有力维护了内地的和平发展与稳定。

无论从政治，还是军事，抑或是经济建设上看，隋炀帝的贡献都不可抹杀。《剑桥中国隋唐史》给予他的评价是："在中国的帝王中，他绝不是最坏的，从他当时的背景看，他并不比其他皇帝更加暴虐。他很有才能，很适合巩固他父亲开创的伟业，而且他在刚开始执政时也确有此雄心。"

那又是什么导致了杨广入继大统仅14年就落得个身死国灭的悲惨下场呢？《剑桥中国隋唐史》接下来又评价道："但他希望历史会肯定他的执政或他追求豪华壮观的欲望，这就使他的判断力不能发挥出来。那种骄奢淫逸的作风只能使阿谀奉承之辈得势，而他身边确有这样一批人，这对他是致命的。"

营建洛阳和开发运河，虽然功泽后世，但很明显有隋炀帝好大喜功、追求奢侈的想法在内。而且工程花费巨大，也加重了百姓的负担。如东都工程每月役丁200多万，又"发大江之南、五岭以北奇材异石，输之洛阳；又求海内嘉木异草、珍禽奇兽，以实园苑"。官吏又催督不已，致使"役丁死者什四五，所司以车载死丁，东至城皋，北至河阳，相望于道"。而光开发通济渠就前后征发河南、淮北等郡民夫百余万。运河初步开通后，杨广率后妃宗室等乘船巡游江都，单沿路州县所献食物，多者一州竟达百余车。杨广一行人吃不了这么多，干脆挖坑埋掉。而这些被白白糟蹋的粮食背后，是无数农民的血汗。

隋炀帝又是个狂热的旅游爱好者，每年都要逛遍祖国大江南北。每次出行随行队伍即达10万人之多，花费巨大。以至于天下"租赋之外，一切征敛"。贪官污吏趁机从中盘剥，中饱私囊。物价飞涨，有些贡物的价格竟涨千倍之巨。催办又急，"长吏叩扉而达曙，猛犬迎吠而终夕"，扰民不已，百姓们无力负担，年年有无数人抛家逃难。

《剑桥中国隋唐史》对杨广的最后一句评价是："随着每次失败，却使他越来越着迷。而着迷对于拥有最高权力的专制君主及其统治的人民来说，往往是致命的。"揭示了大隋灭亡的直接原因：持续不断的对外战争。

# 大隋即将倾覆

隋炀帝修建长城，定西域，击契丹和吐谷浑，保证了中原政权的稳定，却也付出了不小的代价：为建长城，发动民工百万，死者大半；在西域设郡，大开屯田，发西部各郡运粮供给，在途中累死和被强盗杀死的人们死亡相继。而接连对外征战，则成了结束隋王朝短暂生命的毒药！在详细介绍这个历史事件之前，让我们先来看看隋朝的周边形势。

活跃于边疆的游牧民族一直以来都是中原王朝的大敌。逐水草而居的生活方式使得游牧民族经济生活极不稳定，受自然环境影响很大。为了抢夺更多的生存资源，游牧民族时常南下掳掠。春秋战国时的戎狄、汉与匈奴、北魏与柔然、唐和吐蕃、宋与党项和契丹……大抵历代中原政权，都避免不了或来自塞外，或来自西北、东北方向的威胁。隋朝的游牧冤家，除了先前介绍过的契丹与吐谷浑外，最大的一个莫过于盘踞在漠北草原的突厥。

突厥人先灭掉了长期奴役自己的草原霸主柔然，而后东破契丹，西征高昌、吐谷浑。公元567年，突厥著名首领阿史那室点密联合萨珊波斯帝国攻灭当时的中亚巨无霸嚈哒。至此突厥帝国达到了极盛。东至辽东，西控西域，"北狄悉归之"。

强大的突厥对当时的中原形成了绝对强势。当时北齐和北周政权争夺北方统治权正达白热化阶段，为取得突厥的支持，两国争相向突厥献媚，年岁贡礼无数，突厥佗钵可汗为此得意地说："我在南边有两个孝顺崽子，根本不担心会饿死！"

公元581年，中原争夺战中最终胜出的北周政权被外戚杨坚篡夺，8年后杨坚又南下灭南陈，结束了自东汉末年以来3个多世纪的乱世。杨坚改革制度、修订法律、均田检地、发展经济，使隋朝国力迅速走向强盛。

中原王朝的坐大可不是游牧政权所愿意看到的，加之下嫁突厥的北周千金公主不断恳求首领沙钵略可汗出兵为娘家复仇，沙钵略遂于开皇二年（公元582年）率众40万大举入寇。隋军全力反击，第二年四月大破突厥主力于白道川。隋朝名将长孙

晟也利用他对突厥风土人情的熟悉，在敌人内部全力活动，离间达头、阿波等小可汗与沙钵略之间的关系。结果突厥国内四分五裂，可汗之间攻伐不已，势力迅速衰落下去，沙钵略只得请和。从此，突厥反而沦为隋朝的附庸。

从沙钵略死后，突厥历经其弟处罗侯（莫何可汗）、儿子雍虞闾（都蓝可汗）、侄儿染干（启民可汗）几代领袖，与隋朝的关系虽不时有反复和战争，但总体而言还算是和谐的。

和平局面一直持续到大业六年（公元601年），边境出现新的异动。于是接下来数年，隋炀帝又一心征战。

大隋庞大的国家机器立刻全力开动起来。国内广为征马、征兵、征粮，为出征做准备。大隋的行政效率一向很高，天子命令一下，下面的机关人员立刻不打任何折扣地执行。问题是，他们"执行"得有些过头了，丝毫没有考虑到是否对民生造成了巨大的危害。

炀帝尽发两河及江淮民夫供应军需，运粮船只首尾绵延千余里，往来运送军器者常有数十万人，昼夜不停，累死者相枕于道，臭气熏天。春季正是农耕时节，农民和耕牛们却忙着服劳役，农田多被荒废，又时值饥荒，米价暴涨，东北地区一斗米竟售价数百文，米质也极为粗劣，杨广却强令百姓购下以弥补损失。

隋朝运粮多用小车，被征民夫超过60万。路途艰险，每二三人只能运3石米，这些米还不够民夫自己吃的。到达目的地时，已没有多少人能按数缴纳，车夫只得

纷纷逃亡。

杨广动员备战把全国动员到枯竭，人们再也无法忍受了，只能"始相聚为群盗"。大业七年（公元611年）十月，山东邹平人王薄号称"知世郎"，在长白山举起了第一面反旗。被徭役折磨得痛苦不堪的人们陆续前往投奔。平原人刘霸道起于豆子（豆子为地名，在平原郡东），号"阿舅贼"；贝州人张金称、窦建德、高士达起于河曲、清河（今河北清河）。自此群盗蜂起，徒众多者竟达10余万。攻城陷邑、不可遏止。

对于国内越发恶化的治安问题，隋炀帝是完全不放在心上的，只是命令各郡都尉、鹰扬郎将（各地军事基地最高指挥官）配合地方进行围剿。此时他的主要精力已经完全放在边境征战这件事上了。

他看不到，全国性的水灾、大旱和瘟疫正在肆虐，一个接一个的生命正在悄无声息地消逝；他也看不到，丧尽天良的官吏们在征发时盘剥克扣，赚得盆盈钵满，无数因此倾家荡产的黎民在早春的寒风中哀号；他还看不到，山东、河北、陇西一带的盗贼已经多如过江之鲫，人民的愤怒正在一天天升温；他更看不到，不单是贫苦百姓，连王公贵族中也已有人欲杀他以谢天下。

# 李密初出茅庐

大业九年（公元613年）四月，长安。

尽管全国上下已烽火处处，京师似乎依旧一片宁静。但在这片宁静的角落里，却酝酿着一场惊天动地的阴谋：造反。

在天子脚下谋反，胆子可谓大到非同寻常。而谋反者的身份同样非同寻常：一位是堂堂的上柱国（南北朝和隋唐极高的荣誉称号，一般只赐予勋臣及其后人），另一位则贵为蒲山郡公。

这位上柱国的名字叫杨玄感，官衔为户部尚书，实际差遣为征辽大军军资督运。

这位蒲山郡公的名字叫李密，字法主，官衔和实际差遣均为白身。他，就是本篇故事的主人公。

这两个年轻人除了志向一致外，出身也有一个共同点，都是当朝勋贵之后，也就是当时俗称的世家。李密曾祖父李弼，北魏时为司徒，北周时任太师、魏国公；祖父李曜为北周邢国公；父亲李宽，为北周猛将，战功显赫，入隋时被封为上柱国、蒲山郡公。李密的蒲山郡公，就是继承他父亲的。而杨玄感的老爹，说出来就更不得了了，他就是当朝大名鼎鼎的司徒、越国公杨素。

这两个年轻人的结识颇有一些天赐机缘的味道。李密自幼勤奋好学，通读《史记》《汉书》等古典名著，有时甚至达到废寝忘食的地步。他甚至托病辞去因父亲荫泽而得来的东宫千牛备身的职务，从此专心读书。为了让自己的学业更上一层楼，李密遍访良师益友。当他听说著名学者包恺教授此时正定居在缑山（今河南偃师县）时，立刻前去拜访。

要说李密到底也是世家子弟，家道应该还算比较殷实的，可惜他生性过于乐善好施，把几分家产全都资助了穷亲戚、穷朋友和门下的食客了。结果李密自己远赴河南时，连个马都骑不起，干脆牵了头老黄牛，披上铺垫，当作坐骑。

都窘迫成这样了，他还不忘文雅一把。他带着几册《汉书》，抽出一本边走边读，剩下的就用绳子系了，往牛角上一挂。慢点就慢点吧，正好好好看书。这也为日后留下了一段佳话："牛角挂书"。

不过在当时，奇特的一人一牛组合一路上可没少招来奇异的眼神，各种各样的嘲笑想必也是少不了的。李密丝毫不以为意，继续着"走自己的路，让别人去说吧"的旅程。

"小伙子，你满刻苦的嘛。请问你是谁家的孩子？"[1]一个声音突然在身边响起。正沉浸在西汉时空，与刘邦、萧何、卫青等人进行心与心的交流的李密，一下子被拉回了现实中。只见一个衣着华丽的老者正缓缓按辔与之并行。

这位老者不是别人，正是当朝重臣、越国公杨素。他与李密正好同路，一下被其极富个性的作风所吸引。于是悄悄从后面跟了上去，李密竟丝毫没有发觉。

李密也是世家出身，认得越国公，慌忙下牛叩拜。杨素也不加责怪，只是询问李密读的是何书。当得知让李密如此聚精会神的是《项羽传》时，大为惊奇，对面前这个年轻人产生了更大的兴趣。就这样，一老一少走了一路，聊了一路，如同老朋友一般。

"吾观密识度，非若等辈。"[2]杨素回到家里，对着儿子感慨道。

听父亲这么一夸，杨玄感也对素未谋面的李密产生了强烈的兴趣。杨玄感弓马娴熟，对文学也是如糖似蜜般喜爱。经常在府中接见来自四方的名士。于是，杨玄感干脆主动前去认识李密。两人坐而论道，倾心相交，很快成了莫逆朋友。

那是什么时候两人在交往中产生了谋逆的念头呢？这又要从杨家说起了。

伴君如伴虎，朝臣不好当，功臣更不好当，说不准哪天皇帝就怕你功高震主，随便找个罪名把你解决了。杨素在杨坚和杨广时期都是不折不扣的大功臣。文帝朝他东伐尉迟炯、北破突厥、南定江南，可以说是文帝的定基之臣。而杨广还是晋王时，曾密谋陷害太子杨勇而代之，在这个阴谋的实施过程中，杨素出力甚大。当杨广登基，汉王杨谅不服造反，又是杨素予以平定。因此又可以说他是炀帝的拥立之臣。

因为这些重大功勋，杨素在文帝、炀帝两朝都备受宠幸，位极人臣，官至司徒。亲属受其恩泽，封官无数，杨玄感的上柱国就是这么来的。然而正是因为这些重大功勋，杨素也备受猜忌，隋炀帝甚至在他病重的时候询问医人，只盼他早死。

这种情况自然使得杨玄感如坐针毡。更别说，此人极富才干和野心。杨玄感曾担任过郢州（今湖北钟祥）、宋州（今河

---

① "何处书生，耽学若此？"出自《旧唐书·列传第三》。
② 出自《新唐书·列传第九》。

南商丘)等地的刺史，都政绩显著。多年的地方官生涯，让杨玄感对大隋朝政的逐渐黑暗、腐朽深有体会。皇上对自己父亲乃至家族的猜忌，更让他觉得不安。杨广亲征吐谷浑时，杨玄感就曾计划袭击行宫，被叔叔以时机不成熟为由劝阻。从此他韬光养晦，一面讨炀帝的欢心，一面暗中等待时机。

王薄、孟让、郭方遇、刘霸道、张金称、郝孝德、孟海公等人先后起义，山东、河北盗贼如蚁，隋王朝的堂屋正在一点一点被蛀空。圣上不管不顾，执意继续亲征，国内兵力空虚。这些都让杨玄感觉得此时不动手，更待何时？造反这个事，单枪匹马是不可能成功的。杨玄感早已约下武贲郎将王仲伯、汲郡赞治赵怀义、兵部侍郎斛斯政等作为同谋。但这些都不是能挑大梁的料，要找个诸葛亮那样的人物才行。

"行军打仗，杀人放火，我不如公。把天下贤士揉捏成一个整体，公就不如我了。"①杨玄感想起了当年与李密耍笑时的对话。于是杨玄感秘密派人前往京城通知李密。他的决定不仅改变了自己的人生，也改变了李密的人生。

后方已经暗流涌动，远在前线的杨广一点也不知道，还在催促黎阳赶紧运输军粮。

粮食来不了了，来的是噩耗：督运杨玄感杀掉同为监督的治中侍御史游元，谎称来护儿谋反，进入黎阳，闭门大索男丁

为兵，同时传檄各郡，以讨叛为名要求他们发兵集结黎阳。

当杨玄感从运粮的民工中挑选了8000精壮后，他就再也不需要讨逆这个幌子了。大业九年六月，杨玄感杀三牲，在黎阳誓师，正式声讨暴君杨广。行动近乎完美，只是最后出了点小纰漏：杨玄感委任的怀州刺史唐祎瞅机会溜回河内(今河南沁阳)告密去了。

隋末第一支官家谋反队成立了，杨玄感是第一个，却不是最后一个。今后的数年时光里，刘武周、王世充、薛举、李轨、萧铣、梁师都、李渊等一个又一个体制内的反叛者将投身乱世的大潮中，为昔日侍奉的王朝早日归西，尽各自的一份力。

调回头，我们再说杨玄感。杨玄感在完成了初步部署后，有两个远方来客也赶到了黎阳，一个是他的弟弟杨玄挺，另一个就是李密。

《隋书·列传第三十五》记载了两人之间的密谋。

李密为杨玄感出了三策。上策是直插蓟地(今天津一带)，掐断杨广军的退路。昏君进退不得，不出十天半月，粮饷用完，杨玄感只要挥挥旗帜，敌军必将土崩瓦解。中策，是挺进关中。虽然关中位置险要，但守将卫文升不足为虑。只要能直取长安，把那里的豪杰和百姓全都争取过来，昏君就算平安回来，失掉了老窝，也就失去了

---

① "决两阵之胜，噫呜叱咤，足以誉敌，我不如公。揽天下英雄驭之，使远近归属，公不如我。"出自《新唐书·列传第九》。

继续统治的基础。下策则是猛攻东都洛阳，从而号令天下。但洛阳坚固，又有留守兵力，唐祎也已经逃脱，洛阳那里有了防备，可没那么好打了。况且时间一旦拖久了，援军开到，就很危险。所以是下策。

杨玄感是个性急的人，觉得上策和中策都不合他的意。杨玄感认为，朝廷文武百官的家属都在洛阳，拿下洛阳后把他们扣押起来做人质，还有人会给杨广卖命吗？于是决定采取下策。

可是即便是下策，一开始也没有被真正采纳。李密的建议是直取东都，杨玄感偏要一路攻城略地，显示军威。结果杨玄挺的前军在河内郡就吃了苦头，早有防备的东都通知修武县（今河南修武）严防要道临清关，义军主力也被挡住了，杨玄感只好绕道汲郡以南的路线。好在讨厌杨广的人实在太多了，沿途从者如市，而东都派出的阻击部队士气全无，总是一战即溃，杨玄感顺利开到洛阳城外。

杨玄感将军队屯于上春门，不停煽动百姓起来反抗。东都留守樊子盖却在城内以杀立威，结果连韩擒虎、虞世基、来护儿、裴蕴等隋朝老臣的儿子们都投降了杨玄感。百姓们就更不用说了，主动要求投军的日以千计，杨玄感的兵力急剧扩张到5万多人。虎牢关守将见杨玄感势大，也投降了。东都岌岌可危。

镇守关中的代王杨侑赶紧派大将卫文升领军救援。杨玄感此时又犯了个错误：由于卫文升在出发前挖了杨素的坟，焚了杨素遗骨，杨玄感对其恨之入骨，抛下东都率领主力去迎击卫文升，从而让东都缓

过劲儿来。

卫文升确实如李密所料，根本不是啥人物。杨玄感打他又格外起劲，每次作战都亲自冲锋在前，再加上数量上的优势，卫文升基本是被杨玄感见一次痛扁一次。几场仗下来，义军越打越多，卫文升军却已折损大半。但杨玄感的弟弟杨玄挺在作战中中箭而死，义军稍为退却，卫文升才避免了全军覆没的命运。

虽然在战场上打得难看了点，但卫文升到底完成了拖住义军主力的任务。在前线的杨广听说后院起火，立刻下令各军回师平乱。

杨玄感善抚士卒，人多愿为其所用，很快他的人马就达到10万之多。但虚假繁荣的背后隐藏着危机：内部，杨玄感信任新降的隋朝官员韦福嗣和李子雄，开始疏远李密；外部，屈突通、宇文述、来护儿等远征军主力陆续接近中原，战场上的局势开始悄然扭转。

# 避祸终上瓦岗

大业九年十月，行动最迅速的远征军屈突通部开到河阳（今河南吉利、孟州一带）。杨玄感接受李子雄建议，试图掐住洛水渡口，然而东都城内的樊子盖此时主动出击，牵制住了杨玄感。屈突通部渡河，杨玄感只得分兵抵御，樊子盖趁机来回冲杀。杨玄感军队虽多，但多为临时加入的百姓，战斗力实在不强，屡次不敌樊子盖。

眼看攻取洛阳已毫无希望，杨玄感只得接受李子雄和李密的建议，在华阴杨氏

族人的指引下改道关中，一路谎称攻略关西。然而此时杨玄感的决策再度出现失误：行至弘农郡（今河南灵宝）时，当地父老告知弘农空虚，粮食充足，可取之。弘农太守杨智积也看出了杨玄感的真实意图是关中，为了拖住义军，他站在城垣上朝义军破口大骂。两件事令杨玄感头脑发热，下决心要攻下弘农。李密苦劝："追兵就在后面，如果我们不先取潼关为守。拿什么抵御他们？你别在这里浪费时间了！"杨玄感不听。

杨智积守城还是有一套的，杨玄感连攻3天而不下，宇文述、屈突通等追兵却已经跟上来了。杨玄感只得弃而西走，然而只跑到阌乡（今灵宝县）就被官兵追上了。隋军四合，杨玄感列阵50里，仍然无法抵御，一天之内连败3次。他且战且走。八月初一，双方在阌乡西南的董杜原展开决战。

杨玄感的武艺和勇气都是无可指摘的，每次作战他都手执长矛，亲自冲击敌阵，无人能挡，时人因此将他比作西楚霸王项羽。但再高的武功、再强的勇气，也无法弥补因冲动、短视造成的损失。董杜原成了"杨项羽"的垓下！一方是乌合之众，一方是隋军精锐，结局是可想而知的。杨玄感只剩十余骑，逃往上洛（今河南商洛）。

在生命的最后时刻，杨玄感的表现确实颇有霸王风范。追兵眼看就要赶上他，杨玄感回头怒目圆睁，一声大喝。追兵们吓得魂不附体，拨马逃去。当来到葭芦戍时，杨玄感身边只剩弟弟杨积善相随。更要命的是，他们的战马已死，徒步是无法摆脱骑兵的追击的。杨玄感知道今天自己是

活不成了，他不想让自己的命被隋军拿去，于是示意杨积善结果自己。强忍着热泪，杨积善杀死了哥哥，然后自杀，但没能当场死去。追兵追上来将他和杨玄感的首级一起送到圣驾行营，在那里，杨广下令将杨玄感的尸体车裂，陈于市中。3天后又将尸体剁为肉酱，纵火焚烧。

我们只要留心一下，就会发现，自项羽之后，历代号称霸王的人均不得善终，如南北朝名将高敖曹、隋末枭雄薛举、五胡军阀冉闵等，现在再加上个惨死的杨玄感。看来有些绰号真是不能随便叫的。

杨家兄弟已死，杨玄感的亲属、同党也大多被抓获处决，3万多人死于非命，被放逐者有6000余人。李密也未能幸免，他抄小道进了函谷关，躲在杨玄感堂叔杨询的妻子家里，但不久就被邻居告发，被抓进了京兆监狱。

此时隋炀帝行营已经到了高阳（今河北高阳县），李密以及一批犯人很快就被朝那里送。到时候还能有活路吗？李密自然不会坐以待毙。他脑子一动，想出了个法子：他发现同伴们身边还带有一些金子，立刻吩咐全拿出来，集中使用。

"大人，您这几天押解我们辛苦了。我们这些人反正免不了一死，这些金子就留给您吧。除了我们的丧葬费外，剩下的您笑纳。"面对押运专员，李密一脸谄笑。

"恩，去吧，包在我身上，保证不让你们光着身子入土就是。"押解专员被金子晃晕了眼，哪儿还分得清是否是计。

被糖衣炮弹腐蚀的押解专员警惕性逐渐松懈下来。李密一行甚至能沿途买肉沽

酒，整夜大吃大喝。看起来简直不像远赴刑场，而是去旅游的。

警戒工作松到这个地步，再不出问题就有鬼了。在一个月黑风高的夜里，李密一行七人凿墙而逃。

大难不死的李密一点后福也没有。他先是去投平原义军首领郝孝德，但郝孝德盗匪出身，看不上这些拿笔杆子的，李密差点没饿死，只得气愤地来到淮阳（今河南周口），改名刘智远，在当地村庄教书为生。

李密学问不错，这样下去或许能在淮阳平静地用假身份度过余生。但如此一来，他的名字将永远不再出现在史书上，而后世也不会有什么瓦岗英雄的传说了。命运会允许吗？

答案是否定的。可能是命运之手撩动了一下李密那颗不安分的心。李密有一天一时没忍住，大笔一挥，题诗一首：

"金凤荡初节，玉露凋晚林。此夕穷途士，空轸郁陶心。眺听良多感，慷慨独沾襟。沾襟何所为？怅然怀古意。秦俗犹未平，汉道将何冀！樊哙市井徒，萧何刀笔吏。一朝时运合，万古传名器。寄言世上雄，虚生真可愧。"

不安分的心构思出一首不安分的诗，在那个敏感的时代已经很让人疑心了，偏偏李密作诗时又双泪横流，于是淮阳太守赵他得到密报：郡内有个叫刘智远的乡村教师形迹可疑，疑为杨玄感余党，可速速收捕之。

李密没安定几个月，又得逃了，好在他终归逃了出来。这回他躲到了雍丘（今

河南杞县），当地县令丘君明是他的妹夫。纵使这样，丘君明也不敢收容他，而把他安排在当地游侠王秀才家。性格豪爽的王秀才倒挺高兴，还把自己的女儿嫁给李密。可命中注定李密这段人生不顺，新婚的幸福没体验多久，丘君明的堂侄丘怀义又朝官府告发。梁郡通守杨汪派兵前去收捕，恰好李密外出，幸免于难。妹夫丘君明和丈人王秀才却因此被处死。

普天之下莫非王土。李密觉得自己已是全国通缉的要犯，不能再连累别人了。要躲，就只能躲到隋朝王法管不到的地方！于是李密将落脚点定在荥阳、梁郡交界处。因为他听说那里现在活动着多支义军队伍。

李密做出了他这辈子最重要的选择，同时也将迎来他生命中的第一个贵人——翟让。

翟让，本是洛阳的法曹，因犯事下狱，眼看就要被处决，狱吏黄君汉敬佩他的武勇，不忍看他沦为刀下亡魂，于是冒着生命危险把他放了出去。位于今河南安阳滑县南部的瓦岗寨，接纳了这个逃犯。

瓦岗山的地形，确实是亡命之徒的绝佳藏身之处。由于紧邻黄河，这里成了黄泛重灾区，造就了沙丘起伏、草木丛生的地形特点，十分易于隐藏、埋伏。地理位置上，瓦岗北临黄河白马渡、南接通济渠，进可攻，退可守，可谓军事要地。因此翟让在此建设根据地的时候，同乡单雄信振臂一呼，附近的游侠群盗接踵而来，一个初具规模的山寨在瓦岗山上形成。这就是扬名后世的瓦岗寨。

当然，入伙的不仅仅是土匪强盗之流。

客居东郡卫南（今属河南浚县）的曹州（今山东菏泽）徐世绩就是一位富贵人家的公子。徐世绩与其说是来上山的，不如说是为了东郡一带百姓的幸福而来做说客的。他给翟让出主意："东郡于公与勣皆为乡里，人多相识，不宜侵掠。荥阳、梁郡，汴水所经，剽行舟，掠商旅，足以自资。"①

时年17岁的徐世绩还是很有经济头脑的，翟让在这一带为寇后，果然收入丰厚，部众很快便发展到1万多人。翟让在二郡水路尝到了甜头，其余势力便尾随而来。外黄人王当仁、济阳人王伯当、韦城人周文举、雍丘人李公逸等在此各划地盘。一时二郡匪患大增，当地官府根本无力弹压。

现在，李密也来了，这片区域将是他这条困龙的活水！

起初李密的游说工作开展得并不顺利，各家山寨大王多出身草莽，最烦书呆子讲天下之类的大道理。李密一时甚至人见人厌。但李密并不气馁，在他努力不懈地劝说下，各家寨主们逐渐接受了他的主张，进而对他有了几分敬意。李密又观察到，二郡水路各个势力当中，翟让的号召力是最强的，必须做好他的说服工作。可惜还没等李密施展口舌之功呢，翟让先把他请去了。当然，不是请他去演讲，而是把他请进了自己的水寨大牢。因为有人告诉翟让，此人是杨玄感余党，留着会引来朝廷大军的。李密慌了手脚，好在他的关系网已经打下。王伯当好一阵说情，翟让才把李密放了出来。作为考验，翟让要他去说服其他路人马归顺自己。

这对已经有了相当群众基础的李密来说，简直是轻而易举的事，很快荥阳、梁郡的各支大大小小的水匪全部投奔了翟让。翟让开始对他有了几分好感。李密趁热打铁，劝说翟让效仿刘邦、刘秀等辈，一举推翻腐败的隋朝。可惜翟让此时还只是个十足的土财主而已，对李密的大志根本提不起兴趣。

李密知道单凭自己说服力有限，于是请来了外援——东都逃亡者李玄英。他在各处山寨给李密做宣传，说近日民间有一首叫《桃李章》的歌谣，内容大抵是李密将会代隋而立云云。有了舆论支持，加上原宋城县尉房彦藻的造势，汉、沔等地的豪杰数百人追随李密脚步来到翟让大营，这让李密在翟让心中的分量又重了几分。

翟让有个军师叫贾雄，翟让对他言听计从。他也说李密将来贵不可言，还说翟让的翟字是沼泽的泽的意思，而李密号蒲山公，蒲无泽不生，两人是命中注定的搭档。翟让大喜，与李密日益亲密。

成功建立起信任关系后，李密给翟让出了第一个点子：

"公士众虽多，食无仓廪，唯资野掠，常苦不给。若旷日持久，加以大敌临之，必涣然离散。未若先取荥阳，伏兵馆谷，待士马肥充，然后与人争利。"②翟让从之。金堤关和荥阳各县郡先后被瓦岗军攻陷。

---

① 出自《资治通鉴·隋纪七》。
② 出自《资治通鉴·隋纪七》。

荣阳太守是个无能的家伙，根本无力制止。可荣阳是中原和江淮一带的重要粮仓，楚汉争霸时汉王刘邦以此为基地，彻底拖垮了楚王项羽的军队。杨广虽然昏庸，但并不糊涂，他不想丢掉这里。为此，他不惜打出了一张王牌——从山东前线调来了河南道十二郡黜陟捕讨大使张须陀。

# 洛口米仓放粮

张须陀是个平叛专家，包括王薄在内的多股农民军都曾被他沉重打击过，翟让之前也败在此人手里好几场。这次听说来者是他，翟让吓得登时就要打退堂鼓，但李密拦住了他。

在杨玄感手下混过的李密什么大场面没见过？区区一个张须陀，在他看来就是有勇无谋的一介莽夫而已。况且之前对农民军全无败绩的纪录，也使这支队伍多少滋生了骄傲情绪。这对李密来说，都是可以利用的弱点。

在李密的一再鼓励下，翟让硬着头皮上阵。战斗在大海寺进行。翟让军根本不是张须陀的对手，一开打就大败亏输。从没把翟让放眼里的张须陀不假思索，一路撵着翟让败军的屁股猛攻。追击到大海寺（今河南郑州以西）以北的树林时，千余伏兵在李密的率领下杀出，打了张须陀一个措手不及。翟让回身攻击，将隋军团团包围。张须陀为救护自己的部下，当场战死。大海寺之战震动了整个河南道的郡县，最凶猛的猫居然被老鼠吃了。河南隋军大受打击，哀声遍地。隋炀帝只得任命光禄大夫裴仁基继任之。

此战也彻底打出了李密的威风。翟让对李密已不单是信任，而是真正的尊敬，他允许李密单独招募了一支人马，名字就叫蒲山公营。李密信心膨胀，又建议翟让直取东都附近的洛口仓，而后开仓分粮，借机招兵买马，称雄天下。

洛口仓兴建于隋大业二年（公元606年），从江南经大运河运来的粮食大多囤积于此。当时洛口仓的仓城周围20余里，共有3000窖，每窖藏粮8000石，设官兵千人防守粮仓。按此记载计算，洛口仓约可容纳粮食2400万石，是当时全国最大的粮仓。

此时山东、河南饥民满地，李密的建议可谓极富战略眼光。可惜翟让还是土财主心态，认为用度充足，已经没有必要再冒险，干脆带着人回了瓦岗。李密失望之余，自率蒲山公营朝西发展，打下了好几座城市，大获储资。翟让眼红不已，又厚着脸皮回来了，李密也不计较，毕竟目标就在眼前了，两人应该同心协力才是。

经历过杨玄感之乱后，有人曾劝告隋炀帝加强洛口仓的防备力量，却被讥笑为胆小鬼。皇帝一天比一天昏庸，底下的官员们自然好不到哪里去。东都守备力量空虚，训练废弛，大家只顾着拉帮结派，推诿扯皮，留守的越王杨侗年幼，根本无力约束，所以瓦岗军仅以7000精兵就轻而易举地拿下了洛口仓。

大业十三年（公元617年）二月，洛口仓前人头攒动。饥饿的百姓们，扶老携幼，争相赶来。李密和翟让满面笑容，指挥部下向人群免费发放粮食。今天发出去的是粮食，明天就能收获更多的人心。

回头说说隋朝那边。一座粮仓的损失并不可怕，可怕的是染指大隋这座大粮仓的硕鼠已经越来越多了，而隋炀帝还沉浸在自己的世界里。

杨广还要继续按照惯例，进行一年一度巡游全国的计划。大臣中谁有半句异议，马上被残忍处死。他没想到的是，他一生中最狼狈的阶段即将开始。

大业十一年（公元615年）八月，杨广巡视太原时，突然被数十万突厥骑兵团团包围。御驾一行只得进入雁门关避险。在突厥骑兵的猛攻下，雁门41座转眼间被攻破了39座，乱箭甚至射到了杨广身前。面对危局，这位曾经不可一世的大隋天子完全慌了手脚，整天只顾着抱着儿子杨杲痛哭流涕，丑态尽显。

突厥突然翻脸完全是杨广自己造的孽。先前的可汗启民是隋文帝立的，自然终生忠心大隋。他死后，儿子始毕可汗对隋朝就没有那么深的感情了。炀帝为了制约始毕，先是引诱他的弟弟叱吉设自立，又诱杀了始毕身边的能臣史蜀胡。这两件事大大激怒了始毕，从此他就开始策划着报复。这次杨广远巡，轻于防备，就被始毕抓住了空子。

隋炀帝眼看情势紧急，只得接受纳言苏威的建议，许诺重赏将士们。隋军士气大振，奋勇作战，始毕一时无法得手。隋先前一直奉行与突厥和亲的政策，下嫁启民可汗的隋宗室女义成公主谎称突厥北面的回纥、铁勒等部落突然发动叛乱，始毕上当，撤兵而去。

杨广等险情一解除，立刻对先前的承诺加以反悔。匹夫尚重信用，一言九鼎的天子竟把诺言不当一回事，众将士愤怒不已，从此炀帝连军心也失掉了。

有这么荒唐的皇帝，就有更荒唐的局面。反隋起义在大江南北不断爆发，这回连隋朝地方官员都参与了进来：涿郡留守罗艺和马邑鹰扬府校尉刘武周都借助自己的威望，在当地扯旗造反，罗艺自称幽州总管，刘武周自称马邑太守。刘武周还借靠近边境之便，朝始毕可汗求助。始毕正求之不得，一口答应。突厥掺和进来，大隋的天下就更乱了。

在这一片乱局中，瓦岗军以洛口仓放粮的壮举，自然成为众目焦点。越王杨侗虽然暗弱，内部管理不力，但硕鼠进家要赶，他还是懂的。虎贲郎将刘长恭和光禄少卿房崱被委以此任。洛阳人以为瓦岗军和那些一打就散的流寇没啥两样，许多书生和贵族子弟都争着朝讨伐军里钻，想趁机捞个功名。主将刘长恭更是求胜心切，连早饭都顾不上吃就赶着过河列阵。李密让翟让先上去顶着，等了好一阵才亲率主力横冲过去。隋军此时又饿又累，哪里抵挡得住一鼓作气的瓦岗军，被打得大败，士卒战死大半，刘长恭把衣甲都甩了才逃得一命。

瓦岗军在东都又打出了大名声，附近各路人马排队加入：长白山贼帅孟让率众来归；朝散大夫时德睿举尉氏县，鞏县县长柴孝和及侍御史郑颐举鞏县，裴仁基和儿子裴行俨举虎牢关投降。瓦岗军成了中原当之无愧的第一强军，李密则成了瓦岗军中当之无愧的第一强人。翟让想想，能有今天，自己的功劳真不算大，干脆顺水推舟，主动将李密推举为瓦岗军大首领。李密起先不依，"拗不过"众将坚持，也就答应了。

大业十三年（公元617年）二月十九日，瓦岗军设坛场，为李密举行了正式即位仪式。李密自号魏公，开行军元帅府，称元年，大赦天下，置三司、六卫，拜翟让为上柱国、司徒、东郡公，分别封单雄信和徐世绩为左右武侯大将军、房彦藻为元帅左长史。其余如孟让、裴仁基等，也都各有封职。瓦岗寨建立正式政权后，气势更盛，两河以南、江淮以北剧盗，如平原郝孝德、黎阳李文相、齐郡徐圆朗等，莫不响应。

许多隋朝官员见势也转身投奔。《隋唐演义》中的"三猛"之首罗士信，以及排名第2和第6的瓦岗英雄秦叔宝、程知节（即程咬金）就是在这时候加入李密阵营的。

兵力足了，人才也有了，瓦岗军已具备和东都一决胜负的实力。李密派孟让和裴仁基拿下了回洛仓，火烧天津桥。之后，东都反击，二人败走。李密亲自来战，于仓北大破隋军段达、刘长恭等。随即李密一面在东都城外大修营垒，进行围困，一面让手下的记室祖君彦写了封讨伐檄文《为李密檄洛州文》，历数隋炀帝十大罪状，把昏君骂了个狗血淋头。

反贼作檄骂天子，这在之前的历史上

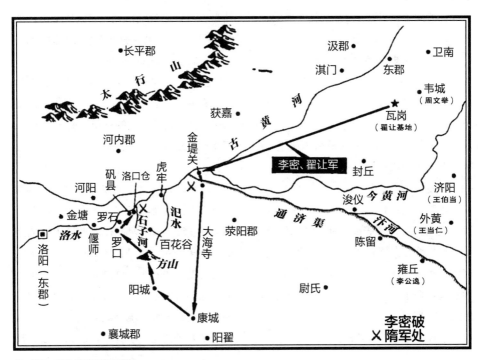

◎ 李密、翟让起兵路线示意图

都是异常罕见的，瓦岗寨此时可以说是豪气十足。可破船还有三千钉，东都守军虽然战一次败一次，毕竟还有 20 多万，瓦岗军一时还真没法得手。

新入伙的柴孝和远见不在李密之下，颇为李密所重。他劝李密不要在洛阳城下继续折腾，向西入关中，直取长安。李密认同他的想法，却以部下多为山东人且未得洛阳西进难以服众为由拒绝了。其实李密并非无谋，这个法子他在追随杨玄感起义的时候就设想过，然而杨玄感最终惨死于进军关中路上的结局，让他想起就感到后怕。如今瓦岗军扩充太快，成分复杂，在没有十足把握的情况下，李密确实不敢再随意冒险。但作为折中办法，李密还是拨给柴孝和数十骑兵，让他去关中闯荡。柴孝和能力确实不错，没多久就发展到了 1 万多人。

在一次小规模战斗中，李密一时打得兴起，直杀入东都的园苑。官军在那里防备森严，顿时箭如雨下，李密竟被射落马下，虽未当场丧命，一场大败却是免不了的。关中那头的人马听说东边输了，一哄而散，柴孝和只得带着原来的几十个人回到洛阳。

有时上天只肯给一次机会，李密这次没有成功在关中开辟根据地，以后也没有第二次机会了。等他养好伤，整军再战的时候，他发现连洛阳都已经更难过去了，因为隋廷调了一个水平不在他之下的人来专门对付他。

这人的名字，叫作王世充。

# 围攻东都洛阳

如果说翟让是李密生命中的贵人的话，王世充就是李密命中的祸星。在演义小说里，王世充是个恶棍。在正史中，他也确实不是什么好人。

王世充本不姓王，他姓支，祖上是西域来的胡人。王世充的祖父支颓辱早死，祖母年纪轻轻就守了寡，那滋味很不好受。胡人生性又放得开，很快与一个叫王粲的人勾搭上了，还有了个私生子。好在这个王粲比较负责任，没有始乱终弃，还将情人娶进门做了妾。世充他爹支收当时还是个小娃娃，跟着老妈一起进了王家。王粲挺喜欢他，收为养子。世充这才姓了王。

王粲也是个有身份的人，《隋书》说他是个"开府仪同三司"，这是个不小的荣誉职称。也许就是靠着干祖父这层关系，王世充后来官至汴州长史。

王世充不是个一无是处的人，史书称"充卷发豺声，沉猜多诡诈"。胡汉混血不仅让他具备了胡人的外貌和汉人的多谋，还让他在胡人的勇悍之外熟谙汉人的为官之道。

以军功，王世充拜仪同三司，授兵部员外郎，又迁幽州长史。炀帝时他做了江都（今江苏江都）郡丞。但他最厉害的还是有一条利舌，能把白的说成黑的，错的说成对的，势利小人吹成正人君子。别人明知他胡说八道，却往往辩不过他。在隋炀帝面前，王世充的舌头却转了性，专拣隋炀帝爱听的话说。杨广每次来江都，都被他那二两马屁话捧得晕乎乎，一高兴就又让他当了江都通守兼宫监。《剑桥中国隋唐史》里提到的阿谀奉承之辈，王世充绝对排得上号。

嘴上功夫强，手上也不弱。王世充知道隋炀帝好色喜奢侈，于是他精心修饰江都行宫的每一面墙壁，每一座雕塑。宫里也常常备有来自各国的稀世珍宝，又广收江淮美女进献之。把隋炀帝乐得都不想回长安。

要在杨广眼中的众多红人里脱颖而出，光物质上和精神上献媚是不够的，必要的时候得给他分忧。这个道理，王世充很清楚。隋炀帝被始毕可汗围在雁门关，号召天下勤王。王世充离得比较远，本是赶不及的，但他还是悉起江都军马北上。一路上更号哭累日，终日不洗脸不洗澡，睡觉也就抓把草当枕头，比给亲爹守孝还虔诚。炀帝得知后，大为感动。

除了在皇帝蒙难时深刻展示自己的忠心外，王世充在完成剿匪任务时，交出的答卷也一点不差。

大盗孟让、格谦、卢明月等都有栽在王世充手上的记录。杨玄感起事时，余杭人刘元进在当地响应，吴郡人朱燮、毗陵（今江苏常州）人管崇也来帮忙，有众7万。隋朝猛将吐万绪、鱼俱罗进剿，一时不能摆平。隋廷改派王世充，刘元进和朱燮都被其击杀，余众溃散。

随后，王世充在天台山名寺通玄寺的佛像前折香为誓，宣布投降者一概不杀。不少人心动了，最终有3万多人真的来投降。王世充把他们统统安排在一个叫黄亭涧的地方，随后将其全部屠杀。黄亭涧的惨案激怒了幸存下来的刘元进部众，他们不再抱有幻想，重新拿起了反抗的武器。直到隋朝灭亡，这一带也没能安宁。但这并不影响隋炀帝对王世充的嘉奖。因为对于封建统治者来说，死一些百姓不算什么，他们要的是能杀百姓的官。

可是，往往真正想要朝廷命的反而是那些官们。当时李渊起于太原，窦建德大闹河间，薛举、李轨、梁师都争夺甘陇，南方又有杜伏威和萧铣。隋炀帝觉得反正局面也没法收拾了，索性巡游到了江都后就不走了，成天醉生梦死。

但隋炀帝毕竟还是皇帝，完全逃避现实是不可能的。越王杨侗的告急文书一再发来，可杨广手下剩下的名将都被牵制在山东、河北一带，中原实在没啥人可派的，只好让王世充担当起重任。至少，在隋炀帝的眼里，此人还算忠诚。

这一年七月，隋炀帝诏王世充与将军王隆、河北大使太常少卿韦霁、河南大使虎牙郎将王辩各领所部奔赴东都前线。由于原计划节度各路援军的左御卫大将军薛世雄在七里井遭窦建德偷袭，羞怒而死。杨广干脆委任王世充为援军总指挥。

于是又一场精彩的对决要上演了。我们先看看双方的实力对比。

兵力方面，李密在隋援军到来之前用徐世绩计，又袭破了黎阳仓，并开仓放粮。武阳、武安、永安、义阳、弋阳、齐等郡相继出降，瓦岗军又得兵20余万。加上原来的，估计不下30万。

王世充这边略逊，自己的江淮人马会合韦霁、王辩以及河内通守孟善谊、河阳都尉独孤武的部队，再加上东都方面刘长恭、庞玉部，也只有十来万人。

但论质量，王世充可就占上风了。瓦岗军多为投诚的各地盗贼以及临时招募的百姓，在军事素质方面，显然不能和王世充的正规军相比。特别是王世充的江都兵团，在江淮剿匪战场上作战多年，战斗力相当可观，可以说是瓦岗军的一大威胁。

论军心，双方兵马都出自多个方面，短时间内很难做到配合默契。李密为人慷慨，所得金银珠宝全部分给部下，因此他的嫡系蒲山公营皆愿为其效力。然而王世充这方面也不差，江都兵团成员多为身犯重罪的江淮大盗，是王世充赦免了他们，平日里无论军功还是战利品，王世充均归于下，所以江都士兵也都争为其用。江都兵团无论数量还是质量，应该都在蒲山公营之上，这方面，王世充胜出。

论人才，瓦岗军智士猛将不少，文有祖君彦、柴孝和及新加入的魏征等，武有罗士信、程知节、秦叔宝、单雄信、徐世绩。王世充这边似乎没有什么值得一提的人物。但是东都几场大战下来，李密手下的能臣猛将们并没有多少人有出彩表现。这方面，两人可以说为平手。

综合来看，其实隋军实力还略胜一筹，现在就看双方临场发挥了。

3个月后双方在洛水以北第一次交战，李密就吃不住了，连连败退，连智囊柴孝和也掉进河里淹死。好在李密脑子转得快，他立刻让主力退守月城，吸引王世充的注意。自己则率精兵万余，悄悄渡过洛南，袭击王世充在黑石的大营。王世充看到告警的烽火，回兵来救，结果半路上中了李密的埋伏，折兵2000多。

洛水一战李密虽然反败为胜，但也暴露出以农民为主的瓦岗军不擅野战的弱点。李密吸取了这个教训。在接下来的石子河之战中，他从一开始就祭出对付张须陀和刘长恭的法子——让翟让先上。翟让的老弱很快就败下阵来，王世充中计来追，结果被李密和王伯当、裴仁基的伏兵夹为三段，再次大败，狼狈西逃。

就在这个月，从太原起兵的唐国公李渊完成了李密未竟的事业，一路打进关中。李家出身陇西，关陇一带的世家大族多与其有联系，一路支援不绝。李家军很快就攻陷了长安，立留守的隋炀帝之孙、代王杨侑为隋恭帝。还在东都和王世充相持的李密听到这个消息，想必心中是十分懊恼的。不过他现在已经没有时间去找后悔药吃，因为一个更棘手的问题正摆在他的眼前：翟让。

时间会改变一切，包括人的思想情感。

自决定进军东都起，李密在瓦岗军决策层中的地位就日益重要。凡是大仗、硬仗，任指挥的都是李密，翟让反而成了配角。翟让生性豪爽，倒不是那么在乎，然而翟让身边的瓦岗老兄弟很是愤愤不平，平日里他们一碰上蒲山公营的士兵，非上前侮辱一顿不可。李密军纪严明，因此他的手下多只敢怒而不敢言，李密为了大局，也不好说些什么。然而李密当上魏公，开辟了自己的行军元帅府后，翟让手下的态度还是和以前一样，这就让李密有些不能忍受了。翟让不知是把李密的忍让看作理所当然的报恩，还是咋的，渐渐也开始对元帅府的人横加欺凌，总管崔世枢、元帅府记室邢义期、左长史房彦藻等李密亲信都遭到过翟让的勒索，甚至毒打。李密嘴上不说，心里却恼火得很。而真正促使矛盾激化的，还是有关瓦岗寨的权力分配问题。

司马王儒信见李密威望日高，怕翟让被彻底边缘化，劝他自封大冢宰（北周旧官名，总揽国政）。翟让的哥哥翟宽是个粗人，心里藏不住话，对翟让发牢骚说："天子止可自作，安得与人！汝若不能作，我当为之。"[1]听者无意，翟让只是一笑置之，但闻者有心，李密可不会像翟让那么心宽，况且还有人在他身边煽风点火。

"翟让越来越放肆了，再放任下去，他还不知会做出什么事来。不如尽早解决了他。"房彦藻恨恨道。

"大敌当前，我怎么好自乱窝里呢？"李密声音依旧平静。房彦藻的话说到了他心里，但有些话实在不应该由他来说。

"毒蛇螫手，壮士解腕，所全者大故也。彼先得志，悔无所及。"[2]李密的左司马郑颐说道。

李密的眼神不再闪烁。其实他早有此念，只是要等着翟让把人都赶到他这头之后。

于是，石子河大捷两天后，翟让收到请帖，请他到元帅府中赴宴。翟让没有任何疑心就去了，和他同行的还有翟宽、侄儿翟摩侯、王儒信。

席宴上，翟让正欲举杯，李密用一件物什制住了他：那是一把好弓。武人对上等兵器的喜爱是发自内心的。李密看出了翟让目光里的贪婪，毫不犹豫地把弓交给翟让，让他展示下自己的箭术。欣喜不已的翟让根本没有多想，跳起来就拉了个满月。刚拉开弓，翟让就被李密的侍卫蔡建从背后一刀砍倒。翟宽、翟摩侯、王儒信随之被杀。徐世绩的脖子也被砍中，倒地不起，多亏王伯当赶紧喝止，他这才逃得一命。至于战场上威风八面的单雄信，也被吓得叩头如捣蒜。

善后工作比李密预想的要顺利。翟让、翟摩侯、王儒信的死，看上去似乎没人为之悲痛，瓦岗权力回收手续在平静中完成。当然，鸿门宴的效果并不像表面那么完美。大家也许不会在意翟让的死，但是李密对待恩主的方式，竟然如此残忍而又果决，使得瓦岗老兄弟离心，为日后瓦岗军的分崩离析埋下火种。

处理完了与翟让的内部矛盾，李密开始集中精力解决和隋朝的外部矛盾。他亲自审问隋军降卒后，得知王世充最近在不停地招兵买马，不停地给士兵发赏钱。这一做法有悖常理：求战不得，正常情况下粮食应该快完了，怎么反而要继续增兵呢？李密稍一思索，立刻明白了王世充的下一步计划：加强力量，而后来劫瓦岗军的军粮。

---

[1] 出自《旧唐书·列传第三》。
[2] 出自《资治通鉴·隋纪八》。

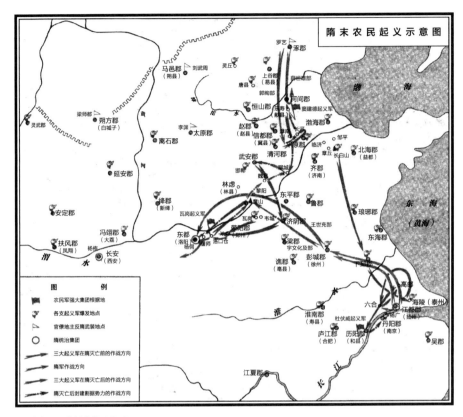

◎ 隋末义军进军路线示意图

因此当王世充夜袭洛口仓的时候，遭到了王伯当的伏击。但粮食的诱惑让饱受饥饿威胁的隋军士兵产生了巨大的动力，王伯当军阵线很快被冲破，幸亏瓦岗军总管鲁儒率军堵住缺口，王世充军一时冲突不入。王伯当整理好队伍后，从后侧猛袭王世充军。遭遇前后夹击的隋军支持不住，朝洛水方向溃逃，战死、溺死者又有千余人，骁将费青奴被王伯当亲手所杀。

杨侗听说王世充又折一阵，遣使来慰问，王世充大倒苦水：他的兵马本来就不多，

打了几次败仗后已经无力再战了。杨侗还能怎样，只好好言抚慰王世充，同时给他加派了7万援军。王世充恢复生气，再度进击，扳回一城，乘胜进军巩县（今河南巩义市）以北。

转眼到了大业十三年（公元618年）正月十五。没有元宵，没有灯笼，只有漫山遍野的喊杀声。王世充命各部在洛水上架设浮桥，强攻李密军营。虎贲郎将王辨最为勇猛，一举攻破瓦岗军外围工事。对正面对决毫无信心的瓦岗军乱作一团，眼看

一场大崩溃就要上演，对岸的隋军阵营却突然响起了收兵的号角声。

没人知道为什么，只能解释为各军架设浮桥的速度有快有慢，王辨部动作太快，把其他友军都甩在后面了，王世充见他久久没有出来，以为已经全军覆没，所以下令撤军。这一错误判断给隋军造成了毁灭性的后果。李密已经组织了几百人的敢死队，趁机追袭王辨军，王辨当场战死。隋军各部本来就行动不一，紧急撤退起来更加混乱，瓦岗军来攻，这回轮到隋军崩盘了，大批大批的人马掉到洛水里溺死。据事后统计，起码有上万人。

洛水惨败，王世充再也没有脸回去见越王了。他灰溜溜地带着残兵败将朝河阳而去。

时值暴风雪来临，隋军衣甲单薄，于路倒毙者竟达数万。当王世充回到河阳的时候，身边只剩几千个冻伤饿瘪的残兵败将了！纵使王世充再能言善辩，也无法为自己的罪责开脱了。他所能做的，就是将自己五花大绑关进牢房里。越王杨侗哭笑不得。隋朝精兵猛将死的死，降的降，离了王世充，还真别人可以抵挡李密。他派人把王世充请了回来，又赏黄金又赏美女，总算稍稍宽了这个屡败之将的心。哪知王世充觉得怎么也玩不过李密，干脆收拢残部，躲进了附近的含嘉城，怎么叫也不出来。

与王世充的凄凄惨惨相比，李密风光无限。当下他的30万大军已将洛阳城团团包围，战鼓声震天动地，东都的皇宫在鼓声中微微地颤抖着。隋朝的官员们又一次

成群结队地投降李密，瓦岗军也派使者四处游说，河南境内几乎已经遍插"李"字大旗。

# 击败宇文化及

在这形势一片大好之时，李密却难得地保持了清新的头脑。当部下裴仁基等上表，窦建德、朱粲、孟海公、徐圆朗等的使者也都劝其称帝之时，李密一一给予了拒绝。

因为大胜之余的李密清楚地知道，现在各路人马都拥有自己的地盘和军队，自己若不能至少占领一座具有政治意义的城市，是难以号令天下的。长安已被他人夺去，那就只有全力争取洛阳了。再者，隋朝再怎么衰败，终归还是大家心中的正统，隋炀帝也还活着，自己如果现在称帝，那就不是为天下讨伐无道，而是十足的篡逆了。自己势力虽大，还仅限于中原，别处不服自己的力量比比皆是，要作曹丕（废东汉献帝自立者，一般认为东汉到他称帝时才亡），时机尚未成熟。

正当李密摩拳擦掌，准备对东都来一次致命一击时，一个爆炸性的消息传来。这条消息彻底改变了各家义军的行动走向，也包括李密的，使得李密不单放弃了围攻行动，还决定与昔日的敌人和解。东都从此转危为安。

什么样的消息能将时局来个如此厉害的大逆转？消息内容是：杨广死了！

杨广暴死是必然的结局，他的所作所为让无数人恨不能生食其肉。只是，他死

的方式有点出人意料：全国各地那么多路讨炀义军，没有一个人亲手拿下他的头颅，杨广是死在他的亲随手上的。说到这事，有个人不能不提提，他的名字叫宇文化及。

演义爱好者对他不会陌生：昏君身边第一权臣，演义第一条好汉宇文成都的父亲，弑君刽子手。事实上，只有最后一条符合史实。杨广确实是死于宇文化及之手，然而现实中的宇文化及完全没有演义中那么风光。

杨广能打败原太子杨勇，夺取储君，有两个人出力最大，一是前文提到的杨素，

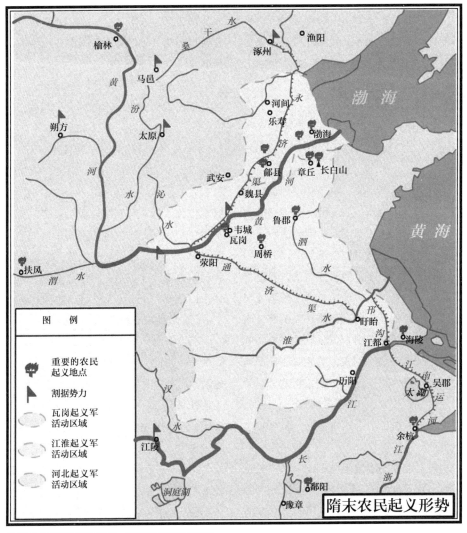

◎ 隋末农民起义形势示意图，中间为瓦岗军势力范围

另一个就是宇文化及的父亲宇文述。宇文述也是文帝时代的老人了，从破尉迟炯到平江南，宇文述功不可没。杨广得以登基，宇文述立下的功劳更大，包括杨素在内的同谋者，都是宇文述负责牵线搭桥。所以杨广成了隋炀帝后，宇文述受宠遇程度不下于杨素，官拜左卫大将军、许国公。每年正冬朝会，赐鼓吹一部。和杨素一样，宇文述相当有军事才能，但道德问题极大。有权在手，他疯狂贪污受贿，后庭养着宠妾数百，家中金银更是堆积如山。

宇文述的两个儿子宇文化及、宇文智及，品行也很恶劣。宇文化及尤甚，他贪财好色、粗鲁刻薄，京师人皆鄙夷之。在敛财方面，宇文化及比他父亲更"出彩"。他不但公然受贿，还跟屠户、商贩混在一起做生意，全不顾父亲的名声。大概对自己的经商才能太有信心，宇文兄弟竟把生意做到了突厥人头上，还是在陪同隋炀帝巡视边境的时候。

事情败露，炀帝大怒，甚至一度想将他们斩首示众。最后还是看在化及的弟弟士及是驸马的份上饶了他们一命，只是削去官职，发给宇文述为奴。虽然皇帝宽宏大量，两兄弟却已深深怀恨在心。

宇文述死前，哀告炀帝照顾自己的儿子。杨广心一软，又把宇文化及提拔为右屯卫将军，以智及为将作少监，游江都时也把他们带在身边。杨广怎么也没想到，他这是在磨亮割断自己脖子的刀。隋炀帝最后一次游江都，不知是因为王世充招待得太好，还是因为李密占住中原要道洛口，总之他一住下就再也不动身了。更荒唐的是，他居然当众宣布，准备迁都丹杨。

隋炀帝还是晋王的时候，亲自指挥了灭陈战争，此后他在江南待了好些年。格外仰慕当地文化的他，曾精心参与过当地建设，现在迁都故地，他并没有觉得有任何不适应。

可你喜欢待在这，不代表别人也喜欢。隋炀帝身边的骁果（隋御林军）多是关中人，思乡心切，逃亡者日众，留下的人也都想着怎么脱身。骁果统领司马德戡觉得再也不能这样下去了，找来一帮要好的大臣，商议西逃。其中有个叫赵行枢的人，是宇文智及的外甥，他把这事告诉了舅舅。宇文智及觉得复仇和捞取功名的机会到了。

大业十三年（公元618年）三月的一个晚上，众人正准备逃跑，宇文智及却提议只有诛杀昏君，才能得到真正的安全。于是弑君计划很快被制定出来，宇文化及和宇文智及被推为首领。

三月初十，所有人一起动作。里应外合之下，隋炀帝很快就被抓住。当他被拖出宫城的时候，悲哀地发现，自己身边一个亲近的人都没有。

隋炀帝最后遗言是这样的："你们谁是主谋？"司马德戡回答："问什么问？天下人谁不想要你的命？"

于是隋炀帝解下了自己的练巾交给校尉令狐行达，隋炀帝就此被缢死。

昏君杨广死了，带着千万子民的诅咒去了地狱。没人会为他惋惜。相反，百姓们只会觉得，这个昏君死得太晚了。而对某些反王者来说，杨广的死未必是好事。自己是打着讨伐无道的旗号起家的，现在昏君死了，自己拿什么理由继续造反？当然，对于那些脑子灵活的人来说，这根本不是问题，因为他们立刻有了个更冠冕堂皇的目标：讨逆，惩凶！

吴兴太守沈法兴率先以为隋炀帝复仇为由，起兵占据江表十余郡，自称江南道大总管。窦建德一边给隋炀帝发丧一边宣称："我为大隋百姓数十年了，宇文化及敢杀我君主，就是我的仇人，我要消灭他！"李渊在长安放声大哭："我身为臣子，不能挽救君主，实在是遗憾！"当然，他一回头，又立马授意傀儡杨侑禅位于他去了。

这些人扯旗造反的时候，数落炀帝之罪该万死，一个比一个狠。等炀帝真死了，又一个比一个更像忠臣。变脸之快，实在让人大开眼界。

面对这种形势，李密觉得自己也该改变下战略了。因此，当已经升级为大隋天子的杨侗（隋炀帝被弑消息传到东都，留守官员们便拥戴越王为皇帝，年号皇泰，史称皇泰主）给李密发来招安令的时候，李密毫不犹豫地接受了，并主动申请追捕凶手宇文化及。隋廷赞其忠，册封李密为太尉、尚书令、东南道大行台行军元帅、魏国公。李密之所以这么做，是考虑到局势未明的时候，自己在道德舆论上不能被别人甩在后面。当然，还有个更重要的原因，"追捕"宇文化及的行动，当时已经开始了。

说"追捕"其实并不准确，宇文化及是主动送上门来的。原因也很简单，江都的粮仓已经见底，10多万军人的嘴巴要吃饭，宇文化及总不能给他们画饼充饥，只好取道回长安。这要西归，李密的地盘是绕不过去的。李密占领了巩洛（今河南洛阳），不放宇文化及过去。弑君者只好改道东郡，可没走多久又被挡在了黎阳。

守备黎阳仓城的是徐世绩。宇文化及兵分几路包围仓城，李密则率领两万步、骑驻扎在清淇。每当宇文化及敲打黎阳仓的时候，李密就猛攻其侧后。

在平原上正面对决，瓦岗军尚且不是王世充的对手，何况面对的是百里挑一的大隋骁果？但宇文化及的软肋在于没带多少粮食，因此李密最好的选择就是不和宇文化及正面接触，等隋军军粮空了，再精锐的部队也会不战自溃。当然，要这样必须先得保证有个稳定的后方，因此李密之前才会与东都隋廷和解。

总之，李密的计策完全奏效了，宇文化及像一只笨拙的狗熊，空被蜜蜂蜇得满头包，却什么也得不到。黎阳在徐世绩的坚守下，也一直岿然不动。徐世绩甚至还在城外的壕沟里挖了几条地道，偷袭宇文化及军营，焚毁了全部攻城用具。

李密在牵制宇文化及的同时，已经偷偷把用于防备洛阳的瓦岗精锐调到东边前线，然后假意派人与宇文化及求和。宇文化及果然上当，他以为和占着几个大粮仓的李密和解了，问他要点援助不成问题。于是宇文化及不再限制士卒的食量，任他们放开肚皮猛吃。然而在李密的计划中，当宇文化及最后一点粮食消耗光之时，就是瓦岗军的总攻之时。但人算不如天算，李密手下有个军士犯了军法，怕被处死，于是投奔宇文化及，从而泄露了李密的密谋。

宇文化及这才知道上了李密的当，可

为时已晚，因为此时他军中的军粮已经见底。盛怒之下的宇文化及也没有退路了，他带着所有人马渡过永济渠，找李密决战。李密的计划虽然被打乱，但他此时已经基本完成部署，于是双方决战于童山。

恶战整整持续了一天，双方谁也没能吃掉谁，却拼了一个两败俱伤。连李密本人也中箭昏迷，险些被宇文化及捉获。多亏得个秦琼秦叔宝死命来救，李密才逃过了一劫。

拼死一战没能消灭瓦岗军，宇文化及真黔驴技穷了。宇文化及派人把汲郡、东郡的官员全抓起来，严刑拷打，逼他们交出粮食。可中原的粮仓已经都在李密手里，连东都都没有多少存粮，周围州郡的情况能比宇文军好到哪里去？可饿极了的宇文化及，催逼得越来越紧。东郡通守王轨等人被逼无奈，偷偷投降了李密。于是李密一下子就获得了宇文化及从江都掠夺而来、存放在东郡的金银财宝。

连番碰壁的宇文化及只能另作打算。他本打算在汲郡以北先打下片地盘，可他那些部下已经再也不听指挥了。骁果将领陈智略、樊文超、张童儿都率部归顺李密。宇文化及的军队散去大半，他只得一路向北，攻打魏县去了。

虽然没能亲手抓住宇文化及，但把他赶离了东都，也算大功一件。李密顿时觉得放眼天下，自己已无敌手。因此他准备进东都拜见下皇泰主，以显示自己的威风。可还没等动身，李密就发现东都的大门已经进不去了。

# 惨败于王世充

隋廷用高官厚禄招安了李密，委以军事大权，王世充对此分外恼火。那本是属于他的特殊待遇，现在却被自己的仇人享受着。这是个什么滋味？而且招安李密，是内史令元文都和卢楚的意思，本是想让李密和宇文化及斗个两败俱伤，再从中取事。可现在李密打了胜仗，这些人都面带喜色，对李密的态度也开始暧昧起来。

联想到前不久东都城内出过内鬼，企图接应李渊和李密，于是王世充开始怀疑这些人会不会也受了影响，打算假戏真做。再加上，王世充考虑到元文都和卢楚对李密有招安之恩，将来事成，他们绝对前途无量。可自己和李密恶战多场，要是李密入主东都，自己必然没有好果子吃。

因此，王世充和招安派官员的隔阂一天比一天深。这些人密谋伏击王世充，不料计划外泄，王世充抢先动了手，元文都和卢楚等都被杀死。此后，皇泰主以王世充为左仆射，总督内外诸军事。王世充搬进尚书省住，家人同党涌入朝廷，从而把持了整个东都的政局。

面对东都的变局，李密大失所望。王世充把持东都大权，他再想进去，一场大战在所难免。可这回轮到李密连出昏着了。

东都缺粮，每天都有人跑来投奔瓦岗寨，李密对这些人厚加笼络，却冷落了原来的弟兄们，引起瓦岗军旧部的普遍不满，军心开始动摇。徐世绩看不下去，发了几句牢骚，李密就把他赶回了黎阳。

东都没有粮食，但多的是精美绸缎。

瓦岗军粮食多得吃不完，却缺乏保暖的衣服，冬季将近，许多人冷得发抖。王世充趁机和李密提出互通有无的建议。李密犹豫不决，长史邴元真等人却贪图回扣，极力劝说李密答应了下来。结果先前东都每天有几百人投降，有了粮食后，投降的人越来越少，使得李密大为后悔。除此之外，瓦岗军还有两大不利因素：童山之战，精锐损失惨重，士卒疲敝；李密本人也在这时病倒。

得知这些情况后，王世充觉得自己还是有相当把握取胜的。于是他开始修缮器械，犒赏士兵。为了稳定军心，王世充还放出流言，宣称李密不死，则王世充军人皆将暴病身亡。王世充军士兵听了后纷纷主动请战。王世充知部队可用，精心挑选出2万多名步兵、2000骑兵，驻于通济渠。李密得知后，留王伯当守后方，自己也带着主力迎了上去。

在决战之前，瓦岗寨内部召开了一场军事会议，这场会议决定了战役的结局，也决定了李密和瓦岗军的命运。裴仁基主张用东西游击的方式来拖垮王世充军。李密则觉得王军士气正旺，不如高壁深垒坚守，等王世充粮尽再出击。但单雄信和新降的陈智略、樊文超等认为瓦岗军人数明显占优势，加上新归附的隋军也争着立功，正好决一死战。这个提议很有说服力，到最后绝大多数将领都要求这么办。裴仁基坚决反对，可惜他的声音很快被淹没。

也许是会场气氛过于狂热，更可能是这些年来胜多败少的经历让李密滋生了自大情绪，他竟然也放弃了自己原来的主张，同意出战。正在瓦岗军中的魏征劝李密正视自身不足，谨慎行事，可惜李密已经听不进去。魏征遭到长史郑颐的嘲笑，气得拂袖而去。

战端一开就不出魏征所料，王世充用少量骑兵对李密的第一仗就占了上风。瓦岗军猛将十余人身负重伤，其中裴行俨步李密后尘，中箭落马，程知节把他拉上自己的马，又杀条血路才突围了出去。

这一小场战斗的胜利令王世充信心更足。王世充预先在军中找了个与李密长得很像的人，又派200多名骑兵埋伏于北邙山上。邙山，处于洛阳以北，海拔只有250多米，然而它却是历代皇族青睐的归葬之所，东汉、三国、西晋、北魏的帝王、大臣们有千余人选择安葬在此。邙山又是洛阳的北部屏障，它东接孟津，西连河阳古城，可以说是兵家必争之地。东西魏时期的两大枭雄高欢和宇文泰就曾多次在这里展开血战。如今，邙山又要见证李密和他的瓦岗军的衰亡。

武德元年（公元618年）九月十二日，王世充在开战前对士兵发表了演讲："今日之战，非直争胜负；死生之分，在此一举。若其捷也，富贵固所不论；若其不捷，必无一人获免。所争者死，非独为国，各宜勉之！"[1]

---

[1] 出自《资治通鉴·唐纪二》。

在王世充充满煽动性的演说的刺激下，他麾下的士兵开始不要命地朝瓦岗军冲杀过去。

相比之下，李密却准备松懈，甚至连队列都没来得及排好，根本无力抵挡江淮健儿们的猛扑，阵形大乱。王世充适时抛出第一张牌，那个酷似李密的家伙被五花大绑，绕着王世充军阵地走了一圈。牵着"俘虏"的人大呼道："已经抓住李密了！"战斗短暂被打断，双方均是一愣，紧接着又厮杀起来。王世充的兵信以为真，更加兴奋，攻势更猛。而瓦岗军同样信以为真，士气大跌，抵抗更加微弱了。

就在这时，王世充打出了他第二张牌，也是他的必杀技——伏兵。那两百名骑兵从山上杀出，居高临下猛冲，但他们的目标不是瓦岗军，而是瓦岗军营。正在全力抵御王世充主力的瓦岗军军营防备薄弱，很快被攻破。王世充的骑兵四处放火，瓦岗军寨烈焰熏天。

见后方也陷于敌手，处于各种压力下的瓦岗军再也支持不住了，雪崩一样四散奔逃。王世充大获全胜，陈智略、张童儿等前隋军将领又回归了旧阵营。李密带着一万多人逃亡洛口。李密主力一败，先前瓦岗军内部埋藏的种种矛盾立刻爆发。偃师守将郑颐打算坚守，然而他的部下却劫持了他，迎王世充入城。裴仁基、祖君彦等数十人被俘。

逃到了洛口的李密，精兵猛将尽失，守将邴元真也开始暗中联络王世充。李密知道后也不作声，打算将计就计在洛水伏击王世充军。可李密派出的斥候没能发现悄悄渡河的王世充军，使其顺利渡河。而翟让旧部如单雄信等也趁机按兵不动，李密没法坚持，只能弃洛口而去，单雄信和邴元真旋即投降。

曾几何时，瓦岗军有众数十万，纵横中原，所向克捷，威风八面。现在，仅仅一战下来，这一切都在瞬间瓦解冰消。究其原因，其实也不复杂。瓦岗军实质就是两河、山东、江淮的盗贼联盟，而盗贼们的本性就是胜则聚，败则散。更何况许多新加盟的人马纯粹是跟风而已，对李密等领袖毫无忠诚可言。这在柴孝和入关中时已有实证。而且瓦岗军的核心部分——瓦岗老兄弟们，这些人彼此情感更深一些，凝聚力也更强些。但李密毕竟是个外来户，在他们心中的位置始终比不上翟让。而李密也确实缺乏控制这些非嫡系部队的手段，或者助手。

乱世中，最可依靠的人莫过于自己的亲人，而从头到尾李密的亲属都没出场过。唯一的解释就是他们早已在逃亡时被隋炀帝所杀。因此，李密始终很孤单，除了元帅府那些近随，他找不到更多支持他的人。这样，一旦他失败，众人弃他而去也就理所当然了。

# 覆灭于刑公岘

李密继续北逃，有人建议他去黎阳，被李密拒绝。李密认为徐世绩当初差点被自己害死，后来又被自己排挤，现在不是徐世绩肯不肯收容李密的问题，而是李密敢不敢去投奔徐世绩的问题。

因为东都近郊领地都丢掉了，王伯当

只得放弃金墉城，和李密会合于河阳。李密还想占据河阳为根据地，将领提醒他，要是停下，人就都跑光了。李密悔恨交加，试图自杀，王伯当抱住他大哭，他才作罢。

府掾柳燮就此提议，何不去投奔唐国公李渊？首先，李渊尊崇过主公的；其次，李渊能轻取长安，主公隔断江淮，功不可没。因此柳燮的提议得到众人一致赞同。

于是，李密率最后的2万多名追随者踏上了入关的路。中原那些前瓦岗的势力则与江淮、中原各路反王一起被隋廷招安。这说明天下人其实很大部分反的不是大隋，反的只是杨广而已。从这点来说，李密没能找到个隋朝宗室做自己的道德护身符，也算是一大失策吧。

李密是满怀着自信去长安的。他以为以自己的号召力，在李渊那至少能位列三公，可已是天子身份（炀帝一死，李渊立刻接受代王杨侑禅让，国号为唐，从此开启了大唐历史）的李渊却不这么想。因为李渊虽然以善待人才而闻名，但他最容不下的就是可能对其构成威胁的前反王们。所以，当李密到了长安，唐朝给他的待遇与他期盼的相去甚远。他只得到了个光禄卿的位置，封邢国公、上柱国。也就是说他其实只配给李唐家族的人准备酒席，管管杂物。至于唐朝的上柱国也很廉价，当初李渊在进军路上一口气封了一大堆，以至于唐初有着"柱国满街走，国公多如狗"之说。

李渊本人对李密倒是还算客气，见面就称呼他为"弟"，还把外甥女独孤氏嫁给李密。可唐朝的大臣们谁也不把这个所谓"外戚"当回事，对李密动不动呼来喝去的，甚至有人公然朝李密索贿。这可很让李密火冒三丈。李密手下的人才倒有不少被重用的，魏征拜秘书丞，负责招降潼关以东，徐世绩就是在他的劝说下投降的。徐世绩归顺前，将黎阳的户口、军力等账簿全部以李密的名义上交。李渊感慨他的忠义，赐姓为李。大唐双李之一的李世绩就是这么来的。

这一年的大朝会，唐朝君臣饮酒高歌，好不欢喜。李密却只配热酒备菜。那一刻，他觉得从来没有这么耻辱过。

对比自己和部下的差别待遇，李密觉得忍不下去了。于是武德元年（公元618年）十一月，李密向唐高祖李渊提交申请，前往黎阳收服自己的旧部。高祖予以恩准，还让王伯当和李密旧臣贾闰甫随行。

临出发前，李渊赐酒钱行："大丈夫一诺千金。有人让朕不要放兄弟走。朕赤心待你，别人想离间是不可能的。望兄弟早建功勋而回。"

李密手中的杯子在微微发颤，李渊这是在拐着弯地敲打他。

刚出华州不久，三人突然接到诏书：别人可以先走，李密必须独自回京，另有安排，因为李密有个手下揭发他想借机叛逃。

此时李密已到稠桑，情急之下，就此叛唐。贾闰甫流泪相劝，反而差点被大怒的李密杀掉，多亏王伯当苦劝才保住一命。此后，贾闰甫逃往熊州（今河南宜阳）。王伯当虽然不赞成李密的做法，但二人情深，还是决定跟李密同生共死。

几天后，长安接到报告，李密派人假扮

随军家眷，攻陷桃林县（今属河南灵宝）。驱赶附近的百姓直奔南山，声称要去洛州。洛州在洛阳东北，李密到了陕州（今河南三门峡），却调头向南。他的真实目的地其实是伊州，那里的刺史张善相是瓦岗旧部。

李密一生算计别人无数，这一次他又想重施故技。问题是，他的对手不是隋朝那些无能将官们，而是能人如云的唐廷。

当李密的队伍行进到一座叫邢公岘的山谷口，眼看就要过完时，熊州行军总管盛彦师的伏兵出击了。唐军出击的时机和地点都把握得特别好，李密军从中间被截断，首尾不能救应。李密和王伯当在几乎毫无抵御能力的情况下双双被杀。

李密的首级很快被传回京城，没人为他鸣冤。只有还在黎阳镇守的李世绩上表，请求收葬这个并没有多少知遇之恩的前主公。李渊又一次被他的忠义打动，将李密的尸体交给了他。李世绩率领全军戴孝，按君主的礼节埋葬了李密。不知魏公他在天有灵，心里该会对自己当年的猜忌羞愧到何等程度。

李密死后不久，王世充就废杀皇泰主，在东都建国，号大郑。这个叛逆政权实在不得人心，仅两年就被李唐所灭，王世充在流放蜀中的路上被仇人杀死。东都城破的时候，单雄信被俘，坚决不降而死。李世绩救之不得，大哭，从自己腿上割下块肉给单雄信吃掉，说："愿此肉追随兄长于地下。"其人重义如此。邴元真的下场也不好，王世充派他镇守滑州。李密旧将杜才干痛恨他的背叛，假意归顺，趁其不备砍下了他的头，送到李密坟头祭奠。

今天的瓦岗寨已经改名为瓦岗寨乡，隶属河南滑县行政范围。拜演义所赐，时至今日这里依旧年年吸引着大批慕名而来的游客。2006 年滑县人民政府干脆投资，兴建起瓦岗寨历史文化旅游景区。现在我们所看到的太玄林、八阵图、瓦岗军寨等，大抵是新世纪的产物，因为瓦岗军确实没有在这里待多久。

但当我们徜徉在洋溢着现代气息的"瓦岗景点"时，脑子里想着演义里那些好汉的矫健身影和传奇事迹，相信每个人心里还是会升起一股莫名的激动的。

因为，这毕竟是一个逝去的时代的精神象征。

# 五代煞星朱温

## 中原烽起

### 逐唐鹿

# 窃雄录

作者

/上帝之鹰

为了增强文章的故事性和可读性，文中部分内容采自野史戏说，特此说明，还请读者注意。

随着历史的车轮缓缓驶向 10 世纪，唐帝国也开始步入她生命的倒计时阶段了。是什么导致曾经辉煌无比的大唐王朝走向没落？简单归纳一下，可以认为是中晚唐政局的三大弊端：宦官弄权、藩镇为祸、宗教之弊。

寺人为祸的例子，自秦代起就络绎不绝，东汉、明朝权宦都造成过很大危害，然而公公如唐代那般生猛，历史上还真是不多。"东汉及前明宦官之祸烈矣，然犹窃主权，以肆虐天下。至唐则宦官之权反在人主之上，立君、弑君、废君，有同儿戏，实古来未有之变也。"①唐代的大太监们手握兵权，广布亲信，倾轧忠臣，甚至将君主的废立乃至生杀大权也抓在手中。

藩镇（也就是节度使）其实在唐睿宗的时候就有了，但早期对节度使们的管理相当严格，如分其权力、频繁调动等。然而随着玄宗晚年越来越喜好战功，对节度使的权力缰绳也越勒越松，甚至出现了王忠嗣、安禄山这样同时辖制三四个辖区的大藩镇，终于导致了天宝十四载（公元755年）的"安史之乱"。此后唐朝由盛转衰，中央的权力在一天天被削弱，地方藩镇的实力却在一天天增强。为对抗安史叛军而临时在内地设置的大批藩镇逐渐转化为大批割据政权。"人事、赋税、甲兵，皆擅得自专，不入朝廷。"②更有甚者还与权宦勾结，互为内外援，使唐廷实现中央集权更加困难。

有唐一代，佛道二教极为盛行。就连唐朝二十四帝里，大多也非信佛即信道。宗教势力（特别是佛教势力）急剧膨胀，发展到与国家争利的地步，那就成了社会发展的一大毒瘤了。据晚唐名相李德裕估计，会昌年间仅江淮一地就有被佛教掠去 60 万男丁的危险！唐武宗因此曾开展"会昌灭佛"运动，沉重打击了佛教势力，然而唐宣宗上台后，崇佛思想再度抬头，自唐懿宗起达到登峰造极的地步。懿宗经常亲自设席唱经，为僧尼剃度，他又喜好挥霍，时常将大量金银肆意施舍与寺院。咸通十四年（公元873年），懿宗为迎佛骨，更是不惜巨资，大造佛塔、宝帐等，皆饰以金玉，极大地消耗了国库储备。唐末国家财政危机以至崩溃，皇帝佞佛"功不可没"。

至于论唐朝的灭亡，古往今来的史家发表过的相关文章无数。其中以清代王夫之的观点较为独到，他认为唐灭亡的弊端，宣宗时就种下了。"唐之亡，宣宗亡之，岂待狡童继起，始沈溺而莫挽哉？"③在王先生看来，号称小太宗的唐宣宗其实是个完全被神化了的人物，史书里对他那些所谓"精明干练"的事迹只不过是小说式的刻意修饰，实则"皆亡国之符也"。他给宣宗列的罪名不少，如疑心太重弄得朝堂人人自危，崇法家而使宵小之辈横行，不敢削宦官之权实为欺软怕硬之人等。但他特别强调指出的一点是自宣宗起，从中央到地

---

① 出自赵翼《廿二史札记·卷二十》。
② 摘自《资治通鉴·卷二二五》，中华书局1956年版，第7250页。
③ 出自王夫之《读通鉴论·卷二十六》。

方的官吏多所用非人，地方上横征暴敛到了无以复加的程度，以至于民间人人皆怨，个个揭竿而起。"……问民之何以迫于饥寒而邃走险以自求斩艾乎？然则所以致之者，非有司之虐害而谁耶？……而弄法饰非者骄以玩，朴愿自保者罹于凶，民安得不饥寒而攘臂以起哉！"[①]

王夫之的观点有依据吗？有！有两个人可以用实际行动来证明。其中一个人叫王仙芝，另一个就是黄巢。乾符二年（公元875年）他们一个在濮州长垣县（今河南新乡）扯旗造反，另一个则在曹州（今山东菏泽）响应。而正是这个黄巢，终结了大唐帝国的最后一丝生气。

黄巢幼年有大志，读过书，一再参加考试，一再名落孙山，最后沦落成为私盐贩子。从黄巢的诗能选入《全唐诗》来看，他并非《新唐书》本传里说的"粗通文墨"而已，总考不上可能更多还是因为他不是某个重要人物的"门生"吧。

目前史学界公认黄巢的起义是大唐灭亡的关键事件，《资治通鉴》对黄巢参加造反的解释是"屡试不中，遂为盗"。这么说来唐王朝之死竟和几个考官有关，这或许就是传说中的"蝴蝶效应"吧。

当然，黄巢和王仙芝公开的造反口号上不会这么写，他们发出的檄文是："官吏贪沓，赋重，赏罚不平。"这正是王夫之观点的最好实证。而从事后百姓们积极响应的态度来看："民之困于重敛者争归之，数月之间，众至数万"[②]，似乎更验证了王夫之的看法。

黄巢和王仙芝还有个共同点——他们都是私盐贩子。贩私盐在古代是重罪。在大唐的法律体系中，盐贩子不光自己要被处死，家人也要被连坐，甚至让整整一条街的邻居受牵连。所以敢贩私盐的大多是亡命之徒，而且为了保命，多有一身好武艺。黄巢和王仙芝自然也不例外。加之此时唐朝州县的兵马都很少，而且久不习战，因此二人一口气连寇河南十五州，锐不可当。天平军节度使薛崇来讨，也被他们打败。王仙芝打得顺手，连汝州都攻下来了，东都震恐，士民纷纷携带家眷外逃。

但王仙芝是个没啥大志向的人，他的造反理念有点类似于宋江，就为了能接受招安。这种人是不会和朝廷拼到你死我活的，所以当唐廷朝东都调集重兵后，他一下子就转东边去了。乾符三年（公元876年）十二月，朝廷派人来招安王仙芝。可惜朝廷这次实在太小气，只给了王仙芝本人一个左神策军押牙兼监察御史的头衔（禁军小头目而已），而黄巢、尚让等义军大小头目全没份。黄巢火了，当场指着王仙芝的鼻子痛骂了一顿。越说越火之际，竟朝他脑袋上给了记重拳，其他的部众也嚷嚷个没完。王仙芝只得拒绝了朝廷，还在附近大掠了一番以示决心。第一次招安计划

<hr>

① 出自《读通鉴论·卷二十六》。
② 出自《资治通鉴·唐纪六十八》。

就此流产。

这一拳也把黄巢和王仙芝的兄弟情给打碎了，此后王仙芝继续南下两湖，黄巢则带两千多人北返中原。乾符五年（公元878年），王仙芝就被唐将曾元裕追斩，余众投奔黄巢。此后，黄巢自号"冲天大将军"，改年号为王霸，然后学着王仙芝，一边南下劫掠，一边等待招安。可惜朝廷每次给的价码都不能让黄巢满意，其结果自然是整个中原的战乱。

"自懿宗以来，奢侈日甚，用兵不息，赋敛愈急。关东连年水旱，州县不以实闻，上下相蒙，百姓流殍，无所控诉。相聚为盗，所在蜂起。"[1]

连年灾荒，官府又不给百姓活路，导致盗贼满地，可就是这样的乱世，成了某些人的舞台。这些人中，就有本篇的主人公——朱温。

# 杀人放火受招安

朱温是宋州砀山（今安徽砀山县）人，兄弟三人中排行第三，因此又被称作朱三。传说朱温于大中六年（公元852年）十月二十一日出世时，正值半夜，当时砀县乡民们正要入睡，却见朱家突然红光直上冲，甚是耀眼。众人以为火起，大惊。然而大家提着水桶赶到的时候，朱家的房子却好好的一点事没有，使得村民们惊讶不已。

朱温的父亲朱诚早死，母亲王氏靠在刘崇家做佣人抚养他和两个哥哥，日子过

得清苦异常。朱温长大后品行不好，因此很被乡亲们讨厌，刘崇更是动不动用鞭子来和他"讲道理"。只有刘崇的母亲不但每次都护着朱温，还经常动手给他洗脸梳头。可能朱三阴暗的少年记忆里，刘母是唯一的一抹亮色。

大约在黄巢军队袭扰至宋州时，朱温和他二哥朱存投奔了黄巢军。此后这对孔武有力的兄弟找到了充分施展拳脚的舞台，因屡立战功而升为队长。可惜好景不长，黄巢转攻岭南，朱存战死。

广明元年（公元880年），黄巢重新北上。淮南节度使高骈因前一阵刚被黄巢用计痛打了一顿，称病不敢出战。黄巢顺利渡过江淮天险，于路不停裹挟丁壮，还警告各路藩镇不要再替朝廷卖命。诸道节度使竟真的个个袖手旁观，结果黄巢几乎在没有遇到任何抵抗的情况下攻陷东都，又很快推进到潼关，众至60余万。而长安方面东凑西凑，只凑出了2800多"神策军"，而且这些所谓"神策军"都是街上临时雇来的穷人，很多人连兵器也拿不稳。这支所谓的"军队"由左军马军将军张承范带着，前去支援在潼关苦苦支撑的汝郑把截制置都指挥使齐克让的万余守军。

60万对不到15000人，结局是可想而知的。潼关纵使地势再险，还是在十二月初三的清晨陷落了。潼关一失，长安就无险可守，刚成年的小皇帝唐僖宗早已丧失斗志，两天后就在亲信宦官田令孜的陪同下带着四个宗室和几个嫔妃逃往四川，连

---

[1] 出自《资治通鉴·唐纪六十八》。

文武百官都丢下了。京师无主，一时竟大乱起来。

当天傍晚，冲天大将黄巢就在博野、凤翔二镇降军的引导下，乘着金碧辉煌的轿子神气活现地入了城，轿子后面是流水般的锦衣大军，绵延千里的车队。黄巢来之前，长安治安急剧恶化。黄巢来之后，长安治安好了几天，然后再度恶化。落地秀才的手下们多是盗贼出身，看着辉煌壮丽的首都和满地的富户，自然不肯善罢甘休。于是房屋集市烈火冲天；许多富户光着脚被赶出家里，豪宅和妻妾转眼换了主人；宗室官员更倒霉，一经确认身份就必死无疑。就在这一片混乱中，黄巢登上了丹凤楼，正式宣布，大齐政权就此建立。当初大唐死活不肯给黄巢一官半职，现在竟然连龙椅和玉玺都被他占了。

将军升级成了皇帝，黄巢手下的兄弟们自然也要跟着升官了。朱温被任命为东南面行营先锋使。从官衔等级来看，他这时候还并不是很为黄巢所重视。不过，既然是乱世，立军功的机会很快就到来了。

黄巢最大的弱点就是流寇风格，不重视根据地建设，因此黄巢军的后勤补给方面要么靠吃库存，要么靠抢。可当了皇帝后，就不能这样干了，于是黄巢就朝那些已经投降的地盘上征集。其中河中镇压力最大，大齐派去征发粮饷的使者前后达数百人之多。节度使王重荣一怒之下，把黄巢的使者全杀了，又打起了唐家旗号。

河中可是黄巢的钱粮大户，岂容有失？于是朱温很快就接到命令：与驻华州（今陕西华阴一带）的皇弟黄邺一起去攻击河

◎ 朱温

中。哪知王重荣不是软柿子，在王重荣的猛攻下，朱温第一次独立率军作战就吃了大亏，不但没占到什么便宜，连自己的粮食兵甲都丢了 40 多船。

但朱温确实还是很有战斗力的，广明二年（公元 881 年）三月他就在邓州立个了功——活捉刺史赵戒。不过这时黄巢的好运也到了头。

唐僖宗逃到成都后委任凤翔节度使郑畋为京畿行营总指挥，全权负责平叛事宜。黄巢部将尚让率军 5 万进攻凤翔，却被郑畋设伏大败，斩首两万多级。中和二年（公元 882 年）二月十六日，郑畋坐镇凤翔，昭告全国，要求各节度使一齐出兵勤王。节度使们立刻一改前态，争先恐后地朝长安进军。已经投降大齐的藩镇也都起兵反齐。黄巢大恐，撤出长安。

唐军进城后只顾着四处抢劫，不料被

黄巢杀了个回马枪，被杀者十之八九，长安眨眼间又被黄巢占据。

"首都"在拉锯，朱温这边也是胜负参半。他刚刚被忠武监军杨复光的八都军从邓州撵到蓝桥（陕西蓝田一带），回头就把延州节度使李孝昌、权夏州节度使拓跋思恭杀得大败。然而当朱温再攻河中时，又被王重荣打个大败。朱温又气又恨，朝黄巢送信要求增兵，没想到连发10封，皆无回信，原来信全被大齐尚书仆射孟楷给压下了。

本就一筹莫展的朱温被逼得火冒三丈。这时门客胡真、谢瞳趁机进言："黄巢起家于草莽之中，只是趁唐朝衰乱之时才得以占领长安，并不是凭借功业才德建立的王业，不值得您和他长期共事。现在唐朝天子在蜀，各路兵马又逐渐逼近长安，这说明唐朝气数未尽，还没被众人厌弃。将军您在外苦战立功，政权内部却为庸人所制约，这就是先前邯背叛秦国而归楚的原因。"正巧此时杨复光也派使者来招降，朱温旋即杀了黄巢派来的监军严实，举师就近投降王重荣。

朱温是杨复光招安的，可一过来，杨复光就翻脸想杀掉他，多亏王重荣认为朱温可用，不同意。朱温得知后，不惜放低身段，认王重荣为干舅，王重荣一高兴，在给朝廷的上表中很是替这个"外甥"美言了几句。唐僖宗大喜，让朱温做王重荣的副手，还给他赐名为"全忠"。新主子如此厚待自己，让朱温兴奋不已，于是更加卖力地攻打以前的战友们。

中和三年（公元883年）二月，朱温联合王重荣、杨复光，以及新赶来的援军李克用等部唐军在梁田陂与15万齐军主力展开决战。此战黄巢大败，被俘斩数万，伏尸30余里。此战击碎了黄巢继续留守长安顽抗的梦想。朱温因作战得力，被提拔为宣武军节度使。

两个月后唐军攻破长安，黄巢烧毁宫殿后逃跑。唐军第二次打进长安后干的第一件事还是动手抢劫，加上黄巢沿路丢弃珠宝，因此他的15万大军得以安然撤退。

黄巢主力尚存，战乱就不会停止。黄巢先攻下蔡州（今河南汝南县），逼降节度使秦宗权，接着又派孟楷进攻陈州（今河南周口市淮阳县），孟楷被刺史赵犨击败擒斩，黄巢大怒，和秦宗权合兵围困陈州，又纵兵大肆剽掠，河南道有10多个州深受其害。黄巢誓为孟楷复仇，攻势一天比一天猛，赵犨告急，朱温就又投入了对黄巢的清剿。因朱温对旧主恨之入骨，所以作战起来格外卖力。他先在鹿邑斩杀2000多齐军，进而占据亳州城。很快感化军节度使时溥和忠武军节度使周岌也率军来会合。然而此时黄巢军力依旧雄厚，朱温三人虽然打了几个胜仗，但还是觉得无法击败黄巢，只得向别镇求援，于是"黄巢克星"来到了。

这位"黄巢克星"就是新上任不久的河东节度使李克用。李克用是沙陀人。沙陀本是西突厥后裔，酋长世代为朱邪氏把持，安史之乱后他们为吐蕃所控制。元和四年（公元809年），沙陀酋长朱邪尽忠举族逃归唐朝，途中遭吐蕃追杀，朱邪尽忠和大部分族人为唐朝战死。唐廷感其忠义，赐沙陀首领世代姓李。李克用是朱邪尽忠的曾孙，骁勇善战，人号之"飞虎子"。

乾符三年（公元 876 年），李克用因杀死自己的上司段文楚自立而遭到朝廷围剿，曾一度栖身鞑靼人处。长安失陷后，朝廷大赦有罪藩镇讨贼，他这才从沙漠深处出来，率领沙陀骑兵勤王。梁田陂之战和两次收复长安之战，李克用为表忠心，作战积极，居功至伟。这次围剿黄巢的机会，李克用当然不能放过。

黄巢天不怕地不怕，就怕李克用的"乌鸦军"（沙陀骑兵清一色黑衣黑甲，故得名），一听他又来了，连抵抗的勇气都没有，直接夺路而逃。不过他撤退的方向是东北，目的地则是宣武军的大本营汴州（今开封市）。可见黄巢真恨死了叛徒朱温。

朱温一边组织抵御，一边第二次朝李克用求救。未来的冤家对头在王满渡合作打了一场漂亮仗，齐军半渡被击，溺死及被杀者超过万人。黄巢北奔，李克用紧追不舍。齐军大将见大势已去，各自背叛了黄巢：尚让投降时溥，而葛从周、霍存、张归厚、张归霸、李唐宾等则拜服于朱温马前，这些人日后都成为朱梁阵营中的大将。特别是葛从周，堪称后梁第一猛将。这一仗朱温可谓是收益颇丰。

而黄巢则被李克用一路穷追到老家附近的冤句（现菏泽附近），此后又被李克用的部将时溥逼进了泰山的虎狼谷。黄巢走投无路，只好让外甥林言杀了自己，而林言很快又被沙陀骑兵所杀。此时距黄巢揭竿而起，已经 10 年了。

黄巢的事已经结束了，而朱温的故事才刚开始。李克用到了汴州以后，朱温为他举行了隆重的欢迎仪式，宴席上精心准备了丝竹礼乐和美酒佳肴。李克用打了胜仗，心情也挺好，一时多喝了几杯，没想到这一喝多就出了事。李克用酒后与朱温发生了争执，争执的内容于史无载，但可以肯定的是大大激怒了朱温。

酒宴在傍晚宣告结束，李克用和他的随从醉得都快走不动了。朱温挥挥手让人扶他们回上源招待所，转身唤来了部将杨彦洪，凑近他耳边交代了几句。

当天深夜，上源馆舍突然被一群不明身份的人员包围，袭击者高呼着冲进大门。好在李克用身边的侍卫薛志勤、史敬思等十来个人还算清醒，他们立刻与刺客们展开搏斗。神箭手薛志勤连续射杀十余人，李克用也被随从拖下床，用冷水浇醒。然而此时刺客们已经在屋子周围放起火来了。也是李克用命不该绝，正在危急关头，突然电闪雷鸣，下起大雨来。火势被扑灭，李克用的养子李嗣源和薛志勤趁机扶着李克用越墙而走。众人杀出条血路，李克用从汴州城南门用绳索坠下去，才算逃得一命。然而他带来的 300 多士兵，以及史敬思、监军陈景思都惨遭杀害。

被朱温如此暗算，李克用气愤无比，回头就想整理军队和朱温死战。李克用的妻子刘氏好不容易才劝住了他。此后李克用离开汴州，写信谴责朱温。朱温则耍起了无赖，把责任全推给在那晚已被射杀的杨彦洪。从此宣武、河东两家成了终生死仇。

李克用回到河东，一面大治甲兵，一面向朝廷控诉朱温的罪行，并扬言要亲自讨伐宣武。尚在蜀地的唐僖宗见表大惊，连忙派人慰问李克用，并劝说他以天下安定为重。李克用控诉了8次，唐僖宗调解了8次，李克用这才罢手，但心里依旧愤懑不平。朝廷于是先将李克用晋升为陇西郡王，随后应他的要求把麟州（今陕西榆林）割给他，并将云、蔚、朔三州交给他直辖，还将他的弟弟李克修封为昭义节度使。可僖宗怕惹得朱温不高兴，一回头又授予了朱温同平章事的头衔。

# 拒蔡并地坑盟友

黄巢之乱刚刚平息，僖宗自然不希望再起战端，但仅靠调停和封赏根本不能解决藩镇之间的矛盾，反而让朝廷威信尽失。从此节度使们肆意互相攻伐，给自己扩大地盘，根本不把朝廷放在眼里。

某种程度上已经功成名就的朱温做的第一件事，就是报恩。朱温生母王氏，以及二哥朱存的遗孤朱友宁、朱友伦在内的其他家人都被接到了汴州。刘崇过去曾经虐待朱温，但看在刘母的份上，朱温不但没有报复他，还让他做商州刺史。富贵不忘孝道，不忘报答，尽管后世对朱温多有非议，但就冲这点，他也算是个不错的人物了。

但是朱温的报恩节奏很快就被另一个军阀的袭扰所打断。这个军阀就是五代著名的"吃人魔王"秦宗权。这个曾投降黄巢的蔡州节度使，在黄巢死后，四处招募黄巢余部，准备继续造反。秦宗权的弟弟秦宗言犯荆南，秦诰攻襄州，部将孙儒攻孟州、洛州，秦宗衡扰乱岳州、鄂州，秦贤犯江南。秦宗权的军队所过之处无不烧杀抢掠，甚

至干脆把人的尸体腌上当军粮。

关东各郡已经被旱灾、蝗灾、战乱折腾得虚弱不堪，根本无力抵挡秦宗权的大军。偌大个中原除了朱温的汴州外，就只剩下赵犫的陈州还在苦苦支撑了。屡胜之后的秦宗权得意忘形，在光启元年（公元885年）二月开始称帝，国号大蔡。

哪个皇帝都容不下境内有不服自己的势力存在，秦宗权先打算把汴宋吃掉。哪知朱温是块硬骨头，秦宗权以十倍的兵力优势，没有占到什么便宜，反而吃了好几场败仗。蔡军的殷铁林、张调等将相继被朱温擒斩。朱温打得游刃有余，中途还让大将朱珍和李唐宾偷袭了安阳军治所滑州

光启二年（公元886年）十二月，蔡军在金堤驿又被汴州军击败，折兵千余。秦宗权恼羞成怒，对着部下发誓要不惜一切代价拿下夷门（汴州的别称）。朱温抓获蔡军探子得知此事，当即决定加强本镇兵力，朱珍奉命前往东道征兵。征兵之路并不顺利，沿途的大小军阀们可不会白白放汴军过去。朱珍就用刀枪来说话，前来拦阻的泰宁军节度使齐克让和平卢节度使王敬武先后吃了败仗，只得乖乖退走。朱珍大摇大摆地在王敬武的地盘上招募了1万多人，回头又在青州劫掠了1000多匹战马和大量盔甲，耀武扬威地回到汴州。

汴州的援军开来了，蔡州的敌军也到了。秦贤和蔡军将领卢塘、张晊分别领兵数万，设36寨，连绵20余里。蔡州军虽然兵势强盛，然而驻地分散，彼此一时不能呼应。朱温看出了这个弱点，立刻轻兵予以各个击破。驻于板桥镇的秦贤部首先

遭到打击，蔡军毫无防备，还以为敌人是神兵天降，一战即溃。汴军一下就攻拔了4个营寨，歼敌1万多。下一个遭殃的是万胜（今河南中牟）的卢塘。汴军在猛将葛从周率领下借弥漫大雾掩护，出其不意地摸进了敌营。蔡军几乎被全歼，卢塘投水而死。两战下来，蔡军已是惊慌失措，纷纷躲入驻扎在赤岗（开封以北）的张晊营中。朱温一气追上来，攻破张营，蔡军又被消灭了2万多。

前方战败的报告不断传来，秦宗权急了，他带了几千精兵就赶往汴州，要跟朱温决一死战。"吃人魔王"亲自到来，朱温真可有点发怵，于是他想起两个人来，他的两个把兄弟朱宣、朱瑾。

和黄巢一样，朱氏兄弟也是私盐贩子出身，不过他们和同行黄巢走的是相反的道路。黄巢反唐，朱宣、朱瑾投军。朱氏兄弟还随同唐将曹全晟入关讨伐过黄巢。黄巢灭亡后，曹全晟没回原驻地，而是顺手袭占了郓州（今山东郓城县），两兄弟也跟着留了下来。没多久魏博藩镇的军队来袭，曹全晟战死，众人推战功多的朱宣为留后（唐代节度使、观察使缺位时设置的代理职称），随后唐廷还真任命朱宣为天平

军节度使。弟弟朱瑾则假装迎娶泰宁军节度使齐克让的女儿，偷袭了泰宁军治所兖州（今山东济宁），结果朝廷也承认他为泰宁军节度使。

朱家兄弟是宋州下邑（也在今安徽砀山县）人，和朱温老家就隔了两座山，又都姓朱，朱温刚镇宣武军，力量还不够，就把朱宣拜作兄长。朱氏两兄弟也没亏待他，朱温和秦宗权第一次交手的时候就曾支持不住，多亏朱瑾率军来援，两军才在合乡合力大败蔡军。

现在朱温又来求助，一听说是联手抗蔡，朱氏兄弟二话没说就率军赶来。朱温在招待朱氏兄弟的宴会上，突然离席，出汴州北门，带着一群轻装军士直奔张晊大营而去。张晊听到城中锣鼓声不息，知道

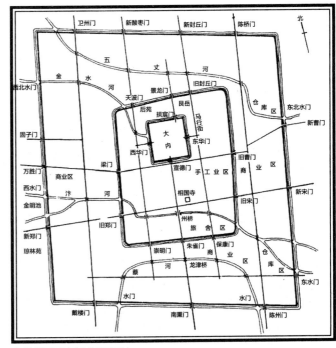

◎ 汴州平面图（今河南开封）

里面在举行宴会，根本没在意，结果被朱温的突然袭击打了一个措手不及。在汴军的带动下，朱宣、朱瑾赶紧也率部冲了出去。两家合力，张晊又大折一阵，被追杀出20多里，伏尸满地。朱温占领张营，与秦宗权主力对峙于汴水。

此时控制滑州的汴军也已赶到，四镇合军，旌旗甚盛。当晚，一颗巨大的陨石坠落在蔡军军营中，似乎在预言蔡军的结局。第二天一早，宣武、天平、泰宁、安阳各军从四面一齐攻打，激战至天黑，蔡军支撑不住，溃散奔逃，四家缴获辎重无数，大胜而回。

秦宗权不甘心失败，又强令张晊再攻汴州。张晊又被朱温击败，只身逃回蔡州，结果被秦宗权当场处斩。屡战屡败的秦宗权心情恶劣，兽性大发，竟将整座郑州城夷为平地。结果大蔡政权所辖东都、河阳、许州、汝州、怀州、郑州、陕州、虢州等地守将纷纷弃城而去，秦宗权势力大为衰落。

秦宗权的危机暂时解决了，朱温却并不想停手，这一回矛头竟对准刚刚帮他解围的朱宣和朱瑾！光启三年（公元887年）八月，一份讨伐檄文在兖州、郓州之间流传。檄文内容大抵是这样的：朱温对天平军节度使朱宣、泰宁军节度使朱瑾推诚相待，以兄事之。而此二人却包藏祸心，见汴军骁勇善战，便不断在天平军、泰宁军与宣武军辖区交界的曹州、濮州边境用金银绸缎诱惑汴军，致使他们大量叛逃。二人行径，实属卑鄙！

看到这份檄文，心直口快的朱宣直接写信大骂朱温：背锅贼泼朱三想要泰宁和天平就直说，咱们拉出来痛痛快快打一场，别血口喷人污蔑老子的清白！这正中朱温下怀，他要的就是激怒朱氏兄弟，以便把挑起战祸的责任推给他们。

朱温对天平军和泰宁军的攻势可谓雷厉风行。朱温部将朱珍、葛从周先攻克了朱氏兄弟领地里的曹州，杀刺史丘弘礼，紧接着又攻打濮州。朱宣、朱瑾齐率主力来迎，朱温亲率主力压上，双方战于刘桥（今安徽省濉溪县刘桥镇）。最终汴军取胜，郓兖联军折兵数万，朱家兄弟仅以身免，濮州刺史朱裕则逃往郓州。紧接着汴军又在范县擒杀朱宣的另一个弟弟朱罕。朱温得意，自回汴州，留朱珍打郓州。郓州军不出，朱裕偷偷约降朱珍，朱珍积胜之下没有防备，结果军队一进郓州城就中了埋伏。朱珍虽然逃得一命，但曹州却丢了。不过，朱温倒也没有追责朱珍。

朱温和义兄们翻了脸，没想到自己手下也彼此翻脸。宣武都指挥使朱珍与排陈斩斫使李唐宾之间能力不相上下，朱温视他们为左右手，每场仗总让他们一同前往。没想到这两人彼此较起了劲。朱珍自黄巢时期起就开始跟着朱温，而李唐宾则是后来的黄巢降将，按理来说，朱珍是前辈，可陕西人李唐宾很有倔脾气，就是不肯相让。两人矛盾越来越深。

在唐代，都指挥使是一军的总司令，按理来说朱珍应当注意带头遵守军规，可他却在濮州之战中，在没有通知朱温的情况下，派人将自己在汴州的老婆接到前线来。这简直是目无主帅。朱温得知后自然大怒，杀掉汴州守门人，派人追回朱珍夫妇，还打算让李唐宾代理朱珍的职务。如果朱温要真这么做，那可就是火上浇油了，朱珍当时在盛怒之下造反都不是没有可能，馆驿巡官敬翔点醒了朱温，使者才没有出发。然而消息已经传到了朱珍耳朵里，当晚他就宴请所有将领。李唐宾害怕是给他摆下的鸿门宴，连夜斩关奔回汴州。朱珍后马也赶了回来。朱温赶紧好言抚慰，把他们劝了回去。

这里得提提敬翔这个人，据说他的祖辈是唐代神龙政变中五个骨干之一的敬晖。起初他是靠老乡王发进的宣武军文员系统，他写得一手粗话连篇的文章让大老粗朱温很是受用，这才注意到了他。汴州保卫战的几场奇袭战的策划，全都出自敬翔之手。至此敬翔献计，朱温几乎无不听从。

朱温的背信弃义，让"三朱联盟"变成了"三朱乱战"，而他们的老对手秦宗权却慢慢恢复了过来。汴州大败让秦宗权损失惨重，也让他歇斯底里了好久。气归气，损失还是要想办法补回来的。再和朱温对决显然不明智，秦宗权把兵锋指向淮南。

镇守淮南的正是晚唐名将高骈。可自败给黄巢后，高骈性情大变，完全失去了过去为朝廷建功立业的干劲，转而一心谋求割据江东。黄巢逼近东都，攻陷长安，僖宗不断地要求他出兵勤王，但高骈装聋作哑，只顾在自己地盘上打造兵器，招兵买马。最终高骈与朝廷闹翻，淮南至此也与长安断绝了联系，成为独立一隅。晚年的高骈更加荒唐，宠幸方士吕用之，却把跟随他的弟兄们给彻底冷落了，整天只顾着关起门来炼丹求仙。左右谁要是敢规劝的，立刻被杀。淮南将士无不心寒。

原黄巢降将毕师铎联合宣歙观察使秦彦打进了淮南节度使治所扬州，高骈被囚禁。高骈部将杨行密领兵来救，毕师铎和秦彦连战连败，有个女巫说要杀个贵人才能转运，于是高骈便这样稀里糊涂地掉了脑袋，可扬州还是被杨行密攻下了。此时正好秦宗权的大将孙儒奉命南下，毕师铎和秦彦就投奔了孙儒。蔡军和杨行密攻战不休，互有胜负，号富甲天下的扬州城在战火中化为一片瓦砾。

扬州惨状如此，朝廷也看不下去了。光启三年（公元 887 年）闰十一月，僖宗任命朱温为淮南节度使、杨行密为副。朱温本人在北方抽不开身，让宣武行军司马李璠代他为淮南留后。

谁知李璠一行在半路上出了事：感化军节度使时溥自认为资格比朱温老，这个淮南节度使应该他来做才是，因此格外记恨朱温。而从汴宋到淮南，感化军的地盘是必经之路，朱温想借道通过，时溥自然一口拒绝。朱温以为时溥不敢动真格的，也没当回事。结果李璠走到泗州（今江苏盱眙）时竟遭到袭击，负责护送的牙将郭言拼死作战才杀出重围。从此朱温的仇敌名单上又多了个时溥。

不过朱温没有立刻去攻打感化军，一是他要去攻打秦宗权的老巢蔡州，二是一封求救信被送到了他的面前。写求救信的是相州刺史乐从训，也就是魏博节度使乐彦祯的儿子。

说来乐从训会来求助，和朱温还真有点关系。朱温第一次领到朝廷的授官状，是宰相王铎给申请的，算来朱温还是王铎的门生。可惜朱温是个大老粗，对这一套完全没有兴趣。当王铎被任命为义成节度使后，朱温没少让王铎吃苦头。王铎竞争不过朱温，只好申请朝廷把自己调为义昌节度使。

王铎他出身世家，又做过宰相，所以特别喜欢排场，赴任路上非常招摇，随行的车马、仪仗光鲜，侍妾成群。结果被人给盯上了。乐彦祯好儒，儿子却是个异常凶暴的主，说白了简直就是半个土匪。这么一大票炫富的人打土匪地头上经过，不出事才怪。乐从训带了几百个手下埋伏在漳南的高鸡泊，把王铎和他的幕僚300人杀了个精光，那些美女和金银财宝全进了乐从训的口袋。

乐彦祯向朝廷上报说是江洋大盗干的，那时盗贼确实满地都是，朝廷自顾不暇，哪有精力一一调查，也就信了乐彦祯的话。可谎言骗得了皇帝，却骗不了魏博百姓的眼睛。王铎在民间素有威望，乐从训的恶行让魏博人为之不齿。乐从训怕有人给王铎报仇，私自招募了几百个亡命徒，把他们训练成自己的贴身卫队，号"子将"。这下可大大激怒了魏博的牙军（节度使禁卫队）。

魏博牙军的跋扈是有历史的，唐德宗建中年间，魏博节度使田悦与长安方面发生矛盾，起兵与朝廷对抗，战争持续四年，

魏博疲敝。田悦族弟田绪利用职务之便，指挥牙军杀掉了田悦，自立为节度使。此后魏博的牙军们气焰日甚，进而把持节度使的选拔与生死，魏博的节度使其实是被架空的，实权掌握在牙军们手里。牙军有两大底线不能被突破，一是克扣军饷，二是设立新的牙军性质的部队。节度使一旦违反一条，必死无疑。"子将"的建立使得牙军们集体聚集在魏博节度使府门前抗议示威，乐从训害怕了，换装逃出治所魏州城。后来乐彦祯让乐从训去相州当刺史，于是乐从训派人去把他囤积在魏州的武备和金银一车车往回拉。这可更让牙军们起疑心了，他是不是在准备反攻？乐彦祯没法支持下去，跑到附近的龙兴寺当了和尚。牙军们推选都将赵文弁为留后。

牙军们还真没猜错，乐从训准备充分后，拉了3万人反攻魏州。赵文弁不敢迎战，牙军杀掉他改立牙将罗弘信。罗弘信和乐从训交战，后者被揍到了内黄（今河南安阳内黄县）城，牙军们又把内黄围了起来。乐从训只好向势头正猛的朱温求救。

中唐以来藩镇势力猖獗，而又以河北道的魏博、成德、卢龙三镇最为叛逆，屡次与朝廷发生武装冲突。这三镇中又以魏博的经济最富庶[①]、人口资源最多、地理位置最为重要，一旦控制魏博，朱温不但能获得当地丰富的战争资源供应，更可跨越中原，进而控制成德与卢龙、昭义等河朔

---

① "南北朝末期及隋世纺织业……大约言之，以河北之博陵、魏郡、清河最为发达，河南北其他诸郡及蜀郡次之。江南豫章诸郡绝非其比也。"出自严耕望《唐代纺织工业之地理分布》。

强镇。朱温没考虑多久就答应下了这桩一本万利的买卖。

朱珍责无旁贷地担下了这个任务,汴军连下黎阳、临河、李固(今河南焦作修武)三地,又在内黄打败魏州军1万多人,耀武扬威。魏博精锐豹子军两千来战,朱珍发狠,在临黄把他们杀了个精光,河朔震动。

可乐从训实在是太不中用了,朱珍还没来得及和他会师,罗弘信部将程公信已经将他击斩在洹水,把他和他爹乐彦祯的脑袋一起挂在旗杆上示众。罗弘信知道自己不是汴军的对手,派人带着大堆的金银送到汴州,卑辞与朱温结好。朱温收服魏博的目的已经达到,就把朱珍给调了回来。

# 乱战中原成郡王

北边获利不小的同时,在西线朱温也占到了便宜,而且是从老冤家李克用身上。

河阳节度使李罕之过去曾是东都守将,秦宗权派孙儒来攻,李罕之兵少食尽,弃之去。孙儒连陷东都、河阳,狂性大发,把这两个地方都烧杀个干净。李克用从汴州逃脱时曾路过李罕之的地盘,李罕之热情招待,两人关系不错。秦宗权主力在汴州被重创后,孙儒从河阳撤走。李克用给朝廷上表,奏请任命李罕之为河阳节度使,河阳大将张全义为河南尹、东都留守。李罕之和张全义算是对换了个办公场所。李罕之和张全义都曾是黄巢部下,两人交情不错,还曾结为兄弟,但两人的为政风格却截然相反。

张全义为人仁慈,东都经历孙儒的洗

劫,只剩下一片片残垣断壁。全盛时期有户19万的大都市,此时仅余居民不到100户。张全义见之不忍,于是大力招徕流亡,开辟荆棘,与百姓约法三章,又格外鼓励农业生产,洛阳民间流传着:"张大人不喜欢歌伎舞女,惟见到庄稼丰收才露出笑容。"经过一年的休养生息,东都慢慢恢复了往日的生气,物产也开始丰富起来。

而李罕之还是凶性不改。河阳受摧残程度丝毫不比洛阳轻,李罕之不加治理,反而常常纵兵掳掠。河阳早被孙儒杀得没剩几个人了,李罕之抢不到多少东西,就厚着脸皮向张全义要。张全义从没让李罕之空手回去过。但李罕之却要上了瘾,有时张全义一时无法满足他的要求,李罕之居然把东都的官吏绑回去吊打。张全义的部属怒不可遏,张全义却一笑置之,继续给河阳送这送那。李罕之觉得张全义就是个老实巴交的乡巴佬而已,对他更加轻视。

张全义真的那么懦弱吗?当然不是,他其实暗中一直都在准备报复李罕之,只是不动声色罢了。文德元年(公元888年)二月,李罕之出动全部兵马攻打绛州(今山西新绛)、晋州(今属河北石家庄)。没想到张全义联合护国节度使王重盈,偷袭了守备空虚的河阳。李罕之平日太过残暴,以民兵为主的河南军作战格外卖力,河阳三城没几个时辰就被攻克。李罕之家人全部被俘获,李罕之本人逃往泽州投奔老朋友李克用去了。

没多久,李罕之在河东大将康君立、李存孝、薛阿檀、史俨、安金俊、安休休所率的7000沙陀骑兵的护送下,气势汹汹地杀了回来。张全义的民兵如何是沙陀精骑的对手？张全义知道宣武节度使与河东是冤家，以自己的妻儿为质，向朱温求援。

上源驿站那事过后，朱温知道自己这辈子都和李克用纠结不开了。因此即使什么利益也没有，他也要全力消灭李克用的，更何况东都和河阳都是一等一的战略要地。汴军数万人由大将丁会、葛从周、牛存节领军，疾奔河阳而来。

晚唐五代时期藩镇收义子成风，李克用有13个义子，即是后来民间传说中的"十三太保"的原型。李存孝在众义子中排名最低，却是武艺最高强的一个。不过武功好不一定打仗就好，葛从周和丁会也是梁军中数一数二的猛将，更何况在智略上还高过李存孝一头。李存孝让李罕之带着河阳步兵继续攻城，自己则率骑兵迎击汴军，可他却忘了抢占对骑兵部队而言至关重要的战场制高点——太行山脉，结果温县（今河南焦作温县）一战，河东军大败亏输，安休休出奔蔡州。朱温又试图发兵截断河东军的归路，康君立慌忙率军北返。李罕之只得改任泽州刺史，危害山西百姓去了。

朱温表丁会为河阳留后。张全义对朱温感恩戴德，从此东都粮仓成为宣武军重要的后勤补给站。此时朱温已无西顾之忧，加之秦宗权家山南东道节度使赵德諲也来投诚，于是朱温决定集中兵力，解决"大蔡"。

秦宗权心里发慌，想把还在江南的悍将孙儒给叫回来。可孙儒早已杀掉主将秦宗衡，又打跑了扬州的杨行密，自称起淮南节度使来，根本不搭理旧主。秦宗权这下可尝到孤家寡人的滋味了。

五月，汴军攻占上蔡（今驻马店上蔡县），进逼蔡州以南。朱温先用老弱上阵，秦宗权中计，遣军出城，被朱温的后续精锐围起来全歼，北关门也被攻克。秦宗权退保中州，朱温用了5天时间，按廿八星宿的排列在中州四周盖起了28个营寨。

秦宗权全力守卫最后的防线，汴军一时奈何他不得。战事最激烈的时候，连朱温也被冷箭所伤。一百多天下来还是毫无进展，汴军的存粮却已经吃得差不多了，朱温觉得秦宗权此次元气大伤，于是决定回师攻打感化军。

比起秦宗权和李克用来说，时溥显然弱得多。朱温先是和长安方面指责时溥先前阻拦李璠上任的事，顺带把时溥痛骂了一顿，好激怒时溥。然后让朱珍、李唐宾连同五千兵马南下，声称要护送楚州（今江苏淮安）刺史刘瓒到任，希望以这支部队为诱饵，引得时溥出战

时溥果真派兵拦截刘瓒，结果被朱珍大败，而且还被朱珍攻陷了丰县（今江苏徐州）。时溥不甘心失败，尽起3万人马，与汴军决战于丰县以南的吴康镇。结果又是汴军大胜，时溥带着残兵奔走彭门，萧县也丢了。汴军分兵攻打宿州，刺史张友投降。时溥关起大门，再也不敢出来。

朱温正要续攻徐州的时候，中原却传来急报，秦宗权见汴军撤离，立即发动反攻，许州失陷。不过许州不是朱温的地盘，却是忠武军节度使赵犨的地盘。当年赵犨感激朱温的援救，与朱温结为儿女亲家，每次朱温有事召之，赵犨一定随叫随到。

秦宗权打他就等于打朱温。朱温留朱珍和李唐宾驻萧县，派大将庞师古攻打许州，自己领兵北返。

刚走到半路，朱温就发现这仗不用再打了。秦宗权的爱将申丛觉得再跟着这个残忍的家伙是没出路的，把秦宗权抓了起来，还打断了他一条腿，然后向朱温投诚。申丛很快被别将郭璠杀掉，于是朱温表奏郭璠为淮西留后。

秦宗权被送到汴州后，朱温还算客气，没有羞辱他。朱温问秦宗权："秦公以前跟着黄巢的时候，为什么不和我一起勤王呢？那也不会有今天了。"

秦宗权："英雄不能共生，天要灭我以资公，无话可说。"

龙纪元年（公元889年）二月，秦宗权与妻子赵氏在长安被众处斩。临行前，秦宗权还尽力把脖子伸出囚车外，对着监斩官京兆尹孙揆大呼："孙大人您看秦宗权像是个造反的人吗？我是在用自己的方式来表示我对大唐的忠心，只是没人理解罢了！"闻者莫不大笑。

作为对擒获秦宗权的嘉奖，朝廷加封朱温中书令，并赐爵东平郡王。蔡州也纳入了朱温的势力范围。可就在朱温正在府中与诸将置酒同庆，一个突如其来的消息令他震怒到当场把杯子摔碎了：朱珍和李唐宾之间还是自相残杀了！

朱珍和李唐宾本来一起围困着时溥，正月时溥还曾试着反击一次，被庞师古打回了彭城，此后就再也没出动过。可打仗的时候，大家还能暂时一心对外，一不打仗，就容易出问题。

军马是古代宝贵的战争资源，要用心养护的。朱珍要求各部修建马棚以应付朱温回来检查，所有的人都按期完成了，只有李唐宾的裨将严郊例外。李唐宾不服朱珍，裨将大概也跟着不把朱珍当回事。而随军都虞候（军中执法官）范权却仗着有朱珍壮胆，把严郊拉出去狠狠打了一顿。部下被打了，李唐宾就找朱珍论理，两人本就有旧怨，吵得不可开交，接着大打出手。朱珍拔出剑来，大概只是想吓唬下李唐宾，李唐宾却以为他是动真格的，手里没有军器，情急之下撩起自己的衣襟抽向朱珍。这可惹火了对方，朱珍大叫："唐宾无礼！"一剑斩之。旋即派人诬陷李唐宾谋反。

此时正是清晨，敬翔担心朱温一怒之下激反朱珍，便把使者藏了起来，等到天黑才告知朱温。这时候就算主公再怎么暴跳如雷，命令也无法在当天发出了，可以有充分的时间冷静下。朱温又气又痛心，但更多的还是担心：朱珍要是后怕起来，叛逃别镇该如何是好？还是那个敬翔出了条妙计："先把李唐宾的老婆孩子逮起来，然后宣称李唐宾违反军纪，朱珍杀得好。这样一定能安抚他的情绪。"

朱温照做，萧县军营果然安定下来。1个月后，估计朱珍完全放心了，朱温才动身前往萧县。朱珍不等主公到达就外出迎接，然而等来的不是慰劳，而是一声："给我拿下！"

朱温判处朱珍死刑，霍存等几十员将领跪下求情，朱温大怒，抓起自己所坐的胡床劈头就砸了过去："朱珍杀李唐宾的时候，你们在哪？！"众将这才退下，朱温喝令丁会亲手行刑，而后让庞师古接任都指挥使一职。

朱温一下损失了两员大将，军事上又遭受了新的挫折。孙儒和杨行密在淮南打得不可开交，朱温想趁机浑水摸鱼，结果偷鸡不成蚀把米。庞师古的能力和朱珍明显差了一截，在陵亭镇（江苏兴化以南）被孙儒击败。

连连倒运的朱温把一腔怒火都撒在时溥身上了，感化军形势愈发吃紧，时溥只得向河东求救。不巧的是李克用此时正忙着对付云州防御使赫连铎和卢龙节度使李匡威，实在抽调不出多少人来，只象征性地派了偏将石君和带 500 骑兵前往。

大顺元年（公元 890 年）四月，宿州别将张筠驱逐本州刺史张绍光，投降时溥。时溥带人到砀山劫掠。砀山是朱温的老家，岂能有失？朱温长子朱友裕亲自出马，击败时溥，斩杀 3000 余，外援石君和也被擒获，在宿州城下被斩。

从斩获情况来看，砀山之战的规模并不大，然而敌军中竟然出现河东的晋军，这可太戳朱温的神经了。河东不灭，汴州难安。不过李克用的沙陀军团战斗力绝非秦宗权和时溥能比，这点朱温也是清楚的。如果要一次性吃掉李克用，光宣武的力量可不够，必须与别镇合纵连横。正好赫连铎和李匡威请求朝廷讨伐李克用，朱温趁机上表，请求自为主帅，讨伐李克用。

# 连番不敌李克用

大明宫里展开了激烈的辩论，所有高级官员都参加了，多数人反对讨伐这位曾经的一号平叛功臣，包括宰相杜让能、刘崇望。继位才一年的唐昭宗对此也举棋不定。眼看李克用就要逃过一劫的时候，有个人的发言起到了决定性作用，他叫张浚，也是宰相。

张浚何许人也？他的话为什么这么有分量？这还得从唐僖宗时说起。前面说过，潼关失陷后，黄巢还没到长安，僖宗就朝四川逃了。蜀道难，难于上青天。僖宗一行多是金枝玉叶，养尊处优惯了，让他们走这种崎岖山路，简直是受罪。撑到斜谷，当时还是寿王的唐昭宗李杰在一块大石头上躺倒了。

"快走，你不要命了？"大宦官田令孜冲上来喝道。

田令孜深受唐僖宗宠信，僖宗称之为"阿父"。平日里专横跋扈惯了，上至皇室宗亲，下至满朝文武，他根本没放在眼里。

"我的脚扭了，实在走不动了。公公给我找匹马来吧。"寿王喘着粗气说。

田令孜怒，朝李杰大腿上就是一鞭子。

在田公公的"鞭策"下，寿王勉强爬起来一瘸一拐朝前走。然而，腿上那乌青的鞭痕和屈辱的记忆一起深深地印进了他的脑海里。所以，当文德元年（公元 888 年）僖宗驾崩，寿王成了唐昭宗的时候，他的第一个目标，就是要彻底清除宦官遗毒。

田令孜知道昭宗肯定会报复他，自封剑南监军使，预先跑到他哥哥陈敬瑄的地盘蜀中去了，后死于前蜀皇帝王建之手。可走了个田公公，又来个杨公公。田令孜权焰熏天的时候，枢密使杨复恭是唯一一个不服他的。唐僖宗晚年和田令孜彻底撕破脸，于是提拔杨复恭为左神策军中尉以制约之。僖宗死后，昭宗也是杨复恭拥立的，于是他便彻底取代了田令孜位置。

杨公公人品并不比田公公好多少，他收养子六百，以监诸道。天下威势，举归其门。太后的弟弟王瑰和他起冲突，竟被他活活溺死。大明宫里还是和以前一样乌烟瘴气。

唐昭宗不想用祖辈们老一套的"以宦制宦"的办法，那样只会生出更多的杨复恭来。他拉拢所有不满杨复恭的朝臣作为自己的羽翼，张浚就是这么成了昭宗的心腹的。李克用过去和张浚共事过，很鄙视他。张浚拜相后，李克用私下曾对人说："乱天下者，必张浚也！"张浚从此记恨李克用。朱温得知这种情况后，暗地里开始给张浚送礼。

于是这次朝议，张浚当然坚决地站在出兵一方，他给出的理由是光启元年（公元 885 年）李克用逼圣驾出逃的事。

前面说过，黄巢是大唐王朝真正的掘墓者，原因就在于黄巢的起义彻底切断了江淮线——大唐的生命线。安史之乱后，北方经济迅速衰落，还有点收入的地方都自立化了，大唐财源所能依仗的只有江南。"每岁赋税倚办止于浙江东、西、宣歙、淮南、江西、鄂岳、福建、湖南八道四十九州……"[1]江南在，唐廷在。唐德宗时的朱泚、李怀光之乱，唐宪宗时的元和削藩战争都险些颠

覆了大唐政权，但长安还是坚持到了胜利，就是因为江淮还能给朝廷输血。黄巢席卷了整个江南，这才彻底毁掉了唐廷的根基。

黄巢乱平后，藩镇们都各自忙着抢地盘，谁也不给朝廷交税。"是时藩镇各专租税，河南、北、江、淮无复上供，三司转运无调发之所，度支惟收京畿、同、华、凤翔等数州租税……"[2]

当时还当权的田令孜想招募一批新兵保卫长安，于是想让拥有盐池的河中节度使王重荣出钱。唐代贩盐是暴利，盐铁专营一直是唐廷主要收入来源之一。当时高骈和朝廷闹掰了，江淮盐场无望，田令孜只能打就近的河中盐池的主意。王重荣每年上缴 3000 车盐，田令孜嫌少，干脆要求把所有盐池都收归国有。王重荣当然不干，于是田令孜准备武力收盐，他授权邠宁节充使朱玫、凤翔节度使李昌符讨伐王重荣。王重荣向李克用求救，朱玫和李昌符都和朱温有联系，李克用对朝廷没处罚朱温正上火，没二话就答应了。双方大战于沙苑（今陕西大荔以南）。朱玫和李昌符如何是李克用的对手？大败。李克用一气打进了京城，刚回家一年的唐僖宗又得出逃了。

朱玫和李昌符本来就不是田令孜的人，见形势不妙，转舵就加入了李克用和王重荣的队伍，帮着追击圣驾。此后朱玫野心勃发，竟然立襄王李煴为帝，企图仿效霍光之举，还派部将王行瑜追杀唐僖宗一行。幸而李克用反的是田令孜，不是大唐朝，

---

① 出自《资治通鉴·唐纪五十二》。
② 出自《资治通鉴·唐纪七十二》。

得知朱玫逆举后大骂不止，兴兵进讨。王行瑜在大唐峰屡败于保銮都将李鋋、扈跸都将李茂贞等之手，害怕被治罪，又听说李克用反对朱玫，乃回师袭杀朱玫。李熅奔河中，被王重荣所杀。僖宗摆脱田令孜，回到长安，不久就一命归西了。

张浚的提醒，让唐昭宗想起当年随先帝第二次出奔时一路饱受的流离和惊吓。张浚主张对李克用强硬的另一个理由是：李克用要是与河朔藩镇相勾结，谁能担保他不会成为下一个安禄山？另一个宰相孔纬也认同张浚的观点。于是昭宗终于下定决心。

五月，朝廷下诏，以河东私自攻打云州为名，剥夺李克用官爵、属籍，以张浚为河东行营都招讨制置宣慰使，京兆尹孙揆为副使，朱温为南面招讨使，李匡威、赫连铎分别为北面招讨正、副使，三路大军一齐朝河东进发。

祸不单行，李克用自己此时也正被家里的祸事搞得焦头烂额。昭义节度使孟方立觉得节度使治所潞州民风强悍不好管，想把治所迁走。于是昭义监军祁审诲、牙将安居受等人请李克用来赶走孟方立。双方你来我往了几年，最后孟方立不敌，服毒自杀，昭义其他三州（昭义军下辖洺、潞、邢、磁四州）推孟方立堂弟孟迁为留后。孟迁朝朱温求援，朱温那时正忙着教训时溥，只随手叫部将王虔裕带300人前往。大顺元年（公元890年），失望已极的孟迁献出王虔裕向十三太保李存孝投降。李克用让自己堂弟李克修担任昭义节度使。

昭义是河朔重镇，然而李克用对占领

◎ 李克用画像（现藏于台北故宫博物院）

这里的后续工作处理得并不妥当。投降后的孟迁被任命为昭义军都虞候，正好掌握军中生杀大权，安居受等害怕他算堂兄的账，整天提心吊胆。李克修在昭义颇得人心，可李克用却因为他对自己招待不周把他狠狠责打了一顿，李克修惭愤而死。继任的节度使李克恭为人骄横，潞州将士从此更加离心。

中晚唐大藩镇都有自己的精锐部队，昭义的精锐部队叫"后院将"。李克用从中挑选500锐卒送往河东节度使治所晋阳，这可激怒了潞州人。半路上小校冯霸打伤河东押运将李元审，劫持军队叛逃。李元审回到潞州，安居受趁李克恭前往探望之机发动兵变，李元审、李克恭皆死。安居受外逃被杀，冯霸自立为昭义留后，投靠朱温。朱温立刻派河阳节度留后朱崇节前去接收昭义。李克用一听又是朱温，大怒，调来李存孝和康君立把潞州围了。

尽管有着重重包围，葛从周还是带领1000轻兵摸进了潞州城。朱温又派部将李谠、李重胤、邓季筠围攻泽州，从南面牵制晋军。此时由镇国、静难、凤翔、保大、定难等镇组成的中央军也开到了阴地关（今山西灵石以南），朱温请求让朝廷命官代领昭义。八月份，孙揆奉命从晋州出发。

恶仗首先在泽州开打，李谠、李重胤等人正在攻城，不料一彪军马就从北杀来，为首的便是那"十三太保"中勇武第一的李存孝。汴军出马的是邓季筠。邓季筠勇气可嘉，可惜武功还是差了点，没几个回合就被李存孝在马上拿了去。李谠、李重胤怕了，当夜不战而走。

邓季筠也随之投降。此后李谠、李重胤在马牢山（今山西晋城南20里处）被李存孝和李罕之追上，汴军折兵万余。

出了口温县之败的恶气，李存孝拨马冲向中央军。

王铎太招摇而被劫杀，孙揆完全没有吸取他的教训，以为自己是朝廷的人，没人敢把他如何，于是一路上大吹大擂，华盖而行。走到潞州长子县以西山骨的时候，被李存孝打了个埋伏，3000卫队全灭，孙揆本人也做了俘虏。李存孝先把这个高级俘虏和负责赐予节度旌节的宦官韩归范送到潞州，在城下边转圈边嘲笑："新任昭义节度使孙揆和赐节中使都到齐了，葛从周你任务完成，回家去吧。"九月，葛从周

和朱崇节丢下潞州逃走。朱温气得说不出话来，将李谠、李重胤立时枭首，其余将领也都被狠狠责罚了一顿。

南线汴军全面失败，北线呢？李匡威和赫连铎开头打得挺顺手，大太保李嗣源和四太保李存信的援军赶到的时候，他们就吃不住了。李克用随后亲率主力到达，李匡威和赫连铎也跑了。李匡威的儿子和赫连铎的女婿都当了俘虏。

南面和北面讨伐军都已落败，可张浚还带着中央军朝汾州（今山西吉县）进发。薛志勤和李承嗣早就在洪洞县（就是京剧名段《苏三起解》中的洪洞县）设伏，李存孝的五千得胜之军也很快赶到了赵城县。静难节度使王行瑜和凤翔节度使李茂贞，都是光启元年之乱的亲历者，他们知道沙陀军的战斗力，自然不肯陪着张浚犯傻，先溜了。李存孝追到晋州城西，张浚迎战，被打得落花流水。那些随风倒的藩镇军队全都抢着渡河逃命，张浚的5万人马眨眼只剩下了神策军和宣武军的1万来人，躲进晋州城里不出来。李存孝打下绛州，觉得伤了朝廷的人没好处，让开条道让张浚溜了。京兆尹孙揆被送往李克用处，李克用想诱降他，孙揆大骂不止，李克用大怒，将孙揆活活锯死。

打了败仗让朱温很不爽，好在汴军这时已经有了相当厚的底子。第二次讨伐河东联军很快又组织了起来。潞州那头已经过不去，汴军打算从魏州迂回。哪知罗弘信或许是害怕汴军趁机端他老窝，死活不肯借道。于是朱温只好强"借"。丁会、葛从周、庞师古、霍存等人率部北上，朱温

押后阵。一连八九场仗下来，罗弘信被连番击败，赶紧让人带着许多金银前去谢罪。朱温要找的是李克用，不是罗弘信，于是下令归还俘虏，收工回河阳。至此魏博军才真正被打服。

再说说李克用。李克用让韩归范给长安带去一封信，在信中，李克用大发牢骚：朱温打朱宣，攻时溥，朝廷连问也不问，我们李家三代为李唐朝廷屡立奇功，就因为打云州，朝廷就要把我赶尽杀绝？如果朝廷这次不能给我个合理的解释的话，我李克用就要带50万大军，亲自上京面圣。

三路东征军的失败和孙揆的惨死已经让昭宗又怕又悔，李克用这封带着明显威胁口吻的信更令长安慌作一团。昭宗立刻下诏，将孔纬和张浚贬为外地节度使。杨复恭趁机报复，在半路上把孔纬劫掠一空。李克用又继续上表攻击张浚，昭宗只得把张浚和孔纬又贬为远恶之地的刺史，而李克用的所有职务、爵位则被全部恢复。

张浚和孔纬写信向朱温哭诉，朱温也冲着长安发牢骚，昭宗谁也不敢得罪，只好收回了对张、孔的处罚。于是，张、孔二人跑到华州去依附镇国节度使韩建去了。

# 扫灭二朱败于南

朝中的人脉没了，朱温把火撒到感化军头上。十月初五，宿州刺史张筠在丁会的水攻下投降。1个多月后，感化军骁将刘知俊也归了汴梁。时溥势力自此一蹶不振。

时溥被打垮了，朱温把矛头又对准了二朱。年末的金乡（今山东济宁）一战，丁会和张归霸把来犯的朱瑾打成了光杆司令。朱温接着收拾朱宣，大公子朱友裕率军先行，驻于斗门，朱温随后赶来接应。

汴军行进到卫州（今河南淇县）以南时，只闻城头传来阵阵凄厉的鸣叫，那是一群飞鸟发出的。随军副将李璠脸色刷地一下变了："只怕这不是个好兆头。"朱温一向不把天平军放眼里，也没当回事。可当朱温赶到斗门附近的时候，却不见朱友裕前来迎接，心头一紧，命人前去探哨，自己率军缓缓前行。

哪知负责打听消息的士兵们也一个没回来，朱温心里更发毛了，一时进退不得。好半天才看到几个半死不活的骑兵跑回来，衣甲不整，连马都丢了。败卒说全军被郓军所困，大公子自己跑了。

朱温立刻挥师猛进，当时朱宣正在濮州，斗门的郓军分部抵挡不住，一气逃过了瓠河。朱温追到附近的村庄，见到了早退到这里的朱友裕。不过还没来得及说话，郓军就杀了过来，朱温措手不及，落荒而逃，和朱友裕又失去了联系。大概郓军认出了朱温，死死追咬着不放。朱温慌里慌张间竟然逃上了条死路——一道又宽又深的大沟拦在了眼前。

望着渐渐逼近的敌军，朱温心一横，纵马向沟里跃去。也是天不绝朱温，沟底堆着一堆厚厚的柴草。朱温奇迹般地越过了这道沟！此时大将张归厚也赶来了，他挥舞马槊死命抵挡着追兵。马被射倒了，他就步战，身中10多箭也死战不退。朱温这才得以逃脱。李璠可就没那么幸运了，他和10多名梁将一起战死。朱温逃回大营，派张筠把刺猬一样的张归厚救了回来，让人用轿子把他抬回后方。因此大功，张归厚此后在朱温手下始终深受重用。

朱温出了个大丑，一股火气烧到了敌人的庄稼上。汴军部将朱克让带着人马在兖州、郓州的农田里好一阵烧杀，两州老百姓开春以来的汗水全都化为了泡影。经济打击和军事打击双管齐下，这也是一大毒计。战争离不开人力物力作后盾，没钱没粮，你军力再强也打不动。把敌方地盘的百姓全迁走，破坏敌方的农业生产，都是消耗敌人人力物力的好办法。朱温可谓深谙此道。

朱温袭扰战术的对象不光是朱氏兄弟，徐州的时溥受害更深。和朱温交手这几年来他治下的几个州郡饱受战火蹂躏，每年的稻子、小麦成熟后根本没法收割上来，感化军的粮仓一天比一天空。屋漏偏逢连夜雨，这一年淮北又闹水灾，时溥名下户口一下子少了十分之六七。时溥实在撑不下去，朝朱温告饶。朱温同意收手，但要时溥离开感化军。于是，昭宗任命宰相刘崇望为感化军节度使，把时溥召来长安。

哪知刘崇望都出发了，时溥却变了卦。他让感化军士兵们联名挽留自己，刘崇望还在半路上，只得回长安去了。时溥的做法可谓自寻死路，朱温找到了借口，派朱友裕统领10万大军攻来。感化军的刺史们觉得时溥的灭亡就在眼前了，濠州（今安徽凤阳）、泗州全都开门投降。朱友裕先攻下了朱宣的濮州，解决了天平军的威胁，同时也报了去年的一箭之仇，然后来打徐州。时溥只能朝泰宁军求救。景福二年（公元893年）二月，双方在石佛山（今安徽郎溪）交手，徐、兖联军大败，朱瑾逃回兖州。几天后徐州军背水一战，汴军没防备，吃了个亏，大将霍存被流箭射死。霍存之死对汴军是个不小的损失，但感化军仍全面处于下风。可这时汴军内部却出了乱子，差点断送了战局。

石佛山之战中，朱瑾是趁夜逃掉的。朱友裕大概斗门之败的阴影还没消除，没有追下去，被都虞候朱友恭密信给告了一状。朱温大怒，让庞师古把朱友裕送回汴梁治罪。不想这道命令传到了朱友裕手里。朱友裕深知父亲的脾性，也不敢为自己辩解，带了亲兵连夜逃回了砀山老家，躲到伯父朱全昱处。

朱温更怒，咆哮着抓到这个吃里爬外的小子非把他五马分尸不可。朱温的妻子张氏见状，赶紧让人给朱友裕传话，让他负荆请罪。朱友裕独身一人回到汴州，在客厅里叩头痛哭不止。朱温怒气不息，命令左右将他拖出去斩了。眼看朱友裕难逃一刀，张氏突然从内室冲出，紧紧抱住朱友裕，边哭边求情："友裕能单骑回汴州请罪，还不能证明他的清白吗？请老爷明察。"

女人的眼泪有时比男人的眼泪更有感染力，朱温的怒火逐渐被浇熄，回头想想确有道理，也就饶了朱友裕。但死罪可免活罪难逃，朱友裕的领兵之权还是被剥夺了，由庞师古接替，他本人被打发去许州当了刺史。

说起张氏，虽未在历史上留下什么动人的事迹，却也是五代的一位奇女了。她本是宋州刺史张蕤的女儿，容貌远近闻名，仰慕者无数。这其中就有朱温，据说他曾发誓今生非张氏不娶，大有汉光武帝刘秀"娶妻当得阴丽华"的作风。当然这时的朱温还是个成天打架生事的无业游民。

乱世中谁的命运都是反复无常的。黄巢起兵，朱温投附后飞黄腾达，张氏一家倒沦为难民，流落到了朱温镇守的同州，朱温随即将其娶进了门。张氏不仅姿色出众，心思也极为缜密，连朱温这个五代著名的大魔头也对她敬服得五体投地，平日里不论家事还是行军打仗都看重她的意见。今天也是她出手救了这个并非亲生的"儿子"。朱友裕之母是谁，史书无载。但从朱温被招安后，朱友裕随同父亲和李克用一起与黄巢作战来看，他应该是朱温未发迹前所娶之妻生下的儿子，与张氏无关。

庞师古接任后，连攻徐州几个月不下。朱温自己都有些泄气了，敬翔提醒主公不可半途而废，朱温才亲身前往前线，汴军士气更振。景福二年（公元893年）四月二十日，汴军将领王重师、牛存节等架起云梯登城而入，彭城城破，时溥举家登楼自焚而死。朱温委托朝廷派文臣来接任感化军节度使一职。

安顿下南边，朱温凶焰北转，葛从周先攻齐州（今山东济南），二朱联手来援，朱温亦来。乾宁元年（公元894年）二月，双方大战于鱼山（今山东东阿东南）。战斗进行间，大风突然暴起，而且直直朝着汴军阵地刮去，汴军旗帜在狂风中凌乱不堪，军心也动摇了起来。朱温赶紧让骑兵在步兵阵中来回驰骋，扬鞭大呼后退者死，才算稳住阵脚。没多久，风向逆转，轮到兖郓联军被吹得东倒西歪了。朱温灵机一动，下令火攻，当时两军阵地都处于草丛中，一下风借火势，火仗风威，兖郓联军被烧得皮焦肉烂，惨叫连天。汴军冒着浓烟发动突击，联军大败，二朱又折兵万余。

中原、山东一带已无外援，二朱只能又找李克用了。可正值十三太保李存孝遭四太保李存信诬陷，怒而联合成德军节度使王镕和朱温，反出李家门。李克用忙着对付这个逆子和王镕，只给了500人马。半年后朱宣在高梧战败，这五百人死伤殆尽，领队骑将安福顺、安福庆等也被擒获。

不过二朱的实力还是比较强的，朱温这时和在淮南争夺战中胜出的杨行密也翻了脸，双方在寿州（今安徽六安寿县）大打出手。而李克用也忙个没完。他打服王镕，车裂了李存孝，又进而打败赫连铎和卢龙节度使李匡筹（李匡威之弟），收取了河北大片地盘。回头李克用又扮了次勤王忠臣的角色。河中节度使王重盈病死，军中推他的义子王珂为留后。王重盈的两个正牌儿子王瑶、王珂当然不愿意。王珂收买了凤翔节度使李茂贞、邠宁节度使王行瑜、华商节度使韩建，三人一起为他造势。没想到王珂的后台是李克用，昭宗没敢买王珂面子。三个节度使一怒之下干脆带兵上京讨说法。接连杀了几个大臣，昭宗也没屈服。李克用起兵来救，三个节度使不是对手，王行瑜被杀，韩建和李茂贞也被李克用打服。差点被掳走的唐昭宗晋升李克用为晋王，其余子孙将佐也都有加官。朝廷和河东先前的不愉快一下子被抛到九霄云外去了。

总而言之，在晋、汴两大势力的注意力都在别处的时候，山东一带的战局并不激烈。这种状况一直持续到乾宁二年（公元895年）九月。

大概是看到李克用最近风光不断，朱温亲自带人去兖州和郓州找回面子。二朱都吃了败仗，连朱瑾的堂兄，齐州刺史朱琼也投降了。兖州被汴军团团包围，朱宣派人袭击曹州，结果被朱温在钜野（今山东巨野以北）追上，天平军1万多人非死即俘。领队将官贺瑰、柳存以及河东的薛怀英也被活捉。第二天，朱温把柳存等俘虏绑到兖州城下游街，对着城中劝降。朱瑾口头上答应投降，但要自家人朱琼来接收。朱琼刚走到兖州护城河的桥上，就被埋伏的兖州军抓进城砍了，脑袋也被丢出城外。朱温气得在城下把柳存和薛怀英也砍了，而后收兵回汴。而贺瑰是天平军一员勇将，朱温早听说过他，故把他收为己用。

连年战争，泰宁军和天平军实力大减，二朱再次向河东告急，李克用动员一万多人，由四太保李存信带着绕道魏州前来。李存信管兵不严，晋军在魏州一路走一路抢，朱温又趁机从中挑拨，罗弘信夜袭李存信。晋军十损二三，李存信奔走洺州，和部将史俨、李承嗣的联系也被割断。这支军马后来投了朱瑾。

乾宁三年（公元896年）夏，晋军全面入侵，魏博的魏、博、贝、卫、澶、相各州都告急起来。朱温让庞师古拖住郓州，派葛从周援魏。葛从周屯于洹水，先在军营内外设置了许多陷阱，然后闭垒不战。晋军只顾攻打正门，不防被葛从周从事先修好的三个暗门中冲出，大杀了一阵。李克用愤怒，亲自来战，葛从周扛不住，边战

边退。李克用长子李落落争功，带着晋军精锐"铁林小儿"冲在最前面，却忘了看路。结果被汴军的人工壕沟绊倒，当场被擒。李克用慌忙来救，结果自己的战马也步了后尘，汴军见状，一拥而上。好在李克用反应快些，一箭射杀当先的汴将，汴军稍退，李克用抓住机会冲了回去。

李克用低声下气找朱温求和，朱温毫不理会，把李落落交给罗弘信杀掉，李克用只好含恨返回晋阳。至此魏博在朱温的一手策划下与河东彻底为敌。晋阳援军每次都被挡住，二朱呼天无门，只得闭目待死。

朱宣最先等来了了断的那一天：他引水进入郓州城外的壕堑以自守，这道防御工事也没能挡住敌人。庞师古架设浮桥，将中军"运"进了郓州城。朱宣只得携家出逃，在中都被农民抓住献给了汴军。朱宣随后被杀。

相比之下，弟弟朱瑾的命运要稍好一点。兖州城内断了粮，朱瑾留下儿子朱用贞与大将康怀贞，自己和史俨、李承嗣到徐州征粮。朱温见兖州空虚，派葛从周来攻，此时郓州陷落的消息也已传来。康怀贞不想落得和朱宣一个下场，举城归降。朱瑾的家属也作了朱温的战利品。朱瑾断了归路，四处投宿，无奈谁也不想招惹朱温。朱瑾走投无路，只得与河东的人马一起南奔杨行密去了。朱温分别表葛从周、朱友裕、庞师古为泰宁、天平、武宁留后。山东、淮北大部平定。

又除掉了一个心腹大患，朱温洋洋得意，竟用朱瑾的老婆荣氏犒劳自己，打算纳她为妾。当然，这件事他是不会瞒着爱

妻张氏的。张氏对荣氏毫无恨意，还以礼相待，随后流着眼泪对丈夫说："夫君不闻淫人妻女者，已妻女亦被他人所淫。夫君想想，万一哪天汴州城破，我岂不是也要落得和荣夫人一个下场？"朱温大受震动，这才放过荣氏。后来这个不幸的女人在汴州当了尼姑。

鉴于周边的敌人已经收拾得差不多了，李克用又忙着对付背叛自己的卢龙节度使刘仁恭，朱温想再到南方去碰碰运气。乾宁四年（公元897年）九月，汴军兵分三路南下：庞师古出清口，取扬州；葛从周出安丰，攻寿州；朱温自己驻于宿州。淮南为之震动。

别人怕朱温，杨行密连孙儒这样的疯子都能灭掉，当然不怕什么朱温。杨行密派大将张训和降将朱瑾作前锋，先攻清口的庞师古。朱瑾果然没让杨行密失望，杀兄之仇、夺妻之恨没有彻底蒙蔽他的理智，只让他对时局更加冷静。庞师古勇猛善战，数量处于优势，正面硬拼是找死，要取胜只能用计。

怎个用计法？战争有三大要素：天时、地利、人和。朱瑾不要天时不要人和，就瞅准了这地利：庞师古的清口大营临近淮水，地势又低，是兵家理论中典型的死地。当时有人提醒了庞师古，他却不以为意，整天只顾着在营中和人切磋棋艺。

你庞师古自己找死，我朱瑾就送你一程。于是淮南军在淮河上游筑坝蓄水，打算来个唐末版的"水淹七军"。有人报告了庞师古，结果庞师古下棋上了瘾，嫌这人打扰自己下棋，杀了这个人。没多久只

听营帐外声如奔雷，淮河大水汹涌而下，汴军大乱。朱瑾与淮南将领侯瓒打着汴军旗号，从北面袭击庞师古的中军，张训则正面冲击汴军营栅。汴军作战虽然勇猛，但多是北方人，不善水性，在这种情况下功夫根本施展不开。杨行密又越过淮水，两面夹攻。曾以水得利的庞师古这次尝到了水的厉害，和手下1万多弟兄一起到地府里报到去了。

葛从周这头也好不到哪去，他的营寨被寿州团练使朱延寿攻破，只得退守濠州。此时庞师古败死的噩耗传来，葛从周拨马就逃。朱延寿、杨行密、朱瑾争相追击，葛从周在淠水被追上，军兵溺亡大半。都指挥使牛存节下马力战才算让汴军得以退却。时天又大雪，汴军连饿带冻，僵死满路。回到汴州的人不足1000。

还在宿州观望的朱温见两路人马都完了，也只得北返。杨行密写信挑衅朱温。朱温无计可施，只好咬牙不应。

## 救驾"忠臣"朱全忠

日月飞梭，转眼到光化三年（公元900年）十一月。

朱温可以说是对未来充满了希望，庞师古虽然死了，但葛从周、氏叔琮、张存敬等率领的汴军依然强劲。昭义、襄州等镇已成为宣武军的势力范围。幽州的刘仁恭想打魏博的主意，结果被汴军狠狠教训了好几回。他吞下去的魏博土地全吐出来不算，连原来幽州的地盘都被占领了一大片，更损失猛将单可及、马慎交以下数万人。

刘仁恭从此势力严重衰落。而原河东的盟军成德、义武在汴军的军事打击下均都改唯朱温马首是瞻。继中原、山东后，河朔各镇也全部弭伏，河东越来越孤立。

不过还没等朱温对李克用发起攻击，长安传来消息，几个太监软禁昭宗并假传圣旨，要传位于皇太子。

可以说，昭宗是有志向的，他希望重现威武的大唐。之前，大顺二年（公元891年）八月，昭宗收买了杨复恭养子李顺节，用武力将杨复恭驱逐出京城，随后又借故杀掉了李顺节，总算解决了这个跋扈的太监家族。此后，昭宗又想拿藩镇开刀，李茂贞、韩建之乱结束后，昭宗把李克用打发回河东，李茂贞、韩建等人又故态复萌，昭宗愤怒不已，大大扩充禁军名额，准备对李茂贞动武。李茂贞先下手为强杀向长安，禁军多是些新兵，根本不是凤翔军的对手，昭宗只能和僖宗一样逃了。不过他没和几个祖辈皇帝一样跑四川，而是应韩建的请求，去了华州。

没想到韩建更油滑，先把昭宗骗到了手，然后撕掉忠臣的假面具，开始骑在皇帝头上作威作福，禁军全部被强制解散，装备被收缴。忠心耿耿的禁军将领李筠也被韩建害害。昭宗近臣要么被免，要么被杀。乾宁四年（公元897年）八月，韩建竟借口宗室诸王谋反，丧心病狂地将建、沂、睦、济、韶等11名亲王全部杀死。宰相崔胤也是韩建淫威受害者之一，他虽未被杀，却被勒令出镇湖南。崔胤和朱温素有交情，朱温以武力威胁不准罢免崔胤，并要求昭宗迁都洛阳。韩建和李茂贞怕朱温真来勤

王，赶紧朝皇帝请罪，并愿意出钱重修长安，昭宗这才得以回京。

受够了藩镇的羞辱，在朝中昭宗也不得省心，崔胤虽然在对付宦官这个问题上能和皇上保持一致，但崔胤却仗着朱温的势力，在朝中排斥异己，作威作福。渐渐长安城中不是昭宗说了算，而是崔胤说了算。

朝内外的巨大压力使昭宗那一腔为国为民的热忱渐渐被消磨得无影无踪，取而代之的是无尽的烦恼忧愁。丑恶而严酷的现实让昭宗觉得越来越无力负担，于是将无限的时间用在借酒浇愁上。昭宗醉酒，开始在宫里胡闹，弄得人人自危。

于是，宦官神策军左中尉刘季述与右中尉王仲先于光化三年（公元900年）幽禁昭宗，再立太子裕为帝。刘季述还是有点政治头脑的，知道此时的朝廷要是没有外地藩镇的支持，啥呢么不算，于是立刻让自己的养子刘希度和供奉官李奉本来到汴州，希望能和朱温交上朋友。朱温正犹豫不决，刚从长安归来的幕僚李振劝朱温挟天子以令诸侯，顿时让朱温觉得非常有道理。李振是中唐名将李抱真的曾孙，和黄巢一样，他在科举场上也是连连失意，但他没有走上造反的道路，而是投奔了朱温。李振以出色的口才为朱温立下不少功劳，很快深为其所信任。

朱温明白，如果答应刘季述，唐家天下固然现在能到手，然而自己也将成为十恶不赦的反贼。一旦李克用、李茂贞等人以讨逆为口号号令天下的话，那自己将成为众矢之的，连先前的成果都很可能无法保住。朱温立刻下令把刘希度和李奉本抓

起来以表示与刘季述划清界限，又让李振和心腹蒋玄晖奔赴京师，和崔胤商讨如何营救昭宗。不久在崔胤的游说下，左神策军指挥使孙德昭联合右神策军都将董彦弼、周承诲等人，袭杀了刘季述、王仲先等四人及其党羽，救出昭宗。重获自由的昭宗激动不已，提升崔胤为司徒，崔胤坚拒，从此成为昭宗头号心腹。朱温将刘希度、李奉本，以及曾羞辱过昭宗的刘季述党羽程岩送斩长安，获封梁王，又进为东平王。李振定策有功，更为朱温所看重。

朱温的下一个目标是河中的王珂。王珂是李克用的女婿，于是不停地朝岳父告急。无奈河东通往河中的要道晋州、绛州已全部被汴将张存敬抢先拿下，晋军无法接应。王珂又告于凤翔，许以割地，李茂贞没理他。天复元年（公元901年）二月，张存敬兵围河中，王珂势穷，只得在城头升起白旗。朱温先假惺惺地在王重荣墓前泣诉了番旧情，方才入城受降。王珂和朱温还装模作样地寒暄了一番，而后王珂才举家迁往开封。不过这出戏没演多久，王珂就惨死在朱温刺客的手下。

河中是河东最后的屏障，它一陷落，河东就直接暴露在朱温的刀锋之下。三月，朱温借口李克用请和措辞傲慢，大举进兵：氏叔琮领兵五万出太行山，魏博都将张文恭出磁州（今河北邯郸磁县）新口，葛从周与成德军出土门，洺州刺史张归厚出马岭，义武节度使王处直出飞狐（今河北涞源），代理晋州刺史侯言出阴地关（今山西灵石西南）。六路大军一起进发，震天撼地。沁州刺史蔡训、都将盖璋、昭义节度使孟迁、辽州刺史张鄂等先后投降。四月，氏叔琮包围河东大本营晋阳。

晋阳大乱，而则连日阴雨，十几天下来，晋阳城墙在水浸之下多处发生崩塌，河东岌岌可危！多亏李克用亲自登城部署防御工作。城墙塌到哪里，他就带人补到哪里，有时忙得连饭都顾不上吃。主帅如此拼命，三军如何敢不用心？大太保李嗣源、二太保李嗣昭多次冒着生命危险，从暗道突出偷袭氏叔琮军，屡有斩获。在外线，五太保李存进也在涡洞郡击败了氏叔琮前部，河东军心渐渐稳定下来。

汴军声势虽然浩大，然而军马众多，粮食消耗极大，河东路远，加上气候糟糕，后勤逐渐供应不上。而连日的暴雨也让汴军军营内疫病流行，氏叔琮更无力击败晋军，只得回军。河东军见汴军撤走，出城反击，斩获极多，部分失地也随即被收复，河东第一次危机有惊无险地过去了。

第一次晋阳攻略没有成功，不过朱温依旧是掌握主动的一方，而河东的实力也已大受打击。朱温正加紧部署准备再次进军河东，崔胤的一封告急书却让他改变了主意。

昭宗再一次被人劫走了！

唐昭宗李晔35岁，崔胤48岁，按政治人物的标准，他们都算年轻一族。

年轻人的长处在于精力旺盛，敢说敢做，所以昭宗和崔胤彻底铲除宦官的计划一直在尝试中。而年轻人的缺点在于缺乏经验，往往急于求成，这可是玩政治的人的大忌，很可能造成适得其反的结果。宦官这颗毒瘤虽说危害巨大，但它毕竟已经生长了百来年，可以说是颗陈年瘤瘤了，要想将它连根割掉，绝对不是一个皇帝和几个大臣说成就成的。

君臣日夜密会，宦官们不听到风声才怪。左神策军中尉韩全诲通过安插的宫女获知了昭宗和崔胤的计划，于是交接李茂贞为外援。因崔胤曾收回藩镇的卖酒权，李茂贞怀恨在心，指派留在京师的养子李继筠与韩全诲联络。崔胤这才害怕起来，于是给朱温发信求援。

朱温收到信后固然将南进改为西进，自然遭到韩全诲等人的反对。十一月，神策军都将李彦弼和李继筠各率禁军和凤翔军入宫，强押昭宗和后妃、宗室前往凤翔。贪婪的李继筠还在长安大肆抢劫，首都市民连衣服都被扒去，只能以纸为衣。大明宫在熊熊大火中化为瓦砾。

天子落难，对朱温来说却是个名正言顺地将势力插入关中的好机会。圣驾一路朝凤翔跑，汴军一路朝凤翔追，在华州饱刮一番后到达长安，继续进击凤翔方向。很快，汴军攻下武功（今陕西咸阳武功县），驻于凤翔东。李茂贞吓得够呛，逼昭宗草诏让朱温还镇。朱温认为李茂贞还不敢对皇上怎么样，就带着军队在关中转悠，到处发财。

不过李茂贞请来了晋军，李克用在河东一通猛攻，慈州、隰州、绛州全丢了。朱温只好赶回去救火。晋军想乘胜拿下临汾，氏叔琮暗暗派了两个长得活像沙陀人的士兵潜入敌军中，各自捉走一人而回，李克用以为有伏兵，不战而退到蒲县（今山西蒲县）。恰好朱温遣侄儿朱友宁带数万人

来援，氏叔琮一鼓作气，连夜截断敌军归路，前后夹击之下，晋军大败，被杀万余。氏叔琮、朱友宁继续追击，晋军毫无斗志，连名将周德威的逆袭都以失败告终。汴军一路追杀，擒获李克用之子李廷鸾，缴获晋军全部辎重。朱温得报大喜。

晋军现在非常怵汴军，上回晋阳解围的重要功臣李存信带着最精锐的亲兵队前去迎战，竟半路望风而逃。汴军收回慈、隰、绛三州，毫无阻拦地开到晋阳城下，此时的情况比上一回更凶险。周德威等残军虽然得以返回，然而晋军主力尚未来得及集中，晋阳守备力量相当薄弱。氏叔琮的攻势一天比一天紧密。这回连李克用自己都信心动摇了，他召开军事会议，打算撤到云州去。李存信主张远逃沙漠深处，徐图反攻，周德威、李嗣昭、李嗣源坚决反对。正在争论的当口，夫人刘氏站到了主守派一方，李克用安心坚守。几天后晋军溃军复集，众心乃定。

虽然氏叔琮的进攻依旧很凶，但李嗣昭、李嗣源的夜袭队再次屡发神威，搅得汴军不得安宁。再加上瘟疫使汴军病倒无数，氏叔琮只好收兵撤退。

二打晋阳，在进攻上氏叔琮毫无进步，撤退时却充分吸取了上回的教训。他让人在山坡上布置下几匹战马和几杆军旗。战马奔腾，烟尘大起，军旗也随风飘扬，李嗣昭的追兵果然上当不再追击，只复取三州而回。此后李克用自知不敢朱温，安心发展领地经济建设，一连几年不再出兵。

东援没了，南边占据四川的军阀王建又打着援助的旗号趁火打劫，李茂贞只能

硬着头皮自己上。可凤翔军的战斗力在汴军面前实在不够看。李茂贞和他的弟弟李茂勋一败再败，连凤翔主城都差点被汴军攻进去，只好闭门不战。

别看李茂贞硬打不是汴军对手，可他死守下去，朱温还真拿他没辙。当时正值雨季，汴军又病倒一大片，朱温考虑收兵了。亲从指挥使高季昌、左开道指挥使刘知俊则劝住了朱温，高季昌还设计了一条毒计。他找来一个叫马景的军士，让他假装投降李茂贞，"泄露"汴军主力已撤，只剩老弱的情报。李茂贞上当，尽起大兵来劫寨，朱温伏兵大起，凤翔军几乎被杀个精光。（附带说明下，高季昌因此大功，后被任命为荆南节度使。再后来他以此为基础建国，这就是五代十国中最小的一个政权"南平"。）李茂贞胆寒，开始另作打算。

李茂贞的手下和主子想一块去的还真不少，而且速度更快：李茂贞的义子一个个跑到了朱温那头。就连凤翔城守军也在凤翔降军的劝说下，成批逃亡。束手无策的李茂贞，只能命令守军大骂汴军是"夺天子贼"。汴军边制造噪音骚扰城中，边回骂李茂贞为"劫天子贼"。在无休止的口水战中迎来了天复二年（公元902年）的冬天。

凤翔城中粮食已尽，又断了外援，饥馑开始降临。市面上人肉涨到100钱1斤。朱温不断朝城内皇帝行在进献食物，仍是不够，李茂贞只能杀猪杀狗以保证供应，昭宗甚至不得不亲自动手磨粮。草也被汴军割光了，昭宗用水浸松木来喂马，卖掉全家的衣服以充用。宦官们心情沮丧，成

天互相对骂厮打。凤翔人的信心正在和气温一样急剧下降。年末，李茂勋也投降了朱温。李茂贞觉得实在撑不下去了，决定与朱温妥协，附赠的见面礼是韩全诲、李继筠、李彦弼等二十多名罪魁祸首的脑袋。

天复三年（公元903年）正月二十二日，再获自由的唐昭宗的车驾驶出了昔日的监狱凤翔城，驶进了汴梁军营。在那里，救驾功臣朱温一身素服，伏地请罪。君臣相对而泣，昭宗令赦免朱温之罪，并以玉带赐之。大概是过于想念京师，昭宗没休息多久就下令起驾。朱温的演技越来越炉火纯青，他单骑引导10余里，又命朱友伦负责担任剩下的路程的护卫，这才焚寨赶来。

昭宗刚回到长安，崔胤就急不可耐地要求报复宦官们，昭宗为了报仇，当然同意。这天，长安城内外响彻着宦官们的哀号声，大小宦官无论冤枉与否，全部被杀于内侍省。出使外地和罢黜在家的宦官们也都被一一捕杀，宫中只留50名幼弱宦官负责清洁工作。而宦官谋逆的最重要依靠——神策军兵权，也收归崔胤所有。

困扰大唐一个多世纪之久的宦官之乱，终于彻底被终结。不过，宦官当权本是皇帝所授，是皇帝和文武百官之间矛盾不可调和的产物。而宦权失去控制，又何尝不是君主自己暗弱无力或昏庸无能之故？祸乱的根子在君主调控不力，到头来却把责任尽推太监，不分青红皂白乱杀一气，这对垂垂危矣的大唐政权，又于事何补？

东汉宦官为祸，外戚军人合诛宦官，而东汉王朝很快也亡于内乱。明朝阉党专权，当最后一个大公公魏忠贤被逼自杀后

17年，大明在农民起义和清朝夹攻下覆亡。宦官权力和皇权是相辅相成的，宦官彻底失势只有一种前提——皇权也行将就木，那王朝也到了该亡的时候了。唐朝能逃脱这一规律吗？

这个问题的答案，有苦难言的昭宗最清楚。因为他发现刚他跳出凤翔的囚牢，又落入了崔胤的囚牢。崔胤以救驾头号功臣自居，在朝中跋扈不臣，同僚中与他有过过节的不是被贬，就是被杀。昭宗想提拔两个人为相，崔胤怕权力被分，叫来朱温表示反对，昭宗只得作罢。

昭宗不但在人事上毫无发言权，甚至连起居举止都被崔胤所监视。宰相韩偓得罪崔胤被贬，临行前对昭宗说："这人已经不是过去的崔胤了，臣出镇地方是走运，我实在不忍亲眼看到篡位弑君的事发生！"

纵使如此，昭宗也拿崔胤一点办法没有。因为此人现在不但政权军权一把抓，还有朱温为靠山。朱温和李茂贞一样，把自己的党羽插入宫禁宿卫以及京师各要害部门。当然，此时的朱温还暂时无法把主要精力放在长安，因为他还要处理发生在山东的变乱。

# 弑君谋逆建后梁

凤翔被围期间，昭宗诏令天下勤王，各藩镇都知道这是李茂贞的鬼把戏，没有人上当，但有一个人例外，他是平卢节度使王师范。此人根本不考虑诏书背后有什么背景，只知道这道命令出自皇上之手，皇上的命令作为臣子的自然必须无条件服从。

汴军主力西进关中，关东空虚，这给了王师范可乘之机。王师范派人假扮进贡使者或商贩，私藏兵器进入中原、河朔、山东各州，约定各郡一起举事。结果汴梁防备森严，来使大多事泄被俘，只有行军司马刘鄩一路得手，用500精兵袭占了兖州。

损失既然不大，朱温也就没有亲自返回，只是让朱友宁和葛从周等去解决这事。王师范援助兖州的军马被打败，葛从周包围兖州，朱友宁进军平卢军大本营青州（今山东潍坊一带）。天复三年（公元903年）三月，完成了在长安的布置，朱温回到汴州，这才统率10万大军随后而来。

博昌、登州（今山东蓬莱、文登一带）次第陷落。李克用已指望不上，王师范告急于淮南，杨行密遣部将王茂章以步骑7000来援。双方合力攻破密州（今山东诸城）。六月，朱友宁兵到石楼，王师范立两栅以拒之。汴军攻势凶猛，王师范催促王茂章助战，王茂章没有反应。很快，一栅陷落，朱友宁全力攻打剩下的一栅。此时天刚蒙蒙亮，忽有一彪军沐浴着晨光从一边杀出，领头者正是王茂章。王将军的时机把握得格外准确，战了一夜的汴军此时已是疲惫不堪，淮南军则是休整充分，精力旺盛。汴军抵挡不住，开始溃退。站在土山上观战的朱友宁赶紧飞马而下，欲亲自指挥反击。然而马失前蹄，朱友宁重重摔下，动弹不得。青州将张士追上来把他砍了头。主将战死，汴军更乱，联军直追杀到米河，俘斩万余。

朱友宁是朱存的遗子，朱温闻讯放声大哭，亲以大军20万日夜兼程赶来报仇。

王师范如何是对手？大败。王茂章面色镇定，先是闭垒不战，等汴军松懈下来，突然毁栅出击，打得尽兴了，又不慌不忙回军，召集众将畅饮不休。仿佛这不是在沙场决生死，而只是一场普通的游戏而已。朱温登高望见，大为叹服，道："吾得此将，天下不足平也。"

王茂章喝足了，引兵再战。一直打到黄昏，汴军也没占到什么便宜。但估计力量对比还是过于悬殊，王茂章连夜撤回淮南。曹州刺史杨师厚追击，淮南军先锋指挥使李虔裕以自己和部下500人的生命为代价，成功掩护主力撤退。淮南援军一退，王师范只得以弟弟王师鲁为人质请降。一年后，因朱友宁遗孀的哭诉，王师范还是逃不过被灭族的命运，当然这是后话。

平卢各州守将都换成了汴军的人，兖州却还没拿下。倒不是葛从周无能，而是因为刘鄩这人实在太有人格魅力了。兖州是泰宁军节度使的使府所在，时任泰宁节度使的葛从周驻邢州，家小却都在兖州。刘鄩占据兖州后，严明军纪，对葛从周妻子老母也以礼相待。葛从周攻兖州急时，葛母上城说情。刘鄩是平卢名将，葛从周也是五代一条好汉，号"山东一条葛，无事莫撩拨"，两人英雄惜英雄。汴军开始对兖州只是象征性地敲打。王师范投降后，派人诏谕兖州，刘鄩这才以一身囚服出降。刘鄩气质不凡，朱温奇之，收为重用。

解决了外部的麻烦，朱温开始收拾长安。不过不是收拾昭宗，而是收拾崔胤。没有永远的朋友，只有永远的利益，乱世尤其如此。朱温起初扶植崔胤是想在长安保持

一个自己的据点，然而两人都是权力崇拜狂，崔胤知道朱温的野心是代唐而立，便广募士卒，暗造兵器，这一切都没能逃过朱温眼线的眼睛。两人的冲突已不可避免。

朱温离开长安时留朱友伦为禁军宿卫都指挥使，一为监视昭宗，二为监视崔胤。没想到不久朱友伦在打马球时突然坠马身亡。朱友伦也是朱存的遗子，朱温连丧二侄，愤怒到了极点，将陪同朱友伦玩耍的十多人全部杀掉。朱温怀疑这次事故是崔胤的阴谋，遂定了杀崔胤之心。

天佑元年（公元904年）正月，朱温上表京师，奏请严惩专权祸国的奸臣崔胤与其党羽。朱温已发话，昭宗哪有反对的权利，况且他也确实讨厌崔胤。诏书一下，新任宿卫都指挥使朱友谅立即率兵包围崔胤官邸，将其杀之。闻讯赶来的长安市民争相朝他的尸体狠砸砖石，片刻间这个昔日不可一世的权臣就化为一团模糊的血肉。

崔胤已死，朱温迁都再无阻碍。正月二十一日，朱温以凤翔节度使李茂贞、静难军节度使杨崇本逼近京师为由，遣牙将寇彦卿将昭宗、皇族、文武百官以及长安百姓全部"请"往东都洛阳。京师男女扶老携幼东行的队伍，一月未断。为了彻底断绝昭宗的后路，朱温又令部将张廷范拆毁京城所有宫室和民居，拆下来的木头全部丢进渭河。雄伟瑰丽的长安城至此永远失去了昔日的辉煌，今天我们所能看到的长安遗迹，只剩下一段段拆不开带不走的废旧城墙，在诉说着那早已随波而去的记忆。

对于朱温的暴行，彻底沦为傀儡的昭宗只能木然坐视。圣驾行到华州，百姓山

呼万岁，昭宗的回答是："别叫万岁了，我不再是你们的主人了。"两行热泪随之滚滚而下。沿途的山谷回荡着的是百姓的怒骂声："国贼崔胤引导朱温前来，使我等沦落到这个地步！"

四月，圣驾刚到陕州，皇后生产，昭宗请缓行，结果等来的是寇彦卿恶声恶气的催促！闰四月初八，就因为晋国夫人与昭宗耳语了几句，朱温怀疑她谋害自己，将她与医官使阎之、司天监王墀、内都知韦周一并杀死！

崔胤死后，禁卫六军全部作鸟兽散。皇帝身边只留下近侍二百多人。可朱温连他们也不放心。有一天，昭宗发现他们全被换成了朱温的人。

蒋玄晖为宣徽南院使兼枢密使，王殷为宣徽北院使兼皇城使，张廷范为金吾将军兼街使；韦震为河南尹兼六军诸卫副使，武宁留后朱友恭为左龙武统军，保大节度使氏叔琮为右龙武统军，主管宫中值宿警卫。昭宗的一举一动全面处于汴梁系的监控下。

昭宗还不打算认输，密令蜀中的王建、淮南的杨行密、河东的李克用勤王。其实他也知道，李克用暂时不敢与朱温再战；杨行密正专注江南，无暇北顾；王建也暂时没有北上的打算。这几个藩镇全指望不得。倒是朱温对昭宗的疑心一天天加重。

终于八月的一天，朱温对住在洛阳椒殿（皇后居所）内的唐昭宗下了毒手。

当夜，龙武牙官史太先在宫门外叫道："前线军情紧急，要速速奏报圣上。"然后冲入殿中，昭宗绕柱而走，可没走多远就被史太追上来一刀砍死。昭宗爱妃裴贞一、李渐荣同时被害，何皇后匍匐于地，向随后冲进来的蒋玄晖苦苦哀求，才幸免于难。

第二天，蒋玄晖宣布：裴贞一、李渐荣谋害昭宗，凶手已伏法，辉王李祚应即位。即位典礼和葬礼一起举行，13岁的李祚（此时已改名为李柷）不敢恸哭，在一片白色恐怖中胆战心惊地披上了龙袍。他就是唐朝最后一个皇帝——唐昭宣帝。

"惊闻"凶讯的朱温急急赶到洛阳，伏在昭宗灵柩上痛哭，还主动请求讨伐乱臣贼子。朱温当即以治军不严为名，将龙武左右统军朱友恭、氏叔琮先贬后杀，算是"安抚"下人心。

"卖我以塞天下之谤，如鬼神何！行事如此，望有后乎！"[1]朱友恭临死前仰天大呼。

一面故作姿态欺骗世人，一面却要斩草除根。隔年正月社日（祭土神的节日），朱温设宴九曲池，将昭宗诸子全部灌醉后杀死，抛尸池中。大唐宗室血脉为之一空。

中和二年八月，朱温归顺大唐，唐僖宗赐名朱全忠。天佑元年四月，做了22年唐臣的朱温用实际行动表达了自己对大唐的"全忠"。

五月，在李振和宰相柳璨的建议下，朱温尽贬豪门出身或名士身份的大臣，又

---

① 出自《资治通鉴·唐纪八十一》。

将裴枢等 30 多人全部杀死在滑州的白马驿。李振对当年自己被判落榜一直怀恨在心，提议道："这些人平时不是自诩清流吗？那把他们都丢进黄河吧，看他们清流浊流！"朱温大笑照办。整个朝堂也被一扫而空。由于被杀被贬的多是名门贵胄，自东汉以来对朝政影响甚大的门阀士族势力也就此消亡。

杀绝了朝廷的人，朱温回头杀向地方。山南东道节度使赵匡凝暗中交接杨行密、王建，朱温亲自南征。八月，新汴军总指挥杨师厚连克唐（今河南唐河县）、邓等七州，又作浮桥，在汉水击溃赵匡凝主力。当夜，赵匡凝烧掉山南东道使府所在地襄阳城，南投杨行密。他弟弟荆南节度使赵匡明则不战而逃往成都。朱温表杨师厚为山南东道节度使，表贺瑰为荆南留后。

或许南进太顺，本打算返汴的朱温突发奇想，不顾敬翔的劝阻，计划再取淮南重镇寿州。沿途大雨不断，道路泥泞不堪，淮南军民又坚壁清野，汴军又饿又累又冻，逃亡者日多。朱温没能拿下寿州，北返时又被光州刺史柴再用尾随袭击，损失辎重不少，朱温这才懊悔没听敬翔的忠言，心里烦躁不已。昭宣帝却在这个时候祭天，朱温认为是蒋玄晖和柳璨反水帮着祈求延长大唐国祚，跳脚怒骂。宣徽副使王殷、赵殷衡等人又趁机挑拨，于是朱温渐生杀蒋、柳之心。

蒋、柳二人此时也知自己被猜忌，慌忙商议着给朱温加九锡（古时君赐大臣的最高礼节）以示讨好。十一月二十七日，昭宣帝下诏，以朱温为相国，进封魏王，以宣武、宣义、天平等 21 道为封地，加九锡。然而一切为时已晚，朱温一概不予接受。昭宣帝心慌，干脆以帝位禅让，也被朱温回绝。

王殷、赵殷衡继续诬陷蒋玄晖和何太后（即昭宗何皇后）私通，企图光复唐室。朱温终于动手，斩蒋玄晖，暗害何太后，并将他们全部追废为平民。柳璨和张廷范则被车裂于市。朱温废除宫中诸多办事机构，只留个宣徽院，由王殷、赵殷衡分任正副使。"中央"集权达到了前所未有的高度。

京师在消灭"内鬼"，地方也在消灭"内鬼"。魏博节度使罗绍威（罗弘信之子）打算对跋扈的牙军系统来个一了百了，估摸着自己的力量不足，便向朱温求助。恰逢嫁到魏博的朱温的女儿病逝，朱温以送葬为名遣内应 1000 人暗藏兵器进入魏州，与罗绍威里应外合，一举歼灭全部牙军，连其家属 8000 人一个不留。困扰魏博 100 多年的牙军之祸就此终结于朱温之手。

牙军固然有罪，但朱温的手段太血腥，引起了魏博其他州郡的恐慌。牙将史仁遇占据高唐（今山东聊城）作乱，魏博各郡相继相应。朱温亲领汴军主力来攻，史仁遇求援于河东与幽州。李嗣昭和刘仁恭之子刘守文各自来救，又各自败走。汴军攻陷高唐，屠尽全城，锯死史仁遇。贝、博、澶、相、卫等州在 3 个月内悉数被汴军攻下。

壁虎断尾，命是保住了，但平衡性也大不如前。罗绍威借外人的手消灭了威胁自己地位的牙军，魏博军却也被大清洗了一回，战斗力大大衰落。短短半年时间，汴军几乎将魏博全境的牛羊和银钱全部吃光。罗绍威被吃得一贫如洗，后悔莫及。后悔归后悔，朱温接下来要打沧州的刘守文，罗绍威还得乖乖置办供应。

刘守文知道自个的分量，打死也不出击，虽然粮食快吃光了，吃土也要守住城。刘仁恭知道形势危急，只好厚着老脸，向自己背叛过的上司李克用请援。虽然刘仁恭的使者前后有100多人前来，李克用记着旧仇，本来不想出手，但被儿子李存勖以唇亡齿寒的道理说动，遣周德威、李嗣昭往救。昭义节度使丁会痛恨朱温弑君恶行，打开潞州城迎接晋军。

潞州是昭义一号重镇，这打击对朱温来说可不小。朱温下令烧掉吃不完的粮草回师，方圆数里火光冲天。饿得胃痛的刘守文望见，居然大着胆子请求道："您与其把粮食烧掉沉掉，不如留些给本城，也算积点阴德。"而一向心狠的朱温居然也答应了，沧州百姓这才没全部饿死。

沧州未下，潞州还丢了，朱温觉得该到收取帝位以镇天下的时候了。恰好此时魏博节度使罗绍威为讨好朱温而暗加劝进，朱温大喜，疾回汴州。

禅位就禅位吧，反正这把龙椅自己也是被逼着坐的，昭宣帝倒并不在乎，朱温却一心要把秀做足。皇帝派使者一再让位，文武百官等也都纷纷劝进，朱温只是推却。直到天下各镇乃至湖南马殷、岭南刘隐都奉表"恳求"朱温即位，朱温这才"勉强"接受下来。

武则天当政时，民间流传着道谶语："首尾三鳞六十年，两角犊子自狂颠，龙蛇相斗血成川。"当时有好事者认为两角犊子自然是牛，因而未来必有个姓牛的人要夺取大唐的天下，而又有人认为牛加两角为朱，于是以后朝中姓牛的官员往往因此被弹劾，也有几个姓朱的节度使计划谋反，谁想到最后谶竟应在朱温身上。

开平元年（公元907年）四月初四，朱温改名朱晃（按唐以来的惯例，新皇帝即位都要改名），登上金祥殿接受文武百官的朝拜。10多天后，这个来自砀山的无赖少年、黄巢义军的叛徒身披华丽的衮袍、头戴尊贵的冕冠，在同一个地方完成了正式册封典礼，国号"大梁"，史称后梁。在阵阵排山倒海的"万岁"声中，朱温大悦。

充斥于耳的阿谀声中，夹杂着一道冷冷的警告，警告来自他大哥朱全昱。这个朱家唯一的厚道人对朱温废唐建梁极为不满，当场大骂："你不过是砀山一介草民！朝廷又不曾亏待了你，你却夺了他的江山。你就不怕将来老天报应我们全族吗？！"

朱温又羞又恼，双方不欢而散。朱全昱的怒火并不能改变朱温篡唐建梁的事实。以恢宏、大气著称的大唐王朝就这样带着屈辱走完了288年的寿命，然而我们没有必要因此而一个劲地痛骂朱温是篡国贼、大奸臣，毕竟当唐帝国走到了末路，被其他政权取而代之也是必然的结局。这就是历史，不断前进、任何人或事物都无法阻挡的历史。

# 后梁克星李存勖

朱温建立后梁后。朱家子弟和拜服新

朝的藩镇全都封了王，敬翔、李振等重臣也都受到拔擢。朱温又下诏改元开平，定老根据地汴州为东都，升为开封府，定洛阳为西都，旧唐都长安则降级为军区（佑国节度使）。朱温此时的霸气已达到无以复加的境地，连盘踞在关外的契丹部落首领耶律阿保机都背弃了他曾经的义兄弟李克用，遣使称臣于梁。当然，大梁朝在晋王李克用、蜀王王建、吴王杨渥（杨行密长子）、岐王李茂贞那尚得不到承认。

辞旧说过了，再谈谈迎新。朱温驰骋疆场多年无往不利，手下众多的人才是最大的法宝，称帝后他对人才工作的重视自不会放松。朱温"求理尤切"，分派宰臣们在国内四处寻访贤良，凡是有真本事的人，不问出身，一一给予登记；有献良策者，加官封爵；连深居山林的隐士也皆以礼相请，"冀无遗逸之恨"。

接下来是纠正前朝留下的弊政，晚唐以来朝中党争激烈，权臣往往公器私用，随意迫害政敌，造成冤狱盛行。朱温杀光了那帮"清流"，又下令对被他们无辜贬逐到南方的官员一律予以平反，已死者也全部得以昭雪，人心大悦。

为保持汴军强盛的战斗力，严酷的军法自必不可少。朱温曾规定，主将战死，部下皆斩。这样虽然能保持各军都能拼死相互救护，却也导致了士兵大量逃亡。朱温又下令在士兵脸上刺字，以便各地关卡搜捕逃兵。结果走投无路的溃兵往往啸聚山林为盗，危害地方。朱温称帝后下诏全部赦免，任由还乡，大梁国的盗匪一下子少了一大半。

除此之外，朱温在督导救灾[1]、废除民间陋习、提倡节俭、宽刑减税、抚恤军民等方面均有贡献。总的说来，他还是个相当勤勉的帝王。

当然，四境未定，后梁皇帝工作重心仍在军事上。幽州新主刘守光（刘仁恭之子）已上表归顺，王建、杨行密暂不敢打北方主意，李茂贞实力根本不够，新朝唯一的威胁还是河东。朱晃陛下先下诏削去李克用所有官爵，紧接着又命令康怀贞会同魏博军队攻打几度易手的要地潞州。

从郓州投诚到现在已有10年，十载光阴里康怀贞早已成长为汴梁军中数一数二的大将。在对赵匡凝、李茂勋、杨崇本的一场场恶战中，康怀贞立功无数。后梁朝第一次北伐，朱温对康怀贞寄予厚望，临行前对他嘱托备切。

哪想到这倒对康怀贞造成了不小的压力，他以为若这次行动有失自己就活不成了。于是他采取了最稳妥却也是最无力的攻击方式：在潞州周边深挖壕沟，修筑了一圈夹城，打算硬困死城中守军。

河东名将周德威来援，他面对康怀贞，继续发挥最擅长的游击骚扰战术，沙陀骑兵来回驰骋，耀武扬威。康怀贞本着不求

---

[1] 据南宋学者洪迈在《容斋续笔》中透露，宋州水灾，宋州节度使却献象征祥瑞的麦子讨好朱温。结果反惹得朱温龙颜大怒，将其狠斥一通。足见此人对民生还是相当重视的。

有功但求无过的心理，就是不肯出战。"静坐战争"持续了3个月，朱温见康怀贞打得如此窝囊，非常生气，将他贬职，以亳州刺史李思安代之。可李思安也没有更高明的手段，他只是将夹城进行防御升级，变成了夹寨。周德威改而抄掠梁军的粮道，李思安筑甬道保护之。怎奈沙陀骑兵来去如风，骚扰个没完。甬道有时一天要被破坏10余次之多，梁军的精力全耗在东修西补上了。李思安头痛得要死，干脆壁垒不出。双方一直僵持到开平二年（公元908年）正月。梁军老是被动挨打，可最先撤离的却是周德威，因为晋王李克用病倒了。

重病在身的李克用很快立下遗诏：以长子李存勖为继任者，弟弟振武节度使李克宁、监军张承业等人辅之。正月十九日，"飞虎子"李克用将儿子托付给李克宁后，念念不安地合上了双眼。临死前，李克用留下了著名的"三箭之誓"。垂危的李克用亲手交给李存勖三支箭，以象征李家的三大仇人：刘仁恭父子、耶律按巴坚（即耶律阿保机）和朱温。李存勖必须亲手将这三支箭一一射进这三个仇人的心窝，而后昭告自己的在天之灵。

李克用身死的消息很快传到开封，朱温却一点也高兴不起来，生性多疑的他觉得这可能只是晋军的诡计而已。于是朱温又撤掉了作战不力的李思安，以匡国节度使刘知俊代之，此后又萌生了退军之念。直到有情报说周德威大营已空，朱温才相信老对头是真的死了。大喜过望的他立刻改变主意，要刘知俊必须拿下潞州。前线的梁军也对李克用之死庆幸不已，夹寨居然

◎ 李存勖像

一连几天警戒松弛。朱温和手下都没想到的是新对头李存勖是一个比李克用更难对付的角色。而且随着李克用的逝去，朱温对河东的强势压制也不复存在了。

李存勖接下父亲遗志时也只有24岁，但他已经是个拥有十三四年军龄的"老兵"了。三节度使之乱，年仅11岁的李存勖跟随父亲进讨王行瑜，又亲往大明宫报捷。昭宗一见，大奇之："这孩子有奇表，将来可亚其父。"从此"亚子"成为李存勖在晋军中的名号。李克用自云州起事，开创河东大业，李存勖全程参与，多年的军旅生涯练就了他一身是胆而不失沉稳的性格。从日后发生的事来看，青年李存勖的能力已超过其父。当前河东的形势十分危险，潞州用度将尽，守将李嗣昭虽勇，也快坚持不下去了。而晋阳城中，也有对李存勖不满的人在蠢蠢欲动。

这个人不是别人，正是被李克用视为托孤重臣的李克宁！李克用生前养子众多，而且都各掌兵权，这就使得晋王之位竞争越加复杂化。等李存勖坐了上去，不服者

大有人在，更有人撺掇掌握实权的李克宁趁机夺位。李克宁本不愿意，但架不住众多"侄儿"和妻子孟氏日复一日地在耳边劝说，改变了主意。

李克宁开始不把李存勖放眼里，屡次冲撞张承业、李存璋等托孤重臣，又借故擅杀都虞候李存质，还贪得无厌地一再要求扩大自己的领地。李存勖似乎很畏惧这个叔叔，一一满足。李克宁以为李存勖懦弱无能，更加大胆，竟计划杀掉张承业和李存璋，以李存勖和刘氏作为向朱温求和的大礼！事实上李存勖只是在不动声色地寻找机会罢了，李克宁的所作所为已然大大超出了他忍耐的底线，于是，李存勖与张承业定计，摆下鸿门宴，一举杀掉李克宁、李存颢。

李存勖甫定内部，就带领周德威、李嗣源、李存审等驰援潞州。夹寨中的梁军显然还沉浸在李克用之死的惊喜中，每天只是等着潞州自动出降。五月初一，狂欢了一天的梁军尚沉浸在梦乡之中，没曾想未来的后唐庄宗李存勖在大雾的掩护下已经率军偷偷潜伏在了三垂岗下。李存勖治军相当严明，从深夜到凌晨，数万大军仿佛消失在了浓雾中一样，没有一个人发出一声响动。

三垂岗这地方对于李存勖来说并不陌生，20年前李克用攻邢州而回，路过三垂岗，置酒高会。酒酣中，李克用曾指着五岁的李存勖悲凉地一笑："我老了，打不动了，以后这小子能代我打吗？"

等着吧，父亲，您的担忧是多余的。孩儿今天就要在这对朱温老贼射出第一箭。

李克用强忍泪花，拔剑出鞘，出击！

夹城内梁军的末日降临了。

睡眼惺忪的他们刚被帐外的喊杀声吵醒，就看见浓雾中无数模糊不清的黑影撞了进来。这些黑影行动敏捷，凶猛无比，许多梁军还没弄清怎么回事就被送上了西天。

梁营大乱，火光熊熊，李存璋硬是率领工兵在敌营西北角中烧出两条道来。周德威和李存审分道杀人。梁军哀号着东逃，又被斩关而入的李嗣源迎面痛宰了一阵。

"英雄立马起沙陀，奈此朱梁跋扈何。只手难扶唐社稷，连城犹拥晋山河。风云帐下奇儿在，鼓角灯前老泪多。萧瑟三垂岗下路，至今人唱百年歌。"又过了近千年，清人严遂成游历此地，用激动的笔调写下了《三垂岗》，来纪念这位富有男子汉气概的青年英雄。

三垂岗之战，梁军损失惨重，仅将佐就折损了招讨使符道昭以下300多人，士兵被杀者更是数以万计，康怀贞只带着100多残卒狼狈逃回。夹寨内梁军丢弃辎重军器如山。

这场恶战也彻底打消了朱温对小孩子李存勖的轻视心理。他感叹道："生子当如李亚子，李克用的事业可以保全了。相比之下，我的孩子都是些什么猪狗玩意！"700多年前，淮南军阀袁术也曾对年轻的三国英雄孙策发出类似的感慨："使术有子如孙郎，死何复恨。"袁术也曾代汉称帝，最终的结局却是身死国灭。朱温作其不吉之语，想必满心的恐惧和无奈也只有他自己清楚了。

不过朱梁这时还没到该亡的时候，可

以应急的将才还不少。周德威、李存璋想追着拿下泽州，城内也有人开始响应。龙虎统军牛存节从洛阳赶到，晋军一连13天的攻势都被他打回去了，加之后来刘知俊来援，周德威只好撤走。

李存勖也意识到以现在的河东，要消灭朱梁还是很困难的，当前最重要的是发展。李存勖开始严明军纪，大力整训部队的协同作战能力。在境内则学后梁"举贤才、黜贪残、宽租赋、抚孤穷、伸冤滥、禁奸盗"，河东一时大治。为李存勖日后的称霸事业打下了坚实基础。

朱温当然不会眼睁睁地看着河东繁荣下去。三垂冈的余音还没散去，朱温就召集各道兵马，打算亲征潞州。又致书耶律阿保机，准备来个双面夹击。谁曾想到，朱温听到的不是潞州讨伐军的欢呼声，而是来自同州的反叛。

在第一次潞州之战中发挥出色的刘知俊，反了！前佑国节度使王重师的死是刘知俊谋反的导火索。王重师也是汴军中一员身经百战的勇将，濮州之战中，王重师身负重伤，朱温亲赐奇药，足见对他的信赖。

然而伴君如伴虎，王重师镇长安多年，不知什么原因，他对汴州的上供总是不及时。朱温开始疑心他有自立之意。王重师和梁将刘捍闹过矛盾，刘捍趁机挑拨，朱温更想找机会治王重师的罪。

开平三年（公元909年）五月，王重师终因擅自出师邠、凤二州而导致兵败，被朱温调回开封，以刘捍代之。刘捍到长安办理交接手续的时候，王重师早猜到是他捣的鬼，见面了连招呼也不打个。刘捍

怀恨在心，密信诬告王重师其实和邠、凤早有私通，因此故意败北。这可戳到了朱温的神经，朱温盛怒之下不加详查就贬王重师为溪州刺史，后又逼他自杀。

朱温杀的是王重师，却大大震撼了镇守同州的刘知俊。刘知俊心想连王重师这样的宿将都不能逃脱被猜忌而冤死的命运，自己功名浸盛，谁知哪天也会落得和王重师一个下场？正巧朱温要调他去参加潞州讨伐军，时在洛阳的弟弟刘知浣密告刘知俊："来则必死。"刘知俊遂谎称为当地军民所留，却突然袭击华州，逐走刺史，又派人逮捕刘捍，送到歧王李茂贞处处死。

刘知俊卡住潼关，中原与关中的联系被切断，他又招来晋王和歧王为助，朱温这下不得不把潞州讨伐军改派往关中。朱温来信责问刘知俊为什么背反？刘知俊的答复倒也直接："王重师为什么被赐死？"朱温无言以对。

刘知俊占了口舌之利，但军事上实在不占优势。潞州行营招讨使杨师厚设计用奇兵赚开了潼关大门，奔赴同州的刘知浣动作慢了点，先被生擒。朱温率主力随后入关，刘知俊慌了手脚，连夜带着全族投奔李茂贞。刚降歧王的关中各地又都被杨师厚夺回，弄得李茂贞连块给刘知俊的封地都拿不出，只好以厚禄养之。

刘知俊开了头，朱梁边境州郡继而效仿。山南东道牙军王求叛乱，杀留后王班，归于蜀王王建。没几天，房州（今湖北房县）刺史杨虔也背梁附蜀。朱温气得病倒在床，取潞州的事只能暂时搁一搁了。

李茂贞感觉老是白给刘知俊发银子也

不是办法，便联合李存勖攻梁，想给刘知俊抢块地盘。山南东道也跟着在南边捣乱，朱温不得不拖着病体到处救火。杨师厚往晋州，击退了周德威；马步军都指挥使陈晖会合荆南节度使高季昌攻克襄州，王求、杨虔都被杀死。

北路和南路都得了胜，西路却出了问题：康怀贞和寇彦卿连战连捷，迫使正在围攻灵州（今宁夏灵武）的刘知俊回师。刘知俊据险拦截，亏得那五代演义中与李存孝齐名的好汉王彦章奋力恶战，康怀贞等才得以通过，然而与别的部队失去了联系。到处乱走间撞进了刘知俊事先设好的埋伏圈，梁军全军覆没，康怀贞只身逃亡。李茂贞总算出了口恶气，这才把泾州（今甘肃泾川北）交给刘知俊镇守。

对朱温来说，坏消息总是一个接一个，陇西的事没解决好，河北乱了——成德节度使王镕暗与河东通款。王镕自于汴梁发动的河朔大战中投降朱温以来，一直表现得相当恭顺，每年动不动朝开封送这送那。朱温待王镕也不薄，封他为赵王。王镕母亲病逝，朱温派人前去吊唁，各镇也都有使者前往，哪知后梁使者竟发现在这里面夹杂了河东的代表！

朱温认为，此时歧、晋联军又开始围攻夏州，自己不宜在后方闹出太大动静，刘知俊的教训也表明了遇事都用蛮力压制未必明智。于是他一面调兵援助夏州，一面摆出亲征上党的姿态，而暗中却派出了一支奇兵。还沉浸在丧母之痛中的王镕突然接到来自洛阳的诏书：供奉官杜廷隐、丁延徽要带 3000 人马分别驻守深州（今河北衡水）、冀州，以帮赵王抵御刘守光的南犯，请赵王好好接待……

赵王手下的石公立觉得这一定是朱温的阴谋，不能答应。王镕也一百个不情愿，哪个军阀会允许别的军阀的部队随便通过自己的腹地？更别提长期驻军了。但王镕还是把石公立赶了出去，因为朱温他是怎么也得罪不起的。

此时从后梁叛逃到成德的人也把朱温的诡计全说了出来：朱温是想用魏博兵接管王镕的地盘，把王镕赶到魏博去。王镕非常害怕，可他还是不敢和朱温翻脸，只是不停恳求陛下：燕军已退，这儿的百姓怕外人，还是让魏博的军队回去吧。后梁天子一面假惺惺慰劳，一面指使杜廷隐等暗杀了全部深州守军，占领了这座成德重镇。

王镕终于忍无可忍了，他一面命石公立拿回深州，一面朝燕、晋求援。刘守光目光短浅，他觉得王镕反复无常信不过，还是等赵、梁两败俱伤后自己再从中取利比较好。成德使者不绝于途，刘守光只作不知。

河东那也有人建议：王镕毕竟是朱温的儿女亲家，还是静观其变的好。李存勖回答道："彼亦择利害而为之耳。王氏在唐世犹或臣或叛，况肯终为朱氏之臣乎？"[①]遂带上周德威等发兵响应。

截然相反的判断，折射出两人在远见上的截然不同，也注定了他们截然相反的

---

① 出自《资治通鉴·后梁纪二》。

结局。

晋军既出，梁军也出。领兵的是曾在青州为朱温盛赞的王茂章，他此时被吴主杨渥迫害，投奔了朱梁。朱温不计杀侄之仇给予重用，王茂章改名为王景仁。

# 败柏乡身死国灭

开平四年（公元910年）十一月，王景仁军来到太行山东麓的柏乡（今河北柏乡县），李存勖大军随后亦到，两军隔河相对。五代最著名的战役——柏乡之战就此爆发。

晋军照旧先用骑兵叫阵挑战，梁将韩勍等显然还不够镇定，挨了几句骂就大怒出击。梁军这次显然是有备而来，无论步兵还是骑兵，盔甲表面都装饰着华丽的丝绸，雕刻上金银做的花纹。在阳光照耀下，闪闪发光，十分威武。

鸟儿翅膀上的黄金对于鸟儿来说只能是毒药而已。梁军璀璨夺目的盔甲成了他们的催命符。周德威煽动沙陀骑兵们："看看梁军身上那么多值钱的玩意，拿一点就一辈子不愁吃穿了。"晋军一听，个个不要命地冲上去，梁军哪里挡得住？周德威率军四出四入，俘敌百余，梁军小负而退。

周德威却不想趁热打铁，他担心王景仁造浮桥过河偷袭，建议晋军先退守高邑，引诱梁军来回奔命。李存勖本不同意这一部署，后来梁军有人来降，果然告知王景仁在秘密渡河，晋军方退。李存勖逃过一劫，对周德威的部署言听计从。周德威充分发挥骑兵的机动性，不断抄掠梁军粮道，连梁军割草的队伍都被骚扰得不敢出门，梁

军军马倒毙无数，王景仁和韩勍越来越焦躁。当周德威再来骂战时，他们终于按捺不住出击了。晋军立刻撤到高邑大营。梁军怒气冲冲来抢占野河大桥，守桥的成德军渐不能支，眼看梁军就要涌过野河，晋匡卫都指挥使李建及率200壮士杀入。桥梁狭窄，梁军优势兵力无法展开，李建及部的长枪充分发挥地形之利，梁军的攻势一时被阻遏住了。残酷的战斗一直持续到午后，李存勖也坐不住了，提枪就想冲上去，被周德威一把拉住。

战至日落时分，梁军还是没过桥。士兵们一天没吃东西，肚子早咕咕叫了，王景仁这下也撑不住了，开始撤退。周德威见时机成熟，冲到前面大吼："梁军跑了！"

这一喊不要紧，梁军开始内乱。原来梁军虽然打的都是后梁旗号，实际上是汴梁、魏博、安阳三镇军马的组合。魏博和安阳军实力显然让人信不过，王景仁让他们殿后，只带汴梁军负责夺桥战。当下这些杂牌军听说主力都已败，那他们还坚守下去干吗？赶快跑了再说。

此时李嗣源也来加把火，他在战场西头和周德威一唱一和："你们阵线东翼已经跑了，你们还留在这干吗？"这下汴梁精锐也支撑不住了，跟着后军的屁股一起跑起来。

淝水之战，朱序一嗓子喊退了前秦数十万大军。柏乡之战，周德威和李嗣源两嗓子喝退梁兵8万。历史真是常常出人意料。

梁军一逃就收不住脚了，李存璋在后头一边追，一面接着喊道："梁兵也是人，那些只是运送辎重的，就放过他们吧！"

梁军居然轻信下来，争着脱掉铠甲扔掉兵器，"假扮"为军夫。结果晋军虽然停了手，怀着血仇的成德军却并不罢休，争先挥刃追杀手无寸铁的梁军。从野河到柏乡，梁军血流成河，仅战死者即达两万之多，后梁精锐龙骧、神捷二军不复存在。王景仁、韩勍、李思安各自只剩下数十从骑而走。粮草辎重全部被晋、赵联军收去。杜廷隐等听说前线有失，将深、冀二地夷为平地后，驱赶丁壮离去。

柏乡之战是晋梁争霸史的转折点，它的意义并不仅仅在于李存勖的战功簿上又多了一笔资本，也不仅仅在于消灭了朱温多少主力军，更不仅仅在于晋军缴获了多少战略物资，而在于此战彻底打掉了后梁军过去那股无坚不摧的霸气，或者说彻底抽掉了梁军的精神脊梁。此后晋军全面转入攻势，而梁军却对昔日这个被自己踩在脚下的对手有了心理阴影，还没开打气势上先输了一分。

柏乡大捷后，赵王王镕也死心塌地地跟着晋王走了。他遣养子李德明以三十七都军马追随李存勖，又与恩人结为儿女之亲。河东在河朔地带重建威信。

乾化元年（公元911年）二月，晋军再度踏上魏博大地，这次魏博各州已经无法坚持，陆续被攻陷。李存勖到黎阳去欣赏黄河，1万多梁军听说，竟不战而走。朱温只得亲自前去抵挡。

当河北激战正酣时，一个全无自知之明的家伙却在蠢蠢欲动。卢龙节度使刘守光是因囚禁了父亲刘仁恭才得以上位的，他随后又打下了哥哥刘守文的沧州城，自以

为上天眷顾，在领地内滥用酷刑，弄得人人畏惧。这还不算，刘守光又觉得幽州地势险要，自己兵强马壮，当可自立为帝。狂妄的刘守光竟同时致书河朔、河东，要求他们同时尊自己为"尚父"。李存勖又好气又好笑，觉得不妨先要要这个自大的家伙，便联合几个藩镇共同给幽州上表，先满足下刘守光的虚荣心。刘守光以为李存勖他们真的怕了自己，又请求后梁承认自己在河北的地位。朱温觉得这家伙虽然蠢，但用来牵制下河东还是可以的，丢给他一个河北道采访使的职务。

刘守光从晋、梁两大阵营处都各讨到了些"甜头"后，竟异想天开地穿起了唐帝所传的赤色龙袍，打算过过九五之尊的瘾！左右有敢于劝谏的，不是被囚，就是惨死。更狂妄的是，他居然先后因一点小

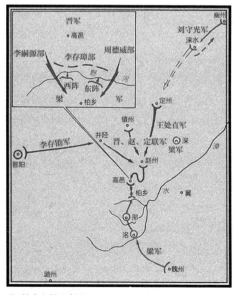

◎ 柏乡之战示意图

事而将各道的使者投进监狱，其中包括朱梁和河东的使者！

刘守光的狂并不仅仅停留在嘴上。乾化元年（公元911年）八月十三日，他真的在幽州举行了登基大典，国号大燕。"即位"仅1个月，刘守光就侵入成德军的易、定等地，王镕朝河东告急。

当人到了疯狂的地步时，他离灭亡也就不远了。李存勖得知刘守光的所作所为后仰天大笑，现在他可以理直气壮地吞并卢龙了。十二月，周德威率3万蕃汉人马直取燕地。

刘守光吃了一惊，他没想到的是沙陀人竟根本不把他这个大燕皇帝当回事。刘守光更吃惊的是，连他自己的"臣民"也没把他这个大燕皇帝的权威当一回事：澶、涿、武、顺等地均是稍作抵抗就投降了周德威。同样只过了不到1个月的时间，周德威就扑到了幽州城下。刘守光很难得地放下天子的身段，学着王镕向别人求救，他央求的对象自然只能是朱温陛下了。

接到燕帝的求救信，大病初愈的梁帝二话没说就出发了。成德已失，义武也背叛了朱梁，幽州再被河东拿下，朱梁势力连在河北的落脚点也找不到了。与朱温的积极态度相比，梁朝的文武百官们似乎有点畏畏缩缩，他们怕的不是晋军，而是自己的陛下，他们不知道自己的人头何时落地。文武们的担心很快就变成了现实。因为行动迟缓了点，就有几个倒霉蛋人头落地。

多疑、暴虐、嗜杀，亲小人，远功臣……当年那个意气风发，席卷天下的枭雄朱温已经死了。现在的后梁太祖是个一天到晚黑着脸，人见人畏的暴君。而暴君可能带着自己的军队继续走向胜利吗？这个问题，连朱温都无法回答。因为连他自己也发现他的灵魂深处，昔日那种睥睨众生的霸气已消失，取而代之的是对奋发向上的晋军的深深恐惧。在博南，他看见远处黑压压的一片人马朝他的营寨逼来，就以为晋军大队到了，吓得丢下御帐朝杨师厚拼命靠拢。而那只不过是成德军的几百名巡逻骑兵罢了。

号称50万的梁军攻一座小小的枣强城（今河北枣强），付出了5天时间和超过万数兵卒的代价，依然拿枣强无可奈何。驻守赵州（今石家庄赵县）的晋将李存审丝毫没有被阵势庞大的梁军吓倒，相反，他还要主动出击。李存审自己坚守要道，命牙将史建瑭、李嗣肱率小部队打游击，他们很快擒获数百名打柴割草的梁军。二人将大多数梁军杀死，只放走了几个人，但这几个家伙也被砍掉了两条胳膊，而且还要负责传个话："晋王大军已到！"

第二天，史建瑭、李嗣肱精选300骑兵，穿着昨天缴获的梁军战甲并打着梁军旗号，混进了梁军贺德伦部大营。傍晚时分，宁静的梁军军营突然爆发了一阵混乱，有一群人在营中乱撞、乱砍、乱射，而他们似乎都是梁军自己的人。光线昏暗之下，谁也搞不清到底发生了什么事。

直到天黑时分，营中才安静下来，先前闹事的那群人一个也不见了，留下的是一地的尸体和许多没了耳朵的梁军士兵。营门外突然冲进来几个满身血污，失去双臂的人，在大家惊恐的目光下到处呼喊着史建瑭、李嗣肱带给的口信。

接连的恐怖事件已经让梁军的心理压力达到了临界点，而李存勖到来的消息则给了他们意志上以致命一击。所有的梁军都骚动起来。朱温完全无法弹压，只得烧掉营房，一口气一夜竟逃出了150多里。直到贝州（今河北邢台清河县），朱温才知道"击溃"50万梁军的根本不是什么晋军大队，只是李存审部先锋的一小队游骑罢了。

耻辱！羞愤！就算兵败斗门也没有今天这么令人耻辱过！无尽的羞耻感在朱温的脑海中越来越强烈——朱温再度气病倒了。此番震怒却带羞，朱温连轿子也坐不了，在贝州足足休养了10多天。梁军败走，燕军完全失去了最后一丝希望。乾化三年（公元913年）末，刘守光亲信李小喜开门投降，刘守光自己带上妻女出逃，然而他也落得和朱宣一个下场，被农民识破身份后绑送晋军。李存勖下令将刘守光连同还在大牢里的刘仁恭一起送到晋阳处死，用他们的血祭奠了李克用的陵墓。

羞耻渐渐褪去，绝望又如潮水般涌来。

柏乡之战和赵州之战后，朱温的事业已是日薄西山，缓缓滑向黑暗的一面。而河东那头，李克用和他的晋军却如朝阳一般，喷薄着上升到他们的最高点。"经营天下三十年，河东余孽却越来越强。朱家没人是李存勖的对手，我死后要死无葬身之地的！"朱温哀叹。

可是他怎么也想不到，取自己性命的不是李存勖，而是自家人！

暴、淫，这就是对晚年朱温的最好总结。暴是滥杀功臣，弄得人人离心；朱温的淫行则更令人发指。张氏还在的时候，朱温还能时时约束自己。张氏亡故后，失去管束的朱温骨子里压抑已久的淫性大发，开始肆无忌惮地渔猎女色。而他猎取的对象，却往往是有夫之妇！

柏乡之战后，心情恶劣的朱温把一腔闷火全部转化成了兽欲，他借口避暑，竟将张全义家的全部女性无论老少全部奸淫。张全义之子张继祚怒不可遏，打算手刃朱温，被张全义给拦住了，说："没有朱温，咱们全家早死在河阳了，要忍！"

对朱温来说，张家的女人毕竟是外人，占了也就占了。朱温最招诟病的是，专对自家的女人下手。说得直白一些，就是朱温看上了自己的儿媳妇们。朱温的几个儿子也各有各的盘算，如果自己媳妇伺候老爹有力，将来的皇位就有可能是自己的。

◎ 后唐灭后梁的夹河之战

为了将来的皇后宝座,朱家的儿媳妇八仙过海各显神通,想着法儿取悦公公。

不过在这群儿媳妇中,最得宠的只有两人,一个是博王朱友文的老婆王氏,一个是郢王朱友珪的媳妇张氏。

博王朱友文,一个酒鬼加懒鬼,根本不是啥好接班人人选。和朱温也没有任何血缘关系(朱友文为养子),不过写得一手好诗加长得一张好脸蛋,朱晃陛下挺喜欢他。当然,他的老婆王氏脸蛋长得更好,朱晃陛下更喜欢。于是,感情天平慢慢倒向了朱友文。

这天,张氏回到家中气急败坏地叫醒朱友珪告诉他陛下病危,已经让人去把博王召回京城了。

日夜担心的事终于成了现实,朱友珪如雷轰顶,他无法想象朱友文披上龙袍后,对自己这个皇位最大竞争者会进行怎样残酷的报复。

很快,朱友珪的满心恐惧转化为了满心仇恨:老朱家的皇位,不给我这个亲儿子,却给朱友文那个没有朱家骨血的小子……

既然朱温不讲父子情,那么朱友珪也不必讲什么父子情了。朱友珪知道自己应该怎么做了。

乾化二年(公元912年)六月初二深夜,洛阳皇宫的大门突然被人砍开。500多人一拥而入,为首的一人是龙虎军(后梁禁军)统领韩勍,另一人就是易装混入禁军的朱友珪。

五百多把明晃晃的刀一亮,寝宫里的留守护理人员一哄而散,睡梦中的朱温猛地惊醒,他完全没想到朱友珪会对自己下手。

"你这个畜生,怎么敢弑父!我早就看出你有反心了。"朱温恐惧地大叫。任是这样杀人不眨眼的魔王,在死亡面前都很难保持镇定。

现在提起父子亲情了?朱友珪一调颜色,亲信冯廷谔挥剑直刺。

到底戎马一生,在生命的最后时刻,朱温的身体还是做出了求生的必然反应,他一跃而起,绕着宫中柱子来回躲闪,连躲过三击,最终无力地倒在龙床上。冯廷谔的剑尖跟上,刺穿了朱温的肚子。朱温倒在血泊之中!时年61岁。

朱温死了,持续数十年的晋梁争霸第一阶段也已告终,继而进入新生代的对决。

朱友珪杀死朱温后,又杀掉了朱友文,而后自立为帝。冀王朱友谦和均王朱友贞不服,先后作乱,朱友珪只做了40多天皇帝就被迫自杀。最后朱友贞夺得帝位,可他的水平连朱温的一半都没有,最终亡于河东,身死国亡。李存勖灭了后梁,建国号为唐,实现了父亲的夙愿。可他上马打天下,却不会下马治天下,宠信伶人,亲信小人,随意处死重臣,只过了3年,他也死于亲属之乱中。

不知九泉之下朱温、朱友珪、朱友文、朱友贞、李克用、李存勖相见,又将会演绎出一番如何精彩的龙争虎斗。

# 枭雄录

## 「大汉」天子陈友谅

### 鄱阳烟火 葬龙梦

作者
/ 上帝之鹰

宋朝虽然终结了唐末的五代乱世，却一直被北方的游牧政权所困扰，最终被元朝替代。

元朝疆域虽然广大，但存在的时间并不算很长，从公元1271年忽必烈称帝到公元1368年元顺帝北逃大漠，前后不过98年。在古代大一统王朝中也只比享国仅51年的西晋强一点。元朝拥有如此强大的军事实力，为何无法赢得绵长的国运？这个问题相当复杂。

是激烈的民族矛盾吗？

元世祖忽必烈时虽能行汉法，任用汉人在内的各族士人，然而并不能改变他骨子里对汉人的轻视。这种情况的直接体现就是政策上的明显歧视：在元朝，全国人被分为蒙古人、色目人（西北各族及来到中国的中亚人）、汉人（指在北方原金朝统治区生活的汉、女真、契丹等族人）、南人（指原南宋地区的各族人民）四等。这四等人在地位上从高到低，差距明显："天下治平之时。台省要官皆北人为之。汉人南人万中无一二。其得为者不过州县卑秩。盖亦仅有而绝无者也。"（叶子奇《草木子》）有元98年，除董文炳、郑制宜等少数例子，汉人、南人一直不得为高官，不得任正职，不得入枢密院，必须接受主管的节制，即使中举，在仕途起点上也大大低于蒙古人和色目人。以至于蒙古人和色目人普遍以右族贵人自居，视南人如奴隶。在法律上，规定汉人、南人不得持有弓矢，不准集体打猎，不得进行宗教活动；蒙古人殴打汉人，汉人只能申诉，不得还手，而蒙古人即使打死汉人，也只需交一笔烧埋钱了事。元末著名权奸伯颜当政时，更是废除科举，断绝了汉人读书入仕的道路。他甚至主张尽杀天下张、王、刘、李、赵五个大姓汉人，幸而并未实行。有元一代，民族矛盾始终尖锐。

是沉重的赋税吗？

元代的税制相当不合理，南北方分别采取地税（按土地多少征收）、丁税两种不同的征税法。但由于北方土地大批被蒙古宗室贵族划分为牧场、草场，因此耕地一直显得粥多僧少，强按户口而不是土地数量征税的结果是"富者愈富，贫者愈贫"[1]的两极分化现象越来越严重。南方固然是按人头征收的，但南宋时定的一切苛捐杂税大抵被元朝政府保留了下来，农民负担依旧沉重。加之元代在正税上还追加了"科差"（为缴纳银、丝之类）及作为附加税粮的"鼠耗""分例"等，这类额外税有时税额甚至超过正税。因此，网络上流行的"元代税比宋代轻"的说法并不客观。

是土地兼并吗？

元代田地分为官田和民田两部分，有元一代，官田面积已是相当惊人，贵族和官僚们还千方百计地大量占有民田，忽必烈三子一次抢夺民田即达30多万顷。在江南，由于多数大地主的特权得到元朝统治者的保护，兼并现象无孔不入：伪造田券、

———————————

① 出自危素《危太朴集》。

减价收买、围湖造田等手段层出不穷。有的地主一年田租有收"三百二十万石租子的，占着三万二千佃户的"。

是中央的权力被地方架空吗？

元世祖忽必烈显然不希望看到这一幕重演，他在地方创建行省制度，在中央设枢密院，废除地方选侯世袭权，使中央集权得到一定加强。然而元朝自身的游牧形态残余仍很浓厚，例如著名的"忽里台"（由诸王、贵戚等选举新任大汗的大会）制度就被以"大朝会"的形式保存下来。忽必烈死后，元历任皇帝均由大臣拥立，皇权与权臣势力之争一直很激烈，元英宗甚至因改革动作太大而被贵族们刺杀。清人赵翼为此感叹道："元则大臣权重，故立君多由权臣。"[1]其恶果是皇帝执政时间越来越短，如天顺帝到元顺帝之间5任皇帝，在位时间居然只有5年，最长的只有4年，最短的只有1个月。权力中心的稳定性愈来愈差，对地方的控制也越来越弱。贵族集团们甚至频繁与国家争夺佃户与驱口（因战争而沦为奴隶的人）。朱元璋说："元亡于宽简。"恐怕不是说元朝亡于宽仁，而是亡于对整个国家机器的控制过于宽松。

元亡的原因我们讨论得不少了，那最终击倒元朝的那致命打击到底是什么呢？

元末人陶宗仪在自己的作品中记录了答案："堂堂大元，奸佞专权，开河变钞祸根源。惹红巾万千。官法滥，刑法重，黎

民发怨。人吃人，钞买钞，何曾见？贼做官，官做贼，混愚贤。哀哉可怜！"[2]

这首当时流行的歌谣，从吏治、刑法等角度狠狠抨击了元末的黑暗。但对于毁灭元朝的根本原因，则认为是开河和变钞。

# 石人一只眼，挑动天下反

元朝最后一个皇帝元顺帝妥欢帖木儿其实并不算一个昏君，至少在即位之初他还算是个富有进取心的统治者。

童年时代的妥欢帖木儿曾被流放过一段时间，期间学习了不少汉家典籍，因此深受汉族文化的熏陶。他成年以后，巧妙地与不满伯父伯颜专权的脱脱联手，放逐了这个大权奸，收回了全部权力。元顺帝在正式主政后，恢复科举，大兴教育，加强法制和吏治建设，发展农业生产。在著名贤相脱脱的协助下，顺帝的一系列改革进行得顺风顺水，在一定程度上缓和了民族矛盾，社会经济也有所发展。然而智者千虑必有一失。元顺帝在两件国家大事上措置失当，导致了极其恶劣的后果，最终令自己先前的努力功亏一篑，甚至最终断送了元朝。这两件事，就是变钞和开河。

一个国家如果要大量发行纸币，必须有相对应的足量金银储备，否则保证金不足，纸币随时有成为废纸一张的危险。而中国地大物博，偏偏缺的就是贵重金属。

---

① 出自《廿二史札记·卷二十九》。
② 出自《辍耕录·卷二十三·醉太平小令》。

直到明朝，美洲白银通过菲律宾大量涌入后，才真正开始相对广泛地使用白银作为日常货币。不过就算如此，白银的价值仍然很高，即便是皇帝赏赐臣子，大多也就几十两。现在那些古装剧里动不动就甩出成千上万两银子的情节，都是戏说之词。从西周到隋唐五代，除了极少数特殊场合（如地方进贡之类），上至贵族皇亲，下至黎民百姓，所使用的一般等价物一直是铜钱或丝帛。两宋时，政府开始尝试发行纸钞，之后金朝也这么干过。虽然发行地区和数量都很有限，但都因操作不当闹出了大乱子。宋朝先后爆发了交子和会子危机，而金章宗完颜璟时期则出现过万贯交钞还买不到一个烧饼的情况，都沉重打击了国家经济。

可元朝没有吸取相关教训。元朝正式建立前，忽必烈曾在河北、山东、关中等地发行过丝会和银钞。灭掉南宋后，又将宋铸铜钱全部回收，而在全国统一发行交钞，称为中统钞。新钞法的实行，消除了南北方政权不同而币值不一的弊端，促进了地区间经济的交流。

然而好景不长。元朝各级政府的开销日趋增长，财政负担越来越大，而元政府又并不铸钱，因此只能不停地多印交钞，于是纸币发行量开始呈现过多过滥之势。至元十三年（公元1276年）后，又出现了挪用库存金银的现象，更使得准备金开始出现亏空。元朝虽然也曾通过发行至元宝钞等开源类手段加以挽回，却很少在"节流"这另一重要环节上有所改善，因此无法对财政危机进行根治。政府财政赤字不断上升，交钞却在不停贬值，通货膨胀达到惊人的地步。

至正十年（公元1350年），元顺帝试图通过发行至元宝钞和至元宝钱来挽救，结果却适得其反，不但新钞价格比旧钞高一倍，而且旧钞也收不回来。这样的恶果说得通俗一点，就等于原来只储存旧钞的老百姓财产一下子没了一半。当时国内到处起义，元廷急需军费，再加上动辄赏赐大臣以及宫廷开销，治河花费也在直线上升，几乎破产的元朝政府只能用不停印刷更多钞票的办法来把损失转嫁到百姓身上，结果引发更大的怒火，人们纷纷抵制新钞。"每日印造，不可数计……交钞之散满人间者，无处无之。"[1]乃至以物易物。（这就是《醉太平小令》所说的"钞买钞"。）新钞极度贬值，在京师大都，交钞10锭（每锭50贯，10锭等于500贯）竟还买不到一斗粟。在这种情况下，以刮民为乐的元朝贵族们，如宰相搠思监等人居然还公然制造伪钞牟利！

再来说说开河。

奔腾的黄河流经今青海、四川、甘肃、宁夏、内蒙古、山西、陕西、河南、山东等省及自治区，形成了一个巨大的几字形。历史上的黄河共改道过26次，决口过1500多次，每一次改道或决口对两岸的农

---

① 出自《元史·志第四十五下·食货志五》。

业、人畜生命都是一次浩劫。《元史·志第十七上·河渠二》对黄河的评价是"其为患于中国者莫甚焉"，这句话并没有夸张。元世祖、成宗、武宗三朝，黄河都曾严重决口过，给各地造成了严重的经济和生命损失。

至正四年（公元1344年）黄河先后在白河堤和金堤决口，山东的曹州、济宁、定陶等地都饱受其害，"民老弱昏垫，壮者流离四方"①。这也罢了，水势竟北侵安山，直流入会通河和运河，波及济南和河间，两淮盐场也受到了威胁。大都这下可紧张了，这盐场可是国库收入的命脉之一，一旦出事，后果不堪设想。

至正九年（公元1349年），脱脱再次任相，随后在朝堂开起了相关会议。在会上，治河专家贾鲁的发言脱颖而出，大合脱脱之意。贾鲁提出了两个治黄方案。其中一个方案是修建黄河北面大堤应对黄河的不定期决口。这个方案工程量小，但相当于随拆随补，解决不了根本。谁也无法预测黄河下次在哪儿泛滥，总不能沿着整条河道一路修过去吧。另一个方案是利用疏堵结合的办法，让"偏航"的黄河回到故道上去。这点子比较一劳永逸，但多处一起开工，工程浩大，花费也将是个天文数字。

被黄河折磨得几近发疯的元顺帝很快就批准了后一条建议。至正十一年（公元

1351年）四月，新任总治河防使贾鲁走马上任，元顺帝允许贾鲁在人力物力上可以自行其便。贾鲁到任后，先后动员民夫18万人、士兵2万人（一说共26万）。如此庞大的工程队伍，每日每月的花销可想而知。"其费以亿万计，府库为空。"②

元朝政治的腐败已经到了不可救药的地步，面对这种拯救苍生的事业，朝中各级衙门的官员们不但没有丝毫的责任心，反而将此当成了他们发家致富的好机会。工程越大，账目越复杂，可供捞油水的漏洞也越多。史称"朝廷所降食钱。官吏多不尽给，河夫多怨。"③负责治河工程的大小官吏们从头到尾到底从中捞了多少，已经无从查知。可怜那些从汴梁、大名等地强征来的民工们，冒着炎炎烈日流尽了血汗，受尽了监工的皮鞭，却连顿饱饭都吃不上，他们心里的愤恨，可想而知。

民族压迫、官府腐败、土地兼并疯狂、财产被强行掏空，加上连年的水、旱、蝗、瘟疫，连福建和江西都出现了人吃人的现象，元顺帝统治时期成了个不折不扣的黑暗时代。当最底层的劳动者被逼迫得活不下去的时候，他们唯一能做的，就是反抗到底！

冲天怨气已经遍布大江南北，但导致大爆炸的那颗火星的真正投下，却是在中原。原因很简单，治黄的主要工程段设在

---

① 出自《元史·志第十七下·河渠三》。
② 出自权衡《庚申外史·卷上》。
③ 出自《草木子·卷三上·克谨篇》。

这里；而在全国性的大灾荒中，这里受害也最重。"在黄河流域地区，水灾与旱灾在 14 世纪似乎比以往任何时候发生得都要频繁。"[①]

至正十一年（公元 1351 年），有个民夫在黄陵冈（今山东曹县废黄河西南北岸）的工地上劳作时，挖出个一只眼的石头人。石人的背上还刻着一行字："莫道石人一只眼，挑动黄河天下反。"整个工地登时大哗，许多民夫都是被贪官污吏剥削苦了的，对腐败的元朝早已心怀怨愤，加之又极为迷信，听到此事后，竟真以为是老天爷要他们造反。

难道有如此巧的事？当然没有。此事乃是两个白莲教[②]徒——韩山童、刘福通故意安排的。

就在石人出土后不久，两人和同伙杜遵道、罗文素、盛文郁等在颍州一带宰杀黑牛白马，对天起誓，遂定造反大计。为了在宣传口号上能更响亮一些，这帮人散播出这样一个传说：韩山童不仅是明王转世，还是宋徽宗的八世孙，刘福通则是南宋大将刘光世之后，他们效仿南宋宰相陈宜中避难日本的故事，取精兵于日本，现在杀回来为大宋报仇了。当时离南宋灭亡不过 70 多年，许多人对宋朝仍存有强烈的怀念之情。韩山童等人的造反口号，是非常顺应人心的。

不过他们的保密意识不够强，起义还没发动就败露了，韩山童被捕杀，他的儿子韩林儿与母亲杨氏逃亡深山中，而刘福通等人也被迫提前造反。尽管在组织策划环节出了大毛病，但刘福通等人在宣传方面做得实在很出色，当时的环境也确实有利于起义。"是时，天下承平已久，法度宽纵，人物贫富不均，多乐从乱。"[③]

因而刘福通的事业跌跌撞撞地正式起步后，还是一路顺风顺水：占朱皋、破罗山、上蔡、真阳、确山、汝宁、光州、息州，数月间登记教徒人数达到 10 余万。元朝政府对此相当重视，命枢密院同治赫厮、秃赤领阿速军 6000，会同河南行省徐左丞的汉军前往讨伐。阿速军全部由中亚来的人组成，善骑射，向来是元军中的精锐部队之一。然而，正如明人叶子奇所说："元朝自平南宋之后，太平日久，民不知兵。将家之子，累世承袭，骄奢淫逸，自奉而已，至于武事，略不之讲，但以飞觞为飞炮，酒令为军令，肉阵为军阵，讴歌为凯歌。兵政于是不修也久矣。及乎天下之变，孰能为国爪牙哉？"[④]半个多世纪的安逸生活彻底磨光了他们的斗志，昔日扬鞭驰骋疆场的勇士们今天早已沦为一群酒囊饭袋。阿速军也是如此，"三将但以酒色为务，军

---

① 出自权衡《庚申外史·卷上》。

② 白莲教是跨越多个朝代的一个秘密民间组织，它在发展过程中融入了一些其他组织的内容。元末白莲教和明朝建国的关系有专著介绍，感兴趣的读者可自行查阅资料。

③ 出自《草木子·卷三上·克谨篇》。

④ 出自《草木子·卷三上·克谨篇》。

士但以剽掠为务"①。当双方交锋的时候，阿速军主将赫厮见白莲教众人多势众，连拉开弓箭的勇气都没了，部众也吓得一哄而散。不过，这群胆小鬼也没能多活几日。阿速军随即因水土不服，病死大半，连赫厮也死在了上蔡。徐左丞因毫无斩获而被朝廷诛杀。

大元的主力部队如此没用，严重激励了民众反元的决心。被官府逼得走投无路的江淮百姓纷纷起来造反：李二（外号"芝麻李"）起于徐州，王权（外号"布王三"）、孟海马起于湘汉流域，郭子兴起于濠州（今安徽凤阳）。这些人模仿两宋交替间的山东、河北义军，头裹红巾以战，因此元末农民起义又被称为"红巾之乱"。

北方弥野皆赤，南方的形势也是一片糜烂。当年忽必烈为了便于控制江南，把当地大地主的家产、特权均予以保留。他们除了收重租、广占地外，还肆意干预佃户的人身自由，甚至佃户的婚姻都要来管一把，大家的怨气已经积攒很久了。盐贩子方国珍起于浙东，同为盐贩子的张士诚乱于江苏高邮，另均州（今湖北丹江口市）、平江（今江苏苏州）、无锡、常熟、昆山等地均有规模不等的红巾军起义。但要论影响最大的，莫过于蕲州（今湖北蕲春县）罗田人徐寿辉（即徐贞一）和彭莹玉的起事了。

彭莹玉，和韩山童一样，也是个正史无详载的角色，《明史》只简单地说他来自袁州（今江西宜春袁州区）。②

这人来历不明，"本事"却不小："能为偈颂。劝人念弥勒佛号。遇夜。燃大炬名香。念偈拜礼。愚民信之。"③

天下大乱之后，彭莹玉又忍耐不住了。恰好本城的布贩子徐寿辉和铁匠邹普胜都遇上了异兆：徐寿辉洗澡时全身发光；邹普胜梦见砧板上有条黄龙趴着，第二天恰好徐寿辉蹲坐在那里。于是这两人就和彭莹玉于至正十一年（公元1351年）八月在蕲州举事。后来，彭莹玉和邹普胜看徐寿辉相貌比较特别，于是就推举徐寿辉做了蕲州义军的首领。

九月，徐寿辉部连陷蕲水路及黄州路，杀蕲州总管李孝先。元威顺王宽彻普化偕二子发兵前来镇压，被徐寿辉部将倪文俊打得大败。徐寿辉遂以蕲水为首都称帝，国号天完（压倒大元的意思），改元治平，以邹普胜为太师，旋而大掠江浙一带，元兵不能御，饶、信等地相继被攻克。

至正十二年（公元1352年）正月，天完部将丁普郎陷汉阳、兴国府，而后邹普胜又攻克了武昌，元威顺王宽彻普化、湖广行省平章政事和尚（人名叫和尚）弃城逃走。天完政权的这次军事行动，不仅拿下了一个元朝行省的政治中心，还收获了一批武装和人才，其中就包括本篇的主人公陈友谅。

---

① 出自《庚申外史·卷上》。
② 清人查继佐所撰的《罪惟录》里则说他真名叫彭翼，是湖南浏阳人，《庚申外史》则说他是袁州本地人。
③ 出自叶子奇《草木子》。

# 从快速崛起，到遭遇强敌

陈友谅，是湖北沔阳黄蓬山（今湖北洪湖市）边一个小渔村里渔民陈普才的儿子，在家中弟兄排行第三。陈普才本姓谢，他的父亲谢千一做了同村陈家的上门女婿，于是一家人都改姓了陈。陈友谅自小喜欢武功，而陈普才也会功夫，就教了陈友谅几招。没想到陈友谅悟性极高，很快就成了本地小有名气的高手。陈友谅也念过几年书，但终归没有坚持下去，所以《明史》说他只是"略通文字"。不过在穷乡僻壤，他也算半个读书人了，所以能在县衙里做个抄抄公文的小吏。不过生性好动的陈友谅并不喜欢这份工作，最终选择了辞职。

陈普才虽然一身好武艺，但终究是个本分的人，只图全家能平安过一辈子。陈友谅恰好相反，他坚信自己这辈子一定很不平凡。当听说徐寿辉扯旗造反后，早就等待机会的陈友谅再也按捺不住心中的激动，决定投靠徐寿辉。老爹陈普才反对儿子的"不本分"，但已经阻挡不了儿子的野心。

陈友谅的投奔可谓正逢其时。天完红巾军势头正猛，在孟海马为首的"南锁红巾军"配合下，主力连克安陆、沔阳、中兴、江州（今江西九江）、岳州、袁州、吉安等地，又东进四川，南下昱岭关。七月初十，陷杭州，杀元朝江浙行省参知政事樊执敬。另一路天完军由副将赵普胜所率，破无为、铜陵、池州、湖口、彭泽，兵锋直抵福建，声势大振。

在这如火如荼的攻势中，陈友谅充分展现了自己善于用兵的天赋。史书说他"剽迅狡猾，出没匪意。所向必克，历功为领兵元帅"[1]。他在红巾军中当上了高级将领后，马上把老爹陈普才给接了来。席间指着自己麾下的众多兵将，陈友谅大笑："老爹常笑我诸事不能，如今我麾下千万如虎如罴，老爹误看儿矣！"

天完义军占领湖广、江西、安徽大片地盘，令朝廷大为震惊。大都从各地调集多支主力部队进剿，四川行省参知政事哈临秃、四川行省平章政事咬住、江浙行省平章政事卜颜帖木儿、江西行省平章政事星吉等人，次第率部围击，红巾军节节失利，池州、徽州、江州等城池又被元军夺回。至正十三年（公元1353年）十一月，彭莹玉在瑞州（今江西高安）被江西行省右丞火你赤击杀。十二月，在江浙行省平章政事卜颜帖木儿、南台御史中丞蛮子海牙、四川行省参知政事哈临秃等人的围攻下，天完首都蕲水陷落，天完官员四百多人被捕，徐寿辉等遁入黄梅山及沔阳湖中。

南方红巾军遭受重创的同时，北方同道却在蓬勃发展。虽然李二、王权、孟海马等部都被镇压下去，红巾军正统刘福通部却在汝宁、项城接连打败元军，知枢密院事也先帖木儿甚至被义军吓得不战而溃。这支红巾军主力的存在，使得大都方面的

---

① 出自《罪惟录》。

主要精力始终集中在北方，再加上南方义军方国珍、张士诚等都在坚持，因此天完义军的再度崛起只是时间问题。

方国珍部多为水军，元军水师战斗力稍微弱些，一时拿他没办法，只能不停地用官职笼络他。已称王建国的张士诚部则成为继徐寿辉之后、元军在南方的重点围剿对象。至正十四年（公元1354年），总统各路元军的脱脱亲率大军围攻高邮。西域、西番乃至高丽都遣军相助，元军号称达到百万，旌旗千里，金鼓震野。高邮城被围到水泄不通，张士诚每战必败，天长、六合等地也被脱脱攻陷。城外矢石如雨，高邮几次差点被攻破，张士诚甚至一度动了投降的念头。眼看他即将不支之际，监察御史袁赛因不花等弹劾脱脱空劳师费财，元顺帝一时糊涂，竟削去脱脱官爵，以河南行省左丞相太不花、集贤大学士知枢密院事雪雪等代之。

临阵换帅是兵家大忌，脱脱素有威望，深得军心。罢免他的诏书被宣读以后，军中闻之，皆大哭。随后百万元军人心浮动，竟一哄而散。张士诚乘势反击，取得了一场意外的大胜，实力大增。

高邮之战后，元末农民战争的局势发生了历史性的扭转。元军主力尽失，刘福通趁机在亳州建立政权，国号大宋，年号龙凤，以韩林儿为帝，史称小明王。刘福通又于至正十六年（公元1356年）九月开始分兵三路北伐。元廷无力抵御，只得委托北方豪族组织的义军代剿。察罕帖木儿、李思齐等民间武装借机崛起，成为红巾军最危险的强敌。

在南方，元军的扫荡力度也大大减弱，开始对红巾军以招抚为主。正躲在黄梅山和沔阳湖里打游击的徐寿辉、陈友谅复出，以汉阳为都重建了天完政权。武昌、岳州、饶州、徽州、常德等地一时又成了天完的领土。

然而，此时的天完政权内部结构已经发生了很大变化。由于彭莹玉已经牺牲，义军中一时找不到第二个号召力能与他相提并论的领导人，而徐寿辉生性宽厚，缺乏领袖气质，于是在重建天完政权中出力最大的黄州黄陂渔夫倪文俊，成了天完军实际上的首领。

倪文俊外号"蛮子"，和邹普胜、彭莹玉一样是义军的元老人物。由于职业出身，倪文俊擅长水战，"用多桨船，疾如风，昼夜横行湖江，出人不意，故多克捷"。在二取武昌的战斗中，倪文俊用火攻战术，大破元威顺王宽彻普化，擒其全部家属。元廷大惧，试图像对待方国珍那样招抚他，哪知老倪胃口太大，双方没谈拢。倪文俊一气之下杀了宽彻普化的所有儿子。这次招安就此流产。

元廷的招安虽未成，却让倪文俊的思想产生了很大变化，他觉得自己是个人物，为什么要听徐寿辉的？在湖广、安徽、江西等老地盘全部恢复后，倪文俊和弟弟倪文郁专其权柄，把持朝政，天完皇帝徐寿辉成了一个彻头彻尾的傀儡。

至正十七年（公元1357年）九月，倪文俊准备除掉没用的徐寿辉。可倪文俊平时对部下不好，他的行动根本得不到任何人的支持，自然以失败而告终。无奈的倪文俊只得逃往黄州。陈友谅抓住这个机会出手了。他找了个借口故意刺激倪文俊，心情正不好的倪文俊当场和陈友谅大吵起来，陈友谅二话不说拔出刀来，捅死了倪文俊。

倪文俊死了，徐寿辉却还是笑不出来。因为陈友谅自称天完平章政事后，继续独揽大权，天完皇帝的境况比起以前没有任何好转。

陈友谅领军打仗和搞阴谋一样是把好手。成了天完第一人后，陈友谅首战就与赵普胜、部将祝寇一起打下了两淮重镇安庆。安庆路守将、元朝名臣余阙殉城。之后又克龙兴、瑞州、邵武、吉安、赣州，江西下游诸郡全部为陈友谅所占。至正十九年（公元1359年）三月，陈友谅分兵攻陷襄阳路，又遣部将王奉国打信州（今江西上饶市信州区），元守将伯颜不花自杀身亡。加上先前倪文俊已取得的战果，天完政权此时已囊括两湖、江西、安徽大部及四川、浙江、福建一部，疆域之广前所未有。

然而，陈友谅的路几乎也就到此为止了，因为有个人横亘在他的面前。这个人比元军，比倪文俊，比他以前遇到的任何

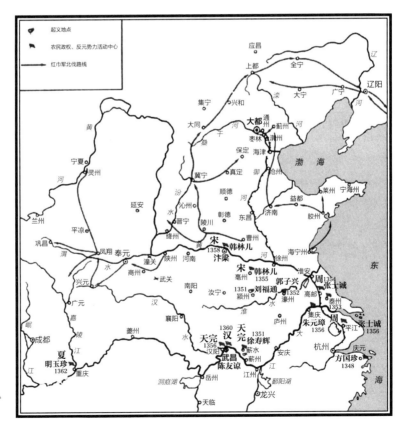

◎ 元末农民战争示意图

一个敌人都强大。他就是陈友谅一生的对手——大宋政权南方地盘首领朱元璋。

天历元年（公元1328年）九月十八日，朱元璋出生在濠州钟离县贫苦农民朱世珍家中。朱世珍看着啼哭的儿子，发愁以后如何养活这张嘴，他绝对想不到，他这个儿子将来如何改变了历史。

朱家是外来户，祖籍沛县，和汉高祖刘邦是老乡，后来先迁到句容，而后又到了泗州，到了朱国珍这一代才到了濠州。在元代，没有出仕的汉族百姓是不允许有正式名字的，所以很多农民的名字都是各种数字的随机组合，比如朱元璋的高祖、曾祖和祖父的名字就分别叫朱百六、朱四九和朱初一，张士诚原名也叫张九四。于是朱国珍随便给儿子起了个名叫朱重八。

据说朱元璋出世前，其母陈氏曾梦见有个带黄帽子的神仙给她赐药，《明太祖实录》可能就据此认定太祖爷为颛顼（传说中的上古帝王）之后。当然，这只不过是封建统治阶级给自己脸上贴金的常用手段罢了，不然他为什么穷得只能给人放牛？

前文已经提过，元顺帝时黄河流域一直是灾区。至正四年（公元1344年）又是灾情最为严重的一年，水灾过后，旱灾、饥荒和瘟疫又接踵而至。余阙在《青阳先生文集》里痛心地写道："河南北大饥，明年又疫，民之死者半。"朱国珍一家上下也未能逃脱灾难的魔爪，老两口和大儿子相继活活饿死。年仅17岁的朱元璋和三哥一起料理完父母丧事，牛也没得放了，只好进了附近的皇觉寺，混口饭吃。

可当时的灾情实在太严重了，寺院一时也养不活这么多张嘴，朱元璋就这样沦为乞丐。据说在这段乞讨经历中，他生了病，得到两个紫衣人的悉心照顾，病好后这二人就不知去向，之后又碰到个相面的老儒，说他贵不可言。打这以后，朱元璋也和陈友谅一样，开始有了更多想法。

朱元璋回到皇觉寺后，泗州已是匪患大起。乱兵们到处打家劫舍，皇觉寺也没能幸免，被人放了把火。朱元璋不知该去何处。正犹豫时，本地最大的义军郭子兴部有老相识给他来信，他决定去投奔。别说朱元璋到25岁了还混得不咋样，但打起仗来可不差——"战辄胜"，郭子兴一高兴，就把义女马氏嫁给了他。

当时徐州红巾军李二部被脱脱镇压了，李二被杀，他的同党赵君用、彭早住来投，郭子兴出于同道之谊收留了他们。赵君用不是个厚道人，郭子兴瞧不起他。赵君用怀恨在心，与郭子兴的起义伙伴孙德崖合谋，把郭子兴抓了起来，打算杀掉他。幸亏女婿朱元璋和彭早住听到风声，把他救了出来。

经历过这件事后，朱元璋觉得泗州红巾军不团结，成不了啥气候，就申请回老家招兵买马。这一下就有700多人来投，其中包括徐达、汤和、花云、耿炳文、周德兴在内的24人后来成为创明大业的重要骨干。朱元璋把大多数人留下，只带着这24人朝南方发展，结果竟顺利攻下了皖东大县定远。四方人士，如冯国用、李文忠、胡大海等皆来归附，队伍日趋壮大。正值郭子兴病逝，小明王便任命朱元璋为左副元帅。虽然郭子兴之子郭天叙为正帅，但泗州义军的实际领导权此后始终把持在朱元璋手里。

朱元璋四处出击，先后克采石、太平路（今安徽当涂）、集庆路（今江苏南京），旋而改集庆路为应天府。朱元璋以此处为根据地，又先后攻下了镇江、长兴、常州、宁国、江阴、常熟、扬州、建德路（今浙江建德）。朱元璋又得邓愈、常遇春等相助，实力越来越强，目标也越来越高。大宋江南行省的版图大到一定程度的时候，朱元璋发现，他所面对的对手也不再是元军了，与别家红巾军的冲突已在所难免。

自脱脱大军败走高邮后，南方的红巾军起义就更加蓬勃。除了方国珍和张士诚外，还有天完别将明玉珍据四川，福清人陈友定据福建，再加上天完的地盘，这样南方的好地方基本都被瓜分光了，再发展下去，内部火拼已是不可避免。至正十六年（公元 1356 年）七月，朱元璋和张士诚就为了镇江冲突一场。但对于朱元璋来说，最危险的敌人，还是西面的陈友谅。

至正十七年（公元 1357 年）十月，朱元璋中翼军大元帅常遇春自铜陵猛攻已是天完辖地的池州（今安徽池州），拉开了朱陈争霸的序幕。宋将李文忠出兵策应，战斗自辰至巳，应天军破北门入城，斩天完将洪元帅，擒副将魏寿、徐天雄。陈友谅反应倒也够快，率战舰百余艘来救。太阳还没落山的时候陈友谅就赶到了池州，但常遇春等挟破城之势奋击，陈友谅大败而回。

在安徽吃了亏的陈友谅兵转江西，连克龙兴（今江西南昌）、瑞州（今江西高安）。

他对池州念念不忘，又派赵普胜来报仇。当时朱元璋正带着主力在浙东，和已经被元廷招安的张士诚打得头破血流。赵普胜乘虚打下池州，又连寇宁国（今安徽宁国）、青阳（今江苏江阴青阳镇）等地。徐达、俞通海、张德胜等花了好大的力气才把他击走，俞通海收复池州，斩天完将洪钧。

赵普胜在沿海一带捣乱，虽然没给应天政权造成太大的损失，却让朱元璋很伤脑筋，徐达等决定一口气解决这个麻烦。不想赵普胜还真有点本事，暗设铁索于水中，致使俞通海攻击安庆失利，俞通海父亲俞廷玉战死。应天诸将正七嘴八舌地讨论接下来该咋办，朱元璋发来指示："别和他力敌，用计智取。"

赵普胜善使双刀，人称"双刀将"，原先与外号"李扒头"的李普胜、俞廷玉、俞通海都是活跃在巢湖一带的义军，人称巢湖水师。后因与占据庐州（今安徽庐州）的彭莹玉门徒左君弼不和，他们打算集体归附朱元璋，不想李普胜起了坏心，打算谋杀朱元璋，兼并他的军队，朱元璋警觉，反将李普胜杀死。此后巢湖水师分裂，俞通海降朱元璋，赵普胜则投了天完。因此朱元璋多少对面前这人有所了解，知道这家伙有勇无谋，对付他最好的办法就是使诈。

怎么使诈？赵普胜手下有个门客，非常能干，是赵普胜的心腹。朱元璋偷偷派人写了封要和他结交的信，假装不小心丢在路上让赵普胜给捡着了。门客怕浑身是嘴也说不清，只好跑到朱元璋这头，于是赵普胜平日里的所作所为，连同他在喝醉的时候骂了多少句陈友谅的祖宗都让朱元璋知道了。朱元璋有了底，便资助了门客一笔钱，让他偷偷跑到汉阳，把这些话添油加醋地朝陈友谅复述了一番。正好陈友谅地位不正，也一直对天完政权的老将们放心不下，门客的"告密"简直是火上浇油。陈友谅派人到赵普胜那核实情况。赵普胜显然除了打仗外，对其他一窍不通，见了陈友谅的使者还以为是来慰劳他的呢，没等人家开口，就滔滔不绝地述说自己这些天杀了多少敌军，击沉了多少敌船，自己为打仗有多少天没合眼了云云，总之就是想提醒陈友谅别忘了赵普胜是有大功于国的。陈友谅一听更火了，杀心遂起。

陈友谅心中杀机已生，赵普胜危险了，可是他一点也没察觉。就在俞通海败走后3个月，陈友谅亲往安庆，声称要和赵普胜会师，赵普胜出迎。在雁汊渡口，赵普胜登上陈友谅的指挥船，行礼之后，就又开始讲述自己扼守安庆的这段日子。陈友谅耐心地一一听完，而后还没等赵普胜反应过来，就杀死了他。解决了赵普胜，陈友谅将他所部全都收归自己指挥，从此天完政权再也没有人能威胁到陈友谅。

◎ 红巾军铸造的钱币

# 弑君称汉帝，苦战朱元璋

汉阳皇宫内，天完皇帝徐寿辉得知陈友谅的行为，也只能坐着发呆。赵普胜死了，趋利附势的邹普胜也已经投靠陈友谅，他这个蕲州首义者彻底成了政权里被人遗忘的角落。没有人朝他汇报什么，也没有人朝他递交奏章。徐寿辉企图反击，可他现在要兵没兵，要权没权，根本没有任何可能推翻陈友谅。

陈友谅攻破杉关（今福建光泽县北杉关岭）后，嫌汉阳的位置太靠西了，想把天完首都迁移到目前地盘的中心地带江州，便于指挥全国。对此，徐寿辉表示了异议，他想要移驾到陈友谅的前线统帅所在地龙兴。陈友谅担心徐寿辉跟军队接触多了起变故，所以力劝徐寿辉听从他的安排。但徐寿辉仍坚持要去龙兴，陈友谅越来越怀疑徐寿辉的动机。于是，陈友谅派了一队大兵去汉阳把徐寿辉强行劫持到了江州。到了江州，一开始陈友谅还客客气气地迎接徐寿辉参观新落成的皇宫，可徐寿辉刚进得城，就被陈友谅的伏兵团团包转。只听得一声令下，徐寿辉身边的人马悉数被杀。而陈友谅给出的理由是他们中间有人企图谋反。从此徐寿辉彻底成了孤家寡人。不过陈友谅此时还需要在天完境内利用徐寿辉的影响力，所以暂时没动他。

至正二十年（公元1360年），北方红巾军遭遇了最沉重的打击。派出的三路北伐军先后被元朝名将察罕帖木儿和李思齐击溃，大宋政权在中原的据点也一个个被元军拔起，连首都汴梁都被察罕帖木儿重重包围。八月汴梁城破，大宋官兵数万人成了战俘，刘福通带着韩林儿逃亡安丰。

当北方正在一点点地被元廷夺回时，南方的红巾军各部还在打得不可开交。五月，陈友谅挟徐寿辉再度东下，声言要来援助被徐达、常遇春猛攻的安庆城。事实上他只是声东击西而已，他的真正目标还是池州。这一计似乎奏效，当天完大军到达池州城下时，只见城上仅有稀稀拉拉的一些老弱残兵而已。

多疑的陈友谅见情况不对，刚要下令撤军，周遭已经喊声大起。徐达、常遇春的伏兵尽出，断其归路，城中门大开，先前埋伏好的精锐部队也同时杀出。两下夹击，天完军大败，被俘斩甚众。战斗结束后，徐达和常遇春发现抓到的都是天完军精兵，觉得留着也是后患，便下了狠手。等朱元璋来令阻止的时候，3000俘虏只剩下300多。

不过这至少在当时还是吓到了陈友谅，他没想到应天军这么凶狠，感觉实在不好对付。于是过了几天，陈友谅专门派人去给朱元璋赔罪，说那次行动纯粹是部下邀功生事，自己什么都不知道。

但是，陈友谅也不是真心认错。认错完刚几天，他又亲自带着水师去打太平路了。守城的是濠州二十四将之一的花云。花云居然仅以3000人就把天完军主力给挡在门外三天三夜。陈友谅决定使用他的秘密武器——天完军的大型战舰。

自唐起，中国的造船技术已经相当发达。到了宋代，为了适应远洋贸易的需要，大型海船已经被制造出来。在军事上，宋代也成功发明了上下足有24层的楼船作为战舰。元代，航海技术进一步得到发展，以水为生的江南人造出更高更大的船只并非难事。天完军纵横江南多年，水师中大型战舰自然不在少数。

天完战舰到底高大到啥程度，数据记载是没有的。不过如果太平古城的城墙能保存下来，那完全可以参照计算出来，因为当时天完军士兵就是踩着与城墙西南角相平的船尾，一个接一个爬上了城垛。

太平失陷，花云被绑了起来，这个铁骨铮铮的汉子一边挣扎一边冲着陈友谅破口大骂。他越骂越上火，越上火越来劲，来劲到一定程度了，竟一下子挣断了绳索，一把夺过发了呆的敌军士兵的刀，又杀掉了五六个人。陈友谅暴怒，他指挥一堆人，硬是把花云给绑到了战船的桅杆上，然后下令把他当靶子射。花云至死骂不绝口。

下一个死在陈友谅手上的是徐寿辉，因为他觉得已经不需要这块招牌了。陈友谅以奏事为名，把徐寿辉骗到了自己的指挥船里。见了面，他还诚恳下拜，徐寿辉刚要俯身扶他起来，就遭到了暗算，当场被砸死。

杀害徐寿辉后，陈友谅立即就想称帝。不过他并没有提前准备好登基事宜，于是因陋就简，将采石五行庙里的神像拖出来丢到门外去，将庙当作他的临时行宫，草草完成了称帝仪式。陈友谅改国号为大汉，年号大义，以邹普胜为太师，张必先为丞相，张定边为太尉。

陈友谅自己给自己升了职，可胆量还是没有相应升级，单独面对朱元璋时，还是底气不足。于是他飞书张士诚，想对朱元璋来个两面夹击。哪知张士诚只是个守家奴，不管陈友谅怎么劝说，他就是岿然不动。陈友谅气得大骂，只好自己领军由江州东下。

汉军声势浩大，应天元帅府里乱作一团。有人说钟山（今南京钟山）有王气，建议撤到那里去抵抗。也有人提议据城决一死战，打不赢再走不迟。还有人认为干脆投降。只有刘基（刘伯温），闭眼一言不发。

知人善任是朱元璋最终力压群雄的一大原因。极为注重人才在征战中的作用的朱元璋，在几年内很快招揽了不少得力助手，如俞通海、邓愈、冯国用等。与其他割据势力有所不同的是，朱元璋重用的不仅仅是良将，对文士他也极为礼遇。李善长、刘基、范常等儒生皆入其幕府，大大充实了应天政权的智囊团，这些人中又以刘基最为出类拔萃，时人以诸葛亮视之，朱元璋一向对他极为佩服。

朱元璋屏开众人，单独问刘基："如今该怎么办？"刘基表示："办法非常简单。凡主降者，杀！稳定军心，与陈友谅决一死战。至于如何作战，应天府这么坚固，守卫这么严密，何惧陈友谅？何况江州距离金陵这么远，等汉军船队开到这里，筋疲力尽。那时我们再加固城墙，大赏士卒，让汉军无从下口。然后我军看准时机，出奇致胜。"一席话说得朱元璋鼓掌称善。

因为朱元璋战意已决，很快就稳定了军心，上下一心准备应战。有人劝朱元璋不如先收回太平路，从侧翼牵制陈友谅。朱元璋表示反对："陈友谅在上游，太平又便于水师作战，我们再去打，是以己之短搏人之

长。"不过朱元璋也有自己的计策。他先吩咐胡大海领军直捣广信，牵制陈友谅后方，同时叫来元朝降将康茂才。康茂才和陈友谅有点交情，朱元璋决定利用这一点大做文章。康茂才为了保命，自然也愿意和朱元璋合作。康茂才有个老仆人，曾经给陈友谅当过家仆，朱元璋决定以康茂才的名义写一封信，由这个老仆送给陈友谅。

看到老仆人，陈友谅的戒心全无。老仆说康茂才正守在龙湾上的江东桥，只要陛下大兵一到，连喊三声"康公"，康茂才即刻放行，朱重八一战可灭！结果陈友谅就此上当，甚至还厚赏了老仆。

见陈友谅上了当，朱元璋立刻下令诸将进行准备，以期一战全歼陈友谅主力。朱元璋的布置大致如下：李善长连夜拆掉江东桥，换成铁桥；冯国胜、常遇春率帐前五翼军埋伏于石灰山侧；徐达率兵埋伏于南门外；杨璟所部驻守大胜港；张德胜、朱虎率水军出龙江关外，随时准备策应。

朱元璋还布置执旗将两人，一人带黄旗伏在庐龙山左侧，一人带红旗伏在山右侧。陈友谅兵至则黄旗举，伏兵该起时则红旗举。朱元璋本人亲率主力伏于庐龙山上，只待到时红旗一举，全歼陈友谅。

几天后，汉军大队先赶到大胜港，却被杨璟所堵。大胜港入口狭小，仅容3艘船并行，汉军数量优势无法发挥。陈友谅只得退出，沿江直趋龙湾。汉军前锋没有看到木桥，只看到一座铁桥。这让陈友谅起了疑心，连喊三声"康公"，没有任何反应，空荡荡的大江寂静可怕。陈友谅更感觉不对劲，但既然已经来了，这么多军舰，

也不好调头,不如反客为主,占据有利地势。汉军舰队放下上千艘小船,陈友谅弟弟陈友仁带着1万多名士卒抢占了江东桥附近的一块滩头,在上面筑起工事来。

时已入夏,空气闷热,心浮气躁。应天军已经发现汉军进入了包围圈,有人建议立刻出击,朱元璋虽然热得汗如雨下,但觉得此时不是时候,按兵不动。这时一场倾盆大雨从天而降,让朱元璋觉得时机已到,于是庐龙山上的应天军一齐朝汉军杀去。陈友谅仗着自己人多势众,也不把应天军放在眼里,率军迎击,双方厮杀在一起。

等到汉军有些撑不住的时候,雨突然停止,朱元璋命人挥动红旗,于是更多应天军喊着杀出。冯国胜、常遇春率3万人从石灰山冲下。徐达自应天南门杀出,夹击五大王寨和正在登陆的汉军。张德胜、朱虎的船队由龙江关杀进,撞向陈友谅舰队。

应天军合并夹击,汉军渐渐支撑不住,争相跳上船逃跑。可恰逢退潮,大型战船一艘也开不动,成了一只只僵死的巨兽。应天军登上敌舰,枪挑刀砍,汉军被杀死、溺死者无数,尸体飘满了龙湾江面。陈友谅坐上小舢板才逃得一命。

此战应天军所获丰厚,单缴获的大型战舰就有"混江龙""塞断江""撞倒山""江海鳌"等百余艘,小号战船更是数以百计。汉军将领张志雄、梁铉、俞国兴、刘世衍等都投降了。其他人其实还不算什么,但张志雄例外。他是赵普胜手下的猛将,外号"长张",赵普胜被冤杀,他悲愤难当,终于龙湾之战趁败来降,满怀复仇怒火的

他还想让陈友谅遭受一次更惨重的损失。

张志雄请战,说陈友谅东下,安庆空虚,如果拿下安庆,前后夹击,陈友谅是逃不出朱元璋的手掌心的。朱元璋点头称是,于是派遣徐达、冯国胜、张德胜继续追击陈友谅。

应天军很快在巢湖追上了汉军败兵。张德胜纵火焚烧敌舰,汉军再次大败至采石。徐达、张德胜、冯国胜紧咬不放。张德胜不幸战死,冯国胜接管五翼军,仍缠斗不止。在战局最胶着的时候,汉军阵中突然杀出一支全部黑盔黑甲黑旗、号称"黑旋风"的队伍。这是从汉军中精心挑选出的精锐部队,平时不轻易上阵的,陈友谅将其投入就是为了扭转战局。

可现在应天军已经打疯了,人人不要命地冲杀。宋将廖永忠大呼陷阵,濠州二十四将之一的华云龙跃马提枪,直捣汉军中坚陈友谅所在。一个名叫王铭的应天军军士,独自一人杀进汉军大队中,敌军的马槊一起刺向他的额头,王铭顿时血流满面,然而他却斗志更盛,发出一声声的怒吼,一连沿着汉军阵地绕了3圈,刺死敌军无数。连普通的应天军士兵都已经如凶神附体,汉军精锐的投入也没能改变战局。最终,汉军再次溃败。然而应天军日夜追杀不息,陈友谅实在坚持不下去,丢下太平城逃走,一直逃到池州才喘上口气。

汉军主力已丧,常遇春收复太平,余元帅也拿下了安庆。陈友谅弑主自立的做法本就不得人心,徐寿辉旧将欧普祥以袁州来降;浮梁(今江西浮梁县)院判于光、左丞余春赶走汉将辛同知,以饶州来降。

胡大海亲取信州后,陈友谅部将李明道不久来攻,信州守将、胡大海养子胡德济兵少难支,朝父亲求救,胡大海会合李文忠从灵溪出发。两大名将联手,汉军根本无力抵敌,李明道和宣慰使王汉二以下千余人被俘。建昌(在江西)汉将王溥是王汉二的哥哥,李文忠让王汉二招降了建昌城。

后李明道被送往应天,相当重视对敌情报工作的朱元璋亲自询问他敌方阵营的现状。当他得知徐寿辉死后,大汉内部将士离心,政令不一,勇将又多被猜忌或被杀时,觉得是时候反攻陈友谅了。

至正二十一年(公元1361年)八月,刚刚享受过第五子朱橚降生的喜悦的朱元璋在获得了谋臣、武将们的一致支持后,点起众军,从昔日战场龙湾溯江而上,踏上了西伐陈友谅的征程。一路上,朱元璋用缴获来的龙骧巨舰为旗舰,在桅杆上挂起"吊民伐罪,纳顺招降"的大旗。

他们的第一个目标,是刚刚被汉太尉张定边夺回的安庆城。安庆自古即为兵家必争之地,太平天国和辛亥革命时这里都爆发过激烈的争夺战。对于应天政权和大汉政权来说,它的地理位置更加重要:朱元璋以应天为中心,陈友谅以江州为中心,因此双方的争斗基本沿着长江展开,而安庆恰好处于长江中心,无论宋汉哪一方占据了这里,都进可攻,退可守,充分把握战局主动。早先赵普胜就是以安庆为基地,频频袭击池州和太平,给朱元璋造成了很大麻烦,现在当然不能容忍它继续在陈友谅手中。

安庆守军不出战,朱元璋用陆地上的进攻吸引住他们的注意力,而后命廖永忠和降将张志雄用水军袭破了汉军水寨,夺得20多艘敌船。然而安庆城确实坚固,应天军攻打一天,无从得手。

西征军刚出师就卡住了,这让朱元璋很不痛快,此时又是刘伯温献了一计:绕开安庆,顺流偷袭大汉首都江州。朱元璋从之,长驱直入,过小孤山时,陈友谅部将丁普郎和傅友德来降。傅友德此人殊不简单,他是砀山人,本是北方红巾军大将李喜喜的部下,勇略冠一时。李喜喜后来被元军所逼,南投天完,明玉珍和陈友谅都不予重用,傅友德苦闷不已。听闻朱元璋到了,觉得这才是自己的伯乐,毫不犹豫地率部投诚,后来果然成了朱元璋手下一员虎将。

应天军水师毫无阻力地开到了江州城外的湖口(今江西九江湖口县),打散了陈友谅的巡江舰队。陈友谅闻之,以为神兵天降,但敌已至江州,他也只能御舟亲征。汉军仓促之下阵形都没排好,朱元璋分舰队为两部,夹击陈友谅,又大破之。陈友谅没有勇气再战,带着家小半夜弃城逃亡武昌。国都都丢了,党羽们还有什么心思抵抗?蕲州、饶州(今江西饶州市)、黄州(今湖北黄冈黄州区)、兴国(今江西兴国县)、黄梅(今湖北黄冈市黄梅县)、广济(今湖北武穴市广济县)、抚州等地望风而降,湖北一半已姓了朱。

十二月,汉江西行省平章胡廷瑞、平章祝宗的使者来到江州,表示可以以他们镇守的龙兴来归,条件是必须保留他们的编制和旧部。朱元璋有些犹豫,他担心这些人如果再度变心，会对自己不利。刘基忙递给朱元璋一个眼色，朱元璋立刻明白龙兴是江西西南藩屏，有了它，就等于斩断陈友谅一条胳膊。如此要地，就算做点小小让步又如何，于是他大笔一挥批准了胡廷瑞和祝宗的所有请求。

成大事者，需有足够的容人之量。朱元璋可以放心让新降敌将守原地，而陈友谅就因为几句离间的话就杀掉了自己最好的部属，两人谁能得天下，一目了然。

# 惨败鄱阳湖，战死泾江口

至正二十二年（公元 1362 年）正月，朱元璋来到龙兴，胡廷瑞和祝宗领着原汉政权的一干官员在外迎接。朱元璋好言抚慰后，改龙兴为洪都府，并下令军中不许私拿百姓财物，龙兴士民深受感动。

龙兴易帜和朱元璋的仁政使汉政权江西行省人心更加倾向朱元璋。宁州（今江西修水）、吉安（今江西吉安）、龙泉（今浙江龙泉）相继投降，江西一半也姓了朱。陈友谅愤怒，派大将熊天瑞、张定边反扑，饶州和吉安又被夺去。祝宗在前往湖广途中突然反叛，回身攻击洪都府，知府叶琛战死，还在城中的名将邓愈猝不及防，只带了几十个人且战且走，打着打着就剩他一个人了。邓愈大窘，连换乘3匹马，3匹马先后都被累趴，最后骑上他养子给他找来的战马才幸免于难。攻打湖广的徐达回军来救，复定洪都。朱元璋只好让养子朱文正与赵德胜、邓愈亲守此处。

争霸天下的道路中有倒退、有反复很

正常，这也说明了陈友谅虽然一再丧师失地，但毕竟家底厚，无论实力还是号召力都还存在，绝对轻心不得。

就在双方僵持的这段时间里，时局发生了新的变化。至元二十三年，刘福通大难临头了！

张士诚虽然不敢与陈友谅联手攻打应天，但咬咬病鸭子的勇气还是有的。刘福通自从北方领土全失后，就无力再举，只好和韩林儿一起依附到朱元璋门下，于是自动被张士诚列入敌对名单。趁朱元璋注意力放在湖广和江西的时候，张士诚派大将吕珍率军围了安丰城，企图用这两颗朝廷天字一号通缉犯的脑袋换取一份厚赏。

吕珍的攻势一天比一天猛，安丰城内粮食一天比一天少。应天那边朱元璋却矛盾得很。不救吧，韩林儿怎么说至少还是各地红巾军的共同领导，他要是完在自己手上，自己怎么也无法和天下交代。救吧，又怕陈友谅乘虚来袭，而且救出来后，该把这位皇帝陛下往哪儿放？思考了几天后，朱元璋牙一咬，不能做陈友谅那样的无情动物！

朱元璋带上常遇春、徐达亲往安丰，三战三胜，打跑了吕珍，但刘福通这时候已不幸身故。在与吕珍作战时，庐州的左君弼曾来救，于是朱元璋回头又把庐州给围了。左君弼留部将张焕守城，自己移兵安丰。朱元璋这一斗气不要紧，武昌的大汉皇帝陈友谅见应天政权的主力都出门了，怎肯放过这个报仇的机会，当即大举来攻洪都府。

陈友谅这些年一头和朱元璋打，地盘

一头缩水。他知道这样慢慢消耗下去，最终拖死的只能是自己，于是他决定孤注一掷，起全部兵马，力求一战永远解决朱元璋这个头号对手。

既然是孤注一掷，那风险和利益同样是最大化的，为了把风险尽可能地降低，必须充分发挥自己所长。汉军最大的利器还是大型战舰，陈友谅这次出兵前特意对自己的王牌武器进行了一番精心改造：战舰的体积在大型的基础上进一步扩大，达到巨型的规模。"舰高数丈，外饰以丹漆"，舰船内部分为上中下三层，战马也置身其中，这样舰载士兵可以随时转化成骑兵队，水陆都能横行。战舰的最下层是船的动力舱，"置橹数十其中"。为了保护在橹箱里划桨的船工，橹箱外全部覆上了铁皮，这或许是中国最早的铁甲军舰了。战舰的上下层之间，专门做了隔音处理，上下层彼此是听不到对方说话的，这样无论哪一层发生了骚动，都不会影响到紧邻一层人的工作，大大避免了因奸细混入而导致整船混乱的风险。总而言之，此船从外观到实用性，都可以算是古人智慧的结晶。只是这些巨型战舰的设计者却不为人所知，大概原图纸早已散佚了。所有人员和家当都已投入，那留守也没必要了。陈友谅连自己和汉国官员的家属都一起带上——"空国而来"，颇有几分楚霸王破釜沉舟的味道。

汉军60万大军气势汹汹而来。朱文正不失名将本色，从容分调部下把守城池各方位：参政邓愈守抚州门，元帅赵德胜等守宫步、士步、桥步三门，指挥薛显等守章江、新城二门，元帅牛海龙等守琉璃、澹台二门。朱文正自己居中节制诸军，自以精锐2000人作为预备队。

为什么陈友谅不东攻应天而来打洪都？当时就连朱元璋也认为陈友谅失策。

后朱元璋谓刘基曰："我不当有安丰之行。使陈友谅乘我之出，京师空虚，顺流而下，捣我建康，我进无所成，退无所归。友谅不攻建康，而围南昌，此计之下者，不亡何待？"[1]

不过，仔细一想就会觉得陈友谅的决定很正常。要前往应天府，路上势必要先打下又成宋地的安庆，而以安庆之坚固，怕是没那么容易攻克。万一坚城不下，朱元璋回援，那陈友谅的奔袭计划就付诸东流了。而洪都刚刚经历过一次叛乱，元气未复，可以说是行省首府中相对最弱的一个。拿下洪都后，再据此号令江西，则未来双方胜负尚未可知。朱元璋的"计之下"论，怕是有些武断。

洪都府实力尚虚，守军可一点不虚。陈友谅先攻抚州门，城上飞箭、石块雨点一样往下砸。在军官们的严厉督促下，汉军顶着簸箕大的竹盾往上冲，城墙在双方你来我往中被打塌了30余丈（《明史纪事本末》说是20多丈），足见争夺之惨烈。

正危急间，应天军中突然涌出一队火枪手来。饶是再坚固的竹子，也挡不住火

---

[1] 出自刘辰《国初事迹》。

药的威力。一阵爆炸声和烟雾过后，汉军士兵死伤枕藉，被迫退了下去。邓愈抓紧时间用木头栅栏来修补崩坏的城墙，汉军却又攻了上来，于是邓愈打到哪儿，木栅修到哪儿，战斗持续了一个通宵。应天军在付出了总管李继先、元帅牛海龙、赵国旺、许圭、朱潜、万户程国胜等人的生命后，总算把城墙的缺口全堵上了。

没过两天，陈友谅又攻新城门。汉军正顺着梯子朝上爬，不想薛显遣百户徐明率一群死士突然打开城门出击，汉军没提防，丢下包括平章刘进昭、副枢赵祥在内的一帮弟兄后，后退了。

宋将徐明也随之战死。因为徐明曾偷袭过陈友谅，所以被认出，汉军一哄而上将他乱刀砍死。

转眼就到了六月，洪都还未下，陈友谅急了，增设攻城器具后，把火力集中在城墙的水门部分。汉军壮士抱着大木槌猛烈地撞击着水门铁栅，栅栏在猛烈地抖震着。但谁也没想到，从栅门里突然捅出许多根长槊，撞门的汉军一下被捅死不少。原来李文忠早已派了一支别动队埋伏在栅门另一侧。于是，汉军攻势有所减缓。

而后汉军继续攻城，夺取伸出来的长槊。别动队把槊往拼命往回拉，无奈双拳难敌四手，长槊全被夺走。攻门又开始了。栅门那边没沉寂多久，又有不少长戟铁钩刺出。可当汉军又一次企图夺铁钩时，很多人的手被烫得皮焦肉烂——这些戟和钩子都是事先在火里烤过的。这下，没人再敢撞门了。

陈友谅攻城之技已穷，而朱文正的应

对策略依然绰绰有余。陈友谅无奈，只好再用人海战术，就算堆人也要把宫步、士步二门堆开。二门危急，负责防御的赵德胜干脆把元帅椅搬到宫步门楼上，亲自指挥抵御。守门应天军士气奋发，总算挡住了汉军一轮轮愈来愈疯狂的攻势。赵德胜本人不幸被流矢射中腰部，抢救不及身亡。

洪都城与外界的联系已经完全被切断，朱文正派千户张子明前去向正在围困庐州的朱元璋告急。张子明用小渔船趁夜混出水门，却得到朱元璋要求朱文正再坚守1个月的命令。由此可见朱元璋用兵之狠，其目的就是让洪都守军尽量消耗陈友谅的精力与锐气。张子明返回路上被汉军巡卒抓获，陈友谅押着他，要他劝说李文忠投降。张子明却用尽力气大喊道："大军马上要到了，大家要坚持！"陈友谅气得当场下令把他乱刀砍死。

总而言之，从五月丙寅到七月丙戌，惊心动魄的洪都攻防战持续了整整85天。双方都付出了惨重的伤亡，但洪都城在朱文正等应天军将士坚定信念的支撑下，仍然屹立不倒。

七月甲子，庐州城内的张焕军粮已尽，只好投降。出够了气的朱元璋这才开始救援洪都。应天军共20余万，徐达、常遇春、冯国胜、俞通海、廖永忠等皆随行。看来应天政权这番也使出了全力。

陈友谅听说朱元璋大兵来援，立刻丢下洪都，东出鄱阳湖相迎。朱元璋则不紧不慢地切断了汉军所有归路后，才由松门（今浙江温岭市松门镇）入鄱阳。鄱阳湖大战打响了。

至元二十三年（公元 1363 年）七月丁亥，战斗首先在康郎山（亦称抗浪山，为鄱阳湖中一岛屿）展开。

陈友谅的舰队一开始就排了齐齐整整的一排，想在气势上压倒朱元璋的舰队。朱元璋扫了几眼后，置之一笑。你有铁甲舰，我有"没奈何"。何为"没奈何"？笼统地说，就是把铠甲、衣服、各种火器等乱七八糟的用丝麻、纸布之类缠成一个大球，平时挂在桅杆上，两船交接的时候就弄断悬挂的绳子，让这个"大炸弹"在敌船上开花，这时敌人可真只能徒呼奈何了。

戊子，徐达、常遇春、廖永忠等人的进军打破了湖面的宁静。应天军水师兵分 11 队，各携火器、弓弩，远施火器，靠近了就放箭，再接近则短兵相接或者用"没奈何"炸。相对于进退不便的汉军巨舰队，应天军始终能对敌船保持密集火力。

徐达不愧为朱元璋部下第一猛将，他冲锋在前，击败汉军前锋，歼敌 1500 人，获巨船一艘。俞通海紧随其后，顺风开炮轰击，烧毁汉军战舰 20 余艘。

汉军并不是只会干挨打的角色，在他们更加猛烈的回击下，应天军同样不好过。徐达战舰起火，敌舰围拢过去。徐达扑灭火势，继续搏杀，朱元璋赶紧派舰只来增援，敌军方退。紧接着，朱元璋的座舰也开始遭殃。张定边盯上了他，靠了过来。朱元璋座舰欲退，可上天真会恶作剧，座舰驾驶技艺不精，在浅滩搁浅了。汉兵攀着船沿从四面一拥而上。朱元璋身边的部将拔剑怒吼，皆奋力死战。然而寡不敌众，元帅宋贵、陈兆先等战死。汉军越聚越多，

朱元璋和护卫被围了一层又一层。见形势危急，指挥使韩成穿戴上元帅服冠，当着汉军的面投水自杀，汉军一时没认出，攻击缓了下来。这下为宋将争取了宝贵的救援时间。常遇春先赶到，一箭射中张定边，汉军稍却，俞通海和廖永忠火速赶来护卫。此时恰逢涨潮，座舰这才得脱。张定边斩首行动失去目标，也只得撤退。狂怒的廖永忠和俞通海乘快艇一边紧追，一边把箭袋里所有的箭朝他身上猛射，这员汉军骁将被射得像个刺猬，但还是逃了回去。

朱元璋脱了险，可回头常遇春却遇上了同样的麻烦——在浅滩上动不了了。还好有败退下来的舰只，狠狠把常舰撞进了深水区，常遇春才幸免于难。此时红日西斜，诸将欲退，朱元璋赶紧鸣钲，再次和大家说明此战的利害关系。只是为了防范张士诚，让徐达先回应天戍守。

第二天天刚蒙蒙亮，随着朱元璋座舰上号角长鸣，鄱阳湖战事再起。

这回，陈友谅搞了个连环计，他把所有出击的战船并排用铁链连接起来，齐头并进。想象一下，一排小山一般的巨舰一起像乌云一样压过来，那会在对方水军心理上造成多大的压迫感。应天军将士一时还真被吓住了，即使朱元璋亲自督战，也没有一艘船再敢迎面而上。右舰队甚至有人打算开溜，连杀十余人而不能止。

朱元璋正无法可想，部将郭兴突然提议："我们为什么不用火攻？"

午后，东北风大起，应天军中突然驶出 7 条小船，船上各有几名披甲持枪的士兵，看起来和其他战船没啥不一样。小船绕了

过去，汉军毫不在意。等听到有人惊呼着火的时候，才发现，小船上载的全是干草、火药，而船上的"兵"只是些稻草人而已。

火借风势，风助火威，作为加固道具的铁链瞬间成了阻碍汉舰逃生的地狱锁链。在冲天的火光和如入阿鼻地狱般的惨呼声中，应天军舰队突入，用手中的刀剑将被烧得焦头烂额的汉军士兵——解决。

这一天是祝融肆虐的一天，汉军用于耀武扬威的数百艘巨船全部被烧毁，汉军被烧死的不计其数，连陈友谅的弟弟陈友仁、陈友贵，以及平章陈普略都在其中。逃出火海的汉军，跳进湖里后也被赶上来的应天军水兵戳死。汉军死者过半，整个鄱阳湖水被染得一片赤红，旗鼓器仗，浮蔽水面，陈友谅为之丧气。

当夜，不甘心失败的陈友谅也定下了自己的作战计划——不顾伤亡，一定要把张定边未完成的斩首事业进行到底。为此他通令全军，明天看到白色桅杆的船，那就是朱元璋的指挥舰，大家必须全力攻之。

鄱阳湖之战第3天，天一亮，陈友谅正欲按原计划出击，一下呆住了：对面应天军的所有舰只的桅杆都涂成了白色。怎么也认不出哪艘是朱元璋座舰的汉军，一下没了主意。应天军趁他们愣神的时候又攻了过来。这一回，应天军充分发挥了小船机动灵活的优势，绕着汉军战舰转圈圈，时不时袭上一下。汉军巨舰犹如一群笨拙的野牛，被耍得团团转，自己的犄角却怎么也顶不到对手。汉军羞恼之下，胡乱放炮，朱元璋座舰竟也被点燃，朱元璋不得不转移到另一艘战舰上。俞通海、廖永忠、张兴祖、赵庸等人，大胆以小舟6艘深入搏击。敌舰越聚越多，很快6艘船就被遮没了踪影。

正当有人以为他们已经完了的时候，只见6艘战船完好无损地相继从敌舰队中旋绕着钻出，势若游龙。应天军望见，发出阵阵欢呼声，攻势更速。完全被应天军小船转晕了头的汉军巨舰只能瘫在江面上，任由船上兵马被登船而来的应天军杀伤殆尽。只可怜那些摇桨手们，对战况一无所知，还在卖力地划着船，最后连同战舰一起化为灰烬。

自辰至午，汉兵大败。宋将张志雄、丁普郎、余昶、陈弼、徐公辅等也战死。

俞通海等人高奏凯歌而回，朱元璋慰劳道："今日之胜，皆诸公之力也。"全然不提自己指挥有方的作用。

三战皆负，陈友谅为之丧气。应天军几次来挑战，他都不敢应。张定边等人甚至打算挟主公一起退保鞋山，只是退路早已被断，未成。当晚，朱元璋军舰挂灯相引，把住了上游湖口的左蠡（今江西都昌西北），陈友谅的舰队也转到潴矶（今星子南70里处）。双方一连对峙了3天。

3天没开打，陈友谅这边却在继续损兵折将。原来陈友谅与手下左右金吾将军研讨对策，右金吾将军认为战局已没有希望，主张烧掉船只，从陆路朝湖南去；左金吾将军坚决反对。陈友谅几场败仗下来，觉得还是右金吾将军说得有理。左金吾将军怕主公拿自己撒气，便率部降了应天军。右金吾将军见了，也步其后尘。陈友谅凭空失掉了两员大将和许多军马，兵力益衰，心情越加恶劣。朱元璋还嫌对他打击不够，修书一封羞辱陈友谅，陈友谅暴跳不已，把使者扣了下来，又传令全军：日后抓到朱元璋俘虏的，杀无赦！

陈友谅被朱元璋激得欲大开杀戒的时候，朱元璋却在自己阵中玩起了攻心战：他下令把汉军俘虏都带出来，有伤的都给治好了，然后全部放回去。又设坛祭奠陈友谅战死的弟弟和将领。两下一对比，效果鲜明，朱元璋不仅在己方稳定了人心，还在汉军阵营里也赢得了一大片人心。

做完了这些事，朱元璋又给陈友谅写去了第2封信，羞辱陈友谅扣留使者，嗜杀成性。陈友谅气得说不出话来，只好整天和博士夏煜等作诗排遣。

陈友谅带的人多，粮食消耗大，没多久粮食就光了。陈友谅只得把剩下的500余艘小舟差到都昌去就地"征发"，好不容易弄到一点吃的，就被赶来的李文忠连打带烧消灭了个精光。饿着肚皮撑到了八月，陈友谅军中彻底断粮了。陈友谅把心一横，带着剩下的百余艘楼船冲向南湖觜。应天军堵击，但饿疯了的汉军已经是谁也挡不住了，他们冲出了湖口。朱元璋不慌不忙，用事先准备好的火舟、火筏一路追打。从早上到傍晚，汉军才杀到泾江口（今安徽宿松县境内），然而又被早已等候在那里的应天军水师截住。

战斗进行得极为激烈，汉军始终无法突围。陈友谅一急，竟犯了个大错误：他推开了舰船的舷窗，探出脑袋，想查看下战况，顺带指挥下战局。

这一探，陈友谅就再也没能把脑袋缩回去。因为一艘白桅杆的应天军船恰好经过，就朝开着的舷窗口放了一阵飞箭，结果那阵飞箭中有一支不偏不倚贯穿了陈友谅的左太阳穴和一只眼睛。

陈友谅扑倒在舷窗上，战斗却还在继续。因为天色已晚，大家都只是靠着月光和战舰燃起的火光来互相辨认着轮廓互殴，没有人能看清刚被射杀的那个人的脸，即使是放出那支箭的弓手，顶多也只是觉得自己又射杀了一个汉军的小卒而已。

直到泗水投降的汉军士兵报告，朱元璋等才又惊又喜地发现：敌首已经战死了。

应天军欢声雷动，杀敌益奋，而群龙无首的汉军船队只能再次接受崩溃的结局。大汉太子陈善儿和平章姚天祥被生擒。第2天，绝望的汉军平章陈荣等均来降，汉军被俘5万多人。

大汉大势已去，只剩下忠心耿耿的张定边用船载着陈友谅的尸体与其子陈理成功逃回武昌，后又成功拥陈理为帝。然而汉军主力尽没，结局已是注定。就在鄱阳湖之战结束1个多月后，应天军水陆并进，用木制栅栏把武昌城圈了起来，湖北各郡皆降。第二年（公元1364年）二月，大汉最后一员猛将张必先来救被擒，常遇春把他在武昌城外斩首示众，陈理再无坚持的勇气，出降。正要收买人心的朱元璋没有为难这个孩子，只是把他带回了应天，封为归德侯。

大汉政权总共存在时间还不到4年。

鄱阳湖之战后，朱元璋对刘基说过这样一句话："陈友谅已死，天下不难定了！"

的确，在消灭了南方最大的一个割据政权后，应天政权接下来的步伐明显走得轻松不少。至正二十七年（公元 1367 年）六月，朱元璋克平江，张士诚被俘送应天后自尽身亡。5 个月后，反复成性的海盗方国珍在廖永忠和汤和的追击下投降。又过了 1 个月，福建也被平定，陈友定被杀。至正二十八年（公元 1368 年）正月，基本占领全东南的朱元璋在应天府称帝，国号大明，改元洪武。在这一年前，已成摆设的小明王在渡江时被廖永忠凿沉船底，活活淹死。

朱元璋称帝后，继续南征北伐。由于察罕帖木儿早在至正二十二年就被降将田丰所杀，而元军在北方已无义军的情况下竟分裂成皇太子派（以察罕帖木儿之子扩廓帖木儿为首）和元顺帝派（以孛罗帖木儿为首），两派互相厮杀。徐达和常遇春所率明军几乎毫不费力地先后横扫山东、中原，最后终于在洪武元年（公元 1368 年）八月攻拔大都，元顺帝逃往上都开平，元朝灭亡。但直到 20 年后，朱元璋才真正实现统一。

朱元璋出身红巾军，但建立明朝后为了维护封建统治，宣称明教为邪教组织，予以取缔和镇压。元廷和红巾军鹬蚌相争，笑到最后的却是朱元璋。而此时，作为朱元璋第一块踏脚石的陈友谅已在地下长眠了四分之一个世纪。

600 多年以来，陈友谅无论在正史中，还是演义小说、武侠著作中，都被定义为反面角色。他确实做了不少不道义的事，但在那个时代，谁又能是真正的道德家？笑到最后的朱元璋，不照样杀死了主君韩林儿吗？其行径比陈友谅更道德？

东汉末年，名士许邵曾这样评价曹操："子治世之能臣，乱世之奸雄耳。"被认为是对曹操最中肯的评价，但后人却习惯以"枭雄"作为曹操的定位。

将同样的定位安在陈友谅身上并无不妥——毕竟他曾经是看起来最有望成大事的那个人。

# 枭雄录

## 明末闯王李自成

### ——破军下凡 扫六合

作者
／上帝之鹰

朱元璋建立的明朝，在历经 200 多年的岁月后，也进入了暮年。

从 17 世纪中叶起，全球进入了第 5 个小冰河世纪，北半球的许多国家遭遇了有史以来最寒冷的冬天。中国受害尤其深重。从万历二十八年到崇祯十六年（公元 1600 年至 1643 年），近半个世纪的时间内，全国几乎四季寒冬，连广东都在万历四十六年（公元 1618 年）下起了鹅毛大雪，可以想象北方各地是怎样一片千里冰封的景象。

严寒导致的恶果就是极度的干旱。据说，地球气温一旦下降 3 度，则大气凝水量将下降 20%。据学者统计明代官修史书和地方志的记录：朱元璋时，年均发生各种自然灾害为 1.29 次，而到了崇祯年间，这个数字已经增至 4.29 次！可以说从天时上，明帝国正处于一个极为严峻的时期。

旱灾从明末期起在全国各地爆发，所过之处颗粒无收，家破人亡者无数。"于其时，或夫妇临田大哭，携手溺河；或哭罢归，闭门自缢；或闻邻家自尽，相与效尤。"[1]为了生存，平日里善良的人们纷纷挥刀相向。"自古饥年，止闻道殣相望与易子而食、析骸而爨耳。今屠割活人以供朝夕，父子不问矣，夫妇不问矣，兄弟不问矣。剖腹剜心，支解作脔，且以人心味为美，小儿味尤为美。"[2]"……出境二十里，见道旁刮人肉者，如屠猪狗，不少避人，人视之亦不为怪。"[3]一幕幕何等触目惊心的人间地狱画面！

天灾已经够惨了，更惨的是人祸。百姓们都已经这样了，官府却照样征收各种赋税。一旦百姓无力缴纳，就立刻酷刑伺候。甚至逼在村农户代缴逃亡农户的欠税。"……见乙榜令催比钱粮，血流盈阶，可叹。"[4]"旧征未完，新饷已催。额内难缓，额外复急。村无吠犬，尚敲催追之门；树有蹄鹃，尽洒鞭扑之血。"[5]"……有赤子无立锥地而包赔数十亩空粮者，有一乡屯而包赔数十顷空粮者。"[6]而真正有钱的乡绅官僚们，却享受着避税的特权，搜刮着民脂民膏。苍天已经不让人活下去了，老爷们也不让人活下去。这种情况下，能不到处掀起反旗吗？

皇为民父母，自己的子民们在饥饿和死亡之间挣扎，当朝皇帝崇祯是不是坐视不理呢？完全不是这样的。朱由检（崇祯）算是个非常勤勉的帝王了。他终日亲手处理政务，通宵批阅奏章如家常便饭，以至于年纪轻轻就头发花白、眼角生出皱纹来，有一次在看望庶祖母刘太妃的时候，竟累得当场睡着了。他勤俭节约，裁撤宫廷费用，天启时代的所有奢侈行为全部被叫停。他亲自选拔言官，开清言路。他铁腕治吏，

---

① 出自计六奇《明季北略·卷五》。
② 出自《青州府志·卷二十·灾祥》。
③ 出自《诸城县志》。
④ 出自李清《三垣笔记·笔记上·崇祯一》。
⑤ 出自郑廉《豫变纪略·卷一》。
⑥ 出自《景州志·卷一·版籍》。

严纠贪官污吏，在地方复行久任法。他甚至连内阁都亲手重组。各种雷厉风行的动作表明了青年天子恨不能立马就全部解决前几朝所有弊端的急切心情。

欲之速，则不达。朱由检急于重整朝纲的心情可以理解，但大明体制的各种漏洞导致的积弊已经数百年了，可以用积重难返来形容。崇祯过于迷信主观的作用，不顾实际情况瞎干，反而起到了相反的效果。

他整肃官场，一上台就逼杀了罪大恶极的大宦官"九千岁"魏忠贤，狠狠打击了危害朝政多年的阉党（大太监和投靠他的官员），之后却发现清官比大熊猫还稀有，一怒之下又重新用起了公公们；他严惩劣臣，却任用更平庸无能的周延儒、温体仁、薛国观；他性格刚愎自用，臣子的逆耳良言常常反被认为是诛心之论，忠臣因此多被流放；他做事急躁，性格又多疑，即使是钦点的新官，稍微一两件事办得不合意，就给免了，甚至拉出去砍了。一言以蔽之，一切在思想上成为明君的因素，崇祯都具备；而一切在行动上成为昏君的因素，崇祯同样具备。

《明史·列传第一百九十七·流贼》对崇祯和其新政的总结分别是："且性多疑而任察，好刚而尚气。任察则苛刻寡恩，尚气则急遽失措。""……赏罚太明而至于不能罚，制驭过严而至于不能制。"

当一个领导太过强势又太过急躁的时候，他身边只会剩下两种人，一种是小人，一种是死人。这样的领导会把任何一个尚有可为的项目搞得无可救药。如果这个领导是一个君主的话，那么对于他的国家来说，前方将是万劫不复的深渊。更不用说，旁边还有一个等着落井下石的新兴势力。

崛起于白山黑水之间的建州女真部在努尔哈赤率领下，于万历四十四年（公元1616年）在赫图阿拉（今辽宁新宾县）建立后金政权，并于两年后正式对明宣战。明朝调集重兵围攻，却在萨尔浒之战中被打得大败。此后，后金频繁入寇，辽东重镇辽阳、沈阳相继陷落。后金铁骑甚至绕过明军宁锦—山海关防线，屡屡入关进犯，山东、直隶等地惨遭洗劫。为应付持续恶化的辽东军情，明廷年年投入巨额银两，最多时竟超过太仓岁入的两倍。最终闹到财政无力负担，不得不通过加派田赋的手段来解决，这就是著名的"辽饷"。辽饷加派共有4次，共计达650余万两。可明末军队流弊丛生，军饷一年比一年多，战斗力却一年比一年下滑，对后金军败多胜少是常态。朝廷为扭转败局，只能把更多的钱丢进辽东这个无底洞中。

收入很难增加，军费却越来越高。于是崇祯为节省开支，下令裁汰冗员。被精简的部门当中，就有弊端横生的驿站体系，于是大量驿卒被裁撤。可这一裁撤，却把一个银川驿卒逼上了绝路，最终成为摧毁整个大明的力量之一。这个驿卒就是本篇的主人公——李自成。

# 破军星下凡

李自成本名叫李鸿基，是陕西米脂怀远堡李继迁寨人。说起这个李继迁寨可有来头。唐末黄巢起义时，唐廷曾调集外族雇佣军参与镇压，其中有一支从西北来的党项雇佣军，其首领是自封的宥州（今鄂托克前旗东南城川古城）刺史拓跋思恭。黄巢起义被镇压之后，唐廷为了酬谢这帮人，就给雇佣军的首领们都升了官，拓跋思恭自然也在其中。他不但被赐姓国姓"李"，当上了正式的官员，而且还升格为节度使。

拓跋思恭的封地在夏州，夏州下辖夏、绥、银、宥四州，辖境相当于现在的陕西长城以北、内蒙古鄂尔多斯市以南一带。之后唐朝灭亡，党项族却在夏州发展起来。乾德元年（公元 963 年），李思恭的后人李继迁出世，他带着族人东伐西讨，很快在周边打下了不少地盘，为将来的党项政权奠定了基础。到李继迁的孙子李元昊的时候，党项就正式建国了，因为根据地在夏州，所以国号就叫夏，这就是历史上的西夏。为了纪念李继迁的奠基之功，他出生的地方被赐名为李继迁寨，位置大概在今天的陕西衡山县殿寺镇南 5 公里处。

西夏在当时是最小的一个国家，但凭借着坚韧和勇武，与邻居宋、辽以及后来的金国多次交手都不落下风，存在了近 200 年后，才在公元 1227 年被成吉思汗的大军所灭。由于西夏人的坚决抵抗给蒙军造成了不小伤亡，成吉思汗临终前命令把西夏人统统杀掉。于是西夏国连同建立它的民族一起消失在大西北的疾风里。但李继迁寨这个地方留存了下来，李自成就出生于此。

李自成的父亲叫李守忠，《明季北略》《鹿樵纪闻》《甲申朝事小纪》都说他家是当地的富农。《绥寇纪闻》则说他家是养马户，似乎也可以印证上一说法，因为当时养马户往往是有钱人家的。不过，费密的《荒书》认为其"父为农，贫甚"。据传说，李守忠曾经做过一个梦。梦里有一个人对他说，上天要派破军星来给他当儿子了。而李鸿基出生时，他的母亲金氏梦见有个黄衣人飘进他们家，因此孩子的小名就叫"黄娃子"。其实，李鸿基还有个大哥叫李鸿名，不过在 20 多岁的时候就过世了。

《鹿樵纪闻》曾描写过李鸿基的外貌，说他天生身材高大，头发蓬乱，而且高额头、深眼窝、仰天鼻、双眼和鹰隼一样锐利。

李鸿基 6 岁起曾被家里送去读书，而且也展示出过目不忘的本领。可他根本不喜欢读书，成天同他侄儿李过（李鸿名的遗子）以及同村人刘国龙一起打拳习脚、舞枪弄棒。他爹教训了他好几次，见与对牛弹琴无异，只好不管了。

据说一天，这帮少年嬉闹着来到村外的关帝庙。几个人都多喝了几杯，兴头上来，要比力气。李鸿基说干就干，脱下上衣，抱住庙里的铜鼎，大喝一声，一下把它举了起来。这还不算，李鸿基借着酒劲儿，单手举着铜鼎一连转了 3 圈。李过和刘国龙看得直咂舌——那鼎可足足有 73 斤呐！两人称赞李鸿基好本事，以后肯定能做个将军。李鸿基一高兴，说自己的平生心愿是自封为王，自成自立。说到兴头，他干脆把"自成"两个字当作自己的新名字。从此，李鸿基改名为李自成。

大志已立下，李自成就干脆到延安人罗君彦处学武功，日夜苦练，这对他后来的人生产生了不小的影响。不过，人有旦夕祸福，李自成的少年时光还没过完，父亲李守忠和母亲金氏就先后去世。家里又没别的亲戚了，总不能让侄儿养着自己，十多岁的李自成不得不自食其力。他当过和尚，给别人家收过马，给当地富户艾家放过羊，还打过无数份零工。总之吃了不少苦。

有一次，李自成先是袒胸露腹躺在艾家门前的石碑上睡觉，第二天又跑到艾家墙脚下撒尿，被艾家绑在院子里暴晒。当艾家的小儿子啃着块饼走出来时，李自成"向季子乞余饼"，结果被其骂曰："我宁饲狗，岂以与汝？"投饼于地，脚踏而去。由此可见当时富户对穷苦人家的欺压。

后来李自成好不容易熬到成年，才算有了个比较像样的工作——银川驿驿卒。可该着李自成倒霉，在一次送信途中，他骑的驿马倒毙了。按规定，这要直接责任人自己赔偿的。李自成只好去借艾家的高利贷，结果利滚利，债务越来越多，李自成更还不起了。要是还不起别家的债还好，艾家在当地可是一等一的大户，当地同知艾应甲就是艾家的人。在艾应甲的挑唆下，知县晏子宾找些事把李自成暴打一顿，上了枷号，放在毒日头底下暴晒了好久。幸亏有朋友的搭救，李自成才保住了性命。

再后来，李自成穷其家产娶到了一个

叫韩金儿的女人，日子也渐渐有了奔头。本来如果没有什么变故，李自成也就这样度过一生了。可随着崇祯下令裁汰冗员，李自成不幸丢了工作。男人不能养家，自然被韩金儿瞧不起，不多久她就和本村衙役盖君禄通奸，结果被李自成发现，李自成盛怒之下就杀死了韩金儿和盖君禄。本来按明朝法律"与奸所，亲获奸夫奸妇，登时杀死者，勿论"，但艾应甲很快就派衙役来抓李自成，理由是李自成杀奸夫奸妇缺乏佐证。李自成忍无可忍，纠集了一帮人，深夜潜入知府衙门杀了艾同知。

《明史》说李自成之前"数犯法"，但大多是小罪过，现在生活的连续逼迫终于使得李自成铤而走险。打这以后，李自成和侄儿李过只得逃亡他乡。好在李自成有一身武艺，他在甘肃总兵杨肇基手下当了名捕盗官兵，后来又因战功升为总旗（分管50人的小队长）。

当时边地盗贼如蚁，李自成每次抓到他们，也是尽量网开一面，因为他知道这些人和他一样，本也是些穷苦人而已。后来在一次剿匪行动中，李自成甚至和一个叫高迎祥的盗贼首领不打不相识，最后成了结拜兄弟。

崇祯二年（公元1629年）十一月，后金军团在努尔哈赤之子皇太极的率领下，突破遵化、蓟县一线，直逼京师。崇祯大惊，急调全国各地军队来援，山西、陕西、甘肃、延绥等地军队一支支开赴京畿。甘肃的军队由巡抚梅之焕亲领，李自成那支小队伍也在其中。

明末军队纪律涣散已经到了难以置信

的地步，有"贼掠如梳，兵掠如剃"①的说法。李自成的这一支管得比较严，但也只坚持到了金县（今甘肃榆中县）为止。

照例，路过的军队要县衙供应食宿，金县县令却请他们吃了闭门羹。带队的参将王国刚进城要求谈判，愤怒的军士们就冲到县衙，用军器猛敲着大门。这让王参将大为光火，为了表示他们是来讲道理而不是来动粗的，参将王国抓了6个军士打了一顿军棍。这一打不打紧，6个兵中有3个是李自成手下的。李自成一向爱兵如子，听儿郎们挨了棍子，暴跳起来，与同僚刘良佐一起破门而入，把金县县令绑了拖出来找总兵杨肇基评理。半路上正好碰见王国，李自成眼一红，一刀捅进了王参将的胸膛。

闹事就这样变成军乱，但这在明末已经不是什么新鲜事了。那时候当兵，只是图个吃口饱饭。可明朝越到后头，钱越不够花，军人的裤腰带也是越勒越紧。崇祯皇帝倒一直都想着让军士们尽量过得好一点，可也挡不住将领、监军太监、兵部官员们的集体贪污。在北方重镇宣、大，士兵们甚至沦落到卖武器和鞋子的地步。李自成的行为，很有可能是平日就受够参将气后的总爆发。

言归正传，杀了上司，这等于是又犯重罪了。李自成和侄儿李过、刘良佐逃离军中，一起来到西川。这里是宁夏、绥德、

米脂三地的交界处，人员流动频繁，情况复杂。李自成很快和当地盗匪马大将军一起拉起了一票人马，干起了半夜剪径的勾当。当时米脂连月大雪，农作物多冻死，李自成抢到粮食，多分与穷苦人家，很快在当地建立了自己的声望。

而在当时的米脂，甚至关中，像李自成这样的亡命之徒，不知有多少。

明末全国性的灾荒中，以陕西、山西二省受害最重。"数年以来，灾警荐至。秦晋先被之……"②陕西本就地瘠民贫，而崇祯改元以来，该地的灾情又达到了有史以来最严重的地步。"阖省荒旱，室若磬悬，野无青草，边方斗米，贵至四钱。"③

延安籍官员马懋才的奏疏，为我们刻画了一幅惨绝人寰的景象：

"臣乡延安府，自去岁一年，无雨，草木枯焦，八九月间，民争采山间蓬草而食，其粒类糠皮，其味苦而涩，食之仅可延以不死。至十月以后而蓬尽矣，则剥树皮而食，诸树惟榆皮差善，杂他树皮以为食，亦可稍缓其死。迨年终而树皮又尽矣，则又掘其山中石块而食，石性冷而味腥，少食辄饱，不数日则腹胀下坠而死。……最可悯者，如安塞城西有粪城之处，每日必弃一二婴儿于其中，有号泣者，有呼其父母者，有食其粪土者，至次晨，所弃之子已无一生，而又有弃者矣。更可异者，童稚辈及独行者，一出城外，便无踪迹。后见门外之人，

① 出自戴笠《怀陵流寇始终录》。
② 出自《皇明经世文编·卷四百四十》。
③ 出自《明季北略·卷五》。

炊人骨以为薪，煮人肉以为食，始知前之人，皆为其所食。而食人之人，亦不免数日后面目赤肿，内发燥热而死矣。于是死者枕藉，臭气薰天，县城外，掘数坑，每坑可容数百人，用以掩其遗骸。臣来之时，已满三坑有余，而数里以外不及掩者，又不知其几许矣。小县如此，大县可知。一处如此，他处可知。……"

短短数百字，道尽了明末灾区的惨象，也道尽了明末农民起义烽火不断的根本原因。

关中旱情严重到如此地步，朝廷却依然拒绝豁免当地的赋税，陕西巡抚乔应甲、延绥巡抚朱童蒙等吸血鬼也照样搜刮不止。"日死于饥与死于盗等耳。与其坐而饥死，何不为盗而死，犹得为饱死鬼也。"[1]

自天启七年（公元 1627 年）三月起，全秦天如赤血，继而西安夜坠火球数十，宣告着一场大动乱的到来。白水县民王二纠集数百不堪盘剥的乡民，冲进县衙杀掉了县令张耀采，掀起了关中大暴动的序幕。紧接着，府谷县人王嘉胤在本地，清涧县人王左挂在宜川县，汉南人王大梁在略阳，清涧县人赵胜（外号"点灯子"）在解家沟，相继起事。各处义军分拥数千到上万人不等，整个陕西处在一片熊熊烈火中。

起事的不仅有贫苦农民，还有军人。延绥、宁、固三镇，额粮 3 年未发，军人们也过不下去了。崇祯元年（公元 1628 年）十二月，固原兵变，劫取本州府库。崇祯二年四月，阶州军人周大旺起义。崇祯

年（公元 1630 年）十一月，延西军队以神一元为首揭竿而起，神一元不久战死，变兵由其弟神一魁继续领导。

如果只是农民们造造反，还可以调动军队压下去，现在连军人们也反叛朝廷了。再加上崇祯二年那次全国动员令，把陕西军队的精锐全抽调走了，他们一时半会赶不回来，单凭剩下的老弱残兵，如何能收拾得了这关中乱局？

在无以言表的混乱中，陕西三边总督武之望忧心过度，病逝于任上。新任总督杨鹤认为还是要从根源抓起。他提议以抚为主，宽赦所有变民和变兵，然后发给他们种子和耕牛，让他们"糊口有资"，这样，暴动队伍才能做到"真解散"。崇祯对此挺认可，下诏赦免所有义军，还从内库拿出 10 万两银子，交给御史吴牲前往发放。有了皇帝的支持，杨鹤先成功招安了西路义军中最大的一股神一元部，赵胜、惠登相（外号"过天星"）、"上天龙"等部见朝廷这次发给真金白银，也陆续回乡受抚。关中在招抚战术的作用下，一时又恢复了平静。

然而杨鹤得计的笑还没持续多久，就凝固住了。因为他发现，事情并没有朝他预想的那样发展。许多义军领袖拿了钱，受了朝廷的官职，却没有解散队伍，而是盘踞在附近的要地，继续剽掠四周。更令杨鹤目瞪口呆的是，随着他手里的灾银数量越来越少，本来已经被招安的义军们也

---

[1] 出自《明季北略·卷五》。

越来越不老实。崇祯四年（公元1631年）五月，王左挂等人复起，攻破金锁关，杀都司王廉；九月，神一魁也重新反叛。杨鹤的招抚计划就此破产。

其实杨鹤的目的是好的，可惜实在老天和皇帝都不配合：前者继续摧残关中农业，后者发了抚恤金却没有免掉当年税收。农民们就算领了几两银子，回到家里面对的还是地里一无所获、税吏天天上门的境况。因此他们根本无法安下心来复为良民，等钱花完了，自然又走上了老路。

可坐在紫禁城里的崇祯皇帝想不明白。他满脑子想的只是朕把自己的私房钱都拿出来了，怎么你杨鹤一点成绩都没有做出来？感情你是吃饱了没事干消遣朕来了！气直往上撞的崇祯把所有责任都推到了杨鹤身上，一通狠训后，撤了他的职，流放

至袁州，让延绥副都御使洪承畴主管三边军务。从此明廷对关中暴动的政策由抚改为剿。

洪承畴在军事上很有几分才干，给他配备的助手曹文诏、杜文焕、王承恩、贺虎臣等也都不是等闲之辈。在联合围攻下，王左挂、神一魁、王大梁、周大旺等陆续被擒或被杀。其余变民和变兵被迫转移到邻省山西，这里面就包括李自成部。

由于史料的缺乏，这一段李自成具体的作为并不怎么清晰，从一些蛛丝马迹也只能勉强得知：李自成和李过先是投奔了王大梁部下张存孟（外号"不沾泥"），后来这人受抚，李自成转而投奔了老熟人高迎祥，自结一队，因在高迎祥手下排第八，故称"八队"。高迎祥有个外号叫"闯王"，李自成就跟着起了个低一级的称号叫"闯

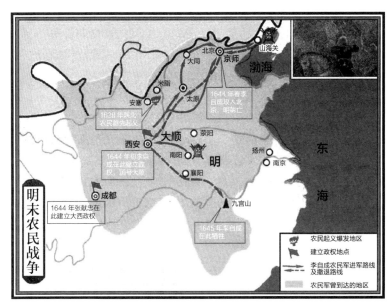

◎ 明末农民战争
示意图

将"。官军加强了追剿力度后，高迎祥与王嘉胤、赵胜、罗汝才（外号"曹操"）等部转进山西，这批人中还有一个著名的人物，他就是外号"黄虎"的张献忠。

# 闯王李自成

作为与陕西并列的全国一号重灾区，山西的境况比陕西好不了多少。这里的人照样饿死，税照样收，而且还没有任何救济。关中义军进入这里后，发展很快，没几个月队伍就扩充了一倍。但势头大了，麻烦也就大了。关中明军追踪而来，其中以曹文诏一路最猛，大小数十战无不告捷。赵胜、"李老柴""独行狼""可天飞"各路依次败死。崇祯四年六月，王嘉胤也被手下所杀，王嘉胤左丞王自用（外号"紫金梁"）领余众与其他义军会合，众人推他为盟主。据《平寇志》记录，此时的义军共有 36 部，号 20 万人。而在 36 人的名单中，李自成和高迎祥是赫然并列的，显然李自成已经自立门户了。

短短几个月，李自成就由一员普通小卒变成了号令一方的首领。除了一身好武功外，他自身的品质也是关键性要素。他并非蛮勇，而是雄勇、有胆识；他洁身自好，为人不贪财、不好色；御众严格，号令统一，因此他的队伍时常打胜仗。崇祯五年（公元 1632 年）八月，山东御史刘令言提交的报告将李自成和王自用并列，称为贼中"最

枭獍者"[①]，李自成俨然成为秦晋义军中的头面人物。

由于山西境内的明军力量越来越强，义军决定分散作战。阎正虎据交城，窥太原；"邢红狼""上天龙"据吴城（今山西吕梁市离石区），窥汾州；李自成则与王自用、张献忠联手，突沁州（今山西沁源）。崇祯五年十二月，李自成攻破辽州（今山西左权县），总兵尤世禄来救。战斗激烈异常，尤世禄被射伤。两天后，李自成和王自用夺门而走。此战义军付出了伤亡 1300 多人的代价，也是李自成第一次据城与官军作战。

崇祯六年（公元 1633 年），义军又进入中原，河南剿匪总兵左良玉连却之，但苦于帐下只有 2000 多名昌平兵，无力阻止义军逼近明璐王封地。崇祯遣京营军 6000 人往援，可他又信不过大将，派太监陈大金、杨进朝等负责监军。当年冬，各路官军云集豫北，义军连战失利，想后退又被黄河阻挡，而临时盟主王自用又在此时病死（一说被明将邓玘射杀）。义军眼看要被生生赶进河里，于是耍了个计谋：他们向官军乞和，说自己本是良民，不得已而造反，现在已经后悔，愿降朝廷。监军太监杨进朝不知是计，向朝廷汇报，又下令各军停止进攻。

义军列了份归降名单：贺双全、"新虎""九条龙"、高迎祥、"领兵山""勇将""满天飞""一条龙""三只手""混

---

① 出自王楫《崇祯长编》。

天星"、张献忠（另有外号"西营八大王"）、刘国能（外号"闯塌天"）、"混世王"、惠登相、马守应（外号"老回回"）、罗汝才、李万庆（外号"射塌天"）、李自成。

当杨进朝还在挨个数着这一长串杂七杂八的绰号时，寒流已经降临，黄河河面结了一层厚厚的冰，被围困的义军趁机行动，由毛家寨（今山西垣曲）偷渡而过，而数万官军竟然一点也没察觉。义军急行军攻陷了河南渑池，教谕罗世济、袁大权仓促应战身死。河南巡抚玄默与左良玉来堵，义军再次分散，"扫地王""满天星"一路进入四川，李自成、高迎祥、马守应、张献忠等则南下湖广。"贼祸则蔓于江、楚、蜀"。①

义军"暗度陈仓"，崇祯非常恼火，专门在上朝时下令讨论对策。众人认为义军之所以能来去自如，是因为各地抚事权不一，弄得大家都在观望，让义军总有空子可钻，为此必须委任一名剿匪大员总揽大权。至于相关人选，大家一致推荐剿匪经验丰富的洪承畴。对于这个意见，崇祯同意了一半。也就是说他批准设这个专员，但在人选上他有不同意见：洪承畴现在统领关中三边（也是边防要地），不能轻动，这个任务还是交给延绥巡抚陈奇瑜更合适些。于是陈奇瑜被任命为河南、山东、陕西、四川、湖广五省总督，总揽军权。

军令专一果然奏效，在陈奇瑜的调度下，义军在南方接连碰壁，只得回奔陕西。官军尾随，义军慌不择路间，竟误入了汉中车厢峡。光听名字就知道这里有多险峻了：四面都是陡峭的悬崖，只有中间一条窄窄的道路，足有四十里长。

当地乡勇在高处用大石块和火把往下砸，把义军的去路堵死了，明军则封住了峡谷口。义军像钻进笼子里的老鼠一样，动弹不得。

被困了两个多月，眨眼到了夏天。春夏之交是一年中雨水最足的时候，连绵的阴雨没完没了。义军的弓箭被雨一淋，胶全融化了，弓脱弦，箭脱羽，等于报废。老被困着出不去，义军粮食也吃完了，战马因为缺少草料，死亡过半。

面对如此窘境，义军中有个叫顾君恩的，想了个法子——老办法——假投降。按理说，之前上过一次当的官军们是不会再轻信了，可这回义军加了道程序——行贿。他们把一路掠来的金银财物全部集中起来，送给了陈奇瑜左右和他手下的将帅。这帮人一活动，陈总督也有些飘飘然：自己动用武力的话，义军困兽犹斗，那明军的伤亡也不会小，现在既然能不费一刀一枪收服这么一大帮人，这么划算的买卖为啥不做？

获得了崇祯的批准后，陈奇瑜与义军签下了和解协议：义军分散为许多小队，每队100人，设1名安抚官引领返乡，食宿由沿途政府解决。于是3万多名义军饱餐一顿后，全部解散。但不久噩耗传来：义军出谷即叛，安抚官或被绑，或被杀，

---

① 出自刘景伯《蜀龟鉴》。

或被削去耳鼻。而后义军复聚，大掠沿途各地，麟游、永寿等7县已失陷。

急得六神无主的陈奇瑜开始疯狂将责任转嫁给别人。他给崇祯上奏，说凤翔和宝鸡的官员故意杀降，以至于贼人激变，招抚大计被破坏，巡抚练国事监察不力，也该负责。崇祯安坐后方，不了解情况，就把李嘉彦、练国事和凤翔的官员全抓了起来。眼看一桩冤案就要发生，幸而给事中顾国宝和御史傅永淳大声疾呼，揭发真相。陈奇瑜阴谋败露，被贬官流放。这样大的乱子，朝廷连调查也不调查一下，仅凭一面之词就处罚无过人员。如此赏罚不明，晚明官场黑暗可见一斑。

李自成等部脱险后，又回到中原，继续和官兵周旋。崇祯八年（公元1635年）正月，72家义军齐会荥阳，商讨下一步的行动方向。马守应主张再走山西，张献忠却认为他这是害怕官军的表现，出言讽刺。马守应怒极，差点和张献忠火拼，幸亏李自成赶紧上前劝开。

调解了内部矛盾后，李自成又提出了自己的想法："我们现在人数已经十倍于官军，即使他们调来关宁铁骑（明军精锐，在辽东对付后金专用，轻易不入关），也未必是我们的对手。我看我们不如还和以前那样，分头行动，让官兵怎么也无法全歼我们。"

王自用死后，李自成是义军当之无愧的盟主，他的看法得到了大家的一致赞同。而后众人用抓阄的形式确定了各自的任务走向：贺一龙（外号"革里眼"）、贺锦（外号"左金王"）两家南当湖广；"横天王"和"混天王"西迎陕西官军；罗汝才、惠登相分屯在荥阳、汜水之间，探中牟；李自成、张献忠两路最强，专事东边；马守应、"九条龙"作为游击部队，来回策应。大家约定，不论哪路攻破城邑，战利品均分。

虽然荥阳大会的真实性一直饱受史学界质疑，但不可否认的是，这次大会后，各路义军在各自的责任范围内都取得了相当的成就。其中东进的李自成、张献忠那拨战果最为辉煌，竟打下了明朝中都凤阳。这可是大明的龙兴之地，明太祖朱元璋就是从这里走出去，开创了享国300年的大明王朝。可义军哪管这里对朝廷意义如何，在他们看来，凤阳就是令他们世代痛苦的祸根的巢穴，因此很有摧毁的必要。攻下城池后，他们尽释当地囚徒，张旗自称"古元真龙皇帝"，又一把火烧掉了明朝皇陵享殿和朱元璋当年出家的皇觉寺，最后还把皇陵的顶部也给砸开了一个大口子。主事的官员不敢奏报实情，便谎称这是野獾干的。尽管如此，中都的失陷还是在紫禁城内引起了不亚于后金寇京城一样的震动，崇祯皇帝素服避殿、祭告郊社、哭祭于太庙。在列祖列宗的灵位面前，朱由检恨意填膺，发誓一定要洗刷国耻，尽心杀贼。

在崇祯皇帝的严令下，新任兵部尚书洪承畴手持尚方宝剑，出关会同中原官军剿匪。关中明军主力全被带出，义军乘虚再入关中，洪承畴路走到一半只得掉头赶回。这一来一回的，洪承畴部根本得不到中原官军的支援，兵力非常单薄。而义军在关中招纳了大批饥民后，人数陡增至20万之多，双方实力对比悬殊，结果也没多大悬念了。六月，明军在乱马川、宁州、张家川连吃败仗，包括剿匪名将艾万年在内的多员将官战死。明将曹文诏得知后，拔刀砍地，大骂："鼠辈竟敢如此！"自以本部3000人赴敌。双方遇于真宁（今甘肃庆阳正宁县）的湫头镇，曹文诏侄儿曹变蛟直前搏战，斩敌500余，乘胜追击30里，义军伏兵数万突起，将叔侄二人围得严严实实。曹变蛟力战得脱，曹文诏可没那么好的运气，因为有个被俘的明军士兵朝他大喊："曹将军救我！"曹文诏因此被认出。曹文诏当时的名气在艾万年之上，义军因此全力围攻。曹文诏左砍右避仍然不能突围，他不愿被俘，举剑自刎。

曹文诏、曹变蛟叔侄先前在镇压农民军时保持着全胜的纪录，故时人编有歌谣："军中有一曹，流贼闻之心胆摇。"现在这样的猛将居然都战死了，对明军士气的打击可想而知。洪承畴闻讯拍胸痛哭，关外的中原、江淮的官军也为之夺气。

义军虽然在陕西取得了意想不到的战果，然而关中早已是赤地千里，而今又连经战乱，处处萧条，根本供应不起几十万人马的消耗。因此就在湫头镇之战一个月后，义军13营一齐出关，再下中原，只留李自成和高迎祥在陕西。高迎祥和李自成分道出击，高迎祥掠武功、扶风以西，李自成则负责富平、三原以东。

正当八队的道路走得顺风顺水的时候，内部却出了事，而且这次对于李自成来说，可以说是祸起萧墙。李自成现任妻子邢氏是他还在高迎祥手下时，从临洮府（今甘肃临洮）一带掠来的。邢氏的相貌在众女俘中尤为出众，高迎祥想自纳，可他老婆鲍氏醋意大发，硬是把她许给了李自成。邢氏不仅貌美如花，也是个女中豪杰，勇武智略都很出众，李自成遂委派她掌管军中粮草。恰好李自成同乡高杰来营中提取军粮，此人相貌极为英俊，结果两人便偷偷勾搭上了。高杰怕李自成发觉，一天夜里带着邢氏投奔了官军，洪承畴则把他调去贺人龙部。

美妻被夺，而且还是自己手下干的，李自成一下方寸大乱。更可恼的是，洪承畴猜到了这点，发兵来攻。心乱如麻的李自成接连战败，朝东而走。

李自成部败走后，高迎祥孤掌难鸣。曹变蛟收拾叔父的败兵，自成一军前来报仇，高迎祥也是连着大败，带箭而走。最后，高迎祥只好和李自成同到朱阳关，找张献忠会合，又有众30万，东破陕州，来攻洛阳。明朝新任五省总督卢象升和明将祖宽应战。李自成一路从中原输到了安徽，精兵折伤殆尽，李自成一时没了主意，只好再回老基地关中。明将曹变蛟、左光先紧追不舍，不想李自成这回翻过身来，在罗家山扳回一城，明总兵俞冲霄被俘，军马损失无算。李自成乘势攻克绥德、延安、米脂。在经过老家时，他把知县边大绥叫出来，命他不得虐待当地父老，还出钱修复了当地的文庙。当时米脂一带的粮食涨到一斗六钱，人人饿得面黄肌瘦，李自成军却个个红光满面、精神十足，米脂人大为羡慕，从乱者十有六七。

当李自成衣锦还乡时，他的老上级、老战友高迎祥却是另一番遭遇。历来农民起义军对上官军的时候，伤亡常常远高于后者。起义军人数虽多，但大都为乌合之众，与职业军队相比，无论是战斗技能还是战术素养，都相去甚远。历代那些成大事的起义军，其中必然夹杂了大量原政府军士兵，而高迎祥部就是如此。关中哗变的饥军多人他门，因此高部也被明军视为重点消灭对象。崇祯九年（公元 1636 年）五月，明廷集中了卢象升、洪承畴、陕西巡抚孙传庭三支军队专门对付高迎祥，这三人都是明军名将，很快将高迎祥堵在了周至（今陕西西安周至）的黑水峪。洪承畴阵前设法招降了高迎祥部下两员大将，这两人在战斗中偷偷拉走了高迎祥的部众和坐骑。高迎祥一下成了光杆司令，只好悄悄埋伏在草丛中，孙传庭把他搜出，不久将他押赴京城处死。

高迎祥被擒杀，对陕西义军的震动不亚于曹文诏之死对于明军的震动。张文耀（外号"张妙手"）、拓养坤（外号"蝎子块"）向孙传庭投降，备受打击的关中义军各部尊李自成为新"闯王"。

李自成曾想渡过黄河，但被山西明军阻挡，孙传庭和曹变蛟又杀来，李自成只能改变计划，与惠登相取道南下。其时义军声势甚猛，队伍首尾四十余里。曹变蛟急援汉中，义军以为没防备，贸然攻城，城上突然砸下大量石头和箭雨，义军损失不小，只好撤退。汉中没拿下，李自成转头进蜀，连破宁羌、七盘关、广元，明四川

总兵侯良柱中伏战死，义军再陷剑州、梓潼、江油等地，围成都，不能下。

四川和江淮被义军搅得不得安宁的时候，在京师，崇祯皇帝特别召见了一个人，随后这个人开始编织一张全新的大网。

# 破"十面之网"

前文提到过，因招安失败，陕西三边总督杨鹤被免官、流放到袁州，其子杨嗣昌于崇祯七年（公元 1634 年）被任命总督宣、大、山西军务时，曾上表推辞，请赦其父罪，但没有结果。一年后，杨鹤就死在那里了。

崇祯九年，清军（皇太极于这一年改后金国号为清）由宣府、大同再度入侵京畿，卢象升被迫北调，"既行，贼遂大逞"[①]。崇祯觉得目前手下只有杨嗣昌还算人物，就硬是把还在家丁忧的杨嗣昌喊到了京城。经过几番私聊，崇祯对杨嗣昌竟有了相见恨晚的感觉，便拜他为兵部尚书，许他全权行事。

杨嗣昌经过审慎的思考，制定出了"十面之网"战略。何谓十面之网？杨嗣昌敏锐地观察到农民军在作战能力上远不如明军，全靠游击流窜战术来周旋。你进关中，他跑到河南，你追到河南，他又回陕西或者南下四川，这样下去，就算再剿个 10 年也没个结果。对付这种对手，最好的办法莫过于堵死他们的全部去路，然后一步接

---

① 出自《明史·卷二百六十一》。

一步推进。为此杨嗣昌规定：延绥、山东、山西、江南、四川、江西这六个起义军没路走时就来机动一下的省为"六隅"。隅者，角落也，六省巡抚必须保证自己的辖区从今往后对于义军来说只能是死胡同，而绝不能让他们在辖区内任行。而陕西、河南、湖广、江北这四个义军常活动的省为"四正"。正者，正本清源也，义军已经把他们的地盘建设成根据地，四省巡抚必须将义军统统消灭在各自的辖区里。陕西三边总督洪承畴与中原五省军务总理熊文灿，则是机动主力。说白了，就是让各省官员各司其职。谁干得好，有赏；没完成任务，严厉问责。这样便明确了各地督抚的责任，彻底扭转了之前明军将领之间互相推诿、人浮于事的状况。

为了应付这场大会剿，崇祯不顾国库空虚，下令增兵12万，同时为筹措军费，在全国加征剿饷共280多万两，设专门的剿饷侍郎负责征收。崇祯也知道，在这年头还要加派对农民来说实在是雪上加霜。因此他在相应诏书中说："暂累吾民一年，除此心腹大患。"

朝廷这次下了血本，杨嗣昌的"十面之网"战略也相当有效果，各地义军立刻感到四面八方的压力骤增。在湖广和中原活动的张献忠连遭败绩后，企图假扮左良玉军赚开南阳城，结果真左良玉刚好赶到，张献忠肩膀中了两箭，头上挨了一刀，退守湖北。崇祯十一年（公元1638年）正月，他接受了中原五省军务总理熊文灿的招抚。随后，罗汝才、刘国能、李万庆等义军也和熊文灿搭上了关系，走上了招安之路。

湖广和中原平息了，在四川的李自成日子也越来越不好过。洪承畴亲自来对付他。李自成一看洪总督的手下都是不中用的川军，大笑来战。洪总督果然挡不住，一路败退到梓潼。追击而来的李自成发现，周围突然冒出一大群以善战著称的陕军。这下轮到李自成吃不住了，带几千残兵溃去。四月，李自成又在洮州被曹变蛟撞个正着，被打得惨败。曹变蛟身怀家恨，斗志高昂，身不解甲27昼夜，连追千里，斩首6000余级。秦地无食，义军又饿死一大批，李自成差点被明将左光先追及，拼尽全力才逃得一命。李自成本想去投张献忠，可张献忠刚受了招安，怎肯收容？张献忠还打算杀掉老战友，李自成单身乘骡走脱，跑到了在淅川（今湖北淅川）的马守应营，这连气带病就躺了半年多。马守应借给他几百人，李自成这才又去四处剽掠。

崇祯十一年注定是李自成的劫数年。十一月，他被明将贺人龙、马科一路撵到潼关南原，在这里被早已等候多时的孙传庭拦住。曹变蛟两眼冒火，手持长刀撞入敌军中狠杀。明军被他鼓舞，个个以一当百，义军大乱，互相蹈籍。幸免者弃刀逃进汉南山中，又遇上当地乡勇，义军残军多被打死。李自成只带着刘宗敏、李过、高一攻等18骑逃进了商、洛一带的深山中。

至此，"十面之网"战略取得了辉煌的成功，义军死的死了，降的降了，没死没降的像马守应、贺一龙等也都不大敢出来活动了。但仅仅1年之后，形势又突变。

因为清兵又入关了，而且这回的势头比前几回都要来得猛。高阳失陷，故大学士孙承宗全家力战殉国。十二月，北上的卢象升又在巨鹿战死。崇祯只好把孙传庭和洪承畴部都调来保卫京师，对南方的几支降军自然是顾不上了。

而张献忠等降军是否是真心归顺朝廷呢？答案是否定的。查看张献忠的履历就可以发现，他之前已经投降了好几次，每次都是没多久又反叛了。杨嗣昌很明白这点，所以他在张献忠上降书的当时就要求张献忠用李自成和马守应的血来纳"投名状"。可熊文灿先前有成功招降海盗郑芝龙（郑成功的父亲）的经验，觉得没必要老疑神疑鬼，再加上他私下收了张献忠大把的银子，便在崇祯面前极力替张献忠打包票，崇祯正苦于平贼花费太大，让杨嗣昌不要多事，于是张献忠得以在谷城（今湖北襄樊谷城县）安顿下来。

这么个污点累累的人物，就算投降了也要小心提防才是，可崇祯大概是为了表示他用人不疑，不但没作任何监视，连张献忠原来的兵马也没遣散一个。张献忠在谷城买房种地，打造军器，招纳亡命。朝廷要他出兵助剿义军，他总推托粮饷不足，崇祯也没再问。同时，罗汝才军在湖北房县也在干着类似的事，1年下来竟无人干涉。

崇祯十二年（公元1639年）夏，完全恢复了生气的张献忠复叛，攻克谷城。罗汝才也用攻克房县来响应。张献忠还很有创意地把受过他贿赂的明朝官员的名字一一写在了谷城县衙的墙上。其中头一个就是熊文灿，于是崇祯怒斩熊文灿。

左良玉奉命追剿张献忠和罗汝才，结果在房县中了张、罗的埋伏。左军士卒死者过万，副将罗岱被俘，左良玉连总兵大印都丢了才逃得一命。不过左良玉随后在玛瑙山（今四川万源）大败张献忠。张献忠的谋士潘独鳌，妻妾敖氏、高氏，以及积攒的金银细软全被左良玉夺了去。

然而张献忠这一败，杨嗣昌犯了愁，原因还是出在左良玉身上。左良玉是山东临清人，打小就成了孤儿，由叔叔抚养长大。在这种特殊环境下长大的孩子性格多极为独立，不愿受别人制约，再加上此人没读过啥书，也没有什么儒家的忠君思想，因此行事一向我行我素，倔起来谁的账都不买。这次玛瑙山大捷，就是他违抗杨嗣昌的指示坚持打的。杨嗣昌原本想给左良玉申请平贼将军印，见他这么难管，打算用另一员将领贺人龙代替他。可现在左良玉仗打赢了，胜利者不该受谴责，思来想去，杨嗣昌还是决定把印给左良玉。

这下子可惹怒了绰号"贺疯子"的贺人龙，他居然跑去把这事透露给了左良玉，左良玉听了只是一声冷笑。正好此时张献忠的使者马元利也带着一笔珍宝来求和，马元利劝道："我们在，你才能得用。我们被灭了，那你也没有可用价值了。阁部（指杨嗣昌）猜忌专横，怎么容得下你？"这句话说到了左良玉心坎上，他挥挥手，放过了张献忠。从此张部势力复炽，而杨嗣昌再召左良玉，怎么喊也喊不动了。

张献忠和罗汝才大闹南方，给还在北方山沟里躲藏的李自成以复兴的机会。正值崇祯十三年（公元1640年）河南发生了百年难遇的大饥荒，有的县城十死七八。这种情况下，闯军没费啥工夫就又组织了起来。可李自成的霉运还没完，九月他在函谷又被陕军打得大败。但陕西巡抚郑崇俭很自作聪明地要求在包围圈上留个口子，以免敌人死战，李自成就泥鳅一样从缺口里钻了出来，直奔汉南。随后陕将李国奇等扼于北，左良玉扼于武关以南，明军终于把李自成围了巴西鱼腹山中。杨嗣昌让人喊话招降，换来的是一顿臭骂。

李自成嘴上凶，胸中却没那么有底气——没吃的了。挨不了饿的闯军将领相继出降，连刘宗敏也开始动摇。李自成万念俱灰之下竟几次想抽刀自杀，幸得他的养子李双喜拼命拦住。李自成想来想去，只有一个办法，问问天意吧。于是他手拿骰子，对刘宗敏说："如果得凶兆，你就砍下我的头，去请赏吧。"

骰子丢到碗里，晃了几圈，得到了全红。再掷，还是全红。三掷，依然全红。李自成大喜，说："这是天意不绝我，再和皇帝老子厮杀一场！"刘宗敏为了表示对李自成的忠诚，回营之后，立刻杀掉自己的两个老婆，断了自己的后路。剩下的义军将士听说了这事，也效仿着杀掉自己的家属。这种做法虽然残忍，然而坚定了人心，闯军融合成了一个空前团结的整体。

李自成烧掉粗重装备，轻装潜入中原。饥民从者如流，队伍又扩大到数万人。闯军连下多城，并于十二月破永宁（今河南洛宁），杀掉知县武大烈与万安王朱采经。这是崇祯朝第一个被起义军处死的明朝宗室。闯军因此再度声震天下，连附近一些士子都来投奔。其中有不得志举人牛金星，以及身高只有3尺的宋献策。牛金星善兵法，成为李自成的谋士，而宋献策献上的"十八子主神器"的谶语让李自成更为兴奋。李自成心情一好，待人接物的态度也大大好了起来。闯军军纪也稍敛，还把掠来的钱粮分给穷人们。中原百姓大悦，人人传唱："迎闯王，不纳粮。"从闯军者益众。

李自成兵多粮足，于是把目标对准了中原第二大城市——洛阳。洛阳作为九朝古都，政治、经济、战略意义不言而喻。

◎ 闯军进军路线示意图

明廷封在这里的宗室也举足轻重——福王朱常洵。

福王是万历宠妃郑氏的儿子，深得万历喜爱。万历差点就废掉朱常洛的太子之位，改立福王。大概是出于对爱子的愧疚，万历皇帝在经济上对福王的给予极丰，不仅辄赐巨万，还把两淮和四川的盐税收取权都给了他，这待遇在宗室中无出其右。这还不算，万历还在全国广设矿监和税监，以开矿和征税的名义大加搜刮，积累了数不清的财富。河南人有个说法："先帝耗天下肥福王，洛阳富于大内。"

福王有的是钱，但福王又是一个出名的吝啬鬼。时居洛阳的前南京兵部尚书吕维祺出于对形势的担忧，建议福王拿出王府的一小部分钱来解决守军的军饷问题，却被他一口拒绝，吕维祺只好尽散自己的私财资军。

福王还在一毛不拔，闯军已经攻陷宜阳，逼近洛阳。参政王荫昌、总兵王绍禹、副将刘见义、罗泰率军而至，福王摆下宴席招待几员将领，却不准他们进城。大概是怕这些人趁乱抢劫他家吧。士兵们无比愤怒——我们远道而来救你于水火，你就这样吝啬！刘见义、罗泰率众当晚烧毁城池西关，投降义军。没几天，闯军在他们的引导下到来。福王这才慌了，拿出千金招募了些敢死队员，夜里缒下城偷袭敌营，闯军稍却。

可福王没想到，李自成早已偷偷派出几百名手下打扮成官军，混进了王绍禹的队伍。几天后他们冲城下的闯军打招呼，城下也呼而应之，这些人顺手把王绍禹的

副手王充昌绑在城上要钱，还挥刀乱砍其他守军。王绍禹过去劝解，可根本没人理睬他。

崇祯十四年（公元1641年）正月，在内应的帮助下，闯军踏着城垛攀上墙，攻破了洛阳。福王府烈火冲天，里面堆积成山的禄米和金钱全被义军发放给了城中饥民。

传说，福王本人体重达300多斤，实在跑不了多远，藏在城中迎恩寺，第二天即被搜出。当他被架着拖出来的时候，正碰上同样被俘的吕维祺。福王还大叫："吕先生救我！"吕维祺只能苦笑道："怎么说你也是当今皇上的叔父，有点出息吧。"

随后，福王和吕维祺都被闯军给送上了西天，但福王王妃邹氏和王世子朱由崧逃出了城。明亡后，一批大臣在南京组建了南明政权，以朱由崧为帝，这就是弘光皇帝。

李自成攻陷洛阳后不久，张献忠、罗汝才那边也传来捷报：张献忠截杀了京城来的督师使者，用他身上的军符骗开了襄阳城大门。襄阳知府王承曾连夜逃走，张献忠洗劫全城。正好左良玉先前在玛瑙山俘虏的义军家属以及缴获的义军辎重，都存放在这里，都被张献忠连本带利收了回去。在襄阳就藩的襄王朱翊铭和他儿子贵阳王也被张献忠杀死。

在杀死朱翊铭前，张献忠给朱翊铭劝酒，说："我本来是不想杀王爷你的，想要的是杨嗣昌的人头。可杨嗣昌离我太远，暂时拿不到，只好借王爷的人头一用了。你死了，杨嗣昌还有脸活下去吗？"

花了一年多时间和无数军费，最后的

结果却是最强的几股义军比以前更强了，还丢了两座重镇，致使四位亲王遇害。这意味着杨嗣昌的"十面之网"战略完全以失败告终。杨嗣昌惊惧呕血，这年三月病死（一说服毒自杀）在沙市（今湖北沙市）。

回头再说说李自成。轻松打下洛阳，李自成胃口大增，小县城已经提不起他的兴趣了。正当他为下一个目标而举棋不定时，一个坏消息传到他耳朵里：闯军主力一走，洛阳又被河南巡抚李仙风收复，闯军任用的留守邵时昌被杀。

闯军的战略理念是四处靠抢掠吃饭，建立战略根据地的意识并不强，所以并没有派重兵守洛阳。但李自成却意识到，既然李仙风是从开封率兵西进的，也就是说开封现在是空的……

# 三打开封城

崇祯十四年二月十二日，闯军兵临开封，城中大乱。河南巡按高名衡不想让就藩于此的周王朱恭枵遭到和福王一样的命运，更不想让自己和王绍禹一样因陷藩而被凌迟，于是，他硬着头皮带着开封官吏们上城坚守。城中军队本就不多，四门一分，更显得捉襟见肘。好在周王朱恭枵不是福王那样的吝啬鬼，他宣布：有能出城砍下贼人一颗脑袋的，赏50两；能射杀一个贼人的，赏30两；射伤、砸伤一贼的，赏10两。在丰厚酬劳的诱惑下，开封城内一时全民皆兵，还有人冒死把这赏格传到闯营中，诱惑他们自相残杀。因此闯军的攻势虽然每天都很猛，把城墙射得和刺猬一样，

却毫无进展。李自成又急又怒，亲来督战，守备陈德拈弓搭箭，正中他的左眼。

此时河南总兵陈永福已经从洛阳赶回开封，左良玉和保定总督杨文岳的军队也在朝这里移动。闯军无奈西去，转掠密县（今河南新密）等地。第一次开封之战以守军的胜利告终。

开封被围的时候，新任三边总督丁启睿却在邓州一带运动。而且，要不是湖广巡按汪承诏把船都藏起来，丁总督还准备南渡到连义军影子都没有的荆州去。当他听说闯军号称70万，更吓得不敢去碰，而专让左良玉袭击比较弱的张献忠交差。这种做法并不高明，糊弄不了皇上，崇祯把丁启睿撤了职，用兵部侍郎傅宗龙代替他。

崇祯十四年的夏天，作孽已久的小冰河气候不但不肯退去，还闹得更凶了。京畿、山东、河南、浙江、湖广，到处不是蝗灾就是旱灾，百姓不是饿死就是病死，剩下的全落草为寇了。傅宗龙见义军势大，想去陕西找点军费，可关中哪还拿得出一文钱？傅宗龙只能两手空空地离去。

官军束手无策时，闯军势力却不断扩大。罗汝才和张献忠闹起了矛盾，一跺脚跑去和李自成搭起了伙。后来张献忠在信阳被左良玉重创，只剩几十个人来投李、罗。可他平时处处摆架子，李自成想除掉他，罗汝才赶紧劝阻，又拨给张献忠500人，让他分散官军注意力。于是张献忠东奔马守应、贺一龙。他的前锋八哨兵没处去，全被李自成接收了。他又吸纳了河南盗贼袁时中的二十来万人，遂成明末第一义军势力。

傅宗龙和杨文岳合军在新蔡截击。硬打，义军不占优势，李自成便假装要东渡汝宁（今河南汝阳）。他排场整得挺大，傅宗龙和杨文岳上当，直追到孟家庄。大伙走得又饿又累，就地解甲休整，纵马吃草。此时附近树林里突然喊声大作，义军精锐杀出。傅部、杨部皆溃，部将贺人龙、李国奇、虎大威突围奔沈丘而走。傅宗龙和杨文岳收拾败兵，合屯火烧店。义军来围，被明军用大炮击退，死伤百余。

义军没有火器，正考虑着如何应对，保定军却不战自溃，挟着杨文岳逃到项城。傅宗龙想叫贺人龙和李国奇来增援，可这两人好不容易脱险，根本不会傻到再回来，傅宗龙只得孤军奋战。连守8日，阵地倒没丢，他的粮食和弹药却全耗光了。之后傅宗龙率6000残兵且战且走，在项城8里外被义军赶上抓住。义军想利用他赚开项城，他倒是条汉子，在城下大喊："我是秦督，不幸落入贼手，身边的人都是流贼，别听他们的。"义军气得割下他的耳朵、鼻子，把他砍倒在城下。傅宗龙伤重身死。

项城战役又斩杀了一名地方大员，李、罗联军兴冲冲地到处出击，叶县、南阳、襄城全被拿下，先前投降明军的刘国能、李万庆、"猛如虎"，以及唐王朱聿镆全部被杀。十二月，李自成和罗汝才二打开封。

距离开封第一次被围已经过去了10个月。在这段时间里，高名衡等人可不敢闲着，他们在城中广为募兵，增设了清真营、道标营、社兵等部队。因此守城力量已有不小的加强，不过，比起号称数十万的义军来，还是显得相差很多。

开封北门月城很快陷落，高名衡下令：城中男子不上城者斩。战斗激烈非常：义军来砍门，城门内伸出钩子，钩住砍门人斩首；义军想从城墙底下挖进去，城上人用草药和着柴，硬是将义军给熏了出去；义军用10门缴来的大炮作为火力掩护，步军跟上，城墙上也摆上10多门大炮向义军轰了下去。仗一直打到了次年正月，双方最激烈时一夜对战几十次，闯军还是打不下开封城。

李自成见正面硬攻不行，改用迂回战术。他让士兵们将目标由城头转向城墙，要求每个人只要挖下一块城砖，就可以回去复命了，但没能挖下来的就等着掉脑袋吧。守军虽然拼死阻击，甚至拆掉城内寺院来修补，无奈义军人多势众，城墙上还是被挖出了个大洞。一开始只能容一个人，后来渐渐扩大到丈余高、十余丈长，能容100多人，形成了一条人工隧道。李自成吩咐在隧道内每三五步打个木桩顶着，系上绳子，只待把城墙打通了，大家一拉绳子，整片城墙就会塌下来。但高名衡在城墙上朝下凿了个孔，一听到下面有响声就用粪水和毒药水灌下去。李自成只好改用爆破术，在洞里埋上许多大瓮，引线伸出城外。他先前在卢氏山区招募了不少矿工，这回正好派上用场。

正月十三日，李自成点燃了全部引线，城上人只能眼睁睁地看着它们嗞嗞作响。然而惊天动地的巨响过后，开封城墙却依旧完好。开封城墙在金国海陵王南迁时被精心重筑过，根本不是一般火药能摧毁的。李自成此计没得逞，飞溅的碎石反将等在一旁的义军骑兵打死不少。李自成技穷，再次解围而去，第二次开封之战又以守城一方的胜利告终。

李自成两攻开封都没得手。左良玉趁机攻下了闯军地盘临颍，全城被屠。李自成前来报复，左良玉退守郾城（今河南漯河市郾城区），被义军四方围定攻打。就在左良玉撑不下去的时候，新任陕督汪乔年与总兵贺人龙、郑嘉栋、牛成虎会同丁启睿及虎大威来救。

李自成一见是汪乔年来，眼都红了。因为他命人挖了李自成家祖坟。在当时，挖了别人祖坟就等于和此人结下血海深仇。李自成丢下郾城，狂暴地扑向汪乔年。汪总督之前急于赶路，把步兵和火器全丢在洛阳，实力已经削弱不少，当下见敌军数量是他们的十倍还多，未战先怯，3个总兵调马先走，军大溃。汪乔年带着千余残兵退入襄城据守，原指望左良玉来支援他，哪知左良玉只顾学着贺人龙他们逃命，把他丢下不管。汪乔年坚持了5天，城陷被杀。

汪乔年惨死在襄城的时候，明廷在辽东方向又受重挫：坚守了3年的松山城弹尽粮绝，陷于皇太极之手。至此山海关以外全部失守，关宁精锐也全军覆没。勇将曹变蛟遇害，主将洪承畴被俘。当时有流言说他也被杀害，崇祯震惊之余，打算亲祭其英魂。讽刺的是，日后清军入关，领路的就是这个传说中的烈士洪承畴。

当然，辽东和洪承畴将来的行为离李自成都还很遥远，又一次歼灭了明廷讨伐军的他现在专注的是一定要拿下开封。在接下来1个多月的时间内，义军横扫归德府在内的豫东地区，肃清了开封外围的据点。五月二日，城外河堤上烟尘大起，李自成三打开封。

这一次，开封没被围多久，倒不是李自成发了善心，而是朝廷援军来得很及时：督师丁启睿、杨文岳、左良玉、虎大威等人已到开封西南的朱仙镇。李自成匆匆来迎，营中丢下物资无数，全白白便宜了开封守军。

却说这拨明军援军有个特点，带队将领都有过临阵脱逃的记录。现在一群逃兵聚合在一起，兵力又处于劣势，敢和敌人决战才怪。丁启睿自己胆小如鼠，却一个劲儿地催其他人进击。左良玉不上当，回应说贼锋方锐，现在出战不合适。大家吵了一天，才约定明天一起上。可左良玉早看透了晚明的黑暗，不愿为这个末路王朝送死，在当夜掠走全部战马后拔营而去。其他各营因此惊溃，杨文岳和丁启睿走汝宁。李自成不管他们，唯独先找左良玉算老账。他故意放左良玉逃远，却早派人在左军去路上挖了道又长又宽的壕沟。左良玉被阻，官兵们刚下马步行，背后义军杀到，一顿乱砍。明军大乱，尸体填满壕沟，左良玉与败兵踩着他们的尸体越过壕沟，逃往襄阳。

这波明军败得窝囊无比，愤恨的崇祯皇帝将丁启睿下狱，杨文岳革职，其他总兵也都予以处罚。而带头逃跑的左良玉兵多势大，朝廷反而奈何他不得，从此左良玉更不听调遣。

援军已没，义军复围开封。吸取了前两次硬攻不成徒增伤亡的教训，李自成、罗汝才这次采用围困战术。到七月份的时候，城内存粮渐绝，粮价飞腾，米一斗百两，青菜一斤要卖千钱。粮食光了，就吃牛皮，牛皮光了吃中药，中药也完了后就吞茶叶、黑豆、水草，最后竟吃起人来了。巡抚高名衡朝城内富户借银，一日内即得3万两，然而已经到了有钱也买不到粮的地步，不得不将所有银两又退回，城内饿死者无数。

眼看全城人即将成为饿殍，有人提议以水代兵，用黄河来灭敌。高名衡组织人手挖开了朱家口。而义军事先已经得到消息，移营高处，得以幸免。李自成旋即挖开了马家口反灌城中。时逢连日大雨，黄河暴涨。九月十五日，河堤崩塌，洪水奔声如雷，涌入开封城中，高名衡、陈永福、朱恭㭎乘舟而走。可怜城中毫无准备的百姓，淹死者无数，尽成了鱼鳖之食。历史上多次在兵劫和水劫中挺过来的开封城，这次再也没能坚持住，被埋在了厚厚的黄土底下。

中原几乎被义军席卷。在江淮，张献忠也在扫荡。洪承畴、卢象升、曹文诏这些人才都完了，剩下的左良玉、贺人龙、虎大威等，要么不听话，要么是废物。放眼朝堂，崇祯一时想不到谁能替他分忧。

当年在秦、豫之间围捕义军的几大名将，如今只剩下孙传庭了。由于与杨嗣昌意见相左，他的功劳屡屡被压制，孙传庭耳朵都气聋了。杨嗣昌却说他装聋，把他诬陷下狱。满朝文武都知道孙传庭是被冤枉的，却没人敢替他说话。

如今杨嗣昌已死，崇祯也实在无人可用，只能把最后的希望寄托在这个人身上

了。尽管满腔委屈，忠心耿耿的孙传庭在接任陕督后，还是尽自己所能去做出些变革。他首先处决了贺人龙。此人拥兵自重，遇上流贼却只懂得逃跑，先后害死了两任陕督。孙传庭要不把他正法，迟早要成为第3个。

陕军在前几次大败中已经损失殆尽，孙传庭接下来的工作就是整训新军。可还没等孙传庭做好准备，崇祯又开始催促他赶快增援开封。孙传庭解释说士卒新募，不堪用，崇祯怎么也听不进，孙传庭只得勉强出师。才到半路，开封已丢，孙传庭奔南阳。

李自成见秦军又来，西行逆战。孙传庭前军牛成虎部一触即溃，义军紧紧追袭。李自成渐渐觉得似乎有些不对，而他也说不上来到底是哪不对。直追到郏县，望着道路两旁高耸的山峰，密布的怪石……等李自成发现有埋伏时，已经来不及了。

随着一声炮响，山上明军暴起，洪水般朝义军冲下来，牛成虎也回师奋战。李自成叫苦不已，连令快撤，快出山谷口时，又是一队明军杀出，截住去路。左勷、牛成虎、高杰、郑嘉栋、董学礼这5员总兵率部来回冲杀，义军被撞得七零八落，一直败退到30余里外的冢头。

眼看闯军又是一场大败，李自成急中生智，用了一招，一下将局面扭转了过来。战场上的情况瞬息万变，而一些关键因素往往成为局势大变的诱因。除了天时地利人和外，还有个因素也很重要：士兵素质。

李自成军在河南纵横多年，队伍中老兵不少。老兵的优点之一就是在逆境下也

能保持定而不乱。李自成虽暂时失利，但由老兵组成的老营还比较完整，他立刻下令，尽弃军中所有金银在地上，引诱明军。这一下明军多为新兵的弱点暴露无遗。由于缺少作战经验，官军们根本没想到这是义军的计策，还以为敌人走得慌乱，把东西都不要了呢。再加上关中连年饥荒，十室九敝，穷苦人家出身的明军士兵见了满地的钱，眼都花了，哪里顾得上别的，纷纷争着捡起来，却把敌人抛了不管。

李自成抓住这个机会，重整了队列，向明军发起了反冲锋。正巧罗汝才也赶到并悄悄迂回明军后方，两下合击，只顾着满地捞钱的明军猝不及防，胜利天平瞬间倒向义军。左勷和总兵萧慎鼎先溃，各军继之。义军反败为胜，歼灭秦军数千人。孙传庭逃回潼关，立斩萧慎鼎，而左勷因为是名将左光先之子，只被罚马2000匹。

时天大雨，孙部粮车不继，士兵多采路边青柿充饥。因此此战被当地人称为"柿园之役"。

柿园之役让实力本就不强的秦军元气大伤，孙传庭无法，只能到处拉壮丁弥补损失，又大量制造各种大型兵器，花费甚巨，关中贫民早已无法忍受。而后方那些袖手旁观的士大夫们不当家不知柴米贵，嘲笑起别人来却格外起劲，竟将孙传庭的行为形容为"秦督玩寇"。

孙传庭闭门造车时，李自成与马守应、贺一龙等人合作，攻了汝宁城，虎大威中炮而死。保定都督杨文岳这回再也无处可逃了，义军扭着他去见李自成，他破口大骂，被李自成下令绑在汝宁城外的三里

铺，用大炮把他轰了个稀烂。

克汝宁后，河南全境已归义军所有，明廷又忙于抵御清军，李自成很自如地南下湖广。左良玉有兵20万，却不敢与义军交手，丢下襄阳而去。路过武昌求饷被拒，他竟然纵兵大掠，士民畏左良玉兵甚于贼。左军都无力抵挡，湖广其他州县就更不用说了。义军连下襄阳、荆州、承天（今湖北钟祥），一把火又烧了献陵（明仁宗墓），前锋直达汉阳。都御使徐起元和义军降将王光恩死守郧阳，李自成不能下，才结束了这次南征。

# 进军北京城

官军中已无能敌李自成者，"闯王"洋洋自得之余，也感觉该是将义军统一起来的时候了。长期以来各营虽然都是联军作战，但各自独立性很强，总是各扫各的门前雪。现在马上要建国了，再这样下去不行。可大家都是山大王出身，闲散惯了，要让他们被人指挥那可比登天还难，所以必须让一些最不听话的头领永远消失。

崇祯十六年（公元1643年）三月，李自成邀罗汝才和他的密友贺一龙来赴宴，罗汝才推故不去。贺一龙前往，在宴席上被杀。第二天一早，李自成闯进罗营，罗汝才在床上就丢了脑袋。他和贺一龙的部队一并被闯军吞并。马守应正在湖南，李自成扣留他的家属，驱使他攻常德。留守河南的袁时中和明军私下勾勾搭搭，李自成以此为借口袭杀了他，袁营被兼并。在武昌的张献忠被李自成威胁，南入长沙。

大的义军山头都被削平了，李自成开始放手建立属于自己的政权。当年春，李自成自号"奉天倡议大元帅"，后又称"新顺王"，立首都于襄阳，改名襄京。在牛金星的规划下，李自成设置了5营、22将、上相、侍郎、郎中等一系列机构和官职。在敌方，也委任有防御使、府尹、州牧、县令等。未来大顺朝的雏形出现。

为了和北京的明朝争夺民心，襄阳政权废除明廷所有苛捐杂税，并且宣布3年不催科，另资助百姓耕牛、种子等。与饥荒依旧的明朝统治区相比，襄阳政权的辖境呈现一片热火朝天的恢复气象。"民皆附贼而不附兵，贼有食而兵无食……"

明朝的领土上唱起了明、清、顺"三国志"，暴跳如雷的崇祯不顾大臣们的劝阻，执意催促还没恢复多少生气的孙传庭再南下作战。孙传庭也被催得几欲癫狂，他扪胸长叹道："我这一去就再也不能回头了，可大丈夫怎么能天天都面对狱吏呢？！"颇有几分当年西汉飞将军李广宁死不愿面对刀笔吏的气概，只是李广选择了自杀，而孙传庭不能，他还要担负起灭贼救国的重任，纵然现在看来完全是不可为而为之。

八月，孙传庭悲愤地告别妻儿，踏上了出关的不归路。九月，他攻陷汝州，义军都尉李养纯（外号"四天王"）投降，将义军虚实和盘托出。按照他的情报，孙传庭先后攻克了宝丰和唐县、郏县，俘闯军果毅将军谢君友与义军全部家属，孙传庭下令尽杀之。孙传庭的做法其实很不明智，敌军家属留在身边虽有不便，却能对敌军官兵保持相当威慑力，让他们作战时有投

鼠忌器之感，而孙传庭却将他们杀害。义军听说后，号哭累日，歼灭官军的意志反而更加坚定了。

另外，在外部环境上，孙传庭虽然取得了几个不大的胜利，但不利之处更多：他曾传檄左良玉和陈永福来会合，但左良玉一直没见动弹。孙传庭出兵前偷偷联系襄阳政权兵政府侍郎邱之陶，让他捏造左良玉进犯襄阳的假情报，扰乱闯军军心。可由于秘信被截获，邱之陶被杀，孙传庭的里应外合计也就此流产。

除此之外，更可怕的是，明朝财政此时已到山穷水尽的地步。秦军虽然一直是明军王牌，却也无法幸免，加之天大雨不止，孙部再次遇上粮车跟不上的问题。士兵们又冻又饿又拿不到薪水，怒意顿生。驻守汝州的后军发生哗变，孙传庭只得退军就粮，留陈永福守军营。临走前孙总督再三告诫："我回来前，你不要动。"陈永福自己可以不动，他手下的河南兵可就做不到了。见秦军回基地吃饭，自己却要留下挨饿，大家一下就骚乱起来，陈永福连斩数人不能止，反被裹挟着一起撤向汝州。前线阵地一丢，闯军马上追了上来，孙传庭只得在南阳仓皇应战。

经过多年血与火的磨炼，李自成军的经验早已今非昔比。建都襄阳后，李自成又制定了取军马者受上赏，取珠玉者受下赏等严格的军令。从内到外，闯军都已具备了不下于任何一支正规军的军事素质。这点从南阳之战的排兵布阵就能看出来：最外层为新募饥民，再里面是步兵，再往里分别是骑兵和最精锐的老营。这样即使

战斗力最弱的饥民和步兵也能得到骑兵和老兵的背后增援，不至于一下就崩溃，可以充分消磨敌军的精力。

孙传庭的秦军并未受过多久训练，持续作战能力不强，攻破闯军军阵外三层已是筋疲力尽，遇上休整充足的老营则多为其所杀。

这时明军内部又出了问题：孙传庭在关中制造了不少能喷火作战的车辆作为秘密武器使用，这些"火车"全交给总兵白广恩统制。白广恩本是降将，见风使舵是本性。明军几次冲击不成，阵形稍动，白广恩部下大噪："官军败了！"接着解下拉"火车"的马匹，抢先逃离了战场。

白广恩这一逃，精力和体力都已达到极限的明军再也支撑不住了，争相溃逃。而"火车"此时成了明军的累赘，笨重的车身把路全堵住了。迟滞间明军纷纷丧命于追上来的闯军骑兵刀下。

接着，手持白杨树棍的闯军步兵开始出现。这种沉重的树干极适合作为武器，李自成在潼关被孙传庭伏击时就在这家伙的打击下丧师无数，现在轮到明军尝尝这种滋味了。无数明军被砸死，闯军骑兵的马蹄继而无情践踏上去，眨眼间在尸堆中踩出模糊的血肉之路。

这一天，明军战死者高达 4 万余，"火车"辎重全失，秦军从此不复成军。斩草要除根，李自成不想给孙传庭留下哪怕一丝翻身的机会，遂与刘宗敏经洛阳西进潼关。孙传庭收拢余兵，还想把义军挡在关外，拒绝了高杰退守西安的建议。高杰怀恨在心，不战而走。白广恩恶战良久，不支也退。

李自成缴获孙传庭的坐骑，骗过守卫，绕道潼关后夹攻，明军再度大败，天险潼关陷落。

事已不可为，孙传庭却一点也不想逃避。夕阳下，他横刀立马的身影显得悲壮而又孤单。须臾，那个身影与监军副使乔元柱一前一后冲进了关外的敌军中，很快就和一滴落在海里的雨点一样消失了。

孙总督战死，主力已亡，天险也失，关中再无处可守。几天后，西安城破，早有心理准备的孙夫人与两个女儿一起投井，追随夫君的英魂而去。8 岁的次子孙世宁翻墙逃走，幸被一老翁收养。直到孙家长子孙世瑞赶回，兄弟俩才互相搀扶着回到山西老家，路上行人见之无不落泪。

清人在《明史》的孙传庭本传末尾这么写道："孙传庭死而明亡矣。"实际上这时离北京陷落还有一年，但随着孙传庭的死，明朝最后一个能与李自成周旋的将才和最后一支拿得出手的部队已经消亡。也是随着孙传庭的死，明军的最后一点精气神被抽空了。由此，明朝的灭亡，可以说已成定数。

说句题外话：忠臣孙传庭为国家流尽了最后一滴血，崇祯皇帝却听信他逃亡的谣言，将赠官和承荫一起剥夺了，而擅自脱离战场的白广恩和高杰却被继续任用。朝廷如此赏罚失当，明军如何不败？！

崇祯十七年（公元 1644 年）正月初一，西安城在迎来新岁的同时，也迎来了一位新王——李自成。李自成建国号为大顺，改元永昌，造新历，追李继迁为太祖，拜牛金星为大学士，设六部尚书。老部下刘宗敏、刘体纯等均封爵。在一片论功行赏声中，有一个人得到的奖赏格外丰富，他就是曾在车厢峡献诈降计的顾君恩。

顾君恩因何功得到这份特别奖励呢？定策功。在与孙传庭决战前，李自成曾在承天与几名高级幕僚开会，研讨该走哪条路线灭掉明朝。牛金星主张先取河北，直走京师；杨永裕则主张直下南京，断京师粮道；顾君恩说："取南京之计太缓，直取京师计风险太大。关中山河万里，不如先取。然后以此为中心，攻取山西，再向京师。这才万无一失。"

也许是出于故乡情结，李自成批准了顾君恩的计划。南阳之战后，他正是按这个步骤来做的，现在已经走完了第一步。李自成占据关中为王时，崇祯也在做着最后的挣扎。他接受大学士李建泰的自告奋勇，任命他为督师西征。队伍出发那天，崇祯亲自来送。而老天存心捣乱，用夹杂着黄土的风沙涂满了京城的天空。

漫天的黄沙遮住了崇祯的双眼，让他轻信李建泰会是力挽狂澜的那个人，也遮住了李自成的双眼，让他的目光死死盯在京城上。顾君恩的计策看似稳重，其实是一个十足的昏着。关中的确地大物博，然而自唐安史之乱后，它的战略价值就不断下降。到了明末，在连年天灾和兵火的相继凌虐下，更已是山河残破，实在没有多少战争潜力可挖。当时全国财富云集却无重兵把守的江南，竟完全不入顺王君臣的法眼。自然，他们也不可能看到在山海关以外，无数双贪婪饥渴的眼睛，已经牢牢盯住了关内的土地。

如果再给李自成一次机会的话，他可能会留着北京的明朝政权，让他们替自己挡一挡关外来的建州女真。自己则先尽取江南诸地，然后利用收获的大批财富好好发展一番。等国力强盛了，再北上收拾清朝和明朝。以当时清朝的实力，是不是闯军对手还真是难说。

当然，历史没有如果，所以李建泰的队伍还是出发了，而李自成也按原设想，派大将贺锦西进，大将刘芳亮南下收取黄河以北，自己则和刘宗敏亲率主力挺进山西。孙传庭战死后，明朝的地方官员们再没有几个有血性的了。大顺政权以西的宁夏、固原、甘肃，南边的怀庆（今河南沁阳）、潞安（今山西长治），东边的平阳、太原、汾州等地没经多少恶战就都归了大顺所有。

在一片望风而降的浪潮中，偶尔也会涌现出一两个勇士。山西总兵周遇吉拒绝招降，斩杀来使，而后凭宁武关据守。大顺军来攻，周遇吉先用大炮轰击，火药用尽后又率军巷战。马倒后周遇吉步战，徒手格杀数十人，力尽被执仍大骂不止，大顺军把他吊在高竿上射死，尽割其肉。周遇吉妻刘氏和全家一起殉城。李自成闻后感叹："要是守将都像周将军一样，我安得至此？"

相比之下，李建泰的"督师"只能用闹剧来形容。他身为宰辅，手持皇上赐予的尚方宝剑，却只领到缺衣少食的区区500人。半路上他听说老家曲沃沦陷，自家家产已被没收，竟吓得病倒，左右士卒陆续逃亡。李建泰自北京出发到在保定被顺军俘虏，其间唯一的战绩是攻破了定兴城（今河北定兴县）。不过那是明朝的城池，因为请他吃了闭门羹而被他打下的。

崇祯十七年三月，大同、宣府竖起了白旗，大顺军已逼近京畿。紫禁城里乱成一团，大家开始考虑迁都江南的可能性。其实在这年正月，左都御史李邦华、右庶子李明睿已经建议皇上和太子南迁。三月，出征途中的李建泰也传疏进京，愿护卫太子先行。崇祯其实早有此意，只是他实在太好面子，不愿背上抛弃社稷的罪名，于是专门开会商讨此事，大学士范景文、少詹项煜、李邦华都赞同此议。给事中光时亨却在这个节骨眼上跳出来大吼："你们要奉太子先行，意欲何为？想效仿唐肃宗灵武故事吗？"（安史之乱中太子李亨趁与父皇唐玄宗分开行动的机会，在灵武自立为唐肃宗。）这句反问的杀伤力实在太大了，范景文等皆低头不敢言，崇祯见状气得拂袖而去。在一次次毫无意义的争论中，李自成已突破居庸关，守关明将唐通和监军太监杜之秩投降，南抄的刘芳亮也截断了黄河北岸的去路。崇祯的退路彻底被堵死。

三月十六日，李自成所率的大顺军主力悄然出现在京师九门外。驻守九门的三大营不战而溃，崇祯只能以太监数千代守，北京攻防战开始。

明末军队吃空饷现象真已经到了让人瞠目结舌的地步了，就连现有的数万禁军也大多只是挂个名，空领钱而已。再加上瘟疫而死的，以及被打发到外地镇压起义的，北京城里的士兵还不如太监多，平均每三道女墙才能分配到一个守卫。更离奇的是，堂堂京营，竟然没有一个做饭的伙夫。一开始还有太监送了点饭来，很快也断了，守军一批批饿死。

十七日，大顺军兵迫近西直门。炮弹像雨点一样落进城里，西直门被轰塌了一角。守门太监褚宪章发炮击敌，大炮居然炸裂，褚宪章被炸死。崇祯把皇城里的大小太监全赶上城墙参战，每个女墙才得一人。然而吃饭问题还是难以解决，守军军饷更是没有着落，除了每人临时发了一百钱外，谁也记不清多久没领工资了。

关于军饷问题，崇祯其实也想到了，他在三月初十就要求全京师一起出钱助饷，还答应按数额奖给爵位。可国家都快完了，谁还稀罕你大明的官爵？那些平日里富得流油的大臣、贵戚、太监们到这时候一个比一个能喊穷。崇祯发了火，他们才扭扭捏捏地拿出一点点来。或2万，或5万，有的甚至只掏了几百两，还不如一些普通市民捐得多。

其实大家一个个都学福王，也不能说全没有他们的道理。现在京城这状况，谁都知道是怎么也守不住了，何必把财产朝水里扔？好不容易凑了20多万两，已根本无济于事。守军早已人无战心，在城墙上或坐或卧，鞭一人起，其他人复卧。京师的陷落仅仅是时间问题了。

此时，有人来报，说杜勋（朝廷先前派去太原监军的太监，太原陷落后有传闻说他死了，但其实是投降了闯军）代表闯贼李自成前来和陛下谈判。杜勋提出的要求是明朝把西北和中原割让给李自成，只要答应这个条件，李自成就可以与明朝合作，共同抵抗建州女真。当然，李自成还有一个条件，就是不进京见驾。

崇祯把杜勋打发回去，却什么明确的答复也不给。现在连京城都是李自成的囊中之物了，他不可能只图个划国而治的，更不可能替崇祯讨贼驱敌。杜勋的"谈判"，只是李自成闲极无聊和崇祯开了个大玩笑而已。

朱由检迟迟没有回信，大顺军攻势更猛。诏命勤王的外镇军队连个人影也没有，守军实在坚持不住了。十八日，大太监曹化淳见同事们已多通敌，便打开彰义门相迎。大顺军涌入，外城先陷。

崇祯得讯后，登上万寿山眺望，见外城到处火起，知大势已去，遂回乾清宫。他要做最后的安排了。崇祯起先打算让驸马巩永固和新乐侯刘文炳护送太子先走，二人俱辞。崇祯只得唤来三子——太子朱慈烺、定王朱慈炯、永王朱慈炤，亲自给他们一一换上平民衣服，最后一次以一个父亲的身份嘱托他们在外面要谨慎小心，呜咽着把他们打发去了外戚那。

至于女儿们，崇祯决定自己动手解决她们，免得受贼人侮辱。崇祯大步走进寿宁宫，15岁的长平公主见他提着剑，一下跪倒，拉着父亲的衣袖哭泣不止。崇祯狠狠心，对着女儿怒喝道："你为什么要生在我家！"一剑挥去，却只是砍断了她的右臂而已。望着昏倒在地的亲生女儿，几个当爹的还能下得去手？崇祯全身颤抖着退了出去。周皇后和皇太妃李氏都自缢而死。袁妃不从，被崇祯砍伤。坤仪公主和后妃数人都被杀死。

家人已亡，崇祯手持三眼铳还想出宫探路，怎奈转了一圈都被挡了回来，只得回到皇宫。拼命打了一阵御钟，却无一人应到。崇祯长叹一声，换了身衣服后和内侍王承恩朝煤山去了。

十九日黎明，人喊马嘶，内城诸门俱启，迎大顺军，京师完全失陷。历经16帝、276年的大明王朝在这一刻轰然崩塌。

李自成，曾经银川驿的穷马夫，如今京城的新主人，在精骑的簇拥下，威仪非凡地进入紫禁城。路过承天门的时候，他突发奇想，指着门上牌匾道："我要是能射中四个字（承天门匾上标"承天之门"）的正中，那我当为天下主。"可惜他箭术实在差点，一箭射在"天"字之下，脸登时阴了下来。这时牛金星站出来打了圆场："大王您射中天下，当中分天下才是。"李自成这才转怒为喜，投弓大笑。

树倒猢狲散，连崇祯最宠信的太监们也争着背叛了他。公公王德化率内员300在德胜门外迎接李自成，杜之秩、曹化淳则引领着他们进入大内。李自成厌恶他们卖主求荣的嘴脸，斥之去。

李自成入宫后，太子和永王、定王跪迎于地，李自成用好言抚慰，把他们交给刘宗敏。他看到伤重昏迷的袁妃和长平公主，一阵叹气，让人把她们扶下去治伤。

偌大个大内找不到崇祯的影子，李自成悬赏追查。三月二十二日，有个太监在煤山发现了自缢身死的崇祯和王承恩的尸体。崇祯死时披发遮脸，一身白绸，外罩蓝纱袍，一只脚光着。尸体下方落着他的遗诏："朕死无面目见祖宗于地下，去朕冠冕，以发覆面，任贼分裂朕尸，勿伤百姓一人。"

遗诏里还有这么一句："虽朕薄德匪躬，上干天咎，然皆诸臣之误朕也。"俗话说，人之将死其言也善，可朱由检死前还把几乎所有责任都推给臣子，让许多人觉得他实在很没有风度。无论是大顺还是大清，都不认为崇祯的能力差到一无是处的地步。李自成改元时发布的诏书称崇祯"君非昏暗"，而《明史》则直说"崇祯非亡国之君"，但崇祯好歹是一国之君，而且还是个很强势的天子，怎么也不能说没有责任。

但也没有必要对崇祯有多少谴责，因为时人清清楚楚地记载着，顺军逼近北京城前几天，崇祯在上朝时常常一边听奏一边亲手倒茶、磨墨，有时甚至对着大臣们突然傻笑起来。这表明他已经精神崩溃了。17 年的高压生活早已令这个年仅 34 岁的天子不堪重负，当命运用最残酷的结局来作为回报的时候，他彻底垮了。明末政局早已是千疮百孔，也只有放手无为或许能让它苟延残喘一阵。像崇祯这样的完美主义者上来，要么被活活逼死，要么被活活逼疯——最后的结局是，他先被逼疯，而后被逼死。

# 一片石惨败

说完崇祯，回头再来看看顺军在北京的所作所为。

尽管诸多史家都口口声声说顺军入城几天后就纵兵杀人抢劫，奸淫掳掠。甚至有人说李自成看不下去想阻止，士兵们却顶撞道："天子你做了，老子捞点钱算啥？"李自成不能制而止。然而这一切都是传闻之言而已，未必可信。《甲申传信录》《甲申核真略》都根本没有提到顺军有多少犯罪记录。这两本书的作者当时都在城中，亲身见闻还是比较可信的。

事实上，进城之前，李自成就已经在军师宋献策的劝导下，抱定决心决不扰民。"军兵入城，有取伤一人者，斩，以为令。"[1]有两个家伙把禁令当耳边风，抢劫绸缎商店，立刻被杀，尸体钉在城门上示众。此后，虽间或有军士管不住自己的手脚，可一旦被军官发现，也都被严惩不贷。

之前明朝宗室落在顺军手里，基本没有活下来的可能。但李自成知道崇祯还多少有点号召力，因此对他还活着的崇祯亲属加以优待，如太子、永定二王、长平公主等，已见前述。已死的皇帝和皇后也不例外。四月初三黎明，大明最后一个天子和皇后按礼节合葬于田贵妃墓。文武百官没几个到场，倒是一群太监和老百姓，送他们的皇上走完了最后一程。

仗义每多屠狗辈，负心尽是读书人。李自成对这些满嘴仁义道德，一肚子男盗女娼的所谓"官僚士绅"是极为反感的，正是这些人的贪婪无耻，导致天下大乱，民不聊生。而且为了收买民心，也为了解

---

① 出自《甲申传信录》。

决军费问题，拿这些人开刀，李自成认为有百利而无一弊。

于是追赃助饷开始了。北京的几千官员们，除了自杀而死的二十几个外，一个也跑不掉。每人按官衔定额：内阁 10 万，部院京堂锦衣帅 7 万，科道吏部郎 5 万、3 万，翰林 1 万，部曹几千。至于勋贵——交到死！

为把守财奴的钱库挖空，大顺的官员们制作了不少刑具，最常见的是四棱削尖，用铁钉相连的夹棍。把它朝大腿一夹，再用绳索一拉，棱角就陷进肉里，那滋味可谓是痛不欲生。

百官、勋贵、公公、富翁们平日里养尊处优惯了，哪受得了如此酷刑，10 天之内死者就有千余。其他人哪敢再违抗，赶紧把自己的家底全给翻了出来。多的交了数万，少者也有几千。国丈周奎，崇祯募捐时勉强给了 1 万两，还顺手贪污了女儿送来的 2000 两场面钱，结果这下吐出 52 万两。大太监王之心是宦官中最有钱的，崇祯募捐时推说早用光了，也只给了 1 万两，顺军后来从他家里搜出银子就有 15 万两，另有金器无数。大学士陈演对皇上说自己一分积蓄也没有，见了夹棍，乖乖交出银 3 万、金 3000、珠 3 斗。顺军进城后没花几天，就整整收缴了白银 7000 万两之巨。

想想这么一大笔钱，如果用于赈灾，将会救活多少百姓的生命？如果用于发放军饷，将会平息多少兵变？如果用于抚恤关中农民，那李自成、张献忠还会造反吗？历史告诉我们，慈不掌兵，政治家绝对不能手软。崇祯手腕不软，可惜总没硬到关键的地方，所以最后输的是他。

大顺的手段虽然无情，但众多受害者也多是死有余辜。不过万万不该的是，李自成把这项政策在全国推广，地方的官员们为了讨好上面，又将打击面无限扩大。无论啥方法，过了头都会产生坏结果。追赃助饷的力度太大，终于导致官绅阶层站到大顺政权的对立面去了。

20 世纪初，日本京都大学教授内藤湖南发表了著名的"唐宋变革论"，将晚唐到宋朝这段时期称为中国社会由中世到近世转变的时期。目前这一观点已为学术界所认可。京都大学持此观点的学者们也被称为"京都学派"。京都学派对所谓的"中国近世社会"特征的描述，有这么一条：随着科举制的发展和扩大，贵族阶层开始瓦解，人们无法再依靠世家特权为官，而是要通过天子任命和科举入仕，这就保证了中央权力被牢牢掌握在皇帝手里。

近世中国还有个特点：科举不中的士子们回到家乡，与入仕官员们一起利用他们家族的影响力，在地方编织他们的势力网。渐渐的，地方权力开始转向这些新贵族手里。由于这些人并非豪族，因而他们并没有自立为王，而是积极地协助中央管理地方。为与"士族阶级"区分开来，这些人被称为"士绅阶级"。尽管他们往往被视为封建地主而加以挞伐，但不可否认的是，这些人在调度地方资源上还是有举足轻重的作用的，中央政府也常常要和他们合作才能更有效地管理地方。大顺政权现在把这些人得罪光了，不可能不对基层统治的稳固性产生很大影响，进而演变成日后的败因。当然，现在这还暂时看不出来。

另一个万万不该的是追赃助饷在京城实施时，把京营提督吴襄也给包括了进去。此人的名气不咋样，但他的儿子可谓众人皆知——辽东总兵吴三桂。

吴三桂，高邮人，将门世家。其舅祖大寿镇守宁远卫时，吴三桂敢于冲锋陷阵，多立战功，很受祖大寿的赏识。孙传庭的秦军败亡后，仍在宁远的吴三桂部成了明朝最后一支可以信赖的力量。崇祯曾想调他前来勤王，但这主意和南迁之议一样，在朝堂无休止的争论中被一再拖延。直到三月初四，已经到火烧眉毛的时候了，崇祯才封吴三桂为平西伯，命其入卫。还没走到一半，前后都失了守：北京归了大顺朝，宁远归了大清朝。老家新家都没了，吴三桂犯了难，凭自己这四万多人马肯定奈何不了李自成，但再回山海关的话，又挡得住清军吗？

吴三桂进退不定的时候，从京城来了封书信，署名是父亲吴襄。信里说自己幸得"闯王"恩典，家里现在一切都好，还劝吴三桂就不要再抱着前明这根朽木不放了，赶快和为父一起投奔大顺。吴三桂动了心，跟谁不是磕头，只要不动自己的荣华富贵，以及自己的尊严，无所谓跟谁。换块招牌很难吗？

然而，情况很快发生了变化，从京城逃出来的吴家家人找到了吴三桂。后者得知了一些和家书中完全相反的情况：自己的家已经被抄，父亲已经被抓了起来，而最让他不能容忍的是，自己的宠妾陈圆圆，

也被刘宗敏给纳入府中了。

这说明那封家书完全是李自成用刀顶着吴襄的后背写的。怒火万丈的吴三桂拔剑砍掉了桌子一角：害父之仇尚可，夺妻之恨怎么能解？老子决定了，今生和闯贼不共戴天！

吴三桂迅速回师山海关，这里本来已经交给了明军降将唐通。唐通见吴三桂这么快就回来了，还以为他是不是有什么事要交代，正要上前询问，哪知吴三桂一脸凶神恶煞，动手就打。唐通不及备，败走，吴三桂占了山海关。

北京城里，李自成接报后暴怒。四月十三日，城门大开，黑压压的人潮涌出。大顺政权除了留老弱守城外，尽起精锐步骑十余万，北上山海关。

此刻李自成尚存和吴三桂和解的心思，他一面进兵，一面让吴襄再次写信劝降。吴三桂毫不犹豫地回复："父既不能为忠臣，儿亦安能为孝子乎？"尽管如此，李自成还是没有放弃最后的希望，他不仅胁迫吴襄同行，还带上了前明太子和永王、定王，以及之前俘获的秦王、晋王等明朝宗室。无论于忠于孝，吴三桂在这些人质面前都会有顾虑。

李自成错了，他太低估吴三桂的厚黑和无耻了。写了断义信，吴三桂早已绝了所有杂念，一心备战。不过，当实力远在他之上的敌人真朝他开来的时候，这个辽东猛将还是有些发怵。毕竟就凭山海关一隅和自己手下的5万人（带入关内的4万多人加上入关前留守的人马）想挡住连整个大明江山都端了的大顺政权，无异于痴

人说梦。而山海关更是人心浮动，文武纷纷请辞，吴三桂日益孤立。

李自成对吴三桂的结局看来是没有多少悬念的，问题是，朝这里开来的，不止一路人马而已。

作为大明在边疆的死敌，大清从来没有中断过对关内局势的关注。皇太极已经不再满足于与明朝争夺辽东，他定下的国策是杀进山海关，取明而代之。不巧的是，他还没来得及等到这一天，就于崇祯十六年病逝。新帝福临年纪尚幼，由皇太极的弟弟多尔衮摄政。此人才识、胆略都不在其兄之下，他忠诚地继续执行着先帝遗愿。早在崇祯十七年正月，清廷看到明廷败局已定，就让人取道蒙古，前往榆林表达了愿意与大顺共同推翻明朝的想法。不过榆林守将王良智出于好奇，私拆了清廷的来信，为了避免被问罪，他并没有向上汇报。

大顺不配合，大清就不能自己干吗？四月，也就是李自成军占领北京后不久，大学士范文程就上疏："中土天下大乱，正是我等建立盖世功业的难得良机，可先定河北而图整个天下。"

范文程的话正合多尔衮之意。二十七日，他在祭奠了皇太极后，亲率多罗豫郡王多铎、多罗武英郡王阿济格、恭顺王孔有德、怀顺王耿仲明、智顺王尚可喜等满汉悍将在礼炮声中出师。史载清军这次共出动"满洲蒙古兵三之二及汉军恭顺等三王续顺公兵"，阵容之盛，前所未有。

途中，多尔衮还征询了降将洪承畴的看法，洪承畴极力赞成："我兵之强天下无敌，将帅同心、步伍整肃，流寇可一战

而除，宇内可计日而定矣。"多尔衮的原计划是继续和以前一样，绕行至蓟州密云，直下北京。但半路上出现的两个不速之客把他的行程完全改变了。

这两个人，一个是副将杨珅，一个是游击将军郭云龙，二人都是从山海关来的。他们传来了吴总兵的口信："我国与北朝通好 200 余年。今无故遭国难，北朝应动恻隐之心。乞念摄政王速发精兵，轸灭流寇于宫廷，事后吴三桂当裂土以酬。"

此后，吴三桂的使者又数次往来奔走。多尔衮每次都很有诚意地答应，而他确实也已决定改道山海关。捏着一把冷汗的吴三桂这才稍稍安心些，他不是不知道乞求大敌清朝出兵的后果，即使侥幸能渡过这道难关，自己也将永远被中原文士们钉在耻辱柱上。但当下已经顾不得那么多了。

四月二十一日，大顺军抢先赶到山海关外的一片石（今河北临邑县北七十里处），与败退到那里的唐通部会合。此前一天，唐通部的搜索部队已经与清军遭遇，有两人被生擒。李自成发现他最担心的事已经发生了：战斗力远非明军可比的清军现在也想趁乱来捞一把。

不过现在李自成也没有任何退路了。他唯一的选择就是在多尔衮入关前抢先拿下这里，凭借山海关的险要，他还不是完全没有胜算的。

战斗一打响，大顺军就挟着一股恐怖的气势朝吴军猛扑过来。吴军外营的老弱首先被全歼，紧接着，吴军主力也开始坚持不住，有些士兵甚至向大顺军投降。李自成一面用主力逼住吴军，一面分出两万

人马打下了位于山海关城以东两里外的罗城，切断了吴三桂东逃的路线。而清军却一直没有出现。

清军其实早就来了，几乎和大顺军同时赶到，但多尔衮不慌不忙地命令全军分散休整。他并不希望吴三桂全军覆没，但之前吴三桂的态度还以明朝总兵自居，给予的回报也明显满足不了他的胃口，为此，不妨让吴三桂多受点煎熬。此外，大顺军在人数上并不比清军少（有学者考证过，清军和顺军都有10万左右），而他们多是些历经血战的老兵，士气也正盛，就这么贸然与他们交手，清军要付出的伤亡肯定不会小，就让吴军先尽量消耗掉他们的实力吧。

苦苦支撑了一天，眼看自己的部队有被全歼的危险，吴三桂再也坐不住了。他调集山海关城上的大炮朝东边大顺军薄弱部位狂轰。在那部分大顺军还没重新整好队列的时候，吴三桂亲率下属官员和卫队，借着硝烟的掩护一下冲阵而出，驰往欢喜岭，多尔衮已经在那里等他了。

见吴三桂满脸烟熏火燎的样子，多尔衮知道自己此时可以尽情地漫天要价了，心中暗喜，当即答应清军可以立刻出击，只是吴总兵记得叮嘱自己部下：每个人都要在右肩头系块白布，以免被清兵误伤。双方滴血为盟后，多尔衮让吴三桂先行。然后，他还是不慌不忙地指挥清军在战场左翼摆好鱼鳞阵。

"此兵不可轻击，等我号令一下，你们分别从左右翼包抄"，多尔衮用不容置疑的语气对着英亲王阿济格、豫亲王多铎命令道。他要把吴三桂还价的资本压到最低。

清军在战场上现身，让李自成更紧张了，大顺军的攻势也更猛烈了。吴军一次次被顺军团团包围。吴三桂的侄儿吴国贵像一头发狂的熊，咆哮着率军冲锋，又一次次把包围圈撞开。然而顺军围而复合，战斗已经进入到白热化阶段。

吴军渐渐不支，吴三桂做好了最坏的准备。就在这时，隐藏在冥冥之中的胜利女神悄悄拨弄了一下她的权杖，战局霎时发生了改变。原本明亮的天空突然昏暗了下去，紧接着空中声如牛吼，一股大旋风夹杂着漫天黄沙狂暴地刮了起来。战场上双方全都本能地挡住了眼睛，厮杀暂时停止了。

正在高处观战的多尔衮顾不得自己被吹得站立不稳，当机立断：时机已到，全军出击！

不可否认，当时的清军确实是一支纪律严明的队伍。尽管狂风不止，飞石如电，他们还是抓住这个机会从吴三桂右翼绕过去，完成了对顺军的反包围。当风沙停止的时候，大顺军发现，原本只是远处的黑点的清军瞬间移动到了他们面前，连脸上的汗毛都看得清清楚楚。

立在战场另一端的高岗上的李自成见清军鬼魅一般地加入了吴军阵营，心理防线瞬间崩塌，一跺脚，拉着崇祯太子朝后跑去。顺王先脱离了战场，这仗还怎么打？清军和吴军发着摄人心魄的呼哨，朝顺军一齐压了过去，早已精疲力竭的顺军再也支持不住，阵形在刹那间分崩离析。仅一顿饭的工夫，顺军像洪水一样往回奔泻了40多里。刀光闪动，人头飞滚，阿济格、多铎、吴国贵领着各部疯了一样地砍杀。鲜血把一片石这一方土地染得赤红。

一片石之战，大顺军大败亏输，大将刘宗敏也被流箭射伤，只能用担架抬着走。随军而行的明朝晋王被清军夺去。撤退到永平（今河北秦皇岛卢龙县）的李自成把吴襄的头挂在城头旗杆上示众。虽早有心理准备，吴三桂还是哭得肝胆俱裂，多尔衮安慰了他几句，抛给他一道命令，开头部分是封吴三桂为平西王，接下来的内容是：吴军必须全体薙发，和清军一样留个辫子头。

吴三桂咬破了嘴唇，还是接受了。此时已别无选择，对于明朝来说，他是叛徒；大顺对于他来说，又是不共戴天的仇人，他只能跟着多尔衮一条道走到黑。因为刘宗敏的一念之差，新生大顺政权的前途就此断送，中国历史的命运也就此完全改写。与其说红颜令吴三桂冲冠一怒，不如说是男人们的贪欲导致了这结局。

四月二十六日，李自成回到北京，又将吴三桂全家 34 口杀绝，用血来祭奠他的登基大典。占北京后，牛金星等人再三劝李自成称帝，那时他为了安抚京城的人心，借口清军威胁还在，总是说再等等。但现在再不抓紧，就无法在京城登位了。

二十九日，登基仪式在紫禁城武英殿进行，由于准备得太匆忙，大顺皇帝什么排场也没来得及安排，连郊外祭天礼也是牛金星代行的。仪式完了后，李自成干脆一把火烧掉了紫禁城。

烈焰飞腾，整座富丽堂皇的紫禁城都笼罩在祝融的魔咒下。除了武英殿，所有的建筑都化为瓦砾，今天我们看到的紫禁城是清时重修过的。浓烟滚滚中，刚刚脱下冕服的李自成偕同“皇后”高氏、“太子”李双喜一行匆促出奔。经过齐化门的时候，大顺的官员们集体对“御驾”进行了最后一次跪拜，万岁的呼声中透着无尽的悲怆。北京城没了皇帝，只有纵火犯和盗贼。原先纪律严明的顺军士兵失去了约束，开始三五成群地在城内杀人抢劫。刑部衙门最惨，书吏妇女自杀者不计其数，“眢井为之满”[①]。京城居民们的号哭声，几十里外都听得到。

几乎在同一天，一道吴三桂发来的讨逆檄文在京城内外流传。在这道檄文中，吴三桂把自己说成了“奠安宗社，克复神京”的正义使者，痛骂李自成为“幺么小丑”，全然不顾前几天自己差点拜倒在这位“小丑”脚底下的事实。他还煞有介事地宣称：“义旗所向，一以当千。”问题是此时这位“安定宗社”的总兵大人，正指引着爱新觉罗家的人马朝京城赶来。

京城的百姓们已经顾不上什么朱家天下还是李家天下了，现在他们正在自发地和未及撤走的顺军残匪搏斗，或者忙着担水来救自家大火，有些无赖正从皇宫的灰烬里面淘金。不过不愿意和大顺政权一起撤走的明朝官员们乐坏了：吴大将军果然有本事，没枉我们忍辱负重苟留残命等他，

① 出自聋道人（本名徐应芬）《遇变纪略》。

现在他马上就要带着关宁军杀到了，大家一起用最隆重的礼节来迎接吴总兵吧！

五月初二一大早，一群伤痕还没消退的人们集体聚集在北京城东郊五里外，满面春风地等待着。可当他们看到来的并不是什么吴总兵，而是关外清朝的摄政王多尔衮，以及一眼望不到头的辫子兵时，全都傻眼了。许多人失望之余，朝城内跑去。但还有些机灵的官员一下就跪倒在地上，高呼："大王万岁万岁万万岁！"既然错了，就一错到底罢。内侍监献上了早已准备好的卤簿御辇——有谣言说吴三桂劫回了太子，这本是给他准备的。

"哈哈，按周礼，周公辅幼主，不当乘辇的，免了免了。"多尔衮大笑。

"周公曾负扆摄国事，今宜乘辇。"留下的官员一起叩拜道。反正他们早就不知脸皮为何物了。①

既然是天下人的意思，我就顺从一回吧。多尔衮喜形于色，不再装腔作势了。多尔衮虽然不是皇帝，却成了清朝享受到中原帝王待遇的第一人，神采飞扬地进了北京城，住在唯一完好的武英殿内。

崇祯自缢，顺军入京，40多天后顺军被逐出，清军继入北京……这一幕幕改朝换代的大戏全部发生在崇祯十七年。这一年在农历上为甲申年，所以这一系列历史事件被称为"甲申之变"。

# 遇难九宫山

清军固然几乎毫无代价地占据了中原政权的中心，但他们手下依旧只有区区10万人而已，要控制老大的九州大地委实有些勉为其难。因此多尔衮甫一下轿，就以出色的政治远略制定了一系列后续政策。

首先，严明军纪。女真军队原先与其他游牧民族一样，抢掠汉民习以为常。为消除占领区汉人的反抗情绪，范文程在征明前就提出严格约束军纪的建议，多尔衮入关后，认真执行了这一决策。正黄旗尼雅翰牛录下有3名兵丁宰杀民家的狗，还射伤狗主人。伤人者立即被诛，其他二人各被鞭100。此后相当长一段时间内，清军基本能做到秋毫无犯。民大悦，窜匿山谷者争相还乡，所过州县及沿边将吏皆开门款附。

其次，广泛收买人心。清朝贵族们刚刚入关，根基不稳，为此必须争取到汉族士大夫们的支持。多尔衮令兵部传檄直省郡县，前明朝官员在京者，愿出仕的，皆录用。明宗室来归者也不夺其爵。减州县田亩税之半，河北府州县三之一，免除崇祯时臭名昭著的"三饷"。军民欲归农者，听之任之。另以帝礼为崇祯发丧3日。京师社会秩序逐渐稳定下来。

再次，多尔衮至少在一开始较为尊重

① 出自《清世宗实录》。

明人的习俗。他曾下令剃发，但遭到官民们的强烈抵制后又马上予以取消，官员上朝仍准用明制。"是月中旬，长安（指代京城）市上仍复冠盖如故矣。"①

最后，多尔衮打出了十分厉害的一张牌：只要是投降大清的人士，被大顺军没收的田产，一律归还。先前大顺政权在各地盲目扩大追赃助饷范围造成的恶果，迅速发酵，深受其害的士绅们对大顺政权早已怀恨在心，只是一时隐忍不发而已。现在李自成已败，清廷的敕书一下，大顺控制区内到处爆发骚乱。生员、乡绅们自发组织民团，攻打地方政府，杀死官吏，夺回自己的财产。大顺政权在山东、河北、河南的统治几近瓦解。

不仅是士绅阶级，原先降顺的明朝官员、武将也纷纷再度倒戈。宣府巡抚李鉴、遵化巡抚宋权、大同总兵姜瓖等，都杀了当地的大顺守将。此外白广恩、唐通、董学礼等也向多尔衮奉表纳降。这些人的"助力"使清军在夺取北方各地时的困难，大大减小。

几乎在多尔衮进入北京的同时，在南京的部分明朝官员拥立从襄阳逃出的福王朱常洵之子朱由崧为帝，年号弘光。这是第一个南明政权。

从北京撤出后，大顺军就陷入了无休止的逃亡中：战庆都（今河北望都），败，殿后部将谷可成阵亡；战真定，又败；只得一路逃进山西，而后折回关中。此时，

多尔衮忙于新政权的组织和入关后的制度草创等工作，遂暂停追击。

李自成返回西安后，曾反攻怀庆（今河南焦作），又试图南下四川另辟疆域，但分别被清军和张献忠击退。已经走投无路的李自成心情极坏，动辄杀人，一时间，人心大乱，上下浮动。

十月，初步完成了对占领区的安抚和多如牛毛的明朝降官的人事安排后，清军再度西伐。由于李自成过于看重故土关中，在山西并没有布置多少兵力，清军没花多少力气就收取了晋境。顺治元年（公元1644年）冬，击退了怀庆顺军的和硕豫亲王多铎顺势挺进陕州。十二月二十九日，潼关战役打响。

李自成将保卫陕西的全部希望寄托在这道天险上，亲率主力来援。顺军和清军在这里展开了弃京以来的第一场恶战。顺将刘宗敏依山为阵，被清军前锋统领努山、鄂硕、护军统领图赖等攻克，士卒死亡过半。5天后，顺将刘芳亮又将兵千余冲击清营。护军统领图赖、阿济格尼堪、阿尔津顾纳代、伊尔都齐敦、拜杜尔德等从各牛录中挑选精兵数百冲击，将刘芳亮击溃。多罗贝勒尼堪、拜尹图等复击，再败刘芳亮。李自成亲领大军来战，清军也集中了镶黄、正蓝、正白三旗所有兵力合力奋击。顺军山海关之败的心理阴影显然还未消除，见清军士兵大队涌出，丢下武器拔腿就逃。清军四面围拢，大顺军骑兵马快的，逃得性命，

---

① 出自《遇变纪略》。

步兵几乎全部惨死于清军骑兵刀下。

李自成屡败屡战，一连两天发动夜袭，没想到清军在与明军作战时早已在这方面积累了丰富的经验，李自成偷袭不成，反而连连损兵折将。李自成无法可想，只好深挖沟，加固防御工事，打算来个相持战。可现在是火器时代，这种战术已经不大管用了。顺治二年（公元1645年）正月十一日，多铎申请的炮兵部队赶到，顺军军营的壁垒在红衣大炮的咆哮声中轰然崩塌，清将穆成格、俄罗塞臣率先跃入，清军步、骑继而跟进。凄惨的喊叫声中，顺军士兵一批批被杀死在营内。

阵地已经守不住了，但部分大顺军将士还没有放弃，他们先以300骑兵横冲，又分兵绕到清军后面突袭，但都被击溃。更多清军在贝勒尼堪、怀顺王耿仲明、蒙古固山额真恩格图的统领下涌入，潼关终于失陷。

与此同时，英亲王阿济格也已从山西保德州挺进陕北，八战八胜。顺军眼看就要被夹击，李自成在万般无奈之下，只得忍痛放弃关中。正月十三日，李自成焚毁西安宫殿，携带家属由蓝田奔往商州（今陕西商洛市商州区），随即取道中原南下江淮。其时李自成从陕西带出的人马尚有13万，加上湖广守军共20万，尚可与清军一战。

可悲的是，此时李自成脑子一热，又出昏着。他把襄阳、承天、荆州、德安四府所属各州县的守军全部集中起来，打算用于攻取南京。诚然，取得江南富庶地区，顺军与清军相对抗的资本可以大大增加，可这样就意味着将已经经营了1年多的湖广地区拱手让给清军。况且轻易丢弃安庆、襄阳等军事重地亦是兵家大忌。历史上无论是南北朝时期的南朝对抗北魏，还是南宋对抗蒙古大军，淮北和荆襄防线都曾有力地阻滞了北方强兵，而这两道防线一失，南朝、南宋的灭亡无不是弹指一挥间的事。即使李自成占领了南京，又拿什么来抵御清军骑兵长驱直入的南下呢？

尽管大将白旺苦苦劝阻，李自成还是撤除了两道防线的守军。阿济格果然紧随其后而入，在邓州、承天、德安、富池口、桑家口、九江等地再度连续击败顺军。李自成虽然打跑了左良玉，占领了武昌，然而转眼即遭阿济格大军包围，一场血战之后，顺军再遭重创，连精锐老营也被清军打垮。刘宗敏、宋献策、李自成的两个叔父以及顺军将领的一批亲属，被清军俘虏，李自成3个妻妾被追急，投扬子江而死。刘宗敏和李自成的两个叔父后被多尔衮下令就地斩首，宋献策却凭借着唬人的占卜术成了清朝官场中的红人。

山海关和潼关之战，顺军败得虽惨，但主力未受太大损失，而武昌一役后，顺军已被打成重伤致残。接下来，前有盘踞江南的朱由崧，后有阿济格，这些势力都不是目前残弱不堪的顺军所能抗衡的。连李自成自己也不知道未来在哪里。

九月，李自成带着顺军残部来到湖北通城，在县东南的九宫山扎下营寨。这里从不曾为大顺政权势力渗透过，情况不明。李自成留侄儿李过守营，自己亲率28名骑兵前往山中侦察地形。

兵法有云：大军出征，主将不应当以身犯险。李自成自立为王后就不断在犯错误，先是没有先取江南而直进北京，接着又拷掠过度而失人心，再而轻易放弃旧都襄阳。而这一次，他犯下的错误是最致命的。

一队身份不明的外地人出现，立刻引起了当地民团的注意。这些人都是本地山民，熟悉地形，他们迅速在山上险要部分设下埋伏。如果团丁们知道这队外乡人中就夹杂着赫赫有名的大顺皇帝李自成的话，他们未必敢动手。[①]因为李自成身边只有28人，当地团丁认为他们应该只是探哨，所以发动了袭击。

当时突然天降大雨，李自成发现这里地势不对，欲撤，可还没有撤退，许多拳头大的石块突然从山崖上飞下，同时四下里喊声大起，树林里钻出不少手拿刀棍的山民来。惊慌之下，李自成企图纵马逃走，结果没注意地上的绊马索，连人带马摔在地上。一个叫程九伯的中年山民上前拿人，李自成功夫好，一个鲤鱼打挺蹦了起来，和程九伯厮打在一起。

雨越下越大，炸雷阵阵。李自成和程九伯在雨水里厮滚，全成了泥人，身上的外衣也被扯掉。

李自成到底多年征战，武艺非一般人可比。程九伯渐落下风，欲逃，被怒火烧红眼睛的李自成照他后心飞起一脚，而后骑在了他的臀部上。这时李自成才想起自己的佩刀，他伸手就去拔，程九伯用手死命挡住。那把刀刚刚沾上了血迹，此时又被泥水凝住，心急之下竟一时拔不出。此时程九伯的外甥——一个姓金的团丁手持铁铲悄悄赶了上来。程九伯大喊，让团丁动手。金姓团丁手起铲落，毫无防备的李自成被打得脑浆迸裂。

明末最大的枭雄，传说中的"破军星"，竟死在一个无名小卒手中。

这个时候，众团丁才来细看被打死的这个"无名小卒"。仔细看他身上的龙袍，再加上独眼、乱蓬发、高额头、深眼窝、仰天鼻……件件都对得上，众人这才激动地惊呼：此乃闯逆匪首李自成！

这支小队伍中唯一一名幸存者刘伴当，上气不接下气地逃回了营地。得知消息，震惊之余，顺军满营皆哭。

悲愤难当的李过迅速集合兵马，把九宫山一带杀了个鸡犬不留。而真凶程九伯和他的外甥早已逃走。

李自成之死和九宫山的事很快就传到了武昌，当地官员赶紧朝阿济格报告。阿济格又惊又喜，即刻派人随同顺军俘虏前往认尸，但由于当地尸体太多，而且许多已经腐烂，清军始终也没有找到李自成的尸体。当然，也有可能早已被李过找个隐秘的地方埋了起来。

李过和李自成妻弟高一功等率顺军残部朝南明将领何腾蛟投降，因而李自成被杀的过程得以被南明记录下来。尽管由于没有找到尸体，后世关于李自成下落的说

---

① "使乡兵知其为闯，气反不壮，未必遽能剪灭……"出自《烈皇小识·卷八》。

法不少，有人说他病死于罗公山（今湖南洪江市东北），有人说他出家当了和尚，但由于有何腾蛟的这份报告，史学界还是公认通县才是李自成的葬身之地。

米脂李继迁寨的李家宗族，因李自成而荣耀了一把。当闯军歼灭孙传庭部，进入关中后，李自成曾回乡祭祖，他修好了被掘毁的祖坟并大肆厚赏同宗人，逐一封给他们官爵。然而当大顺政权在关中失利时，李家宗族又因李自成而遭遇了灭顶之灾——整个李继迁寨的村民全部惨遭清军屠杀。

大顺正在与大清激斗的时候，张献忠部已经进入四川。由于此时天府之国防备力量虚弱，张献忠很快就占领川中大片土地，崇祯十七年十一月，他在成都称王，国号大西。而当清军于顺治三年（公元1646年）入川时，张献忠中箭身亡，这个只存在2年多的政权一下就垮台了。张献忠的4个养子分掉了他的军队，投奔了南明永历政权。其中老二李定国后来成为"两蹶名王"的一代抗清名将。

东汉末年，当以让梨而千古流芳的名士孔融因触怒曹操被杀的时候，他的两个不到10岁的孩子也一并遭殃。孔融曾请求官吏放过他们，而孔二公子只淡淡地说了句："大人岂见覆巢之下，复有完卵乎？"童言无忌，但这句传世名言用在李自成和明朝残余力量身上，恰如其分。

后人可以指责李自成在清军大举南下的情况下还想着南京，是不顾大局的自私行为，可南明又怎样呢？清军和大顺对峙的相当长一段时间内，山东、河南的广大地区都几乎处于权力真空状态，而弘光政权却始终偏安江左，沉湎在秦淮河畔的胭脂画舫中，既不援助大顺，也不曾想着借机收复这些地区，甚至派遣使团北上，企图与清廷联手剿杀大顺政权，全然忘了唇齿相依的道理。当清军集中兵力南下时，实力不弱却内斗不止的弘光政权也和朽木一样被轻易摧折。之后隆武（福建）、鲁王（浙江）、绍武（广东）、永历（两广）等南明小朝廷继起，除了最后一个外，没有一个政权的生命能超过1年半。而永历之所以能维持15年，跟大顺军和大西军残部的全力配合是分不开的。

当清廷初步稳定了北方局势后，多尔衮终于露出了他冷酷无情的真面目，下令所有汉人必须强制剃发。不甘受辱的汉民在全国各地点燃了一丛又一丛抗争的烽火，他们与南明将领及大顺、大西部残余力量联合，一度取得了不小战果。然而在缺少一处真正具备号召力的指挥中枢的情况下，这些起义最终被清朝政府一一镇压下去。无数起义者的血，染红了一个又一个清将的顶戴花翎，而最鲜红欲滴的那几顶，是属于吴三桂、洪承畴、尚可喜、耿仲明、李成栋等前明降将的。

但大顺的故事还没有结束。

自李自成死后，大顺军余部奉李自成之弟李自敬为主，改行"联（南）明抗清"之策。次年，李自敬于荆州战役中为清军俘杀。大顺将士改奉李自成之侄李锦为主，对外使用南明"忠贞营"名义，内部仍"大顺"政权不变。南明永历三年（公元1649年），李锦义子李来亨等对外称李锦故去，分率主力离开两湖地区远征。永历六年（公元 1652 年），以李来亨为帅、大顺军为主力的"夔东十三家军"组成，坚持至清康熙三年（公元 1664 年）失败，李来亨、李嗣名父子牺牲。康熙十三年（公元 1674 年），大顺军老营湖南宜章莽山根据地被吴三桂"周"军攻陷，李锦出家隐居。大顺政权至此才宣告终结。

让我们再次感慨：覆巢之下，复有完卵乎！

# 创作团队简介

指文烽火工作室：由众多历史、战史作家组成，从事古今历史、中外战争的研究、写作与翻译工作，致力于通过严谨的考证、精美的图片、优美的文字、独到的视角为读者理清历史的脉络。

杨英杰：军事爱好者，精于古典时代地中海世界的历史与军事发展历程，同时涉猎广泛。活跃于国内各历史、军事爱好者群体，撰写古典军事史相关专题文章。

章毅：中青年历史题材作者，涉猎广泛，精于古典时代地中海世界的历史与军事发展历程，活跃于国内各历史、军事爱好者群体。

董狐：安徽大学历史系毕业，军史题材作者，著有长篇抗日谍战小说《致命裁决》、趣解名著系列《大宋道纪实——乱弹水浒》。

上帝之鹰：福建福州罗源人氏，自幼多动，兴趣广泛，尤好文史。

《战争事典》小编微信号：zven02

扫描二维码，或搜索"zven02"关注"指文小编–DD"，即可获悉《战争事典》最新动态，更有历史小段子、小知识放送。您还可直接和小编线上交流，不管是讨论选题、投稿，还是咨询进度都可以哒。

战争事典 特辑018

英国历史学家莱恩-普尔的代表作

以摩尔人为主线，展现了西班牙中世纪历史的宏大
以及活跃在地中海的巴巴里海盗群体的兴衰

近四百张图片及战时地图、七十多万文字，
展示百年战争中英王亨利五世等一批杰出人物的
功业与光辉事迹，
细致勾勒法兰西王国新君主体系建立的
关键走向与曲折过程

英法百年战争
1415-1453

THE HUNDRED YEARS WAR
BETWEEN
ENGLAND AND FRANCE

王一峰 —— 著

[上卷]